신 헌법사례연습

장 영 수 지음

弘 文 社

머 리 말

헌법사례연습 제3판이 나온 것이 2002년이니, 벌써 19년이 지났습니다. 그동안 헌법재판소 판례들이 많이 축적되었을 뿐만 아니라, 법학전문대학원제도가 도입되면서 사법시험이 폐지되고 변호사시험이 시행되는 등 큰 변화가 있었습니다. 이러한 변화를 반영하여 헌법사례연습 개정판을 내야 한다는 요청들이 있었고, 저도 그러한 요청에 공감했지만, 이제야 비로소 새로운 헌법사례연습으로 나오게 되었습니다.

그동안 여러 가지 일로 많이 바빴다는 핑계도, 여러 차례 수술을 받는 일도 있었다는 변명도 적절치 않은 것 같습니다. 제가 게을렀던 것이 가장 근본적인 이유겠지요. 아무튼 지난 10여 년 동안 고려대 법학전문대학원에서 강의하고 학생들을 지도했던 경험과 몇 차례 변호사시험에서 출제하고 채점했던 기억을 되살리면서 새로 사례연습책을 만들었습니다.

사법시험과 변호사시험은 문제 유형에서 차이가 클 뿐만 아니라, 그동안 새로운 판례들도 많이 나왔기 때문에 기존의 헌법사례연습에서 다루었던 문제들을 전부 새로운 문제들로 교체했고, 그에 대한 설명 방식도 상당히 많이 바뀌었기 때문에 이 책을 어떻게 명명하는 것이 적절한가에 대해서 고민해 보기도 했습니다.

하지만, 문제가 바뀌었다고 하더라도, 해설 방식이 일부 달라졌다 하더라도 헌법사례풀이의 의미 내지 접근방식 자체가 달라진 것은 아니라고 생각합니다. 즉, 소재는 달라졌을지언정 본질은 같은 것이고, 이를 이어간다는 점에서 「신 헌법사례연습」으로 명명하고자 합니다.

일단 이 책은 헌법사례연습으로서 변호사시험의 사례형 문제를 대비하기 위한 수험서이지만, 동시에 판례를 공부하는 지침서의 측면도 가지고 있음을 말씀드립니다. 이 책에 실린 대부분의 사례문제들은 헌법재판소 판례를 일부 수정해서 만든 것들입니다. 가급적 날짜도 그대로 하면서 복잡한 사건을 간소화하거나, 문제의 필요성에 따라서 두 개의 판례를 묶어서 출제하는 등 최소한의 변형만으로 구성한 것입니다.

그 이유는 세 가지가 있습니다. 첫째, 사례의 현실성 내지 수험적합성을 위한 것입니다. 둘째, 사례풀이가 동시에 판례 공부이며, 판례 공부가 동시에 사례풀이가 될 수 있다는 점을 여러분께 보다 선명하게 보여드리고자 함입니다. 셋째, 판례의 암기가 아니라 적절한 활용과 비판을 병행하기 위함입니다.

서론이 장황하게 늘어지는 것보다는 여러분들이 사례문제를 접하면서 직접 느껴 보시는 것이 더 좋을 것 같습니다. 다만, 몇 가지 주의사항을 강조드리고자 합니다.

① 사례문제의 목차 또는 풀이내용을 그대로 암기하려 하지 마십시오. 일부 목차와 대부분의 풀이내용은 여러분들의 이해를 위해 조금 길게 작성되었습니다. 여러분들은 이를 잘 이해하시고, 실제 답안 작성에서는 조금 더 압축적으로 글을 쓰는 것이 필요할 것입니다.

② 사례문제에 제시된 법령은 원칙적으로 헌법재판소 판례에서 다투어질 당시의 법령입니다. 어차피 똑같은 사례문제가 출제될 가능성은 없다고 봐야 하므로, 굳이 현행법령으로 바꾸고 그에 맞춰 문제를 재구성하는 것보다는 당시의 상황을 재현하면서 헌법이론을 적용하고, 위헌 여부의 판단을 하는 것이 사례풀이의 방식에 익숙해지는 데 더 효과적이기 때문입니다.

③ 적법요건은 아래의 「헌법 사례풀이의 방법론」에서 이야기하고 있듯이 같은 헌법소송 유형인 경우에 대동소이합니다. 다만, 사안에서 나타나는 특이점이 있는지를 확인하고 이를 적절하게 반영하는 것이 중요할 것입니다.

④ 각주에 관련된 판례나 보충설명 등을 달아 놓은 경우가 있습니다. 이는 답안 작성을 위한 것이 아니라 여러분들의 관련 쟁점에 대한 이해를 위한 것이므로 적절하게 활용하시기 바랍니다.

⑤ 각 문제마다, 그리고 목차의 큰 제목마다 부여되어 있는 배점에 유의하십시오. 배점에 맞춰 적절한 시간과 분량을 안배하는 것도 경쟁력입니다.

⑥ 그리고 아래의 「헌법 사례풀이의 방법론」을 잘 활용하십시오. 처음 접하는 분들에게는 조금 추상적인 것으로 느껴질 수 있지만, 이를 이 책의 사례들에 적용하면서 활용할 경우에는 헌법사례공부의 효율성이 상당히 높아질 수 있을 것입니다.

아직 부족한 점이 많지만, 나름으로 많은 시간과 정성을 기울여 집필한 책입니다. 여러분들의 헌법공부에 큰 도움이 될 수 있기를 소망합니다. 끝으로 이 책이 나오기까지 뒷바라지에 애쓴 아내 김형옥의 격려와 재촉이 없었다면 이 책의 완성이 더 늦었으리라 생각하면서 고마움을 전합니다. 그리고 교정에 힘쓴 최재원 군, 정효진 군, 김홍섭 군에게도 감사의 인사를 전합니다.

지은이 장영수

차 례

헌법 사례풀이의 방법론

현행 변호사시험에서 사례형 문제가 차지하는 비중은 선택형과 기록형을 합친 것만큼 크다. 그로 인해 사례형 문제에 대한 수험생들의 관심은 높지만, 사례풀이의 정도(正道)라 말할 수 있는 것은 별로 없다. 특히 헌법 사례들을 어떻게 풀어야 할 것인지에 대해서는 변호사시험이 10회를 채운 지금까지도 혼란이 적지 않다.

변호사시험의 사례형 문제들은 과거 사법시험과 유사한 점도 있고, 달라진 점도 있다. 또한 매년 출제위원이 바뀌면서 문제의 경향이 조금씩 바뀌는 점도 있다. 그럼에도 불구하고 헌법 사례풀이를 위해 기본적으로 알아야 할 점들, 이른바 헌법 사례풀이의 공통분모라고 할 수 있는 점들도 적지 않다. 이하에서는 이를 중심으로 수험생들에게 도움이 될만한 점들을 정리해 보았다.

1. 문제의 배점 확인과 쟁점 파악이 최우선이다.

모든 시험이 그렇지만, 변호사시험도 시간과의 싸움이며, 사례형 문제도 다르지 않다. 가장 짧은 시간에 가장 효율적으로 답안을 작성하기 위해서는 문제의 핵심을 바로 짚고, 이를 중심으로 전체 답안을 구성해야 한다.

특히 작은 문제 3~4개가 엮여서 출제되는 사례형 문제에서는 가장 먼저 각 문제들의 배점을 확인하고, 시간과 지면을 어느 정도 할애할 것인지를 결정해야 한다. 배점이 작은 문제에 과도한 시간과 지면을 할애하여 배점이 큰 문제를 소홀히 하는 것은 득점에 불리할 뿐만 아니라, 답안 전체의 불균형이 심해지고, 결국 수험생의 능력 자체를 의심받게 만든다.

각 문제의 배점에 따라 시간과 지면을 안배한 이후에는 쟁점을 파악해야 한다. 적법요건에 관한 문제는 거의 대동소이한 답안구성이 될 것이므로 일반적인 경우를 벗어나는 특이점을 확인하고 적절하게 반영하는 것으로 충분하다. 하지만 본안판단에 관한 배점이 높은 문제는 보다 신중하게 접근하는 것이 필요하다.

사례문제의 쟁점은 보는 관점에 따라 다양할 수 있다. 하지만 최대한 객관성을 가질 수 있도록 문제가 출제되고, 또 채점된다는 점을 고려하면 쟁점 파악에서도 일정한 공통분모를 추출할 수 있다.

첫째, 사안에서 해결을 요구하는 점이 핵심이 되어야 한다. 즉, 헌법재판소의 결정을 묻건 혹은 다른 문제를 제시하건, 문제 자체에서 묻고 있는 것에 대한 답을 주는 것이 전체 문제풀이의 핵심이 될 수밖에 없다.

둘째, 그렇다고 중간과정을 생략하고 바로 결론으로 나갈 수 있는 것은 아니다. 오히려 그러한 결론에 이르는 과정에서 반드시 검토해야 할 사항들이 무엇인지를 생각해야 한다. 그것이 바로 사례풀이의 중요 쟁점들이 되는 것이다.

셋째, 이러한 쟁점을 논리적 순서에 따라서 목차로 구성하고, 내용을 채워 넣어야 한다. 중요한 것은 문제가 요구하는 쟁점을 중심으로 목차를 구성하고, 그 목차의 내용을 채워 넣는 것이지, 내가 아는 내용을 중심으로 목차를 구성해서는 안 된다는 것이다.

60분의 시험시간을 기준으로 10분 내로 전체 목차를 소제목까지 작성할 수 있으면 성공이고, 늦어도 15분 내에는 완성하는 것을 목표로 해야 한다. 그렇지 않으면 다른 수험생들에 비해 상당히 불리할 수밖에 없다.

2. 목차를 일목요연하게 구성하자.

사례풀이에서 목차의 중요성은 아무리 강조해도 지나치지 않다. 대부분의 사례문제에서는 목차가 잘 짜여 있으면, 그 안에 이미 문제의 답이 들어 있다고 봐도 지나치지 않다.

물론 내용을 제대로 알고 있을 때에만 완벽한 목차를 구성할 수 있다고 생각할 수도 있다. 하지만 꼭 그런 것은 아니다. 복잡한 수학문제의 답을 미리 알고 있는 것이 아니더라도 올바른 방식으로 공식을 적용해서 풀어내면 답이 나오는 것처럼, 목차구성의 올바른 방식을 알고 있으면, 이를 활용하여 사례문제를 풀어낼 수 있는 것이다.

전혀 모르는 내용에 대해 훌륭한 목차를 구성하고, 내용이 충실한 답안을 만들어내는 것은 어려울 것이다. 하지만 같은 내용을 알고 있는 경우에도 목차구성에 따라, 그리고 아는 내용을 목차에 맞춰 얼마나 적절하게 활용하느냐에 따라서 답안에 대한 평가는 크게 달라질 수 있으며, 당락이 뒤바뀔 수도 있다.

더욱이 채점위원들에게 답안에 대한 강력한 첫인상을 남기는 것이 목차라는 점까지 생각한다면 목차의 중요성은 전체 답안 작성에서 절반 이상의 비중을 갖는 것으로 보아야 한다. 그렇다고 목차에 과도한 시간을 쓴 결과 목차만 장황하고 내용은 거의 없는 답안, 이른바 살이 없는 해골형 답안이 되어서는 안 될 것이다. 답안의 균형은 목차에 못지않게 중요하다.

일목요연한 목차를 구성하기 위해서는 평소의 훈련이 매우 중요하다. 변호사시험에서 어떤 새로운 사례가 출제될지 알 수 없기 때문에, 적법요건의 경우와는 달리 몇 가지 패턴을 암기하는 것으로 목차를 구성하는 것은 불가능하다. 그러므로 문제에 따라 탄력성있게, 하지만 짧은 시간에 신속·정확하게 목차를 구성하는 것이 필요한데, 이를 위해 다양한 문제들을 풀어보면서 목차구성 훈련을 해야 하는 것이다.

이 책의 독자 여러분도 문제를 보고 바로 풀이를 읽으면서 공부하는 것보다는 문제를 읽은 후에 먼저 목차를 작성해보고, 이를 풀이와 비교해보는 방식으로 공부할 것을 추천한다. 이런 과정을 통해 스스로에게 부족한 점을 확인하고 이를 보완하는 것이 가장 효율적인 공부방법이 될 수 있기 때문이다.

그리고 목차의 일목요연한 구성을 위해 다음의 몇 가지 기준에 주목해야 한다.

첫째, 그 명칭은 −예컨대 '글머리에', '들어가며', 혹은 '사안의 분석과 쟁점의 정리' 등− 다양할 수 있지만, 서론은 반드시 있어야 한다. 서론에서는 문제의 핵심쟁점을 중심으로 간단하게 쟁점을 정리하는 것이 무난하다. 즉, 문제를 제대로 이해하고 있음을 보여주되, 결코 서론을 장황하게 끌어서 가분수의 답안을 만들지 않는 것이 중요하다.

둘째, 본론의 첫 번째 큰 제목에서는 삼단논법의 대전제, 즉 문제해결을 위한 일반론적 서술을 간단하게 적는 것이 좋다. 여기서 일반론은 문제해결에 가장 가까운 일반론이어야 하며, '헌법이란 무엇인가', '기본권이란 무엇인가' 등과 같은 원론적인 이야기부터 시작하려 해서는 안 된다.

셋째, 본론의 두 번째 큰 제목 이하에서는 앞서 분석한 쟁점들 중에서 먼저 다뤄야 할 것들을 검토한다. 논리적 순서에 따라서 먼저 검토해야 할 것이 정해질 수도 있고, 중요도의 차이에 따라서 먼저 검토해야 할 것이 정해질 수도 있다. 다만, 본론의 큰 제목의 유기적 관계, 나아가 소제목의 적절한 활용에 신경써야 할 것이다.

넷째, 본론의 마지막 큰 제목에서는 필요에 따라 전체적인 마무리가 필요할 수 있다. 적법요건에 관한 문제는 다를 것이지만, 본안판단에 관한 문제의 경우에는 헌법재판소 결정의 형식과 내용, 효력에 관한 이야기를 정리하는 것이 필요할 것이고, 여타의 문제에서도 결론 앞에서 전체적으로 정리하는 것이 필요한지를 검토해야 한다. 다만, 배점이 작은 문제에서는 결론 외에 본론에서 이런 것들을 별도로 작성하기에는 적절치 않을 것이다.

다섯째, 결론에서는 본론에서 검토한 것들을 종합하여 짧게 정리하면 된다. 새로운 이야기가 추가되지 않는다고 해서 결론을 생략해서는 안 되며, 배점을 염두에 두고 적절한 분량으로 마무리해야 할 것이다.

3. 적법요건에 관한 문제는 이렇게 풀자.

현행법상 헌법소송의 유형은 다섯 가지이다. 그중에서 헌법소원심판은 권리구제형 헌법소원과 위헌심사형 헌법소원(위헌소원)의 적법요건이 각기 다르므로 헌법 사례풀이에서 대비해야 할 적법요건의 유형은 여섯 가지라고 할 수 있다.

하지만 실제 정당해산심판은 헌법재판소 판례가 단 1건뿐이고, 탄핵심판은 2건뿐이다. 그만큼 발생 빈도가 낮은 것 때문에 지난 10년 동안 변호사시험에 출제된 예가 없다는 점을 고려하면, 당분간은 네 가지 헌법소송에 대한 적법요건만 충실하게 준비하면 된다.

더욱이 적법요건에 관한 답안 작성은 가끔씩 사례에 따라 나타나는 특이점을 제외하면 대동소이하다는 점에서 준비의 부담이 가장 적다고 할 수 있다. 평소에 기본 유형을 숙지하고, 적법요건의 배점에 따라서 조금 더 길거나 짧게 답안을 작성하는 연습을 충실히 해야 할 것이다.

적법요건의 답안에서 주의해야 할 점은 다음과 같다.

첫째, 목차는 물론 내용까지도 확실하게 숙지하고, 단숨에 써 내려갈 수 있어야 한다. 적법요건 문제에서 고득점을 받는 것뿐만 아니라, 여기서 시간을 절약함으로써 다른 문제를 풀이하는데 더 많은 시간과 여유를 가질 수 있어야 한다.

둘째, 기본 패턴을 완전히 숙지하되, 생각 없이 암기한 대로 써 내려가면 안 된다. 사안의 특이점을 반영하지 못할 경우에는 큰 실수를 할 수 있기 때문이다. 권리구제형 헌법소원이라면 기본권을 제한하는 공권력의 유형에 따른 특이점, 예컨대 법령소원의 경우에는 기본권침해의 직접성 요건에 주목해야 하는 점을 간과해서는 안 된다.

셋째, 모든 적법요건 문제에 포함된 것은 아니지만, 사안에 따라서는 중요한 비중을 갖는 특이점이 있을 수 있다. 그것은 심판대상으로서의 적격에 관한 것일 수도 있고, 권리보호의 이익이나 청구기간의 도과에 관한 것일 수도 있다. 중요한 것은 이런 특이점을 바로 짚어내어 목차구성에 반영할 수 있는 탄력성이 있어야 한다는 것이다.

넷째, 특이점이라고 할 것까지는 아니지만, 사안에서 문제되고 있는 대상이 적시기 필요한 경우가 있다. 예컨대 위헌법률심판이나 위헌소원의 경우에는 심판대상조항이 무엇인지를 중심으로 사안에 맞는 답안이 되어야 하며, 권리구제형 헌법소원의 경우에는 공권력의 유형 및 제한된 기본권이 무엇인지를 따져야 할 경우가 있다.

다섯째, 충실한 준비가 오히려 독이 되는 경우가 있다. 배점에 비해 너무 길게 쓰거나 너무 많은 시간을 소모한 경우이다. 변호사시험에서는 핵심을 짧은 시간에 간결하게 작성할 수 있는 능력이 중요하며, 이는 적법요건의 풀이에서도 마찬가지이다.

4. 본안판단에 관한 문제의 서론

본안판단의 서론에서는 문제의 쟁점을 파악하고, 이를 간결하게 정리하는 것이 핵심이다. 답안에서 채점위원에게 가장 강렬한 인상을 주는 것은 목차이지만, 그 다음이 바로 서론이라는 점에서 서론의 중요성은 형식적인 배점 이상이라 할 수 있다. 하지만, 서론이 길어지고, 가분수가 될 경우에는 오히려 역효과를 낳게 된다는 점도 생각해야 한다.

그러므로 서론에서는 문제의 쟁점을 정확하게 파악하고 있다는 점을 보여주는 선에서 간단하게 정리하는 것이 가장 바람직하다. 앞서 서술한 바와 같이 쟁점의 정리는 사안에서 해결을 요구하는 핵심을 중심으로 그 풀이과정에서 가장 큰 비중을 갖는 것들을 정리하면 된다. 그밖에 관련된 지엽적 쟁점들을 나열하는 것은 오히려 사족이 될 수 있다는 점을 명심하자.

서론 역시 순발력만으로 작성하는 것보다는 충분한 연습이 필요하다. 다양한 사례문제들을 접하면서 쟁점의 추출과 이를 압축적으로 정리하는 훈련이 큰 도움이 되며, 이런 훈련을 많이 한 수험생들과 그렇지 않은 수험생들 사이의 차이는 클 수밖에 없다. 다만, 잊지 말아야 할 것은 항상 서론의 분량 제한을 염두에 두어야 한다는 점이다.

5. 본안판단의 본론: 써야 할 것과 피해야 할 것

목차구성의 방법 및 그 안에서 본론을 어떻게 구성해야 할 것인지는 위의 「2. 목차를 일목요연하게 구성하자」에서 언급한 바 있다. 이하에서는 조금 더 구체적인 문제로 들어가서 본론에서 써야 할 것과 피해야 할 것에 대해서 정리한다.

먼저 본론에서 빠뜨리지 말고 써야 할 것을 정리하면 다음과 같다.

① 본론의 첫 번째 큰 제목에서 다뤄야 하는 일반론에서는 사안에 직접 적용되는 일반론적 검토를 최대한 압축적으로 정리해야 한다. 이를 위해서는 소제목의 적절한 활용이 매우 중요하다. 예컨대 사안에서 중요한 비중을 갖는 법적 제도나 헌법(및 법률) 규정을 간략하게 정리하기 위해서는 그 전체를 설명하는 것이 아니라 첫 번째 소제목에서 간단하게 개념 또는 헌법적 근거 등을 설명한 이후에 두 번째 및 세 번째 소제목에서는 사안과의 접점을 만들어내는 것이 필요하다.

② 본론의 두 번째 및 세 번째 큰 제목에서는 여러 개의 쟁점들을 차례로 다루거나 하나의 쟁점을 단계적으로 다루는 것이 필요하다. 예컨대 이 책의 1번 사례의 3번 문제의 경우 두 번째 큰 제목에서 긴급조치 제1호에 대해, 세 번째 큰 제목에서는 긴급조치 제2호에 대해 다룬 것은 전자에 해당하며, 3번 사례의 3번 문제의 두 번째 큰 제목과 세 번째 큰 제목에서 '공소시효 중단의 요건과 소급입법 해당 여부'와 '죄형법정주의와 소급입법의 문제'를 차례로 다룬 것은 후자에 해당한다.

③ 문제의 핵심이 합헌성 여부에 대한 판단일 경우에는 합헌성 판단의 기준과 방식에 대해 서술하는 것이 중요하다. 예컨대 엄격한 심사기준이 적용되는지, 완화된 심사기준이 적용되는지, 그 이유는 무엇인지를 밝히는 것이 필요하며, 과잉금지원칙이 적용되는 것이라면 헌법재판소의 판례에 따라 목적의 정당성, 방법의 적합성, 침해의 최소성, 법익의 균형성을 하나하나 검토하는 것이 필요하다.

④ 문제 유형이 헌법재판소의 본안판단을 묻는 것이라면 본안판단에 대해 충실한 답을 주어야 한다. 즉, 본론의 마지막 큰 제목은 헌법재판소의 본안판단에 관한 것이어야 한다. 그리고 이를 간단하게 합헌이나 위헌, 혹은 인용이나 기각으로 정리할 것이 아니라 충분한 시간과 지면을 투입해서 본안판단의 형식, 내용, 효력으로 정리하는 것이 바람직하다.

반면에 본론을 작성하는 과정에서 피해야 할 것도 있다.

① 문제에서 묻는 것을 정확하게 파악하지 않고, 자기 식으로 문제를 해석해 놓고 그에 따라서 답안을 작성해서는 안 된다. 변호사시험은 대학입시 등의 논술문제처럼 열린 답안을 요구하는 것이 아니라 이미 정답이 있고, 그에 따른 채점기준이 만들어져 있는 것이다. 이를 벗어난 답안은 그것이 나름의 일리가 있다는 것으로 좋은 평가를 받을 수 없으며, 문제의 초점을 왜곡할 경우에는 과락까지도 가능할 정도로 위험하다.

② 부수적이고 지엽적인 쟁점은 – 설령 내가 가장 자신 있는 부분이라 하더라도 – 과감하게 버리거나 최소한의 언급으로 그쳐야 한다. 즉, 이를 길게 쓰는 것은 전체 답안을 망치게 되므로 절대 피해야 한다. 항상 문제가 요구하는 답안을 작성해야 함을 명심하고, 자기 식으로 답안을 작성하려 하지 말자.

③ 논리적 비약을 항시 조심해야 한다. 채점위원들이 누가 될지 알 수 없으며, 견해 대립이 있는 쟁점에 대한 채점 결과는 그 결론보다는 논리적 완성도, 특히 설득력 있는 논거의 제시에 따라 크게 달라진다. 논리적 비약은 법률가로서 자질을 의심케 하므로 절대 피해야 한다.

④ 막연한 표현, 단정적인 표현을 삼가는 것이 좋다. 예컨대 '…은 말도 안 된다.', '…은 어불성설이다', '…은 언어도단이다' 등의 표현은 사용하지 말아야 한다. 항상 중립적인 표현을 사용하되, 자신의 입장을 밝혀야 하는 쟁점에 대해서는 조심스럽게 표현하면서 근거를 밝히는 것이 필요하다. 채점위

원이 반대입장일 수도 있다는 점을 늘 염두에 두어야 한다.

5. 본안판단의 결론

본안판단의 결론을 생략한 답안들이 의외로 많다. 앞서 설명한 것처럼 헌법재판소의 본안판단을 묻는 문제의 경우 본론의 마지막 부분에서 본안판단에 관한 것을 헌법재판소 결정의 형식, 내용, 효력으로 정리해서 작성했다면 결론을 생략하는 것이 맞을까?

그렇지 않다. 결론은 전체 과정을 압축해서 정리하는 것이며, 헌법재판소 결정만을 정리하는 것이 아니다. 물론 상당 부분이 중복될 수 있지만, 그럼에도 불구하고 결론을 통해 확실하게 마무리하는 것이 바람직하다.

더욱이 대부분의 채점기준에서는 결론에 일정한 배점이 주어진다. 작은 점수라고 이를 그냥 포기해 버릴 것인가? 결론을 작성한다는 것은 끝까지 최선을 다하는 것이며, 이를 통해 비로소 전체 답안이 완성되는 것이다.

물론 결론까지 빠짐없이 작성하기 위해서는 그에 맞는 시간과 지면의 확보가 전제되어야 할 것이다.

6. 목차의 균형과 답안의 시각적 디자인

이제 개별 문제를 벗어나서 전체 답안의 디자인을 생각해 보자. 60분 동안 A3용지 앞면과 뒷면, 즉, A4 4면 분량을 작성하면서 각각의 문제에 대해서만 생각하고 전체 답안의 디자인을 생각하지 않을 경우에는 이상한 답안이 될 수 있다.

예컨대 20점짜리 문제를 A4 1면 이상 작성하는 것도 전체적 균형에 맞지 않는 것이고, 50점짜리 문제라면 2면을 채워야 할 것인데, 이를 초과하거나 미달하는 것도 문제일 수밖에 없다. 더욱 중요한 것은 문제의 배점에 따라 소제목까지 달 것인지의 여부가 달라져야 한다는 점이며, 이를 소홀히 할 경우에는 전체적인 답안의 균형이 깨뜨려질 수 있다는 점이다.

그러므로 20점 미만의 배점이 부여된 작은 문제들에 대해서는 큰 제목만 달고, 소제목은 달지 않는 편이 너 나을 수 있다. 다만, 큰 제목과 소제목을 함께 구성할 경우의 목차구성 방식과 큰 제목만으로 구성할 경우의 목차구성 방식이 달라져야 한다는 점도 고려해야 한다.

큰 제목과 소제목을 함께 사용할 경우에는 큰 제목은 전체의 흐름을 보여주고, 세부적인 쟁점은 소제목을 통해 정리하는 것이 필요하다. 이런 답안은 훌륭한 목차만으로 답안의 수준을 보여줄 수 있다는 장점을 갖게 된다.

반면에 소제목 없이 큰 제목만으로 작성하는 작은 문제의 경우에는 소제목을 통해 세부적인 쟁점을 정리할 수 없기 때문에 큰 제목에서 쟁점들을 조금 더 부각시키는 것이 필요하다.

7. 채점자의 입장에서 자신의 답안을 평가해 보라!

정답과 오답이 확실하게 구분되어 점수가 명확한 선택형 문제와 달리 사례문제에 대한 평가는 채점위원이 누구인지에 따라서 조금씩 달라질 수 있다. 물론 그러한 차이가 아주 크지는 않다. 다만, 작은 점수 차이가 당락을 좌우할 수도 있다는 점을 염두에 두고 그 작은 차이에도 신경쓸 필요가 있다.

많은 수험생들이 범하는 문제의 가장 중요한 요인 중의 하나가, 자신의 관점, 자신의 스타일에 젖어 있다는 점이다. 그로 인하여 다른 사람은 달리 평가할 수도 있다는 점을 간과하는 것이다. 이런 오류에서 벗어나기 위해서는 채점자의 입장에서 자신의 답안을 평가해 보는 것이 필요하다.

만일 채점자 입장에서 평가하는 것이 쉽게 되지 않는다면, 가까운 동료와 교차채점을 해보는 것도 한 방법이다. 이를 통해 다른 수험생은 어떻게 답안을 작성하는지, 어떤 오류를 범하는지를 크로스 체크하는 것도 상당히 유용한 방법일 수 있다.

1

헌법개정논의를 금지하는 대통령긴급조치의 합헌성 여부

갑은 유신헌법에 반대하면서 헌법개정을 주장하였다는 이유로 1974.8.8. 대통령긴급조치 제2호에 의하여 설치된 비상보통군법회의에서 대통령긴급조치 제1호 위반으로 징역 5년 및 자격정지 5년을 선고받고, 항소심인 비상고등군법회의에서 징역 3년 및 자격정지 3년을 선고받았으며, 대법원에서 상고가 기각되어 비상고등군법회의 판결이 그대로 확정되었다.

갑은 2009.2.12. 서울고등법원에 위 확정판결에 대하여 재심청구를 하였고, 그 소송계속 중 구 헌법 제53조와 긴급조치 제1호, 긴급조치 제2호가 헌법에 위반된다는 이유로 위헌법률심판제청신청을 하였으나, 2009.12.29. 유신헌법 제53조에 대해서는 위헌법률심판의 대상이 되지 않는다는 이유로, 위 긴급조치들에 대해서는 재판의 전제성이 인정되지 않는다는 이유로 각하되자, 2010.2.3. 헌법재판소에 헌법소원심판을 청구하였다.

〈헌재 2013.3.21. 2010헌바132등 참조〉

1. 갑의 헌법소원심판청구는 재판의 전제성을 갖는가? 긴급조치에 대한 헌법적 판단의 특수성은 어떻게 고려되어야 하는가? (20점)
2. 재판의 전제성이 인정될 경우 갑의 헌법소원심판청구는 적법한가? (30점)
3. 갑의 헌법소원심판청구가 적법한 경우 헌법재판소는 어떠한 본안판단을 내려야 하는가? (50점)

〈참고 조문(아래 법령은 현행 법령과 다를 수 있음)〉

유신헌법 제53조

① 대통령은 천재 · 지변 또는 중대한 재정 · 경제상의 위기에 처하거나, 국가의 안전보장 또는 공공의 안녕질서가 중대한 위협을 받거나 받을 우려가 있어, 신속한 조치를 할 필요가 있다고 판단할 때에는 내정 · 외교 · 국방 · 경제 · 재정 · 사법등 국정전반에 걸쳐 필요한 긴급조치를 할 수 있다.

② 대통령은 제1항의 경우에 필요하다고 인정할 때에는 이 헌법에 규정되어 있는 국민의 자유와 권리를 잠정적으로 정지하는 긴급조치를 할 수 있고, 정부나 법원의 권한에 관하여 긴급조치를 할 수 있다.

③ 제1항과 제2항의 긴급조치를 한 때에는 대통령은 지체없이 국회에 통고하여야 한다.

④ 제1항과 제2항의 긴급조치는 사법적 심사의 대상이 되지 아니한다.

⑤ 긴급조치의 원인이 소멸한 때에는 대통령은 지체없이 이를 해제하여야 한다.

⑥ 국회는 재적의원 과반수의 찬성으로 긴급조치의 해제를 대통령에게 건의할 수 있으며, 대통령은 특별한 사유가 없는 한 이에 응하여야 한다.

대통령긴급조치 제1호(1974.1.8. 제정)

1. 대한민국 헌법을 부정, 반대, 왜곡 또는 비방하는 일체의 행위를 금한다.
2. 대한민국 헌법의 개정 또는 폐지를 주장, 발의, 제안, 또는 청원하는 일체의 행위를 금한다.
3. 유언비어를 날조, 유포하는 일체의 행위를 금한다.
4. 전 1,2,3호에서 금한 행위를 권유, 선동, 선전하거나, 방송, 보도, 출판 기타 방법으로 이를 타인에게 알리는 일체의 언동을 금한다.
5. 이 조치에 위반한 자와 이 조치를 비방한 자는 법관의 영장없이 체포, 구속, 압수, 수색하며 15년 이하의 징역에 처한다. 이 경우에는 15년 이하의 자격정지를 병과할 수 있다.
6. 이 조치에 위반한 자와 이 조치를 비방한 자는 비상군법회의에서 심판, 처단한다.

부칙 〈제1호, 1974.1.8〉

7. 이 조치는 1974년 1월 8일 17시부터 시행한다.

대통령긴급조치 제2호(1974.1.8. 제정)

1. 대통령긴급조치에 위반한 자를 심판하기 위하여 다음과 같이 비상군법회의를 설치한다.

명 칭	소 재	관 할
비상고등군법회의	국방부본부	전 국
비상보통군법회의	국방부본부	전 국

2. 비상군법회의는 대통령긴급조치를 위반한 자가 범한 일체의 범죄를 관할, 심판한다.
3. 비상군법회의의 심판권은 심판부에서 행한다.
4. 비상고등군법회의에 심판부 1부를 둔다. 심판부는 다음과 같은 7인의 재판관으로 구성한다.
   ① 재판장: 국군현역장관급장교 1인.
   ② 법무사: 군법무관 1인.
   ③ 심판관: 국군현역장관급장교 2인과 판사, 검사 또는 변호사의 자격이 있는 자 3인.
5. 비상보통군법회의에 심판부 3부를 둔다. 심판부는 다음과 같은 5인의 재판관으로 구성한다.
   ① 재판장: 국군현역장관급장교 1인.
   ② 법무사: 군법무관 1인.
   ③ 심판관: 국군현역장관급장교 1인과 판사, 검사 또는 변호사의 자격이 있는 자 2인.
6. 비상고등군법회의와 비상보통군법회의에 검찰부를 각 부치한다. 각 검찰부의 관할은 각 비상군법회의의 관할에 의한다.
7. 비상고등군법회의 검찰부에는 3인 이내의 검찰관을, 비상보통군법회의 검찰부에는 12인 이내의 검찰관을 각 둔다.
8. 비상군법회의 검찰관은 비상군법회의 관할사건에 관하여 다음과 같은 권한과 직무를

행한다.

① 검찰청법, 형사소송법과 군법회의법에 의한 검사와 군검찰관의 권한과 직무.

② 일반 및 특별사법경찰관리에 대한 수사지휘, 감독.

③ 검사 또는 군검찰관에 대한 수사협조요구.

9. 비상군법회의의 재판관과 검찰관은, 국방부장관의 의견을 들어 국군현역장관급장교와 군법무관 중에서, 법무부장관의 의견을 들어 판사, 검사 또는 변호사의 자격이 있는 자 중에서, 대통령이 각 임명한다. 이 경우 검찰관은 군법무관과 검사 중에서 임명한다.

10. 중앙정보부장은 비상군법회의관할사건의 정보, 수사 및 보안업무를 조정, 감독한다.

11. 이 긴급조치에 정하지 않은 사항은 군법회의법을 준용한다. 이 경우 비상고등군법회의는 국방부본부고등군법회의로, 비상보통군법회의는 국방부본부보통군법회의로 본다. 다만, 군법회의법 제132조, 제238조, 제239조 및 제241조의 규정은 준용하지 아니하며 구속기간의 제한을 받지 아니한다.

12. 비상군법회의관할사건에 관하여 체포, 구속, 압수 또는 수색을 함에 있어서 관할관의 영장이 필요한 경우에는 검찰관이 이를 발부한다.

13. 심판 또는 수사상 필요한 때에는 재판장은 피고인에 대하여, 검찰관은 피의자에 대하여 적당한 조건을 붙이거나 감호자를 두어 병원, 주거, 기타 일정한 장소에 거주하도록 주거의 제한을 명할 수 있다. 이 주거제한명령에 위반한 자는 5년이하의 징역에 처한다.

14. 비상고등군법회의 관할관은 법무부장관과 협의하여 비상군법회의의 내부규률과 사무처리에 관한 사항을 정할 수 있다.

15. 고등법원 또는 지방법원은 그 법원에 계속중인 대통령긴급조치에 위반한 자에 대한 형사사건을 그 법원에 대응한 심급의 비상군법회의에 이송하여야 한다.

부칙 〈제2호, 1974.1.8〉

16. 이 긴급조치는 1974년 1월 8일 17시부터 시행한다.

1. 갑의 헌법소원심판청구는 재판의 전제성을 갖는가? 긴급조치에 대한 헌법적 판단의 특수성은 어떻게 고려되어야 하는가? (20점)

Ⅰ. 서: 구체적 규범통제와 재판의 전제성 [3점]

Ⅱ. 재판의 전제성 인정의 일반적 요건 [7점]

1. 법원에 소송이 계속 중
2. 해당 법률(조항)의 당해 사건에의 적용
3. 해당 법률(조항)의 위헌성 여부에 따른 판결 결과의 차이

Ⅲ. 사안의 특수성과 재판의 전제성 인정 필요성 [8점]

1. 긴급조치의 합헌성 여부에 대한 헌법재판소의 관할권
2. 헌법적 해명의 필요성
3. 유신헌법 당시 위헌성을 다툴 수 없었던 규범적 장애

Ⅳ. 결론 [2점]

Ⅰ. 서: 구체적 규범통제와 재판의 전제성 [3점]

사안의 헌법소원심판청구는 이른바 위헌소원으로서 형식은 헌법소원심판이지만 실질은 위헌법률심판에 해당한다.[1] 따라서 위헌법률심판과 마찬가지로 재판의 전제성 요건을 충족해야 한다. 현행법상의 위헌법률심판은 구체적 규범통제이며, 재판의 전제성을 갖춘 경우에만 인정되는 것이기 때문이다.

Ⅱ. 재판의 전제성 인정의 일반적 요건 [7점]

1. 법원에 소송이 계속 중

재판의 전제성이 인정되기 위해서는 가장 먼저 법원에 소송이 계속(繫屬) 중이어야 한다. 즉, 법적 쟁점에 관하여 법원에 소송이 제기되고 그 소송에 대해 법원이 심리를 하고 있는 상태여야 한다.

2. 해당 법률(조항)의 당해 사건에의 적용

재판의 전제성이 인정되기 위한 두 번째 요건은 위헌 여부가 다투어지는 법률(조항)이 당해 사건에 적용되는 것이어야 한다는 점이다. 당해 사건의 재판과 무관한 법률(조항)에 대해서는 구체적 규범통제에서 위헌 여부를 다툴 수 없기 때문이다.

3. 해당 법률(조항)의 위헌성 여부에 따른 판결 결과의 차이

재판의 전제성 인정을 위한 마지막 요건은 다투어지는 법률(조항)의 위헌 여부에 따라 당해 사건의 판결 결과에 차이가 발생해야 한다는 점이다. 그렇지 않을 경우에는 구체적 규범통제에서 위헌 여부를 다투는 실익이 없기 때문이다.

Ⅲ. 사안의 특수성과 재판의 전제성 인정 필요성 [8점]

1. 긴급조치의 합헌성 여부에 대한 헌법재판소의 관할권

사안의 경우 재판의 전제성 인정 여부와 관련하여 몇 가지 특별한 쟁점이 있다. 그 중에서 가장 먼저 검토되어야 할 것은 긴급조치의 합헌성 여부에 대하여 헌법재판소가 관할권을 갖는지 여부이다. 만일 이를 부인할 경우 위헌소원의 대상적격 자체가 부인될 것이기 때문이다.

이와 관련하여 대법원과 헌법재판소 사이에 의견 대립[2]이 있으나, 긴급조치가 법률

---

1) 독일과 같이 재판소원이 인정되는 경우에는 굳이 위헌소원을 인정할 필요성이 없기 때문에 이런 문제가 발생하지 않는다.

2) **대법원 2010.12.16. 선고 2010도5986 전원합의체 판결**: "헌법 제107조 제1항, 제111조 제1항 제1호의 규정에 의하면, 헌법재판소에 의한 위헌심사의 대상이 되는 '법률'이란 '국회의 의결을 거친 이른바 형식적 의미의 법률'을 의미하고, 위헌심사의 대상이 되는 규범이 형식적 의미의 법률이 아닌 때에는 그와 동일한 효력을 갖는 데에 국회의 승인이나 동의를 요하는 등 국회의 입법권 행사라고 평가할 수 있는 실질을 갖춘 것이어야 한다. 구 대한민국헌법(1980.10.27. 헌법 제9호로 전부 개정되기 전의 것, 이하 '유신헌법'이라 한다) 제53조 제3항은 대통령이 긴급조치를 한 때에는 지체 없이 국회에 통고하여야 한다고 규정하고 있을 뿐, 사전적으로는 물론이거니와 사후적으로도 긴급조치가 그 효력을 발생 또는 유지하는 데 국회의 동의 내지 승인 등을 얻도록 하는 규정을 두고 있지 아니하고, 실제로 국회에서 긴급조치를

적 효력을 갖고 있었다는 점에서 그 합헌성 여부에 대해서는 위헌법률심판 또는 위헌소원으로 다툴 수 있는 것으로 보이고, 따라서 헌법재판소의 관할권이 인정되어야 할 것이다.

2. 헌법적 해명의 필요성

비록 수십년 전에 효력을 잃은 구 헌법상의 국가작용이지만, 긴급조치의 합헌성 여부를 판단하는 것은 향후 유사한 조치들에 미치는 영향이 클 것이므로 헌법적 해명의 필요성이 매우 크다. 따라서 폐지된 법률들에 대한 위헌심사의 경우와 마찬가지로 긴급조치에 대한 합헌성 판단이 필요하다고 인정된다.

3. 유신헌법 당시 위헌성을 다툴 수 없었던 규범적 장애

유신헌법 당시에는 긴급조치의 합헌성 여부를 다툴 수 없었던 특수한 상황이라고 볼 수 있다. 권위주의 정권 하에서의 특수성을 고려할 때, 정권이 바뀐 이후에 새로운 헌법 하에서 그 합헌성 여부를 판단하는 것이 불가피한 점을 고려해야 할 것이다.[3]

Ⅳ. 결론 [2점]

이상의 검토에 기초하여 판단할 때, 사안의 긴급조치에 대한 헌법소원심판은 재판의 전제성을 갖춘 것으로 보아야 할 것이며, 긴급조치에 대한 헌법적 판단의 특수성에 비추어 보더라도 이 사건에 대한 헌법재판소 판단의 필요성과 중요성은 인정되어야 할 것이다.

승인하는 등의 조치가 취하여진 바도 없다. 따라서 유신헌법에 근거한 긴급조치는 국회의 입법권 행사라는 실질을 전혀 가지지 못한 것으로서, 헌법재판소의 위헌심판대상이 되는 '법률'에 해당한다고 할 수 없고, 긴급조치의 위헌 여부에 대한 심사권은 최종적으로 대법원에 속한다."

헌재 2013.3.21. 2010헌바132 등 결정: "헌법 제107조 제1항, 제2항은 법원의 재판에 적용되는 규범의 위헌 여부를 심사할 때, '법률'의 위헌 여부는 헌법재판소가, 법률의 하위 규범인 '명령·규칙 또는 처분' 등의 위헌 또는 위법 여부는 대법원이 그 심사권한을 갖는 것으로 권한을 분배하고 있다. 이 조항에 규정된 '법률'인지 여부는 그 제정 형식이나 명칭이 아니라 규범의 효력을 기준으로 판단하여야 하고, '법률'에는 국회의 의결을 거친 이른바 형식적 의미의 법률은 물론이고 그 밖에 조약 등 '형식적 의미의 법률과 동일한 효력'을 갖는 규범들도 모두 포함된다. 따라서 최소한 법률과 동일한 효력을 가지는 이 사건 긴급조치들의 위헌 여부 심사권한도 헌법재판소에 전속한다."

3) **헌재 2013.3.21. 2010헌바132 등 결정**: "당해 사건에서 무죄판결이 선고되거나 재심청구가 기각되어 원칙적으로는 재판의 전제성이 인정되지 아니할 것이나, 긴급조치의 위헌 여부를 심사할 권한은 본래 헌법재판소의 전속적 관할 사항인 점, 법률과 같은 효력이 있는 규범인 긴급조치의 위헌 여부에 대한 헌법적 해명의 필요성이 있는 점, 당해 사건의 대법원판결은 대세적 효력이 없는 데 비하여 형벌조항에 대한 헌법재판소의 위헌결정은 대세적 기속력을 가지고 유죄 확정판결에 대한 재심사유가 되는 점, 유신헌법 당시 긴급조치 위반으로 처벌을 받게 된 사람은 재판절차에서 긴급조치의 위헌성을 다툴 수조차 없는 규범적 장애가 있었던 점 등에 비추어 볼 때, 예외적으로 헌법질서의 수호·유지 및 관련 당사자의 권리구제를 위하여 재판의 전제성을 인정함이 상당하다."

2. 재판의 전제성이 인정될 경우 갑의 헌법소원심판청구는 적법한가? (30점)

Ⅰ. 서: 위헌소원과 적법요건 [4점]
Ⅱ. 실질적 위헌법률심판으로서의 위헌소원과 긴급조치 [8점]
  1. 위헌법률심판의 대상: 법률 및 법률과 동일한 효력을 가진 법규범
  2. 긴급조치의 법적 성격과 효력
  3. 위헌소원의 대상으로서의 긴급조치
Ⅲ. 긴급조치에 대한 위헌심사의 준거규범 [10점]
  1. 헌법의 연속성과 위헌심사의 준거규범으로서의 현행헌법
  2. 유신헌법과 현행헌법의 충돌과 그 해결방법
  3. 긴급조치에 대한 위헌심사의 준거규범으로서의 현행헌법
Ⅳ. (재판의 전제성을 제외한) 기타 위헌소원의 청구요건 [6점]
  1. 위헌법률심판제청의 신청과 기각
  2. 변호사 강제주의
  3. 청구기간
Ⅴ. 결론 [2점]

Ⅰ. 서: 위헌소원과 적법요건 [4점]

사안의 헌법소원심판은 헌법재판소법 제68조 제2항에 따른 위헌소원이며, 그 형식은 헌법소원심판이지만 그 실질은 위헌법률심판이기 때문에 적법요건에 있어서 권리구제형 헌법소원과는 큰 차이를 보인다.

위헌법률심판과 마찬가지로 재판의 전제성 요건을 갖추어야 하는 것은 물론이고 그 밖에 당해 법원에 위헌법률심판의 제청을 신청했으나 기각당했어야 한다. 반면에 변호사 강제주의와 청구기간의 제한이 인정되는 점은 권리구제형 헌법소원과 유사한 점이 있다.

Ⅱ. 실질적 위헌법률심판으로서의 위헌소원과 긴급조치 [8점]

1. 위헌법률심판의 대상: 법률 및 법률과 동일한 효력을 가진 법규범

위헌법률심판의 대상은 국회에서 제정한 형식적 의미의 법률뿐만 아니라 조약 등 법률과 동등한 효력을 갖는 법규범을 포함한다. 따라서 유신헌법 하에서 법률적 효력을 갖고 있었던 긴급조치도 위헌법률심판의 대상으로 인정될 수 있다.

2. 긴급조치의 법적 성격과 효력

이와 관련하여 대법원에서는 유신헌법 당시 긴급조치에 대해 국회의 승인이나 동의를 요하지 않고 단지 국회에 통고하는 것에 불과하기 때문에 국회의 입법권 행사라는 실질을 갖지 못하여 위헌법률심판의 대상이 되는 '법률'에 해당한다고 볼 수 없다는 견해를 밝혔다.

하지만 유신헌법상 긴급조치는 국민의 자유와 권리를 잠정적으로 정지할 수 있고, 정부나 법원의 권한에 대해서도 긴급조치를 할 수 있는 등 법률적 효력을 갖는 것이 분명하다. 단지 절차상 국회의 승인이나 동의를 받지 않게 되어 있었다는 것만으로 법률적 효력을 부인할 수는 없다.

3. 위헌소원의 대상으로서의 긴급조치

위헌소원은 그 실질이 위헌법률심판이므로, 긴급조치가 위헌법률심판의 대상이 된다면 위헌소원의 대상으로도 인정되어야 한다.

Ⅲ. 긴급조치에 대한 위헌심사의 준거규범 [10점]

1. 헌법의 연속성과 위헌심사의 준거규범으로서의 현행헌법

긴급조치의 합헌성 여부의 판단에서 준거규범을 당시의 헌법으로 할 것인지, 현행헌법으로 할 것인지가 문제될 수 있다. 그러나 이는 헌법재판소가 판시한 바와 같이 현행헌법으로 보아야 한다.

만일 준거규범을 당시의 헌법으로 할 경우에는 헌법개정을 통해 헌법조항의 문제를 해결하더라도 당시의 법률에 대해서는 전혀 위헌판단을 내리지 못하는 모순이 발생하며, 이는 – 형법불소급의 경우와는 반대로 – 국민의 인권보장에 역행하는 것이기 때문이다.

2. 유신헌법과 현행헌법의 충돌과 그 해결방법

당시의 헌법과 현행헌법이 충돌할 경우에는 무조건 현행헌법에 따른다고 하는 것보다는 당시의 시대적 상황 속에서 불가피한 점이 있었는지 여부를 먼저 판단해야 한다. 만일 그런 정황이 인정된다면 당시 헌법에 따른 당시의 법률이 합리적인 것으로 인정될 수도 있다.

그러나 긴급조치 및 그 근거조항인 유신헌법 제53조는 국민의 인권에 대한 과도한 제한을 합리적 통제장치 없이 인정하고 있었던 것이었고, 그렇기 때문에 이후의 헌법에서 개정되었다. 이런 점들을 고려할 때, 긴급조치에 관한 사항은 유신헌법이 아닌 현행헌법에 의거하여 판단해야 할 것이다.

3. 긴급조치에 대한 위헌심사의 준거규범으로서의 현행헌법

이상의 검토에 따라 – 유신헌법의 모든 조항이 현행헌법과 충돌할 경우에 무효화된다는 것은 아니지만 – 적어도 긴급조치에 관한 합헌성 여부의 판단에서는 유신헌법이 아닌 현행헌법이 준거규범이 되어야 한다.

Ⅳ. (재판의 전제성을 제외한) 기타 위헌소원의 청구요건 [6점]

1. 위헌법률심판제청의 신청과 기각

헌법재판소에 위헌소원을 제청하기 위해서는 먼저 당해 법원에 위헌법률심판을 제청하였으나 기각 당했어야 한다.

법원이 위헌법률심판청구를 할 수도 있는데 이를 건너뛰고 당사자가 곧바로 위헌소원을 청구하는 것은 헌법재판소의 부담을 과중하게 만들 우려가 있다는 점에서 권리구제형 헌법소원에서 보충성 요건을 둔 것과 유사한 취지로 이런 요건이 인정되는 것이다.

2. 변호사 강제주의

위헌소원은 비록 그 실질은 위헌법률심판이지만 그 형식은 헌법소원심판이며, 당사자가 청구의 주체가 된다. 따라서 헌법재판소법 제25조 제3항에 따라 변호사 강제주의가 적용된다.

갑은 본인이 변호사 자격이 있는 경우가 아니라면 변호사를 대리인으로 선임하여야 심판청구를 할 수 있다.

3. 청구기간

위헌소원은 헌법재판소법 제69조 제2항에 따라 위헌법률심판의 제청신청을 기각하는 결정을 통지받은 날로부터 30일 이내에 청구하여야 한다.

Ⅴ. 결론 [2점]

이상의 검토를 종합할 때, 갑의 헌법소원심판청구는 – 설문에 명확하게 드러나지 않고 있는 변호사 강제주의 및 청구기간 등의 요건을 준수하였다고 볼 때 – 적법한 것으로 판단된다.

3. 갑의 헌법소원심판청구가 적법한 경우 헌법재판소는 어떠한 본안판단을 내려야 하는가? (50점)

Ⅰ. 사안의 분석과 쟁점의 정리 [5점]
Ⅱ. 긴급조치 제1호, 제2호의 헌법적 근거와 주요 내용 [6점]
 1. 헌법적 근거: 유신헌법 제53조
 2. 긴급조치 제1호의 주요 내용
 3. 긴급조치 제2호의 주요 내용
Ⅲ. 긴급조치 제1호: 헌법개정논의의 금지와 그 합헌성 여부 [12점]
 1. 국민의 헌법개정권력의 침해
 2. 정치적 의사표현의 자유 및 참정권의 침해
 3. 영장주의, 죄형법정주의 위반
Ⅳ. 긴급조치 제2호: 군사재판의 적용과 그 합헌성 여부 [12점]
 1. 군사법원의 의의와 한계
 2. 군사법원의 관할범위와 법관에 의한 재판을 받을 권리의 침해
 3. 과잉금지원칙의 위배
Ⅴ. 헌법재판소의 본안 판단 [12점]

Ⅰ. 사안의 분석과 쟁점의 정리 [5점]

본 사안은 유신헌법에 반대하여 헌법개정을 주장했다는 이유로 대통령의 긴급조치에 의해 처벌받았던 갑이 유신헌법 제53조 및 긴급조치의 위헌성을 주장하면서 위헌소원을 제기한 것이다. 앞서 검토한 바와 같이 긴급조치의 합헌성 여부는 현행헌법을 준거규범으로 하여 합헌성 여부를 판단하는 것이 가능하다.

긴급조치 제1호와 제2호의 의미와 내용을 분석할 때, 긴급조치 제1호와 관련하여서는 무엇보다 헌법개정논의를 금지한 것이 과연 합헌인지에 대한 판단이 핵심이며, 제2호와 관련해서는 군사재판을 통해 국민의 기본권을 제한할 수 있도록 한 것이 합헌인지의 여부가 가장 중요할 것이다. 이러한 쟁점들에 대한 검토를 거쳐서 헌법재판소가 어떤 형식과 내용 및 효력을 갖는 결정을 내려야 하는지를 판단할 수 있다.

Ⅱ. 긴급조치 제1호, 제2호의 헌법적 근거와 주요 내용 [6점]

1. 헌법적 근거: 유신헌법 제53조

긴급조치의 헌법적 근거는 유신헌법 제53조이다. 이 조항에서는 "천재 · 지변 또는 중대한 재정 · 경제상의 위기에 처하거나, 국가의 안전보장 또는 공공의 안녕질서가 중대한 위협을 받거나 받을 우려가 있어, 신속한 조치를 할 필요가 있다고 판단할 때" 대통령이 국정 전반에 걸쳐 강력한 효력을 갖는 긴급조치를 할 수 있도록 하고 있다.[4]

그러나 당시 긴급조치에 의해 국민의 기본권을 광범위하게 제한하고, 헌법의 효력을 정지시키는 등 오남용이 심각하였기 때문에 많은 비판이 있었고, 헌법개정에 의해 이름을 비상조치(제5공화국), 긴급재정 · 경제처분 및 그 명령, 긴급명령(현행헌법)으로 바꾸었고, 권한의 축소 및 통제의 강화가 있었다.

---

4) **현행헌법 제76조**
① 대통령은 내우 · 외환 · 천재 · 지변 또는 중대한 재정 · 경제상의 위기에 있어서 국가의 안전보장 또는 공공의 안녕질서를 유지하기 위하여 긴급한 조치가 필요하고 국회의 집회를 기다릴 여유가 없을 때에 한하여 최소한으로 필요한 재정 · 경제상의 처분을 하거나 이에 관하여 법률의 효력을 가지는 명령을 발할 수 있다.
② 대통령은 국가의 안위에 관계되는 중대한 교전상태에 있어서 국가를 보위하기 위하여 긴급한 조치가 필요하고 국회의 집회가 불가능한 때에 한하여 법률의 효력을 가지는 명령을 발할 수 있다.
③ 대통령은 제1항과 제2항의 처분 또는 명령을 한 때에는 지체없이 국회에 보고하여 그 승인을 얻어야 한다.
④ 제3항의 승인을 얻지 못한 때에는 그 처분 또는 명령은 그때부터 효력을 상실한다. 이 경우 그 명령에 의하여 개정 또는 폐지되었던 법률은 그 명령이 승인을 얻지 못한 때부터 당연히 효력을 회복한다.
⑤ 대통령은 제3항과 제4항의 사유를 지체없이 공포하여야 한다.

2. 긴급조치 제1호의 주요 내용

긴급조치 제1호의 핵심은 유신체제의 수호이며, 이를 위해 유신헌법에 대한 비판, 유신헌법의 개정 또는 폐지에 대한 논의까지 금지한 것이다.

또한 이를 위반한 사람에 대해 영장 없이 체포, 구속, 압수, 수색하며 15년 이하의 징역과 15년 이하의 자격정지를 병과할 수 있도록 하였다.

3. 긴급조치 제2호의 주요 내용

긴급조치 제2호의 핵심은 긴급조치 제1호 위반자들에 대한 재판을 담당하는 비상군법회의 설치이다. 현행헌법상 민간인의 군사재판은 매우 예외적인 경우에만 허용[5]됨에도 불구하고 당시에는 긴급조치에 의해 비상계엄이 아님에도 군사재판의 대상을 확대하고 있었던 것이다.

Ⅲ. 긴급조치 제1호: 헌법개정논의의 금지와 그 합헌성 여부 [12점]

1. 국민의 헌법개정권력의 침해

민주국가에서 국민은 주권자이며, 동시에 헌법제정권력 및 헌법개정권력의 주체이다. 이러한 국민의 주권 내지 헌법제정권력은 불가분, 불가양의 시원적 권력으로 인정된다.

그런데 긴급조치 제1호에서 주권자인 국민의 헌법개정논의 자체를 금지한 것은 직접적으로는 국민의 헌법개정권력을 침해한 것이고, 이를 통해 실질적으로는 국민의 주권까지도 침해한 것으로 볼 수 있다. 따라서 이를 합헌으로 볼 수 없다.[6]

---

5) **유신헌법 제24조 제2항**: "군인 또는 군속이 아닌 국민은 대한민국의 영역 안에서는 군사에 관한 간첩죄의 경우와, 초병 · 초소 · 유해음식물공급 · 포로에 관한 죄 중 법률에 정한 경우 및 비상계엄이 선포되거나 <u>대통령이 법원의 권한에 관하여 긴급조치를 한 경우</u>를 제외하고는 군법회의의 재판을 받지 아니한다."

유신헌법 제108조

① 군사재판을 관할하기 위하여 특별법원으로서 군법회의를 둘 수 있다.

② 군법회의의 상고심은 대법원에서 관할한다.

③ 비상계엄하의 군사재판은 군인 · 군속의 범죄나 군사에 관한 간첩죄의 경우와, 초병 · 초소 · 유해음식물공급 · 포로에 관한 죄중 법률에 정한 경우에 한하여 단심으로 할 수 있다.

현행헌법 제27조 제2항: "군인 또는 군무원이 아닌 국민은 대한민국의 영역안에서는 중대한 군사상 기밀 · 초병 · 초소 · 유독음식물공급 · 포로 · 군용물에 관한 죄중 법률이 정한 경우와 비상계엄이 선포된 경우를 제외하고는 군사법원의 재판을 받지 아니한다."

현행헌법 제110조

① 군사재판을 관할하기 위하여 특별법원으로서 군사법원을 둘 수 있다.

② 군사법원의 상고심은 대법원에서 관할한다.

③ 군사법원의 조직 · 권한 및 재판관의 자격은 법률로 정한다.

④ 비상계엄하의 군사재판은 군인 · 군무원의 범죄나 군사에 관한 간첩죄의 경우와 초병 · 초소 · 유독음식물공급 · 포로에 관한 죄 중 법률이 정한 경우에 한하여 단심으로 할 수 있다. 다만, 사형을 선고한 경우에는 그러하지 아니하다.

6) **헌재 2013.3.21. 2010헌바132 등 결정**: "헌법을 개정하거나 다른 내용의 헌법을 모색하는 것은 주권자인 국민이 보유하는 가장 기본적인 권리로서, 가장 강력하게 보호되어야 할 권리 중의 권리에 해당하고, 집권세력의 정책과 도덕성, 혹은 정당성에 대하여 정치적인 반대의사를 표시하는 것은 헌법이 보장하는 정치적 자유의 가장 핵심적인 부분이다. 정부에 대한 비판 일체를 원천적으로 배제하고 이를 처벌하는 긴급조치 제1호, 제2호는 대한민국 헌법의 근본원리인 국민주권주의와 자유민주적 기본질서에 부합하지

2. 정치적 의사표현의 자유 및 참정권의 침해

나아가 긴급조치 제1호는 국민의 정치적 의사표현의 자유 및 참정권을 침해하였다. 전쟁 등의 특수상황도 아니면서 긴급조치를 통해 정권에 대한 비판을 억누르는 것은 매우 심각한 기본권의 침해로 볼 수밖에 없다.[7)]

3. 영장주의, 죄형법정주의 위반

긴급조치 제1호는 긴급조치 위반자들에 대하여 영장 없는 체포, 구속, 압수, 수색을 가능케 하였으며, 15년 이하의 징역에 처할 수 있도록 하였다. 그 자체가 헌법상 영장주의에 위반될 뿐만 아니라, 죄형법정주의의 명확성원칙에 위배되는 것으로 볼 수 있다.

Ⅳ. 긴급조치 제2호: 군사재판의 적용과 그 합헌성 여부 [12점]

1. 군사법원의 의의와 한계

특별법원인 군사법원을 설치함에 있어서 군사재판의 특수성을 고려하여 그 조직·권한 및 재판관의 자격을 일반법원과 달리 정하는 것은 헌법상 허용된다. 그러나 군사법원의 경우도 사법권의 독립 등 헌법의 근본원리에 위반되거나 헌법 제27조 제1항의 재판청구권 등 기본권의 본질적 내용을 침해해서는 안 된다.

2. 군사법원의 관할범위와 법관에 의한 재판을 받을 권리의 침해

헌법상 군사법원의 재판은 '군인이나 군무원'에 대한 재판의 경우에 적용되고, 군인이나 군무원이 아닌 국민의 경우에는 군대의 조직 및 기능의 유지와 관련된 '중대한 군사상 기밀·초병·초소·유독음식물공급·포로·군용물에 관한 죄 중 법률이 정한 경우'와 '비상계엄이 선포된 경우'에 한정된다.

그런데 긴급조치 제1호와 제2호에 따라 긴급조치 위반자에 대해서는 군법회의에 의한 군사재판을 받도록 한 것은 국민의 헌법과 법률이 정한 법관에 의한 재판을 받을 권리를 자의적으로 광범위하게 제한함으로써 그 본질적인 내용을 침해한 것이다.[8)]

아니하므로 기본권 제한에 있어서 준수하여야 할 목적의 정당성과 방법의 적절성이 인정되지 않는다. 긴급조치 제1호, 제2호는 국민의 유신헌법 반대운동을 통제하고 정치적 표현의 자유를 과도하게 침해하는 내용이어서 국가긴급권이 갖는 내재적 한계를 일탈한 것으로서, 이 점에서도 목적의 정당성이나 방법의 적절성을 갖추지 못하였다."

7) **헌재 2013.3.21. 2010헌바132 등 결정**: "긴급조치 제1호, 제2호는 국가긴급권의 발동이 필요한 상황과는 전혀 무관하게 헌법과 관련하여 자신의 견해를 단순하게 표명하는 모든 행위까지 처벌하고, 처벌의 대상이 되는 행위를 전혀 구체적으로 특정할 수 없으므로, 표현의 자유 제한의 한계를 일탈하여 국가형벌권을 자의적으로 행사하였고, 죄형법정주의의 명확성원칙에 위배되며, 국민의 헌법개정권력의 행사와 관련한 참정권, 국민투표권, 영장주의 및 신체의 자유, 법관에 의한 재판을 받을 권리 등을 침해한다."

8) **헌재 2013.3.21. 2010헌바132 등 결정**: "긴급조치 제2호 제4항, 제5항은 비상보통군법회의와 비상고등군법회의에 각각 국군현역장관급장교 1인을 재판장으로 하고 국군현역장관급장교를 심판관으로 둘 수 있도록 하고, 제9항에 따라 비상군법회의의 재판관은 국방부장관, 법무부장관의 의견을 들어 대통령이 임명하도록 하고 있다.
그런데 긴급조치 제2호에 의하여 설치된 비상군법회의는 긴급조치 제1호를 위반한 자를 심판하기 위한 것으로서(긴급조치 제2호 제1항), 긴급조치 제1호 제6항과 같은 이유로 일반 국민의 헌법과 법률이 정한 법관에 의한 재판을 받을 권리의 본질적인 내용을 침해하는 것이다."

3. 과잉금지원칙의 위배

이러한 기본권 침해는 과잉금지원칙에 따라 평가할 때, 목적의 정당성도 갖추지 못하고 있으며, 수단의 적합성, 침해의 최소성, 법익의 균형성을 모두 결여한 것으로 보인다. 따라서 긴급조치 제1호와 제2호에 근거한 기본권 제한은 위헌적인 것으로 판단된다.

Ⅴ. 헌법재판소의 본안 판단 [12점]

1. 헌법재판소의 결정 형식

사안에서 갑은 위헌소원을 청구하였으며, 그 실질은 위헌법률심판이므로 헌법재판소의 결정 형식은 청구에 대한 인용 또는 기각이 아니라 위헌 또는 합헌으로 내려진다.

헌법불합치결정 등 변형결정의 가능성도 있으나, 사안의 경우 이러한 변형결정을 이용해야 할 특별한 필요성(예컨대 다양한 해석가능성 및 그에 따른 합헌판단과 위헌판단이 엇갈릴 가능성, 또는 단순 위헌의 경우 법적 안정성을 심각하게 훼손할 우려 등)이 보이지 않는다.

2. 사안에 대한 판단

사안의 경우 앞서 검토한 바에 따라 긴급조치의 위헌성이 명백하고 중대하므로 헌법재판소는 위헌결정을 내려야 한다.

3. 헌법재판소 결정의 효력

헌법재판소의 위헌결정은 헌법재판소법 제75조 제6항 및 이에 의해 준용되는 헌법재판소법 제45조와 제47조에 따라 법원과 그밖의 국가기관 및 지방자치단체를 기속한다. 또한 본 사안의 긴급조치는 형벌에 관한 조항이므로 소급하여 그 효력을 상실한다.

Ⅵ. 결론 [3점]

이상 검토의 결과 본 사안의 긴급조치 제1호와 제2호는 국민의 헌법개정권력 및 정치적 의사표현의 자유, 영장주의 등의 본질적 내용을 침해하여 위헌이며, 헌법재판소는 이에 대해 위헌결정을 내려야 할 것이다.

헌법재판소의 위헌결정은 모든 국가기관과 지방자치단체를 기속하며, 결정의 효력은 소급하여 긴급조치를 무효화하는 것으로 나타난다.

2

조약의 헌법 제3조 영토조항 위반 여부

갑 등은 독도 수역에서 오랫동안 어업에 종사해 온 사람들인데, 그 간 위 수역에서 독점적으로 조업활동을 해 왔지만, 1998.11.28. 일본국 가고시마에서 체결되고 1999.1.6. 제199회 임시국회의 제6차 본회의에서 비준동의안이 가결되어 같은 해 1.22. 발효된 '대한민국과 일본국 간의 어업에 관한 협정'으로 인하여 위 수역에서 일본국의 어선과 공동어업을 할 수밖에 없게 되어서 자신들의 어획량이 감소하였다고 주장하며 대한민국을 피고로 하여 서울중앙지방법원에 손해배상을 청구하였다.

(위 협정안의 국회 비준동의 절차와 관련하여 국회의장과 국회의원 간의 권한쟁의사건[헌재 2000.2.24, 99헌라2]과 위 협정에 대한 비준 등 위헌확인사건[헌재 2001.3.21. 99헌마139등]이 있었고, 여기서 헌법재판소는 국회의장의 가결·선포행위 및 비준동의 의결절차 시 헌법 제49조를 위반하였다고 인정할 증거가 없다는 이유로 위 각 심판청구를 기각한 바 있다.)

위 소송 중 갑 등은 위 협정조항이 조약에 대한 비준동의절차를 거치지 않는 등 헌법을 위반하였다고 하며 위헌법률심판제청신청을 하였으나, 2007.3.27. 기각되자, 같은 해 4.25. 위 협정의 영토조항 위배 등을 이유로 헌법재판소에 헌법소원심판을 청구하였다.

〈헌재 2009.2.26. 2007헌바35 참조〉

1. 갑 등의 헌법소원심판청구는 적법한가? (20점)
2. 조약의 내용이 헌법에 위배될 경우에 이를 다툴 수 있는 헌법소송의 유형과 장단점은 무엇인가? (30점)
3. 갑 등의 헌법소원심판청구가 적법한 경우 헌법재판소는 어떠한 본안판단을 내려야 하는가? (50점)

〈참고 조문(아래 법령은 현행 법령과 다를 수 있음)〉

대한민국과 일본국 간의 어업에 관한 협정 제9조

1. 다음 각 목의 점을 순차적으로 직선으로 연결하는 선에 의하여 둘러싸이는 수역에 있어서는 부속서 I 의 제2항의 규정을 적용한다.

……

대한민국과 일본국 간의 어업에 관한 협정 부속서 I

1. 생략

2. 양 체약국은 이 협정 제9조 제1항에서 정하는 수역에서 해양생물자원의 유지가 과도한 개발에 의하여 위협받지 아니하도록 하기 위하여 다음 각 목의 규정에 따라 협력한다.
   가. 각 체약국은 이 수역에서 타방체약국 국민 및 어선에 대하여 어업에 관한 자국의 관계법령을 적용하지 아니한다.
   나. ~ 마. 생략
3. 생략

1. 갑 등의 헌법소원심판청구는 적법한가? (20점)

Ⅰ. 서: 위헌소원의 의의 및 성격과 청구요건 [2점]
Ⅱ. 재판의 전제성 [7점]
   1. 소송의 계속
   2. 심판대상법률(조항)이 당해 소송사건에 적용
   3. 심판대상법률(조항)의 위헌 여부에 따라 다른 내용의 재판
Ⅲ. 위헌법률심판제청의 신청과 기각 [6점]
   1. 위헌소원의 성격과 법원에 대한 위헌법률심판제청의 의미
   2. 법원의 기각 결정과 그 의미
   3. 헌법재판소법 제68조 제2항에 의한 헌법소원심판의 청구
Ⅳ. 기타의 청구요건 [4점]
   1. 변호사 강제주의
   2. 청구기간
Ⅴ. 결론 [1점]

Ⅰ. 서: 위헌소원의 의의 및 성격과 청구요건 [2점]

사안에서 갑 등이 제기한 헌법소원심판은 헌법재판소법 제68조 제2항에 따른 이른바 위헌소원으로서 헌법소원이지만 실질적으로는 위헌법률심판에 해당하는 것이다. 따라서 청구요건으로 재판의 전제성 요건이 갖추어져야 하며, 그밖에 당해 법원에 대한 위헌법률심판제청신청과 기각, 변호사 강제주의, 청구기간 등의 요건이 갖춰져야 한다.

Ⅱ. 재판의 전제성 [7점]

1. 소송의 계속

재판의 전제성이 인정되기 위해서는 가장 먼저 법원에 소송이 계속(繫屬) 중이어야 한다. 즉, 법적 쟁점에 관하여 법원에 소송이 제기되고 그 소송에 대해 법원이 심리를 하고 있는 상태여야 한다. 본 사안에서는 소송의 계속 중임을 확인할 수 있다.

2. 심판대상법률(조항)이 당해 소송사건에 적용

두 번째 요건은 위헌 여부가 다투어지는 법률(조항)이 당해 사건에 적용되는 것이어야 한다는 점이다. 당해 사건의 재판과 무관한 법률(조항)에 대해서는 구체적 규범통제에서 위헌 여부를 다툴 수 없기 때문이다.

이 사건의 심판대상인 「대한민국과 일본국 간의 어업에 관한 협정」 제9조와 「대한민국과 일본국 간의 어업에 관한 협정 부속서 Ⅰ」은 당해 사건에 적용되는 것이므로 이 요건도 충족된다.

3. 심판대상법률(조항)의 위헌 여부에 따라 다른 내용의 재판

재판의 전제성 인정을 위한 마지막 요건은 다투어지는 법률(조항)의 위헌 여부에 따라 당해 사건의 판결 결과에 차이가 발생해야 한다는 점이다. 심판대상조항이 위헌일 경우에는 당해 사건에서 피고인 대한민국의 손해배상책임을 인정하는데 결정적인 영향을 미칠 수 있을 것이므로 이 요건도 충족된다.

Ⅲ. 위헌법률심판제청의 신청과 기각 [6점]

1. 위헌소원의 성격과 법원에 대한 위헌법률심판제청의 의미

헌법재판소에 위헌소원을 청구하기 위해서는 먼저 당해 법원에 위헌법률심판제청을 신청하였으나 기각당했어야 한다.

법원이 위헌법률심판제청을 할 수도 있는데 이를 건너뛰고 당사자가 곧바로 위헌소원을 청구하는 것은 헌법재판소의 부담을 과중하게 만들 우려가 있다는 점에서 권리구제형 헌법소원에서 보충성 요건을 둔 것과 유사한 취지로 이런 요건이 인정되는 것이다.

2. 법원의 기각 결정과 그 의미

사안에서 갑 등의 위헌법률심판제청신청은 법원에 의해 기각되었고, 이러한 기각결정에 의해 위헌법률심판제청을 기대할 수 없게 되었다. 그러나 법원의 판단이 항상 타당한 것은 아니라는 점에서 헌법재판소의 판단을 받을 수 있는 길을 열어 놓을 필요성이 인정된다.

3. 헌법재판소법 제68조 제2항에 의한 헌법소원심판의 청구

헌법재판소법 제68조 제2항에 의한 위헌소원은 이러한 의미에서 법원의 위헌법률심판제청이 제대로 행해지지 않는 것에 대한 보완장치라 할 수 있다.[1]

사안의 갑 등이 당해법원에 대한 위헌법률심판제청신청의 기각 후에 헌법재판소법 제68조 제2항에 의해 헌법소원심판을 청구함으로써 해당 요건을 갖추었다.

---

1) 제4공화국과 제5공화국 당시 위헌법률심판제청권을 갖고 있던 대법원에서 15년(1972~1987)동안 단 한 건의 위헌법률심판도 제청하지 않았던 경험에 대한 반작용으로 이러한 위헌소원 제도가 도입된 것으로 볼 수 있다.

Ⅳ. 기타의 청구요건 [4점]

1. 변호사 강제주의

위헌소원은 비록 그 실질은 위헌법률심판이지만 그 형식은 헌법소원심판이며, 당사자가 청구의 주체가 된다. 따라서 헌법재판소법 제25조 제3항에 따라 변호사 강제주의가 적용된다.

갑 등은 본인이 변호사 자격이 있는 경우가 아니라면 변호사를 대리인으로 선임하여야 심판청구를 할 수 있다.

2. 청구기간

위헌소원은 헌법재판소법 제69조 제2항에 따라 위헌법률심판의 제청신청을 기각하는 결정을 통지받은 날로부터 30일 이내에 청구하여야 한다.

Ⅴ. 결론 [1점]

이상의 검토를 종합할 때, 갑 등의 헌법소원심판청구는 – 설문에 명확하게 드러나지 않고 있는 변호사 강제주의 및 청구기간 등의 요건을 준수하였다고 볼 때 – 적법한 것으로 판단된다.

2. 조약의 내용이 헌법에 위배될 경우에 이를 다툴 수 있는 헌법소송의 유형과 장단점은 무엇인가? (30점)

Ⅰ. 서: 헌법재판의 유형과 각각의 역할 [3점]
Ⅱ. 위헌법률심판과 그 장단점 [8점]
  1. 위헌법률심판의 의의, 유형
  2. 현행법상 구체적 규범통제의 장점과 단점
  3. 제도 개선의 방향: 추상적 규범통제의 도입
Ⅲ. 헌법소원심판(법령소원)과 그 장단점 [8점]
  1. 헌법소원심판의 의의와 유형
  2. 권리구제형 헌법소원과 위헌소원의 비교
  3. 권리구제형 헌법소원(법령소원)의 장단점
Ⅳ. 권한쟁의심판과 그 장단점 [8점]
  1. 권한쟁의심판의 의의와 역할
  2. 권한쟁의심판의 특성과 장단점
  3. 제도 개선의 방향: 권한쟁의심판과 위헌법률심판의 연결
Ⅴ. 세 가지 헌법소송 유형의 비교 및 결론 [3점]

Ⅰ. 서: 헌법재판의 유형과 역할 [3점]

현행법상 다섯 가지 헌법소송 유형이 인정되고 있으며, 그 각각은 별도의 역할을 수행한다. 그 중에서 조약의 합헌성 여부에 대한 판단과 관련되는 헌법소송은 세 가지가 있다.

첫째, 위헌법률심판은 법률의 합헌성 여부에 대한 판단을 통해 실질적 법치주의를 실현하는데 핵심적인 역할을 하며, 조약도 법률적 효력을 갖는 것으로서 그 대상이 된다.

둘째, 헌법소원심판은 공권력에 의한 국민의 기본권 침해에 대응하는 역할을 하며, 조약에 의한 기본권 침해가 문제될 경우 헌법소원심판의 대상이 될 수 있다.

셋째, 권한쟁의심판은 국가기관 또는 지방자차단체들 간의 권한분쟁을 해결하는 역할을 한다. 조약의 경우 국회와 다른 국가기관 간의 권한 다툼이 문제될 경우에 그 대상이 된다.

Ⅱ. 위헌법률심판과 그 장단점 [8점]

1. 위헌법률심판의 의의, 유형

위헌법률심판은 헌법소송 유형의 가장 기본이 되는 것으로서 법률의 합헌성 여부를 헌법재판을 통해 판단함으로써 법률의 정당성을 확보하기 위한 것이다.

위헌법률심판의 유형은 구체적 규범통제와 추상적 규범통제, 예방적 규범통제로 나뉘며, 우리나라에서는 재판의 전제성을 요구하는 구체적 규범통제만이 인정되고 있다.

2. 현행법상 구체적 규범통제의 장점과 단점

구체적 규범통제는 가장 먼저 탄생된 위헌법률심판이며, 법원의 소송이 계속 중인 상태에서 당해 사건에 적용되는 법률의 합헌성 여부에 대해서만 한정적으로 위헌 여부 판단을 인정하는 것이다.

구체적 규범통제의 장점은 심판대상의 과도한 확대를 막고, 민중소송화를 방지하는 것이지만, 단점으로는 태아의 생명권 등 보호의 사각지대가 존재한다는 점이다.

3. 제도 개선의 방향: 추상적 규범통제의 도입

국내에서도 위헌법률심판을 통한 합헌성 통제의 강화 내지 인권보장의 강화를 위해 추상적 규범통제를 도입하자는 논의가 오래 전부터 계속되고 있다.

추상적 규범통제를 도입할 경우 정치의 사법화 우려가 크다는 반대의견도 있으나, 실질적 법치주의의 강화 내지 인권보장의 강화를 위해 적극적으로 고려할 필요가 있다.

Ⅲ. 헌법소원심판(법령소원)과 그 장단점 [8점]

1. 헌법소원심판의 의의와 유형

헌법소원심판은 공권력에 의하여 국민의 기본권이 침해되었을 때 이를 다툴 수 있는 헌법소송이다.

헌법소원심판은 다양한 방식으로 유형화될 수 있지만, 조약에 대한 헌법소원심판에 초점을 맞출 때, 두 가지 구분이 중요하다. 하나는 권리구제형 헌법소원과 위헌소원의 구분이고, 다른 하나는 공권력의 유형에 따라 법령소원, 처분소원, 재판소원이다.

조약에 대한 헌법소원으로 가능한 것은 그 중에서 위헌소원과 법령소원이라 할 수 있다.

2. 권리구제형 헌법소원과 위헌소원의 비교

헌법재판소법 제68조 제1항에 따른 권리구제형 헌법소원은 공권력의 행사 또는 불행사에 의한 기본권의 침해를 다투는 것이다.

반면에 헌법재판소법 제68조 제2항에 의한 위헌소원은 소송이 계속 중인 법원에서 당사자의 위헌법률심판제청신청을 기각한 경우에 당사자가 직접 헌법재판소에 해당 법률(조항)의 위헌성 여부에 대한 판단을 청구하는 것으로서 형식은 헌법소원이지만 실질은 위헌법률심판이다.

3. 권리구제형 헌법소원(법령소원)의 장단점

위헌소원의 장단점은 위헌법률심판에 유사한 반면, 법령소원의 장단점은 이와는 차이가 크다.

법령소원은 재판의 전제성 요건과 무관하게 헌법재판소에 직접 심판청구를 할 수 있는 반면에 청구기간의 제한이 훨씬 엄격하다. 위헌법률심판 및 위헌소원에서 해당 법률(조항)이 언제 제정되었는지, 그 위헌성을 언제 알게 되었는지를 따지지 않는 것과는 달리 법령소원은 해당 공권력의 행사(본 사안의 경우 조약의 체결 및 발효)가 있은 날부터 1년 이내, 안 날부터 90일 이내에 청구해야 하는 것이다.

Ⅳ. 권한쟁의심판과 그 장단점 [8점]

1. 권한쟁의심판의 의의와 역할

권한쟁의심판은 국가기관 또는 지방자치단체 간에 헌법상 또는 법률상 권한의 존부 및 범위에 관한 다툼이 있을 때, 이를 해결하기 위한 헌법소송이다.

주목할 점은 헌법상 기관에 대해서만 권한쟁의심판이 인정된다는 점이며, 따라서 법률상 기관에 대해서는 당사자적격이 인정되지 않는다.[2)]

2. 권한쟁의심판의 특성과 장단점

권한쟁의심판은 다섯 가지 헌법소송 중에서 유일하게 참여 재판관의 과반수로 결정을 내린다. 이는 국가작용의 위헌성을 인정하거나 정당의 해산, 공직자의 파면을 결정하는 경우에 가중다수를 요구하는 것과는 달리 권한쟁의심판에서는 양 당사자를 동등하게 취급해야 하기 때문이다.

---

2) 그로 인해 법률상 기관인 국가인권위원회에 대해서는 헌법재판소가 권한쟁의심판의 당사자적격을 인정하지 않았다(**헌재 2010.10.28. 2009헌라6 결정**).

그러나 이로 인하여 복잡한 문제가 발생하는 경우도 적지 않다. 다른 헌법소송과는 결정정족수가 다르다 보니, 권한침해에 대해서는 위헌성을 인정하면서도 권한침해의 결과로 행해진 국가작용에 대해서는 위헌성을 인정하기 어려운 경우들이 발생하는 것이다.[3)]

3. 제도 개선의 방향: 권한쟁의심판과 위헌법률심판의 연결

권한쟁의심판의 합리화를 위해서는 위헌법률심판 등 다른 헌법소송과 같은 방식, 같은 결정정족수로 심판할 수 있도록 하는 것이 바람직하다. 성질상 권한쟁의심판에 대해 가중다수를 요구하는 것은 곤란하므로 독일처럼 위헌법률심판에 대해서도 과반수로 결정할 수 있도록 하는 것이 합리적인 대안으로 보인다.

Ⅴ. 세 가지 헌법소송 유형의 비교 및 결론 [3점]

이상의 검토를 종합할 때, 위헌법률심판과 법령소원, 권한쟁의심판은 각각의 장단점을 가지고 있다. 다만, 조약의 성격과 법률적 효력을 고려할 때 법령소원이나 권한쟁의심판보다는 사안의 경우처럼 －형식상 위헌소원이지만－ 위헌법률심판의 절차에 따라 처리하는 것이 현재로서는 가장 합리적일 것으로 보인다.

3. 갑 등의 헌법소원심판청구가 적법한 경우 헌법재판소는 어떠한 본안판단을 내려야 하는가? (50점)

Ⅰ. 사안의 분석과 쟁점의 정리 [5점]
Ⅱ. 「내한민국과 일본국 간의 어업에 관한 협정」의 의의와 성격 [12점]
  1. 조약의 개념 및 법적 효력
  2. 「대한민국과 일본국 간의 어업에 관한 협정」의 법적 성격과 효력
  3. 조약에 의한 기본권제한과 그 정당성 판단의 필요성
Ⅲ. 「대한민국과 일본국 간의 어업에 관한 협정」의 합헌성 판단 [15점]
  1. 국회 동의절차 위반 여부
  2. 영토조항 위반 여부
  3. 제한되는 기본권과 그 제한의 정당성 여부
Ⅳ. 헌법재판소의 본안판단 [15점]
  1. 헌법재판소의 결정 형식
  2. 사안에 대한 판단
  3. 결정의 효력
Ⅴ. 결론 [3점]

3) 예컨대 **헌재 2009.10.29. 2009헌라8등 결정**에서 헌법재판소는 신문법안, 방송법안 등의 가결선포행위에 대해 국회의원의 심의·표결권을 침해하여 위헌이라고 판시하였지만, 이와 동시에 －사실상 해당 법률에 대한 위헌결정과 같은 의미를 갖는－ 가결선포행위에 관한 무효확인 청구는 기각함으로써 논란이 야기된 바 있었다.

Ⅰ. 사안의 분석과 쟁점의 정리 [5점]

본 사안에서 청구인 갑 등이 심판대상인 대한민국과 일본국 간의 어업에 관한 협정 및 그 부속서 I 의 위헌성을 주장하는 근거로는 국회 동의절차의 위배 및 영토조항 위배를 들고 있다.

이에 대한 합헌성 여부의 판단을 위해서는 먼저 이 협정의 의의와 성격을 분석한 후에 관련 쟁점들의 정당성 판단, 특히 국회 동의절차 위배 여부, 영토조항 위배 여부 및 제한되는 기본권과 그 제한의 정당성 여부 등을 판단한 후에 헌법재판소가 어떤 형식과 내용으로 본안판단을 내려야 하는지를 살펴볼 수 있을 것이다.

Ⅱ. 「대한민국과 일본국 간의 어업에 관한 협정」의 의의와 성격 [12점]

1. 조약의 개념 및 법적 효력

조약이란 그 명칭과 상관없이 국가 및 국제법주체 간의 문서에 의한 합의를 말한다. 다만, 입법사항에 관한 조약은 헌법 제60조 제1항에 따라 국회의 동의를 얻어서 법률적 효력을 갖고, 그렇지 않은 조약은 국회의 동의를 요하지 않으며, 대통령령과 같은 효력을 갖는다.

2. 「대한민국과 일본국 간의 어업에 관한 협정」의 법적 성격과 효력

따라서 「대한민국과 일본국 간의 어업에 관한 협정」도 조약이며, 헌법 제6조 제1항에 따라 국내법과 같은 효력을 갖는다. 그리고 이 협정의 내용은 국가권력이 미치는 범위를 정하고 있으며, 국민의 기본권에도 영향을 미친다는 점에서 입법사항에 관한 조약으로 국회의 동의를 받아야 하며, 법률적 효력을 갖는다.

3. 조약에 의한 기본권제한과 그 정당성 판단의 필요성

조약과 헌법의 관계에 대하여는 학설상 대립이 있으나 조약의 국내법적 효력이 헌법에 의해 인정되고 있음을 생각할 때, 그리고 조약에 의해 대한민국의 주권이 침해되어서는 안 된다는 점을 고려할 때, 조약에 대한 헌법의 우위를 인정하는 것이 타당하며, 조약이 헌법의 중요한 가치인 기본권을 제한할 경우 다른 국가작용과 마찬가지로 합헌성 판단을 해야 할 것이다.

Ⅲ. 「대한민국과 일본국 간의 어업에 관한 협정」의 합헌성 판단 [15점]

1. 국회 동의절차 위반 여부

사안에서 청구인 갑 등이 국회 동의절차 위반을 문제삼고 있으나, 헌법재판소의 결정에 의해 이미 합헌성이 인정되고 있을 뿐만 아니라, 이를 달리 보아야 할 새로운 증거가 제시되지 않고 있는 점에 비추어 국회 동의절차 위반을 인정하기는 어렵다.

2. 영토조항 위반 여부

일본국과의 어업협정에 의해 대한민국의 배타적 경제수역 내에서 일본 어선들이 조

업할 수 있도록 한 것이 헌법 제3조 영토조항을 위배한 것인지에 대해서는 논란이 있다.

그러나 위 협정은 어업에 관한 협정일 뿐이고, 배타적 경제수역의 경계획정 자체를 바꾼 것은 아니므로 영토에 대한 제한으로 볼 수는 없다. 따라서 영토조항의 침해로도 보기 어렵다.[4)]

3. 제한되는 기본권과 그 제한의 정당성 여부

청구인 갑 등은 위 협정으로 인한 어획량 감소와 관련하여 직업선택의 자유, 재산권, 평등권 등의 침해를 주장할 수 있다.

그러나 법률에 의한 기본권 제한이 가능하듯이 국회의 동의를 받은 조약에 의한 기본권 제한도 가능하며, 위 협정의 내용이 양국의 이해관계를 절충함에 있어서 현저히 균형을 잃은 것이 아니라면 해당 기본권의 침해도 위헌적인 것으로 보기 어렵다.[5)]

Ⅳ. 헌법재판소의 본안판단 [15점]

1. 헌법재판소의 결정 형식

사안에서 갑은 위헌소원을 청구하였으며, 그 실질은 위헌법률심판이므로 헌법재판소의 결정 형식은 청구에 대한 인용 또는 기각이 아니라 위헌 또는 합헌으로 내려질 수 있다.

한정합헌이나 한정위헌 또는 헌법불합치 결정의 가능성도 있으나, 사안의 경우 이러한 변형결정을 이용해야 할 특별한 필요성(예컨대 다양한 해석가능성 및 그에 따른 합헌판단과 위헌판단이 엇갈릴 가능성, 또는 단순 위헌의 경우 법적 안정성을 심각하게 훼손할 우려 등)이 보이지 않는다.

2. 사안에 대한 판단

본 사안의 경우 앞서 검토한 바에 따라 갑 등이 주장한 국회 동의절차의 위헌성, 영토조항의 위배, 직업선택의 자유 등 기본권의 과도한 제한을 인정하기 어려우며, 따라서 헌법재판소는 합헌결정을 내려야 한다.

3. 결정의 효력

헌법재판소의 합헌결정은 당해 사건에 대해 구속력이 있지만, 위헌결정과 같이 모든 국가기관을 구속하는 것은 아니며, 같은 조항에 대해 별개의 사건에서 다시 다투어

---

4) **헌재 2009.2.26. 2007헌바35 결정**: "이 사건 협정조항은 어업에 관한 협정으로서 배타적경제수역을 직접 규정한 것이 아니고, 이러한 점들은 이 사건 협정에서의 이른바 중간수역에 대해서도 동일하다고 할 것이어서 독도가 중간수역에 속해 있다 할지라도 독도의 영유권문제나 영해문제와는 직접적인 관련을 가지지 아니하므로, 이 사건 협정조항이 헌법상 영토조항을 위반하였다고 할 수 없다."

5) **헌재 2009.2.26. 2007헌바35 결정**: "한일 양국의 마주보는 수역이 400해리에 미치지 못하여 서로 중첩되는 부분이 생겨나게 되었고, 이로 인해 양국 간의 어로활동에 있어서의 충돌은 명약관화한 것이었으므로 이러한 사태는 피하여야 한다는 양국의 공통된 인식에 입각하여 협상이 이루어진 결과 성립된 것이 이 사건 협정이라 할 것이며, 이 사건 협정은 어업에 관한 한일 양국의 이해를 타협·절충함에 있어서 현저히 균형을 잃은 것으로는 보이지 않는다고 일응 평가할 수 있으므로, 청구인 등의 헌법상 보장된 직업선택의 자유, 재산권, 평등권 등이 침해되었다고 볼 수 없다."

질 수 있다.

V. 결론 [3점]

이상의 검토에 따르면 「대한민국과 일본국 간의 어업에 관한 협정」 및 그 부속서는 내용상 합헌으로 판단되며, 헌법재판소는 이에 대해 합헌결정을 내려야 한다.

다만, 헌법재판소의 합헌결정은 위헌결정과 달리 일반적 기속력을 갖지 못하기 때문에 새로운 위헌소송이 제기될 가능성은 계속 열려 있다.

3

5 · 18특별법과 소급효금지의 원칙

서울지방검찰청 검사는 1994.10.29. 이른바 12 · 12 군사반란사건과 관련된 피의자 38명에 대하여 기소유예의 불기소처분을 하고, 1995.7.18. 이른바 5 · 18 내란사건과 관련된 피의자 35명에 대하여 공소권없음의 불기소처분을 하였다.

그런데 「5 · 18민주화운동 등에 관한 특별법」이 1995.12.21. 제정 · 공포되자, 서울지방검찰청 검사는 1995.12.29. 위 두 사건과 관련된 피의자들 전원에 대하여 사건을 재기한 다음, 갑 등에 대하여 12 · 12사건 및 5 · 18사건과 관련된 내란중요임무종사 등 혐의로 서울지방법원에 구속영장을 청구하였다.

이에 갑 등은 영장청구사건에 관한 재판의 전제가 되는 위 특별법 제2조는 공소시효가 이미 완성된 그들의 범죄혐의사실에 대하여 소급하여 그 공소시효 진행의 정지사유를 정한 것으로서 형벌불소급의 원칙을 천명하고 있는 헌법 제13조 제1항에 위반되는 규정이라고 주장하면서 서울지방법원에 이 법률조항에 대한 위헌심판의 제청신청을 하였다. 그러나 법원에서 이를 기각하자 갑 등은 헌법재판소에 헌법소원심판을 청구하였다.

〈헌재 1996.2.16. 96헌가2 등 참조〉

1. 갑 등의 헌법소원심판청구는 적법한가? (20점)
2. 위 「5 · 18민주화운동 등에 관한 특별법」은 특정인에게 적용되는 법률이기 때문에 평등에 위배되어 위헌인가? (30점)
3. 위 「5 · 18민주화운동 등에 관한 특별법」 제2조는 소급입법에 해당하여 위헌인가? (50점)

〈참고 조문(아래 법령은 현행 법령과 다를 수 있음)〉

5 · 18민주화운동 등에 관한 특별법 제2조 (공소시효의 정지)

① 1979년 12월 12일과 1980년 5월 18일을 전후하여 발생한 헌정질서파괴범죄의공소시효등에관한특별법 제2조의 헌정질서파괴범죄행위에 대하여 국가의 소추권행사에 장애사유가 존재한 기간은 공소시효의 진행이 정지된 것으로 본다.

② 제1항에서 "국가의 소추권행사에 장애사유가 존재한 기간"이라 함은 당해 범죄행위의 종료일부터 1993년 2월 24일까지의 기간을 말한다.

1. 갑 등의 헌법소원심판청구는 적법한가? (20점)

Ⅰ. 서: 위헌소원의 성격과 청구요건 [2점]

사안에서 갑 등이 제기한 헌법소원심판은 헌법재판소법 제68조 제2항에 따른 이른바 위헌소원으로 형식상 헌법소원이지만 실질적으로는 위헌법률심판에 해당하는 것이다. 그에 따라 헌법재판소법 제68조 제1항의 권리구제형 헌법소원과는 청구요건에 큰 차이를 보인다. 무엇보다 재판의 전제성 요건이 갖추어져야 하며, 그밖에 당해 법원에 대한 위헌법률심판제청신청과 기각, 변호사 강제주의, 청구기간 등의 요건이 갖춰져야 한다.

Ⅱ. 재판의 전제성 [7점]

1. 소송의 계속

재판의 전제성이 인정되기 위해서는 가장 먼저 법원에 소송이 계속(繫屬) 중이어야 한다. 즉, 법적 쟁점에 관하여 법원에 소송이 제기되고 그 소송에 대해 법원이 심리를 하고 있는 상태여야 한다. 본 사안에서는 소송의 계속 중임을 확인할 수 있다.

2. 심판대상법률(조항)이 당해 소송사건에 적용

두 번째 요건은 위헌 여부가 다투어지는 법률(조항)이 당해 사건에 적용되는 것이어야 한다는 점이다. 당해 사건의 재판과 무관한 법률(조항)에 대해서는 구체적 규범통제에서 위헌 여부를 다툴 수 없기 때문이다.

이 사건의 심판대상인 「5·18민주화운동 등에 관한 특별법」 제2조는 당해 사건에 적용되는 것이므로 이 요건도 충족된다.

3. 심판대상법률(조항)의 위헌 여부에 따라 다른 내용의 재판

재판의 전제성 인정을 위한 마지막 요건은 다투어지는 법률(조항)의 위헌 여부에 따라 당해 사건의 판결 결과에 차이가 발생해야 한다는 점이다. 심판대상이 위헌일 경우에는 당해 사건에서 갑 등에 대한 형벌부과의 가능성이 없어질 수 있으므로 이 요건도 충족된다.

Ⅲ. 위헌법률심판제청의 신청과 기각 [6점]

1. 위헌소원의 성격과 법원에 대한 위헌법률심판제청의 의미

헌법재판소에 위헌소원을 제청하기 위해서는 먼저 당해 법원에 위헌법률심판을 제청하였으나 기각당했어야 한다.

법원이 위헌법률심판청구를 할 수도 있는데 이를 건너뛰고 당사자가 곧바로 위헌소원을 청구하는 것은 헌법재판소의 부담을 과중하게 만들 우려가 있다는 점에서 권리구제형 헌법소원에서 보충성 요건을 둔 것과 유사한 취지로 이런 요건이 인정되는 것이다.

2. 법원의 기각 결정과 그 의미

사안에서 갑 등의 위헌법률심판제청신청은 법원에 의해 기각되었고, 이러한 기각결정에 의해 위헌법률심판제청을 기대할 수 없게 되었다. 그러나 법원의 판단이 항상 타당한 것은 아니라는 점에서 헌법재판소의 판단을 받을 수 있는 길을 열어 놓을 필요성이 인정된다.

3. 헌법재판소법 제68조 제2항에 의한 헌법소원심판의 청구

헌법재판소법 제68조 제2항에 의한 위헌소원은 이러한 의미에서 법원의 위헌법률심판제청이 제대로 행해지지 않는 것에 대한 보완장치라 할 수 있다.

사안의 갑 등이 당해법원에 대한 위헌법률심판제청신청의 기각 후에 헌법재판소법 제68조 제2항에 의해 헌법소원심판을 청구한 것은 해당 요건을 갖춘 것이다.

Ⅳ. 기타의 청구요건 [4점]

1. 변호사 강제주의

위헌소원은 비록 그 실질은 위헌법률심판이지만 그 형식은 헌법소원심판이며, 당사자가 청구의 주체가 된다. 따라서 헌법재판소법 제25조 제3항에 따라 변호사 강제주의가 적용된다.

갑 등은 본인이 변호사 자격이 있는 경우가 아니라면 변호사를 대리인으로 선임하여야 심판청구를 할 수 있다.

2. 청구기간

위헌소원은 헌법재판소법 제69조 제2항에 따라 위헌법률심판의 제청신청을 기각하는 결정을 통지받은 날로부터 30일 이내에 청구하여야 한다.

Ⅴ. 결론 [1점]

이상의 검토를 종합할 때, 갑 등의 헌법소원심판청구는 - 설문에 명확하게 드러나지 않고 있는 변호사 강제주의 및 청구기간 등의 요건을 준수하였다고 볼 때 - 적법한 것으로 판단된다.

2. 위 「5 · 18민주화운동 등에 관한 특별법」은 특정인에게 적용되는 법률이기 때문에 평등에 위배되어 위헌인가? (30점)

Ⅰ. 서: 평등권이 입법에 미치는 영향 [3점]
Ⅱ. 입법에 있어서의 평등과 법률의 일반성 [6점]
  1. 기본권의 입법에 대한 구속력: 헌법적 가치의 객관적 표현으로서의 기본권
  2. 입법의 특성과 평등권에 구속되는지 여부: 입법비구속설과 입법구속설
  3. 평등한 입법의 요청과 그 결과로서의 '법률의 일반성'
Ⅲ. 처분적 법률과 평등권의 위배 여부 [10점]
  1. 현대국가의 행정국가적 과제 증가와 법치국가적 통제의 필요성
  2. 처분적 법률의 등장과 그 개념 및 성격
  3. 처분적 법률의 합헌성과 그 한계
Ⅳ. 「5 · 18민주화운동 등에 관한 특별법」의 위헌성 여부에 대한 판단 [10점]
  1. 「5 · 18민주화운동 등에 관한 특별법」은 개별사항법률로서 위헌인가?
  2. 「5 · 18민주화운동 등에 관한 특별법」은 개별인법률로서 위헌인가?
  3. 사안에 대한 판단
Ⅴ. 결론 [1점]

Ⅰ. 서: 평등권이 입법에 미치는 영향 [3점]

평등권과 입법권의 관계는 매우 특별하다. 기본권의 보호영역이 비교적 구체화되어 있는 다른 기본권들과는 달리 평등권은 특별한 보호영역에 한정되지 않을 뿐만 아니라, 평등권의 핵심인 '차별의 합리성' 여부에 대한 판단은 일차적으로 입법자에게 맡겨지는 것으로 인정되는 경우가 많기 때문이다.

그러나 입법권에 의한 평등권 침해의 문제가 심각해지면서 평등권의 입법에 대한 구속이 널리 인정되고 있다. 특히 '법률의 일반성'은 평등권의 요청이라 할 수 있으며, 이 사안의 핵심 쟁점은 평등권의 요청에 따른 법률의 일반성이 어느 정도까지 지켜져야 하는지의 문제라고 할 수 있다.

Ⅱ. 입법에 있어서의 평등과 법률의 일반성 [6점]

1. 기본권의 입법에 대한 구속력: 헌법적 가치의 객관적 표현으로서의 기본권

오늘날 기본권은 개인의 권리로서의 성격뿐만 아니라 헌법적 가치의 객관적 표현으로서의 측면도 함께 갖고 있는 것으로 널리 인정되고 있다. 이러한 기본권의 이중성에 따라 기본권의 국가작용에 대한 구속력이 널리 인정된다.

2. 입법의 특성과 평등권에 구속되는지 여부: 입법비구속설과 입법구속설

과거 입법에 대해서 평등권의 구속력이 인정되는지에 관하여 입법비구속설과 입법구속설의 대립이 있었다. 입법비구속설은 평등한지의 여부(즉, 차별이 합리적인지의 여부)를 입법을 통해 결정하여야 한다는 이유로 평등권의 입법에 대한 구속력을 부인했지만, 오늘날에는 평등권도 입법에 대한 구속력을 갖는다는 입법구속설이 지배적이다. 다만, 평등권의 입법에 대한 구속력이 다른 기본권과는 다른 점이 있다는 것은 널리 인정된다.

3. 평등한 입법의 요청과 그 결과로서의 '법률의 일반성'

입법에 대한 평등권이 구속력이 구체화되고 있는 대표적인 것의 하나가 법률의 일반성 요청이다. 즉, 법률은 특정인 또는 특정 사건을 겨냥한 것이어서는 안되고, 불특정 다수인에게 적용되어야 하며, 이를 통해 법적용의 평등이 확보되어야 한다는 것이다.

Ⅲ. 처분적 법률과 평등권의 위배 여부 [10점]

1. 현대국가의 행정국가적 과제 증가와 법치국가적 통제의 필요성

현대국가에서는 전통적인 권력분립이 다양한 형태로 변용되고 있으며, 그 가장 큰 원인으로 정당국가화와 더불어 행정국가화를 들 수 있다. 행정국가화는 사회보장을 비롯한 행정과제의 증대로 인해 행정부의 조직, 인력, 권한 등이 확대되어 입법부와 사법부를 압도하는 현상을 말하며, 그로 인해 비대해진 행정권력의 통제가 법치국가의 중요과제로 대두되었다.

특히 행정국가화의 핵심 중의 하나인 행정입법의 증대에 대한 통제의 강화 문제와 함께 과거와 같이 침해행정뿐만 아니라 중요한 행정작용에 대해 폭넓게 국회가 제정한 법률에 근거를 두도록 하는 것이 요청되고 있다.

2. 처분적 법률의 등장과 그 개념 및 성격

처분적 법률이란 성질은 행정처분에 유사하지만 법률의 형식으로 구체적인 사항을 정하고 있는 것이다. 이러한 경우 법률이 사실상 행정처분과 같은 역할을 함으로 직접 해당자들에게 권리나 의무를 부과할 수 있다는 특징을 갖는다.[1)]

처분적 법률은 행정국가에 대한 통제의 강화 속에서 탄생한 것이지만, 법률의 일반성이라는 평등(권)의 요청을 벗어나는 측면이 있기 때문에 그 합헌성 여부가 논란된 바 있다.

3. 처분적 법률의 합헌성과 그 한계

처분적 법률의 유형으로서 많이 논의되고 있는 것이 특별히 제한된 범위의 사람들에게만 적용되는 개별인법률(Einzelpersonengesetz), 특정한 개별 사안을 규율하는 개별사항법률(Einzelfallgesetz)이다. 전자의 예로 정치활동정화법, 부정축재처리법 등을, 후

---

1) 처분적 법률이 자동집행력을 갖는다는 견해도 있지만, 이에 대해서는 처분적 법률이 모두 그런 것은 아니고, 따라서 처분적 법률의 본질에 해당하는 것은 아니라고 보는 반대 견해도 매우 강력하다.

자의 예로 긴급금융조치법, 긴급통화조치법 등을 든다.

이러한 개별인 또는 개별사항에 대한 법률은 평등에 반하여 위헌의 우려가 높지만, 헌법재판소는 이러한 차별적 규율이 정당화될 수 있는 특별한 사유가 있는 경우에는 합헌이라고 판시한 바 있다.2)

Ⅳ. 「5 · 18민주화운동 등에 관한 특별법」의 위헌성 여부에 대한 판단 [10점]

1. 「5 · 18민주화운동 등에 관한 특별법」은 개별사항법률로서 위헌인가?

사안의 「5 · 18민주화운동 등에 관한 특별법」은 특정 사건에 관한 법률이므로 형식상 개별사항법률이라고 볼 수 있다.

그러나 12 · 12 및 5 · 18 사건의 경우 집권과정에서의 불법적 요소나 올바른 헌정사의 정립을 위한 과거청산의 요청에 미루어볼 때 비록 특별법이 개별적사건법률이라고 하더라도 입법을 정당화할 수 있는 공익이 인정될 수 있다. 따라서 위 법률은 개별사건법률에 의한 차별적 취급을 정당화할 수 있는 합리적 이유가 있는 것으로 보아야 할 것이다.3)

2. 「5 · 18민주화운동 등에 관한 특별법」은 개별인법률로서 위헌인가?

「5 · 18민주화운동 등에 관한 특별법」은 그 적용대상이 불특정 다수인이 아니라 사실상 특정되어 있다는 점에서 개별인법률로 볼 수 있다.

하지만 이 역시 12 · 12 및 5 · 18 사건의 특수성에 비추어 볼 때, 기존의 다른 사건들과는 달리 취급해야 할 필요성이 인정되므로 이러한 차별적 취급이 정당화될 수 있는 합리적 사유가 존재하는 것으로 볼 수 있다.

3. 사안에 대한 판단

이렇게 볼 때, 「5 · 18민주화운동 등에 관한 특별법」은 비록 개별사항법률 또는 개별인법률에 해당한다 할지라도 그로 인하여 위헌성이 곧바로 인정된다고 보기는 어렵다.

Ⅴ. 결론 [1점]

이상의 검토를 종합할 때, 「5 · 18민주화운동 등에 관한 특별법」은 비록 그 적용대

---

2) **헌재 2011.3.31. 2008헌바141등 결정**: "우리 헌법은 처분적 법률로서 개인대상법률 또는 개별사건법률의 정의를 따로 두고 있지 않음은 물론, 이러한 처분적 법률의 제정을 금하는 명문의 규정도 두고 있지 않은바, 특정규범이 개인대상 또는 개별사건법률에 해당한다고 하여 그것만으로 바로 헌법에 위반되는 것은 아니라고 할 것이다."

3) **헌재 1996.2.16. 96헌가2등 결정**: "개별사건법률은 원칙적으로 평등원칙에 위배되는 자의적 규정이라는 강한 의심을 불러 일으키는 것이지만, 개별법률금지의 원칙이 법률제정에 있어서 입법자가 평등원칙을 준수할 것을 요구하는 것이기 때문에 특정규범이 개별사건법률에 해당한다 하여 곧바로 위헌을 뜻하는 것은 아니며, 이러한 차별적 규율이 합리적인 이유로 정당화될 수 있는 경우에는 합헌적일 수 있다.
이른바 12 · 12 및 5 · 18 사건의 경우 그 이전에 있었던 다른 헌정질서파괴범과 비교해 보면, 공소시효의 완성 여부에 관한 논의가 아직 진행중이고, 집권과정에서의 불법적 요소나 올바른 헌정사의 정립을 위한 과거청산의 요청에 미루어 볼 때 비록 특별법이 개별사건법률이라고 하더라도 입법을 정당화할 수 있는 공익이 인정될 수 있으므로 위 법률조항은 헌법에 위반되지 않는다."

상이 사실상 확정되어 있으므로 특정인을 대상으로 하는 개별인법률로 볼 수 있지만, 그로 인해 곧바로 위헌이 되는 것은 아니다. 12 · 12 및 5 · 18 사건의 특수성에 비추어 볼 때, 차별취급의 합리적 이유가 인정되므로 헌법에 위배되지 않는 것으로 보아야 한다.

3. 위 「5 · 18민주화운동 등에 관한 특별법」 제2조는 소급입법에 해당하여 위헌인가? (50점)

> Ⅰ. 서: 헌법상 소급입법 및 소급효 금지원칙과 그 의미 [5점]
> Ⅱ. 소급입법(소급효)의 의의와 유형 [12점]
> 1. 법치주의 원리와 소급입법(소급효) 금지의 의미
> 2. 진정소급효와 법적 안정성의 침해
> 3. 부진정소급효와 정의의 요청
> Ⅲ. 공소시효 중단의 요건과 소급입법 해당 여부 [15점]
> 1. 공소시효의 성격과 시효중단의 요건
> 2. 헌정질서파괴범에 의한 국가권력의 장악과 소추장애사유
> 3. 반인도적 범죄와 시효중단
> Ⅳ. 죄형법정주의와 소급입법의 문제 [15점]
> 1. 법치주의의 구체화로서의 죄형법정주의
> 2. 죄형법정주의와 형벌불소급의 원칙, 그 적용의 범위와 한계
> 3. 사안에 대한 판단
> Ⅴ. 결론 [3점]

Ⅰ. 서: 헌법상 소급입법 및 소급효 금지원칙과 그 의미 [5점]

소급입법 및 소급효의 금지는 헌법의 기본원리인 법치주의의 기본적 요청으로 널리 인정되고 있다. 이와 관련하여 헌법 제13조 제1항에서는 형벌불소급의 원칙을, 제2항에서는 소급입법에 의한 참정권의 제한 및 재산권의 박탈을 명시적으로 금지하고 있지만, 그밖의 영역에서도 소급입법은 매우 제한적으로만 인정된다.

다만, 소급입법이라 해서 무조건 금지되는 것은 아니며, 이를 정당화할 수 있는 공익적 요청이 얼마나 큰지를 비교형량할 필요가 있으며, 이를 위해 진정소급효와 부진정소급효를 나누어서 공익적 요청에 따른 소급효 인정을 달리 판단하는 것이 헌법재판소의 확고한 태도이기도 하다. 사안의 「5 · 18민주화운동 등에 관한 특별법」 제2조에 대한 판단도 이러한 고려 속에서 내려져야 할 것이다.

Ⅱ. 소급입법(소급효)의 의의와 유형 [12점]

1. 법치주의 원리와 소급입법(소급효) 금지의 의미

법치주의가 지향하는 법의 이념은 정의, 법적안정성, 합목적성으로 구분된다. 그 중에서 정의가 법의 가장 중요한 이념으로 널리 인정되고 있지만, 법적안정성도 이에

못지 않은 중요한 법의 이념이자 법치의 목표로 강조된다.

법적안정성 측면에서는 법의 예측가능성 확보가 특히 강조되며, 예측할 수 없었던 법의 변경 등에 의한 불이익을 막기 위해 소급입법(소급효)의 금지가 널리 인정된다.

2. 진정소급효와 법적 안정성의 침해

진정소급효란 완성된 사실에 의해 법적 효과가 발생한 사태에서 이를 소급하여 변경하는 것이다. 대표적인 예로 시효가 완성된 이후에 시효를 연장하거나 시효배제를 인정하여 처벌이 가능하도록 만드는 것이다.

진정소급효의 경우 법의 예측가능성에 대한 침해가 심각하기 때문에 원칙적으로 금지되지만, 정의의 요청이 매우 강력한 경우, 예컨대 기존의 법제 자체가 심각한 인권침해를 야기하는 경우 등에는 예외가 인정될 수 있다.

3. 부진정소급효와 정의의 요청

부진정소급효란 완성된 사실이 아닌 진행중인 사실에 대해 이를 소급적으로 변경하는 것이다. 예컨대 시효가 완성되기 이전에 이를 연장하거나 시효배제를 인정하는 것은 부진정소급효에 해당한다.[4]

모든 부진정소급효를 위헌으로 볼 경우에는 시대적 상황의 변화에 따른 법제의 탄력적 대응에 심각한 문제를 야기할 수 있기 때문에 진정소급효와는 달리 공익적 필요와 당사자의 법적 이익을 비교 · 형량하여 그 합헌성 여부를 판단하는 것이 원칙이다.

Ⅲ. 공소시효 중단의 요건과 소급입법 해당 여부 [15점]

1. 공소시효의 성격과 시효중단의 요건

공소시효란 일정한 기간이 지나면 범죄에 대한 형사소추권이 소멸되도록 하는 제도이다. 범죄의 유형에 따라 공소시효의 기간은 각기 다르다(형사소송법 제249조).

공소시효는 공소의 제기 또는 재정신청, 범인의 해외도피 등의 사유로 중단된다.

2. 헌정질서파괴범에 의한 국가권력의 장악과 소추장애사유

본 사안에서 문제되고 있는 「5 · 18민주화운동 등에 관한 특별법」 제2조는 공소시효의 정지를 규정하고 있다.

---

4) **헌재 1996.2.16. 96헌가2등 결정**: "공소시효는 범죄행위가 종료한 때(범죄의 기수시기와 다를 수 있다)로부터 진행하고, 그 정지사유없이 공소시효기간이 경과함으로써 완성된다(형사소송법 제252조 제1항, 형사소송법 제249조 제1항). 따라서 공소시효의 완성시점을 확정하려면 범죄행위가 언제 종료한 것인지, 종료 후에 공소시효의 정지사유가 있었는지, 있었다면 정지기간은 어느 정도인지를 확정하는 것이 그 선결문제이므로 구체적 범죄행위에 관한 공소시효의 완성 여부 및 그 완성시점 등은 당해 사건을 재판하는 법원이 이를 판단할 성질의 것이지 헌법재판소가 판단할 수 있는 사항이 아니다. 따라서 법원의 판단에 따라 특별법 시행당시 공소시효가 이미 완성되었다면, 특별법은 이미 과거에 완성된 사실 또는 법률관계를 규율대상으로 하여 사후에 그 전과 다른 법적 효과를 생기게 하는(진정소급효) 법률이라 할 것이고, 한편 공소시효가 아직 완성되지 않았다면, 특별법은 과거에 이미 개시되었지만 아직 완결되지 않고 진행과정에 있는 사실 또는 법률관계와 그 법적 효과에 장래적으로 개입하여 법적 지위를 사후에 침해하는(부진정소급효) 법률이라 할 것이다."

그런데 이미 시효가 완성된 것으로 보면 이 법률 자체가 진정소급효에 해당하여 위헌성이 문제될 수 있다. 반면에 헌정파괴범죄의 주체가 국가권력을 장악하여 대통령으로 재직하는 동안에는 사실상 소추장애가 있었기 때문에 공소시효가 중단되어야 한다는 점을 '확인'한 것에 불과하다면 또 다른 관점에서의 접근이 필요하다.

3. 반인도적 범죄와 시효중단

특히 5·18사건의 경우에는 광주민주항쟁에 대한 군대의 투입과 수많은 민간인의 학살을 국제인권법에서 금지하고 있으며, 공소시효 배제의 사유로도 인정하고 있는 반인도적 범죄로 인정할 경우에는 이를 근거로 공소시효 중단을 인정하는 것도 가능하다.

Ⅳ. 죄형법정주의와 소급입법의 문제 [15점]

1. 법치주의의 구체화로서의 죄형법정주의

형법상 가장 중요한 원칙으로 인정되고 있는 죄형법정주의는 법치주의가 구체화된 것이다. 형벌불소급의 원칙은 관습형법의 배제, 유추해석의 금지, 절대적 부정기형의 금지와 더불어 죄형법정주의의 파생원칙으로 인정되며, 헌법 제13조 제1항에서도 이를 명시하고 있다.

「5·18민주화운동 등에 관한 특별법」은 「5·18민주화운동 관련자 보상 등에 관한 법률」과 달리 해당자의 형사처벌과 관련된 것이므로 형벌불소급의 원칙이 적용될 수 있다.

2. 죄형법정주의와 형벌불소급의 원칙, 그 적용의 범위와 한계

죄형법정주의 및 그 파생원칙인 형벌불소급의 원칙은 최대한 존중되어야 함이 분명하지만, 부진정소급효의 경우까지도 이를 적용하는 것은 아니다. 다만, 진정소급효는 특별한 예외가 아닌 한 형법조항에 대해서는 인정되지 말아야 할 것이다.

그러므로 공소시효가 중단되어 시효가 완성되지 않았다고 볼 때, 죄형법정주의 내지 형벌불소급원칙 위반의 문제는 발생하지 않는다.

3. 사안에 대한 판단

사안의 경우 「5·18민주화운동 등에 관한 특별법」에 의해 비로소 공소시효가 중단되는 것이 아니라 관련 당사자가 대통령으로 재직하는 동안 소추장애사유가 생겨서 공소시효가 중단되어야 한다는 사실을 확인하는 것에 불과하다고 볼 때, 그리고 반인도적 범죄에 대해서는 공소시효가 완전히 배제될 수 있다고 볼 때, 「5·18민주화운동 등에 관한 특별법」 제2조는 위헌이 아니라고 볼 수 있다.[5)]

---

5) 헌재 1996.2.16. 96헌가2 등 결정에서는 김진우, 이재화, 조승형, 정경식 재판관의 합헌의견과 김용준, 김문희, 황도연, 고중석, 신창언 재판관의 한정위헌의견이 4:5로 대립되었으나 위헌결정의 정족수 미달로 인해 합헌결정이 내려졌다.

V. 결론 [3점]

이상의 검토를 종합할 때, 「5 · 18민주화운동 등에 관한 특별법」 제2조는 공소시효에 대한 소급입법으로 볼 여지가 있지만, 첫째 이 법률 이전에 시효중단의 사유가 존재하는 것으로 인정될 수 있으므로 진정소급효가 아닌 부진정소급효로서 그 정당성을 가질 수 있으며, 둘째, 반인도적 범죄에 대한 시효배제 인정할 때, 형벌불소급의 원칙에 위배되지 않는 것으로서 합헌으로 볼 수 있다.

4

국회의원의 내란음모와 정당해산

A정당 소속 비례대표 국회의원인 갑은 북한에 동조하여 정부의 전복을 기도하는 비밀조직 X의 지도자로서 활동한 혐의를 받고 공소가 제기되어 법원에서 소송이 진행 중이다.

그런데 A정당에서는 갑의 발언과 행동이 오해의 소지가 있기는 하지만 정부전복의 진지한 의도나 계획이 없는 가운데 장난으로 이야기했던 것에 지나지 않으며, 이른바 비밀조직 X는 A정당의 하부조직으로서 합법적인 단체라고 주장하였다. 이에 갑의 내란음모 사건은 갑의 개인적 일탈행동이 아니라 A정당과의 조직적 연계속에 행해진 것으로 보아야 하며, 갑에 대한 형사처벌 이외에 A정당의 해산이 필요하다는 주장도 정치권 일각에서 나오고 있다.

〈헌재 2014.12.19. 2013헌다1 참조〉

1. A정당은 위헌정당으로 인정될 수 있는가? (60점)
2. A정당이 위헌정당으로서의 실체를 갖추고 있음에도 불구하고 정부가 헌법재판소에 위헌정당해산심판을 청구하지 않을 경우에는 어떤 법적 문제가 발생하는가? (15점)
3. A정당이 위헌정당으로 인정되어 해산될 경우에는 어떠한 법적 효과가 인정되는가? (25점)

1. A정당은 위헌정당으로 인정될 수 있는가? (60점)

Ⅰ. 사안의 분석과 논점의 정리 [5점]
Ⅱ. 헌법 제8조 제4항과 위헌정당해산의 요건 [22점]
  1. 헌법 제8조 제4항에 따른 위헌정당해산제도의 의의와 특성
  2. 정당의 목적과 활동
  3. (자유)민주적 기본질서에 위배
Ⅲ. 위헌정당해산의 절차 [16점]
  1. 정당특권과 위헌정당해산절차의 특수성
  2. 정부의 제소
  3. 헌법재판소의 결정
Ⅳ. 헌법재판소의 해산 결정과 그 구속력 [12점]
  1. 정당해산심판과 그 결정정족수
  2. 헌법재판소의 해산 결정과 그 창설적 효력
  3. 헌법재판소 해산 결정의 구속력
Ⅴ. 결론 [5점]

Ⅰ. 사안의 분석과 논점의 정리 [5점]

헌법 제8조 제4항은 이른바 방어적 민주주의의 구체화로서 위헌정당의 해산에 대해 규정하고 있다. 정당의 민주적 활동은 최대한 보호되어야 하지만, 민주주의를 파괴하려는 정당에 대해서는 헌법수호의 차원에서 강력한 대응이 필요하다는 점이 인정되기 때문이다.

사안에서 A정당은 소속 국회의원인 갑에 대한 형사소송과 관련하여 주된 혐의를 받고 있는 비밀조직 X를 A정당의 하부조직이라고 인정한 것과 관련하여 위헌정당이라는 의혹을 받게 되었다. 과연 A당이 위헌정당인지의 여부를 판단하려면 X의 지도자인 갑에 대한 형사소송의 결과가 중요한 근거가 될 수 있지만, 그밖에 헌법 제8조 제4항에서 정하고 있는 위헌정당해산의 요건 및 절차에 대해서도 신중한 검토가 필요하다.

Ⅱ. 헌법 제8조 제4항과 위헌정당해산의 요건 [22점]

1. 헌법 제8조 제4항에 따른 위헌정당해산제도의 의의와 특성

헌법 제8조 제4항의 위헌정당해산제도는 양면성을 갖고 있는 제도이다. 한편으로는 정상적인 정당의 민주적 활동을 최대한 보호하면서, 다른 한편으로는 민주주의를 파괴하는 위헌적 정당에 대한 강력한 통제제도를 구체화하고 있는 것이다.

과거 제1공화국 말기의 진보당 사건에 대한 반성을 기초로 제2공화국 헌법에서 도입되었던 이 제도는 한편으로는 정당해산의 요건과 절차를 엄격하게 함으로써 정당에 대한 해산을 함부로 하지 못하도록 하면서, 다른 한편으로는 이러한 엄격한 요건과 절차를 통해 위헌성이 인정된 정당에 대해서는 해산과 더불어 그 실효성을 강화하기 위한 강력한 효과를 인정하고 있는 것이다.[6)]

2. 정당의 목적과 활동

헌법 제8조 제4항은 정당의 목적이나 활동이 (자유)민주적 기본질서에 위배될 때 해산될 수 있도록 규정하고 있다. 문구상으로는 목적 또는 활동이 (자유)민주적 기본질서에 위배될 때 해산될 수 있는 것이지만, 학설과 판례에서는 목적과 활동의 종합적인 판단을 통해 위헌성을 인정해야 한다고 보고 있다.

정당의 목적이나 활동은 정당 전체의 성격을 보여주는 것이어야 하며, 정당 구성원 중의 일부가 보이는 일탈행동과는 구분되어야 한다. 다만, 정당의 당헌이나 강령에서

---

6) **헌재 2014.12.19. 2013헌다1 결정**: "정당해산심판제도는 정부의 일방적인 행정처분에 의해 진보적 야당이 등록취소되어 사라지고 말았던 우리 현대사에 대한 반성의 산물로서 제3차 헌법 개정을 통해 헌법에 도입된 것이다. 우리나라의 경우 이 제도는 발생사적 측면에서 정당을 보호하기 위한 절차로서의 성격이 부각된다. 따라서 모든 정당의 존립과 활동은 최대한 보장되며, 설령 어떤 정당이 민주적 기본질서를 부정하고 이를 적극적으로 공격하는 것으로 보인다 하더라도 국민의 정치적 의사형성에 참여하는 정당으로서 존재하는 한 헌법에 의해 최대한 두텁게 보호되므로, 단순히 행정부의 통상적인 처분에 의해서는 해산될 수 없고, 오직 헌법재판소가 그 정당의 위헌성을 확인하고 해산의 필요성을 인정한 경우에만 정당정치의 영역에서 배제된다. 그러나 한편 이 제도로 인해서, 정당활동의 자유가 인정된다 하더라도 민주적 기본질서를 침해해서는 안 된다는 헌법적 한계 역시 설정된다."

위헌적 목적을 드러내는 경우는 오히려 예외일 것이므로 정당의 다양한 활동을 통하여 그 목적을 유추하는 것이 필요할 수 있다.[7)]

이렇게 볼 때, 사안의 비밀조직 X가 A정당의 하부조직인 것이 사실이고, 또 정부를 전복하려는 진지한 의도와 계획이 있었던 것으로 인정된다면, 개인의 일탈행동이 아닌 정당의 목적과 활동이 그러한 것으로 볼 수 있다.

3. (자유)민주적 기본질서에 위배

위헌정당의 해산요건과 관련하여 가장 중요한 부분은 (자유)민주적 기본질서에 위배되는 것인지의 여부에 대한 판단이다. 여기서 (자유)민주적 기본질서란 이것 없이는 민주주의가 유지될 수 없는 본질적 부분들을 말하며, 국민의 인권을 비롯하여 민주주의와 법치주의의 핵심적 요소들을 포함한다.

헌법재판소의 판례에 따르면 '민주적 기본질서'는, 모든 폭력적 · 자의적 지배를 배제하고, 다수를 존중하면서도 소수를 배려하는 민주적 의사결정과 자유 · 평등을 기본원리로 하여 구성되고 운영되는 정치적 질서를 말하며, 국민주권의 원리, 기본적 인권의 존중, 권력분립제도, 복수정당제도 등을 포함한다.[8)]

따라서 합헌적 절차를 무시하고 정부를 폭력적으로 전복하려는 의도를 가진 비밀조직 X를 하부조직으로 운영하고 있다면, 이는 (자유)민주적 기본질서에 위배되는 것으로 볼 수 있다.

Ⅲ. 위헌정당해산의 절차 [16점]

1. 정당특권과 위헌정당해산절차의 특수성

정당해산제도는 정당에 대한 규제임에도 불구하고 그 요건과 절차의 엄격성으로 인해 정당특권이라고 불린다. 즉, 일반 결사와는 달리 매우 엄격한 요건과 절차에 의해서만 해산되기 때문이다. 특히 정부의 제소와 헌법재판소의 결정에 의해서만 해산된다는 절차적 요건은 정당해산이 오남용되지 못하도록 하는데 큰 역할을 한다.

---

7) **헌재 2014.12.19. 2013헌다1 결정**: '정당의 목적'이란, 어떤 정당이 추구하는 정치적 방향이나 지향점 혹은 현실 속에서 구현하고자 하는 정치적 계획 등을 통칭한다. 이는 주로 정당의 공식적인 강령이나 당헌의 내용을 통해 드러나겠지만, 그밖에 정당대표나 주요 당직자 등의 공식적 발언, 정당의 기관지나 선전자료와 같은 간행물, 정당의 의사결정과정에서 일정한 영향력을 가지거나 정당의 이념으로부터 영향을 받은 당원들의 행위 등도 정당의 목적을 파악하는 데에 도움이 될 수 있다. 만약 정당의 진정한 목적이 숨겨진 상태라면 이 경우에는 강령 이외의 자료를 통해 진정한 목적을 파악해야 한다. 한편 '정당의 활동'이란, 정당 기관의 행위나 주요 정당관계자, 당원 등의 행위로서 그 정당에게 귀속시킬 수 있는 활동 일반을 의미한다.

8) **헌재 2014.12.19. 2013헌다1 결정**: "헌법 제8조 제4항이 의미하는 '민주적 기본질서'는, 개인의 자율적 이성을 신뢰하고 모든 정치적 견해들이 각각 상대적 진리성과 합리성을 지닌다고 전제하는 다원적 세계관에 입각한 것으로서, 모든 폭력적 · 자의적 지배를 배제하고, 다수를 존중하면서도 소수를 배려하는 민주적 의사결정과 자유 · 평등을 기본원리로 하여 구성되고 운영되는 정치적 질서를 말하며, 구체적으로는 국민주권의 원리, 기본적 인권의 존중, 권력분립제도, 복수정당제도 등이 현행 헌법상 주요한 요소라고 볼 수 있다."

2. 정부의 제소

정당의 목적이나 활동이 (자유)민주적 기본질서에 위배되는 것으로 인정될 경우에는 정부가 해산을 제소할 수 있다. 여기서 정부의 제소를 요건으로 한 것에는 세 가지 의미가 있다.

첫째, 정부 내지 그 수반인 대통령의 헌법수호의무를 인정한 것이다. 즉, 위헌정당에 의해 헌법질서가 파괴되는 것을 막아야 할 책임이 정부에게 있음을 확인한 것이다.

둘째, 정부가 아닌 다른 국가기관 또는 개인이 위헌정당해산을 청구하지 못하도록 함으로써 위헌정당해산제도가 오남용되지 못하도록 한 것이다.

셋째, 정부는 헌법수호의무를 지고 있으나, 위헌적 정당에 대해 반드시 정당해산심판을 청구를 해야 할 의무를 지는 것은 아니다. 그러한 정당이 정치과정 속에서 자연도태되도록 하는 것이 더 바람직한 경우도 있기 때문이다.

따라서 A정당이 위헌정당으로 인정되기 위해서는 정부의 제소에 의한 정당해산심판절차를 거쳐야 한다.

3. 헌법재판소의 결정

정부의 정당해산심판청구는 정치적 판단에 의존하는 부분이 클 수밖에 없다. 그로 인해 정부가 이를 오남용할 경우에는 정부－여당에 의한 야당탄압이라는 문제가 매우 심각해질 우려가 있다. 이러한 오남용을 방지하기 위해 정부가 정당해산심판을 청구할 경우에는 헌법재판소가 이에 대해 결정을 내리도록 하고 있는 것이다.

헌법재판소는 정치적 고려를 벗어나 오로지 사법적 판단을 통해 정당의 목적과 활동이 (자유)민주적 기본질서에 위배되는지 여부를 엄격하게 판단함으로써 해당 정당의 해산 여부를 결정하는 것이다.

사안의 경우 실체적 요건에서 A정당의 목적과 활동이 (자유)민주적 기본질서에 위배되는 것으로 인정된다면, 정부의 제소에 따라 헌법재판소의 해산결정이 내려질 수 있다.[9]

Ⅳ. 헌법재판소의 해산 결정과 그 구속력 [12점]

1. 정당해산심판과 그 결정정족수

위헌법률심판에서의 위헌결정이나 탄핵심판의 탄핵결정, 그리고 헌법소원심판의 인용결정과 마찬가지로 정당해산심판의 해산결정은 헌법재판소 재판관 7인 이상의 출석(헌법재판소법 제23조 제1항)과 6인 이상의 찬성(헌법재판소법 제23조 제2항 제1호)을 요한다.

---

9) **헌재 2014.12.19. 2013헌다1 결정**: "북한식 사회주의를 실현하고자 하는 피청구인의 목적과 활동에 내포된 중대한 위헌성, 대한민국 체제를 파괴하려는 북한과 대치하고 있는 특수한 상황, 피청구인 구성원에 대한 개별적인 형사처벌로는 정당 자체의 위험성이 제거되지 않는 등 해산 결정 외에는 피청구인의 고유한 위험성을 제거할 수 있는 다른 대안이 없는 점, 그리고 민주적 기본질서의 수호와 민주주의의 다원성 보장이라는 사회적 이익이 정당해산결정으로 인한 피청구인의 정당활동의 자유에 대한 근본적 제약이나 다원적 민주주의에 대한 일부 제한이라는 불이익에 비하여 월등히 크고 중요하다는 점을 고려하면, 피청구인에 대한 해산결정은 민주적 기본질서에 가해지는 위험성을 실효적으로 제거하기 위한 부득이한 해법으로서 비례원칙에 위배되지 아니한다."

2. 헌법재판소의 해산 결정과 그 창설적 효력

헌법재판소법 제59조에 따라 헌법재판소가 정당의 해산을 명하는 결정을 내린 때에는 그 정당은 해산된다. 이러한 헌법재판소의 결정은 창설적 효력을 갖는 것으로 인정된다. 즉, 해당 정당의 위헌성은 이미 오래 전부터 존재하던 것이라 하더라도 그 당시로 소급하여 정당을 해산시키고, 정당활동을 무효화하는 것이 아니라 헌법재판소의 해산결정이 내려진 때에 비로소 정당이 해산되며, 기존의 정당활동에 대해서는 해산결정의 효력이 미치지 않는 것이다.

3. 헌법재판소 해산 결정의 구속력

헌법재판소의 해산결정이 내려지면 정당해산을 명하는 결정서가 해당 정당 및 국회, 정부, 중앙선거관리위원회에 송달되며, 중앙선거관리위원회는 그 정당의 등록을 말소하고 지체 없이 그 뜻을 공고하여야 한다(정당법 제47조).

이와 더불어 해산된 정당의 잔여재산의 국고 귀속(정당법 제48조), 대체정당의 금지(정당법 제40조), 해산된 정당과 동일명칭 등의 사용금지(정당법 제41조 제2항) 등이 인정된다. 또한 법률상 명문의 규정은 없지만, 헌법재판소 판례에 따라 소속 의원의 의원직 상실도 인정된다.[10)]

Ⅴ. 결론 [5점]

비밀조직 X가 A정당의 하부조직인 것이 사실이고, 또 X가 정부전복을 위한 진지한 의도와 계획을 갖고 있었던 것이 사실이라면 A정당의 목적 및 활동이 (자유)민주적 기본질서에 위배되는 것으로 볼 수 있다. 이러한 경우 정부의 제소에 의해 헌법재판소는 해산결정을 내리게 될 것이며, 헌법재판소 결정에 의해 A정당은 해산된다. 또한 A정당의 잔여재산은 국고에 귀속되며, 대체정당의 금지, 동일 명칭의 사용금지, 소속 의원의 의원직 상실 등이 인정된다.

2. A정당이 위헌정당으로서의 실체를 갖추고 있음에도 불구하고 정부가 헌법재판소에 위헌정당해산심판을 청구하지 않을 경우에는 어떤 법적 문제가 발생하는가? (15점)

Ⅰ. 서: 위헌정당해산의 법적 의미와 정치적 파급효 [2점]
Ⅱ. 헌법 제8조와 정부의 해산제소권 - 권한인가? 의무인가? [6점]

---

10) **헌재 2014.12.19. 2013헌다1 결정**: "헌법재판소의 해산결정으로 정당이 해산되는 경우에 그 정당 소속 국회의원이 의원직을 상실하는지에 대하여 명문의 규정은 없으나, 정당해산심판제도의 본질은 민주적 기본질서에 위배되는 정당을 정치적 의사형성과정에서 배제함으로써 국민을 보호하는 데에 있는데 해산정당 소속 국회의원의 의원직을 상실시키지 않는 경우 정당해산결정의 실효성을 확보할 수 없게 되므로, 이러한 정당해산제도의 취지 등에 비추어 볼 때 헌법재판소의 정당해산결정이 있는 경우 그 정당 소속 국회의원의 의원직은 당선 방식을 불문하고 모두 상실되어야 한다."

Ⅲ. 정부의 제소권에 대한 독일의 사례 [2점]
Ⅳ. 정부의 제소권 불행사에 대한 대응수단 [3점]
Ⅴ. 결론 [2점]

Ⅰ. 서: 위헌정당해산의 법적 의미와 정치적 파급효 [2점]

위헌정당의 해산은 한편으로 민주적 헌법질서의 수호를 위해 필요한 것이지만, 다른 한편으로는 정당의 해산으로 인한 엄청난 정치적 파급효를 야기하는 것이기도 하다. 그로 인해 매우 신중한 고려에 의해서만 정당해산이 제소되고, 결정될 수 있다.

Ⅱ. 헌법 제8조와 정부의 해산제소권 – 권한인가? 의무인가? [6점]

헌법 제8조 제4항에서는 정부가 위헌정당의 해산을 헌법재판소에 "제소할 수 있고"라고 규정하고 있다. 이러한 정부의 제소권이 권한인지, 아니면 의무인지에 대해서는 논란의 소지가 있다.[11)]

정부의 위헌정당에 대한 해산제소권은 권한이지 의무는 아니라고 보는 견해가 지배적이다. 국민의 지지가 크지 않은 위헌정당을 해산제소하는 것은 한편으로 헌법질서에 대한 위험이 크지 않고, 다른 한편으로는 자칫 위헌정당의 구성원들을 순교자처럼 만들어서 지하에서 음성적으로 성장하게 만들 가능성도 있다는 점이 고려되어야 하기 때문이다.

즉, 정부는 이런 여러 가능성을 종합적으로 판단하여 해산제소 여부를 결정할 수 있다.

Ⅲ. 정부의 제소권에 대한 독일의 사례 [2점]

독일에서는 연방정부의 제소와 연방헌법재판소의 해산결정에 의해 해산된 독일공산당(KPD)의 후속정당인 공산독일당(DKP)[12)]에 대해 연방정부가 그 위헌성을 끊임없이 지적하면서도 해산제소를 하지 않은 경우가 있었다. 이에 대해 당시 독일의 헌법학계에서 논란이 있었으나, 정부의 해산제소는 의무가 아닌 권한이라고 보는 견해가 지배적이었다.

Ⅳ. 정부의 제소권 불행사에 대한 대응수단 [3점]

위헌정당의 해산제소 여부에 관한 정부의 판단이 항상 옳은 것은 아닐 수 있다. 잘못 제소한 경우에는 헌법재판소에서 기각 결정을 내리면 되겠지만, 제소하지 않은 것이 잘못인 경우에는 어떤 법적 대응수단이 있는지가 문제될 수 있다.

---

11) 마치 정당의 목적이나 활동이 민주적 기본질서에 위배되는 것을 요건으로 규정하고 있지만, 정당의 목적과 활동을 종합적으로 판단하는 것이 학설과 판례의 일반적인 해석인 것처럼, 제소할 수 있다는 문구에도 불구하고 제소를 의무로 보는 해석도 불가능한 것은 아니기 때문이다.

12) 공산독일당(DKP)가 창당된 직후에는 독일공산당(KPD)의 후속정당으로서 헌법재판소의 결정 없이도 대체정당금지 조항에 따라 해산된다는 평가가 지배적이었다. 그런데 시간이 지나도록 연방정부의 해산제소가 없고, 공산독일당이 각종 선거에 후보자를 내고, 일부 당선도 되면서 이제는 공산독일당의 해산을 위해서는 연방정부의 해산제소와 연방헌법재판소의 해산결정이 있어야 한다는 견해가 지배적이었다.

이에 대해 실정법상으로는 별다른 방법이 없다. 예컨대 여당의 위헌정당화에 대해 정부가 제소하지 않는 것을 직접 법적으로 다툴 방법이 없는 것이다. 그와 관련하여 대통령의 헌법수호의무 불이행을 이유로 한 탄핵심판 등이 고려될 수 있으나, 탄핵소추 가능성이 사실상 없다. 결국 국민의 저항권 이외에는 다른 대안을 찾기 어렵다.

Ⅴ. 결론 [2점]

정부의 위헌정당에 대한 해산제소는 의무가 아닌 권한이므로 정부의 정치적 판단에 따라 제소 여부를 결정할 수 있으며, 이를 법적으로 강제할 수는 없다. 다만, 여당의 위헌성이 문제되는 등의 극단적 상황에서는 국민의 저항권 행사가 가능할 수 있을 것이다.

3. A정당이 위헌정당으로 인정되어 해산될 경우에는 어떠한 법적 효과가 인정되는가? (25점)

Ⅰ. 서: 위헌정당해산의 특성 - 엄격한 요건과 강력한 효과 [3점]
Ⅱ. 위헌 정당 및 그 방계조직, 하부조직의 해산 [5점]
Ⅲ. 잔여 재산의 국고 귀속 [5점]
Ⅳ. 대체조직의 금지, 동일명칭의 금지 등 [4점]
Ⅴ. 소속 의원의 의원직 상실 문제 [6점]
Ⅵ. 결론 [2점]

Ⅰ. 서: 위헌정당해산이 특성 - 엄격한 요선과 강력한 효과 [3점]

위헌정당에 대한 해산은 매우 중대한 사안이다. 한편으로는 위헌정당을 방치할 경우 민주적 헌법질서가 심각한 위협을 당하게 될 것이며, 반대로 민주적 정당을 위헌정당으로 몰아서 해산시킬 경우에도 민주적 정치질서가 큰 타격을 입게 될 것이다.

그로 인하여 헌법 제8조 제4항의 위헌정당해산제도는 정당해산요건의 엄격성을 통해 후자의 위험을 최소화함과 동시에 이러한 엄격한 요건이 충족된 경우에는 강력하게 대응함으로써 민주적 헌법질서의 수호에도 만전을 기하고자 하는 것이다.

Ⅱ. 위헌 정당 및 그 방계조직, 하부조직의 해산 [5점]

헌법재판소가 정당의 위헌성을 인정하고 해산결정을 내리게 되면 그 정당은 해산된다(헌법재판소법 제59조). 이때 정당 자체가 해산될 뿐만 아니라, 그 방계조직 내지 하부조직도 해산된다.

즉, 그 정당의 이름으로 등록되어 있는 중앙당, 시도당 등이 해산될 뿐만 아니라, 그 정당에 속한 여러 조직들, 예컨대 정당의 정책연구소, 청년조직, 각종 후원회 등이 모두 해산되는 것이다.

Ⅲ. 잔여 재산의 국고 귀속 [5점]

정당의 자진해산의 경우에는 그 잔여재산을 당헌이 정하는 바에 따라 처분(정당법 제48조 제1항)하는 것과는 달리 위헌정당에 대한 강제해산의 경우 헌법재판소의 결정에 의하여 정당이 해산됨과 동시에 정당의 잔여 재산은 국고에 귀속된다(정당법 제48조 제2항).

이와 관련하여 독일에서는 연방헌법재판소의 위헌정당해산결정 직전에 해당 정당이 자진해산한 바 있었지만, 연방헌법재판소는 심판을 계속하여 강제해산결정을 내림으로써 자진해산을 통한 강제해산의 회피를 막은 바 있다.

Ⅳ. 대체조직의 금지, 동일명칭의 금지 등 [4점]

정당법 제40조에서는 정당이 헌법재판소의 결정으로 해산된 때에는 해산된 정당의 강령(또는 기본정책)과 유사한 것으로 정당을 창당하지 못하도록 함으로써 대체정당을 금지하고 있다. 또한 정당법 제41조 제2항에서는 헌법재판소 결정에 의하여 해산된 정당의 명칭과 같은 명칭은 정당의 명칭으로 다시 사용하지 못하도록 금지하고 있다.

Ⅴ. 소속 의원의 의원직 상실 문제 [6점]

법률상 명문의 규정은 없지만 헌법재판소는 통합진보당 해산결정에서 소속 의원들의 의원직 상실을 결정한 바 있다. 이에 대해 논란이 있으나, 과거 독일에서도 연방선거법에 의원직 상실이 명문화되기 이전에 사회주의제국당(SRP)에 대한 해산결정에서 소속 의원들의 의원직 상실을 인정한 바 있다.

이는 정당의 해산요건은 엄격하게 하되, 이를 충족한 경우에는 강력한 효력을 통해 민주적 헌법질서에 대한 침해 위협을 제거해야 한다는 요청에 따른 것으로서 정당한 것으로 보인다.

Ⅵ. 결론 [2점]

정당해산의 요건은 엄격하게 해석되어야 하지만, 그 요건을 갖춘 경우에 해산결정의 효력은 실효성 있는 강력한 것이어야 한다. 이를 위해 헌법재판소법과 정당법에서 위헌정당의 해산뿐만 아니라 대체정당의 금지, 동일명칭의 사용금지, 잔여재산의 국고 귀속 등을 인정하고 있으며, 법률상 명문의 규정은 없으나 헌법재판소 판례에 따라 소속 의원의 의원직 상실도 인정된다.

5

위헌정당해산에 따른 대체정당의 금지

2014년 12월 통합진보당이 헌법재판소 결정에 의해 해산되면서 새로운 진보정당의 결성이 모색되면서 수많은 시행착오 끝에 2015년 10월 '진보국민연대'라는 이름으로 새로운 정당이 창당되었다.

진보국민연대는 민노총(전국민주노동조합총연맹)과의 연대를 통해 노동자계층을 지지기반으로 삼음과 동시에 FTA의 피해농가들, 도시빈민층 등을 위한 정책을 내세우며 2016년 4월 국회의원선거와 2018년 6월 지방선거에 참여하였다. 그러나 진보국민연대가 구 통합진보당 인사들을 다수 포함하고 있는 것에 대한 부정적 여론으로 인하여 2016년 국회의원선거에서 1.7%의 지지에 그쳤고, 2018년 지방선거에서도 1.8%의 지지를 받았다.

이에 중앙선거관리위원회는 2018년 7월 1일 정당법 제44조 제1항 제3호에 근거하여 진보국민연대의 정당등록을 취소하였으며, 이를 공고하였다. 진보국민연대는 2018년 7월 30일 정당법 제44조 제1항 제3호의 위헌확인을 구하는 헌법소원심판을 청구하였다.

〈헌재 2014.1.28. 2012헌마431등 참조〉

1. 진보국민연대의 헌법소원심판청구는 적법한가? (30점)
2. 정당법 제44조 제1항 제3호를 신생정당에 대해서도 획일적으로 적용하는 것은 비례성원칙에 반하는가? (40점)
3. 만일 진보국민연대의 정강이 통합진보당과 유사하며, 그 중요 당직자들이 구 통합진보당 인사들인 경우에는 어떤 법적 대응이 가능한가? (30점)

〈참고조문(아래 법령은 현행 법령과 다를 수 있음)〉

정당법 제44조(등록의 취소)

① 정당이 다음 각 호의 어느 하나에 해당하는 때에는 당해 선거관리위원회는 그 등록을 취소한다.

1. 제17조(법정시 · 도당수) 및 제18조(시 · 도당의 법정당원수)의 요건을 구비하지 못하게 된 때. 다만, 요건의 흠결이 공직선거의 선거일 전 3월 이내에 생긴 때에는 선거일 후 3월까지, 그 외의 경우에는 요건흠결시부터 3월까지 그 취소를 유예한다.

> 2. 최근 4년간 임기만료에 의한 국회의원선거 또는 임기만료에 의한 지방자치단체의 장선거나 시 · 도의회의원선거에 참여하지 아니한 때
> 3. 임기만료에 의한 국회의원선거에 참여하여 의석을 얻지 못하고 국회의원선거와 지방선거에서 유효투표총수의 100분의 2 이상을 득표하지 못한 때
>
> ② 제1항의 규정에 의하여 등록을 취소한 때에는 당해 선거관리위원회는 지체 없이 그 뜻을 공고하여야 한다.

1. 진보국민연대의 헌법소원심판청구는 적법한가? (30점)

> Ⅰ. 서: 권리구제형 헌법소원과 적법요건 [3점]
> Ⅱ. 공권력(의 행사 또는 불행사)에 의한 기본권의 침해 [10점]
> 1. 공권력으로서의 입법작용
> 2. 진보국민연대의 법적 성격과 기본권주체성 문제
> 3. 침해되는 기본권
>
> Ⅲ. 기본권침해의 직접성, 현재성, 자기관련성 [10점]
> 1. 입법작용에 의한 기본권침해와 직접성 요건
> 2. 현재성에 대한 판단
> 3. 자기관련성에 대한 판단
>
> Ⅳ. 구제수단의 보충성 및 기타 적법요건 [6점]
> 1. 헌법소원심판청구의 보충성 요건
> 2. 변호사강제주의
> 3. 청구기간의 준수
>
> Ⅴ. 결론 [1점]

Ⅰ. 서: 권리구제형 헌법소원과 적법요건 [3점]

헌법재판소법 제68조 제1항에 따른 권리구제형 헌법소원은 공권력에 의한 기본권의 침해를 다투는 헌법소송이다.

그 적법요건으로는 공권력(의 행사 또는 불행사)에 의한 기본권의 침해와 더불어 기본권침해의 직접성, 현재성, 자기관련성이 갖춰져야 하며, 그밖에 헌법소원심판청구의 보충성, 변호사 강제주의, 청구기간의 준수 등이 있다.

Ⅱ. 공권력의 행사 또는 불행사에 의한 기본권의 침해 [10점]

1. 공권력으로서의 입법작용

헌법소원심판의 대상이 되는 공권력은 원칙적으로 모든 국가작용이다. 다만, 헌법재판소법 제68조 제1항 제1문의 규정에 따라 법원의 재판은 배제된다.

본 사안에서 문제되는 공권력은 중앙선거관리위원회가 진보국민연대의 정당등록을 취소한 것과 그 근거가 되는 정당법 제44조 제1항 제3호이다. 특히 진보국민연대는 정

당법 제44조 제1항 제3호의 위헌성을 주장하는 바, 이는 입법작용에 의한 기본권침해를 다투는 것으로서 헌법소원심판의 대상이 된다.

2. 진보국민연대의 법적 성격과 기본권주체성 문제

이와 더불어 진보국민연대가 기본권의 주체가 될 수 있는지에 대해 논란이 있을 수 있다. 자연인인 국민은 물론 기본권의 주체가 되며, 법인도 성질상 허용되는 기본권의 주체가 될 수 있다고 널리 인정되지만, 정당은 권리능력없는 사단으로 보는 견해가 지배적이기 때문이다.

그러나 헌법재판소 판례[1]에 따라 정당의 기본권주체성이 인정되므로, 진보국민연대가 헌법소원심판을 청구할 수 있는 청구인 적격을 갖는 것으로 보아야 한다.

3. 침해되는 기본권

사안에서 청구인인 진보국민연대가 주장할 수 있는 기본권은 정당설립 및 활동의 자유가 될 것이다. 이와 더불어 구성원들의 정치활동의 자유도 주장될 수 있을 것이지만, 청구인이 진보국민연대이므로 구성원들의 기본권에 대해서는 별도의 검토가 필요하지 않을 것이다.

Ⅲ. 기본권침해의 직접성, 현재성, 자기관련성 [10점]

1. 입법작용에 의한 기본권침해와 직접성 요건

기본권침해의 직접성 요건은 해당 공권력에 의해 청구인의 기본권이 직접 침해되었어야 한다는 것이다.

입법작용에 의한 기본권침해의 경우에는 직접성 요건에 주목할 필요가 있다. 해당 기본권의 침해가 입법에 의해 직접 발생하는 것인지, 집행작용의 매개를 통해 간접적으로 발생하는 것인지에 따라 직접성 요건의 충족 여부가 달라지기 때문이다.[2]

사안의 경우 정당법 제44조 제1항 제3호에서 집행과정에서의 탄력적 적용의 여지 없이 명확하게 진보국민연대와 같은 득표율을 보인 정당에 대해 등록취소를 정하고 있

---

1) **헌재 1991.3.11. 91헌마21 결정**: "우리 헌법상 정당설립의 자유와 복수정당제는 보장되며(제8조 제1항), 정당의 목적·조직·활동이 민주적인 한, 정당은 국가의 보호를 받으며 정당운영에 필요한 자금까지도 보조받을 수 있는 것이다(같은 조 제2항 내지 제4항). 이렇게 헌법이 보장하고 있는 정당(제도)의 본래적 존재의의가 국민의 정치적의사의 형성에 참여하는데 있으며(제8조 제2항 후문), 오늘날 대의민주주의에서 이러한 참여의 가장 중요한 형태가 선거를 통한 참여임은 의문의 여지가 없는 것이다. 그런데 시·도의 회의원선거에 있어서 정당은 후보자의 추천과 후보자를 지원하는 선거운동을 통하여 소기의 목적을 추구하는데, 이 경우 평등권 및 평등선거의 원칙으로부터 나오는(선거에 있어서의) 기회균등의 원칙은 후보자에 대하여서는 물론 정당에 대하여서도 보장되는 것이며, 따라서 정당추천의 후보자가 선거에서 차등대우를 받는 것은 바로 정당이 선거에서 차등대우를 받는 것과 같은 결과가 되는 것이다.
이와 같이 정당이 선거에 있어서 기회균등의 보장을 받을 수 있는 헌법적 권리는 정당활동의 기회균등의 보장과 헌법상 참정권보장에 내포되어 있다고 할 것이므로 헌법 제8조 제1항 내지 제3항, 제11조 제1항, 제24조, 제25조는 그 직접적인 근거규정이 될 수 있는 것이며, 헌법 전문과 제1조, 제41조 제1항, 제67조 제1항, 제37조 제2항, 제116조 제2항은 간접적인 근거규정이 될 수 있는 것이다."

2) **헌재 1991.6.3. 89헌마46 결정** 이래의 확립된 판례.

으므로 기본권침해의 직접성 요건을 충족하였다.

2. 현재성에 대한 판단

기본권침해의 현재성 요건은 해당 공권력에 의한 기본권침해가 장래의 발생 가능성이 있는 것이 아니라 현재적으로 침해가 이루어지고 있거나, 가까운 장래에 발생할 것이 확실한 경우이어야 한다는 것이다.

사안의 경우 진보국민연대에 대한 중앙선거관리위원회의 등록취소가 이미 있었으므로 기본권침해의 현재성 요건을 충족하였다.

3. 자기관련성에 대한 판단

기본권침해의 자기관련성 요건은 해당 공권력이 자신의 기본권을 침해한 경우이어야 한다는 것이다.

사안에서 진보국민연대의 정당등록이 취소되었으므로 진보국민연대의 헌법소원심판청구는 자기관련성 요건도 충족하였다.

Ⅳ. 구제수단의 보충성 및 기타 적법요건 [6점]

1. 헌법소원심판청구의 보충성 요건

헌법재판소법 제68조 제1항 단서에 따른 보충성 요건은 헌법소원심판의 폭주를 막고 법원의 재판이나 행정심판 등의 구제절차를 적절하게 활용하기 위한 것이다.

그런데 입법작용에 의한 직접적인 기본권침해에 대해서는 헌법재판소 판례[3]에서 판시하듯이 별도의 적절한 구제수단이 있다고 보기 어려우므로 보충성 요건이 충족된 것으로 볼 수 있다.

2. 변호사강제주의

헌법소원심판은 사인이 청구의 주체가 되며, 헌법재판소법 제25조 제3항에 따라 변호사 강제주의가 적용된다. 따라서 사안의 진보국민연대는 변호사를 대리인으로 선임하여야 헌법소원심판을 청구할 수 있다.

3. 청구기간의 준수

헌법소원심판은 헌법재판소법 제69조 제1항에 따라 그 사유가 있음을 안 날부터 90일 이내에, 그 사유가 있는 날부터 1년 이내에 청구하여야 한다. 사안에서 진보국민

---

3) **헌재 1991.6.3. 89헌마46 결정**: "법률 자체에 의한 직접적인 기본권침해가 문제될 때에는 그 법률 자체의 효력을 직접 다투는 것을 소송물로 하여 일반 법원에 소송을 제기하는 길이 없으므로 다른 구제절차를 거칠 것 없이 바로 헌법소원을 제기할 수 있다."
참고판례 – **헌재 2010.12.28. 2010헌마101 결정**: "국가인권위원회는 국가인권위원회법에 따라 설립된 인권보호기구이자 독립된 국가기관으로서 이 사건 진정사건 기각결정은 헌법재판소법 제68조 제1항에서 규정하는 공권력의 행사로서 헌법소원심판의 대상이 되고, 국가인권위원회법은 국가인권위원회의 진정 기각 또는 각하 결정에 대한 불복수단으로 어떠한 구제절차도 마련해 놓고 있지 않으며 법원의 확립된 판례에 의해 행정처분성이 인정되고 있다고 보기도 어려우므로 보충성 요건을 충족하므로 이 사건 헌법소원심판 청구는 적법하다."

연대는 중앙선거관리위원회의 등록취소결정 이후 29일 후에 심판청구를 하였으므로 청구기간을 준수하였다.

Ⅴ. 결론 [1점]

사안의 진보국민연대에 의한 헌법소원심판청구는 적법요건을 충족하였으므로, 헌법재판소는 본안판단에 들어가야 한다.

2. 정당법 제44조 제1항 제3호를 신생정당에 대해서도 획일적으로 적용하는 것은 비례성원칙에 반하는가? (40점)

Ⅰ. 사안의 분석과 쟁점의 정리 [4점]
Ⅱ. 정당등록제도의 의의와 기능 [10점]
1. 정당설립의 자유와 정당등록제도의 관계
2. 정당법상 정당등록요건의 의의와 기능
3. 정당의 등록취소와 그 효과
Ⅲ. 정당법 제44조 제1항 제3호의 의미와 적용상의 쟁점 [12점]
1. 국고보조의 대상이 되는 정당의 범위 설정
2. 기성정당 위주의 기준과 신생정당에의 불이익
3. 헌재 2014.1.28. 2012헌마431등 결정의 의미와 사안에의 적용
Ⅳ. 신생정당에 대한 획일적 적용의 비례성 판단 [12점]
1. 정당설립 및 활동의 자유와 엄격한 비례성 심사의 필요성
2. 목적의 정당성 및 수단의 적합성
3. 침해의 최소성 및 법익의 균형성
Ⅴ. 결론 [2점]

Ⅰ. 사안의 분석과 쟁점의 정리 [4점]

사안에서 진보국민연대는 2015년 창당된 신생정당이며, 정당법 제44조 제1항 제3호는 기성정당과 신생정당의 구분 없이 모든 정당이 국회의원총선에서 의석을 얻지 못하고, 국회의원선거와 지방선거에서 2% 미만의 득표율에 미달한 경우에 해당 정당의 등록을 취소하도록 규정하고 있다.

이 조항은 헌법 제8조 제1항에서 명시하고 있는 정당설립의 자유에 위배되는 것인지가 문제될 수 있다. 또한 이와 관련하여 정당등록제도가 어떤 의미를 갖는 것인지, 등록취소가 곧 정당으로서의 활동 금지에 해당하는지를 살펴볼 필요가 있다. 또한 정당법 제44조 제1항 제3호가 신생정당에 대해서도 획일적으로 적용되는 것이 실질적 평등에 부합하는지도 검토해야 할 것이다.

Ⅱ. 정당등록제도의 의의와 기능 [10점]

1. 정당설립의 자유와 정당등록제도의 관계

헌법 제8조 제1항은 정당설립의 자유[4]와 복수정당제를 보장하고 있다. 즉, 모든 국민은 자유롭게 정당을 설립할 수 있는 기본권이 보장된다.

그런데 정당법은 정당에 대한 등록제도를 두어서 일정한 요건을 갖추지 못한 정당은 등록하지 못하도록 하고 있을 뿐만 아니라, 일정한 사유에 따라 등록 취소도 인정되고 있다. 이와 관련하여 정당의 등록제도가 정당설립의 자유를 위헌적으로 침해한 것은 아닌지 논란이 있었다.

2. 정당법상 정당등록요건의 의의와 기능

위헌론은 정당법상의 정당등록요건이 정당설립의 자유를 침해하여 위헌이라고 주장하지만, 합헌론은 정당법상의 정당등록요건은 정당설립 자체를 제한하는 것이 아니라 단지 정당에 대한 국고보조 등 지원의 대상을 판단하는 기준일 뿐이라고 본다.

헌법 제8조 제2항 후단에서 정당은 국민의 정치적 의사형성에 참여하는데 필요한 조직을 가져야 한다고 규정한 것과 제3항 후단에서 국가는 법률이 정하는 바에 의하여 정당운영에 필요한 자금을 보조할 수 있다고 규정한 것에 비추어 볼 때, 합헌론이 더 설득력이 있다고 생각된다.

3. 정당의 등록취소와 그 효과

합헌론에 따를 때, 정당의 등록을 취소한다고 해도 정당에 대한 국고보조 등의 지원이 배제될 뿐이고, 정당이 해산되는 것은 아니다. 그러므로 해당 정당은 여전히 공직선거에 후보자를 내고, 정책대안을 제시하는 등의 정당활동을 계속할 수 있다.

Ⅲ. 정당법 제44조 제1항 제3호의 의미와 적용상의 쟁점 [12점]

1. 국고보조의 대상이 되는 정당의 범위 설정

헌법 제8조 제2항 후단과 제3항 후단에 근거하여 정당에 대한 국고보조 등을 위한 기준으로 국민의 정치적 의사형성에 참여하는데 필요한 일정 규모의 조직을 갖추어야 할 것을 요구할 수 있다.

이와 관련하여 정당법상의 등록요건으로 5 이상의 시 · 도당을 가져야 할 것(정당법 제17조)과 시 · 도당은 1천명 이상의 당원을 가질 것(정당법 제18조)을 요구하는 것[5]이나,

---

4) **헌재 2006.3.30. 2004헌마246 결정**: "헌법 제8조 제1항 전단의 정당설립의 자유는 정당설립의 자유만이 아니라 누구나 국가의 간섭을 받지 아니하고 자유롭게 정당에 가입하고 정당으로부터 탈퇴할 수 있는 자유를 함께 보장한다. 구체적으로 정당의 자유는 개개인의 자유로운 정당설립 및 정당가입의 자유, 조직형식 내지 법형식 선택의 자유를 포함한다. 또한 정당설립의 자유는 설립에 대응하는 정당해산의 자유, 합당의 자유, 분당의 자유도 포함한다. 뿐만 아니라 정당설립의 자유는 개인이 정당 일반 또는 특정 정당에 가입하지 아니할 자유, 가입했던 정당으로부터 탈퇴할 자유 등 소극적 자유도 포함한다."

5) **헌재 2006.3.30. 2004헌마246 결정**: "이 사건 법률조항은 "5 이상의 시 · 도당"과 "각 시 · 도당 1,000명 이상의 당원"이라는 두 가지 상수(常数)를 정당등록의 기준으로 하고 있는바, 이는 앞에서 본 바와

정당법 제44조 제1항에서 등록취소의 요건을 정하고 있는 것도 국고보조 등을 위한 기준의 설정으로 볼 수 있다.

2. 기성정당 위주의 기준과 신생정당에의 불이익

그런데 등록요건의 합리성에 대한 논란은 별론으로 하더라도 등록취소와 관련하여 정당법 제44조 제1항 제3호는 신생정당에게 불리한 것이라는 점이 문제될 수 있다.

이 조항은 국회의원총선에 참여하여 의석을 얻지 못하고, 유효득표 총수의 2% 이상을 득표하지 못한 때 등록을 취소하도록 하고 있는데, 이는 기성정당에게는 유리하고, 신생정당에게는 불리한 조건이라 할 수 있다.

3. 헌재 2014.1.28. 2012헌마431등 결정의 의미와 사안에의 적용

헌법재판소는 이와 유사한 사건에서 정당법 제44조 제1항 제3호의 위헌성을 인정한 바 있다. 위헌 판단의 근거로 ① 일정기간 동안 공직선거에 참여할 기회를 수 회 부여하고 그 결과에 따라 등록취소 여부를 결정하는 등 덜 기본권 제한적인 방법을 상정할 수 있고, ② 대통령선거나 지방자치선거에서 아무리 좋은 성과를 올리더라도 국회의원선거에서 일정 수준의 지지를 얻는 데 실패하면 등록이 취소될 수밖에 없어 불합리하고, ③ 신생·군소정당으로 하여금 국회의원선거에의 참여 자체를 포기하게 할 우려도 있다는 점을 들었다.

사안에서는 국회의원선거 이외에 지방선거를 포함함으로써 약간의 완화가 있었으나, 그것으로 충분한지에 대해서는 신중한 검토가 필요할 것이다.

Ⅳ. 신생정당에 대한 획일적 적용의 비례성 판단 [12점]

1. 정당설립 및 활동의 자유와 엄격한 비례성 심사의 필요성

오늘날 민주국가에서 정당의 역할과 비중이 매우 크며, 정당설립 및 활동의 자유는 민주정치의 중요한 요소로 인정된다. 따라서 정당설립의 자유를 제한하는 법률의 합헌성 판단에서는 헌법재판소 판례에서 판시한 것처럼 엄격한 비례성 심사가 요구된다.[6]

같이 지역정당 및 군소정당을 배제하려는 취지이며, 이와 같은 규정내용은 특정 지역에만 조직이 형성되는 것을 막고, 5개 이상의 시·도에 각 조직이 구성되고 그 조직 내에 일정 수 이상의 당원이 활동할 것을 요구함으로써 선거단체 및 소규모 지역정치단체들이 무분별하게 정당에 편입되는 것을 억제하기에 적합한 수단이라고 할 것이다. 또한, 이 사건 법률조항은 헌법 제8조 제2항이 규정하고 있는 "국민의 정치적 의사형성에 참여하는데 필요한 조직" 요건을 구체화함에 있어서 5개 이상의 시·도당 및 각 시·도당마다 1,000명 이상의 당원을 갖추도록 규정하고 있는바, 이와 같이 전국 정당으로서의 기능 및 위상을 충실히 하기 위해서 5개의 시·도당을 구성하는 것이 필요하다고 본 입법자의 판단이 자의적이라고 볼 수 없고, 각 시·도당 내에 1,000명 이상의 당원을 요구하는 것도 우리 나라 전체 및 각 시·도의 인구를 고려해 볼 때, 청구인과 같은 군소정당 또는 신생정당이라 하더라도 과도한 부담이라고 할 수 없다. 따라서 이 사건 법률조항이 비록 정당으로 등록되기에 필요한 요건으로서 5개 이상의 시·도당 및 각 시·도당마다 1,000명 이상의 당원을 갖출 것을 요구하고 있기 때문에 국민의 정당설립의 자유에 어느 정도 제한을 가하는 점이 있는 것은 사실이나, 이러한 제한은 "상당한 기간 또는 계속해서", "상당한 지역에서" 국민의 정치적 의사형성 과정에 참여해야 한다는 헌법상 정당의 개념표지를 구현하기 위한 합리적인 제한이라고 할 것이므로, 그러한 제한은 헌법적으로 정당화된다고 할 것이다."

6) **헌재 2014.1.28. 2012헌마431등 결정**: "정당은 국민과 국가의 중개자로서 정치적 도관(導管)의 기능을

2. 목적의 정당성 및 수단의 적합성

정당법 제44조 제1항 제3호는 실질적으로 국민의 정치적 의사형성에 참여할 의사나 능력이 없는 정당을 정치적 의사형성과정에서 배제함으로써 정당제 민주주의 발전에 기여하고자 하는 것으로 볼 수 있으며, 이런 점에서 입법목적의 정당성 및 수단의 적합성이 인정될 수 있다.

3. 침해의 최소성 및 법익의 균형성

정당법 제44조 제1항 제3호는 국회의원선거와 지방선거에서 2% 미만의 득표율을 보인 정당을 등록취소의 대상으로 삼고 있으나, 어느 기간 내에 그러한 득표율을 보여야 하는지에 대해서는 규정하지 않고 있다.

이 점에서 4년의 기간을 두고 있는 제2호의 규정과 차이가 있으며, 2015년 설립된 정당이 2018년 등록취소된 것은 신생정당에 대해 과도하게 불리한 것으로 볼 수 있다. 반면에 국회의원선거 이외에 지방선거에서의 득표율을 고려하도록 한 것은 합리적인 변화로 볼 수 있다.

Ⅴ. 결론 [2점]

이상의 검토를 종합할 때, 사안의 정당법 제44조 제1항 제3호는 지방선거에서의 득표율을 고려하도록 한 점에서 진일보한 점이 있으나, 적절한 시간의 유예를 두지 않고 있다는 점에서 신생정당에 대해 불합리한 차별을 하고 있는 것이며, 헌법재판소는 이에 대해 위헌결정을 내려야 할 것이다.

3. 만일 진보국민연대의 정강이 통합진보당과 유사하며, 그 중요 당직자들이 구 통합진보당 인사들인 경우에는 어떤 법적 대응이 가능한가? (30점)

Ⅰ. 사안의 분석과 쟁점의 정리 [3점]
Ⅱ. 위헌정당해산제도의 의의, 기능과 대체정당의 금지 [7점]
  1. 헌법 제8조 제4항과 위헌정당해산의 의의
  2. 위헌정당해산의 요건과 효과: 요건의 엄격성과 효과의 강력성
  3. 위헌정당해산의 후속조치로서의 대체정당 금지(정당법 제40조)
Ⅲ. 대체정당의 판단기준과 사안에의 적용 [9점]
  1. 정당법 제40조: 강령(기본정책)의 동일성 내지 유사성
  2. 시간적 적용범위: 정부의 법적 조치 없이 여러 해가 경과된 경우의 문제

수행하여 주체적·능동적으로 국민의 다원적 정치의사를 유도·통합함으로써 국가정책의 결정에 직접 영향을 미칠 수 있는 규모의 정치적 의사를 형성하고 있다. 오늘날 대의민주주의에서 차지하는 정당의 이러한 의의와 기능을 고려하여, 헌법 제8조 제1항은 국민 누구나가 원칙적으로 국가의 간섭을 받지 아니하고 정당을 설립할 권리를 기본권으로 보장함과 아울러 복수정당제를 제도적으로 보장하고 있다. 따라서 입법자는 정당설립의 자유를 최대한 보장하는 방향으로 입법하여야 하고, 헌법재판소는 정당설립의 자유를 제한하는 법률의 합헌성을 심사할 때에 헌법 제37조 제2항에 따라 엄격한 비례심사를 하여야 한다."

3. 사안에의 적용
Ⅳ. 사안의 경우에 이용할 수 있는 법적 대응수단 [9점]
1. 설립 초기: 정당법 제40조에 기초하여 불법적 대체정당으로 인정
2. 불법적 대체정당에 대한 해산규정의 미비와 입법적 보완의 필요성
3. 시간이 경과된 이후에는 새로운 정당해산심판청구가 필요
Ⅴ. 결론 [2점]

Ⅰ. 사안의 분석과 쟁점의 정리 [3점]

사안의 진보국민연대는 통합진보당의 해산 이후 새로운 진보정당으로 설립된 것이다. 그런데 만일 진보국민연대가 통합진보당의 후속정당으로서 같은 정책노선을 추구할 경우에는 정당법 제40조에 따른 대체정당 금지조항이 적용될 수 있다.

따라서 본 사안의 핵심은 헌법 제8조 제4항 및 정당법 제40조의 해석과 관련한 대체정당 금지의 의미 및 그 요건에 대한 판단이라 할 수 있다. 또한 현행법상 대체정당에 대한 법적 대응의 유형 내지 방법도 매우 중요한 쟁점이 된다.

Ⅱ. 위헌정당해산제도의 의의, 기능과 대체정당의 금지 [7점]

1. 헌법 제8조 제4항과 위헌정당해산의 의의

헌법 제8조 제4항의 위헌정당해산제도는 한편으로 민주주의를 위협하는 위헌정당으로부터 민주주의를 수호하기 위한 방어적 민주주의의 제도이지만, 다른 한편으로는 정당을 함부로 해산할 수 없도록 그 요건과 절차를 엄격하게 정하고 있다는 점에서 '정당특권'으로 일컬어지기도 한다. 즉, 정당의 민주적 활동은 최대한 보장하되, 히틀러의 나치당과 같은 위헌정당에 의한 민주주의 파괴 위협에 대해서는 단호하게 대처하고자 하는 것이다.

2. 위헌정당해산의 요건과 효과: 요건의 엄격성과 효과의 강력성

이러한 위헌정당해산제도의 양 측면으로부터 요건의 엄격성과 효과의 강력성이라는 위헌정당해산제도의 특징이 나온다.

즉, 정당의 목적과 활동이 (자유)민주적 기본질서에 위배된다는 내용적 요건과 정부의 제소 및 헌법재판소의 해산결정이라는 절차적 요건이 모두 충족되었을 때에만 정당해산이 가능하지만, 이를 통해 정당의 위헌성이 확인된 경우에는 그 정당을 해산시킬 뿐만 아니라 대체정당의 금지, 동일 명칭의 사용금지, 잔여재산의 국고 귀속, 소속 의원의 의원직상실 등 강력한 제재를 통해 위헌정당에 의한 민주주의 파괴 위협을 제거하려는 것이다.

3. 위헌정당해산의 후속조치로서의 대체정당 금지(정당법 제40조)

위헌정당해산의 후속조치 가운데 하나로 정당법 제40조는 대체정당의 금지를 규정

하고 있다. 많은 시간과 노력, 비용을 들여서 위헌정당으로 확인하여 해산했는데, 같은 인물, 같은 정책으로 새로운 정당을 만들어 버린다면 위헌정당해산제도는 유명무실해질 것이기 때문이다.

다만, 어떤 것이 대체정당으로서 금지되어야 하는지에 대해서는 신중한 검토가 필요하다. 자칫 동일 정당의 금지가 아닌 유사정당의 포괄적 금지가 되어서는 안 될 것이기 때문이다.

Ⅲ. 대체정당의 판단기준과 사안에의 적용 [9점]

1. 정당법 제40조: 강령(기본정책)의 동일성 내지 유사성

정당법 제40조는 대체정당의 판단 기준으로 강령(기본정책)의 동일성 내지 유사성을 명시하고 있다. 그러나 그것만으로 대체정당으로 판단하기에는 어려움이 있다. 완전한 동일성이 인정되는 경우라면 대체정당으로 보는데 큰 문제가 없을 것이지만, 유사한 경우 어느 정도 유사성을 기준으로 할 것인지가 논란될 수 있기 때문이다.

다만 본 사안에서 전제된 것처럼 진보국민연대의 주요 당직자들이 구 통합진보당 인사들인 경우에는 강령의 유사성과 인적 유사성을 종합적으로 판단하여 대체정당으로 보게 될 가능성이 매우 높아질 것이다.

2. 시간적 적용범위: 정부의 법적 조치 없이 여러 해가 경과된 경우의 문제

대체정당이 금지된다고 하더라도 정부가 곧바로 이에 대한 법적 조치를 취하지 않고 장기간이 경과된 경우에는 새로운 문제가 발생할 수 있다. 독일에서 독일공산당(KPD)의 후속정당인 공산독일당(DKP)에 대해 독일 정부의 해산조치 없이 장기간 경과되어 해당 정당이 여러 차례 선거에 참여하는 등의 정치적 활동을 한 경우에는 이미 새로운 정당으로 자리매김 된 것으로 보아야 한다는 견해가 지배적이었다.

3. 사안에의 적용

사안에서 진보국민연대는 정강의 유사성 및 인적 유사성이 인정되므로 통합진보당의 후속정당으로 볼 수 있으며, 설립된지 3년이 경과되지 않아 각종 선거에의 참여 등을 통해 정당으로서의 실체를 충분히 인정받고 있다고 보기는 어려우므로 대체정당 금지에 해당될 수 있다.

Ⅳ. 사안의 경우에 이용할 수 있는 법적 대응수단 [9점]

1. 설립 초기: 정당법 제40조에 기초하여 불법적 대체정당으로 인정

사안의 경우처럼 위헌정당해산심판에 의해 해산된 정당의 대체정당인지의 여부가 문제되는 경우에는 정당법 제40조에 기초한 불법적 대체정당인지의 여부를 판단하여 대체정당에 해당할 경우에는 정당등록의 취소, 국고보조의 배제 등 적절한 조치를 취할 수 있다.

2. 불법적 대체정당에 대한 해산규정의 미비와 입법적 보완의 필요성

그러나 현행법상 대체정당의 금지에 관한 조항은 있으나 이를 강제로 해산할 수 있는 조항은 없다. 이는 일종의 입법적 미비라고 할 수 있으며, 입법적 보완이 필요하다.

독일의 경우에는 대체정당에 대해서는 정당해산심판절차가 필요하지 않고, 정부에서 행정처분으로 해산할 수 있다.

3. 시간이 경과된 이후에는 새로운 정당해산심판청구가 필요

만일 정부가 장기간 경과하도록 대체정당에 대한 법적 조치를 취하지 않고, 그로 인하여 해당 정당이 반복적으로 선거에 참여하여 정당으로서의 실질을 갖는 것으로 국민들이 인식하게 되면, 새로운 정당해산심판청구가 필요한 것으로 인정된다.

Ⅴ. 결론 [2점]

사안의 진보국민연대는 통합진보당과 정강의 유사성 및 인적 유사성이 인정되므로 대체정당에 해당하는 것으로 볼 수 있다. 대체정당으로 인정될 경우 정당등록의 취소, 국고보조의 배제 등이 가능하나 해산규정의 미비로 인해 강제해산은 불가능하다. 입법적 보완이 필요한 부분이다.

6

공직선거법상 기탁금 조항의 합헌성 여부

갑은 2016년 4월 13일 실시된 제20대 국회의원선거에서 A당의 공천을 받아 B 지역구의 후보로 등록할 예정인 상태에서 국회의원선거 후보자등록을 신청하는 자에게 기탁금 1천500만 원을 납부하도록 규정한 공직선거법 제56조 제1항 제2호 등이 자신의 기본권을 침해한다고 주장하면서 헌법재판소에 헌법소원심판을 청구하였다.

을은 제20대 국회의원선거에서 C당의 비례대표 후보로 추천된 사람으로서, 정당이 후보자등록을 신청하기 위해 후보자 1명마다 기탁금 1천500만 원을 납부하도록 규정한 공직선거법 제56조 제1항 제2호 등이 자신의 기본권을 침해한다고 주장하면서 헌법재판소에 헌법소원심판을 청구하였다.

병은 2017년 5월 9일의 제19대 대통령선거를 앞두고 무소속으로 대통령선거에 출마하고자 하는 사람으로서 공직선거법 제56조 제1항 제1호에서 3억 원의 기탁금을 납부하도록 규정한 것은 자신의 기본권을 침해한다고 주장하면서 헌법재판소에 헌법소원심판을 청구하였다.

〈헌재 2016.12.29. 2015헌마509 등; 헌재 2008.11.27. 2007헌마1024 참조〉

1. 갑, 을, 병의 헌법소원심판청구는 적법한가? (20점)
2. 갑과 을의 경우 공직선거법에서 같은 액수의 기탁금을 요구하고 있는 것은 적정한가? 아니면 불합리한 차별이라고 볼 수 있는가? (40점)
3. 갑, 을에 비해 병의 경우 기탁금 액수의 차이는 과도한 것으로서 불합리한 차별이라고 볼 수 있는가? (20점)
4. 이와 같은 기탁금의 경우 공직선거법 제57조에 따라 일정 요건을 갖춘 경우에 기탁금의 전부 또는 일부를 반환하도록 한 것은 공직선거법 제56조 기탁금 조항의 합헌성 판단에 어떤 영향을 미치는가? (20점)

〈참고 조문(아래 법령은 현행 법령과 다를 수 있음)〉

공직선거법 제56조(기탁금)

① 후보자등록을 신청하는 자는 등록신청 시에 후보자 1명마다 다음 각 호의 기탁금을 중앙선거관리위원회규칙으로 정하는 바에 따라 관할선거구선거관리위원회에 납부하여야 한다. 이 경우 예비후보자가 해당 선거의 같은 선거구에 후보자등록을 신청하는 때에는 제60조의2 제2항에 따라 납부한 기탁금을 제외한 나머지 금액을 납부하여야 한다.

1. 대통령선거는 3억 원

> 2. 국회의원선거는 1천500만 원
> 3. 시 · 도의회의원선거는 300만 원
> 4. 시 · 도지사선거는 5천만 원
> 5. 자치구 · 시 · 군의 장 선거는 1천만 원
> 6. 자치구 · 시 · 군의원선거는 200만 원
>
> ② 제1항의 기탁금은 체납처분이나 강제집행의 대상이 되지 아니한다.
>
> ③ 제261조에 따른 과태료 및 제271조에 따른 불법시설물 등에 대한 대집행비용은 제1항의 기탁금(제60조의2 제2항의 기탁금을 포함한다)에서 부담한다.

1. 갑, 을, 병의 헌법소원심판청구는 적법한가? (20점)

> Ⅰ. 서: 권리구제형 헌법소원과 적법요건 [2점]
> Ⅱ. 공권력(의 행사 또는 불행사)에 의한 기본권의 침해 [6점]
> 1. 공권력으로서의 입법작용
> 2. 갑, 을, 병의 기본권주체성
> 3. 침해되는 기본권
> Ⅲ. 기본권침해의 직접성, 현재성, 자기관련성 [7점]
> 1. 입법작용에 의한 기본권침해와 직접성 요건
> 2. 현재성에 대한 판단
> 3. 자기관련성에 대한 판단
> Ⅳ. 구제수단의 보충성 및 기타 적법요건 [4점]
> 1. 헌법소원심판청구의 보충성 요건
> 2. 변호사강제주의
> 3. 청구기간의 준수
> Ⅴ. 결론 [1점]

Ⅰ. 서: 권리구제형 헌법소원과 적법요건 [2점]

헌법재판소법 제68조 제1항에 따른 권리구제형 헌법소원은 공권력에 의한 기본권의 침해를 다투는 헌법소송이다.

그 적법요건으로는 공권력(의 행사 또는 불행사)에 의한 기본권의 침해와 더불어 기본권침해의 직접성, 현재성, 자기관련성이 갖춰져야 하며, 그밖에 헌법소원심판청구의 보충성, 변호사 강제주의, 청구기간의 준수 등이 있다.

Ⅱ. 공권력의 행사 또는 불행사에 의한 기본권의 침해 [6점]

1. 공권력으로서의 입법작용

헌법소원심판의 대상이 되는 공권력은 원칙적으로 모든 국가작용이다. 다만, 헌법재판소법 제68조 제1항 제1문의 규정에 따라 법원의 재판은 배제된다.

본 사안에서 문제되는 공권력은 공직선거법상의 기탁금 조항이다. 사안의 청구인 갑, 을, 병은 각기 공직선거법 제56조 제1항 각호에 의한 기본권침해를 주장하는 바, 이는 입법작용에 의한 기본권침해를 다투는 것으로서 헌법소원심판의 대상이 된다.

2. 갑, 을, 병의 기본권주체성

갑, 을, 병은 정당의 공천을 받아, 또는 무소속으로 선거에 출마하고자 하는 사람이다. 이들이 대한민국 국민인 경우 기본권주체성 인정에 아무런 문제가 없을 것이나, 만일 외국인인 경우 피선거권은 국민의 권리로서 현행법상 외국인에게 인정되지 않으므로 기본권주체성이 부인될 것이다.

사안에는 명시적 언급이 없으나 갑, 을, 병이 국민인 것으로 보고 적법요건에 대해 검토하고자 한다.

3. 침해되는 기본권

사안에서 청구인인 갑, 을, 병이 주장할 수 있는 기본권은 피선거권(공무담임권) 및 정당활동의 자유 및 평등권이 될 것이다. 이와 더불어 재산권도 주장될 수 있을 것이지만, 기탁금 반환 등의 제도가 있으므로 사안에서 중요한 비중을 갖지는 않을 것이다.

Ⅲ. 기본권침해의 직접성, 현재성, 자기관련성 [7점]

1. 입법작용에 의한 기본권침해와 직접성 요건

기본권침해의 직접성 요건은 해당 공권력에 의해 청구인의 기본권이 직접 침해되었어야 한다는 것이다.

입법작용에 의한 기본권침해의 경우에는 직접성 요건에 주목할 필요가 있다. 해당 기본권의 침해가 입법에 의해 직접 발생하는 것인지, 집행작용의 매개를 통해 간접적으로 발생하는 것인지에 따라 직접성 요건의 충족 여부가 달라지기 때문이다.[1)]

사안의 경우 공직선거법 제56조 제1항 각호에 의해 기탁금 액수가 확정되어 있으며, 집행과정에서의 탄력적 적용의 여지가 없으므로 기본권침해의 직접성 요건을 충족하였다.

2. 현재성에 대한 판단

기본권침해의 현재성 요건은 해당 공권력에 의한 기본권침해가 장래의 발생 가능성이 있는 것이 아니라 현재적으로 침해가 이루어지고 있거나, 가까운 장래에 발생할 것이 확실한 경우이어야 한다는 것이다.

사안의 경우 갑, 을, 병의 기탁금 납부가 현재 요구되고 있으므로 현재성 요건을 충족하였다.

---

1) **헌재 1991.6.3. 89헌마46 결정** 이래의 확립된 판례.

3. 자기관련성에 대한 판단

기본권침해의 자기관련성 요건은 해당공권력이 자신의 기본권을 침해한 경우이어야 한다는 것이다.

사안에서 갑, 을, 병은 자신이 기탁금 납부의 당사자이므로 자기관련성 요건도 충족하였다.

Ⅳ. 구제수단의 보충성 및 기타 적법요건 [4점]

1. 헌법소원심판청구의 보충성 요건

헌법재판소법 제68조 제1항 단서에 따른 보충성 요건은 헌법소원심판의 폭주를 막고 법원의 재판이나 행정심판 등의 구제절차를 적절하게 활용하기 위한 것이다.

그런데 입법작용에 의한 직접적인 기본권침해에 대해서는 헌법재판소 판례[2]에서 판시하듯이 별도의 적절한 구제수단이 있다고 보기 어려우므로 보충성 요건이 충족된 것으로 볼 수 있다.

2. 변호사강제주의

헌법소원심판은 사인이 청구의 주체가 되며, 헌법재판소법 제25조 제3항에 따라 변호사 강제주의가 적용된다. 따라서 사안의 갑, 을, 병은 변호사를 대리인으로 선임하여야 헌법소원심판을 청구할 수 있다.

3. 청구기간의 준수

헌법소원심판은 헌법재판소법 제69조 제1항에 따라 그 사유가 있음을 안 날부터 90일 이내에, 그 사유가 있는 날부터 1년 이내에 청구하여야 한다. 사안의 갑, 을, 병은 모두 후보등록을 앞두고 있는 상태이므로 청구기간을 준수한 것으로 보인다.

Ⅴ. 결론 [1점]

사안의 갑, 을, 병에 의한 헌법소원심판청구는 적법요건을 충족하였으므로, 헌법재판소는 본안판단에 들어가야 한다.

2. 갑과 을의 경우 공직선거법에서 같은 액수의 기탁금을 요구하고 있는 것은 적정한가? 아니면 불합리한 차별이라고 볼 수 있는가? (40점)

Ⅰ. 사안의 분석과 쟁점의 정리 [4점]
Ⅱ. 지역구 선거와 비례대표 선거의 유사점과 차이점 [6점]
1. 현대적 선거의 특성과 실질적 주체로서의 정당

---

2) **헌재 1991.6.3. 89헌마46 결정**: "법률 자체에 의한 직접적인 기본권침해가 문제될 때에는 그 법률 자체의 효력을 직접 다투는 것을 소송물로 하여 일반 법원에 소송을 제기하는 길이 없으므로 다른 구제절차를 거칠 것 없이 바로 헌법소원을 제기할 수 있다."

2. 유사점: 정당에 대한 지지가 선거에 미치는 영향
3. 차이점: 정당공천과 무소속후보의 출마 가능성 여부 등
Ⅲ. 지역구 선거에서 기탁금 제도의 의미와 기능 [8점]
1. 선거공영제의 의의와 한계
2. 지역구 선거의 후보자 난립과 그 문제상황
3. 기탁금 제도를 통한 진입장벽의 의의와 기능
Ⅳ. 비례대표 선거에서 기탁금 제도의 의의와 기능 [8점]
1. 비례대표 선거의 구조와 선거운동의 특성
2. 비례대표 선거의 후보자 난립의 문제와 해결방안 - 저지조항 등
3. 기탁금 제도가 비례대표 선거에서 갖는 의미와 한계
Ⅴ. 비례대표 국회의원선거 기탁금 액수의 과잉금지원칙 위반에 대한 검토 [12점]
1. 목적의 정당성 및 수단의 적합성
2. 침해의 최소성
3. 법익의 균형성
Ⅵ. 결론 [2점]

Ⅰ. 사안의 분석과 쟁점의 정리 [4점]

사안에서 갑은 정당의 공천을 받아 국회의원선거의 지역구 후보자로, 을은 역시 정당의 공천을 받았으나 비례대표 후보자로 나선 사람이다. 이들은 선거의 후보자라는 점에서는 같으나 각기 지역구 선거와 비례대표 선거의 후보자라는 점에서는 차이가 있다.

따라서 기탁금에 있어서 이들을 같게 취급하는 것이 합리적인지, 아니면 달리 취급해야 할 것인지에 대해서는 지역구 선거와 비례대표 선거의 유사점과 차이점을 비교하는 가운데 기탁금 제도의 취지에 비추어 볼 때, 양자를 달리 취급해야 할 합리적 이유가 있는지를 확인하는 것이 필요할 것이다.

이는 정당활동의 자유 및 공무담임권에 대한 중대한 제한이 되므로 엄격한 비례성 심사가 필요할 것이다.

Ⅱ. 지역구 선거와 비례대표 선거의 유사점과 차이점 [10점]

1. 현대적 선거의 특성과 실질적 주체로서의 정당

현대의 대중민주주의 하에서는 유권자들이 후보자 개개인의 품성과 능력을 비교하여 투표하는 것보다는 정당 공천을 고려하여 투표하는 경향이 매우 강하다. 그것은 설령 개개인의 능력이 뛰어나더라도 무소속, 혹은 이름 없는 정당의 후보자일 경우에 국회 내에서 비중 있는 역할을 기대하기 어렵다는 점에 기인한 것이다.

그 결과 오늘날 정당이 선거의 실질적 주체로 인정되고 있으며, 이는 정당국가적 경향이 뚜렷한 현대 민주주의에서는 불가피한 일이라 할 수 있다.

2. 유사점: 정당에 대한 지지가 선거에 미치는 영향

이러한 공통분모로 인하여 정당에 대한 지지가 투표에 미치는 영향은 지역구 선거와 비례대표 선거에서 크게 다르지 않다고 볼 수 있다.

물론 지역구 선거에서의 투표와 비례대표 선거에서의 투표가 엇갈리는 이른바 교차투표도 드물지 않다. 그러나 최근에는 이러한 교차투표도 점차 줄어들고 있으며, 결국 정당에 대한 지지도가 선거에 결정적인 영향을 미친다는 점에는 큰 차이가 없다.

3. 차이점: 정당공천과 무소속후보의 출마 가능성 여부 등

반면에 지역구 선거에서는 정당공천 없이 무소속으로 출마할 수 있는 가능성이 있으나, 비례대표 선거에서는 정당에 대한 투표이기 때문에 무소속 후보에게는 출마 및 투표의 가능성 자체가 닫혀 있다는 차이가 있다.

그밖에 선거운동 방식의 차이, 당선자 결정 방식의 차이 등도 지역구 선거와 비례대표 선거의 차이로 지적될 수 있다.

Ⅲ. 지역구 선거에서 기탁금 제도의 의미와 기능 [12점]

1. 선거공영제의 의의와 한계

헌법 제116조 제2항은 "선거에 관한 경비는 법률이 정하는 경우를 제외하고는 정당 또는 후보자에게 부담시킬 수 없다"고 규정함으로써 선거공영제를 선언하고 있다. 그러나 공직선거법 제119조 이하에서는 – 선거 관리비용은 국가가 부담하지만 – 선거운동에 소요되는 비용을 대부분 후보자에게 부담시키도록 정하고 있다.

물론 선거비용의 부담이 전혀 없을 경우에는 후보자 난립 등의 문제가 발생될 것으로 우려되지만, 선거공영제의 실질화를 통해 금권선거의 가능성을 차단하는 것은 그 이상으로 중요하다고 할 수 있을 것이다.

2. 지역구 선거의 후보자 난립과 그 문제상황

지역구 선거에서 가장 많이 논란되는 것 중의 하나가 후보자 난립과 그로 인한 유권자들의 혼란이다. 후보자가 난립할 경우에는 과열 선거의 우려가 커질 뿐만 아니라, 혈연이나 지역, 학연 등을 동원한 선거운동이 더욱 치열해질 가능성이 높기 때문이다.

그렇기 때문에 당선 가능성이 없는 후보자들의 난립을 막고, 유권자들이 유력한 후보자들에게 관심을 집중하여 그 품성과 자질을 비교 · 검토할 수 있도록 하는 방안이 강구되었고, 기탁금제도도 그러한 방안의 하나라고 할 수 있다.

3. 기탁금 제도를 통한 진입장벽의 의의와 기능

기탁금제도는 선거에 입후보하기 위해서는 일정한 액수의 금액을 기탁하고, 선거의 결과 일정한 득표를 얻지 못한 경우에는 그 기탁금을 반환하지 않도록 함으로써 무분별한 선거 입후보를 막고자 하는 것이다.

이러한 기탁금제도는 선거 입후보에 대한 일종의 진입장벽이라 할 수 있으며, 피선

거권에 대한 제한이지만, 선거의 올바른 기능을 위해 필요한 합리적인 제한으로 인정되므로 그 자체를 위헌으로 보기는 어렵다.[3] 다만, 기탁금 액수의 적정성 여부는 별개의 문제이다.

Ⅳ. 비례대표 선거에서 기탁금 제도의 의의와 기능 [12점]

1. 비례대표 선거의 구조와 선거운동의 특성

비례대표 선거는 후보자 개개인에 대한 투표가 아니라 정당에 대한 투표로 행해진다. 따라서 지역구 선거와는 그 선출방법이 다를 뿐만 아니라, 이에 상응하여 선거운동 방식도 달라진다.[4]

또한 비례대표 국회의원 후보자는 지역구 국회의원 후보자와는 달리 후원회를 둘 수 없고(정치자금법 제6조 제4호), 정당은 비례대표국회의원의석 1석 이상을 배분받으면 지출한 선거비용을 국가의 부담으로 보전받을 수 있다(제122조의2 제1항 제2호).

2. 비례대표 선거의 후보자 난립의 문제와 해결방안: 저지조항 등

지역구 선거와 마찬가지로 비례대표 선거에서도 후보자 난립의 문제는 발생할 수

---

3) **헌재 2003.8.21. 2001헌마687등 결정**: "선거를 통하여 국가정책을 결정할 정치세력들간의 세력구도를 결정하게 되는 국회의원선거에 있어서는 당선자로 하여금 그 권한에 상응하는 민주적 정당성을 확보하게 하고, 이로써 정국의 안정을 가져오는 것이 무엇보다도 중요하다고 할 것이므로 선거의 신뢰성을 확보하고, 유권자가 주권자로서 진지하게 그 자신을 대표할 국회의원을 선택할 수 있도록 입후보자의 수를 적정한 범위로 제한하는 것이 반드시 필요하다. 그런데 이를 위하여 유권자의 추천을 요구한다거나 절대다수대표제 또는 결선투표제를 도입하는 것을 생각할 수 있는데, 유권자의 추천을 받는 과정에서 사실상 사전선거운동이 행해져 선거가 과열 또는 혼탁하게 될 위험성이 클 뿐 아니라, 진지하지 못한 추천이 남발될 위험이 있고, 결선투표제나 절대다수투표제도 결국 선거의 반복으로 이어져 국민의 경제적 부담을 가중시키게 되므로 쉽게 채택할 것이 못된다.
따라서 대의민주주의에서 선거의 기능과 기탁금제도의 목적 및 성격, 그리고 우리의 정치문화와 선거풍토에 있어서 현실적인 필요성 등을 감안할 때, 입후보요건으로 후보자에게 기탁금의 납부를 요구하는 것은 필요불가결하다."

4) 정당이 1개소의 선거사무소를 설치할 수 있고(제61조 제1항 제3호), 후보자 개인별 홍보물이 작성되는 것이 아니라 정당이 작성하는 선거공보에 일괄적으로 후보자의 사진 · 성명 · 학력 · 경력을 게재하도록 함으로써(제65조 제1항 후문), 정당을 통하여 유권자에게 비례대표국회의원후보자의 기본정보를 알리도록 하고 있다. 또한 정당별로 비례대표국회의원후보자 중에서 선임된 대표 2명이 텔레비전 및 라디오 방송시설을 이용하여 각각 1회 10분 이내에서 소속정당의 정강 · 정책 등에 대한 연설을 할 수 있으며(제71조 제1항 제2호), 방송시설이 위 방송연설 외에 비용을 부담하여 주관하는 후보자연설의 방송에서도 정당이 비례대표국회의원후보자 중에서 선임한 자로 하여금 정당 홍보를 위한 연설을 할 수 있도록 하고 있다(제72조 제1항). 그리고 일정한 요건을 충족시킨 정당이 지정하는 1명 이상의 후보자 또는 선거운동을 할 수 있는 사람은 중앙선거방송토론위원회가 주최하는 대담 · 토론회의 초청을 받아 방송토론을 할 수 있도록 하고 있다(제82조의2 제1항 제2호, 제4항 제2호). 또한 일정한 요건을 충족시키지 못하는 소수정당의 후보자를 대상으로도 1회 이상 중앙선거관리위원회규칙이 정하는 바에 따라 대담 · 토론회가 진행될 수 있다(제82조의2 제5항, 중앙선거관리위원회규칙 제23조 제8항). 중앙선거방송토론위원회가 주관하는 정책토론회 역시 정당의 대표자 또는 그가 지정하는 자를 초청하여 정당의 정강 · 정책을 알리도록 하고 있다(제82조의3 제1항).
반면, 비례대표국회의원선거에서는 특정 지역구에서 후보자 개개인을 홍보하는 데에 효과적인 선거운동방법에 해당하는 후보자 개인에 대한 선거벽보 제작(제64조 제2항), 현수막 게시(제67조 제1항), 공개장소에서의 연설 · 대담(제79조 제1항)은 허용되지 않고, 선거일 전 120일부터 제한된 범위에서 사전선거운동을 할 수 있는 예비후보자 등록(제60조의2)도 허용되지 않는다.

있다. 그러나 이에 대한 대응은 지역구에 비해 비교적 다양하게 이루어지고 있다.

첫째, 비례대표 선거에 대해서는 의석 배분에서 저지조항에 따른 제한이 인정된다. 공직선거법 제189조 제1항에 따라 유효투표총수의 3% 이상을 득표하였거나 지역구에서 5석 이상을 획득한 정당만 의석배분의 대상이 되는 것이다.

둘째, 각 정당이 작성한 정당명부의 후보자 숫자에는 제한이 없지만, 당선 가능한 순위가 대강 예측되므로 이를 벗어나서 무리하게 정당명부를 작성하기는 어렵다.

셋째, 비례대표 후보자에 대해서도 기탁금제도가 인정되고 있으며, 이를 통해 후보자 난립을 억제하고 있다.

3. 기탁금 제도가 비례대표 선거에서 갖는 의미와 한계

그러나 지역구 선거와는 달리 비례대표 선거에서 기탁금제도가 갖는 의미는 크지 않은 것으로 볼 수 있다. 한편으로는 저지조항 등에 의한 억제효과가 이미 존재하고, 다른 한편으로는 정당명부를 통해서만 후보자가 될 수 있으므로 과열선거의 우려가 지역구 선거에 비해 훨씬 적기 때문이다.

물론 후보자 추천의 진지성과 선거관리의 효율성을 확보하고, 선거과정에서 발생한 불법행위에 대한 과태료 및 행정대집행비용을 사전 확보하고자 하는 공익적 목적에 비추어 볼 때, 기탁금제도를 완전히 배제하기는 어려울 수 있다. 하지만 기탁금 액수까지 지역구 국회의원선거와 동일한 액수로 하는 것은 과도한 것으로 볼 수 있다.

V. 비례대표 국회의원선거 기탁금 액수의 과잉금지원칙 위반에 대한 검토 [12점]

1. 목적의 정당성 및 수단의 적합성

정당이 아무런 제한 없이 비례대표 국회의원 후보자를 추천할 경우 비례대표국회의원 의원정수의 범위 내에서 최대한 소속 당원을 추천할 가능성이 있으며, 이는 선거관리업무와 선거비용의 증가를 초래하므로 이를 적절하게 규제하는 것은 정당한 입법목적이다.

기탁금제도는 정당의 무분별한 후보자 추천을 예방하는 데 기여할 수 있고, 기탁금으로 과태료 및 행정대집행비용을 사전에 확보할 수 있으므로 이러한 입법목적을 달성하는데 적절한 수단이다.

2. 침해의 최소성

비례대표 선거는 인물에 대한 선거로서의 성격을 가지는 지역구 선거와 그 성격이 다르고, 공직선거법상 허용된 선거운동을 통하여 선거의 혼탁이나 과열을 초래할 여지가 적다. 또한 비례대표 선거의 경우 과태료 및 행정대집행 비용 등도 적게 소요된다는 점을 고려할 때, 지역구 선거와 동일한 기탁금 액수를 정한 것은 최소침해의 원칙에 위배된다.

3. 법익의 균형성

사안에서 기탁금 액수로 인하여 비례대표 후보자를 추천하는 정당이나 비례대표 후보자가 받게 되는 정당활동의 자유 및 공무담임권에 대한 제한의 불이익은 매우 크다고 할 것이므로, 비례대표 기탁금조항은 법익의 균형성 원칙에도 위반된다.

Ⅵ. 결론 [2점]

사안의 갑과 을은 각기 정당의 공천을 받은 지역구 후보자와 비례대표 후보자로서 그 선거운동 방식 및 당선자 결정의 방식이 다르며, 선거에서 발생하는 과태료 및 행정대집행 비용도 다르다. 이를 고려하지 않고 양자에게 획일적으로 같은 기탁금 액수를 정한 공직선거법 제56조 제1항 제2호는 갑과 을을 불합리하게 차별한 것이며, 헌법재판소는 이에 대해 위헌 판단(헌법불합치결정)을 내려야 한다.

3. 갑, 을에 비해 병의 경우 기탁금 액수의 차이는 과도한 것으로서 불합리한 차별이라고 볼 수 있는가? (20점)

Ⅰ. 사안의 분석과 쟁점의 정리 [2점]
Ⅱ. 국회의원선거와 대통령선거의 유사점과 차이점 [4점]
  1. 선거의 기본적 구조와 특성에서의 유사점
  2. 대통령선거의 특징 - 전국단위, 선거의 파급효
  3. 국회의원선거의 특징 - 지역구 단위, 선거의 파급효
Ⅲ. 국회의원선거와 기탁금의 합리적 액수 [5점]
  1. 선거의 규모와 선거운동 비용
  2. 정당 및 후원회 등을 통한 선거비용의 조달
  3. 후보난립 방지 및 피선거권의 보장과 기탁금의 합리적 액수
Ⅳ. 대통령선거와 기탁금의 합리적 액수 [7점]
  1. 선거의 규모와 선거운동 비용
  2. 정당 및 후원회 등을 통한 선거비용의 조달
  3. 후보난립 방지 및 피선거권의 보장과 기탁금의 합리적 액수
Ⅴ. 결론 [2점]

Ⅰ. 사안의 분석과 쟁점의 정리 [2점]

갑과 을은 국회의원선거에 입후보하려는 사람이고, 병은 대통령선거에 입후보하려는 사람이다. 그런데 사안에서 쟁점이 되고 있는 것은 국회의원선거의 기탁금은 1500만 원인 반면에 대통령선거의 기탁금은 3억 원이라는 점이다.

즉, 기탁금 액수의 현저한 차이를 정당화할 수 있는 합리적 이유가 존재 여부가 이 사안의 핵심쟁점이며, 이를 판단하기 위해서는 대통령선거와 국회의원선거의 유사점과 차이점을 비교하는 가운데 국회의원선거와 대통령선거에서 각기 적정한 기탁금 액수를

판단해야 할 것이다.

Ⅱ. 국회의원선거와 대통령선거의 유사점과 차이점 [4점]

1. 선거의 기본적 구조와 특성에서의 유사점

국회의원선거와 대통령선거는 국민이 대표자를 선출하는 선거로서의 의의와 기능에서 유사성을 가지며, 헌법상의 선거원칙, 즉 보통 · 평등 · 직접 · 비밀선거의 원칙이 적용되는 선거이며, 공직선거법에 따른 선거운동의 제한이 적용된다는 점에서 기본적 유사성을 갖는다.

2. 대통령선거의 특징 - 전국단위, 선거의 파급효

대통령선거의 특징으로서는 전국을 단일선거구로 한다는 점, 그리고 선거의 결과 정권의 향방이 결정된다는 점에서 개개의 국회의원선거와 비교할 수 없는 파급효를 갖는다는 점을 들 수 있다.

3. 국회의원선거의 특징 - 지역구 단위, 선거의 파급효

반면에 국회의원선거는 각 지역구 단위로, 혹은 비례대표 선거에서의 정당투표를 통해 의원들을 선출하며, 전체 국회의원선거의 결과는 매우 중요할 것이지만, 후보자 개개인의 선거결과가 갖는 파급효는 대통령선거에 훨씬 미치지 못한다.

Ⅲ. 국회의원선거와 기탁금의 합리적 액수 [5점]

1. 선거의 규모와 선거운동 비용

국회의원선거는 지역구 선거의 경우 전국을 단위로 하는 대통령선거에 비해 선거의 규모가 훨씬 작으며, 비례대표 선거의 경우에는 상술한 바와 같이 후보자 개인이 아닌 정당투표로서 개인의 기탁금에 대한 필요성 자체가 더욱 작다.

2. 정당 및 후원회 등을 통한 선거비용의 조달

지역구 국회의원선거의 후보자는 후원회를 통한 선거비용 조달이 가능하지만, 비례대표 국회의원선거의 후보자는 후원회를 통한 선거비용 조달이 허용되지 않고 있다.

3. 후보난립 방지 및 피선거권의 보장과 기탁금의 합리적 액수

물론 국회의원선거에서도 후보자의 난립 방지를 위해 기탁금제도 자체의 필요성은 인정되지만, 후보자가 되고자 하는 국민들의 피선거권(공무담임권)과 정당활동의 자유를 과도하게 제한하지 않을 수 있는 액수가 되어야 한다.

이와 관련하여 헌법재판소는 평균적인 생활인이 그의 소득수준에서 출마하는 데 어느 정도 부담을 느껴 입후보할 것인지의 여부를 신중하고 진지하게 고려할 정도의 수준에 머물러야 하고, 불성실한 후보자에게는 실질적인 제재효과가 미칠 수 있는 정도에 이르러야 한다고 판시한 바 있다.[5)]

Ⅳ. 대통령선거와 기탁금의 합리적 액수 [7점]

1. 선거의 규모와 선거운동 비용

대통령선거는 전국을 단일선거구로 하는 것으로서 선거의 규모가 지역구 국회의원 선거와 비교할 수 없을 정도이며, 선거운동 비용도 훨씬 많이 소요된다.

2. 정당 및 후원회 등을 통한 선거비용의 조달

대통령선거의 후보자는 정당 및 후원회 등을 통한 선거비용의 조달이 가능하다. 또한 정당 추천 후보자의 경우 정당에 대한 국고보조를 통해 기탁금을 충당하는 것도 가능할 것이다. 하지만 군소정당의 후보자나 병과 같은 무소속 후보자는 이를 기대할 수 없으므로 과도한 기탁금은 입후보 자체를 사실상 불가능하게 만드는 것이 될 수 있다.

3. 후보난립 방지 및 피선거권의 보장과 기탁금의 합리적 액수

대통령선거의 경우에도 후보자의 난립을 막기 위해 적정한 액수의 기탁금제도를 두는 것은 정당한 것으로 볼 수 있다. 하지만 과도하게 높은 액수를 책정할 경우에는 위헌이 될 수 있다.[6] 구체적인 액수의 적정성에 대한 판단은 현실적이 선거비용 등을 고려하여 판단할 것이지만, 과거 3억 원이던 기탁금을 5억 원으로 인상한 것에 대해 헌법재판소가 헌법불합치결정[7]을 내리면서 판시한 바와 같이 특별한 사정변경이 없는 한 3

---

5) **헌재 2016.12.29. 2015헌마509등 결정**: "지역구국회의원후보자에게 후보자등록을 위하여 납부하는 기탁금액을 얼마로 정할 것인지, 납부한 기탁금을 국고에 귀속시키는 요건을 어떻게 정할 것인지의 문제는 우리의 선거 · 정치 문화와 풍토, 국민경제적 여건, 그리고 국민의 법감정 등 여러 가지 요소를 종합적으로 고려하여 결정할 사항이다. 다만, 기탁금액을 지나치게 과다하게 정하여 입후보 자체를 못하게 하거나, 그 반환 요건을 너무 엄격하게 하여 기탁금 액수 상당의 재산적 손실을 감수해야만 후보자로 등록할 수 있다면 이는 공무담임권에 대한 침해로 이어질 수 있다. 따라서 입법자가 정한 구체적인 기탁금액과 기탁금 반환 요건은 기탁금제도에 의하여 달성하려는 공익목적과 그로 인한 기본권 제한 사이에 균형과 조화를 이루어야 하는 헌법적 한계가 있다.
그러나 만약 기탁금액이 지나치게 낮거나 기탁금 반환이 매우 용이하여 실제로 후보자가 기탁금을 납부하는 것에 대하여 아무런 부담도 느끼지 않는다면, 이는 기탁금제도에 의하여 달성하려는 후보자의 무분별한 난립 방지와 후보자의 책임성 및 진지성 담보, 행정상 제재금의 사전확보라는 입법목적에 전혀 기여할 수 없게 된다. 따라서 기탁금액과 기탁금 반환 요건의 설정은 지역구국회의원후보자로 등록하면서 기탁금을 반환받지 못하는 것에 부담을 느껴 등록할 것인지의 여부를 신중하게 고려하도록 하고, 불성실한 후보자에게는 실질적인 제재효과가 미칠 수 있게 하는 등 후보자의 난립을 방지하고 선거의 신뢰성과 선거운동의 성실성을 담보할 수준에 이르러야 할 것이다(헌재 2003.8.21. 2001헌마687등; 헌재 2010.12.28. 2010헌마79 등 참조)."

6) **헌재 2008.11.27. 2007헌마1024 결정**: "대통령선거에 입후보한다는 것은 그 당락을 떠나서 정치적 쟁점을 공론화하고 시민의 참여와 국민토론의 장을 마련한다는 의미도 지니며, 이는 국정의 현안에 대한 진지한 관심을 제고시키고 능력 있는 정치인을 육성하는 계기가 된다. 그러므로 후보자난립 방지를 위하여 기탁금제도를 두더라도 후보예정자의 참정권과 정치적 의사표현의 자유를 과도하게 제약하지 않는 한도 내에서 입법자의 정책적 재량이 행사되어야 한다.
구체적으로 대통령선거에서 어느 정도의 기탁금이 위와 같은 입법목적과 헌법적 가치를 조화시키는 합당한 범위인지는 원칙적으로 입법자의 판단에 맡겨져야 할 것이나, 그 금액이 현저하게 과다하거나 불합리하게 책정된 것이라면 허용될 수 없다."

7) **헌재 2008.11.27. 2007헌마1024 결정**: "후보자난립 방지를 위하여 기탁금제도를 두더라도 그 금액이 현저하게 과다하거나 불합리하게 책정된 것이라면 허용될 수 없다. 5억 원의 기탁금은 대통령선거 입후보예정자가 조달하기에 매우 높은 액수임이 명백하다. 개정된 정치자금법은 대통령선거의 후보자 및 예비후보자도 후원회 지정권자에 포함시켰으나, 5억 원은 쉽게 모금할 수 있는 액수라고 보기 어렵고, 지지

억 원을 넘는 액수는 과도한 것으로 볼 수 있다.

Ⅴ. 결론 [2점]

이상의 검토를 종합할 때, 대통령선거 후보자인 병의 기탁금이 국회의원선거 후보자인 갑, 을에 비해 현저히 높은 것은 사실이지만, 대통령선거의 규모와 선거운동 비용, 정당 및 후원회 등을 통한 선거비용의 조달 등을 고려할 때, 과도한 액수로 보기는 어렵다.

따라서 병에 대한 3억 원의 기탁금은 합리적 차별이며, 헌법재판소는 합헌 결정을 내릴 것이다. 다만, 3억 원보다 높은 액수는 특별한 사정변경이 없는 한 위헌으로 판단될 수 있을 것이다.

4. 이와 같은 기탁금의 경우 공직선거법 제57조에 따라 일정 요건을 갖춘 경우에 기탁금의 전부 또는 일부를 반환하도록 한 것은 공직선거법 제56조 기탁금 조항의 합헌성 판단에 어떤 영향을 미치는가? (20점)

Ⅰ. 사안의 분석과 쟁점의 정리 [2점]
Ⅱ. 기탁금 제도의 의의와 기능 [4점]
  1. 기탁금 제도의 의의
  2. 기탁금 제도의 순기능
  3. 기탁금 제도의 역기능
Ⅲ. 기탁금 제도의 합헌성 확보의 조건 [5점]
  1. 무소속 후보 난립의 우려
  2. 기탁금 제도를 통한 후보자 난립 방지의 효과
  3. 과도한 기탁금으로 인한 피선거권 제한의 최소화
Ⅳ. (기탁금 반환규정을 고려한) 기탁금 제도에 대한 비례성 판단 [8점]
  1. 목적의 정당성과 수단의 적합성
  2. 침해의 최소성과 기탁금 반환규정

도가 높은 후보자라고 하더라도 그 지지도가 반드시 후원금의 기부액수로 연결될 것이라고 단정할 수 없다. 기탁금은 공직선거법상 유효투표총수의 10-15%의 득표를 받을 경우에 50%가 반환되고, 15% 이상의 득표를 받을 경우에만 전액 반환되므로, 그러한 지지율에 못 미칠 경우 5억 원을 기꺼이 희생할 수 있는 사람이 아니라면 피선거권 행사를 못하게 될 것이다. 헌법재판소는 1995.5.25. 선고 92헌마269등 결정에서 대통령선거에서 3억 원의 기탁금을 규정한 구 대통령선거법 제26조 제1항을 합헌으로 결정하였으나, 당시 선거법은 기탁금으로 선거인명부 및 부재자신고인명부의 사본작성비용, 그리고 TV와 라디오를 통한 각 1회의 후보자 및 연설원의 연설비용을 국가가 부담하면서 7% 이상 득표하지 못한 경우 기탁금에서 공제하도록 하였지만, 현행 공직선거법은 선거인 명부 작성비용을 기탁금으로 부담하게 하는 제도를 폐지하였고 선거방송비용도 선거방송토론위원회가 주관하는 대담·토론회 및 정책토론회 외에는 전적으로 후보자 개인부담으로 하였다. 따라서 현행 선거법 하에서 대통령선거의 기탁금 액수가 종전과 같이 3억 원이 되어야 할 필요성은 오히려 약해졌는데도 기탁금이 5억으로 증가되어 있고, 또 기탁금이 반환되는 유효투표총수의 득표율은 더 높아졌다. 결국, 이 사건 조항은 개인에게 현저하게 과다한 부담을 초래하며, 이는 고액 재산의 다과에 의하여 공무담임권 행사기회를 비합리적으로 차별하므로, 청구인의 공무담임권을 침해한다."

3. 법익의 균형성과 기탁금 반환규정
V. 결론 [1점]

Ⅰ. 사안의 분석과 쟁점의 정리 [2점]

기탁금 제도는 후보자의 난립을 막기 위한 것이며, 일정한 득표율을 기준으로 기탁금의 전부 또는 일부를 반환하도록 한 공직선거법 제57조는 기탁금 제도의 합헌성 판단에 직접적인 영향을 미친다. 다만, 반환 기준이 되는 득표율의 합리성에 대해서는 논란이 적지 않다.

이 문제를 해결하기 위해서는 기탁금 제도의 의의와 기능에 대한 검토를 전제로 기탁금 제도의 합헌성 확보를 위한 조건을 확인하고, 기탁금 반환규정에 대한 비례성 판단을 하는 것이 필요할 것이다.

Ⅱ. 기탁금 제도의 의의와 기능 [4점]

1. 기탁금 제도의 의의

기탁금 제도는 공직선거의 후보자 난립 및 그로 인한 선거과열 등의 문제를 막기 위해 공직선거의 후보자로 입후보하기 위해서는 일정한 액수의 금액을 기탁하도록 한 것이다.

2. 기탁금 제도의 순기능

기탁금 제도의 순기능은 후보자의 난립을 막고 정상적인 선거가 가능하도록 하는 조건의 창출에 있다.

3. 기탁금 제도의 역기능

반면에 기탁금 제도의 역기능은 기탁금의 액수가 과도할 경우 공직선거의 후보자가 되고자 하는 국민들의 피선거권(공무담임권)을 사실상 제한하며, 돈 있는 사람들만이 후보자가 될 수 있게 만들 수도 있다는 점이다.

Ⅲ. 기탁금 제도의 합헌성 확보의 조건 [5점]

1. 무소속 후보 난립의 우려

기탁금 제도는 후보자 난립을 막기 위한 것이며, 특히 정당 공천을 받은 후보자 이외에 무소속 후보자의 난립을 막는 기능을 한다. 즉, 기탁금 제도가 없을 경우 후보자가 수십 명, 수백 명으로 늘어날 가능성도 배제할 수 없다는 것이 기탁금 제도의 중요한 근거가 된다.

2. 기탁금 제도를 통한 후보자 난립 방지의 효과

실제 기탁금 제도를 통해 후보자 난립이 방지되고 있다는 점은 널리 인정된다. 다만, 이를 위해서는 기탁금 액수가 상당한 부담이 되어야 한다. 즉, 사실상 당선 가능성이 없는 후보자가 출마를 포기하게 만드는 정도의 부담이 되어야 한다.

3. 과도한 기탁금으로 인한 피선거권 제한의 최소화

반면에 과도한 기탁금으로 인해 당선 가능성이 있는 후보자가 출마를 하지 못하게 만드는 정도의 부담이 되어서는 안 된다. 만일 이런 일이 발생할 경우에는 선거 자체가 심각하게 왜곡되는 결과로 이어질 것이기 때문이다.

Ⅳ. (기탁금 반환규정을 고려한) 기탁금 제도에 대한 합헌성 판단 [8점]

1. 기탁금 반환조항의 의의

기탁금 반환규정을 둘 경우에는 당선 가능성이 있는 후보자에게 기탁금이 경제적으로 큰 부담이 되더라도 입후보할 수 있는 길이 열리게 된다. 그러므로 기탁금 반환규정을 두고 있는 기탁금 제도는 이를 두지 않고 있는 경우에 비해 합헌적인 것으로 인정될 수 있다.

2. 목적의 정당성 및 수단의 적합성

기탁금 제도는 후보자의 난립 방지라는 입법목적의 정당성이 인정되며, 실제로 기탁금 제도는 후보자의 난립을 방지하는데 기여하는 바가 뚜렷하므로 수단의 적합성 또한 인정된다.

3. 침해의 최소성, 법익의 균형성

기탁금 제도가 공직선거에 입후보하고자 하는 국민의 피선거권 등에 대한 침해를 최소화하기 위해서 요구되는 것이 기탁금반환조항이라고 할 수 있다. 즉, 일정 득표율 이상의 득표시 기탁금을 반환받을 수 있도록 함으로써 최소침해의 원칙이 준수되고 있는 것이다.

또한 기탁금 반환조항을 통해 상위 득표자들에 대한 부담을 최소화함으로써 법익의 균형성 요건에 대한 판단에서도 기탁금이 과도한 부담으로서 과잉금지원칙에 위배되는 것은 아니라고 볼 수 있다.

Ⅴ. 결론 [1점]

이상의 검토를 종합할 때, 기탁금반환조항은 기탁금제도의 합헌성을 확보하기 위한 핵심적 요소의 하나이며, 과잉금지원칙의 위배 여부에 대한 판단에서 기탁금 제도의 합헌성을 인정받도록 하는 데 매우 중요한 역할을 한다.

7

선거비용보전 제한사유의 합헌성

갑은 2016.4.13. 실시된 제20대 국회의원선거에서 A당의 공천을 받아 B지역구의 후보자로 출마하여 선거운동을 하였으나, 투표 결과 낙선하였다. 다만 갑은 유효투표총수의 15% 이상을 득표하여서 지출한 선거비용 전액을 보전받게 되었다.

그런데 관할 선거관리위원회는 2016.6.10.자 공문을 통해 갑에게 공직선거법 제122조의2 제2항 제1호에 따라 예비후보자로서 지출한 선거비용은 선거비용보전의 대상에서 제외되며, 정치자금법 제58조 제1항, 제4항에 따라 반환받은 기탁금과 보전받은 선거비용을 20일 이내에 A당으로 인계해야 하며, 그렇지 않으면 국고에 귀속시킨다는 사실을 통지하였다. 이에 갑은 위 법률조항들이 선거공영제에 반하고, 자신의 피선거권, 자기결정권, 평등권을 침해한다고 주장하면서 헌법재판소에 헌법소원심판을 청구하였다.

을은 2006.5.31. 실시된 제4회 전국동시지방선거에서 수원시장 후보로 출마하여 낙선하였으나, 유효투표총수의 15% 이상을 득표하여 공직선거법 선거비용 지출액 전액을 보전 받게 되었다. 그런데 을은 공직선거법상 관할 선거관리위원회의 방송일정에 따라 방송연설을 한 경우 방송일 전 3일까지 방송시설이용계약서 사본을 첨부하여 방송시설명 · 이용일시 · 소요시간 · 이용방법 등을 위 선거관리위원회에 서면으로 신고하도록 규정하고 있음에도 위 방송연설을 함에 있어 그 신고를 누락하였다.

관할 선거관리관리위원회는 이와 같은 신고의무 불이행을 이유로 을에게 과태료 300만 원을 부과했고, 위 방송연설에 지출된 비용 1,800만 원을 선거비용보전에서 공제하는 처분을 하였다. 이에 을은 수원지방법원에 위 공제 처분의 취소를 구하는 소송을 제기하였고, 법원에 소송이 계속 중인 상태에서 위헌법률심판제청신청을 하였으나 기각되자 헌법재판소에 헌법소원심판을 청구하였다.

〈헌재 2018.7.26. 2016헌마524 등; 헌재 2012.2.23. 2010헌바485 참조〉

1. 갑의 헌법소원심판청구는 적법한가? (20점)
2. 정치자금법 제58조에서 국회의원선거 당선인이 기탁금의 반환 또는 선거비용의 보전으로 받은 금액을 정치자금으로 사용할 수 있는 것과는 달리 낙선인의 경우에는 반환 · 보전받은 금액을 정당추천후보자의 경우 소속정당에, 무소속후보자는 공익법인 또는 사회복지시설에 인계하도록 한 것은 평등권을 침해하는가? (40점)
3. 을의 경우 헌법재판소는 어떠한 본안판단을 내려야 하는가? (40점)

〈참고 조문(아래 법령은 현행 법령과 다를 수 있음)〉

공직선거법 제122조의2(선거비용의 보전 등)

① 선거구선거관리위원회는 다음 각호의 규정에 따라 후보자(대통령선거의 정당추천후보자와 비례대표국회의원선거 및 비례대표지방의회의원선거에 있어서는 후보자를 추천한 정당을 말한다. 이하 이 조에서 같다)가 이 법의 규정에 의한 선거운동을 위하여 지출한 선거비용[「정치자금법」 제40조(회계보고)의 규정에 따라 제출한 회계보고서에 보고된 선거비용으로서 정당하게 지출한 것으로 인정되는 선거비용을 말한다]을 제122조(선거비용제한액의 공고)의 규정에 의하여 공고한 비용의 범위안에서 대통령선거 및 국회의원선거에 있어서는 국가의 부담으로, 지방자치단체의 의회의원 및 장의 선거에 있어서는 당해 지방자치단체의 부담으로 선거일후 보전한다.

1. 대통령선거, 지역구국회의원선거, 지역구지방의회의원선거 및 지방자치단체의 장 선거
   가. 후보자가 당선되거나 사망한 경우 또는 후보자의 득표수가 유효투표총수의 100분의 15 이상인 경우 후보자가 지출한 선거비용의 전액
   나. 후보자의 득표수가 유효투표총수의 100분의 10 이상 100분의 15 미만인 경우 후보자가 지출한 선거비용의 100분의 50에 해당하는 금액
2. 비례대표국회의원선거 및 비례대표지방의회의원선거 후보자명부에 올라 있는 후보자중 당선인이 있는 경우에 당해 정당이 지출한 선거비용의 전액

② 제1항에 따른 선거비용의 보전에 있어서 다음 각 호의 어느 하나에 해당하는 비용은 이를 보전하지 아니한다.

1. 예비후보자의 선거비용
2. 「정치자금법」 제40조(회계보고)의 규정에 따라 제출한 회계보고서에 보고되지 아니하거나 허위로 보고된 비용
3. 이 법에 위반되는 선거운동을 위하여 또는 기부행위제한규정을 위반하여 지출된 비용
4. 제64조 또는 제65조에 따라 선거벽보와 선거공보를 관할 구·시·군선거관리위원회에 제출한 후 그 내용을 정정하거나 삭제하는데 소요되는 비용
5. 이 법에 따라 제공하는 경우 외에 선거운동과 관련하여 지출된 수당·실비 그 밖의 비용
6. 정당한 사유 없이 지출을 증빙하는 적법한 영수증 그 밖의 증빙서류가 첨부되지 아니한 비용
7. 후보자가 자신의 차량·장비·물품 등을 사용하거나 후보자의 가족·소속 정당 또는 제3자의 차량·장비·물품 등을 무상으로 제공 또는 대여받는 등 정당 또는 후보자가 실제로 지출하지 아니한 비용
8. 청구금액이 중앙선거관리위원회규칙으로 정하는 기준에 따라 산정한 통상적인 거래가격 또는 임차가격과 비교하여 정당한 사유 없이 현저하게 비싸다고 인정되는 경우 그 초과하는 가액의 비용
9. 선거운동에 사용하지 아니한 차량·장비·물품 등의 임차·구입·제작비용
10. 휴대전화 통화료와 정보이용요금. 다만, 후보자와 그 배우자, 선거사무장, 선거연락소장 및 회계책임자가 선거운동기간 중 선거운동을 위하여 사용한 휴대전화 통화료 중 후보자가 부담하는 통화료는 보전한다.

11. 그 밖에 위 각 호의 어느 하나에 준하는 비용으로서 중앙선거관리위원회규칙으로 정하는 비용

③ 다음 각 호의 어느 하나에 해당하는 비용은 국가 또는 지방자치단체가 후보자를 위하여 부담한다. 이 경우 제3호의2 및 제5호의 비용은 국가가 부담한다.

1. 제64조에 따른 선거벽보의 첩부 및 철거의 비용
2. 제65조에 따른 점자형 선거공보의 작성비용과 책자형 선거공보(점자형 선거공보 및 같은 조 제9항의 후보자정보공개자료를 포함한다) 및 전단형 선거공보의 발송비용과 우편요금
3. 제66조(선거공약서)제8항의 규정에 따른 점자형 선거공약서의 작성비용

3의2. 활동보조인(예비후보자로서 선임하였던 활동보조인을 포함한다)의 수당과 실비

4. 제82조의2(선거방송토론위원회 주관 대담·토론회)의 규정에 의한 대담·토론회(합동방송연설회를 포함한다)의 개최비용
5. 제82조의3(선거방송토론위원회 주관 정책토론회)의 규정에 의한 정책토론회의 개최비용
6. 제161조(投票參觀)의 규정에 의한 투표참관인 및 제162조에 따른 사전투표참관인의 수당과 식비
7. 제181조(開票參觀)의 규정에 의한 개표참관인의 수당과 식비

④ 제1항 내지 제3항의 규정에 따른 비용의 산정 및 보전청구 그 밖에 필요한 사항은 중앙선거관리위원회규칙으로 정한다.

정치자금법 제58조(후보자의 반환기탁금 및 보전비용의 처리)

① 공직선거의 후보자가 후원회의 후원금 또는 정당의 지원금으로 「공직선거법」 제56조(기탁금)의 규정에 의한 기탁금을 납부하거나 선거비용을 지출하여 같은 법 제57조(기탁금의 반환 등) 또는 제122조의2(선거비용의 보전 등)의 규정에 의하여 반환·보전받은 경우 그 반환·보전비용 [자신의 재산(차입금을 포함한다)으로 지출한 비용을 모두 공제한 잔액을 말한다]은 선거비용을 보전받은 날부터 20일 이내(이하 이 조에서 "인계기한"이라 한다)에 정당추천후보자는 소속정당에, 무소속후보자는 공익법인 또는 사회복지시설에 인계하여야 한다.

② 국회의원선거의 당선인은 제1항의 규정에 불구하고 그 반환·보전비용을 자신의 정치자금으로 사용할 수 있으며, 이 경우 제34조(회계책임자의 선임신고 등)제4항 제1호의 규정에 의한 예금계좌(후원회를 두지 아니한 경우에는 자신의 명의로 개설한 예금계좌를 말한다)에 입금하여 정치자금으로 사용하여야 한다.

③ 후원회를 두지 아니한 국회의원이 자신 명의로 개설한 예금계좌에 입금한 제2항의 자금을 모두 지출한 때에는 중앙선거관리위원회규칙이 정하는 바에 따라 관할 선거관리위원회에 보고하여야 한다.

④ 공직선거의 후보자가 제1항에 따라 인계하여야 하는 반환·보전비용을 그 인계기한 이내에 소속 정당 등에 인계하지 아니한 경우에는 이를 국고에 귀속시켜야 한다. 이 경우 국고귀속절차에 관하여는 제4조(당비) 제3항 및 제4항의 규정을 준용한다.

1. 갑의 헌법소원심판청구는 적법한가? (20점)

Ⅰ. 서: 헌법소원심판의 유형과 적법요건 [2점]
Ⅱ. 공권력에 의한 기본권의 침해 [5점]
1. 공권력으로서의 입법작용
2. 침해되는 기본권
3. 사안에 대한 판단
Ⅲ. 기본권침해의 직접성, 현재성, 자기관련성 [7점]
1. 입법작용에 의한 기본권침해와 직접성 요건
2. 현재성에 대한 판단
3. 자기관련성에 대한 판단
Ⅳ. 보충성 및 기타의 적법요건 [5점]
1. 헌법소원심판청구의 보충성 요건
2. 변호사강제주의
3. 청구기간
Ⅴ. 결론 [1점]

Ⅰ. 서: 권리구제형 헌법소원과 적법요건 [2점]

헌법재판소법 제68조 제1항에 따른 권리구제형 헌법소원은 공권력에 의한 기본권의 침해를 다투는 헌법소송이다.

그 적법요건으로는 공권력(의 행사 또는 불행사)에 의한 기본권의 침해와 더불어 기본권침해의 직접성, 현재성, 자기관련성이 갖춰져야 하며, 그밖에 헌법소원심판청구의 보충성, 변호사 강제주의, 청구기간의 준수 등이 있다.

Ⅱ. 공권력의 행사 또는 불행사에 의한 기본권의 침해 [6점]

1. 공권력으로서의 입법작용

헌법소원심판의 대상이 되는 공권력은 원칙적으로 모든 국가작용이다. 다만, 헌법재판소법 제68조 제1항 제1문의 규정에 따라 법원의 재판은 배제된다.

본 사안에서 문제되는 공권력은 공직선거법상의 선거비용보전에 관한 조항이다. 청구인 갑은 공직선거법 제122조 제2항 제1호에 의한 기본권침해를 주장하는 바, 이는 입법작용에 의한 기본권침해를 다투는 것으로서 헌법소원심판의 대상이 된다.

2. 갑의 기본권주체성

갑은 정당의 공천을 받아 국회의원선거에 출마하였던 사람이다. 따라서 대한민국 국민이라는 점이 분명하며, 기본권주체성 인정에 아무런 문제가 없다.

3. 침해되는 기본권

사안에서 청구인 갑이 주장할 수 있는 기본권은 피선거권(공무담임권) 및 정당활동의 자유 및 평등권이 될 것이다. 나아가 재산권에 대해서도 주장할 수 있으나, 선거비용보전의 성격상 인정되기 어려울 것이다.[1)]

Ⅲ. 기본권침해의 직접성, 현재성, 자기관련성 [7점]

1. 입법작용에 의한 기본권침해와 직접성 요건

기본권침해의 직접성 요건은 해당 공권력에 의해 청구인의 기본권이 직접 침해되었어야 한다는 것이다.

입법작용에 의한 기본권침해의 경우에는 직접성 요건에 주목할 필요가 있다. 해당 기본권의 침해가 입법에 의해 직접 발생하는 것인지, 집행작용의 매개를 통해 간접적으로 발생하는 것인지에 따라 직접성 요건의 충족 여부가 달라지기 때문이다.[2]

사안의 경우 공직선거법 제122조의2 제1항 제2호에 의해 예비후보자에 대한 선거비용보전 제외가 확정되어 있으며, 집행과정에서의 탄력적 적용의 여지가 없으므로 기본권침해의 직접성 요건을 충족하였다.

2. 현재성에 대한 판단

기본권침해의 현재성 요건은 해당 공권력에 의한 기본권침해가 장래의 발생 가능성이 있는 것이 아니라 현재적으로 침해가 이루어지고 있거나, 가까운 장래에 발생할 것이 확실한 경우이어야 한다는 것이다.

사안의 경우 갑은 선거비용보전이 현재 문제되고 있으므로 현재성 요건을 충족하였다.

3. 자기관련성에 대한 판단

기본권침해의 자기관련성 요건은 해당공권력이 자신의 기본권을 침해한 경우이어야 한다는 것이다. 사안에서 갑은 자신이 선거비용보전의 당사자이므로 자기관련성 요건도 충족하였다.

Ⅳ. 구제수단의 보충성 및 기타 적법요건 [4점]

1. 헌법소원심판청구의 보충성 요건

헌법재판소법 제68조 제1항 단서에 따른 보충성 요건은 헌법소원심판의 폭주를 막고 법원의 재판이나 행정심판 등의 구제절차를 적절하게 활용하기 위한 것이다.

그런데 입법작용에 의한 직접적인 기본권침해에 대해서는 헌법재판소 판례[3]에서

---

1) **헌재 2012.2.23. 2010헌바485 결정**: "우리 헌법이 보장하고 있는 재산권은 경제적 가치가 있는 모든 공법상 · 사법상의 권리를 뜻하나, 단순한 기대이익 · 반사적 이익 또는 경제적인 기회 등은 재산권에 속하지 아니한다(헌재 2000.6.1. 98헌바34, 판례집 12-1, 607, 616 참조). 이 사건에서 청구인이 침해되었다고 주장하는 소위 선거경비의 부담면제 청구권은 방송연설에 지출된 비용 상당액을 선거비용으로 보전받을 수 있을 것이라는 청구인의 주관적 기대에 불과할 뿐, 실제로는 헌법 제116조 제2항의 위임에 따라 법률로 정해진 보전대상에 해당할 요건을 충족하지 못하여 경제적 가치가 있는 구체적인 권리로 되지 못하였다. 따라서 이러한 주관적 기대만으로는 재산권에 해당한다고 볼 수 없으므로 결국 이 사건 법률조항은 청구인의 재산권을 침해한다고 할 수 없다."

2) **헌재 1991.6.3. 89헌마46 결정** 이래의 확립된 판례.

3) **헌재 1991.6.3. 89헌마46 결정**: "법률 자체에 의한 직접적인 기본권침해가 문제될 때에는 그 법률 자체의 효력을 직접 다투는 것을 소송물로 하여 일반 법원에 소송을 제기하는 길이 없으므로 다른 구제절차를 거칠 것 없이 바로 헌법소원을 제기할 수 있다."

판시하듯이 별도의 적절한 구제수단이 있다고 보기 어려우므로 보충성 요건이 충족된 것으로 볼 수 있다.

2. 변호사강제주의

헌법소원심판은 사인이 청구의 주체가 되며, 헌법재판소법 제25조 제3항에 따라 변호사 강제주의가 적용된다. 따라서 갑은 변호사를 대리인으로 선임하여야 헌법소원심판을 청구할 수 있다.

3. 청구기간의 준수

헌법재판소법 제69조 제1항에 따라 갑은 그 사유가 있음을 안 날부터 90일 이내에, 그 사유가 있는 날부터 1년 이내에 헌법소원심판을 청구하여야 한다.

Ⅴ. 결론 [1점]

사안의 갑에 의한 헌법소원심판청구는 적법요건을 충족하였으므로, 헌법재판소는 본안판단에 들어가야 한다.

2. 정치자금법 제58조에서 국회의원선거 당선인이 기탁금의 반환 또는 선거비용의 보전으로 받은 금액을 정치자금으로 사용할 수 있는 것과는 달리 낙선인의 경우에는 반환 · 보전받은 금액을 정당추천후보자의 경우 소속정당에, 무소속후보자는 공익법인 또는 사회복지시설에 인계하도록 한 것은 평등권을 침해하는가? (40점)

Ⅰ. 사안의 분석과 쟁점의 정리 [3점]
Ⅱ. 정치자금법 제58조의 의미와 역할 [7점]
　1. 정치자금법의 입법취지
　2. 정치자금의 투명성과 이를 위한 제도적 장치
　3. 정치자금의 주체와 그 범위의 한정
Ⅲ. 기탁금제도 및 선거비용반환의 의의와 역할 [8점]
　1. 기탁금 및 선거비용반환의 제도적 취지
　2. 기탁금 및 선거비용반환의 기준
　3. 기탁금 및 선거비용반환과 그 사용처의 제한
Ⅳ. 후원회의 허용 조건과 당선자, 낙선자의 차별 사유 [8점]
　1. 후원회의 의의
　2. 현행법상 허용되는 후원회의 유형
　3. 당선인과 낙선인의 차별과 그 이유
Ⅴ. 평등권 침해 여부에 대한 판단 [12점]
　1. 비교집단과 평등심사기준
　2. 정치자금법의 입법취지 및 기탁금, 선거비용반환의 역할에 따른 평가
　3. 당선인과 낙선자의 차별의 정당성
Ⅵ. 결론 [2점]

Ⅰ. 사안의 분석과 쟁점의 정리 [3점]

정치자금법 제58조에서 당선인의 경우에는 반환받은 기탁금 및 보전받은 선거비용을 정치자금으로 사용할 수 있는 반면에, 낙선인의 경우에는 (본인의 재산으로 지출한 비용을 공제하고) 정당추천후보자의 경우 소속정당에, 무소속후보자는 공익법인 또는 사회복지시설에 인계하도록 한 것은 일견 차별로 보일 수 있다. 그러나 당선인은 국회의원으로서 정치활동을 계속할 것이지만, 낙선인은 그렇지 않다는 점에서 차별의 근거가 없는 것은 아니다.

결국 사안의 핵심은 이러한 차별의 근거가 합리적인지의 여부에 있으며, 이를 판단하기 위해서는 정치자금법 제58조의 의미와 역할, 기탁금 반환 및 선거비용보전의 의의와 역할, 그리고 국회의원선거 당선인과 낙선인의 차별 근거를 종합적으로 검토한 이후에 이를 바탕으로 평등권의 침해 여부를 검토해야 할 것이다.

Ⅱ. 정치자금법 제58조의 의미와 역할 [7점]

1. 정치자금법의 입법취지

정치자금법은 정치자금의 적정한 제공을 보장하고, 그 수입 및 지출 내역을 공개하여 투명하게 함으로써 정치자금과 관련된 부정을 방지하고, 민주정치의 건전한 발전에 기여하고자 함으로 목적으로 제정되었다(정치자금법 제1조).

2. 정치자금의 투명성과 이를 위한 제도적 장치

정치자금의 투명성 확보를 위해 정치자금법에서 특히 비중을 두고 있는 것은 수입 및 지출 내역의 투명성이며, 이를 위해 정치자금법 제34조 이하에서는 회계책임자의 선임신고, 회계장부의 비치 및 기재, 정당의 회계처리 및 영수증 및 각종 증빙서류 등에 관하여 상세한 규정을 두고 있다.

3. 정치자금의 주체와 그 범위의 한정

이러한 정치자금의 투명성과 직접 관련되어 있는 것이 정치자금을 사용할 수 있는 주체의 제한이다. 정치자금법은 당비, 후원금, 보조금, 기탁금 등을 정치자금으로 규정하고 있으며, 이를 특히 정치인으로서 후원금을 받을 수 있는 주체는 중앙당, 국회의원, 대통령선거의 후보자, 예비후보자 및 경선후보자, 지역구 국회의원선거의 후보자 및 예비후보자 등으로 한정되어 있다(정치자금법 제6조).

Ⅲ. 기탁금 제도 및 선거비용반환의 의의와 역할 [8점]

1. 기탁금 및 선거비용반환의 제도적 취지

공직선거법 제57조의 기탁금 반환 제도는 당선 가능성이 있는 후보자가 기탁금으로 인해 출마가 어려워지는 문제를 해소하기 위해 일정 득표율 이상의 후보자에게는 기탁금을 반환하도록 한 것이다.

또한 헌법 제116조 제2항이 규정한 선거공영제의 취지에 따라 선거비용을 당사자나 정당이 부담해서는 안 될 것이지만, 현행 공직선거법 제122조의2는 일정 득표율 이상의 후보자에 대해서만 선거비용반환을 인정하고 있다.

2. 기탁금 및 선거비용반환의 기준

기탁금 반환 및 선거비용보전의 기준은 동일하다. 당선인 및 낙선인 중 15% 이상의 득표자는 선거비용 전액의 보전, 10% 이상 15% 미만 득표자는 반액 보전이 원칙이다. 또한 공직선거법 제122조의2 제2항에 따라 예비후보자의 선거비용 등 선거비용보전에서 제외되는 항목도 있다.

그리고 기탁금 반환과 선거비용보전의 기준이 동일한 것에 대해서는 후보자 난립의 방지 등의 목적이 동일하다면, 이를 이중으로 부과하는 것이 부적절하다는 비판도 있다.

3. 기탁금 및 선거비용반환과 그 사용처의 제한

기탁금반환 및 선거비용보전은 개인의 재산으로 이를 충당한 경우에 당사자의 부담을 덜어주는 의미를 갖는다. 그런데 만일 정당이나 후원회에서 이를 부담한 경우에는 이를 정당 또는 후원회에 반환하거나 보전하는 것이 옳다고 볼 수 있다.[4)]

정치자금법 제58조 제1항의 규정은 이런 의미에서 자신의 재산으로 지출한 비용을 제외한 반환 · 보전액을 소속 정당이나 공익법인 등에 인계하도록 한 것으로 보인다.

Ⅳ. 후원회의 허용 조건과 당선자, 낙선자의 차별 사유 [8점]

1. 후원회의 의의

후원회란 특정 정당 또는 정치인을 지지하는 사람들에 의해 구성된 것으로서 정치자금법 제3조 제7호에 따르면 "후원회"라 함은 이 법의 규정에 의하여 정치자금의 기부를 목적으로 설립 · 운영되는 단체로서 관할 선거관리위원회에 등록된 단체를 말한다.

2. 현행법상 허용되는 후원회의 유형

공직선거법 제6조 제1항은 후원회를 둘 수 있는 후원회 지정권자를 중앙당(중앙당창당준비위원회 포함), 국회의원(당선인 포함), 대통령선거 후보자(예비후보자, 경선후보자 포함), 지역구 국회의원선거 후보자(예비후보자 포함), 중앙당 대표자 및 중앙당 최고집행기관 당

---

4) **헌재 2018.7.26. 2016헌마524등 결정**: "헌법은 정당의 기능에 상응하는 지위와 권한을 보장하고 있고(헌재 1997.5.29. 96헌마85 참조), 지역구국회의원선거에서 후보자가 정당추천을 표방하는 것은 유권자들이 선거권을 행사하는 데 있어서 참고할만한 중요한 사항을 제공하는 것이다(헌재 2011.3.31. 2009헌마286 참조). 따라서 후원자로서도 후원금을 기부할 때 그 후보자가 소속된 정당을 중요하게 고려하게 된다. 설령 후원자가 정당에 대해서는 지지하지 않으면서 후보자 개인을 지지하기 위해 후원금을 기부한 것이더라도, 낙선한 후보자는 향후 정당을 통하여 정치활동을 지속할 수 있으므로, 반환 · 보전비용을 정당에 인계하도록 한 것이 불합리하다고 할 수 없다.
또한 후원회의 후원금은 공직선거라는 국가의 공적 업무를 수행하는 기회에 제공된 것이고, 궁극적으로 선거에 관한 경비를 국민들 스스로 부담하는 과정에서 마련된 것이다. 따라서 이미 그 재원의 목적이 국가의 공적 업무 수행을 원활히 하는 데 있기 때문에, 이를 국고에 귀속시킨다고 하여 국가가 부당한 이익을 취하는 것이라고 볼 수 없다."

내경선후보자, 지방자치단체장선거 후보자로 한정하고 있다.

즉, 국회의원 및 국회의원 당선인은 후원회를 둘 수 있는 반면에 낙선인은 후원회를 둘 수 없다.

3. 당선인과 낙선인의 차별과 그 이유

이러한 후원회 지정권자의 범위는 곧 당선인과 낙선인의 차별과 직결된다. 당선인은 국회의원으로서 정치활동을 계속할 사람이지만, 낙선인은 당분간 정치 일선에서 활동할 사람은 아니라는 점이 인정되는 것이다.

Ⅴ. 평등권 침해 여부에 대한 판단 [12점]

1. 비교집단과 평등심사기준

사안에서 비교집단은 국회의원선거의 당선인과 낙선인이다. 양자의 차이는 뚜렷하며, 차별의 이유도 존재한다. 다만, 그러한 차별 근거가 기탁금 반환 및 선거비용보전에도 합리적인 근거로 인정될 수 있는지가 문제된다.

사안의 경우 기탁금반환 또는 선거비용보전의 제한 사유는 기본권에 대한 중대한 제한이므로 엄격한 심사가 필요할 것이지만, 반환·보전된 비용의 사용처를 제한하는 조항의 적용대상은 본인 재산에서 지출하지 않은 비용이므로 완화된 심사기준이 적용되어야 할 것이다.

2. 정치자금법의 입법취지 및 기탁금, 선거비용반환의 역할에 따른 평가

사안에서 문제되는 반환·보전비용은 정당의 지원 또는 후원회의 후원금으로 지출했던 것이며, 징치자금법상 정치활동을 위하여 소요되는 경비로만 지출될 수 있도록 목적과 용도, 지출방법 등이 명백히 구분되어 관리되고 있는 정치자금에 해당한다.

따라서 이를 낙선인이 관할 선거관리위원회로부터 수령했다 하더라도 이를 낙선인의 소유가 되는 것으로 볼 수 없다.

3. 당선인과 낙선인의 차별의 정당성

또한 낙선인이 이를 정치자금으로 보유하고 사용할 수 있는 예외를 인정한다면, 이는 음성적이고 탈법적인 정치자금을 허용하는 것에 해당하므로, 정치자금의 투명성을 확보하여 부정을 방지하고자 하는 정치자금법의 기본 이념에 심히 배치되는 결과를 가져오게 된다.

반면에 당선인은 향후 국회의원의 지위에서 정치활동을 하며 정치자금법상 후원회를 둘 수 있고, 정치자금법에 따른 엄격한 통제 아래 정치활동을 위해서만 지출할 수 있도록 제한되어 있으므로, 낙선한 후보자와 달리 당선된 후보자가 반환·보전비용을 정치자금으로 사용할 수 있도록 하더라도 이를 불합리한 차별이라고 할 수 없다.[5)]

---

5) **헌재 2018.7.26. 2016헌마524등 결정**: "정치자금법제상 지역구국회의원선거에서 낙선한 후보자는 위의 정치자금 수입·지출 주체에 포함되지 않기 때문에 정치자금을 보유할 수도, 지출할 수도 없다. 반환·

Ⅵ. 결론 [2점]

이상의 검토를 종합할 때, 정치자금법 제58조에서 기탁금 반환 및 선거비용보전에서 당선인과 낙선인을 달리 취급하는 것은 합리적인 근거가 있다고 보아야 하며, 따라서 평등권에 대한 침해는 아니다.

3. 을의 경우 헌법재판소는 어떠한 본안판단을 내려야 하는가? (40점)

Ⅰ. 사안의 분석과 쟁점의 정리 [3점]
Ⅱ. 선거공영제와 선거비용보전의 의미 [7점]
1. 헌법 제116조 제2항의 선거공영제와 그 의의
2. 공직선거법 제119조에 따른 선거비용의 부담
3. 공직선거법 제122조의2에 따른 선거비용보전의 역할
Ⅲ. 선거비용보전 제외사유의 의미와 역할 [8점]
1. 선거비용보전의 전제로서의 합법적 선거운동
2. 선거비용보전의 제외사유: 정당한 선거운동비용으로 볼 수 없는 경우
3. 사안의 경우: 사전신고가 결여되어 공직선거법을 위반한 경우
Ⅳ. 사전신고의무 불이행과 선거비용보전 제외의 정당성 여부 [8점]
1. 을이 침해를 주장할 수 있는 기본권
2. 재산권의 침해 여부 판단
3. 평등권의 침해 여부 판단
Ⅴ. 헌법재판소의 본안 판단 [12점]
1. 헌법재판소 결정의 형식
2. 사안의 합헌성 여부에 대한 판단
3. 헌법재판소 결정의 효력
Ⅵ. 결론 [2점]

Ⅰ. 사안의 분석과 쟁점의 정리 [3점]

사안의 을은 공직선거법에 따른 선거비용보전을 받을 수 있는 득표율을 얻었지만, 사전신고를 하지 않은 방송연설의 비용을 선거비용보전에서 제외한 것을 다투고 있다.

제외 처분의 그 근거조항인 공직선거법 제122조의2 제2항 제3호가 위헌인지를 확인하기 위해서는 먼저 선거공영제의 취지에 따른 선거비용보전의 의미, 그리고 선거비용보전의 제외사유가 갖는 의미와 기능을 살펴본 후에 사안의 사전신고의무 불이행에

보전비용이 정치자금에 해당하는 이상, 낙선한 후보자가 이를 정치자금으로 보유하고 사용할 수 있는 예외를 인정한다면, 이는 음성적이고 탈법적인 정치자금을 허용하는 것에 해당하므로, 정치자금의 투명성을 확보하여 부정을 방지하고자 하는 정치자금법의 기본 이념에 심히 배치되는 결과를 가져오게 된다. 반면 당선된 후보자로서는 향후 국회의원의 지위에서 정치활동을 하며 정치자금법상 후원회를 둘 수 있고, 정치자금법에 따른 엄격한 통제 아래 정치활동을 위해서만 지출할 수 있도록 제한되어 있으므로, 낙선한 후보자와 달리 당선된 후보자가 반환·보전비용을 정치자금으로 사용할 수 있도록 하더라도 이를 불합리한 차별이라고 할 수 없다."

따른 선거비용보전 제외의 정당성 여부를 확인하고, 헌법재판소가 어떤 본안판단을 내려야 할 것인지를 판단할 수 있을 것이다.

Ⅱ. 선거공영제와 선거비용보전의 의미 [7점]

1. 헌법 제116조 제2항의 선거공영제와 그 의의

헌법 제116조 제2항은 "선거에 관한 경비는 법률이 정하는 경우를 제외하고는 정당 또는 후보자에게 부담시킬 수 없다"고 명시하고 있다. 이는 선거공영제를 규정한 것으로서 선거비용의 부담으로 인해 출마하지 못하는 경우가 발생하지 않도록 하려는 것이다.

2. 공직선거법 제119조에 따른 선거비용의 부담

공직선거법 제119조 제1항에서는 "선거비용"이라 함은 당해 선거에서 선거운동을 위하여 소요되는 금전·물품 및 채무 그 밖에 모든 재산상의 가치가 있는 것으로서 당해 후보자가 부담하는 비용과 다음 각 호의 어느 하나에 해당되는 비용이라고 정의하고 있다. 이로 인해 선거공영제가 후퇴한다는 비판도 적지 않았다.

3. 공직선거법 제122조의2에 따른 선거비용보전의 역할

이러한 공직선거법 제119조의 문제점을 보완하며, 선거공영제의 취지를 살리기 위한 것이 공직선거법 제122조의2에 따른 선거비용보전이다. 다만, 기탁금제도에 의해 후보자 난립을 방지하고 있음에도 불구하고 모든 후보자의 선거비용을 보전하는 것이 아니라, 15%이상 득표자에게는 전액을, 10% 이상 15% 미만 득표자에게는 반액을 보전하는 것에 대해서는 여전히 비판이 있다.

Ⅲ. 선거비용보전 제외사유의 의미와 역할 [8점]

1. 선거비용보전의 전제로서의 합법적 선거운동

선거비용보전의 전제는 합법적인 선거운동과 이를 통해 지출된 비용에 대해 보전하는 것이다. 따라서 불법적인 활동에 소요된 비용까지 보전하는 것은 금지되며, 만일 이를 허용할 경우에는 불법적인 활동을 조장한다는 문제가 제기될 수 있다.

2. 선거비용보전의 제외사유 : 정당한 선거운동비용으로 볼 수 없는 경우

공직선거법 제122조의2 제2항 각호의 사유를 보면 정당한 선거운동비용으로 볼 수 없는 경우가 대부분이다. 물론 그 중에는 예비후보자의 선거비용 등 논란의 소지가 있는 것도 있지만, 대부분 후보자의 귀책사유로 인해 발생한 비용 또는 정당한 선거운동비용으로 인정될 수 없는 경우들이다.

3. 사안의 경우 : 사전신고가 결여되어 공직선거법을 위반한 경우

사안의 을은 적정한 사전신고를 결여함으로써 공직선거법을 위반하였으며, 이는 공직선거법 제122조의2 제2항 제3호에 해당되는 것이다. 이는 영수증 등 증빙서류가 첨부되지 않은 경우(같은 조항 제6호)와 마찬가지로 그 내용보다 절차의 위반이 문제되는 것이다.[6)]

Ⅳ. 사전신고의무 불이행과 선거비용보전 제외의 정당성 여부 [8점]

1. 을이 침해를 주장할 수 있는 기본권

을이 침해를 주장할 수 있는 기본권은 선거비용보전을 통한 재산권, 그리고 다른 선거비용보전 대상자와의 차별에 따른 평등권이 있다.

2. 재산권의 침해 여부 판단

헌법재판소 판례에 따르면 재산권은 경제적 가치가 있는 모든 공법상 · 사법상의 권리를 뜻하나, 단순한 기대이익 · 반사적 이익 또는 경제적인 기회 등은 재산권에 속하지 않는다.[7)] 사안에서 을은 선거비용보전을 기대하고 있으나 이는 주관적 기대에 불과하며, 헌법 제116조 제2항의 위임에 따라 법률로 정해진 보전대상에 해당할 요건을 충족하지 못하여 경제적 가치가 있는 구체적인 권리로 되지 못하였다. 따라서 재산권의 침해는 인정되기 어렵다.[8)]

3. 평등권의 침해 여부 판단

을이 평등권 침해를 주장할 경우, 비교집단은 형사처벌의 대상이 되지는 아니하지만 사전 서면신고의무위반보다는 중대한 위반행위를 저지른 사람들이라고 할 수 있다.

그러나 공정한 선거와 기회균등을 위해 규정된 선거법규를 준수하도록 하여야 할 필요성이라는 이 사건 법률조항의 입법목적에 비추어 볼 때, 위 비교집단과 청구인 을 사이에 반드시 달리 취급하여야 할 정도로 본질적인 차이가 있다고 보기는 어려울 뿐만 아니라, 그 위법행위의 정도가 경미하다고 하더라도 위법한 선거운동에 지출된 비용을 보전해 주는 것이 정당하다고 보기는 어려우므로 평등권 침해도 인정될 수 없다.[9)]

---

6) **헌재 2012.2.23. 2010헌바485 결정**: "이 사건 법률조항은 선거비용을 보전함에 있어 공직선거법 규정을 위반한 사람들에게 일부의 제한을 가하겠다는 것인바, 후보자로서는 선거법규를 준수함으로써 이러한 부담을 얼마든지 피할 수 있으므로 그 내용 자체가 선거공영제의 취지에 반한다고 할 수 없고, 형사처벌의 대상으로 삼을 정도의 중대한 위법은 아니라고 하더라도 선거법규를 철저히 준수하도록 하기 위하여 이를 준수하지 않은 사람에게 일정한 정도의 불이익을 가하는 것이 필요하다는 입법자의 판단이 정당하지 않다고 할 수 없으며, 당해 위법사유가 있는 선거운동에 지출된 비용만을 보전하지 않음으로써 입법목적을 달성하기 위한 필요최소한 정도의 기준을 설정하였다고 볼 수 있으므로 이를 선거공영제에 관한 입법형성권을 벗어난 자의적인 것이라고 할 수 없다."

7) **헌재 1998.7.16. 96헌마246 결정**: "우리 헌법이 보장하고 있는 재산권은 경제적 가치가 있는 모든 공법상 · 사법상의 권리를 뜻한다(헌재 1992.6.26. 90헌바26, 판례집 4, 362, 372). 이러한 재산권의 범위에는 동산 · 부동산에 대한 모든 종류의 물권은 물론, 재산가치 있는 모든 사법상의 채권과 특별법상의 권리 및 재산가치 있는 공법상의 권리 등이 포함되나, 단순한 기대이익 · 반사적 이익 또는 경제적인 기회 등은 재산권에 속하지 않는다고 보아야 한다."

8) **헌재 2012.2.23. 2010헌바485 결정**: "청구인이 침해를 주장하는 소위 선거경비의 부담면제 청구권은 청구인의 주관적 기대에 불과할 뿐, 법률상의 보전대상에 해당할 요건을 충족하지 못하여 구체적인 권리로 되지 못하였으므로 이를 재산권에 해당한다고 할 수 없다."

Ⅴ. 헌법재판소의 본안 판단 [12점]

1. 헌법재판소 결정의 형식

본 사안은 위헌소원으로서 형식은 헌법소원심판이지만, 그 실질은 위헌법률심판에 해당된다. 따라서 헌법재판소의 본안판단 형식은 인용 또는 기각이 아니라, 합헌 또는 위헌이 된다.

2. 사안의 합헌성 여부에 대한 판단

을은 공직선거법이 정하고 있는 방송연설에 관한 사전신고절차를 위배하였고, 그로 인하여 방송연설에 관한 비용이 선거비용보전에서 배제된 것은 공직선거법 제122조의2 제2항 제3호에 해당하며, 이 조항은 정당한 선거운동비용에 대해서만 보전대상으로 인정한다는 합리적 근거를 갖고 있으므로 합헌이다.

3. 헌법재판소 결정의 효력

헌법재판소의 합헌결정은 당해 사건에 대해 구속력이 있지만, 위헌결정과 같이 모든 국가기관을 구속하는 것은 아니며, 같은 조항에 대해 별개의 사건에서 다시 다투어질 수 있다.

Ⅵ. 결론 [2점]

을이 청구한 위헌소원에 대해 헌법재판소는 심판대상조항인 공직선거법 제122조의2 제2항 제3호의 "이 법에 위반되는 선거운동을 위하여 지출된 비용" 부분은 합헌이라는 결정을 내려야 한다.

---

9) **헌재 2012.2.23. 2010헌바485 결정**: "…또한 위반행위를 저지른 사람과 청구인 간에 달리 취급하여야 할 정도로 본질적인 차이가 있다고 보기 어려울 뿐만 아니라, 위법한 선거운동에 지출된 비용을 보전해 주는 것은 국민의 법감정에 반하고 위법의 중대성 여부에 관한 세부적 기준을 세워 보전제외비용의 차등을 두기도 곤란하므로 이를 같이 취급하는 것이 자의적인 입법으로 청구인의 평등권을 침해한다고 할 수도 없다."

8

지방자치단체에 대한 정부 합동감사의 합헌성 여부

최근 서울시의 뉴타운 개발과 관련하여 민원들이 끊임없이 발생하자 행정안전부장관은 국무총리실의 국무조정실장에게 서울시에 대한 부분감사(감사분야는 지방세, 건설 · 도시계획, 환경, 보건복지, 식품 등, 감사반은 행정안전부, 국토교통부, 환경부, 보건복지부, 식품의약품안전청 등 5개 부 · 청 내외) 조정협의를 하였고, 국무조정실장은 위 조정협의를 승인하였다.

행정안전부장관은 서울시에 정부 합동감사계획을 통보하였다. 이에 서울시는 지방선거를 앞두고 있는 상황에서 감사 준비를 하는데 어려움이 있다면서 감사를 내년으로 연기해줄 것을 요청했으나 받아들여지지 않았다. 결국 정부 합동감사반은 예정대로 서울시에 대한 정부 합동감사를 실시하였다.

이에 서울시는 이러한 감사대상의 일부는 서울시의 고유사무인 자치사무인데, 그에 관한 법령위반사실이 밝혀지지 아니하였고 법령위반 가능성에 대한 합리적인 의심조차 없는 상황에서 사전적 · 포괄적으로 합동감사를 실시하는 것은 헌법과 지방자치법이 부여한 자치행정권, 자치재정권 등 지방자치권을 침해하였다고 주장하며 헌법재판소에 권한쟁의심판을 청구하였다.

〈헌재 2009.5.28. 2006헌라6 결정 참조〉

1. 서울시의 권한쟁의심판청구는 적법한가? [20점]
2. 지방의회에 의한 감사, 감사원의 감사 이외에 정부의 합동감사까지 시행하는 것은 중복감사에 의한 지방자치권의 침해로 볼 수 있는가?? [30점]
3. 서울시의 권한쟁의심판청구가 적법한 경우 헌법재판소는 어떤 본안판단을 내려야 하는가? [50점]

〈참고 조문(아래 법령은 현행 법령과 다를 수 있음)〉

지방자치법 제9조(지방자치단체의 사무범위)

① 지방자치단체는 그 관할구역의 자치사무와 법령에 의하여 지방자치단체에 속하는 사무를 처리한다.

지방자치법 제155조(지방자치단체의 사무에 대한 지도 및 지원)

① 중앙행정기관의 장 또는 시 · 도지사는 지방자치단체의 자치사무에 관하여 조언 또는 권고하거나 지도할 수 있으며, 이를 위하여 필요할 때에는 지방자치단체에 대하여 자료의 제출을 요구할 수 있다.

② 국가나 시·도는 지방자치단체가 그 지방자치단체의 사무를 처리하는 데에 필요하다고 인정하면 재정지원이나 기술지원을 할 수 있다.

지방자치법 제156조(국가사무 또는 시·도 사무처리의 지도·감독)
① 지방자치단체 또는 그 장이 위임받아 처리하는 국가사무에 관하여는 시·도에 있어서는 주무부장관의, 시·군 및 자치구에 있어서는 1차로 시·도지사의, 2차로 주무부장관의 지도·감독을 받는다.
② 시·군 및 자치구나 그 장이 위임받아 처리하는 시·도의 사무에 관하여는 시·도지사의 지도·감독을 받는다.

지방자치법 제156조의2(중앙행정기관과 지방자치단체 간 협의조정)
① 중앙행정기관의 장과 지방자치단체의 장이 사무를 처리함에 있어서 의견을 달리하는 경우 이를 협의·조정하기 위하여 국무총리소속하에 협의조정기구를 둘 수 있다.
② 제1항의 규정에 의한 협의조정기구의 구성 및 운영 등에 관하여 필요한 사항은 대통령령으로 정한다.

지방자치법 제157조(위법·부당한 명령·처분의 시정)
① 지방자치단체의 사무에 관한 그 장의 명령이나 처분이 법령에 위반되거나 현저히 부당하여 공익을 해한다고 인정될 때에는 시·도에 대하여는 주무부장관이, 시·군 및 자치구에 대하여는 시·도지사가 기간을 정하여 서면으로 시정을 명하고 그 기간 내에 이행하지 아니할 때에는 이를 취소하거나 정지할 수 있다. 이 경우 자치사무에 관한 명령이나 처분에 있어서는 법령에 위반하는 것에 한한다.
② 지방자치단체의 장은 제1항의 규정에 의한 자치사무에 관한 명령이나 처분의 취소 또는 정지에 대하여 이의가 있는 때에는 그 취소 또는 정지처분을 통보받은 날로부터 15일 이내에 대법원에 소를 제기할 수 있다.

지방자치법 제158조(지방자치단체의 자치사무에 대한 감사)
행정안전부장관 또는 시·도지사는 지방자치단체의 자치사무에 관하여 보고를 받거나 서류·장부 또는 회계를 감사할 수 있다. 이 경우 감사는 법령위반사항에 한하여 실시한다.

지방자치법 제161조(특례의 인정)
① 서울특별시의 지위·조직 및 운영에 있어서는 수도로서의 특수성을 고려하여 법률이 정하는 바에 의하여 특례를 둘 수 있다.

1. 서울시의 권한쟁의심판청구는 적법한가? (20점)

Ⅰ. 서: 권한쟁의심판의 성격과 적법요건 [2점]
Ⅱ. 당사자: 국가 또는 지방자치단체 [5점]
　1. 당사자능력과 당사자적격

2. 서울시의 당사자능력
3. 사안에 대한 판단
Ⅲ. 주장 내용: 권한의 존부 및 범위에 관한 다툼 [7점]
1. 권한: 헌법상 기관의 헌법상 또는 법률상 권한
2. 서울시의 지방자치권
3. 권한에 영향을 미치는 처분: 정부의 합동감사
Ⅳ. 청구기간 및 기타의 적법요건 [5점]
1. 청구기간
2. 권한침해의 종료와 예외적 심판청구의 이익
Ⅴ. 결론 [1점]

Ⅰ. 서: 권한쟁의심판의 성격과 적법요건 [2점]

권한쟁의심판은 헌법상 기관의 헌법상 또는 법률상 권한의 존부 및 범위에 관한 다툼을 해결하는 헌법소송이다.

그러므로 권한쟁의심판의 적법요건에서는 권한쟁의심판의 당사자가 될 수 있는지와 더불어 헌법상 · 법률상 권한의 존부 및 범위에 관한 다툼인지가 주로 문제된다. 그밖에 청구기간 및 권한침해의 종료 이후 예외적 심판청구의 이익이 인정될 수 있는지도 적법요건과 관련하여 검토되어야 한다.

Ⅱ. 당사자: 국가 또는 지방자치단체 [5점]

1. 당사자능력과 당사자적격

권한쟁의심판은 모든 개인이나 단체에게 인정되는 것이 아니라, 국가기관 및 지방자치단체만 당사자가 될 수 있다. 즉, 국가기관 및 지방자치단체에게 당사자능력이 인정된다. 특히 국가기관 중에서도 헌법상 기관에 대해서만 당사자능력이 인정된다.[1)]

반면에 당사자적격은 문제가 되는 권한침해의 당사자인 것을 말한다.

2. 서울시의 당사자능력과 당사자적격

서울시는 지방자치단체로서 당사자능력의 인정에 문제가 없다. 또한 사안에서 서울시의 권한침해를 다투고 있으므로 당사자적격도 인정된다.

3. 사안에 대한 판단

사안에서 서울시는 대한민국정부를 대상으로 권한쟁의심판을 청구한 것으로 보이며, 양 당사자의 당사자능력 및 당사자적격의 인정에는 문제가 없다.

---

1) 그로 인해 법률상 기관인 국가인권위원회에 대해서는 헌법재판소가 권한쟁의심판의 당사자적격을 인정하지 않았다(**헌재 2010.10.28. 2009헌라6 결정**).

Ⅲ. 주장 내용: 권한의 존부 및 범위에 관한 다툼 [7점]

1. 권한: 헌법상 기관의 헌법상 또는 법률상 권한

권한쟁의심판은 헌법소송으로서 기관소송과 달리 헌법상 기관에 대해서만 당사자능력이 인정된다. 다만, 헌법이 직접 정한 바에 따라 지방자치단체에 대해서는 당사자능력이 인정되는 반면에 지방자치단체의 기관에 대해서는 당사자능력이 인정되지 않는다.

헌법상 기관의 헌법상 또는 법률상 권한의 존부 및 범위에 관한 다툼이 권한쟁의심판의 심판대상이다.

2. 서울시의 지방자치권

서울시는 지방자치단체로서 지방자치에 관한 권한을 갖는다. 특히 위임사무가 아닌 고유사무에 관한 권한은 지방자치단체의 권한으로 존중되어야 하며, 국가기관이라 하더라도 함부로 침해할 수 없는 것이다.

3. 권한에 영향을 미치는 처분: 정부의 합동감사

사안에서 서울시의 권한을 침해하는 처분으로서 문제되는 것은 정부의 합동감사이다. 합동감사 자체는 적법한 것이라 하더라도 이를 서울시의 고유사무에 대해 강행한 것은 권한침해의 여부가 문제될 수 있다.

Ⅳ. 청구기간 및 기타의 적법요건 [5점]

1. 청구기간

헌법재판소법 제63조에 따라 권한쟁의심판은 그 사유가 있음을 안 날부터 60일 이내에, 그 사유가 있은 날부터 180일 이내에 청구하여야 한다. 이 기간은 불변기간이다.

2. 권한침해의 종료와 예외적 심판청구의 이익

사안의 경우 권한쟁의심판이 청구되는 과정에서 정부의 합동감사일정이 종료되어 권한침해가 이미 종료된 상황일 수 있다.

그러나 같은 유형의 침해행위가 앞으로도 반복될 위험이 있고 중앙행정기관의 장의 자치단체에 대한 자치사무 감사권의 존부, 감사범위, 감사의 방법 등에 관하여는 헌법적 해명이 긴요하다고 할 것이므로 예외적으로 심판청구의 이익을 인정할 수 있다.[2)]

---

2) **헌재 2009.5.28. 2006헌라6 결정**: "이 사건 합동감사는 2006.9.29. 이미 끝났으므로 권한침해상태가 종료되었다고 볼 수 있어 심판계속중의 사정변경으로 권한침해상태가 이미 종료한 지금에 이르러서는 이 사건 심판청구가 인용된다 하더라도 청구인의 주관적 권리구제에는 도움이 되지 아니하여 원칙적으로 심판의 이익이 없다고 할 것이나, 헌법소원심판과 마찬가지로 권한쟁의심판도 주관적 권리구제뿐만 아니라 객관적인 헌법질서 보장의 기능도 겸하고 있으므로, 청구인에 대한 권한침해상태가 이미 종료하여 이를 취소할 여지가 없어졌다 하더라도 같은 유형의 침해행위가 앞으로도 반복될 위험이 있고 중앙행정기관의 장의 자치단체에 대한 자치사무 감사권의 존부, 감사범위, 감사의 방법 등에 관하여는 헌법적 해명이 긴요하다고 할 것이므로 예외적으로 심판청구의 이익을 인정할 수 있다고 할 것이다(헌재 2003.10.30. 2002헌라1, 판례집 15-2하, 17, 29 참조)."

Ⅴ. 결론 [1점]

사안에서 서울시와 대한민국정부의 권한쟁의심판은 양자가 당사자능력 및 당사자적격을 갖췄고, 권한의 존부 및 범위에 대한 다툼으로서 권한쟁의심판의 대상이 된다.

사안의 경우 정부의 합동감사일정이 종료되어 권한침해가 이미 종료되었다 하더라도, 헌법적 해명의 필요성이 있으므로 예외적 심판청구의 이익이 인정되어 헌법재판소는 본안판단에 들어가야 한다.

2. 지방의회에 의한 감사, 감사원의 감사 이외에 정부의 합동감사까지 시행하는 것은 중복감사에 의한 지방자치권의 침해로 볼 수 있는가? (30점)

Ⅰ. 서: (지방)자치권의 의미와 외부 감사의 관계 [3점]
Ⅱ. 지방자치권의 의미와 감사의 유형 [7점]
　1. 지방자치권의 의의와 기능
　2. 지방자치의 성숙도와 외부적 통제의 필요성
　3. 현행법상 인정되는 지방자치단체에 대한 감사의 유형
Ⅲ. 정부 합동감사의 의미와 성격 [9점]
　1. 정부 합동감사의 의의
　2. 정부 합동감사의 법적 근거
　3. 정부 합동감사의 순기능과 역기능
Ⅳ. 중복감사의 문제점과 지방자치권 침해 여부에 대한 판단 [9점]
　1. 지방의회 감사 및 감사원 감사의 필요성
　2. 정부 합동감사의 필요성과 문제점
　3. 정부 합동감사의 지방자치권 침해 여부에 대한 판단
Ⅴ. 결론 [2점]

Ⅰ. 서: (지방)자치권의 의미와 외부 감사의 관계 [3점]

지방자치의 핵심은 지역사무를 자율적으로 처리하는 것이다. 따라서 지역사무에 대해 외부에서 깊이 관여하는 것은 자치권의 침해로 볼 여지가 충분히 있다.

그러나 다른 한편으로는 지방자치의 부패와 타락을 막기 위해서는 외부적 통제가 필요하며, 특히 자치사무에 대한 외부의 감사는 매우 중요한 통제수단이 된다.

이렇게 볼 때, 정부의 합동감사가 자치권에 대한 침해인지의 여부는 외부적 통제는 무조건 자치권의 침해로 보는 것보다는 중복감사가 과도한 것이어서 과잉금지원칙에 위배되는지를 중심으로 판단해야 할 것이다.

Ⅱ. 지방자치권의 의미와 감사의 유형 [7점]

1. 지방자치권의 의의와 기능

지방자치는 지역사무를 지역주민 및 지역주민에 의해 선출된 지방자치단체에서 자

율적으로 처리하는 것이다. 그러나 '지방'의 자치는 국가를 전제하는 것이므로 국가법질서의 틀 안에서 자치권이 인정된다.

따라서 지방자치에 의한 자율성은 최대한 존중되어야 할 것이지만, 지방자치의 역기능을 막기 위한 국가의 관여 내지 감독과 통제도 필요한 것으로 인정된다.

2. 지방자치의 성숙도와 외부적 통제의 필요성

우리나라의 지방자치는 5·16쿠데타 이후 장기간 중단되었다가 민주화 이후에 다시 시행되고 있다. 지난 20여년의 경험을 통해 지방자치도 많이 발전했지만, 아직도 지방자치가 충분히 성숙했는지에 대해서 우려하는 사람들이 적지 않다.

그로 인하여 지방자치에 대해서는 국가의 관리·감독이 폭넓게 인정되고 있다. 이에 대해 후견적 지방자치라는 비판도 있지만, 현재 상황에서 지방자치단체에 대한 외부적 통제, 특히 국가기관에 의한 통제의 필요성을 부정하기 어렵다.

3. 현행법상 인정되는 지방자치단체에 대한 감사의 유형

현행법상 지방자치에 대한 감사는 다양한 형태로 인정되고 있다. 지방의회에 의한 감사(지방자치법 제41조, 제41조의2), 행정자치부장관 등에 의한 감사(지방자치법 제171조, 제171조의2), 감사원에 의한 감사(감사원법 제22조 제1항 제2호, 제23조 제2호, 제24조 제1항 제2호 등) 등이 대표적이며, 각각의 감사는 주체뿐만 아니라, 주안점에도 차이가 있다.

Ⅲ. 정부 합동감사의 의미와 성격 [9점]

1. 정부 합동감사의 의의

정부 합동감사란 사안의 경우처럼 정부의 여러 부처에서 팀을 만들어서 지방자치단체의 여러 활동분야에 대해 감사를 시행하는 것이다. 지방자치 전반에 대한 주무부처는 행정안전부이지만, 위임사무와 관련하여서는 주무부장관의 지도·감독권이 인정되며(지방자치법 제167조), 그로 인해 여러 부처에서 각기 지방자치에 대한 감독권을 갖고 있는 상태에서 이를 합동으로 행사하는 것이 정부 합동감사인 것이다.

2. 정부 합동감사의 법적 근거

정부 합동감사의 법적 근거는 지방자치법 제171조의2 제2항이다.

지방자치법 제167조에 따른 주무부장관의 위임사무 감사와 동법 제171조에 따른 행정안전부장관의 자치사무 감사를 동시에 실시함으로써 한편으로는 지방자치단체의 부담을 줄이고, 다른 한편으로는 감사의 효율성을 높이고자 하는 것이다.

3. 정부 합동감사의 순기능과 역기능

정부 합동감사는 감사의 필요성이 인정되는 상황에서 감사의 효율성을 높인다는 점에서 그 순기능을 찾을 수 있지만, 해당 지방자치단체의 입장에서는 지방의회의 감사, 감사원의 감사와 중복될 수 있다는 점에서 과중한 부담이 될 수 있다.

이와 관련하여 지방자치법 제171조의2 제1항에서는 감사원 감사 등이 실시된 사안

에 대해서는 새로운 사실의 발견, 중요 사항의 누락 등이 없으며 감사대상에서 제외하도록 하고 있으나, 감사원 감사보다 정부 합동감사가 먼저 행해질 경우에는 중복감사 문제를 피하기 어렵다.

Ⅳ. 중복감사의 문제점과 지방자치권침해 여부에 대한 판단 [9점]

1. 지방의회 감사 및 감사원 감사의 필요성

지방자치사무에 대해 지방의회의 감사는 가장 본질적인 통제수단이 되므로, 이를 배제할 수는 없다. 다만, 현재로서는 지방의회의 전문인력 부족 등으로 인해 감사의 실효성이 낮은 편이다.

감사원 감사는 외부적 통제수단의 가장 대표적인 것이며, 감사원의 전문성 등을 고려할 때, 이를 배제하는 것도 적절치 않다.

2. 정부 합동감사의 필요성과 문제점

정부 합동감사 역시 나름의 필요성이 인정된다. 주무부장관의 위임사무에 대한 감사권을 부인할 수 없고, 자치사무에 대한 행정안전부장관의 감사권 역시 그러하다.

다만, 이러한 정부 합동감사가 시기나 방법 등에서 과도한 것이 되지 않도록 조정할 필요는 있으며, 이를 벗어난 경우에 대해서는 자치권의 침해를 문제삼을 수 있을 것이다.

3. 정부 합동감사의 지방자치권 침해 여부에 대한 판단

사안의 정부 합동감사는 현실적으로 많은 문제가 발생하고 있는 상황이고, 이에 대한 지방의회의 감사나 감사원 감사가 행해졌거나 행해질 예정이라는 정황이 보이지 않고 있다는 점에서 정부 합동감사 시행 자체가 과도한 것으로서 지방자치권을 침해하는 것으로는 보기 어렵다.

다만, 감사원 감사가 행해진 상황에서 이에 대해 다시금 중복감사를 하는 경우에는 지방자치법 제171조의2 제1항에도 위배되는 것으로서 지방자치권에 대한 침해로 볼 수 있다.

Ⅴ. 결론 [2점]

이상의 검토를 종합할 때, 정부 합동감사 자체가 지방자치권을 침해하는 것이라고 보기는 어렵다. 다만, 감사원의 감사가 행해진 상태에서 새로운 사실의 발견 등 특별한 사유 없이 중복감사를 하는 것이라면 지방자치법 제171조의2 제1항에 위배되어 지방자치권을 침해한 것으로 볼 수 있다.

3. 서울시의 권한쟁의심판청구가 적법한 경우 헌법재판소는 어떤 본안판단을 내려야 하는가? (50점)

Ⅰ. 사안의 분석과 쟁점의 정리 [4점]
Ⅱ. 지방자치권의 의의와 내용 [8점]
1. 지방자치권의 개념과 자치사무의 유형: 고유사무와 위임사무
2. 고유사무의 의의와 성격
3. 위임사무의 범위와 특징
Ⅲ. 정부 합동감사의 법적 근거와 한계 [10점]
1. 자치사무에 대한 외부 감사의 필요성
2. 자치사무에 대한 감사의 범위: 자치사무에 대한 보고, 서류·장부·회계 감사
3. 법령 위반사항에 대한 감사와 그 절차
Ⅳ. 정부 합동감사의 지방자치권 침해 여부에 대한 판단 [12점]
1. 지방자치법 제167조에 따른 위임사무 감사와 제171조에 따른 자치사무 감사
2. 고유사무에 대한 감사의 범위: 법령위반사항
3. 감사권 범위를 벗어난 감사의 위헌성
Ⅴ. 헌법재판소의 본안판단과 그 효력 [14점]
1. 권한쟁의심판에 대한 결정의 형식
2. 사안에 대한 판단
3. 헌법재판소 결정의 효력
Ⅵ. 결론 [2점]

Ⅰ. 사안의 분석과 쟁점의 정리 [4점]

사안에서 서울시는 정부 합동감사로 인한 지방자치권의 침해를 주장하고 있다. 이러한 주장의 정당성 여부를 판단하기 위해서는 한편으로는 지방자치권의 의의와 내용에 대해, 다른 한편으로는 정부 합동감사의 근거 및 역할에 대해 정확하게 분석하는 것이 선행되어야 할 것이다.

그 바탕 위에서 정부 합동감사가 과연 서울시의 지방자치권을 침해하는지, 그리고 이에 대해 헌법재판소는 어떤 본안판단을 내려야 하는지를 확인할 수 있을 것이다.

Ⅱ. 지방자치권의 의의와 내용 [8점]

1. 지방자치권의 개념과 자치사무의 유형: 고유사무와 위임사무

자치사무라 함은 지방자치단체에서 자율적으로 처리할 수 있는 사무를 말하며, 이는 고유사무와 위임사무로 나뉜다.

고유사무는 지방자치법 제9조 제2항에 따라 인정되는 사무이며, 위임사무는 지방자치법 제102조에 따라 인정되는 사무이다.

2. 고유사무의 의의와 성격

고유사무에 대해서는 이른바 보충성 원칙에 따라 지방자치단체가 우선적인 사무처리권을 갖는다. 지방자치단체가 처리하기 어려운 특별한 문제가 발생할 경우에 비로소 국가의 개입이 인정될 수 있는 것이다.

3. 위임사무의 범위와 특징

반면에 위임사무에 대해서는 위임의 목적에 따라 제대로 사무가 처리되고 있는지를 국가가 관리하고 감독할 권한이 있다. 비록 지방자치법 제102조에 따라 지방자치단체에 위임하여 사무를 처리한다 하더라도 국가는 이에 대해 재원을 교부하여야 한다.[3)]

Ⅲ. 정부 합동감사의 법적 근거와 한계 [10점]

1. 자치사무에 대한 외부 감사의 필요성

자치사무에 대한 감사의 주체는 원칙적으로 지방자치단체 내부의 감사기관 또는 지방의회가 되어야 할 것이다. 그러나 아직까지 지방자치단체 내부의 감사기관들이 제대로 설치되어 있지 않거나 충분한 전문인력을 확보하지 못하는 등의 문제로 인해 외부기관에 의한 감사 필요성이 인정되고 있다.

2. 자치사무에 대한 감사의 범위: 자치사무에 대한 보고, 서류 · 장부 · 회계 감사

지방자치법은 제166조 이하에서 지방자치단체에 대한 국가의 지도 · 감독을 규정하고 있으며, 제171조에서 자치사무에 대한 감사에 대해 규정하고 있다.

이 조항에 따라 행정안전부장관이나 시 · 도지사는 지방자치단체의 자치사무에 관하여 보고를 받거나 서류 · 장부 또는 회계를 감사할 수 있으나, 감사는 법령위반사항에 대하여만 실시한다. 다만, 감사원의 경우 합법성 감사뿐만 아니라 합목적성 감사도 인정된다.[4)]

3. 법령 위반사항에 대한 감사와 그 절차

지방자치법 제171조 제2항은 행정안전부장관의 감사에 대해 감사 실시 전에 해당 사무의 처리가 법령에 위반되는지 여부 등을 확인해야 한다고 명시하고 있으며, 이를 지키지 않은 경우 감사권의 범위를 벗어난 위법한 감사라고 볼 수 있다.

Ⅳ. 정부 합동감사의 지방자치권 침해 여부에 대한 판단 [12점]

1. 지방자치법 제167조에 따른 위임사무 감사와 제171조에 따른 자치사무 감사

지방자치법 제167조는 위임사무에 대해 주무부장관의 지도 · 감독을 인정하고 있으나, 제171조는 자치사무(고유사무)에 관해 법령위반사항에 대해서만 감사를 실시할 수 있도록 규정하고 있다. 즉, 자치사무의 유형에 따라 차별화되고 있는 것이다.

---

3) **지방재정법 제21조(부담금과 교부금)**
① 지방자치단체나 그 기관이 법령에 따라 처리하여야 할 사무로서 국가와 지방자치단체 간에 이해관계가 있는 경우에는 원활한 사무처리를 위하여 국가에서 부담하지 아니하면 아니 되는 경비는 국가가 그 전부 또는 일부를 부담한다.
② 국가가 스스로 하여야 할 사무를 지방자치단체나 그 기관에 위임하여 수행하는 경우 그 경비는 국가가 전부를 그 지방자치단체에 교부하여야 한다.

4) 감사원에 의한 지방자치단체의 합목적성 감사를 정당한 것으로 인정한 헌법재판소 판례로 **헌재** 2008. 5.29. 2005**헌라**3 **결정** 참조.

2. 고유사무에 대한 감사의 범위: 법령위반사항

서울시는 감사대상 사무의 일부는 고유사무라고 주장하고 있으며, 사안에서 정부 합동감사의 포괄성에 비추어 볼 때, 위임사무에만 한정된 것은 아니라고 보인다. 따라서 고유사무에 대한 감사는 지방자치법 제171조를 위배한 것으로 볼 수 있다.

3. 감사권 범위를 벗어난 감사의 위헌성

법률상 인정되는 정당한 범위를 벗어난 정부의 합동감사는 결국 서울시의 고유사무 처리에 관한 자치권을 침해한 것으로 볼 수 있으며, 위헌성이 인정될 수 있다.5)

Ⅴ. 헌법재판소의 본안판단과 그 효력 [14점]

1. 권한쟁의심판에 대한 결정의 형식

권한쟁의심판은 심판의 대상이 된 국가기관 또는 지방자치단체의 권한의 유무 또는 범위에 대해 판단하는 것이며, 헌법재판소는 본안판단에서 주문의 형식을 청구인의 주장을 받아들이는 인용결정과 받아들이지 않는 기각결정으로 한다.

2. 사안에 대한 판단

사안의 정부 합동감사는 지방자치법 제171조에 위배하여 고유사무에 대해 법령 위반에 대한 구체적인 확인 없이 시행되었으며, 이는 서울시의 고유사무 처리에 관한 자치권을 불법적으로 침해한 것이다. 따라서 헌법재판소는 서울시의 청구에 대해 인용결정을 내려야 한다.

3. 헌법재판소 결정의 효력

권한쟁의심판에 대한 헌법재판소의 결정은 모든 국가기관과 지방자치단체를 기속한다(헌법재판소법 제67조 제1항). 그러나 국가기관 또는 지방자치단체의 처분을 취소하는 결정은 그 처분의 상대방에 대하여 이미 생긴 효력에 영향을 미치지 않는다(헌법재판소법 제67조 제2항).

Ⅵ. 결론 [2점]

이상의 검토를 종합할 때, 정부 합동감사는 적어도 서울시의 고유사무에 대한 감사에 있어서는 정당한 범위를 벗어난 것이라 할 수 있으며, 이에 대해 헌법재판소는 본안판단에서 인용결정을 통해 그 위헌성을 확인해야 할 것이다.

---

5) **헌재 2009.5.28. 2006헌라6 결정**: "행정안전부장관 등이 감사실시를 통보한 사무는 서울특별시의 거의 모든 자치사무를 감사대상으로 하고 있어 사실상 피감사대상이 특정되지 아니하였고 행정안전부장관 등은 합동감사 실시계획을 통보하면서 구체적으로 어떠한 자치사무가 어떤 법령에 위반되는지 여부를 밝히지 아니하였는바, 그렇다면 행정안전부장관 등의 합동감사는 구 지방자치법 제158조 단서 규정상의 감사개시요건을 전혀 충족하지 못하였다 할 것이므로 헌법 및 지방자치법에 의하여 부여된 서울특별시의 지방자치권을 침해한 것이다."

9

교원의 시국선언과 정치활동의 제한

A공립고등학교 교사 갑(甲)은 2016.1.9. 서울시 광장에서 자신이 조합원이자 간부로서 활발하게 활동하고 있는 전국교직원노동조합(이하 '전교조'라 함)의 교원들과 함께 역사교과서 국정화를 반대하는 내용의 '시국선언'을 주도하고 참여하였다.

교육감 을(乙)은 2016.4.28. 갑의 이러한 행위가 지방공무원법 제58조 제1항 및 「교원의 노동조합 설립 및 운영 등에 관한 법률」 제3조에 위배된다는 이유로 甲에게 해임의 징계처분을 하였다. 그러자 갑은 교원소청심사위원회의 소청심사를 거쳐 법원에 징계처분의 취소를 구하는 소를 제기하였으나 갑의 청구는 기각되었다. 갑은 위 법원의 판결에 대해 항소하였고 항소심 소송이 계속 중이던 2017.11.15. 항소심 법원에 지방공무원법 제69조 제1항, 제58조 제1항, 교원노조법 제3조에 대해 위헌법률심판제청신청을 하였으나 기각되었다.

이에 갑은 변호사 병(丙)을 대리인으로 선임하여, 2018.2.20. 지방공무원법 제58조 제1항과 제69조 제1항 및 교원노조법 제3조에 대해 지방공무원의 집단행동을 금지하고 교원노조에게 일체의 정치활동을 금지하는 것은 자신과 교원노조의 정치적 표현의 자유의 본질내용을 침해할 뿐만 아니라, 교원노조에 대해서만 정치활동을 금지함으로써 교원노조를 부당하게 차별하고 있으며, 대학교원단체는 정치활동이 제한되지 않음에 반해 위 법률조항들이 초·중등 교원단체의 경우에만 정치활동을 제한하는 것은 불합리한 차별이라고 주장하면서, 헌법재판소에 헌법소원심판을 청구하였다.

B사립중학교 교사 정(丁)은 전교조의 조합원이자 간부인 바, 역사교과서 국정화를 반대하는 내용의 '2차 시국선언'을 2016.5. 거행하기로 계획하고 있던 2016.4. 말경 갑에 대한 징계처분에 관한 보도를 접하게 되었다. 그리하여 '2차 시국선언'을 감행하기에 앞서 일단 헌법재판소의 결정을 받아보기로 의견을 모으게 되었다. 이에 정(丁)과 전교조는 변호사 무(戊)를 대리인으로 선임하여, 2016.5.18. 사립학교법 제55조 제1항, 노동조합법 제3조에 대하여 이 법률조항들이 교원노조의 가입과 노조활동이 합법화되어 있는 상태에서 업무시간 외에 학교 밖에서 행한 시국선언까지 불법화함으로써 자신의 정치적 표현의 자유, 평등권 등을 침해한다고 주장하면서 헌법재판소에 헌법소원심판을 청구하였다.

〈헌재 2014.8.28. 2011헌바32등 참조〉

1. (1) 갑(甲)의 헌법소원심판청구는 적법한가? (헌법소원심판청구의 적법성 검토시 적법한 심판 대상을 정확하게 특정할 것) (15점)
   (2) 정(丁)과 전교조의 헌법소원심판청구는 적법한가? (15점)
2. 사안에서 甲의 정치적 표현의 자유는 헌법상 어느 정도까지 보호되며, 이를 제한하는 지방공무원법 제58조 제1항은 합헌인가? (35점)
3. 교원노조법 제3조가 교원노조의 일체의 정치활동을 금지하는 것은 교원노조를 일반 노조나 교수노조에 비해 불합리하게 차별하는 것으로서 위헌인가? (35점)

〈참고 조문(아래 법령은 현행 법령과 다를 수 있음)〉

지방공무원법 제58조(집단행위의 금지)

① 공무원은 노동운동이나 그 밖에 공무 외의 일을 위한 집단행위를 하여서는 아니 된다. 다만, 사실상 노무에 종사하는 공무원은 예외로 한다.
② 제1항 단서에 규정된 사실상 노무에 종사하는 공무원의 범위는 조례로 정한다.
③ 제1항 단서에 규정된 사실상 노무에 종사하는 공무원으로서 노동조합에 가입한 사람이 조합업무를 전임(專任)으로 하려면 소속 지방자치단체의 장의 허가를 받아야 한다.
④ 제3항에 따른 허가에는 필요한 조건을 붙일 수 있다.

지방공무원법 제69조(징계사유)

① 공무원이 다음 각 호의 어느 하나에 해당하면 징계의결을 요구하여야 하고, 징계의결의 결과에 따라 징계처분을 하여야 한다.
   1. 이 법 또는 이 법에 따른 명령이나 지방자치단체의 조례 또는 규칙을 위반하였을 때
   2. 직무상의 의무(다른 법령에서 공무원의 신분으로 인하여 부과된 의무를 포함한다)를 위반하거나 직무를 태만히 하였을 때
   3. 공무원의 품위를 손상하는 행위를 하였을 때
② 징계에 관하여 다른 법률의 적용을 받는 공무원(국가공무원을 포함한다)이 이 법에 따른 징계에 관한 규정을 적용받은 공무원으로 임용된 경우에 임용 이전의 다른 법률에 따른 징계사유는 그 사유가 발생한 날부터 이 법에 따른 징계사유가 발생한 것으로 본다. 다만, 같은 사유로 이미 징계처분을 받은 경우에는 그러하지 아니하다.
③ 특수경력직공무원이 경력직공무원으로 임용된 경우에 임용 전의 해당 특수경력직공무원의 징계를 규율하는 법령상의 징계사유는 그 사유가 발생한 날부터 이 장의 규정에 따른 징계사유가 발생한 것으로 본다.
④ 경력직공무원이 특수경력직공무원으로 임용된 경우에 임용 전의 해당 경력직공무원의 징계를 규율하는 법령상의 징계사유는 그 사유가 발생한 날부터 특수경력직공무원의 징계를 규율하는 법령상의 징계사유가 발생한 것으로 본다.

교원의 노동조합 설립 및 운영 등에 관한 법률 제3조(정치활동의 금지)

교원의 노동조합(이하 "노동조합"이라 한다)은 일체의 정치활동을 하여서는 아니된다.

1. (1) 갑(甲)의 헌법소원심판청구는 적법한가? (15점)

Ⅰ. 서: 위헌심사형 헌법소원의 의의와 적법요건 [2점] Ⅱ. 심판대상 [4점] Ⅲ. 재판의 전제성 [4점] Ⅳ. 기타의 적법요건 [4점] Ⅴ. 결론 [1점]

Ⅰ. 서: 위헌심사형 헌법소원의 의의와 적법요건 [2점]

사안에서 갑 등이 제기한 헌법소원심판은 헌법재판소법 제68조 제2항에 따른 이른바 위헌소원이다. 위헌소원은 형식상 헌법소원이지만 실질적으로는 위헌법률심판에 해당하는 것이며, 그에 따라 헌법재판소법 제68조 제1항의 권리구제형 헌법소원과는 청구요건에 큰 차이를 보인다. 무엇보다 재판의 전제성 요건이 갖추어져야 하며, 그밖에 당해 법원에 대한 위헌법률심판제청신청과 기각, 변호사 강제주의, 청구기간 등의 요건이 갖춰져야 한다.

Ⅱ. 심판대상 [4점]

위헌소원은 실질적으로 위헌법률심판이며, 사안에서 다투고 있는 것은 지방공무원법 제58조 제1항과 제69조 제1항 및 교원노조법 제3조이다.

그러나 갑이 실제로 다투고 있는 것은 '일체의 정치활동' 부분이므로 이에 한정되어야 한다. 따라서 사안의 심판대상조항은 교원노조법 제3조와 더불어 그 위반을 징계사유로 삼고 있는 지방공무원법 제69조 제1항 제1호의 징계에 관한 조항이다.

Ⅲ. 재판의 전제성 [4점]

재판의 전제성이 인정되기 위해서는 세 가지 요건이 갖춰져야 한다. 첫째, 법원에 소송이 계속(繫屬) 중이어야 하며, 둘째, 심판대상법률(조항)이 당해 소송사건에 적용되어야 하며, 셋째, 심판대상법률(조항)의 위헌 여부에 따라 재판의 내용이 달라질 수 있어야 한다.

사안의 갑은 법원에 소송이 계속 중이며, 지방공무원법 제69조 제1항과 교원노조법 제3조는 당해사건에 적용되며, 그 위헌 여부에 따라 재판의 내용이 달라질 것이므로 재판의 전제성 요건을 갖추었다.

Ⅳ. 기타의 적법요건 [4점]

기타의 적법요건으로 위헌법률심판제청의 신청과 기각, 변호사 강제주의 및 청구기간의 준수가 요구된다.

사안에서 갑은 당해 법원에 위헌법률심판제청을 신청했으나 기각되었고, 변호사를 선임하였으며, 항소심법원에서 기각결정을 언제 통지받았는지 사안에서 불확실하지만, 위헌소원의 청구일인 2018.2.20.의 30일 이내라면 모든 적법요건을 갖춘 것이다.

Ⅴ. 결론 [1점]

이상의 검토를 종합할 때, – 청구기간의 준수를 전제로 – 갑의 위헌소원 제기는 재판의 전제성 기타 적법요건을 갖춘 것으로 보이며, 헌법재판소는 본안판단에 들어가야 한다.

1. (2) 정(丁)과 전교조의 헌법소원심판청구는 적법한가? (15점)

Ⅰ. 서: 권리구제형 헌법소원과 적법요건 [2점] Ⅱ. 공권력의 행사 또는 불행사에 의한 기본권의 침해 [4점] Ⅲ. 기본권침해의 직접성, 현재성, 자기관련성 [5점] Ⅳ. 기타의 적법요건 [3점] Ⅴ. 결론 [1점]

Ⅰ. 서: 권리구제형 헌법소원과 적법요건 [2점]

헌법재판소법 제68조 제1항에 따른 권리구제형 헌법소원은 공권력에 의한 기본권의 침해를 다투는 헌법소송이다. 그 적법요건으로는 공권력(의 행사 또는 불행사)에 의한 기본권의 침해와 더불어 기본권침해의 직접성, 현재성, 자기관련성이 갖춰져야 하며, 그밖에 헌법소원심판청구의 보충성, 변호사 강제주의, 청구기간의 준수 등이 있다.

Ⅱ. 공권력의 행사 또는 불행사에 의한 기본권의 침해 [4점]

헌법소원의 적법요건으로 공권력의 행사 또는 불행사에 의한 기본권 침해가 문제되어야 한다. 사안에서 정(丁)은 갑의 경우와 매우 유사한 문제로 헌법소원심판을 청구한 것이며, 입법작용에 의한 기본권 침해를 다투고 있다. 입법작용 또한 공권력의 행사이므로 공권력에 의한 기본권 침해라는 요건은 충족되었다.

Ⅲ. 기본권침해의 직접성, 현재성, 자기관련성 [5점]

권리구제형 헌법소원심판의 적법성이 인정되기 위해서는 기본권침해의 직접성, 현재성, 자기관련성이 인정되어야 한다.

사안에서는 특히 입법작용에 의한 기본권 침해가 문제되는 바, 교원노조법 제3조는 집행행위를 매개하지 않고 '일체의 정치행위'를 직접 금지하고 있으므로 직접성 요건이 충족되었다. 또한 자신의 기본권침해를 주장하고 있으므로 자기관련성도 충족되었고, 비록 기본권 침해가 현재 발생한 것은 아니지만, 정(丁)이 시국선언을 할 경우 기본권

침해가 확실시 되므로 현재성 요건 또한 인정될 수 있다.

Ⅳ. 기타의 적법요건 [3점]

그밖에 헌법소원심판의 적법요건으로 보충성, 변호사 강제주의, 청구기간의 준수 등이 요구되나, 사안에서 입법작용에 대해서는 별도의 구제수단이 없으므로 보충성 요건이 충족되며, 변호사를 선임하였으므로 변호사 강제주의도 충족되었다. 그리고 사안에서 정(丁)이 교원노조법에 의한 기본권침해를 안 날이 2016.4. 갑의 징계처분에 대한 소식을 들은 날인 것으로 보이므로 청구기간도 준수하였다.

Ⅴ. 결론 [1점]

이상의 검토를 종합할 때, 정(丁)은 헌법소원심판의 적법요건을 모두 충족하였으므로 헌법재판소는 본안심판에 들어가야 한다.

2. 갑(甲)의 정치적 표현의 자유는 헌법상 어느 정도까지 보호되며, 이를 제한하는 지방공무원법 제58조 제1항은 합헌인가? (35점)

Ⅰ. 사안의 분석과 쟁점의 정리 [3점]
Ⅱ. 교사의 법적 지위와 기본권의 특별한 제한 [6점]
 1. 교사특수성과 법적 지위
 2. 기본권 주체로서의 교사
 3. 담당하는 직무의 특수성과 기본권의 특별한 제한
Ⅲ. 교사의 정치적 의사표현의 인정범위와 한계 [12점]
 1. 교육의 정치적 중립성과 정치적 의사표현 자유의 제한
 2. 교사의 정치적 의사표현이 인정될 수 있는 경우
 3. 전교조 시국선언에 대한 헌재결정과 그 의미
Ⅳ. 지방공무원법 제58조 제1항의 합헌성에 대한 검토 [12점]
 1. 명확성원칙에 대한 검토
 2. 과잉금지원칙에 대한 검토
 3. 기본권의 본질내용침해금지원칙에 대한 검토
 4. 지방공무원법 제58조 제1항의 합헌적 해석
Ⅴ. 결론 [2점]

Ⅰ. 사안의 분석과 쟁점의 정리 [3점]

사안에서 갑이 침해를 주장할 수 있는 핵심적 기본권은 정치적 의사표현의 자유이다. 그런데 교사라는 신분으로 인하여 이에 대해 지방공무원법 및 교원노조법에 의해 제한이 가해지고 있는 바, 그 합헌성 여부가 문제되고 있는 것이다.

이러한 제한의 정당성 여부를 판단하기 위해서는 교원 지위의 특수성 및 그에 따른

기본권의 제한이 어느 정도까지 인정될 수 있는지를 전제로 교원에게 인정되는 정치적 의사표현의 범위 및 한계를 밝히고 이에 근거하여 지방공무원법 제58조 제1항의 합헌성 여부를 판단하여야 할 것이다.

Ⅱ. 교사의 법적 지위와 기본권의 특별한 제한 [6점]

1. 교사의 특수성과 법적 지위

공무원과 마찬가지로 교원은 특수한 신분상의 지위로 인하여 일반국민과는 달리 특별한 기본권의 제한을 받는다. 이는 공무원의 신분을 갖는 국·공립학교의 교원뿐만 아니라 사립학교의 교원도 마찬가지이다.

2. 기본권 주체로서의 교사

물론 교원도 국민의 한 사람으로서 기본권의 주체가 된다. 다만, 어떤 기본권이 어떤 경우에 어느 정도 인정될 수 있는지는 교사로서의 지위 내지 역할에 따라 달라질 수 있다.

사안에서 문제되고 있는 정치적 의사표현의 자유도 그러하다.

3. 담당하는 직무의 특수성과 기본권의 특별한 제한

교사에 대한 기본권의 특별한 제한의 근거는 학생들에게 미치는 영향이다. 정신적·육체적으로 미성숙한 학생들에게 교사의 정치적 의사표현이 미치는 영향력이 바람직하지 않기 때문이다.[1] 그로 인해 헌법 제31조 제4항에서 교육의 정치적 중립성을 명시하고 있다.

Ⅲ. 교사의 정치적 의사표현의 인정범위와 한계 [12점]

1. 교육의 정치적 중립성과 정치적 의사표현 자유의 제한

교육의 정치적 중립성은 정치에 관한 교육을 금지하는 것이 아니라 교육의 정치적 편향성을 금지하는 것이다. 따라서 민주정치의 원칙과 역사적 발전과정 등에 대한 정치교육은 허용되지만, 특정한 정치세력에 찬성 또는 반대하는 것은 금지된다.

2. 교사의 정치적 의사표현이 인정될 수 있는 경우

물론 교사도 국민의 한 사람으로서 정치적 의사표현이 완전히 금지되는 것은 아니다. 예컨대 퇴근 후에 친구들과 만난 사적 장소에서의 대화처럼 직무와 무관한 시간,

---

1) **헌재 2014.8.28. 2011헌바32등 결정**: “교원의 행위는 교육을 통해 건전한 인격체로 성장해 가는 과정에 있는 미성숙한 학생들의 인격형성에 지대한 영향을 미칠 수 있는 점, 교원의 정치적 표현행위가 교원노조와 같은 단체의 이름으로 교원의 지위를 전면에 드러낸 채 대규모로 행해지는 경우 다양한 가치관을 조화롭게 소화하여 건전한 세계관·인생관을 형성할 능력이 미숙한 학생들에게 편향된 가치관을 갖게 할 우려가 있는 점, 교원노조에게 일반적인 정치활동을 허용할 경우 교육을 통해 책임감 있고 건전한 인격체로 성장해가야 할 학생들의 교육을 받을 권리는 중대한 침해를 받을 수 있는 점 등에 비추어 보면, 교원노조라는 집단성을 이용하여 행하는 정치활동을 금지하는 것이 과잉금지원칙에 위반된다고 볼 수 없다.”

장소에서의 정치적 의사표현은 허용된다. 반면에서 퇴근 후의 학교밖에서의 활동이라 하더라도 공적 장소에서의 정치적 의사표현은 학생들에게 영향을 미칠 수 있으므로 제한될 수 있다.

3. 전교조 시국선언에 대한 헌재결정과 그 의미

이와 관련하여 과거 헌법재판소가 전교조의 시국선언과 관련한 사건에서 교원노조에 대해 일체의 정치활동을 금지하고 있는 것은 위헌이 아니라고 판시한 점을 고려할 때, 사안에서의 갑 등이 시국선언을 주도하고 참여한 것을 금지한 교원노조법 제3조도 같은 맥락에서 합헌으로 볼 가능성이 높다.[2]

Ⅳ. 지방공무원법 제58조 제1항의 합헌성에 대한 검토 [12점]

1. 명확성원칙에 대한 검토

지방공무원법 제58조 제1항은 노동운동이나 그밖에 공무 외의 일을 위한 집단행동을 금지하고 있다. 그런데 이를 문구 그대로 해석할 경우에는 등산모임 등 사적인 집단행동까지 모두 금지하는 것이 되어 명확성원칙 위반으로서 위헌으로 볼 여지가 있다.

그러나 헌법재판소 판례처럼 이를 "공익에 반하는 목적을 위하여 직무전념의무를 해태하는 등의 영향을 가져오거나, 공무에 대한 국민의 신뢰에 손상을 가져올 수 있는 공무원 다수의 결집된 행위"로 한정해석할 경우 명확성원칙에 위배되지 않는다.[3]

2. 목적의 정당성 및 수단의 적합성

지방공무원법 제58조 제1항에 의한 공무원의 기본권 제한은 공무원의 업무수행의 객관성과 공정성을 위한 것으로서 입법목적의 정당성이 인정된다.

또한 이러한 조항에 의한 집단행위의 금지가 공무원의 업무수행에 미치는 효과가

---

2) **헌재 2014.8.28. 2011헌바32등 결정**: "이 사건 교원노조법 규정이 비록 '일체의' 정치활동을 금지하는 형태로 규정되어 있지만, 교육의 정치적 중립성을 선언한 헌법과 교육기본법의 규정 및 교원노조법의 입법목적, 교원노조의 인정취지, 그리고 관련 규범들과의 관계 등을 종합적으로 고려할 때, 이 규정에 의하더라도 교원의 경제적·사회적 지위 향상을 위한 활동은 노조활동의 일환으로서 당연히 허용되고, 교원노조는 교육 전문가 집단이라는 점에서 초·중등교육 교육정책과 관련된 정치적 의견표명 역시 그것이 정치적 중립성을 훼손하지 않고 학생들의 학습권을 침해하지 않을 정도의 범위 내라면 허용된다고 보아야 한다. 이와 같이 이 사건 교원노조법 규정의 의미 내용을 한정하여 해석하는 것이 가능한 이상, 명확성원칙에 위반된다고 볼 수는 없다."
"교원노조는 교육의 정치적 중립성 요청으로 인해 그 업무와 활동에 있어서 강하게 정치적 중립을 요구받을 수밖에 없다는 점, 교원노조법은 공무원노조법과 달리 '일체의' 정치활동을 금지하는 것으로 되어 있지만, 교원노조에게도 교원의 근로조건 향상을 위한 활동 등은 허용된다는 점, 정치활동이 자유로운 대학교원단체의 경우 그 교육대상이 교원의 정치적 경향성에 별다른 영향을 받지 아니하는 대학생이라는 점에서 교원노조를 일반노조나 공무원노조, 대학교원단체와 달리 취급하는 것이 평등원칙 위반이라고 볼 수 없다."

3) **헌재 2014.8.28. 2011헌바32등 결정**: "이 사건 국가공무원법 규정의 '공무 외의 일을 위한 집단 행위'는 언론·출판·집회·결사의 자유를 보장하고 있는 헌법 제21조 제1항과 국가공무원법의 입법취지, 국가공무원법상 공무원의 성실의무와 직무전념의무 등을 종합적으로 고려할 때, '공익에 반하는 목적을 위하여 직무전념의무를 해태하는 등의 영향을 가져오거나, 공무에 대한 국민의 신뢰에 손상을 가져올 수 있는 공무원 다수의 결집된 행위'를 말하는 것으로 한정 해석되므로 명확성원칙에 위반된다고 볼 수 없다."

뚜렷하므로 수단의 적합성도 인정된다.

3. 침해의 최소성

침해의 최소성 요건은 동일한 효과를 가져오면서 덜 침해적인 다른 수단의 선택이 가능할 경우에는 이를 우선시켜야 한다는 요청이다.

그러나 지방공무원법 제58조 제1항에 의한 집단행위의 금지는 그 효과가 동일하면서 덜 침해적인 다른 제한수단이 사실상 없으므로 침해의 최소성도 인정된다.

4. 법익의 균형성

법익의 균형성 요건은 기본권의 제한을 통해 얻어지는 공익의 크기와 제한되는 기본권의 크기를 비교 · 형량하여 전자가 더 클 경우에만 제한의 정당성이 인정된다는 것이다.

사안의 경우 집단행위의 금지를 통해 얻어지는 공직에 대한 국민의 신뢰와 제한되는 공무원들의 집단적 이익을 비교 · 형량할 때 전자가 더 크다고 볼 수 있으므로 법익의 균형성 또한 확보되었다.4)

Ⅴ. 결론 [2점]

이상의 검토를 종합할 때, 지방공무원법 제58조 제1항은 공무원의 직무수행의 객관성과 공정성을 확보하기 위한 것으로서 명확성원칙과 과잉금지원칙에 위배되지 않으므로 합헌으로 인정된다.

3. 교원노조법 제3조가 교원노조의 정치활동을 금지하는 것은 교원노조를 일반 노조나 교수노조에 비해 불합리하게 차별하는 것으로서 위헌인가? (35점)

Ⅰ. 쟁점의 정리 [3점]
Ⅱ. 평등의 실현구조와 사안에서의 비교집단 [6점]
  1. 평등의 의의와 법 앞의 평등
  2. 평등의 실현구조와 차별의 합리성 여부에 대한 판단
  3. 비교집단의 의미와 사안에서의 비교집단
Ⅲ. 정치적 기본권의 중요성과 엄격한 심사기준의 적용 [12점]

4) **헌재 2014.8.28. 2011헌바32등 결정**: "이 사건 국가공무원법 규정에서 공무원의 정치적 의사표현이 집단적으로 이루어지는 것을 금지하는 것은 이러한 의사 표출이 공직사회에 대한 국민의 신뢰에 영향을 줄 우려가 있기 때문이다. 헌법이 집회의 자유 등을 통해 집단적인 정치적 의사표현을 보장하는 것은 이것이 민주정치 실현에 불가결한 기본권으로서 국민의 정치적 · 사회적 의사형성 과정에 효과적인 역할을 하는 것에 기인하는 것이지만, 다수의 집단행동은 그 행위의 속성상 의사표현 수단으로서의 개인행동보다 공공의 안녕질서나 법적 평화와 마찰을 빚을 가능성이 크고, 특히 공무원이 집단적으로 정치적 의사표현을 하는 경우에는 이것이 공무원이라는 집단의 이익을 대변하기 위한 것으로 비춰질 수 있으며, 정치적 중립성의 훼손으로 공무의 공정성과 객관성에 대한 신뢰를 저하시킬 수 있다. 따라서 이 사건 국가공무원법 규정이 정치적 표현행위를 포함하여 공무원의 집단 행위를 제한하더라도 이것이 표현의 자유에 대한 과도한 제한이라고 볼 수 없다."

Ⅰ. 쟁점의 정리 [3점]

사안의 핵심 쟁점은 교원노조와 여타의 노조 사이에 불합리한 차별이 있는지의 여부이다. 이를 판단하기 위해서는 평등의 실현구조 속에서 비교집단이 정확하게 설정되었는지, 비교집단 사이에 차별이 합리적인지를 확인해야 한다.

특히 사안에서 문제되는 것은 정치적 기본권의 제한에 관한 것이므로 엄격한 심사기준이 적용되어야 하며, 비례성 판단을 통해 차별의 합리성 여부를 판단해야 할 것이다.

Ⅱ. 평등의 실현구조와 사안에서의 비교집단 [6점]

1. 평등의 의의와 법 앞의 평등

헌법 제11조 제1항이 명시하고 있는 '법 앞의 평등'은 과거 법적용의 평등으로 이해되었으나, 오늘날에는 법 내용의 평등까지 포함하는 것으로 이해된다. 따라서 교원노조법에 의한 평등의 침해도 심판 대상이 된다.

그러나 대부분의 경우 평등의 문제는 '같은 것을 같게, 다른 것을 다르게' 취급하는 상대적 평등이므로 단순한 차별적 대우의 존재만으로 평등 위반을 인정할 수는 없고, 그러한 차별에 합리적 근거가 있는지의 여부가 중요하다.

2. 평등의 실현구조와 차별의 합리성 여부에 대한 판단

자유권, 사회권과 달리 평등권은 독자적인 보호영역을 갖고 있지 않다. 오히려 자유권이나 사회권이 문제되는 영역에서 차별의 문제가 결합되어 나타나는 것이 일반적이다. 예컨대 선거권의 평등, 교육의 기회균등과 같은 형태로 평등 문제가 제기되는 것이다.

그러나 모든 국민에게 선거권이나 교육권이 획일적으로 똑같이 인정되는 것은 현실적으로 불가능하므로 합리적인 제한사유에 의해 선거권이나 교육의 기회가 제한되는 것은 불가피하다.

3. 비교집단의 의미와 사안에서의 비교집단

차별이라 함은 둘 이상의 대상을 각기 달리 취급하는 것을 말한다.[5] 따라서 차별의

---

5) **헌재 2007.6.28. 2004헌마643 결정**: "헌법이 요구하는 평등원칙은 입법자에게 본질적으로 같은 것을

존부를 확인하기 위한 첫 단계는 비교집단을 설정하는 것이다.

사안에서는 교원노조와 일반노조, 교수노조를 비교집단으로 설정하고 있다. 이들은 한편으로 노조로서의 공통점을 갖는 반면에, 다른 한편으로 교원노조의 특성이 있는바, 교원노조의 특성이 양자의 공통점보다 우선시되어야 하는지를 검토해야 할 것이다.[6)]

Ⅲ. 정치적 기본권의 중요성과 엄격한 심사기준의 적용 [12점]

1. 교사에 대한 정치적 중립성의 요청

헌법 제31조 제4항에 명시되어 있듯이 교육에 대해서는 정치적 중립성이 요청되며, 그 이유는 정신적 · 육체적으로 미성숙한 학생들에게 정치적 편향성을 갖는 교육을 시켜서는 안 된다는 점에 있다.

그 점에서 일반노조원은 물론, 성인인 대학생을 가르치는 교수노조원에 대해서는 정치적 중립성 요청이 완화되어 교수의 정당가입 등이 허용되는 것과 차이를 보인다.[7)]

2. 민주국가에서 정치적 기본권이 갖는 의미와 중요성

이러한 교사에 대한 정치적 중립성 요청으로 인해 교사의 정치활동이 제한되고, 정치적 의사표현이 제한되는 것, 그리고 교원노조에 대해 '일체의 정치활동'이 금지되는 것은 정치적 기본권에 대한 중대한 제한임은 분명하다.

민주국가에서 주권자인 국민에게 정치적 기본권이 갖는 의미와 비중을 고려할 때, 이러한 정치적 기본권의 제한은 매우 신중해야 한다는 점은 널리 인정되고 있다.

3. 사안의 성격과 엄격한 심사기준의 적용

사안에서 문제되는 교원노조의 정치활동 금지는 기본권에 대한 중대한 제한이다.

자의적으로 다르게, 본질적으로 다른 것을 자의적으로 같게 취급하는 것을 금하고 있다. 그러므로 비교대상을 이루는 두 개의 사실관계 사이에 서로 상이한 취급을 정당화할 수 있을 정도의 차이가 없음에도 불구하고 두 사실관계를 서로 다르게 취급한다면, 입법자는 이로써 평등권을 침해한 것으로 볼 수 있다(헌재 1996.12.26. 96헌가18, 판례집 8-2, 680, 701; 헌재 2003.1.30. 2001헌가4, 판례집 15-1, 7, 20)."

6) **헌재 2001.3.21. 99헌바72등 결정**: "비교집단들이 본질적으로 동일한가의 판단은 일반적으로 당해 법규정의 의미와 목적에 달려 있다고 할 것이다 (헌재 1996.12.26. 96헌가18, 판례집 8-2, 680, 701 참조). 그리고, 차별대우를 정당화하는 객관적이고 합리적인 이유가 존재한다면 차별대우는 자의적인 것이라고 할 수 없게 된다."

7) **헌재 2014.8.28. 2011헌바32등 결정**: "청구인들은 대학교원단체는 정치활동이 제한되지 않음에 반해, 초 · 중등교원단체의 경우에는 정치활동이 제한되는 것은 불합리한 차별이라고 주장한다. 그런데 초 · 중등학교의 교육은 일반적으로 승인된 기초적인 지식의 전달에 중점이 있는 데 비하여, 대학 교육은 학문의 연구 · 활동과 교수기능을 유기적으로 결합하여 학문의 발전과 피교육자인 대학생들에 대한 교육의 질을 높이는 데 중점이 있고(헌재 2004.3.25. 2001헌마710; 헌재 2014.3.27. 2011헌바42 참조), 초 · 중등교육의 경우에는 교원의 영향력이 절대적인 성장과정의 초 · 중 · 고등학생이 그 교육대상인 반면, 대학교육의 대상은 어느 정도 판단능력을 갖추고 자신의 행동에 대해 스스로 책임질 수 있는 대학생이라는 점에서 양자 사이에는 차이가 있다. 이와 같은 교육의 내용과 대상의 상이성에 연유하여 교원의 정치적 경향성에 별다른 영향을 받지 아니하는 이들을 교육하는 대학교원단체에게는 정치활동을 제한하지 않고, 교원의 정치적 경향성에 민감하게 영향을 받는 이들을 교육하는 초 · 중등학교 교원노조에 대해서만 정치활동을 금지하는 것은 불합리한 차별이라고 볼 수 없다."

하지만 다른 한편으로는 헌법상 요청되는 교육의 정치적 중립성의 요청에 따른 것이기도 하다.

이러한 정치적 기본권 제한의 의미를 고려할 때, 헌법재판소는 과연 교원노조의 정치활동 금지가 다른 노조에 비해 과도한 제한으로서 평등에 위반되는지 여부를 판단하기 위해서는 엄격한 심사기준을 적용하여 비례성 판단을 내려야 할 것이다.[8)]

Ⅳ. 교원노조에 대한 차별적 취급과 비례성 심사 [12점]

1. 목적의 정당성 및 수단의 적합성

교원노조의 정치활동 금지는 헌법 제31조 제4항에서 요청하는 교육의 정치적 중립성 확보를 위한 것이므로 입법목적의 정당성이 인정된다.

또한 이러한 정치활동 금지는 정치적 편향성을 가지는 교육을 억제하는데 도움이 될 것이므로 수단의 적합성도 인정된다.

2. 침해의 최소성

침해의 최소성 요건은 입법목적의 달성에 동일한 효과를 가져오면서 기본권에 대해 덜 제한하는 수단이 있을 경우에는 이를 선택하라는 요청이다.

그런데 사안에서 문제되는 교원단체의 시국선언은 비록 교육현장 외에서의 정치적 의사표현이라 하더라도 학생들에게 큰 영향을 미칠 수 있다는 점을 고려할 때, 이를 금지하는 것 이외에 덜 제한적인 수단을 찾기 어려우므로 침해의 최소성 요건도 갖추었다.

3. 법익의 균형성

법익의 균형성 요건은 기본권의 제한을 통해 얻어지는 공익의 크기와 제한되는 기본권의 크기를 비교 · 형량하여 전자가 더 클 경우에만 제한의 정당성이 인정된다는 것이다.

사안의 경우 학생들의 교육권과 교원노조의 정치적 의사표현의 자유를 비교 · 형량할 때, 전자의 침해 위험이 더욱 심각하므로 법익의 균형성 또한 갖추었다.[9)]

---

8) **헌재 2008.1.17. 2007헌마700 결정**: "표현의 자유는 개인이 언론 활동을 통하여 자기의 인격을 형성하는 개인적 가치인 자기실현의 수단임과 동시에 정치적 의사결정에 참여하는 사회적 가치인 자기통치를 실현하는 수단이다. 그러므로 선거에 있어서도 그 공정성을 해치지 않는 한도 내에서 원칙적으로 정치적 표현의 자유가 한껏 보장되어야 하고, 선거의 공정성을 위해 불가피하게 이러한 자유를 제한하는 경우에 있어서도 헌법 제37조 제2항에서 도출되는 과잉금지원칙이 준수되어야 한다."
헌재 2014.8.28. 2011헌바32등 결정: "정치적 표현의 자유는 자유민주적 기본질서의 구성요소로서 다른 기본권에 비하여 우월한 효력을 가지므로 초 · 중등교원이라 하더라도 이러한 자유는 될 수 있는 한 보장되도록 하여야 하고, 제한을 하는 경우에도 헌법 제37조 제2항에서 도출되는 과잉금지원칙을 준수하여야 한다."

9) **헌재 2014.8.28. 2011헌바32등 결정**: "시국선언처럼 교육현장 이외에서의 정치적 표현행위라 하더라도 학생들의 인격 형성에는 지대한 영향을 미칠 수 있는 점, 특히 교원의 정치적 표현행위가 교원노조와 같은 단체의 이름으로 교원의 지위를 전면에 드러낸 채 대규모로 행해지는 경우 그것이 교육현장 및 사회에 미치는 파급력을 고려하지 않을 수 없고, 다양한 가치관을 조화롭게 소화하여 건전한 세계관 · 인생관을 형성할 능력이 미숙한 학생들에게 오히려 편향된 가치관을 갖게 할 우려가 있는 점, 결국 정치적 표현의 자유에 대한 최대한 보장이라는 명목으로 교원노조에게 일반적인 정치활동을 허용할 경우 교육을

V. 결론 [2점]

이상의 검토를 종합할 때, 교원노조의 정치활동을 금지하는 것은 일반노조나 교수노조와 불합리한 차별이라고 할 수 없으며, 교원노조법 제3조에 대한 엄격한 심사기준에 따른 비례성 심사의 결과 평등권 침해를 인정할 수 없다.

통해 책임감 있고 건전한 인격체로 성장해가야 할 학생들의 교육을 받을 권리는 중대한 침해를 받을 수 있을 뿐만 아니라, 경우에 따라서는 교원 개인의 진정한 의사형성을 왜곡하거나 방해할 우려도 있는 점 등에 비추어 보면, 앞서 본 바와 같은 의미로 축소해석된 '정치활동'(즉, 근무조건과 같은 교원의 경제적·사회적 지위 향상을 위한 정치적 의사표현이나 교육 전문가 집단으로서 교육정책과 관련된 정치적 의견표명 이외의 정치활동)을 교원노조라는 집단성을 이용하여 행하는 것을 금지하는 것이 입법목적 달성에 필요한 정도를 넘은 과도한 제한이라고 보기 어렵다."

10

외국인의 기본권주체성

최근 국내경기침체가 오랜 기간 지속되면서 실업문제가 심각해졌다. 이에 따라 정부는 실업 문제를 다소 완화시키기 위해 외국인 노동자의 국내 체류 연장을 더욱 까다롭게 하였다. 그로 인하여 외국인 노동자들의 처지가 불안정해지면서 상당수의 외국인 노동자들이 합법적 체류를 위해 한국 여성과의 위장결혼을 하고 있다는 소문이 광범위하게 퍼졌다.

이에 국회에서는 외국인 노동자들과 한국 여성의 위장결혼에 대한 효과적인 규제를 위해 「외국인과의 혼인에 관한 특례법」을 제정 · 시행하였다. 이 법률의 주요 내용은 다음과 같다:

1) 대한민국 국민과 외국인의 결혼이 합법적으로 성립하기 위해서는 혼인 당사자인 외국인의 합법적인 체류 자격이 있어야 하며, 이를 출입국관리소에서 확인한 서류를 첨부하여야 한다.
2) 노동자 신분으로 입국한 외국인이 대한민국 여성과 결혼한 경우에는 결혼 이후 5년 동안 일정한 양식에 따라 혼인생활의 정상적인 유지에 관하여 6개월 단위로 관할 구청에 신고하여야 한다.
3) 2회 연속으로 신고를 하지 않거나 신고의 내용이 사실과 다른 점이 확인될 경우에는 관할 구청은 법무부에 통지하고, 법무부는 혼인의 무효에 관한 소송을 법원에 청구할 수 있으며, 법원에서 혼인무효의 판결이 내려지면 해당 외국인은 강제출국된다.
4) 이 법률은 공포와 동시에 시행된다. 단, 위 2)와 3)의 내용은 이 법 시행 전에 결혼한 부부들에게도 적용된다.

대만에서 국내 대기업의 초청으로 들어와 컴퓨터 보안전문가로 활동하고 있는 갑(甲)은 회사 동료인 한국인 을(乙)과 가까워져서 약혼을 한 사이이다. 이들은 결혼을 목전에 두고 있는 상태에서 이 법률이 시행됨에 따라 결혼생활에 적지 않은 불편이 예상되므로 이 법률의 합헌성을 다툴 계획을 가지고 있다. 또한 병(丙)은 몽골 노동자로 입국하였으나 일하던 상점 주인의 딸인 한국인 정(丁)과 2년 전에 결혼하여 함께 살고 있는데, 이 법률의 시행으로 인하여 뜻하지 않은 부담을 지게 된 것에 대해 불만을 가지고 있다.

1. 갑과 병이 이 법률에 대해서 헌법재판소에 헌법소원심판을 청구한다면, 그 청구는 적법한

가? (30점)
2. 갑은 이 법률에 의해 기본권이 위헌적으로 침해되었다고 볼 수 있는가? (50점)
3. 병은 이 법률에 의해 기본권이 소급적으로 침해되었다고 볼 수 있는가? (20점)

1. 갑과 병이 이 법률에 대해서 헌법재판소에 헌법소원심판을 청구한다면, 그 청구는 적법한가? (30점)

Ⅰ. 서: 헌법소원심판의 유형과 적법요건 [3점]
Ⅱ. 공권력에 의한 기본권의 침해 [8점]
1. 공권력으로서의 입법작용
2. 침해되는 기본권
3. 외국인의 기본권주체성
Ⅲ. 기본권침해의 직접성, 현재성, 자기관련성 [10점]
1. 입법작용에 의한 기본권침해와 직접성 요건
2. 현재성에 대한 판단
3. 자기관련성에 대한 판단
Ⅳ. 보충성 및 기타의 적법요건 [7점]
1. 헌법소원심판청구의 보충성 요건
2. 변호사강제주의
3. 청구기간
Ⅴ. 결론 [2점]

Ⅰ. 서: 헌법소원심판의 유형과 적법요건 [3점]

사안에서 재판의 전제성을 전제로 한 위헌소원의 청구요건을 갖추고 있는 것으로는 보이지 않으므로 헌법재판소법 제68조 제1항에 의한 권리구제형 헌법소원을 청구할 것으로 보인다.

권리구제형 헌법소원은 공권력에 의한 기본권의 침해를 다투는 헌법소송이며, 그 적법요건으로는 공권력(의 행사 또는 불행사)에 의한 기본권의 침해와 더불어 기본권침해의 직접성, 현재성, 자기관련성이 갖춰져야 하며, 그밖에 헌법소원심판청구의 보충성, 변호사 강제주의, 청구기간의 준수 등이 있다.

Ⅱ. 공권력에 의한 기본권의 침해 [8점]

1. 공권력으로서의 입법작용

사안에서 갑과 병은 「외국인과의 혼인에 관한 특례법」 제정에 의해 기본권이 제한되는 상황이므로 입법작용에 의한 기본권의 침해가 문제된다. 입법작용 또한 공권력의 행사이므로 공권력에 의한 기본권 침해라는 요건은 충족되었다.

2. 침해되는 기본권

사안에서 침해가 문제되는 기본권은 혼인의 자유 및 사생활의 비밀과 자유, 거주·이전의 자유 등이다.

헌법 제36조 제1항에 의한 혼인과 가족생활의 보호는 일반적으로 사회권으로 분류되지만, 근로의 권리나 교육의 권리와 마찬가지로 자유권적 측면과 사회권적 측면을 동시에 갖고 있다. 사안에서 외국인과의 혼인에 대한 제한은 자유권적 측면, 즉 혼인의 자유에 대한 제한이 된다.

또한 혼인생활에 대한 신고는 사생활의 비밀과 자유에 대한 제한이 문제될 수 있다.

그리고 외국인에 대한 강제출국은 거주·이전의 자유에 대한 직접적인 제한이다.

3. 외국인의 기본권주체성

혼인의 자유 및 거주·이전의 자유에 대해서는 외국인이라 하더라도 기본권주체성이 인정되므로 갑의 경우에도 헌법소원심판청구가 가능하다.

또한 병은 혼인을 통해 대한민국 국적을 취득한 경우에는 당연히 헌법소원심판을 청구할 수 있으며, 그렇지 않은 경우에도 외국인으로서 헌법소원심판청구를 할 수 있다.

Ⅲ. 기본권침해의 직접성, 현재성, 자기관련성 [10점]

1. 입법작용에 의한 기본권침해와 직접성 요건

기본권침해의 직접성 요건은 해당 공권력에 의해 청구인의 기본권이 직접 침해되었어야 한다는 것이다.

입법작용에 의한 기본권침해의 경우에는 직접성 요건에 주목할 필요가 있다. 해당 기본권의 침해가 입법에 의해 직접 발생하는 것인지, 집행작용의 매개를 통해 간접적으로 발생하는 것인지에 따라 직접성 요건의 충족 여부가 달라지기 때문이다.[1)]

사안의 경우 「외국인과의 혼인에 관한 특례법」이 제정·시행됨으로써 집행행위를 매개함이 없이 갑과 병의 기본권에 직접적인 제한이 가해지므로 기본권침해의 직접성 요건을 충족하였다.

2. 현재성에 대한 판단

기본권침해의 현재성 요건은 해당 공권력에 의한 기본권침해가 장래의 발생 가능성이 있는 것이 아니라 현재적으로 침해가 이루어지고 있거나, 가까운 장래에 발생할 것이 확실한 경우이어야 한다는 것이다.

사안의 경우 「외국인과의 혼인에 관한 특례법」이 이미 제정·시행되고 있으므로 기본권침해의 현재성 요건도 충족하였다.

3. 자기관련성에 대한 판단

기본권침해의 자기관련성 요건은 해당공권력이 자신의 기본권을 침해한 경우이어야

---

1) **헌재 1991.6.3. 89헌마46 결정** 이래의 확립된 판례.

한다는 것이다.

사안에서 갑과 병은 자신이 「외국인과의 혼인에 관한 특례법」의 적용대상자이므로 기본권침해의 자기관련성 요건도 충족하였다.

Ⅳ. 보충성 및 기타의 적법요건 [7점]

1. 헌법소원심판청구의 보충성 요건

헌법재판소법 제68조 제1항 단서에 따른 보충성 요건은 헌법소원심판의 폭주를 막고 법원의 재판이나 행정심판 등의 구제절차를 적절하게 활용하기 위한 것이다.

그런데 입법작용에 의한 직접적인 기본권침해에 대해서는 헌법재판소 판례[2]에서 판시하듯이 별도의 적절한 구제수단이 있다고 보기 어려우므로 보충성 요건이 충족된 것으로 볼 수 있다.

2. 변호사강제주의

헌법소원심판은 사인이 청구의 주체가 되며, 헌법재판소법 제25조 제3항에 따라 변호사 강제주의가 적용된다. 따라서 사안의 갑과 병은 변호사를 대리인으로 선임하여야 헌법소원심판을 청구할 수 있다.

3. 청구기간의 준수

헌법소원심판은 헌법재판소법 제69조 제1항에 따라 그 사유가 있음을 안 날부터 90일 이내에, 그 사유가 있는 날부터 1년 이내에 청구하여야 한다.

사안에서 「외국인과의 혼인에 관한 특례법」의 제정 · 시행시기는 밝히고 있지 않으나 갑과 병은 이 법의 제정 · 시행을 안 날로부터 90일 이내에 헌법소원심판을 청구하여야 한다.

Ⅴ. 결론 [2점]

사안의 갑과 병은 헌법소원심판의 적법요건을 대부분 갖추고 있으며, 변호사 선임과 청구기간의 준수를 전제로 헌법재판소는 본안판단에 들어가야 한다.

2. 갑은 이 법률에 의해 기본권이 위헌적으로 침해되었다고 볼 수 있는가? (50점)

Ⅰ. 사안의 분석과 쟁점의 정리 [4점]
Ⅱ. 「외국인과의 혼인에 관한 특례법」에 의한 규제의 유형과 관련되는 기본권 [8점]
　1. 적용대상과 헌법 제11조 평등권
　2. 혼인의 절차에 대한 규제와 헌법 제36조 혼인 및 가족생활의 보호

2) **헌재 1991.6.3. 89헌마46 결정**: "법률 자체에 의한 직접적인 기본권침해가 문제될 때에는 그 법률 자체의 효력을 직접 다투는 것을 소송물로 하여 일반 법원에 소송을 제기하는 길이 없으므로 다른 구제절차를 거칠 것 없이 바로 헌법소원을 제기할 수 있다."

> 3. 혼인생활에 대한 신고와 헌법 제17조 사생활의 비밀과 자유
> 4. 혼인무효 및 강제출국과 거주이전의 자유
> Ⅲ. 평등권 침해의 정당성 여부에 대한 판단 [18점]
> 1. 비교집단: 외국인 여성과 결혼한 대한민국 남성과의 비교
> 2. 심사기준: 성별에 의한 차별과 엄격한 심사기준의 적용
> 3. 비례성 판단: 목적의 정당성, 수단의 적합성, 침해의 최소성, 법익의 균형성
> Ⅳ. 혼인의 자유 등에 대한 제한의 정당성 여부에 대한 판단 [18점]
> 1. 혼인 절차에 대한 규제의 정당성 판단
> 2. 혼인생활에 대한 신고 요구의 정당성 판단
> 3. 강제출국의 정당성 판단
> Ⅴ. 결론 [2점]

Ⅰ. 사안의 분석과 쟁점의 정리 [4점]

사안에서 갑은 「외국인과의 혼인에 관한 특례법」의 적용을 받는 외국인 노동자이며, 직장동료인 한국인 여성 을과 약혼하여 결혼을 앞두고 있는 상태이다.

이런 상태에서 동법이 제정 · 시행됨에 따라 여러 기본권들이 제한받게 되는 바, 외국인에 대한 차별의 문제, 즉 평등권을 비롯하여 혼인의 자유, 사생활의 비밀과 자유, 거주이전의 자유 등이 문제된다.

이러한 기본권에 대한 제한이 정당한 것인지를 판단하기 위해서는 기본권의 유형을 나누어서 볼 필요가 있다. 즉, 평등권에 대한 침해의 심사구조는 다른 기본권과 구별되는 특성이 있으므로 이를 먼저 검토하고, 여타의 기본권들에 대한 제한의 정당성 여부를 판단하여야 할 것이다.

Ⅱ. 「외국인과의 혼인에 관한 특례법」에 의한 규제의 유형과 관련되는 기본권 [8점]

1. 적용대상과 헌법 제11조 평등권

「외국인과의 혼인에 관한 특례법」은 모든 국민에게 적용되는 것이 아니라 외국인과의 혼인에 대해서만 적용된다. 즉, 이 법률의 적용대상은 한국인과 혼인하는 외국인, 그리고 외국인과 혼인하는 한국인인 것이다. 이와 같이 적용대상자를 특정함으로 인하여 이들에 대한 차별의 문제가 발생하며, 헌법 제11조 평등권의 침해 여부가 문제된다.

2. 혼인의 절차에 대한 규제와 헌법 제36조 혼인 및 가족생활의 보호

위 법률은 혼인의 절차에 대해 외국인의 경우 합법적인 체류 자격을 요구하며, 이를 출입국관리소에서 확인한 서류를 첨부하도록 하고 있다. 이는 혼인의 자유에 대한 제한이 되며, 당사자의 의사와 무관하게 법무부가 혼인 무효에 관한 소송을 청구할 수 있도록 한 것도 마찬가지로 혼인의 자유에 대한 제한으로서 그 정당성 여부가 문제될 수 있다.

3. 혼인생활에 대한 신고와 헌법 제17조 사생활의 비밀과 자유

위 법률은 또한 외국인 노동자가 대한민국 여성과 결혼한 경우에는 결혼 이후 5년 동안 일정한 양식에 따라 혼인생활의 정상적인 유지에 관하여 6개월마다 관할 구청에 신고하도록 하고 있다. 이는 사생활의 비밀과 자유에 대한 제한이 될 수 있다.

4. 혼인무효 및 강제출국과 거주 · 이전의 자유

위 법률은 법무부에서 청구한 혼인 무효에 관한 소송에서 법원의 혼인무효 판결이 내려지면 해당 외국인을 강제출국하도록 하고 있는 바, 이는 거주 · 이전의 자유에 대한 제한이 문제될 수 있다.

Ⅲ. 평등권 침해의 정당성 여부에 대한 판단 [18점]

1. 비교집단 : 외국인 여성과 결혼한 대한민국 남성과의 비교

사안에서 비교집단은 다양하게 설정될 수 있다. 예컨대 외국인 남성과 결혼한 대한민국 여성과 대한민국 남성과 결혼한 대한민국 여성을 비교하는 것도 가능할 것이다. 하지만 보다. 뚜렷한 비교를 위해서는 외국인 여성과 결혼한 대한민국 남성을 비교집단으로 설정하는 것이 필요하다. 이를 통해 그 차별성을 확실하게 드러낼 수 있기 때문이다.

2. 심사기준 : 성별에 의한 차별과 엄격한 심사기준의 적용

이렇게 비교집단을 설정할 경우, 성별에 따른 차별이라는 점이 분명해진다. 즉, 외국인 노동자인 남성과 결혼한 대한민국 여성에 대해서는 위 법률에 따른 제한이 가해지는 반면에 외국인 노동자인 여성과 결혼한 대한민국 남성에 대해서는 위 법률에 따른 제한이 가해지지 않기 때문이다. 따라서 엄격한 심사기준이 적용된다.[3)]

3. 비례성 판단 : 목적의 정당성, 수단의 적합성, 침해의 최소성, 법익의 균형성

위 법률의 입법목적은 위장결혼의 효과적 규제이므로 목적의 정당성은 인정된다. 또한 위 법률에 따른 규제가 위장결혼 억제에 도움이 될 수 있다는 점에서 수단의 적합성도 인정된다.

그러나 외국인 여성과 결혼한 대한민국 남성에 대한 규제는 없는 반면에 외국인 남성과 결혼한 대한민국 여성에 대해서만 규제하는 것은 침해의 최소성도 갖추지 못했고, 법익의 균형성도 확보하지 못했다.

---

3) **헌재 1999.12.23. 98헌마363 결정**: "평등위반 여부를 심사함에 있어 엄격한 심사척도에 의할 것인지, 완화된 심사척도에 의할 것인지는 입법자에게 인정되는 입법형성권의 정도에 따라 달라지게 될 것이나, 헌법에서 특별히 평등을 요구하고 있는 경우와 차별적 취급으로 인하여 관련 기본권에 대한 중대한 제한을 초래하게 된다면 입법형성권은 축소되어 보다 엄격한 심사척도가 적용되어야 할 것인바, 가산점제도는 헌법 제32조 제4항이 특별히 남녀평등을 요구하고 있는 "근로" 내지 "고용"의 영역에서 남성과 여성을 달리 취급하는 제도이고, 또한 헌법 제25조에 의하여 보장된 공무담임권이라는 기본권의 행사에 중대한 제약을 초래하는 것이기 때문에 엄격한 심사척도가 적용된다."

Ⅳ. 혼인의 자유 등에 대한 제한의 정당성 여부에 대한 판단 [18점]

1. 혼인 절차에 대한 규제의 정당성 판단

위 법률에 따른 혼인 절차의 규제는 혼인의 자유에 대한 제한이다. 외국에서 혼인할 경우 그런 제한이 없는데, 국내에서만 그런 제한을 하는 것도 정당하다고 보기 어려우며, 혼인 여부의 결정에 국가가 과도하게 관여하는 것으로서 정당하다고 보기 어렵다.

2. 혼인생활에 대한 신고 요구의 정당성 판단

혼인생활에 대한 신고 요구도 정당한 것으로 보기 어렵다. 위장결혼이라 하더라도 당사자 간의 합의가 없이는 성립할 수 없기 때문에, 당사자의 신고를 통해 위장결혼을 억제하는 것은 기대하기 어렵고, 결국 외국인 남성과 대한민국 여성의 결혼에 부담을 가중하고, 사생활에 대한 침해를 야기할 뿐이기 때문이다.

3. 강제출국의 정당성 판단

당사자의 의사와 무관하게 법무부에서 혼인 무효의 소송을 제기하고 법원이 이에 대해 판결하는 것도 혼인의 자유에 대한 침해이지만, 그 혼인무효판결의 결과로 강제출국시키는 것도 거주 · 이전의 자유에 대한 과도한 제한이 될 것이다.

Ⅴ. 결론 [2점]

사안의 갑은 위 법률에 의해 평등권, 혼인의 자유, 사생활의 비밀과 자유, 거주 · 이전의 자유가 위헌적으로 침해될 수 있으며, 이를 위헌법률심판 또는 헌법소원심판을 통해 다툴 수 있다.

3. 병은 이 법률에 의해 기본권이 소급적으로 침해되었다고 볼 수 있는가? (20점)

Ⅰ. 서: 병의 헌법상 지위(대한민국 국적취득 여부)와 제한되는 기본권 [2점]
Ⅱ. 법치주의의 요청과 소급효금지원칙의 의미 [4점]
  1. 법치주의와 법적 안정성의 요청
  2. 법의 예측가능성과 소급효의 금지
  3. 유리한 소급효와 불리한 소급효의 차별화
Ⅲ. 「외국인과의 혼인에 관한 특례법」의 적용시점과 소급효의 유형 [6점]
  1. 소급효의 유형: 진정소급효와 부진정소급효
  2. 혼인생활에 대한 신고의무의 성격과 부진정소급효
  3. 부진정소급효의 헌법적 정당화 요건
Ⅳ. 공익상의 요청과 기본권제한 사이의 법익형량 [7점]
  1. 위장결혼 규제의 공익적 필요성
  2. 병의 안정적인 혼인생활 유지에 관한 기본권
  3. 양자의 법익형량
Ⅴ. 결론 [1점]

Ⅰ. 서: 병의 헌법상 지위(대한민국 국적취득 여부)와 제한되는 기본권 [2점]

병은 이미 정과 결혼하여 대한민국의 국적을 취득한 것으로 볼 수 있다. 물론 본인이 대한민국 국적취득을 원하지 않았을 경우도 있으나 위 법률의 제정·시행으로 인하여 평등권, 혼인의 자유, 사생활의 비밀과 자유 등이 소급적으로 제한된다는 점은 동일하다.

Ⅱ. 법치주의의 요청과 소급효금지원칙의 의미 [4점]

1. 법치주의와 법적 안정성의 요청

민주주의와 더불어 헌법의 양대 기본원리로 인정되는 법치주의는 정의와 법적 안정성을 지향하며, 이를 통해 인권을 보장하고자 하는 것이다.

특히 법적 안정성의 요청은 법의 과도한 변화를 억제하고, 법의 예측가능성을 확보함으로써 국민들이 법에 대해 충분히 알고 적법하게 행동할 수 있도록 하는 것이다.

2. 법의 예측가능성과 소급효의 금지

이러한 법의 예측가능성 때문에 요청되는 원칙이 '소급효금지'이다. 법이 제정되기 이전의 상황에서는 그러한 법의 존재를 알고 그에 따라 적법하게 행동할 가능성 자체가 배제되기 때문에, 예측할 수 없었던 법의 변경 등에 의한 불이익을 막기 위해 소급입법(소급효)의 금지가 널리 인정된다.

3. 유리한 소급효와 불리한 소급효의 차별화

다만, 관련 당사자에게 유리한 소급효의 경우는 굳이 금지할 필요가 없으나, 불리한 소급효는 엄격하게 금지되어야 한다. 죄형법정주의에 따라 형법불소급의 원칙은 엄격하게 지켜져야 하며(헌법 제13조 제1항 전단), 헌법 제13조 제2항에서는 소급입법에 의한 참정권의 제한과 재산권의 박탈을 금지하고 있다.

Ⅲ. 「외국인과의 혼인에 관한 특례법」의 적용시점과 소급효의 유형 [6점]

1. 소급효의 유형: 진정소급효와 부진정소급효

학설과 판례에 의해 소급효는 진정소급효와 부진정소급효로 구분된다.

진정소급효란 완성된 사실에 의해 법적 효과가 발생한 사태에서 이를 소급하여 변경하는 것이다. 대표적인 예로 시효가 완성된 이후에 시효를 연장하거나 시효배제를 인정하여 처벌이 가능하도록 만드는 것이다.

부진정소급효란 완성된 사실이 아닌 진행중인 사실에 대해 이를 소급적으로 변경하는 것이다. 예컨대 시효가 완성되기 이전에 이를 연장하거나 시효배제를 인정하는 것은 부진정소급효에 해당한다.[4)]

---

4) **헌재 2020.5.27. 2018헌바420등 결정**: "'소급입법'은 신법이 이미 종료된 사실관계나 법률관계에 적용되는지, 아니면 현재 진행 중인 사실관계나 법률관계에 적용되는지에 따라 '진정소급입법'과 '부진정소급

2. 혼인생활에 대한 신고의무의 성격과 부진정소급효

사안에서 「외국인과의 혼인에 관한 특례법」이 일부 내용에 대해 법 시행 전에 혼인한 부부들에게도 적용되도록 한 것은 소급효로 볼 수 있다. 다만, 혼인 생활이 이미 종료된 부부에게 적용하는 것이 아니라, 혼인 생활을 계속하고 있는 부부에게 적용되는 것으로 보아야 할 것이므로 이는 진정소급효가 아니라 부진정소급효에 해당한다.

3. 부진정소급효의 헌법적 정당화 요건

부진정소급효를 모두 위헌으로 볼 경우에는 시대적 상황의 변화에 따른 법제의 탄력적 대응에 심각한 문제를 야기할 수 있기 때문에 진정소급효와는 달리 공익적 필요와 당사자의 법적 이익을 비교형량하여 그 합헌성 여부를 판단하는 것이 원칙이다.[5)]

Ⅳ. 공익상의 요청과 기본권제한 사이의 법익형량 [7점]

1. 위장결혼 규제의 공익적 필요성

위장결혼 규제의 공익적 필요성은 인정될 수 있다. 특히 사안의 경우처럼 위장결혼이 불법체류자가 합법적으로 체류할 수 있는 수단으로 이용될 경우에는 이를 규제하는 것이 정당하다고 볼 수 있다.

2. 병의 안정적인 혼인생활 유지에 관한 기본권

위 법률의 부진정소급효를 통해 야기되고 있는 것은 병의 혼인생활에서의 불편이며, 이는 혼인의 자유 및 혼인생활에서의 사생활의 비밀과 자유에 대한 기본권의 제한이다. 이러한 기본권은 헌법의 중심적 가치로서 존중되어야 한다는 점에서 위장결혼 규제라는 공익적 요청에 못지 않은 가치라고 볼 수 있다.

3. 양자의 법익형량

양자의 법익형량은 단순히 위장결혼 규제와 해당 기본권 자체를 형량하는 것이 아니라, 규제의 실질적 효과와 해당 기본권에 대한 제한의 정도까지 고려하는 가운데 이루어져야 한다.

입법'으로 구분되는데, 전자는 헌법상 원칙적으로 허용되지 않고 특단의 사정이 있는 경우에만 예외적으로 허용되는 반면, 후자는 원칙적으로 허용되지만 소급효를 요구하는 공익상의 사유와 신뢰보호 요청 사이의 교량 과정에서 신뢰보호의 관점이 입법자의 입법형성권에 일정한 제한을 가하게 된다는 데에 차이가 있다(헌재 2015.12.23. 2013헌바259)."

5) **헌재 2013.11.28. 2012헌마770 결정**: "헌법 제13조 제2항은 "모든 국민은 소급입법에 의하여 … 재산권을 박탈당하지 아니한다."라고 하여 소급입법에 의한 재산권의 박탈을 금지하고 있다. 소급입법의 태양에는 이미 과거에 완성된 사실 · 법률관계를 규율의 대상으로하는 이른바 진정소급효의 입법과 이미 과거에 시작하였으나 아직 완성되지 아니하고 진행과정에 있는 사실 · 법률관계를 규율의 대상으로 하는 부진정소급효의 입법이 있다. 헌법 제13조 제2항이 금하고 있는 소급입법은 진정소급효를 가지는 법률만을 의미하는 것으로서 부진정소급효의 입법은 원칙적으로 허용된다. 다만 부진정소급효를 가지는 입법에서도 소급효를 요구하는 공익상의 사유와 신뢰보호의 요청 사이의 비교형량 과정에서, 신뢰보호의 관점이 입법자의 형성권에 제한을 가하게 된다(헌재 1999.4.29. 94헌바37등, 판례집 11-1, 289, 318; 헌재 2002.7.18. 99헌마574, 판례집 14-2, 29, 43 등 참조)."

이렇게 볼 때, 이미 결혼한 사람들에 대해 신고의무를 부과하는 것 등은 규제의 실질적 효과는 높지 않은 반면에 이들이 겪는 불편 내지 불안은 클 수 있다는 점에서 부진정소급효를 정당화할 수 있는 정도의 공익적 요청은 아닌 것으로 판단된다.

V. 결론 [1점]

사안에서 병은 위 법률에 의해 기본권이 소급적으로 침해되고 있으며, 비록 부진정소급효라고 하지만 제한되는 기본권에 비해 공익적 요청이 크다고 볼 수 없으므로 위헌적 소급효라고 판단된다.

11

대학 입시요강에 의한 기본권의 제한

갑 등은 용인시 소재 비인가 대안학교인 A고등학교에 재학 중인 학생들로서, 2016년도 제2회 고등학교 졸업학력 검정고시(2016.8.3. 시행)에 합격하여 고등학교 졸업학력을 취득하였다. 이들은 초등학교 교사가 되기 위하여 국립대학인 서울교육대학교, 경인교육대학교, 춘천교육대학교 등에 각기 응시하고자 하였다.

그러나 이들 대학에서는 2016.5.경 '2017학년도 수시모집 신입생 모집요강'을 공표하였는데, 장애인, 기초생활수급자 또는 차상위계층 등을 대상으로 하는 일부 특별전형을 제외하고 대부분의 전형에 있어 고등학교 졸업자 또는 졸업예정자로 지원자격을 한정하였다. 이에 따라 검정고시로 고등학교 졸업학력을 취득한 사람은, 일부 특별전형의 대상에 해당되지 않는 이상, 대학의 수시모집에 지원할 수 없게 되었다.

갑 등은 이들 대학의 '2017학년도 수시모집 신입생 모집요강'이 검정고시 출신으로서 이들 대학에 진학하여 초등학교 교사가 되고자 하는 갑 등의 교육받을 권리 등을 침해하고 있다고 주장하면서 2016.8.4. 헌법재판소에 헌법소원심판을 청구하였다.

〈헌재 2017.12.28. 2016헌마649 참조〉

1. 갑 등의 헌법소원심판청구는 적법한가? (30점)
2. 사립대학의 입시요강이 문제되었을 경우에는 적법요건의 판단이 달라질 것인가? (10점)
3. 갑의 헌법소원심판청구가 적법한 경우 헌법재판소는 어떠한 본안판단을 내려야 하는가? (60점)

〈참고 조문(아래 법령은 현행 법령과 다를 수 있음)〉

고등교육법 제33조(입학자격)

① 대학(산업대학 · 교육대학 · 전문대학 및 원격대학을 포함하며, 대학원대학은 제외한다)에 입학할 수 있는 사람은 고등학교를 졸업한 사람이나 법령에 따라 이와 같은 수준 이상의 학력이 있다고 인정된 사람으로 한다.

② 학사학위과정과 석사학위과정의 통합과정에 입학할 수 있는 사람은 제1항에 따른 자격이 있거나 해당 대학에 재학 중인 사람으로서 학칙으로 정하는 기준을 충족하는 사람으로 한다.

③ 대학원의 석사학위과정, 석사학위과정과 박사학위과정의 통합과정에 입학할 수 있는 사람은 학사학위를 가지고 있는 사람이나 법령에 따라 이와 같은 수준 이상의 학력이 있다고 인정된 사람으로 한다.

④ 대학원의 박사학위과정에 입학할 수 있는 사람은 석사학위를 가지고 있는 사람이나 법령에 따라 이와 같은 수준 이상의 학력이 있다고 인정된 사람으로 한다.

고등교육법 제34조(학생의 선발방법 등)

① 대학(산업대학·교육대학·전문대학 및 원격대학을 포함하며, 대학원대학은 제외한다)의 장은 제33조 제1항에 따른 자격이 있는 사람 중에서 일반전형(一般銓衡)이나 특별전형(이하 "입학전형"이라 한다)에 의하여 입학을 허가할 학생을 선발한다.
② 입학전형의 방법과 학생선발일정 및 그 운영에 필요한 사항은 대통령령으로 정한다.
③ 교육부장관은 입학전형 자료로 활용하기 위하여 대통령령으로 정하는 시험을 시행할 수 있다.
④ 교육부장관은 제3항에 따른 시험에서 「장애인복지법」 제2조 제1항 및 제2항에 따른 장애인 응시자, 그 밖에 이에 준하는 응시자에게 필요하다고 판단되는 경우 장애인 보조기구 지참 허용, 시험시간 연장, 확대 문제지 및 확대 답안지 제공, 시험실 별도 배정 등을 포함한 편의제공 계획을 마련하여 시행하여야 한다.
⑤ 제3항에 따른 시험에서 부정행위를 한 사람에 대하여는 그 시험을 무효로 하고, 그 시험의 시행일이 속한 연도의 다음 연도 1년 동안 시험의 응시자격을 정지한다. 다만, 시험의 공정한 관리를 위하여 금지된 물품을 소지 또는 반입하거나 감독관의 지시사항을 지키지 아니하는 등 교육부장관이 정하는 경미한 부정행위를 한 사람에 대하여는 응시자격을 정지하지 아니한다.

고등교육법 시행령 제31조(학생의 선발)

① 대학(원격대학은 제외한다. 이하 이 조에서 같다)의 장이 법 제34조 제1항에 따라 입학자를 선발함에 있어서는 모든 국민이 능력에 따라 균등하게 교육받을 권리를 보장하고 초·중등교육이 교육 본래의 목적에 따라 운영되는 것을 도모하도록 하여야 한다. 이 경우 국립대학의 장은 국가의 균형발전을 도모하도록 하는 방안을 함께 강구하여야 한다.
② 대학의 장은 법 제34조 제1항의 규정에 의한 입학전형을 함에 있어서 학생의 소질·적성 및 능력등이 반영될 수 있도록 그 방법 및 기준을 다양하게 마련하여 시행하여야 한다.

고등교육법 시행령 제34조(입학전형의 구분)

① 대학(교육대학을 포함한다. 이하 이 조에서 같다)의 장은 법 제34조 제1항의 규정에 의하여 입학자를 선발하기 위하여 고등학교 학교생활기록부의 기록, 법 제34조 제3항에 따라 교육부장관이 시행하는 시험(이하 "대학수학능력시험"이라 한다)의 성적, 대학별고사(논술 등 필답고사, 면접·구술고사, 신체검사, 실기·실험고사 및 교직적성·인성검사를 말한다)의 성적과 자기소개서 등 교과성적외의 자료 등을 입학전형 자료로 활용할 수 있다.
② 대학의 장은 제1항에 따라 논술 등 필답고사를 시행하는 경우 초·중등교육이 추구하는 본래의 목적을 훼손하지 아니하도록 운영하여야 한다.
③ 삭제

1. 갑 등의 헌법소원심판청구는 적법한가? (30점)

Ⅰ. 서: 헌법소원심판의 유형과 적법요건 [3점]
Ⅱ. 공권력에 의한 기본권의 침해 [9점]
  1. 국립대학 입시요강의 공권력 해당 여부
  2. 침해되는 기본권
  3. 갑 등의 기본권주체성
Ⅲ. 기본권침해의 직접성, 현재성, 자기관련성 [9점]
  1. 직접성 요건에 대한 판단
  2. 현재성에 대한 판단
  3. 자기관련성에 대한 판단
Ⅳ. 보충성 및 기타의 적법요건 [7점]
  1. 헌법소원심판청구의 보충성 요건
  2. 변호사강제주의
  3. 청구기간
Ⅴ. 결론 [2점]

Ⅰ. 서: 헌법소원심판의 유형과 적법요건 [3점]

헌법재판소법 제68조 제1항에 따른 권리구제형 헌법소원은 공권력에 의한 기본권의 침해를 다투는 헌법소송이다.

그 적법요건으로는 공권력(의 행사 또는 불행사)에 의한 기본권의 침해와 더불어 기본권침해의 직접성, 현재성, 자기관련성이 갖춰져야 하며, 그밖에 헌법소원심판청구의 보충성, 변호사 강제주의, 청구기간의 준수 등이 있다.

Ⅱ. 공권력에 의한 기본권의 침해 [9점]

1. 국립대학 입시요강의 공권력 해당 여부

헌법소원심판의 대상이 되는 공권력은 원칙적으로 모든 국가작용이다. 다만, 헌법재판소법 제68조 제1항 제1문의 규정에 따라 법원의 재판은 배제된다.

본 사안에서 문제되는 공권력은 국립대학의 입시요강이다. 헌법재판소는 1994년도 서울대 입시요강에 관한 결정[1] 이래로 국립대학의 입시요강이 헌법소원심판의 대상이 된다는 점을 인정하고 있으며, 본 사안의 입시요강도 헌법소원심판의 대상이 된다.

---

1) **헌재 1992.10.1. 92헌마68등 결정**: "국립대학인 서울대학교의 "94학년도 대학입학고사주요요강"은 사실상의 준비행위 내지 사전안내로서 행정쟁송의 대상이 될 수 있는 행정처분이나 공권력의 행사는 될 수 없지만 그 내용이 국민의 기본권에 직접 영향을 끼치는 내용이고 앞으로 법령의 뒷받침에 의하여 그대로 실시될 것이 틀림없을 것으로 예상되어 그로 인하여 직접적으로 기본권 침해를 받게 되는 사람에게는 사실상의 규범작용으로 인한 위험성이 이미 현실적으로 발생하였다고 보아야 할 것이므로 이는 헌법소원의 대상이 되는 헌법재판소법 제68조 제1항 소정의 공권력의 행사에 해당된다고 할 것이며, 이 경우 헌법소원 외에 달리 구제방법이 없다."

2. 침해되는 기본권

사안에서 갑 등이 침해를 주장할 수 있는 기본권은 교육을 받을 권리이며, 또한 교육의 기회균등과 관련하여 평등권도 주장될 수 있다.

3. 갑 등의 기본권주체성

사안에서는 갑 등이 대한민국 국민인지, 외국인지를 밝히지 않고 있다. 외국인에 대하여는 사회적 기본권의 보장이 법률에 의해 국민과 달리 제한될 수 있지만, 교육의 자유 및 기회균등은 – 비록 교육의 권리가 사회권으로 분류되는 것이 일반적이지만 – 자유권적 측면에 해당하는 것으로서 외국인에게도 기본권주체성이 인정되어야 할 것이다.

Ⅲ. 기본권침해의 직접성, 현재성, 자기관련성 [9점]

1. 직접성 요건에 대한 판단

사안에서 갑 등은 국립대학들의 입시요강에 의해 기본권이 직접 제한되고 있으므로 직접성 요건의 충족에는 아무런 문제가 없다.

2. 현재성에 대한 판단

사안에서 갑 등은 장래의 기본권침해를 다투고 있는 것이 아니라 현재의 기본권침해를 다투고 있으므로 현재성 요건도 충족하였다.

헌법소원심판이 진행되는 동안에 대학입시가 종료되어 권리보호이익이 소멸될 수도 있으나, 유사한 문제가 재발될 가능성이 높고, 헌법적 해명의 필요성이 있으므로 예외적인 심판청구이익을 인정할 수 있을 것이다.

3. 자기관련성에 대한 판단

사안에서 갑 등은 자신의 기본권이 침해되었음을 다투고 있으므로 자기관련성 또한 충족되었다.

Ⅳ. 보충성 및 기타의 적법요건 [7점]

1. 헌법소원심판청구의 보충성 요건

헌법재판소법 제68조 제1항 단서에 따른 보충성 요건은 헌법소원심판의 폭주를 막고 법원의 재판이나 행정심판 등의 구제절차를 적절하게 활용하기 위한 것이다.

그런데 국립대학의 입시요강에 대해서는 적절한 구제수단이 있다고 보기 어려우므로 보충성 요건이 충족된 것으로 볼 수 있다.[2)]

---

2) **헌재 1992.10.1. 92헌마68등 결정**: "국립대학인 서울대학교의 "94학년도 대학입학고사주요요강"은 사실상의 준비행위 내지 사전안내로서 행정쟁송의 대상이 될 수 있는 행정처분이나 공권력의 행사는 될 수 없지만 그 내용이 국민의 기본권에 직접 영향을 끼치는 내용이고 앞으로 법령의 뒷받침에 의하여 그대로 실시될 것이 틀림없을 것으로 예상되어 그로 인하여 직접적으로 기본권 침해를 받게 되는 사람에게는 사실상의 규범작용으로 인한 위험성이 이미 현실적으로 발생하였다고 보아야 할 것이므로 이는 헌법소원의 대상이 되는 헌법재판소법 제68조 제1항 소정의 공권력의 행사에 해당된다고 할 것이며, 이 경우 헌법소

2. 변호사강제주의

헌법소원심판은 사인이 청구의 주체가 되며, 헌법재판소법 제25조 제3항에 따라 변호사 강제주의가 적용된다. 따라서 갑 등은 변호사를 대리인으로 선임하여야 헌법소원심판을 청구할 수 있다.

3. 청구기간

헌법재판소법 제69조 제1항에 따라 갑은 그 사유가 있음을 안 날부터 90일 이내에, 그 사유가 있는 날부터 1년 이내에 헌법소원심판을 청구하여야 한다. 사안에서 갑 등은 이 기간을 준수한 것으로 보인다.

Ⅴ. 결론 [2점]

이상의 검토에 비추어 볼 때, 사안의 갑 등의 헌법소원심판청구는 적법요건을 충족하였으므로, 헌법재판소는 본안판단에 들어가야 한다.

2. 사립대학의 입시요강이 문제되었을 경우에는 적법요건의 판단이 달라질 것인가? (10점)

Ⅰ. 쟁점: 국립대학과 사립대학 입시요강이 공권력행사에 해당하는지의 여부 [1점]
Ⅱ. 국립대학 입시요강의 공권력 행사로서의 성격 [3점]
Ⅲ. 사립대학 입시요강의 공권력 행사로서의 성격 여부 [3점]
Ⅳ. 적법요건에 대한 판단의 변화 여부 [2점]
Ⅴ. 결론 [1점]

Ⅰ. 쟁점: 국립대학과 사립대학 입시요강이 공권력행사에 해당하는지의 여부 [1점]

헌법소원심판의 적법요건과 관련하여 국립대학의 입시요강과 사립대학의 입시요강에서 차이가 발생할 수 있는 부분은 그것이 공권력으로 인정될 수 있는지의 여부이다. 공법인이라 할 수 있는 국립대학의 입시요강이 공권력으로 인정되고 있는 반면에, 사법인인 사립대학의 입시요강을 공권력의 행사로 볼 수 있는지에 대해서는 논란의 여지가 있기 때문이다.

Ⅱ. 국립대학 입시요강의 공권력 행사로서의 성격 [3점]

국립대학은 공법인이며, 국립대학에서 입시요강을 결정하고 발표하는 것은 국립대학에 응시하고자 하는 사람들에 대해 그 시행방안을 따르지 않을 수 없도록 요건을 설정하고 제한하는 것이기 때문에 공권력의 행사에 해당된다.[3]

원 외에 달리 구제방법이 없다."

3) **헌재 1992.10.1. 92헌마68등 결정**: "국립대학인 서울대학교는 특정한 국가목적(대학교육)에 제공된 인

과거 서울대 입시요강에 대한 헌법재판소 결정 이래로 학설과 판례에서 국립대학의 입시요강을 공권력 행사로 인정하는 것이 널리 인정되고 있다.

Ⅲ. 사립대학 입시요강의 공권력 행사로서의 성격 여부 [3점]

사립학교의 교원 자격을 국·공립학교 교원의 자격에 관한 규정에 의하도록 하는 등,[4] 교육의 특수성으로 인해 사립학교에 대해 국공립학교와 유사하게 취급하는 규정들이 있다.

그러나 이러한 일부 조항으로 인하여 사립학교의 본질이 사법인에서 공법인으로 바뀌는 것은 아니며, 따라서 사립대학의 입시요강을 국립대학의 경우처럼 공권력의 행사로 보기는 어렵다.[5]

Ⅳ. 적법요건에 대한 판단의 변화 여부 [2점]

이렇게 볼 때, 사립대학의 입시요강은 공권력에 해당하지 않으므로, 헌법소원심판은 적법요건을 갖추지 못한 것이 되어 각하되어야 할 것이다.

Ⅴ. 결론 [1점]

이상의 검토 결과 사립대학의 경우라면 입시요강이 공권력이 아니므로 헌법소원심판은 부적법 각하될 것이며, 갑 등은 법원에 소송을 제기하여 이를 다투어야 할 것이다.

3. 갑의 헌법소원심판청구가 적법한 경우 헌법재판소는 어떠한 본안판단을 내려야 하는가? (60점)

Ⅰ. 사안의 분석과 쟁점의 정리 [5점]
Ⅱ. 교육의 권리와 기회균등 [10점]
1. 헌법 제31조 제1항의 해석과 교육의 기회균등
2. 교육의 기회균등과 대학에 진학할 수 있는 기회

적·물적 종합시설로서 공법상의 영조물이다. 그리고 서울대학교와 학생과의 관계는 공법상의 영조물이용관계로서 공법관계이며, 서울대학교가 대학입학고사시행방안을 정하는 것은 공법상의 영조물이용관계설정을 위한 방법, 요령과 조건 등을 정하는 것이어서 서울대학교 입학고사에 응시하고자 하는 사람들에 대하여 그 시행방안에 따르지 않을 수 없는 요건·의무 등을 제한설정하는 것이기 때문에 그것을 제정·발표하는 것은 공권력의 행사에 해당된다."

4) **사립학교법 제52조**: 사립학교의 교원의 자격에 관하여는 국·공립학교의 교원의 자격에 관한 규정에 의한다.

5) **헌재 2013.5.30. 2009헌마514 결정**: "법학전문대학원은 교육기관으로서의 성격과 함께 법조인 양성이라는 국가의 책무를 일부 위임받은 직업교육기관으로서의 성격을 가지고 있기는 하나, 이화여자대학교는 사립대학으로서 국가기관이나 공법인, 국립대학교와 같은 공법상의 영조물에 해당하지 아니하고, 일반적으로 사립대학과 그 학생과의 관계는 사법상의 계약관계이므로 학교법인 이화학당을 공권력의 주체라거나 그 모집요강을 공권력의 행사라고 볼 수 없다. 따라서 이 사건 모집요강은 헌법소원심판의 대상이 되는 공권력의 행사라고 볼 수 없다."

3. 대학의 자치와 입시요강에 의한 검정고시 출신자 차별의 문제점
Ⅲ. 검정고시 출신자에 대한 대학입시에서의 차별과 그 정당성 논거 [15점]
1. 입시요강에 대한 대학의 자율성
2. 정시 모집의 기회
3. 특별전형에서의 기회
Ⅳ. 차별에 대한 정당성 판단 [15점]
1. 교육의 기회균등에 대한 차별과 비교집단
2. 평등심사의 기준
3. 수시 일반전형에서 검정고시 출신자 차별의 합리성 여부
Ⅴ. 헌법재판소의 본안 판단 [12점]
1. 헌법재판소의 결정 형식
2. 사안에 대한 판단
3. 헌법재판소 결정의 효력
Ⅵ. 결론 [3점]

Ⅰ. 사안의 분석과 쟁점의 정리 [5점]

사안에서 갑 등은 서울교육대학교 등 국립대학의 입시요강에서 검정고시 출신자에게 응시기회를 주지 않음으로 인하여 수시 일반전형을 통해 대학에 진학하는 길이 막히게 되었다.

사안에서 갑 등이 주장할 수 있는 가장 중요한 기본권은 교육의 권리와 평등권(교육의 기회균등)이라 할 수 있다. 사안의 해결을 위해서는 교육의 권리의 의미와 보호범위를 확인함과 동시에 검정고시 출신자에 대한 차별이 정당한 것인지의 여부를 검토하는 것이 필요할 것이다.

그 바탕 위에서 헌법재판소가 사안에 대해 어떤 결정을 내려야 하며, 그 효력은 어떠한지를 정리할 수 있을 것이다.

Ⅱ. 교육의 권리와 기회균등 [10점]

1. 헌법 제31조 제1항의 해석과 교육의 기회균등

헌법 제31조 제1항은 "모든 국민은 능력에 따라 균등하게 교육을 받을 권리를 가진다"라고 명시하고 있다.

사안에서는 능력에 따라 균등하게 교육을 받을 권리를 어떻게 해석할 것인지가 문제되는 바, 본인 또는 부모의 재산이 사회적 지위가 아니라, 본인 능력과 노력에 따라 교육의 기회가 주어져야 함을 의미하는 것으로 보는 것이 일반적인 해석이다.

2. 교육의 기회균등과 대학에 진학할 수 있는 기회

교육의 기회균등을 위와 같이 해석할 때, 대학입시에서 수학능력이 아닌 경제적 여건이나 사회적 지위로 인해 당락이 좌우되는 것은 교육의 기회균등에 위배되는 것으로

볼 수 있다.

이와 관련하여 고등교육법 및 동법 시행령에서는 입학자격 및 학생 선발에 대해 구체적인 기준을 정하고 있다. 이는 곧 헌법상 교육의 기회균등 요청을 구체화시킨 것이라 할 수 있다.

3. 대학의 자치와 입시요강에 의한 검정고시 출신자 차별의 문제점

헌법 제31조 제4항은 대학의 자율성에 대해 명시하고 있으며, 대학의 자치는 학문의 자유의 핵심적 요소로 널리 인정되고 있다.

이러한 대학자치의 내용으로 입시의 자율성이 인정되는 바, 입시요강의 자율적 결정과 발표도 이에 속하는 것으로 볼 수 있다. 하지만, 사안에서 문제되는 검정고시 출신자의 차별 문제는 고등교육법 제33조 제1항과, 나아가 헌법상의 교육의 기회균등과도 충돌하는 것으로서 그 정당성 여부에 대해 신중한 검토가 필요하다.[6)]

Ⅲ. 검정고시 출신자에 대한 대학입시에서의 차별과 그 정당성 논거 [15점]

1. 입시요강에 대한 대학의 자율성

입시요강에 대한 대학의 자율성은 원칙적으로 인정된다. 그러나 이러한 자율성이 교육의 기회균등을 깨뜨려도 된다는 것은 아니며, 헌법적 가치와 충돌할 경우에는 그 제한이 불가피한 것으로 인정될 수 있다.

다만, 사안의 국립대학들은 수시 일반전형 이외에도 입학을 위한 다른 기회가 있음을 주장할 수 있을 것이다.

2. 정시 모집의 기회

수시가 아닌 정시를 통해 대학에 입학할 기회가 남아 있다는 점은 분명하다.

그러나 한편으로는 정시에서는 검정고시 출신자를 차별하지 않는다는 보장이 없고, 다른 한편으로는 여타의 수험생들과는 달리 수시 일반전형이라는 기회를 활용할 수 없다는 것 자체가 매우 심각한 제한이고 차별이라고 할 수 있다.

3. 특별전형에서의 기회

사안에서 나타나듯이 수시 특별전형에서는 검정고시 출신자를 배제하지 않고 있다.

하지만 수시 특별전형은 장애인 등 사회적 약자들을 대상으로 한 것이고, 갑 등이 이에 해당되지 않는 한 지원이 불가능하다. 따라서 특별전형에 지원할 기회가 있다는 것이 일반전형에 지원할 기회 자체를 봉쇄한 것을 정당화할 수는 없다.

---

6) **헌재 2017.12.28. 2016헌마649 결정**: "헌법 제22조 제1항이 보장하고 있는 학문의 자유와 헌법 제31조 제4항에서 보장하고 있는 대학의 자율성에 따라 대학이 학생의 선발 및 전형 등 대학입시제도를 자율적으로 마련할 수 있다 하더라도, 이러한 대학의 자율적 학생 선발권을 내세워 국민의 '균등하게 교육을 받을 권리'를 침해할 수 없으며, 이를 위해 대학의 자율권은 일정부분 제약을 받을 수 있다."

Ⅳ. 차별에 대한 정당성 판단 [15점]

1. 교육의 기회균등에 대한 차별과 비교집단

사안에서 교육의 기회균등과 관련하여 차별이 발생하고 있으며, 이러한 차별의 정당성 여부를 확인하기 위한 첫 단계는 적절한 비교집단을 설정하는 것이다.

사안에서는 고등학교 졸업(예정)자와 검정고시 출신자를 차별하는 것이 가장 핵심적인 문제이므로 양자를 비교집단으로 설정하는 것이 적합하다.

2. 평등심사의 기준

평등심사의 기준은 차별적 행위의 주체에게 어느 정도의 자율권이 인정되는지에 따라, 그리고 문제되는 기본권의 중요성에 따라 엄격한 심사기준과 완화된 심사기준의 적용이 구분된다.

사안에서 국립대학들은 대학의 자치를 주장할 수 있으나, 교육의 권리 내지 교육의 기회균등이 갖는 의미와 중요성을 생각할 때, 엄격한 심사기준이 적용되어야 할 것이다.[7)]

3. 수시 일반전형에서 검정고시 출신자 차별의 합리성 여부

검정고시 출신자의 경우 고등학교 졸업(예정)자와 비교할 때, 학교생활기록부가 없어서 품성과 자질을 다방면으로 평가하기 어렵다는 등의 문제가 존재한다.

하지만 다른 평가방법을 개발하려는 노력 없이, 수시 일반전형에 응시할 기회조차 박탈하는 것은 최소침해의 원칙에 위배된다.

또한 검정고시 출신자의 지원 배제를 통해 얻는 공익과 갑 등에게 가해지는 기본권의 제한을 비교 · 형량할 때, 전자보다 후자가 크다고 볼 수 있으므로 법익의 균형성 또한 갖추지 못했다.[8)]

---

7) **헌재 2017.12.28. 2016헌마649 결정**에서는 완화된 심사기준을 채택하였으나, 이에 대해 엄격한 심사기준의 적용이 필요하다는 안창호, 이선애 재판관의 보충의견이 있었다.

8) **헌재 2017.12.28. 2016헌마649 결정**: "현행 대입입시제도 중 수시모집은 대학수학능력시험 점수를 기준으로 획일적으로 학생을 선발하는 것을 지양하고, 각 대학별로 다양한 전형방법을 통하여 대학의 독자적 특성이나 목표 등에 맞추어 다양한 경력과 소질 등이 있는 자를 선발하고자 하는 것이다. 수시모집은 과거 정시모집의 예외로서 그 비중이 그리 크지 않았으나 점차 그 비중이 확대되어, 정시모집과 같거나 오히려 더 큰 비중을 차지하는 입시전형의 형태로 자리 잡고 있다. 이러한 상황에서는 수시모집의 경우라 하더라도 응시자들에게 동등한 입학 기회가 주어질 필요가 있다. 그런데 이 사건 수시모집요강은 기초생활수급자 · 차상위계층, 장애인 등을 대상으로 하는 일부 특별전형에만 검정고시 출신자의 지원을 허용하고 있을 뿐 수시모집에서의 검정고시 출신자의 지원을 일률적으로 제한함으로써 실질적으로 검정고시 출신자의 대학입학 기회의 박탈이라는 결과를 초래하고 있다. 수시모집의 학생선발방법이 정시모집과 동일할 수는 없으나, 이는 수시모집에서 응시자의 수학능력이나 그 정도를 평가하는 방법이 정시모집과 다른 것을 의미할 뿐, 수학능력이 있는 자들에게 동등한 기회를 주고 합리적인 선발 기준에 따라 학생을 선발하여야 한다는 점은 정시모집과 다르지 않다. 따라서 수시모집에서 검정고시 출신자에게 수학능력이 있는지 여부를 평가받을 기회를 부여하지 아니하고 이를 박탈한다는 것은 수학능력에 따른 합리적인 차별이라고 보기 어렵다. 피청구인들은 정규 고등학교 학교생활기록부가 있는지 여부, 공교육 정상화, 비교내신 문제 등을 차별의 이유로 제시하고 있으나 이러한 사유가 차별취급에 대한 합리적인 이유가 된다고 보기 어렵다."

V. 헌법재판소의 본안 판단 [12점]

1. 헌법재판소의 결정 형식

본 사안의 헌법소원심판은 헌법재판소법 제68조 제1항에 따른 권리구제형 헌법소원심판이다. 따라서 헌법재판소는 청구의 인용 또는 기각으로 본안판단을 하여야 한다.

2. 사안에 대한 판단

앞서 검토한 바에 따라 사안의 국립대학들이 검정고시 출신자들을 수시 일반전형에서 배제한 것은 교육의 권리 및 교육의 기회균등에 대한 과도한 제한으로서 위헌이며, 헌법재판소는 인용(위헌확인) 결정을 내려야 한다.

3. 헌법재판소 결정의 효력

헌법재판소법 제75조 제1항에 따라 헌법소원의 인용결정은 – 위헌법률심판에서의 위헌결정처럼 – 모든 국가기관과 지방자치단체를 기속한다. 따라서 사안의 국립대학들도 그 결정에 기속되어 향후 같은 내용의 입시요강을 만들지 못한다.

Ⅵ. 결론 [3점]

이상의 검토를 종합할 때, 사안의 국립대학들은 갑 등의 교육의 권리 및 평등권을 위헌적으로 침해하였으며, 이에 대해 헌법재판소는 갑 등의 헌법소원심판에 대해 인용(위헌확인)결정을 내려야 한다.

12

보건복지부 고시에 의한 평등권 침해 여부

보건복지부는 국민건강보험법 제39조 제2항, '국민건강보험 요양급여의 기준에 관한 규칙' 제5조 제2항의 위임에 따라 2007.7.1. 고시로 '요양급여의 적용기준 및 방법에 관한 세부사항'을 제정하여 A형 혈우병 치료제에 대하여 요양급여를 실시하고 있는데, 그 중 '리콤비네이트주', '애드베이트주' 등의 유전자재조합제제에 대하여는 그 대상환자를 ① 처음 혈우병약제를 투여받는 환자, ② 면역능이 저하되어 감염의 위험성이 큰 HIV 양성 환자, ③ 1983.1.1. 이후에 출생한 환자로 한정하고 있다.

그 결과 1983.1.1. 이전에 출생한 A형 혈우병 환자인 갑 등은 모두 위 유전자재조합제제의 요양급여 대상환자 기준에 해당하지 않아 혈액제제에 대하여만 요양급여의 적용을 받고 있다. 이에 갑 등은 1983.1.1. 이후 출생한 A형 혈우병 환자에 한하여 유전자재조합제제에 대한 요양급여를 인정한 위 '요양급여의 적용기준 및 방법에 관한 세부사항'이 2010.2.1. 개정에서 유전자재조합제제의 범위를 확대하면서도 대상자의 범위를 여전히 1983.1.1. 이후에 출생한 환자로 한정함으로써 행복추구권과 평등권을 침해한다고 생각하여 2010. 11. 24. 헌법재판소에 헌법소원심판을 청구하였다.

〈헌재 2012.6.27. 2010헌마716 참조〉

1. 갑 등의 헌법소원심판청구는 적법한가? (30점)
2. 사안의 경우 보건복지부 고시에 의한 평등권 침해에 적용될 심사기준에 대해 논하시오. (20점)
3. 갑 등의 헌법소원심판청구가 적법한 경우 헌법재판소는 어떠한 본안판단을 해야 하는가? (50점)

〈참고 조문(아래 법령은 현행 법령과 다를 수 있음)〉

국민건강보험법 제39조(요양급여)

① 가입자 및 피부양자의 질병 · 부상 · 출산 등에 대하여 다음 각 호의 요양급여를 실시한다.

1. 진찰 · 검사
2. 약제 · 치료재료의 지급
3. 처치 · 수술 기타의 치료
4. 예방 · 재활
5. 입원

6. 간호
7. 이송

② 제1항의 규정에 의한 요양급여(이하 "요양급여"라 한다)의 방법 · 절차 · 범위 · 상한 등 요양급여의 기준은 보건복지부령으로 정한다.

③ 보건복지부장관은 제2항의 규정에 의하여 요양급여의 기준을 정함에 있어 업무 또는 일상생활에 지장이 없는 질환 기타 보건복지부령이 정하는 사항은 요양급여의 대상에서 제외할 수 있다.

국민건강보험법 제43조(요양급여비용의 청구와 지급 등)

① 요양기관은 요양급여비용의 지급을 공단에 청구할 수 있다. 이 경우 제2항의 규정에 의한 심사청구는 이를 공단에 대한 요양급여비용의 청구로 본다.

② 제1항의 규정에 의한 요양급여비용의 청구를 하고자 하는 요양기관은 제55조의 규정에 의한 건강보험심사평가원에 요양급여비용의 심사청구를 하여야 하며, 심사청구를 받은 건강보험심사평가원은 이를 심사한 후 지체없이 그 내용을 공단 및 요양기관에 통보하여야 한다.

③ 제2항의 규정에 의하여 심사의 내용을 통보받은 공단은 지체없이 그 내용에 따라 요양급여비용을 요양기관에게 지급한다. 이 경우 이미 납부한 본인일부부담금이 제2항의 규정에 의하여 통보된 금액보다 과다한 경우에는 요양기관에 지급할 금액에서 그 과다하게 납부된 금액을 공제하여 당해 가입자에게 지급하여야 한다.

④ 공단은 제3항의 규정에 의하여 가입자에게 지급하여야 하는 금액을 당해 가입자가 납부하여야 하는 보험료 기타 이 법에 의한 징수금(이하 "보험료 등"이라 한다)과 상계처리할 수 있다.

⑤ 공단은 요양급여비용을 지급함에 있어 제2항의 규정에 의한 건강보험심사평가원이 제56조의 규정에 의한 요양급여의 적정성을 평가하여 공단에 통보한 경우에는 그 평가결과에 따라 요양급여비용을 가산 또는 감액 조정하여 지급한다. 이 경우 평가결과에 따른 요양급여비용의 가감지급의 기준에 관하여는 보건복지부령으로 정한다.

⑥ 요양기관은 제2항의 규정에 따른 심사청구를 다음 각 호의 단체로 하여금 대행하게 할 수 있다.

1. 「의료법」 제28조 제1항에 따른 의사회 · 치과의사회 · 한의사회 · 조산사회 또는 같은 조 제6항에 따라 신고한 각각의 지부 및 분회
2. 「의료법」 제52조에 따른 의료기관단체
3. 「의료법」 제11조의 규정에 따른 약사회 또는 동법 제12조의2의 규정에 따라 신고한 지부 및 분회

⑦ 의약품제조업자 · 의약품도매상 기타 보건복지부령이 정하는 자는 의약품유통체계를 개선하고 요양기관에 대한 의약품의 보관 · 배송 기타 물류사업을 수행하기 위하여 의약품물류협동조합을 설립할 수 있다. 이 경우 의약품물류협동조합의 구성 · 운영 및 동 조합에 대한 지도 · 감독에 관하여는 「중소기업협동조합법」의 협동조합 또는 사업협동조합에 관한 규정을 준용하여 대통령령으로 정한다.

⑧ 제1항 내지 제6항의 규정에 의한 요양급여비용의 청구 · 심사 · 지급 등의 방법 및 절차에 관하여 필요한 사항은 보건복지부령으로 정한다.

국민건강보험법 시행령 제24조(계약의 내용 등)

① 법 제42조 제1항의 규정에 의한 계약은 공단 이사장과 제23조 각 호에 따른 대표자가 요양기관의 유형별로 체결하되, 제2항의 규정에 의한 각 요양급여의 상대가치점수의 점수당 단가를 정하는 것으로 한다.

② 요양급여의 상대가치점수는 요양급여에 소요되는 시간 · 노력 등 업무량, 인력 · 시설 · 장비 등 자원의 양과 요양급여의 위험도를 고려하여 산정한 요양급여의 가치를 각 항목간에 상대적 점수로 나타낸 것으로 하되, 보건복지부장관이 심의위원회의 심의를 거쳐 보건복지부령이 정하는 바에 의하여 이를 고시한다.

③ 제1항의 규정에 불구하고 법 제39조 제1항 제2호의 약제 · 치료재료(제2항에 따른 상대가치점수가 적용되는 약제 · 치료재료는 제외한다. 이하 이 조에서 같다)에 대한 비용은 요양기관이 해당 약제 및 치료재료를 구입한 금액(이하 이 조에서 "구입금액"이라 한다)이 보건복지부장관이 심의위원회의 심의를 거쳐 결정 · 고시하는 금액(이하 이 조에서 "상한금액"이라 한다)을 초과하지 않는 범위에서 다음 각 호의 구분에 따라 결정하되, 약제 및 치료재료에 대한 비용의 결정기준 · 결정절차 기타 필요한 사항은 보건복지부장관이 정하여 고시한다. 다만, 약제 · 치료재료 중 한약제에 대한 비용은 상한금액으로 한다.

1. 약제: 구입금액 + (상한금액 - 구입금액) × 70/100
2. 치료재료: 구입금액

④ 제2항 및 제3항에도 불구하고 「의료법」 제3조 제5항에 따른 요양병원의 입원에 대한 요양급여의 상대가치점수는 요양급여 각 항목의 점수 및 약제 · 치료재료의 비용을 합산하여 환자의 경중도의 구분에 따른 1일당 상대가치점수로 산정할 수 있다.

⑤ 제1항의 규정에 의하여 계약을 체결할 때 상대가치점수가 고시되지 아니한 새로운 요양급여항목의 비용에 대한 계약은 제2항의 규정에 의하여 동 항목이 상대가치점수가 고시되는 날에 계약이 체결된 것으로 보되, 요양기관이 동 항목에 대한 요양급여를 최초로 실시한 날부터 이를 적용한다.

국민건강보험 요양급여의 기준에 관한 규칙 제5조(요양급여의 적용기준 및 방법)

① 요양기관은 가입자 등에 대한 요양급여를 별표 1의 요양급여의 적용기준 및 방법에 의하여 실시하여야 한다.

② 제1항의 규정에 의한 요양급여의 적용기준 및 방법에 관한 세부사항은 의약계 · 공단 및 건강보험심사평가원의 의견을 들어 보건복지부장관이 정하여 고시한다.

③ 제2항의 규정에 불구하고 「국민건강보험법 시행령」(이하 "영"이라 한다) 별표 2 제5호의 규정에 의한 중증환자(이하 "중증환자"라 한다)에게 처방 · 투여하는 약제 중 보건복지부장관이 정하여 고시하는 약제에 대한 요양급여의 적용기준 및 방법에 관한 세부사항은 제5조의2의 규정에 의한 중증질환심의위원회의 심의를 거쳐 건강보험심사평가원장이 정하여 공고한다. 이 경우 건강보험심사평가원장은 요양기관 및 가입자 등이 해당 공고의 내용을 언제든지 열람할 수 있도록 관리하여야 한다.

국민건강보험 요양급여의 기준에 관한 규칙 제8조(요양급여의 범위 등)

① 법 제39조 제2항에 따른 요양급여의 범위(이하 "요양급여대상"이라 한다)는 다음 각 호와 같다.

1. 법 제39조 제1항 각 호의 요양급여(약제를 제외한다): 제9조에 따른 비급여대상을 제외한 일체의 것
2. 법 제39조 제1항 제2호의 요양급여(약제에 한한다): 제11조의2, 제12조 및 제13조에 따라 요양급여대상으로 결정 또는 조정되어 고시된 것

② 보건복지부장관은 제1항의 규정에 의한 요양급여대상을 급여목록표로 정하여 고시하되, 법 제39조 제1항 각 호에 규정된 요양급여행위(이하 "행위"라 한다), 약제 및 치료재료(법 제39조 제1항 제2호의 규정에 의하여 지급되는 약제 및 치료재료를 말한다. 이하 같다)로 구분하여 고시한다. 다만, 보건복지부장관이 정하여 고시하는 요양기관의 진료에 대하여는 행위·약제 및 치료재료를 묶어 1회 방문에 따른 행위로 정하여 고시할 수 있다.

③ 보건복지부장관은 제2항의 규정에 불구하고 영 별표 2 제2호의 규정에 의하여 보건복지부장관이 정하여 고시하는 질병군에 대한 입원진료의 경우에는 해당 질병군별로 별표 2 제6호의 규정에 의한 비급여대상, 규칙 별표 5 제1호 사목 중 이송처치료 및 동호 아목(1)의 규정에 의한 요양급여비용의 본인부담항목을 제외한 모든 행위·약제 및 치료재료를 묶어 하나의 포괄적인 행위로 정하여 고시할 수 있다.

④ 보건복지부장관은 제2항에도 불구하고 영 제24조 제4항에 따른 요양병원의 입원진료의 경우에는 제2항의 행위·약제 및 치료재료를 묶어 1일당 행위로 정하여 고시할 수 있다. 이 경우 1일당 행위에서 제외되는 항목은 보건복지부장관이 정하여 고시할 수 있다.

⑤ 보건복지부장관은 제2항부터 제4항까지의 규정에 따라 요양급여대상을 고시함에 있어 행위 또는 하나의 포괄적인 행위의 경우에는 영 제24조 제2항에 따른 요양급여의 상대가치점수를 함께 정하여 고시하여야 한다.

요양급여의 적용기준 및 방법에 관한 세부사항(보건복지가족부 고시 제2010-20호)

II. 약제

2. 약제별 세부인정기준 및 방법

구분	세부 인정기준 및 방법
recombinantblood coagulationfactor Ⅷ 주사제 (품명: 리콤비네이트주, 애드베이트주 등)	아래와 같은 기준으로 투여하는 경우에는 요양급여를 인정하며, 허가사항 범위이지만 동 인정기준 이외에 투여한 경우에는 약값 전액을 환자가 부담토록 함. - 아 래 - ○ 대상환자 - 처음 혈우병약제를 투여받는 환자 - 면역능이 저하되어 감염의 위험성이 큰 HIV 양성 환자 - `83.1.1. 이후에 출생한 환자 ○ 투여 용량 (이하 생략)

1. 갑 등의 헌법소원심판청구는 적법한가? (30점)

Ⅰ. 서: 헌법소원심판의 유형과 적법요건 [3점]
Ⅱ. 공권력에 의한 기본권의 침해 [9점]
  1. 보건복지부 고시의 공권력 해당 여부
  2. 침해되는 기본권
  3. 사안에 대한 판단
Ⅲ. 기본권침해의 직접성, 현재성, 자기관련성 [9점]
  1. 직접성 요건에 대한 판단
  2. 현재성에 대한 판단
  3. 자기관련성에 대한 판단
Ⅳ. 보충성 및 기타의 적법요건 [7점]
  1. 헌법소원심판청구의 보충성 요건
  2. 변호사강제주의
  3. 청구기간: 청구기간의 도과 여부 판단
Ⅴ. 결론 [2점]

Ⅰ. 서: 헌법소원심판의 유형과 적법요건 [3점]

헌법재판소법 제68조 제1항에 따른 권리구제형 헌법소원은 공권력에 의한 기본권의 침해를 다투는 헌법소송이다.

그 적법요건으로는 공권력(의 행사 또는 불행사)에 의한 기본권의 침해와 더불어 기본권침해의 직접성, 현재성, 자기관련성이 갖춰져야 하며, 그밖에 헌법소원심판청구의 보충성, 변호사 강제주의, 청구기간의 준수 등이 있다.

Ⅱ. 공권력에 의한 기본권의 침해 [9점]

1. 보건복지부 고시의 공권력 해당 여부

헌법소원심판의 대상이 되는 공권력은 원칙적으로 모든 국가작용이다. 다만, 헌법재판소법 제68조 제1항 제1문의 규정에 따라 법원의 재판은 배제된다.

본 사안에서 문제되는 공권력은 보건복지부 고시이다. 고시는 행정규칙으로서 내부적 효력만을 갖는 경우들이 있지만, 국민들에게 직접적인 영향을 미치는 법규명령의 성격을 갖는 경우에는 헌법소원심판의 대상이 되는 공권력의 행사로 볼 수 있다.[1)]

---

1) **헌재 2010.9.30. 2008헌마758 결정**: "행정소송의 대상이 되는 처분이란 구체적 사실에 관한 공권력행사로서(행정소송법 제2조 제1항 제1호) 그 처분의 '관련자가 개별적'이고, '규율대상이 구체적'인 것을 의미하는 바, ……
이 사건 고시의 개별성 및 구체성의 정도를 종합하여 보면, 이 사건 고시는 처분의 성격을 지닌 것이라기보다는 행정규칙 형식의 법규명령으로서 일반적·추상적인 규정의 성격을 지닌 것이라 봄이 상당하다. 이처럼 이 사건 고시는 처분성이 결여된 법규명령인바, 법령자체에 의한 직접적인 기본권침해가 문제될 때에는 그 법령 자체의 효력을 직접 다투는 것을 소송물로 하여 일반법원에 그 소송을 제기하는 길이 없어 구제절차가 있는 경우가 아니므로, 다른 구제절차를 거치지 아니한 채 바로 이 사건 고시에 대하여

2. 침해되는 기본권

사안에서 갑 등은 행복추구권과 평등권을 주장하고 있다. 그러나 사안에서는 자유권이 아닌, 국민건강보험에 따른 요양급여의 인정범위가 문제되므로 행복추구권은 문제되지 않는다.[2)]

따라서 사안에서는 요양급여 대상자의 범위를 한정한 것과 관련하여 평등권 침해 여부가 주로 문제될 것이다.

3. 갑 등의 기본권주체성

사안에서는 갑 등이 대한민국 국민인지, 외국인인지를 밝히지 않고 있다. 외국인에 대하여는 사회적 기본권의 보장이 법률에 의해 국민과 달리 제한될 수 있지만, 사안에서 국민건강보험법의 적용이 전제되고 있으므로, 갑 등의 기본권주체성은 문제되지 않는 것으로 보인다.

Ⅲ. 기본권침해의 직접성, 현재성, 자기관련성 [9점]

1. 직접성 요건에 대한 판단

법령소원의 경우에는 집행행위의 매개 없이 입법작용에 의해 기본권이 직접 침해되고 있는지에 주목할 필요가 있다.

사안에서 갑 등은 보건복지부 고시에 의해 기본권이 직접 제한되고 있으므로 직접성 요건의 충족에는 아무런 문제가 없다.

2. 현재성에 대한 판단

사안에서 갑 등은 장래의 기본권침해를 다투고 있는 것이 아니라 현재의 기본권침해를 다투고 있으므로 현재성 요건도 충족하였다.

3. 자기관련성에 대한 판단

사안에서 갑 등은 자신의 기본권이 침해되었음을 다투고 있으므로 자기관련성 또한 충족되었다.

Ⅳ. 보충성 및 기타의 적법요건 [7점]

1. 헌법소원심판청구의 보충성 요건

헌법재판소법 제68조 제1항 단서에 따른 보충성 요건은 헌법소원심판의 폭주를 막고 법원의 재판이나 행정심판 등의 구제절차를 적절하게 활용하기 위한 것이다.

헌법소원심판을 청구할 수 있다."

2) **헌재 2012.6.27. 2010헌마716 결정**: "사회보험의 일종인 국민건강보험법에 의하여 요양급여를 요구하는 것이 자유권의 영역에 속한다고 볼 수 없는 이상, 이를 요구할 권리가 포괄적 자유권인 행복추구권의 내용에 포함된다고 할 수 없어서 A형 혈우병 환자에 대한 유전자재조합제제의 요양급여 여부를 결정하고 있는 이 사건 고시조항이 행복추구권을 침해한다고 보기는 어렵다."

그런데 법규명령인 고시에 의해 기본권이 직접 침해된 경우에는 대해서는 적절한 구제수단이 있다고 보기 어려우므로 보충성 요건이 충족된 것으로 볼 수 있다.

2. 변호사강제주의

헌법소원심판은 사인이 청구의 주체가 되며, 헌법재판소법 제25조 제3항에 따라 변호사 강제주의가 적용된다. 따라서 갑 등은 변호사를 대리인으로 선임하여야 헌법소원심판을 청구할 수 있다.

3. 청구기간: 청구기간의 도과 여부 판단

헌법재판소법 제69조 제1항에 따라 갑은 그 사유가 있음을 안 날부터 90일 이내에, 그 사유가 있는 날부터 1년 이내에 헌법소원심판을 청구하여야 한다. 사안에서 갑 등은 이 기간을 준수한 것으로 보인다.

V. 결론 [2점]

이상의 검토에 비추어 볼 때, 사안의 갑 등의 헌법소원심판청구는 적법요건을 충족하였으므로, 헌법재판소는 본안판단에 들어가야 한다.

2. 사안의 경우 보건복지부 고시에 의한 평등권 침해에 적용될 심사기준에 대해 논하시오. (20점)

Ⅰ. 서: 평등권의 입법에 대한 구속력과 심사기준의 특수성 [2점]
Ⅱ. 엄격한 심사기준과 완화된 심사기준 [7점]
　1. 양자의 구별기준
　2. 엄격한 심사기준의 의미와 적용방식
　3. 완화된 심사기준의 의미와 적용방식
Ⅲ. 사회보장의 확대와 입법형성권의 존중 [10점]
　1. 사회권의 특성과 사회보장 확대에 관한 입법자의 판단여지
　2. 사회권에 대한 평등심사의 원칙: 완화된 심사
　3. 사안에 대한 판단
Ⅳ. 결론 [1점]

Ⅰ. 서: 평등권의 입법에 대한 구속력과 심사기준의 특수성 [2점]

오늘날 평등은 대부분의 경우에 '같은 것을 같게, 다른 것을 다르게' 취급하는 상대적 평등으로 인정된다. 그런데 어떤 것을 같은 것으로, 또 어떤 것을 다른 것으로 볼 것인지의 문제를 결정해야 하며, 이는 일차적으로 입법에 의해 결정된다.

그로 인하여 과거 평등권의 입법비구속설이 인정될 정도로 평등권의 입법에 대한 구속은 특별한 점이 있다. 오늘날 입법구속설이 널리 인정되고 있지만, 입법에 대한 심사기준에 대해서는 – 다른 기본권과 달리 – 특별한 논의가 있는 것도 그로 인한 것이다.

Ⅱ. 엄격한 심사기준과 완화된 심사기준 [7점]

1. 양자의 구별기준

헌법재판소 판례는 평등심사기준을 엄격한 심사기준과 완화된 심사기준으로 나누고 있으며, 양자의 구별기준으로는 입법형성권의 범위를 강조하고 있다.

즉, 입법자에게 폭넓은 입법형성권이 인정되는 경우에는 완화된 심사기준을, 기본권의 중요성에 비추어 입법자의 입법형성권이 제한되어야 할 경우에는 엄격한 심사기준을 적용하는 것이다.

2. 엄격한 심사기준의 의미와 적용방식

엄격한 심사기준이 적용되는 경우는 헌법상 평등취급이 명시적으로 요청되는 경우, 예컨대 헌법 제11조 제1항 제2문의 차별금지사유에 해당하는 성별, 종교, 사회적 신분 등에 의한 차별이 문제되는 경우와 기본권에 대한 중대한 제한이 문제되는 경우이다.

엄격한 심사기준의 적용은 비례성 판단의 방식으로 행해진다. 즉, 목적의 정당성, 수단의 적합성, 침해의 최소성, 법익의 균형성을 따져야 한다.

3. 완화된 심사기준의 의미와 적용방식

완화된 심사기준은 입법자의 입법형성권에 대한 존중을 전제한다. 따라서 엄격한 비례성 심사를 하지 않고, 자의적인 차별이 아닌 경우에는 합헌으로 인정하는 것이다.

하지만 완화된 심사기준을 적용함에도 불구하고 불합리한 차별로 인정되는 경우가 적지 않다.

Ⅲ. 사회보장의 확대와 입법형성권의 존중 [10점]

1. 사회권의 특성과 사회보장 확대에 관한 입법자의 판단여지

사회권은 자유권과는 달리 국가의 재정적 · 경제적 상황에 따라 그 적용범위를 탄력적으로 결정해야 할 필요성이 크다.

그로 인하여 사회권의 구체화, 특히 사회보장의 확대에 대해서는 입법자의 판단이 존중되어야 하며, 사법적 판단을 통해 입법자의 결정을 무효화시키는 것은 예외적인 경우로 한정되어야 한다.

2. 사회권에 대한 평등심사의 원칙: 완화된 심사

이러한 요청에 따라 사회권에 대한 평등심사는 완화된 심사기준에 따르는 것이 원칙이다. 즉, 사회권의 인정범위 내지 사회보장의 확대 정도는 여러 가지 사회적 상황을 고려한 입법자의 정책적 판단을 존중하는 것이다.

그러므로 사안에서의 평등심사의 기준으로는 완화된 심사기준이 적용된다.[3)]

---

3) **헌재 2012.6.27. 2010헌마716 결정**: "이 사건 고시조항에 의한 1983.1.1. 이전 출생한 환자들과 그 이후 출생한 환자들 사이의 차별은 제도의 단계적 개선 과정에서 나타나는 차별로서 입법자에게 상당한 입법형성의 자유가 인정되는 영역이라 할 것이고, 헌법에서 특별히 평등을 요구하고 있거나 차별적 취급으

3. 차별의 합리성 여부에 대한 판단

비록 완화된 심사기준을 적용한다 하더라도 1983.1.1. 이전 또는 이후에 출생했는지를 기준으로 차별하는 것은 합리적 이유를 찾기 어렵다.

출생시기는 그 부모가 언제 혼인하여 임신, 출산을 하였는지와 같은 우연한 사정에 기인하는 결과의 차이일 뿐이지, 이러한 차이로 인해 A형 혈우병 환자들에 대한 치료제인 유전자재조합제제의 요양급여 필요성이 달라진다고 할 수는 없기 때문이다.

Ⅳ. 결론 [1점]

사안에서 보건복지부 고시는 출생일이 1983.1.1. 이전인지 이후인지에 따라 A형 혈우병 환자에 대한 혈액제재 요양급여의 적용 여부를 달리하고 있는 바, 이는 사회보장의 범위에 관한 것이므로 완화된 심사기준이 적용된다.

하지만 완화된 심사기준이 적용된다 하더라도 차별의 합리적 이유를 찾을 수 없으므로 위헌적인 차별로 볼 수 있을 것이다.

3. 갑 등의 헌법소원심판청구가 적법한 경우 헌법재판소는 어떠한 본안판단을 해야 하는가? (50점)

Ⅰ. 사안의 분석과 쟁점의 정리 [5점]
Ⅱ. 평등권의 의의와 차별의 합리성 여부 [6점]
  1. 헌법상 평등원칙과 평등권의 의미
  2. 상대적 평등: 같은 것을 같게, 다른 것을 다르게
  3. 입법에 의한 평등의 구체화와 위헌심사의 가능성
Ⅲ. 보건복지부 고시의 내용과 효력 [10점]
  1. 보건복지부 고시의 형식과 효력
  2. 고시의 내용과 적용 대상의 한정
  3. 쟁점: 적용 대상 한정의 합리성 여부
Ⅳ. 차별에 대한 정당성 판단 [12점]
  1. 사안에서의 비교집단
  2. 평등심사의 기준
  3. 차별의 합리성 여부
Ⅴ. 헌법재판소의 본안 판단 [15점]
  1. 헌법재판소의 결정 형식
  2. 사안에 대한 판단

로 인하여 관련 기본권에 대한 중대한 제한을 초래하게 되는 경우도 아니다.
그러나 국가가 제도의 단계적 개선을 추진하는 경우라도 수혜자 한정의 기준을 설정할 때에는 능력이 허용하는 범위 내에서 '합리적인 기준'에 따를 것이 요구되므로, 이 사건에서는 앞서 본 바와 같은 차별에 관한 입법자의 기준설정에 합리적인 이유가 있는지 여부를 심사하는 완화된 심사기준을 적용하여 판단한다."

3. 헌법재판소 결정의 효력
VI. 결론 [2점]

Ⅰ. 사안의 분석과 쟁점의 정리 [5점]

사안에서는 보건복지부 고시인 '요양급여의 적용기준 및 방법에 관한 세부사항'에서 혈우병 치료제에 대한 요양급여와 관련하여 일부 약재의 대상환자를 1983.1.1. 이후에 출생한 환자로 한정하고 있는 것이 갑 등의 기본권을 침해하는지 여부가 문제되고 있다.

갑 등은 행복추구권과 평등권을 주장하고 있지만, 자유권이 아닌 사회권의 제한이 문제되는 상황에서 행복추구권은 적절치 않고, 평등권을 중심으로 고찰해야 할 것으로 보인다. 이를 위해 평등권의 실현구조를 전제로 보건복지부 고시의 내용과 효력, 그리고 차별의 정당성에 대한 검토가 필요할 것이며, 이를 바탕으로 헌법재판소의 본안판단이 내려져야 할 것이다.

Ⅱ. 평등권의 의의와 차별의 합리성 여부 [6점]

1. 헌법상 평등원칙과 평등권의 의미

헌법상 평등은 법이념으로서의 평등, 원칙으로서의 평등, 개인의 기본권으로서의 평등 등과 같이 다양한 의미로 사용된다. 특히 평등원칙과 평등권은 매우 유사하며, 많은 경우에 함께 나타나지만, 항상 같은 것은 아니다.

평등원칙은 국가작용을 구속하는 지침이지만, 평등권은 국민이 기본권으로 주장할 수 있는 것이다. 즉, 헌법소원심판을 통해 다툴 수 있는 것은 전자가 아니라 후자이다.

2. 상대적 평등: 같은 것을 같게, 다른 것을 다르게

헌법 제11조의 '법 앞의 평등'은 일반적으로 같은 것을 같게, 다른 것을 다르게 취급하는 상대적 평등으로 이해된다.

문제는 무엇이 같은 것이며, 무엇이 다른 것인지에 대해 사람마다 생각이 다를 수 있다는 점이다. 그로 인하여 입법에 의해 이를 어느 정도 정해 놓는 것이 불가피하게 된다.

3. 입법에 의한 평등의 구체화와 위헌심사의 가능성

그런 의미에서 평등을 일차적으로 구체화시키는 것이 입법이라 할 수 있고, 이러한 입법에 대한 존중으로 인해 평등권은 입법을 구속하지 못한다는 입법비구속설이 지배적인 시기도 있었다.

그러나 입법자의 오류로부터 국민의 인권을 보호하기 위해 헌법재판이 활성화되면서, 평등권에 대해서도 입법구속설이 널리 인정되고 있다. 다만, 평등권이 입법에 의해 일차적으로 구체화될 수밖에 없는 점은 여전히 인정되고 있으며, 그로 인해 평등심사기준의 특수성이 인정되고 있다.

Ⅲ. 보건복지부 고시의 내용과 효력 [10점]

1. 보건복지부 고시의 형식과 효력

일반적으로 행정관청의 고시는 대내적 효력만을 갖는 행정규칙인 경우가 많지만, 때로는 국민들에게 직접 영향을 미치는 법규명령의 성격을 갖고 있는 것도 있다. 헌법재판소 판례는 고시의 형식과 무관하게 그 실질적 효력에 따라 성격을 확인하고, 헌법소원심판의 대상 여부를 판단하고 있다.

2. 고시의 내용과 적용 대상의 한정

사안의 보건복지부 고시는 혈우병 환자들에게 요양급여를 인정하면서 일부 환자들에 대해서는 적용을 배제하는 것으로서 갑 등과 같이 배제대상자에 대해서는 기본권에 직접 영향을 미친다는 점이 인정된다.

특히 갑 등과 관련하여 문제되는 것은 대상자의 범위를 1983.1.1. 이후에 출생한 환자로 한정하고 있다는 점이며, 그로 인하여 갑 등에 대한 혜택이 배제되면서 그 정당성 여부가 문제되는 것이다.

3. 쟁점 : 적용 대상 한정의 합리성 여부

보건복지부 고시에서 그 적용대상자를 1983.1.1. 이후에 출생한 자로 한정한 것은 그 이전 출생자와의 차별에 합리적 근거가 있는지의 여부가 문제된다. 합리적 근거가 있을 경우에는 평등에 다른 것을 다르게 취급한 것으로서 평등에 부합되지만, 그렇지 않을 경우에는 평등 위반이 될 것이다.

Ⅳ. 차별에 대한 정당성 판단 [12점]

1. 사안에서의 비교집단

사안에서의 비교집단은 혈우병 환자 중 1983.1.1. 이후 출생자와 1983.1.1. 이전 출생자이다.

2. 평등심사의 기준

사안의 경우 사회보장의 확대에 관한 것이므로 헌법재판소 판례에 비추어 볼 때, 헌법상 평등취급이 직접 요청되는 경우도 아니고, 기본권의 제한이 매우 중대한 경우에 해당하지도 않으므로 완화된 심사기준이 적용된다.

3. 차별의 합리성 여부

비록 완화된 심사기준이 적용된다고 하더라도 혈우병 환자들을 1983.1.1. 이전 출생자와 1983.1.1. 이후 출생자로 나누어서 각기 달리 취급해야 할 합리적 근거는 찾기 어렵다.

예컨대 보험재정상의 이유 등이 문제된다 하더라도 그것이 출생일에 따라 차별할 합리적 근거로는 인정되기 곤란한 것이다.

Ⅴ. 헌법재판소의 본안 판단 [15점]

1. 헌법재판소의 결정 형식

본 사안의 헌법재판소법 제68조 제1항에 따른 헌법소원심판이다. 그러나 일반적인 권리구제형 헌법소원과는 달리 법령소원이며, 심판대상은 입법작용의 결과인 보건복지부 고시이다.

이러한 경우 청구의 인용은 곧 심판대상조항의 위헌을 의미하는 바, 헌법재판소도 이런 경우에는 인용 또는 기각의 결정 형식 대신에 위헌 또는 합헌의 결정 형식을 취하고 있다.[4]

2. 사안에 대한 판단

앞서 검토한 바와 같이 위의 보건복지부 고시에서 혈우병 환자들에 대한 요양급여에서 1983.1.1. 이전과 이후 출생자를 구분하여 보호의 정도를 달리한 것은 합리적 근거가 없으므로, 비록 완화된 심사기준에 따른다 하더라도 위헌으로 결정되어야 한다.

3. 헌법재판소 결정의 효력

헌법재판소의 위헌결정은 헌법재판소법 제75조 제6항 및 이에 의해 준용되는 헌법재판소법 제45조와 제47조에 따라 법원과 그밖의 국가기관 및 지방자치단체를 기속한다.

또한 본 사안의 갑 등은 헌법재판소의 위헌결정에 따라 해당 부분이 무효화됨에 따라 요양급여를 통한 유전자조합제재의 지급 제한이 없어진다.

Ⅵ. 결론 [2점]

이상의 검토를 종합할 때, 헌법재판소는 갑 등의 헌법소원심판에 대하여 해당 보건복지부 고시의 해당 부분을 위헌으로 결정해야 하며, 이 결정에 따라 해당 부분이 무효화되어 갑 등도 유전자조합제재의 요양급여 지급이 가능해질 것이다.

---

4) **헌재 2012.6.27. 2010헌마716 결정의 주문**: "'요양급여의 적용기준 및 방법에 관한 세부사항'(2010.1.29. 보건복지가족부 고시 제2010-20호) II. 약제 2. 약제별 세부인정기준 및 방법 [339] 기타의 혈액 및 체액용약 Recombinant blood coagulation factor vIII 주사제(품명: 리콤비네이트주, 애드베이트주 등)의 대상환자 중 "83.1.1. 이후에 출생한" 부분은 헌법에 위반된다."

13

낙태죄의 합헌성 여부에 대한 위헌소원

갑은 1994.3.31. 산부인과 의사면허를 취득한 사람으로, 2013.11.1.경부터 2015.7.3.경까지 69회에 걸쳐 부녀의 촉탁 또는 승낙을 받아 낙태하게 하였다는 공소사실 등으로 기소되었다. 갑은 제1심 재판 계속 중, 산모의 의사에 따라 낙태를 시행한 의사에 대해서까지 처벌하는 제270조 제1항이 헌법에 위반된다고 주장하면서 위헌법률심판제청신청을 하였으나 2017.1.25. 그 신청이 기각되었다. 이에 갑은 2017.2.8. 위 조항에 대하여 같은 취지로 헌법소원심판을 청구하였다.

〈헌재 2019.4.11. 2017헌바127 결정 참조〉

1. 갑의 헌법소원심판청구는 적법한가? (20점)
2. 임신한 여성의 자기낙태를 처벌하는 형법 조항은 임신한 여성의 기본권을 침해하여 위헌인가? (30점)
3. 갑의 헌법소원심판청구가 적법한 경우 헌법재판소는 어떤 본안판단을 내려야 하는가? (50점)

〈참고 조문(아래 법령은 현행 법령과 다를 수 있음)〉

형법 제269조(낙태)

① 부녀가 약물 기타 방법으로 낙태한 때에는 1년 이하의 징역 또는 200만 원 이하의 벌금에 처한다.

② 부녀의 촉탁 또는 승낙을 받어 낙태하게 한 자도 제1항의 형과 같다.

③ 제2항의 죄를 범하여 부녀를 상해에 이르게 한때에는 3년 이하의 징역에 처한다. 사망에 이르게 한때에는 7년 이하의 징역에 처한다.

형법 제270조(의사 등의 낙태, 부동의낙태)

① 의사, 한의사, 조산사, 약제사 또는 약종상이 부녀의 촉탁 또는 승낙을 받어 낙태하게 한 때에는 2년 이하의 징역에 처한다.

② 부녀의 촉탁 또는 승낙없이 낙태하게 한 자는 3년 이하의 징역에 처한다

③ 제1항 또는 제2항의 죄를 범하여 부녀를 상해에 이르게 한때에는 5년 이하의 징역에 처한다. 사망에 이르게 한때에는 10년 이하의 징역에 처한다.

④ 전 3항의 경우에는 7년 이하의 자격정지를 병과한다.

모자보건법 제14조(인공임신중절수술의 허용한계)

① 의사는 다음 각 호의 어느 하나에 해당되는 경우에만 본인과 배우자(사실상의 혼인관계에 있는 사람을 포함한다. 이하 같다)의 동의를 받아 인공임신중절수술을 할 수

있다.

1. 본인이나 배우자가 대통령령으로 정하는 우생학적(優生學的) 또는 유전학적 정신장애나 신체질환이 있는 경우
2. 본인이나 배우자가 대통령령으로 정하는 전염성 질환이 있는 경우
3. 강간 또는 준강간(準强姦)에 의하여 임신된 경우
4. 법률상 혼인할 수 없는 혈족 또는 인척 간에 임신된 경우
5. 임신의 지속이 보건의학적 이유로 모체의 건강을 심각하게 해치고 있거나 해칠 우려가 있는 경우

② 제1항의 경우에 배우자의 사망·실종·행방불명, 그 밖에 부득이한 사유로 동의를 받을 수 없으면 본인의 동의만으로 그 수술을 할 수 있다.

③ 제1항의 경우 본인이나 배우자가 심신장애로 의사표시를 할 수 없을 때에는 그 친권자나 후견인의 동의로, 친권자나 후견인이 없을 때에는 부양의무자의 동의로 각각 그 동의를 갈음할 수 있다.

모자보건법 제28조(「형법」의 적용 배제)

이 법에 따른 인공임신중절수술을 받은 자와 수술을 한 자는 「형법」 제269조 제1항·제2항 및 제270조 제1항에도 불구하고 처벌하지 아니한다.

모자보건법 시행령 제15조(인공임신중절수술의 허용한계)

① 법 제14조에 따른 인공임신중절수술은 임신 24주일 이내인 사람만 할 수 있다.

② 법 제14조 제1항 제1호에 따라 인공임신중절수술을 할 수 있는 우생학적 또는 유전학적 정신장애나 신체질환은 연골무형성증, 낭성섬유증 및 그 밖의 유전성 질환으로서 그 질환이 태아에 미치는 위험성이 높은 질환으로 한다.

③ 법 제14조 제1항 제2호에 따라 인공임신중절수술을 할 수 있는 전염성 질환은 풍진, 톡소플라즈마증 및 그 밖에 의학적으로 태아에 미치는 위험성이 높은 전염성 질환으로 한다.

1. 갑의 헌법소원심판청구는 적법한가? (20점)

Ⅰ. 서론: 위헌소원의 의의 및 성격과 청구요건 [2점]

Ⅱ. 재판의 전제성 [7점]

1. 소송의 계속
2. 심판대상법률(조항)이 당해 소송사건에 적용
3. 심판대상법률(조항)의 위헌 여부에 따라 다른 내용의 재판

Ⅲ. 위헌법률심판제청의 신청과 기각 [6점]

1. 위헌소원의 성격과 위헌법률심판제청의 의미
2. 법원의 기각 결정과 그 구속력
3. 헌법재판소법 제68조 제2항에 의한 헌법소원심판의 청구

Ⅳ. 기타의 청구요건 [3점]

1. 변호사 강제주의

I. 서론: 위헌소원의 의의 및 성격과 청구요건 [2점]

사안에서 갑이 제기한 헌법소원심판은 헌법재판소법 제68조 제2항에 따른 이른바 위헌소원이다. 위헌소원은 형식상 헌법소원이지만 실질적으로는 위헌법률심판에 해당하는 것이며, 그에 따라 헌법재판소법 제68조 제1항의 권리구제형 헌법소원과는 청구요건에 큰 차이를 보인다. 무엇보다 재판의 전제성 요건이 갖추어져야 하며, 그밖에 당해 법원에 대한 위헌법률심판제청신청과 기각, 변호사 강제주의, 청구기간 등의 요건이 갖춰져야 한다.

Ⅱ. 재판의 전제성 [7점]

1. 소송의 계속

재판의 전제성이 인정되기 위해서는 가장 먼저 법원에 소송이 계속(繫屬) 중이어야 한다. 즉, 법적 쟁점에 관하여 법원에 소송이 제기되고 그 소송에 대해 법원이 심리를 하고 있는 상태여야 한다. 본 사안에서는 소송이 계속되어 있음이 확인된다.

2. 심판대상법률(조항)이 당해 소송사건에 적용

두 번째 요건은 위헌 여부가 다투어지는 법률(조항)이 당해 사건에 적용되는 것이어야 한다는 점이다. 당해 사건의 재판과 무관한 법률(조항)에 대해서는 구체적 규범통제에서 위헌 여부를 다툴 수 없기 때문이다.

이 사건의 심판대상인 형법 제269조와 제270조는 당해 사건에 적용되는 것이므로 이 요건도 충족된다.

3. 심판대상법률(조항)의 위헌 여부에 따라 다른 내용의 재판

재판의 전제성 인정을 위한 마지막 요건은 다투어지는 법률(조항)의 위헌 여부에 따라 당해 사건의 판결 결과에 차이가 발생해야 한다는 점이다.

심판대상조항이 위헌일 경우에는 당해 사건에서 갑의 처벌 여부가 달리질 수 있으므로 이 요건도 충족된다.

Ⅲ. 위헌법률심판제청의 신청과 기각 [6점]

1. 위헌소원의 성격과 위헌법률심판제청의 의미

헌법재판소에 위헌소원을 제청하기 위해서는 먼저 당해 법원에 위헌법률심판을 제청하였으나 기각 당했어야 한다.

법원이 위헌법률심판청구를 할 수도 있는데 이를 건너뛰고 당사자가 곧바로 위헌소원을 청구하는 것은 헌법재판소의 부담을 과중하게 만들 우려가 있다는 점에서 권리구제형 헌법소원에서 보충성 요건을 둔 것과 유사한 취지로 이런 요건이 인정되는 것이다.

2. 법원의 기각 결정과 그 구속력

사안에서 갑의 위헌법률심판제청신청은 법원에 의해 기각되었고, 이러한 기각 결정에 의해 위헌법률심판제청을 기대할 수 없게 되었다. 그러나 법원의 판단이 항상 타당한 것은 아니라는 점에서 헌법재판소의 판단을 받을 수 있는 길을 열어 놓을 필요성이 인정된다.

3. 헌법재판소법 제68조 제2항에 의한 헌법소원심판의 청구

헌법재판소법 제68조 제2항에 의한 위헌소원은 이러한 의미에서 법원의 위헌법률심판제청이 제대로 행해지지 않는 것에 대한 보완장치라 할 수 있다.[1)]

사안의 갑 등이 당해법원에 대한 위헌법률심판제청신청의 기각 후에 헌법재판소법 제68조 제2항에 의해 헌법소원심판을 청구한 것은 해당 요건을 갖춘 것이다.

Ⅳ. 기타의 청구요건 [3점]

1. 변호사 강제주의

위헌소원은 비록 그 실질은 위헌법률심판이지만 그 형식은 헌법소원심판이며, 당사자가 청구의 주체가 된다. 따라서 헌법재판소법 제25조 제3항에 따라 변호사 강제주의가 적용된다.

갑은 본인이 변호사 자격이 있는 경우가 아니라면 변호사를 대리인으로 선임하여야 심판청구를 할 수 있다.

2. 청구기간의 준수

위헌소원은 헌법재판소법 제69조 제2항에 따라 위헌법률심판의 제청신청을 기각하는 결정을 통지받은 날로부터 30일 이내에 청구하여야 한다. 갑은 이 기간을 준수하였다.

Ⅴ. 결론 [2점]

이상의 검토를 종합할 때, 갑 등의 헌법소원심판청구는 – 설문에 명확하게 드러나지 않고 있는 변호사 강제주의 및 청구기간 등의 요건을 준수하였다고 볼 때 – 적법한 것으로 판단된다.

2. 임신한 여성의 자기낙태를 처벌하는 형법 조항은 임신한 여성의 기본권을 침해하여 위헌인가? (30점)

---

1) 제4공화국과 제5공화국 당시 위헌법률심판제청권을 갖고 있던 대법원에서 15년(1972~1987)동안 단 한 건의 위헌법률심판도 제청하지 않았던 경험에 대한 반작용으로 이러한 위헌소원 제도가 도입된 것으로 볼 수 있다.

Ⅰ. 서: 낙태죄의 보호법익과 자기낙태의 특수성 [3점]

낙태죄의 경우, 태아의 생명권을 보호법익으로 한다. 하지만 자기낙태의 경우에는 산모가 태아를 자신의 일부로 생각하고, 따라서 낙태하는 것을 기본권의 포기[2)]처럼 생각하는 사례가 많다. 그로 인하여 자기낙태는 처벌되지 않아야 한다는 주장도 나오는 것이다.

그러나 태아를 산모와 구별되는 독립된 기본권의 주체로 인정할 경우, 이 문제는 태아의 생명권과 산모의 기본권 충돌의 문제로서 매우 신중하고 복잡한 검토를 필요로 한다.

Ⅱ. 형법상 낙태죄의 보호법익 [5점]

1. 형법상 낙태의 개념

형법 제269조, 제270조의 낙태는 자궁 내에 있는 태아를 인공적으로 제거하는 행위를 말한다. 제왕절개수술과 같이 태아의 생명을 보호하는 것이 아니라, 임신중절행위와 같이 태아의 생명을 박탈하는 것을 낙태로 본다.

2. 낙태죄의 보호법익: 태아의 생명권

낙태죄의 보호법익은 태아의 생명권이다. 과거 태아의 기본권주체성이 문제된 바 있으나, 오늘날에는 태아에게도 생명권 등 제한된 범위에서 기본권주체성을 인정하고

---

2) 기본권의 침해를 다투는 경우는 대부분 타인에 의한 기본권의 침해가 문제되는 경우다. 하지만 기본권의 주체가 기본권을 포기하는 경우에는 특수한 문제가 발생한다. 재산권의 경우처럼 기본권의 포기가 정당한 것으로 인정되는 경우가 있는가 하며, 생명권처럼 본인이라 하더라도 기본권의 포기가 정당하지 않은 것으로 인정되어 촉탁 · 승낙에 의한 살인, 자살방조죄가 처벌되는 경우도 있기 때문이다.

있다.

3. 낙태의 보호법익과 법적 보호의 구조: 산모의 역할

문제는 기본권의 주체인 태아가 직접 기본권을 주장하는 것이 불가능하다는 점이고, 결국 태아의 생명권 보호를 위해 가장 먼저 나서야 할 사람이 산모라는 점이다. 그런데 산모가 태아의 생명권을 빼앗으려 할 경우에는 문제가 복잡해질 수밖에 없다.

Ⅲ. 기본권 충돌 상황과 산모의 자기낙태 허용 여부 [10점]

1. 기본권 충돌의 개념과 유형

따라서 산모에 의한 자기낙태는 태아의 생명권과 산모의 건강권 등의 충돌, 즉 기본권의 충돌로 볼 수 있다.

특히 기본권의 충돌이라는 관점에서 이른바 유사충돌과[3]의 구별에 주목할 필요가 있다. 예컨대 낙태와 관련하여 산모의 행복추구권이나 자기결정권을 주장하는 것은 인정될 수 없다.[4] 이는 태아의 생명권 자체를 부인하는 것과 다르지 않기 때문이다.

2. 태아의 생명권과 산모의 건강권의 충돌

산모의 자기낙태에서 문제될 수 있는 기본권충돌은 태아의 생명권과 산모의 건강권 사이의 충돌이다.

생명권에 대한 박탈은 다른 어떤 이유로도 정당화되기 어렵지만, 출산으로 인하여 산모의 정신적·육체적 건강에 매우 심각한 손상이 불가피한 경우, 심지어 산모가 생명의 위협 또는 사회적 생활의 붕괴가 우려될 경우에는 양자의 신중한 법익형량이 필요한 것이다.

3. 모자보건법에 따른 낙태의 정당화 사유

이와 관련하여 모자보건법에서는 낙태의 정당화 사유를 제시하고 있다. 유전적 질환, 전염성 질환, 강간 또는 준강간에 의한 임신, 법률상 혼인할 수 없는 혈족 또는 인척 간의 임신, 그리고 임신으로 인해 산모의 건강이 심각하게 위태로운 경우에만 낙태가 가능한 것으로 한정하고 있는 것이다.

Ⅳ. 자기낙태죄 조항에 의한 기본권 제한의 정당성 여부 [10점]

1. 목적의 정당성, 수단의 적합성

형법 제269조의 자기낙태에 대한 처벌을 태아의 생명권을 보호하기 위한 것으로서

---

3) 기본권의 유사충돌이란 기본권에 의해 보호될 수 없는 행위, 즉 기본권의 보호영역을 벗어난 행위를 한 사람이 해당 기본권을 주장하면서 타인의 기본권과의 충돌 상황이 발생하는 경우를 말한다. 예컨대 타인의 물건을 도둑질하면서 행복추구권을 주장하여 물건 주인의 재산권과 충돌하는 외견을 보이는 것은 기본권 충돌이 아니라 유사충돌이다.

4) 헌법재판소는 헌재 2019.4.11. 2017헌바127 결정에서 산모의 자기결정권을 인정하였으나, 태아의 생명권을 박탈하는 자기결정권을 인정한 것은 잘못이라고 본다.

그 목적의 정당성이 인정된다.

또한 이러한 처벌조항을 통해 낙태를 억제함으로써 태아의 생명권에 대한 보호 효과도 뚜렷하므로 수단의 적합성도 인정된다.

2. 침해의 최소성

형법 제269조와 모자보건법 제14조 등에 의해 허용되는 낙태의 범위는 매우 좁고, 그로 인하여 산모의 기본권에 대한 침해가 과도하게 발생할 수 있다는 비판이 높다. 특히 외국의 경우처럼 사회적 · 경제적 사유를 고려하여 낙태 여부를 결정할 수 있는 가능성이 열려 있지 않다는 점은 침해의 최소성에 위배된다.

3. 법익의 균형성

또한 법익의 균형성 측면에서도 태아의 생명권에 대한 존중 못지 않은 산모의 사회적 삶에 대한 고려가 충분치 않았다는 점에서 법익의 균형성도 갖추지 못하였다.

Ⅴ. 결론 [2점]

이상의 검토를 종합할 때, 산모의 자기낙태를 처벌하는 형법 조항은 비록 태아의 생명권 보호를 위한 것이지만, 산모의 사정을 충분히 고려하지 않은 것으로서 위헌이다. 다만, 태아의 생명권에 대한 보호도 소홀히 할 수 없으므로, 이를 폐지하는 것보다는 형법 또는 모자보건법의 해당조항을 개정하여 낙태의 허용요건을 합리적으로 완화하는 것이 필요할 것이다.

3. 갑의 헌법소원심판청구가 적법한 경우 헌법재판소는 어떤 본안판단을 내려야 하는가? (50점)

Ⅰ. 사안의 분석과 쟁점의 정리 [5점]
Ⅱ. 의사의 낙태죄 처벌과 그 의의, 기능 [8점]
  1. 낙태죄의 보호법익과 보호범위
  2. 낙태에 대한 산모의 책임과 의사의 책임
  3. 낙태의 필요성에 대한 의사의 판단이 갖는 의미와 책임
Ⅲ. 제한되는 기본권과 침해 방식의 특성 [8점]
  1. 의사의 직업수행의 자유, 산모의 자기결정권
  2. 의사의 의료활동과 정당행위의 인정범위
  3. 낙태의 상황에 따른 차별화 필요성
Ⅳ. 기본권 제한의 정당성에 대한 비례성 판단 [12점]
  1. 목적의 정당성, 수단의 적합성
  2. 침해의 최소성
  3. 법익의 균형성
Ⅴ. 헌법재판소의 본안판단 [12점]

Ⅰ. 사안의 분석과 쟁점의 정리 [5점]

사안에서 갑은 산모의 의사에 따라 낙태를 시행한 산부인과 의사로서 형법 제270조 제1항 위반으로 기소된 상태에서 동 조항의 위헌성을 주장하고 있다.

비록 헌법소원심판의 형식을 취하고 있으나, 이 사건은 실질적으로 위헌법률심판에 해당하며, 심판대상조항인 형법 제270조 제1항의 합헌성 여부를 판단하여 헌법재판소가 본안판단을 내리기 위해서는 몇 가지 전제되는 사항에 대한 검토가 필요하다.

즉, 의사의 낙태를 처벌하는 이유, 그리고 청구인 갑이 주장할 수 있는 기본권 및 그와 관련한 침해방식의 특성을 검토한 이후에 기본권 제한의 정당성 여부를 판단하고, 헌법재판소가 본안판단을 내려야 할 것이다.

Ⅱ. 의사의 낙태죄 처벌과 그 의의, 기능 [8점]

1. 낙태죄의 보호법익과 보호범위

형법상 낙태죄의 보호법익이 태아의 생명권이라는 점은 널리 인정되고 있다. 비록 생명권은 매우 중대한 법익이지만, 절대적인 것은 아니며, 산모의 건강권과의 충돌 등으로 인해 제한될 수 있다.

2. 낙태에 대한 산모의 책임과 의사의 책임

사안에서 낙태에 대한 결정은 산모가 내렸고, 산부인과 의사인 갑은 산모의 의사에 따라 낙태를 한 것이다. 그러나 산모의 의사에 따른 것이라고 해서 의사의 책임이 면제되는 것은 아니다. 이를 형법 제270조 제1항은 명시하고 있다.

3. 낙태의 필요성에 대한 의사의 판단이 갖는 의미와 책임

형법 제270조 제1항에서 의사 등을 처벌하는 이유는 낙태에 관한 의사 등의 판단이 갖는 의미와 비중을 중요시하기 때문이다. 예컨대 산모의 건강에 대한 심각한 위험 등을 이유로 낙태가 불가피한지, 낙태로 인해 야기될 문제는 없는지 등에 대해서 의사가 판단해야 한다는 점으로 인해 산모의 촉탁 또는 승낙이 갖는 의미는 낮아질 수밖에 없다.

Ⅲ. 제한되는 기본권과 침해 방식의 특성 [8점]

1. 의사의 직업수행의 자유, 산모의 건강권 등

사안에서 갑이 주장할 수 있는 기본권은 의사의 직업수행의 자유, 산모의 건강권 등이다.

그러나 태아의 생명권을 박탈하는 중대한 행위에서 직업수행의 자유가 우선한다고 보기 어려우며, 산모의 건강권은 건강에 대한 심각한 위험이 인정되어야 할 것이다.

그밖에 산모의 자기결정권을 주장하는 경우도 있으나, 태아의 생명을 박탈하는 자기결정권을 인정하기는 곤란하다고 본다.

2. 의사의 의료활동과 정당행위의 인정범위

의사의 의료활동은 대부분 정당행위로 인정된다. 예컨대 수술 과정에서 신체에 손상을 입힌다 하더라도 치료목적을 위해 불가피한 것으로 인정되어 상해죄 등이 적용되지 않는 것이다.

그러나 낙태의 경우는 태아의 생명권을 침해하는 것이 되기 때문에 예외적인 정당화사유가 있는 경우에만 정당행위로 인정될 수 있다.

3. 낙태의 상황에 따른 차별화 필요성

따라서 낙태의 경우, 이를 무조건 처벌하는 것도 무조건 정당행위로 인정하는 것도 곤란하다. 모자보건법에서 이를 위한 정당화사유를 한정적으로 열거하고 있지만, 그것이 적절한 기준인지에 대해서도 신중한 검토가 필요하다.

Ⅳ. 기본권 제한의 정당성에 대한 비례성 판단 [12점]

1. 목적의 정당성, 수단의 적합성

의사 등의 낙태행위를 처벌하는 형법 제270조 제1항은 태아의 생명권 보호를 목적으로 하므로 그 목적의 정당성은 인정된다.

또한 동 조항에 의한 처벌로써 낙태행위가 억제되어 입법목적의 달성에 유용한 수단으로 평가될 수 있으므로, 수단의 적합성도 인정된다.

2. 침해의 최소성

산모의 자기낙태죄와 의사 등의 낙태죄는 서로 연결되어 있다.[5] 그런데 형법 제269조와 모자보건법 제14조 등에 의해 허용되는 낙태의 범위는 매우 좁고, 그로 인하여 산모 및 의사 등의 기본권에 대한 침해가 과도하게 발생할 수 있다. 특히 외국의 경우처럼 사회적 · 경제적 사유를 고려하여 낙태 여부를 결정할 수 있는 가능성이 열려 있지 않다는 점은 침해의 최소성 요건에 위배된다.

3. 법익의 균형성

또한 법익의 균형성 측면에서도 태아의 생명권에 대한 존중 못지 않은 산모의 사회적 삶에 대한 고려가 충분치 않았다는 점에서 법익의 균형성도 갖추지 못하였고, 같은

5) **헌재 2019.4.11. 2017헌바127 결정**: "업무상동의낙태죄와 자기낙태죄는 대향범이므로, 임신한 여성의 자기낙태를 처벌하는 것이 위헌이라고 판단되는 경우에는 동일한 목표를 실현하기 위해 부녀의 촉탁 또는 승낙을 받아 낙태하게 한 의사를 형사처벌하는 의사낙태죄 조항도 당연히 위헌이 되는 관계에 있다."

이유로 의사 등의 낙태죄도 법익의 균형성을 갖추지 못한 것이다.[6)]

Ⅴ. 헌법재판소의 본안판단 [12점]

1. 헌법재판소의 결정 형식과 주문

사안의 헌법소원심판은 위헌소원으로서 형식은 헌법소원심판이지만, 그 실질은 위헌법률심판이다. 따라서 헌법재판소의 결정 주문은 형법 제270조 제1항의 합헌성 여부에 대한 것으로서 결정 형식도 합헌, 위헌, 또는 변형결정의 형식을 취하게 된다.

2. 형법 제270조 제1항에 대한 합헌성 여부 판단

앞서 검토한 바에 따라 형법 제270조 제1항은 위헌적인 것으로 볼 수 있으나, 이를 단순위헌으로 결정할 경우에는 낙태를 합법화하는 것이 되어 태아의 생명권을 보호할 수 없게 되므로, 헌법불합치결정을 내리는 것이 필요하다.[7)]

3. 결정의 효력

헌법불합치결정은 일종의 변형결정이지만, 그 실질은 위헌결정으로서 위헌결정과 마찬가지로 모든 국가기관과 지방자치단체를 구속하는 효력을 갖는다. 한정위헌 또는 한정합헌과는 달리 헌법불합치결정의 효력은 대법원도 대체로 인정하고 있다.

Ⅵ. 결론 [5점]

이상의 검토를 종합할 때, 갑의 위헌소원에 대해 헌법재판소는 헌법불합치결정을 내려야 하며, 일정한 기간 동안 입법자가 낙태의 허용조건을 합리화할 수 있도록 입법개선을 요구하여야 할 것이다.

---

6) **헌재 2019.4.11. 2017헌바127 결정**: "자기낙태죄 조항은 모자보건법에서 정한 사유에 해당하지 않는다면, 결정가능기간 중에 다양하고 광범위한 사회적·경제적 사유로 인하여 낙태갈등 상황을 겪고 있는 경우까지도 예외 없이 임신한 여성에게 임신의 유지 및 출산을 강제하고, 이를 위반하여 낙태한 경우 형사처벌한다는 점에서 위헌이므로, 동일한 목표를 실현하기 위하여 임신한 여성의 촉탁 또는 승낙을 받아 낙태하게 한 의사를 처벌하는 의사낙태죄 조항도 같은 이유에서 위헌이라고 보아야 한다."

7) **헌재 2019.4.11. 2017헌바127 결정**: "자기낙태죄 조항과 의사낙태죄 조항의 위헌성은 모자보건법에서 정한 사유에 해당하지 않는다면 결정가능기간 중에 다양하고 광범위한 사회적·경제적 사유로 인하여 낙태갈등 상황을 겪고 있는 경우까지도 예외 없이 전면적·일률적으로 임신의 유지 및 출산을 강제하고, 이를 위반하여 낙태한 경우 형사처벌함으로써 임신한 여성의 자기결정권을 과도하게 침해한다는 점에 있는 것이고, 태아의 생명을 보호하기 위하여 낙태를 금지하고 형사처벌하는 것 자체가 모든 경우에 헌법에 위반된다고 볼 수는 없다.
그런데 자기낙태죄 조항과 의사낙태죄 조항에 대하여 각각 단순위헌결정을 할 경우 임신기간 전체에 걸쳐 행해진 모든 낙태를 처벌할 수 없게 됨으로써 용인하기 어려운 법적 공백이 생기게 된다. 더욱이 입법자는 위 조항들의 위헌적 상태를 제거하기 위해 낙태의 형사처벌에 대한 규율을 형성함에 있어서, 결정가능기간을 어떻게 정하고 결정가능기간의 종기를 언제까지로 할 것인지, 태아의 생명 보호와 임신한 여성의 자기결정권의 실현을 최적화할 수 있는 해법을 마련하기 위해 결정가능기간 중 일정한 시기까지는 사회적·경제적 사유에 대한 확인을 요구하지 않을 것인지 여부까지를 포함하여 결정가능기간과 사회적·경제적 사유를 구체적으로 어떻게 조합할 것인지, 상담요건이나 숙려기간 등과 같은 일정한 절차적 요건을 추가할 것인지 여부 등에 관하여 앞서 우리 재판소가 설시한 한계 내에서 입법재량을 가진다."

14

인신의 보호

갑은 A대학교 컴퓨터 공학과 재학중 본인의 컴퓨터 실력을 자랑하려는 의도에서 친구들과 함께 B은행 전산망을 해킹하였다. 그 결과 은행 전산망이 다운되면서 막대한 손실이 발생하였고, 갑은 결국 체포되어 징역 3년을 선고받고 C교도소에 복역 중이다.

교도소 내에서 갑은 모범수로 인정받았으나, 그와 같은 감방에 복역하고 있던 모범수 을이 부모님의 병환으로 인하여 귀휴 하였다가 복귀하지 않은 것과 관련하여 갑이 을을 대신하여 외부의 조력자들에게 연락을 해주었다는 혐의를 받고 독방으로 이송되었으며, 30일간 외부와 연락을 하거나 받지 못하도록 하는 처분을 받았다.

이러한 징벌이 과도한 것이며, 자신의 인권을 침해한다고 판단한 갑은 이를 법적으로 다투고자 한다.

〈헌재 2004.12.16. 2002헌마478 결정 참조〉

1. 30일의 기간이 끝난 직후에 갑이 이러한 징벌처분에 대해 변호사의 조력을 얻어 헌법소원심판을 청구하였다. 이 청구는 적법한가? (30점)
2. 갑은 자신이 을의 조력자들에게 연락을 해주었다는 것이 확실하게 입증되지 않은 상태에서 혐의만으로 독방으로 이송하고 징벌을 부과한 것은 자신의 인권에 대한 부당한 침해하고 주장한다. 이러한 갑의 주장은 타당한가? (40점)
3. 갑은 자신이 비록 복역 중이지만 부당한 징벌 등에 대응하기 위하여 변호사의 조력을 받을 권리가 인정되어야 하는데, 30일 동안 외부와 연락을 하지 못하도록 한 것은 이를 원천적으로 봉쇄한 것이어서 위헌이라고 주장한다. 이러한 갑의 주장은 타당한가? (30점)

1. 30일의 기간이 끝난 직후에 갑이 이러한 징벌처분에 대해 변호사의 조력을 얻어 헌법소원심판을 청구하였다. 이 청구는 적법한가? (30점)

Ⅰ. 서: 헌법소원심판의 의의와 청구요건 [3점]
Ⅱ. 공권력의 행사 또는 불행사에 의한 기본권의 침해 [8점]
  1. 공권력
  2. 갑의 기본권주체성
  3. 갑이 침해를 주장할 수 있는 기본권
Ⅲ. 침해의 직접성, 현재성, 자기관련성 [10점]

Ⅰ. 서: 헌법소원심판의 의의와 청구요건 [3점]

헌법재판소법 제68조 제1항에 따른 권리구제형 헌법소원은 공권력에 의한 기본권의 침해를 다투는 헌법소송이다.

그 적법요건으로는 공권력(의 행사 또는 불행사)에 의한 기본권의 침해와 더불어 기본권침해의 직접성, 현재성, 자기관련성이 갖춰져야 하며, 그밖에 헌법소원심판청구의 보충성, 변호사 강제주의, 청구기간의 준수 등이 있다.

Ⅱ. 공권력의 행사 또는 불행사에 의한 기본권의 침해 [8점]

1. 공 권 력

헌법소원심판의 대상이 되는 공권력은 원칙적으로 모든 국가작용이다. 다만, 헌법재판소법 제68조 제1항 제1문의 규정에 따라 법원의 재판은 배제된다.

본 사안에서 문제되는 공권력은 교도소 내에서의 30일 독방수감 및 연락금지 처분이다. 이러한 처분도 공권력에 해당된다.

2. 갑의 기본권주체성

갑은 형 집행 중이어서 교도소에 수감 중인 수용자이지만, 수용자이기 때문에 기본권주체성이 부인되는 것은 아니다. 따라서 공권력의 행사로 인한 기본권의 침해를 주장할 수 있다.

3. 갑이 침해를 주장할 수 있는 기본권

사안에서 갑은 독방 수감과 관련하여 신체의 자유를, 외부 연락의 금지와 관련하여 통신의 자유를 침해당한 것으로 주장할 수 있을 것이다.

Ⅲ. 침해의 직접성, 현재성, 자기관련성 [10점]

1. 침해의 직접성, 현재성, 자기관련성 요건의 의미

헌법소원심판에서 기본권침해의 직접성, 현재성, 자기관련성을 요구하는 것은 남소를 막고 기본권보호가 꼭 필요한 경우에 집중하기 위해서다.

사안에서는 처분에 의한 기본권 침해의 직접성이 인정될 뿐만 아니라, 장래의 기본권침해가 아닌 현재 침해당한 기본권을 문제삼고 있으며, 자신의 기본권침해를 주장하므로 자기관련성 요건도 모두 갖추었다.

2. 징계가 종료된 이후의 권리보호이익

사안에서 갑에 대한 독방수감 및 연락금지 처분은 30일이 경과하여 이미 종료하였다. 하지만 유사한 처분에 의한 기본권침해가 반복될 가능성이 높고, 헌법적 해명의 필요성이 인정되므로, 예외적인 심판청구의 이익이 인정될 수 있다.[1)]

3. 사안에 대한 판단

이상의 검토를 통해 갑은 공권력에 의한 기본권 침해를 다투어야 한다는 요건은 모두 충족하고 있는 것으로 판단된다.

Ⅳ. 구제의 보충성, 청구기간 및 변호사 강제주의 등의 요건 [7점]

1. 보충성 요건의 판단

헌법재판소법 제68조 제1항 단서에 따른 보충성 요건은 헌법소원심판의 폭주를 막고 법원의 재판이나 행정심판 등의 구제절차를 적절하게 활용하기 위한 것이다.

본 사안의 경우 독방수감 및 연락금지 처분은 이미 집행이 종료되었고 행정심판이나 행정소송을 제기하더라도 소의 이익이 부정될 가능성이 많다. 따라서 헌법소원의 보충성 원칙에 대한 예외로 인정된다.[2)]

2. 변호사 강제주의

헌법소원심판은 사인이 청구의 주체가 되며, 헌법재판소법 제25조 제3항에 따라 변호사 강제주의가 적용된다. 따라서 갑은 변호사를 대리인으로 선임하여야 헌법소원심판을 청구할 수 있다.

---

1) **헌재 2004.12.16. 2002헌마478 결정**: "피청구인의 접견불허처분은 이미 종료되었지만 헌법소원의 본질은 개인의 주관적 권리구제 뿐만 아니라 객관적인 헌법질서의 보장도 겸하고 있는 것인데, 위와 같은 소송이 계속 중이지 않은 기결수형자의 변호사와의 접견을 일반접견에 포함시켜 일률적으로 제한하는 것은 수형자의 재판청구권 및 이에서 파생되는 변호사의 도움을 받을 권리와의 관계에서 그 위헌 여부가 해명되어야 할 중요한 문제이고, 그러한 접견불허처분은 행형법의 규정에 따라 앞으로도 계속될 것으로 보인다. 따라서 이 부분 심판청구는 헌법질서의 수호 · 유지를 위하여 긴요한 사항으로서 그 해명이 필요하고 동종행위의 반복위험성도 있어 심판청구의 이익이 있다."

2) **헌재 2004.12.16. 2002헌마478 결정**: "헌법재판소는 미결수용자 접견신청에 대한 교도소장의 불허처분에 대하여 행정심판법, 행정소송법에 의하여 행정심판, 행정소송이 가능할 것이므로 이러한 구제절차를 거치지 아니하고 제기한 헌법소원은 부적법하다고 판시한 바 있으나(헌재 1998.2.27. 96헌마179, 판례집 미게재), 이 사건 접견불허처분은 이미 집행이 종료되었고 행정심판이나 행정소송을 제기하더라도 소의 이익이 부정될 가능성이 많다(헌재 1998.8.27. 96헌마398, 판례집 10-2, 416, 416-417; 1999.5.27. 97헌마137등, 판례집 11-1, 653, 661 참조). 따라서 청구인으로서는 헌법소원심판을 청구하는 외에 달리 효과적인 구제방법이 있다고 보기 어렵고, 청구인에게 소송의 제기를 요구하는 것은 우회적인 절차를 강요하는 것이므로 이 사건 심판청구는 보충성의 원칙에 대한 예외에 해당하여 적법하다."

3. 청구기간의 준수

헌법재판소법 제69조 제1항에 따라 갑은 그 사유가 있음을 안 날부터 90일 이내에, 그 사유가 있는 날부터 1년 이내에 헌법소원심판을 청구하여야 한다. 사안에서 갑 등은 이 기간을 준수한 것으로 보인다.

V. 결론 [2점]

이상의 검토를 종합할 때, 갑은 변호사를 선임하여 헌법소원심판을 청구할 수 있으며, 이에 대해 헌법재판소는 적법요건의 충족을 인정하고 본안판단에 들어가야 할 것이다.

2. 갑은 자신이 을의 조력자들에게 연락을 해주었다는 것이 확실하게 입증되지 않은 상태에서 혐의만으로 독방으로 이송하고 징벌을 부과한 것은 자신의 인권에 대한 부당한 침해하고 주장한다. 이러한 갑의 주장은 타당한가? (40점)

Ⅰ. 사안의 분석과 쟁점의 정리 [4점]
Ⅱ. 징벌의 의의, 성격과 징벌에 의한 기본권 제한 [6점]
1. 징벌의 의의와 기능
2. 징벌의 성격 및 형벌과의 관계
3. 사안의 경우 징벌에 의한 기본권 제한
Ⅲ. 확인되지 않은 혐의와 징벌 부과의 정당성 여부 [8점]
1. 형집행법 제107조에 따른 징벌의 요건
2. 형집행법에 따른 징벌대상자의 조사 및 징벌위원회의 심의 · 결정
3. 사안에 대한 판단
Ⅳ. 갑에 대한 혐의와 독방 이송의 정당성 판단 [10점]
1. 형집행법 제14조: 독거 수용의 원칙
2. 독방 이송의 의미와 징벌로서의 성격 여부
3. 독방 이송의 정당성 판단
Ⅴ. 갑에 대한 혐의와 30일간 외부연락 금지의 정당성 판단 [10점]
1. 제110조에 따른 조사를 위한 조치일 경우의 정당성 판단
2. (제107조와 제111조에 따른) 징벌 처분일 경우의 요건 충족 여부
3. 징벌처분일 경우의 비례성 판단
Ⅵ. 결론 [2점]

Ⅰ. 사안의 분석과 쟁점의 정리 [4점]

사안에서 갑은 형이 집행 중인 교도소 수용자이며, 교도소장에 의해 독방 수감 및 연락 금지 처분을 받았다. 그런데 이에 대해 갑은 구체적인 혐의의 입증 없이 의혹만으로 이러한 징벌을 가한 것은 부당한 인권침해라고 주장한다.

이런 상황에서 갑의 주장이 타당한지를 판단하기 위해서는 먼저 형집행중인 수용자

에 대한 징벌의 의미와 징벌을 위한 절차 내지 요건을 확인하는 것이 선행되어야 한다.

그리고 그 바탕 위에서 갑에 대한 혐의와 독방수감 처분 및 30일간의 연락금지 처분의 정당성 여부를 각각 판단해야 할 것이다.

Ⅱ. 징벌의 의의, 성격과 징벌에 의한 기본권 제한 [6점]

1. 징벌의 의의와 기능

「형의 집행 및 수용자의 처우에 관한 법률」(이하 형집행법) 제107조 이하에서는 수용자의 징벌에 관한 규정을 두고 있다. 여기서 징벌이란 수용자가 수용시설 내에서 불법적인 행위를 한 경우에 이에 대하여 부과되는 불이익한 처분을 말하며, 동법 제108조에 따라 경고, 근로봉사, 작업장려금 삭감, 공동행사 참가 정지 등 14가지 유형이 인정되고 있다.

2. 징벌의 성격 및 형벌과의 관계

이러한 징벌은 형집행중인 수용자의 특수한 지위를 전제한 것이며, 일반적인 경우의 징계처분에 유사한 것으로 볼 수 있다. 따라서 법원의 재판을 통해 확정되어야 하는 형벌과는 구분된다.

3. 사안의 경우 징벌에 의한 기본권 제한

사안의 경우 갑에 대한 독방수감 및 연락금지 처분은 갑의 신체의 자유 및 통신의 자유에 대한 제한이 된다.

물론 갑은 수용자로서 이미 신체의 자유와 통신의 자유에 대한 제한을 받고 있는 상태이다. 그런데 이를 더욱 제한함으로써 갑의 기본권에 대한 심각한 제한이 문제될 수 있다.

Ⅲ. 확인되지 않은 혐의와 징벌 부과의 정당성 여부 [8점]

1. 형집행법 제107조에 따른 징벌의 요건

사안에서 갑에 대한 혐의는 귀휴 후에 복귀하지 않은 을을 위해 그의 조력자들에게 연락하였다는 것이며, 이는 형집행법 제107조 제6호에 해당하는 것으로서 징벌의 요건을 갖춘 것으로 보인다.

2. 형집행법에 따른 징벌대상자의 조사 및 징벌위원회의 심의 · 결정

갑은 확실하게 입증되지 않은 혐의에 의해 징벌을 받는 것이 부당하다고 주장하고 있다. 이는 징벌의 절차를 제대로 밟았는지에 따라서 판단되어야 할 부분으로 보인다.

이와 관련하여 형집행법 제110조에서는 징벌대상자의 조사에 관한 조항을 두고 있다. 특히 소장의 독방수감 처분과 연락금지 처분이 동조 제2항에 근거한 것인지의 여부를 확인할 필요가 있다.

또한 형집행법 제111조에 따라 징벌위원회의 심의 · 결정을 거쳐서 징벌 처분이 내려진 것인지도 확인되어야 한다.

3. 사안에 대한 판단

사안의 경우 갑에 대한 처분이 징벌위원회의 심의 · 결정을 거친 징벌처분인지, 아니면 조사를 위한 조치인지에 따라서 그 정당성 여부가 달라질 수 있다.

Ⅳ. 갑에 대한 혐의와 독방 이송의 정당성 판단 [10점]

1. 형집행법 제14조: 독거 수용의 원칙

형집행법 제14조에 따르면 독거 수용이 원칙이다. 그러므로 보기에 따라서는 독방 이송이 징벌이 아닐 수도 있다. 그러나 사안에서는 다른 수용자들과 함께 수용되어 있다가 을의 사건이 문제되면서 독방으로 이송하였으므로 이는 독거 수용의 원칙에 따른 처분으로 보기 어렵다.

2. 독방 이송의 의미와 징벌로서의 성격 여부

사안에서 문제되는 독방이송은 독거 수용의 원칙으로 인하여 형집행법 제108조에 따른 징벌의 유형에 포함되어 있지 않다. 그런데 동조 제14호의 금치(禁置) 처분과 유사한 점이 있다.

금치라 함은 징벌의 일종으로서 수용자를 징벌방에 구금하고, 일정한 생활조건에 제약을 가함으로써 일반적인 수용자의 구금상태보다 가중된 징벌적 구금을 말한다.

사안의 경우 갑은 단순히 독방에 이송한 것이 아니라 연락금지 등이 병과된 것에 비추어 볼 때, 사실상 금치처분의 일종이라고 볼 수 있으므로 징벌의 일종에 해당된다.

3. 독방 이송의 정당성 판단

헌법재판소 판례에 따를 때, 징벌의 요건과 절차를 갖춘 경우에 금치처분 자체가 위헌으로 볼 것은 아니다. 다만, 금치기간 중 실외운동을 제한하는 것에 대해서는 위헌결정을 내린 바 있으며,[3] 따라서 독방에 수감 중인 상태에서 어떤 제한이 가해졌는지에 따라 그 정당성 여부가 판단될 것이다.[4]

---

3) **헌재 2016.5.26. 2014헌마45 결정**: "형집행법 제112조 제3항 본문 중 제108조 제13호에 관한 부분은 금치의 징벌을 받은 사람에 대해 금치기간 동안 실외운동을 원칙적으로 정지하는 불이익을 가함으로써, 규율의 준수를 강제하여 수용시설 내의 안전과 질서를 유지하기 위한 것으로서 목적의 정당성 및 수단의 적합성이 인정된다. 실외운동은 구금되어 있는 수용자의 신체적 · 정신적 건강을 유지하기 위한 최소한의 기본적 요청이고, 수용자의 건강 유지는 교정교화와 건전한 사회복귀라는 형 집행의 근본적 목표를 달성하는 데 필수적이다. 그런데 위 조항은 금치처분을 받은 사람에 대하여 실외운동을 원칙적으로 금지하고, 다만 소장의 재량에 의하여 이를 예외적으로 허용하고 있다. 그러나 소란, 난동을 피우거나 다른 사람을 해할 위험이 있어 실외운동을 허용할 경우 금치처분의 목적 달성이 어려운 예외적인 경우에 한하여 실외운동을 제한하는 덜 침해적인 수단이 있음에도 불구하고, 위 조항은 금치처분을 받은 사람에게 원칙적으로 실외운동을 금지한다. 나아가 위 조항은 예외적으로 실외운동을 허용하는 경우에도, 실외운동의 기회가 부여되어야 하는 최저기준을 법령에서 명시하고 있지 않으므로, 침해의 최소성 원칙에 위배된다. 위 조항은 수용자의 정신적 · 신체적 건강에 필요 이상의 불이익을 가하고 있고, 이는 공익에 비하여 큰 것이므로 위 조항은 법익의 균형성 요건도 갖추지 못하였다. 따라서 위 조항은 청구인의 신체의 자유를 침해한다."

Ⅴ. 갑에 대한 혐의와 30일간 외부연락 금지의 정당성 판단 [10점]

1. 형집행법 제110조에 따른 조사를 위한 조치일 경우의 정당성 판단

갑에 대한 연락금지 처분이 형집행법 제110조 제2항에 따른 조사를 위한 조치인 경우에는 그 정당성을 부인하기 어렵다. 다만, 이 경우에는 조사를 위해 30일이라는 기간이 과도한 것은 아닌지에 대해 면밀한 검토가 필요할 것이다.

2. 형집행법 제107조와 제111조에 따른 징벌 처분일 경우의 요건 충족 여부

반면에 형집행법 제107조와 제111조에 따른 징벌 처분인 경우에는 그 요건과 절차를 제대로 갖추었는지가 문제된다.

사안에서는 이 부분에 대해 구체적인 언급이 없지만, 이를 충족시킨 경우에는 갑에 대한 징벌처분을 정당한 것으로 보아야 할 것이다.

3. 징벌처분일 경우의 비례성 판단

다만, 징벌처분이 지나치게 심한 것으로 인정될 경우에는 징벌 처분 자체의 정당성을 다툴 수 있을 것이다. 이에 대해 비례적 판단을 통해 과잉금지원칙에 위배되는 것으로 인정될 경우에는 부당한 처분으로 볼 수 있을 것이다.[5)]

Ⅵ. 결론 [2점]

이상의 검토를 종합할 때, 사안의 갑이 형집행법 제110조에 따른 조사를 위해 독방 이송 및 연락금지 처분을 받은 경우라면 그 정당성을 다투기 어렵다. 다만, 30일의 기간이 과도한 것은 아닌지를 다투는 것은 가능할 것이다.

반면에 형집행법 제107조와 제111조에 따른 징벌 처분인 경우에는 징벌의 요건과 절차를 갖추지 않은 경우, 또는 갑의 행위에 비해 30일 간의 독방수감 및 연락금지가 과도한 것으로 인정될 경우에 갑의 기본권이 부당하게 침해된 것으로 볼 수 있다.

---

4) 헌법재판소는 금치처분을 받은 미결수용자에게 집필을 제한하는 것은 표현의 자유를 침해하지 않는다고 판시한 바 있으며(헌재 2016.4.28. 2012헌마549 등 결정), 교도소장이 징벌혐의의 조사를 위해 혐의자를 분리수용하고, 공동행사 참가 등 처우를 제한한 행위에 대해서도 합헌으로 인정한 바 있다(헌재 2014.9.25. 2012헌마523 결정). 반면에 수형자와 소송대리인인 변호사의 접견을 일반 접견에 포함시켜 시간은 30분 이내로, 횟수는 월 4회로 제한한 것에 대해서는 위헌성을 인정하여 헌법불합치결정을 내린 바 있다(헌재 2015.11.26. 2012헌마858 결정).

5) **헌재 2004.12.16. 2002헌마478**: "실외운동은 구금되어 있는 수형자의 신체적·정신적 건강 유지를 위한 최소한의 기본적 요청이라고 할 수 있는데, 금치 처분을 받은 수형자는 일반 독거 수용자에 비하여 접견, 서신수발, 전화통화, 집필, 작업, 신문·도서열람, 라디오청취, 텔레비전 시청 등이 금지되어(행형법 시행령 제145조 제2항 본문) 외부세계와의 교통이 단절된 상태에 있게 되며, 환기가 잘 안 되는 1평 남짓한 징벌실에 최장 2개월 동안 수용된다는 점을 고려할 때, 금치 수형자에 대하여 일체의 운동을 금지하는 것은 수형자의 신체적 건강뿐만 아니라 정신적 건강을 해칠 위험성이 현저히 높다.
따라서 금치 처분을 받은 수형자에 대한 절대적인 운동의 금지는 징벌의 목적을 고려하더라도 그 수단과 방법에 있어서 필요한 최소한도의 범위를 벗어난 것으로서, 수형자의 헌법 제10조의 인간의 존엄과 가치 및 신체의 안전성이 훼손당하지 아니할 자유를 포함하는 제12조의 신체의 자유를 침해하는 정도에 이르렀다고 판단된다."

3. 갑은 자신이 비록 복역 중이지만 부당한 징벌 등에 대응하기 위하여 변호사의 조력을 받을 권리가 인정되어야 하는데, 30일 동안 외부와 연락을 하지 못하도록 한 것은 이를 원천적으로 봉쇄한 것이어서 위헌이라고 주장한다. 이러한 갑의 주장은 타당한가? (30점)

Ⅰ. 사안의 분석과 쟁점의 정리 [3점]
Ⅱ. 변호인의 조력을 받을 권리의 의의와 보호범위 [5점]
　1. 변호인의 조력을 받을 권리의 의의와 성격
　2. 변호인의 조력을 받을 권리의 역할과 보호범위
　3. 변호인의 조력을 받을 권리의 인정범위에 대한 헌재 판례
Ⅲ. 수용자의 특수한 지위와 변호인의 조력을 받을 권리 [6점]
　1. 수용자의 법적 지위와 기본권의 제한
　2. 인권의 주체로서의 수용자와 변호인의 조력을 받을 권리의 인정 필요성
　3. 수용자의 특수한 지위에 따른 변호인의 조력을 받을 권리의 제한 필요성
Ⅳ. 조사 과정에서의 변호인의 조력을 받을 권리 [7점]
　1. 조사 과정의 성격과 변호인의 조력 필요성
　2. 형집행법 제110조의 해석과 합헌성 검토
　3. 사안에 대한 판단
Ⅴ. 징벌 처분과 변호인의 조력을 받을 권리 [7점]
　1. 징벌 처분의 성격과 이를 다투기 위한 변호인의 조력 필요성
　2. 형집행법 제107조 이하의 해석과 합헌성 검토
　3. 사안에 대한 판단
Ⅵ. 결론 [2점]

Ⅰ. 사안의 분석과 쟁점의 정리 [3점]

변호인의 조력을 받을 권리는 매우 중요한 기본권의 하나로 인정된다. 그런데 사안에서 갑은 형이 집행 중인 상태로서 교도소에 수용되어 있다. 그로 인하여 기본권에 대해 일반 국민들과는 다른 특수한 제한이 가해진다는 점도 부인할 수 없다.

따라서 사안에서 갑의 주장이 정당한지 여부를 판단하기 위해서는 변호인의 조력을 받을 권리의 의미와 보호범위, 그리고 수용자의 특수한 지위가 변호인의 조력을 받을 권리에 어떤 영향을 미치는지를 먼저 확인할 필요가 있다.

그 바탕 위에서 갑의 변호인의 조력을 받을 권리가 조사과정에서는 어디까지 보장되며, 징벌처분에 대해서는 또 어디까지 보장되는지를 판단할 수 있을 것이다.

Ⅱ. 변호인의 조력을 받을 권리의 의의와 보호범위 [5점]

1. 변호인의 조력을 받을 권리의 의의와 성격

헌법 제12조 제4항은 변호인의 조력을 받을 권리를 명시하고 있다. 즉, "체포 · 구속을 당한 때에는 즉시" 변호인의 조력을 받을 권리를 갖는 것으로 인정하고 있다.

하지만 국민들의 재판청구권과 관련하여서도 변호인의 조력은 매우 중요한 의미를 가지며, 헌법 제12조 제4항에 규정된 경우(체포 · 구속) 이외에도 변호인의 조력을 받을 권리는 형사피의자 및 형사피고인에게 폭넓게 인정되어야 하며,[6] 나아가 민사소송 등에서도 인정되어야 한다.

2. 변호인의 조력을 받을 권리의 역할과 보호범위

다만, 헌법 제12조 제4항에서 규정한 변호인의 조력을 받을 권리는 다른 경우와는 달리 보다 직접적이고 강력한 보호를 의미하는 것으로 볼 수 있다. 즉, 체포 · 구속으로 인하여 본인이 방어권을 적절하게 행사하기 어려운 상황에서는 변호인의 조력은 더욱 절실한 것이기 때문이다.

사안의 갑은 교도소 수용자로서 그 상태는 체포 · 구속과 다름 없으므로 변호인의 조력을 받을 권리가 절실하게 요구된다는 점은 다를 바 없다.

3. 변호인의 조력을 받을 권리의 인정범위에 대한 헌재 판례

헌법재판소는 일찍이 헌법 제12조 제4항에 따른 변호인의 조력을 받을 권리를 "변호인의 충분한 조력"을 받을 권리로 해석한 바 있으며, 그 필수적 내용은 신체 구속을 당한 사람과 변호인과의 접견교통권이라고 판시한 바 있다.[7]

또한 최근에 헌법재판소는 변호인의 조력을 받을 권리를 행정절차에서 이루어진 구속까지 포함하는 것으로 확대한 바 있다.[8]

---

6) **헌재 2004.9.23. 2000헌마138 결정**: "우리 헌법은 변호인의 조력을 받을 권리가 불구속 피의자 · 피고인 모두에게 포괄적으로 인정되는지 여부에 관하여 명시적으로 규율하고 있지는 않지만, 불구속 피의자의 경우에도 변호인의 조력을 받을 권리는 우리 헌법에 나타난 법치국가원리, 적법절차원칙에서 인정되는 당연한 내용이고, 헌법 제12조 제4항도 이를 전제로 특히 신체구속을 당한 사람에 대하여 변호인의 조력을 받을 권리의 중요성을 강조하기 위하여 별도로 명시하고 있다. 피의자 · 피고인의 구속 여부를 불문하고 조언과 상담을 통하여 이루어지는 변호인의 조력자로서의 역할은 변호인선임권과 마찬가지로 변호인의 조력을 받을 권리의 내용 중 가장 핵심적인 것이고, 변호인과 상담하고 조언을 구할 권리는 변호인의 조력을 받을 권리의 내용 중 구체적인 입법형성이 필요한 다른 절차적 권리의 필수적인 전제요건으로서 변호인의 조력을 받을 권리 그 자체에서 막바로 도출되는 것이다."

7) **헌재 1992.1.28. 91헌마111 결정**: "헌법 제12조 제4항이 보장하고 있는 신체구속을 당한 사람의 변호인의 조력을 받을 권리는 무죄추정을 받고 있는 피의자 · 피고인에 대하여 신체구속의 상황에서 생기는 여러가지 폐해를 제거하고 구속이 그 목적의 한도를 초과하여 이용되거나 작용하지 않게끔 보장하기 위한 것으로 여기의 "변호인의 조력"은 "변호인의 충분한 조력"을 의미한다.
변호인의 조력을 받을 권리의 필수적 내용은 신체구속을 당한 사람과 변호인과의 접견교통권이며 이러한 접견교통권의 충분한 보장은 구속된 자와 변호인의 대화내용에 대하여 비밀이 완전히 보장되고 어떠한 제한 · 영향 · 압력 또는 부당한 간섭없이 자유롭게 대화할 수 있는 접견을 통하여서만 가능하고 이러한 자유로운 접견은 구속된 자와 변호인의 접견에 교도관이나 수사관 등 관계공무원의 참여가 없어야 가능하다.
변호인과의 자유로운 접견은 신체구속을 당한 사람에게 보장된 변호인의 조력을 받을 권리의 가장 중요한 내용이어서 국가안전보장, 질서유지, 공공복리 등 어떠한 명분으로도 제한될 수 있는 성질의 것이 아니다."

8) **헌재 2018.5.31. 2014헌마346 결정**: "헌법 제12조 제4항 본문의 문언 및 헌법 제12조의 조문 체계, 변호인 조력권의 속성, 헌법이 신체의 자유를 보장하는 취지를 종합하여 보면 헌법 제12조 제4항 본문에 규정된 "구속"은 사법절차에서 이루어진 구속뿐 아니라, 행정절차에서 이루어진 구속까지 포함하는 개념이다. 따라서 헌법 제12조 제4항 본문에 규정된 변호인의 조력을 받을 권리는 행정절차에서 구속을 당한

Ⅲ. 수용자의 특수한 지위와 변호인의 조력을 받을 권리 [6점]

1. 수용자의 법적 지위와 기본권의 제한

사안의 갑은 형이 집행 중인 상태로서 교도소에 수용되어 있는 수용자이다. 이러한 수용자에 대해서는 형의 집행과 관련한 기본권의 제한이 가해지고 있으며, 신체의 자유, 거주 · 이전의 자유를 비롯한 다양한 기본권들이 일반국민과는 다른 특별한 제한을 받는다.9)

2. 인권의 주체로서의 수용자와 변호인의 조력을 받을 권리의 인정 필요성

그러나 유죄의 확정판결에 의해 교도소에 수감된 수용자도 국민이며, 인권의 주체라는 점은 부인할 수 없다. 따라서 모든 기본권이 임의로 제한될 수 있는 것은 아니며, 형집행의 과정에서 불가피한 기본권 제한이 정당화될 뿐이다.

따라서 수용자인 갑도 필요에 따라 변호인의 조력을 받을 권리의 주체가 될 수 있다.

3. 수용자의 특수한 지위에 따른 변호인의 조력을 받을 권리의 제한 필요성

수용자는 한편으로 구속 · 수감되어 있는 상태이므로 변호인의 조력을 받을 권리가 더욱 절실하게 필요한 반면, 다른 한편으로는 형집행의 목적상 변호인 접견을 무제한 허용하기 어렵다는 점도 인정된다.

이와 관련하여 헌법재판소는 수용자의 변호인 접견을 제한하는 것은 정당하지만, 이를 일반 수용자들의 접견 시간 및 횟수에 포함시켜 제한한 것은 위헌이라고 보아 헌법불합치결정을 내린 바 있다.10)

Ⅳ. 조사 과정에서의 변호인의 조력을 받을 권리 [7점]

1. 조사 과정의 성격과 변호인의 조력 필요성

법률전문가가 아닌 일반 국민의 경우 각종 조사과정에 효율적으로 대응하기 위해

사람에게도 즉시 보장된다.
종래 이와 견해를 달리하여 헌법 제12조 제4항 본문에 규정된 변호인의 조력을 받을 권리는 형사절차에서 피의자 또는 피고인의 방어권을 보장하기 위한 것으로서 출입국관리법상 보호 또는 강제퇴거의 절차에도 적용된다고 보기 어렵다고 판시한 우리 재판소 결정(헌재 2012.8.23. 2008헌마430)은, 이 결정 취지와 저촉되는 범위 안에서 변경한다."

9) **헌재 2004.12.16. 2002헌마478 결정**: "수형자의 기본권 제한에 대한 구체적인 한계는 헌법 제37조 제2항에 따라 법률에 의하여, 구체적인 자유 · 권리의 내용과 성질, 그 제한의 태양과 정도 등을 교량하여 설정하게 되며, 수용 시설 내의 안전과 질서를 유지하기 위하여 이들 기본권의 일부 제한이 불가피하다 하더라도 그 본질적인 내용을 침해하거나, 목적의 정당성, 방법의 적정성, 피해의 최소성 및 법익의 균형성 등을 의미하는 과잉금지의 원칙에 위배되어서는 안 된다."

10) **헌재 2015.11.26. 2012헌마858 결정**: "… 수형자의 재판청구권을 실효적으로 보장하기 위해서는 소송대리인인 변호사와의 접견 시간 및 횟수를 적절하게 보장하는 것이 필수적이다.
… 심판대상조항들은 법률전문가인 변호사와의 소송상담의 특수성을 고려하지 않고 소송대리인인 변호사와의 접견을 그 성격이 전혀 다른 일반 접견에 포함시켜 접견 시간 및 횟수를 제한함으로써 청구인의 재판청구권을 침해한다.
심판대상조항들의 위헌성은 수형자의 일반 접견에 대해 시간 및 횟수를 제한하는 것 자체에 있는 것이 아니라, 소송대리인인 변호사와의 접견 시간 및 횟수에 대한 별도의 규정을 두지 않은 것에 있다. …"

변호인의 조력이 필요한 경우가 많다.

사안의 갑이 조사과정에서 독방수감 및 연락금지 처분을 받은 것이라면, 과연 이러한 처분이 적절한 것인지를 다투기 위해 변호인의 조력이 필요할 것이다.

다만, 수형자로서의 지위로 인해 변호인의 접견 등이 제한되는 점은 정당한 것으로 인정된다.[11)]

2. 형집행법 제110조의 해석과 합헌성 검토

형집행법 제110조는 증거인멸의 우려 또는 위해의 우려가 있을 경우에 독방수감이 가능하도록 규정하고 있으며(제1항), 동시에 연락금지 등의 처분도 가능하도록 규정하고 있다(제2항).

이러한 조항은 과도한 기간을 설정하지 않는다면, 그 목적의 정당성, 수단의 적합성, 침해의 최소성, 법익의 균형성 등에 비추어 볼 때, 합헌으로 인정된다.

3. 사안에 대한 판단

따라서 사안에서 갑은 조사를 위한 독방수감이나 연락금지를 다투는 것보다는 30일이라는 기간이 조사 목적에 비추어 과도한 것인지의 여부를 다투어야 할 것이다. 그리고 과도한 것으로 인정될 경우에 헌법재판소의 인용결정이 내려질 수 있을 것이다.

Ⅴ. 징벌 처분과 변호인의 조력을 받을 권리 [7점]

1. 징벌 처분의 성격과 이를 다투기 위한 변호인의 조력 필요성

형집행법에 따른 징벌 처분은 비록 형벌은 아니지만 당사자에게 불이익한 처분이므로 적법절차 원칙에 따라 이를 다툴 수 있어야 하며, 그 과정에서 법률전문가의 도움이 필요한 경우가 많다. 따라서 이 경우에도 변호인의 조력을 받을 권리가 인정되어야 한다.

다만, 수형자에 대해서는 접견청구권 등이 제한된다는 점은 조사과정의 경우와 마찬가지이다.

2. 형집행법 제107조 이하의 해석과 합헌성 검토

형집행법 제110조 이하에서는 징벌을 부과하기 위한 요건, 절차 등을 비교적 상세하게 규정하고 있으며, 특히 제111조의 징벌위원회의 결정에 따르도록 함으로써 소장의 자의적인 징벌 처분을 금지하고 있다.

이러한 형집행법 조항들의 내용은 그 목적이나 수단에 비추어 비례성원칙에 부합하는 것으로 합헌이라고 볼 수 있다.

---

11) **헌재 2004.12.16. 2002헌마478**: "형이 확정되어 자유형의 집행을 위하여 수용되어 있는 수형자는 미결수용자의 지위와 구별되므로 접견의 빈도 등이 상당 정도 제한될 수밖에 없고, 수형자와 변호사와의 접견을 일반 접견에 포함시켜 제한하더라도 접견 횟수에 대한 탄력적 운용, 서신 및 집필문서 발송, 전화통화에 의하여 소송준비 또는 소송수행을 할 수 있으므로 피청구인의 접견 불허 처분이 헌법 제27조의 재판청구권 등 청구인의 헌법상 보장된 권리를 침해하는 것이라고 보기는 어렵다."

3. 사안에 대한 판단

갑의 경우에도 징벌에 관한 형집행법 조항들의 합헌성 여부가 아닌, 소장의 징벌 처분을 다투고 있는 것으로 보인다. 결국 갑은 소장의 징벌 처분이 형집행법의 요건과 절차를 모두 충족했는지, 또는 징벌위원회의 의결에 따른 징벌이 과도한 것인지의 여부를 다투어야 할 것이다.

헌법재판소는 소장의 징벌 처분이 형집행법의 요건과 절차를 벗어난 경우, 혹은 징벌위원회의 의결에 따른 징벌이 과도한 것으로 인정되는 경우에 인용결정을 내려야 한다.

Ⅵ. 결론 [2점]

수형자의 접견교통권 제한은 합헌으로 볼 수 있으나, 일반 접견교통권을 포함하여 30일 동안 연락금지 처분을 한 것은 특별한 제한으로서 그 근거가 문제된다.

사안의 경우 행형법 제110조에 따른 조사를 위한 것이라면, 30일이라는 기간이 조사 목적에 비추어 과도한 것인지의 여부에 따라 청구의 인용 여부가 결정될 것이다.

그리고 행형법 제107조 이하의 규정에 따른 징벌 처분이라면, 징벌의 요건과 절차를 갖추었는지 여부, 그리고 징벌이 과도한 것으로 인정되는지 여부에 따라 청구의 인용 여부가 결정될 것이다.

15

「아동 · 청소년의 성보호에 관한 법률」과 새로 촬영한 사진 제출 의무

갑은 「아동 · 청소년의 성보호에 관한 법률」 위반으로 기소되어 징역 3년 및 5년간의 신상정보 공개명령 등을 선고받아 확정되었다. 위 판결 확정 후 갑은 2017.9.7. 최초로 신상정보를 등록하였는데, 그로부터 1년마다 관할경찰서의 장에게 새로 촬영한 사진을 제출할 의무가 있음에도 2018.9.10.까지 새로 촬영한 사진을 제출하지 아니하였다는 범죄사실로 법원에서 2018.10.15. 벌금 150만 원의 형을 선고받았다.

갑은 항소하여 항소기각판결을 선고받은 후 상고하여 상고심 계속 중 「아동 · 청소년의 성보호에 관한 법률」 제34조 제2항 등이 자신의 개인정보자기결정권, 일반적 행동의 자유 등 기본권을 과도하게 침해할 뿐만 아니라, 자유형 이외에 신상정보의 고지 및 공개를 규정한 것은 실질적으로 명예형 내지 수치형의 성격을 지니므로 이중처벌금지원칙에 위반된다고 주장하면서 법원에 위헌법률심판제청신청을 하였으나, 기각되었다.

이에 갑은 헌법재판소에 헌법소원심판을 청구하였다.

〈헌재 2015.7.30. 2014헌바257; 헌재 2016.5.26. 2015헌바212 참조〉

1. 갑의 헌법소원심판청구는 적법한가? (20점)
2. 갑의 헌법소원심판청구가 적법할 경우, 갑의 개인정보자기결정권 및 일반적 행동의 자유 침해 주장에 대해 헌법재판소는 어떠한 본안판단을 내려야 하는가? (50점)
3. 갑의 헌법소원심판청구가 적법할 경우, 이중처벌금지원칙 위반 주장에 대해 헌법재판소는 어떤 본안판단을 내려야 하는가? (30점)

〈참고 조문(아래 법령은 현행 법령과 다를 수 있음)〉

「아동 · 청소년의 성보호에 관한 법률」 제34조 제2항:

등록대상자는 제1항에 따라 제출한 신상정보(이하 "제출정보"라 한다)가 변경된 경우에는 그 사유와 변경내용(이하 "변경정보"라 한다)을 변경사유가 발생한 날부터 30일 이내에 제1항에 따라 제출하여야 한다. 다만, 사진은 최초 등록일부터 1년마다 새로 촬영한 사진을 제출하되, 교정시설 또는 치료감호시설에 수용된 자의 경우에는 석방 또는 치료감호 종료 전에 새로 촬영한 사진을 교정시설 등의 장에게 제출하여야 한다.

1. 갑의 헌법소원심판청구는 적법한가? (20점)

Ⅰ. 서: 위헌소원의 의의 및 성격과 청구요건 [2점]
Ⅱ. 재판의 전제성 [7점]
 1. 소송의 계속
 2. 심판대상법률(조항)이 당해 소송사건에 적용
 3. 심판대상법률(조항)의 위헌 여부에 따라 다른 내용의 재판
Ⅲ. 위헌법률심판제청의 신청과 기각 [6점]
 1. 위헌소원의 성격과 위헌법률심판제청의 의미
 2. 법원의 기각 결정과 그 구속력
 3. 헌법재판소법 제68조 제2항에 의한 헌법소원심판의 청구
Ⅳ. 기타의 청구요건 [4점]
 1. 변호사 강제주의
 2. 청구기간
Ⅴ. 결론 [1점]

Ⅰ. 서: 위헌소원의 의의 및 성격과 청구요건 [2점]

사안에서 갑이 제기한 헌법소원심판은 헌법재판소법 제68조 제2항에 따른 위헌소원이다. 위헌소원은 형식상 헌법소원이지만 실질적으로는 위헌법률심판에 해당하는 것이며, 그에 따라 헌법재판소법 제68조 제1항의 권리구제형 헌법소원과는 청구요건에 큰 차이를 보인다. 무엇보다 재판의 전제성 요건이 갖추어져야 하며, 그밖에 당해 법원에 대한 위헌법률심판제청신청과 기각, 변호사 강제주의, 청구기간 등의 요건이 갖춰져야 한다.

Ⅱ. 재판의 전제성 [7점]

1. 소송의 계속

재판의 전제성이 인정되기 위해서는 가장 먼저 법원에 소송이 계속(繫屬) 중이어야 한다. 즉, 법적 쟁점에 관하여 법원에 소송이 제기되고 그 소송에 대해 법원이 심리를 하고 있는 상태여야 한다. 본 사안에서는 소송의 계속 중임이 확인되었다.

2. 심판대상법률(조항)이 당해 소송사건에 적용

두 번째 요건은 위헌 여부가 다투어지는 법률(조항)이 당해 사건에 적용되는 것이어야 한다는 점이다. 당해 사건의 재판과 무관한 법률(조항)에 대해서는 구체적 규범통제에서 위헌 여부를 다툴 수 없기 때문이다.

이 사건의 심판대상인 「아동 · 청소년의 성보호에 관한 법률」 제34조 제2항은 당해 사건에 적용되는 것이므로 이 요건도 충족된다.

3. 심판대상법률(조항)의 위헌 여부에 따라 다른 내용의 재판

재판의 전제성 인정을 위한 마지막 요건은 다투어지는 법률(조항)의 위헌 여부에 따라 당해 사건의 판결 결과에 차이가 발생해야 한다는 점이다. 심판대상이 위헌일 경우에는 당해 사건에서 갑에 대한 형벌부과의 가능성이 없어질 수 있으므로 이 요건도 충족된다.

Ⅲ. 위헌법률심판제청의 신청과 기각 [6점]

1. 위헌소원의 성격과 위헌법률심판제청의 의미

헌법재판소에 위헌소원을 제청하기 위해서는 먼저 당해 법원에 위헌법률심판을 제청하였으나 기각당했어야 한다.

법원이 위헌법률심판청구를 할 수도 있는데 이를 건너뛰고 당사자가 곧바로 위헌소원을 청구하는 것은 헌법재판소의 부담을 과중하게 만들 우려가 있다는 점에서 권리구제형 헌법소원에서 보충성 요건을 둔 것과 유사한 취지로 이런 요건이 인정되는 것이다.

2. 법원의 기각 결정과 그 구속력

사안에서 갑의 위헌법률심판제청신청은 법원에 의해 기각되었고, 이러한 기각 결정에 의해 위헌법률심판제청을 기대할 수 없게 되었다. 그러나 법원의 판단이 항상 타당한 것은 아니라는 점에서 헌법재판소의 판단을 받을 수 있는 길을 열어 놓을 필요성이 인정된다.

3. 헌법재판소법 제68조 제2항에 의한 헌법소원심판의 청구

헌법재판소법 제68조 제2항에 의한 위헌소원은 이러한 의미에서 법원의 위헌법률심판제청이 제대로 행해지지 않는 것에 대한 보완장치라 할 수 있다.

사안의 갑이 당해법원에 대한 위헌법률심판제청신청의 기각 후에 헌법재판소법 제68조 제2항에 의해 헌법소원심판을 청구한 것은 해당 요건을 갖춘 것이다.

Ⅳ. 기타의 청구요건 [4점]

1. 변호사 강제주의

위헌소원은 비록 그 실질은 위헌법률심판이지만 그 형식은 헌법소원심판이며, 당사자가 청구의 주체가 된다. 따라서 헌법재판소법 제25조 제3항에 따라 변호사 강제주의가 적용된다.

갑은 본인이 변호사 자격이 있는 경우가 아니라면 변호사를 대리인으로 선임하여야 심판청구를 할 수 있다.

2. 청구기간

위헌소원은 헌법재판소법 제69조 제2항에 따라 위헌법률심판의 제청신청을 기각하는 결정을 통지받은 날로부터 30일 이내에 청구하여야 한다.

Ⅴ. 결론 [1점]

이상의 검토를 종합할 때, 갑의 헌법소원심판청구는 – 설문에 명확하게 드러나지 않고 있는 변호사 강제주의 및 청구기간 등의 요건을 준수하였다고 볼 때 – 적법한 것으로 판단된다.

2. 갑의 헌법소원심판청구가 적법할 경우, 갑의 개인정보자기결정권 및 일반적 행동의 자유 침해 주장에 대해 헌법재판소는 어떠한 본안판단을 내려야 하는가? (50점)

Ⅰ. 사안의 분석과 쟁점의 정리 [5점]
Ⅱ. 신상정보 제출의무의 의의와 성격 [9점]
1. 청소년성보호법의 입법취지
2. 전과자에 대한 신상정보 제출의무 부과의 의의와 기능
3. 매년 새로운 신상정보 제출의무의 부과와 그 의미
Ⅲ. 신상정보 제출의무에 의해 제한되는 기본권 [9점]
1. 신상정보의 성격과 인격권의 제한
2. 개인정보자기결정권의 제한
3. 일반적 행동의 자유의 제한
Ⅳ. 기본권 제한의 정당성에 대한 비례성 판단 [12점]
1. 목적의 정당성 및 수단의 적합성
2. 침해의 최소성
3. 법익의 균형성
Ⅴ. 헌법재판소의 본안판단 [12점]
1. 헌법재판소의 결정 형식과 주문
2. 청소년성보호법 제34조 제2항 등에 대한 합헌성 판단
3. 결정의 효력
Ⅵ. 결론 [3점]

Ⅰ. 사안의 분석과 쟁점의 정리 [5점]

사안에서 갑은 헌법소원심판을 청구하였으나, 이는 이른바 위헌소원으로서 그 실질은 위헌법률심판에 해당된다. 따라서 이 사건의 심판대상은 「아동 · 청소년의 성보호에 관한 법률」(이하 청소년성보호법) 제34조 제2항의 합헌성 여부이다.

이에 대한 판단을 위해서는 먼저 아동 · 청소년대상 성범죄의 전과자에게 신상정보 제출을 요구하는 것이 어떤 의미를 갖는지, 그리고 신상정보의 제출의무에 의해 제한되는 기본권이 무엇인지를 확인해야 할 것이다.

그 바탕 위에서 갑의 기본권이 신상정보 제출의무를 규정한 청소년성보호법 제34조 제2항에 의해 위헌적으로 침해되고 있는지에 대한 비례성 판단을 거쳐서 헌법재판소가 어떤 본안판단을 내려야 할 것인지를 추론할 수 있을 것이다.

Ⅱ. 신상정보 제출의무의 의의와 성격 [9점]

1. 청소년성보호법의 입법취지

청소년성보호법 제1조에서 규정하고 있듯이, 청소년성보호법은 피해아동 · 청소년을 위한 구제 및 지원 절차를 마련하며 아동 · 청소년대상 성범죄자를 체계적으로 관리함으로써 아동 · 청소년을 성범죄로부터 보호하고 아동 · 청소년이 건강한 사회구성원으로

성장할 수 있도록 함을 목적으로 한다.

2. 전과자에 대한 신상정보 제출의무 부과의 의의와 기능

아동 · 청소년대상 성범죄자의 경우 재범율이 상당히 높은 것으로 알려져 있으며, 이들에 대한 체계적 관리는 아동 · 청소년대상 성범죄의 억제를 위해 매우 중요하다.

이를 위해 마련된 조치 중의 하나가 해당 전과자에 대한 신상정보 제출의무의 부과라 할 수 있다. 신상정보의 제출을 통해 수사기관의 효율적 대응을 가능케 할 뿐만 아니라, 해당 전과자에 대한 특별예방효과도 기대할 수 있는 것이다.

3. 매년 새로운 신상정보 제출의무의 부과와 그 의미

매년 새로운 신상정보를 제출하도록 하며, 특히 사진을 새로이 촬영하여 제출하도록 한 것은 해당 전과자를 쉽게 식별하기 위한 것으로 볼 수 있으며, 이를 통해 재범에 대한 억제력을 높이기 위한 것이다.

Ⅲ. 신상정보 제출의무에 의해 제한되는 기본권 [9점]

1. 개인정보자기결정권의 제한

신상정보란 대부분 개인정보에 해당하며, 오늘날 인격권의 일종으로 개인정보자기결정권이 널리 인정되고 있다. 사안의 경우 갑은 자신의 개인정보의 제출이 강제되고 있으므로 개인정보자기결정권의 제한을 주장할 수 있다.[1)]

물론 인격권 및 그 내용의 하나인 개인정보자기결정권도 헌법 제37조 제2항에 따라 제한될 수 있는 기본권이며, 그 제한의 정당성 여부가 문제될 것이다.

2. 일반적 행동의 자유의 제한

행복추구권에서 도출되는 일반적 행동의 자유는 적극적으로 행동할 자유는 물론 소극적으로 행동을 하지 않을 자유도 포함한다.

본 사안에서 사진의 제출을 요구하는 것은 외모의 변경 유무와 상관없이 최초 등록일부터는 1년마다 사진을 새로 촬영하여 제출할 의무를 부과하고 있고, 이 사건 처벌조항은 그 의무를 위반한 경우 형벌을 가하도록 규정하고 있으므로, 청구인의 행동하지 아니할 자유를 제한하고 있다.

---

1) **헌재 2020.12.23. 2017헌마416 결정**: "인간의 존엄과 가치, 행복추구권을 규정한 헌법 제10조 제1문에서 도출되는 일반적 인격권 및 헌법 제17조의 사생활의 비밀과 자유에 의하여 보장되는 개인정보자기결정권은 자신에 관한 정보가 언제 누구에게 어느 범위까지 알려지고 또 이용되도록 할 것인지를 그 정보주체가 스스로 결정할 수 있는 권리이다. 즉 정보주체가 개인정보의 공개와 이용에 관하여 스스로 결정할 권리를 말한다. 개인정보자기결정권의 보호대상이 되는 개인정보는 개인의 신체, 신념, 사회적 지위, 신분 등과 같이 개인의 인격주체성을 특징짓는 사항으로서 그 개인의 동일성을 식별할 수 있게 하는 일체의 정보라고 할 수 있고, 반드시 개인의 내밀한 영역이나 사사(私事)의 영역에 속하는 정보에 국한되지 않고 공적 생활에서 형성되었거나 이미 공개된 개인정보까지 포함한다. 또한 그러한 개인정보를 대상으로 한 조사 · 수집 · 보관 · 처리 · 이용 등의 행위는 모두 원칙적으로 개인정보자기결정권에 대한 제한에 해당한다(헌재 2005.5.26. 99헌마513등; 헌재 2005.7.21. 2003헌마282등 참조)."

3. 기타의 기본권

그밖에 사진촬영에 들어가는 비용과 관련하여 재산권이 문제될 수 있으나 이는 반사적인 경제적 불이익에 불과하여 재산권에 대한 침해로 볼 수 없다.

또한 거주 · 이전의 자유를 생각할 수 있으나, 심판대상조항은 거주 · 이전의 자유를 제한하는 것은 아니므로 이에 대한 침해도 인정될 수 없다.

Ⅳ. 기본권 제한의 정당성에 대한 비례성 판단 [12점]

1. 목적의 정당성 및 수단의 적합성

심판대상조항은 아동 · 청소년대상 성범죄자의 재범 억제를 위한 입법이므로, 목적의 정당성이 인정된다.

또한 실제 아동 · 청소년 대상 성범죄자가 재범한 경우에는 수사기관으로 하여금 그의 최근의 사신과의 내조를 통하여 범죄자를 신속하고 쉽게 검거하는데 도움이 된다는 점에서 수단의 적합성도 인정된다.[2)]

2. 침해의 최소성

등록대상자가 1년에 한번씩 사진을 촬영하여 관할경찰관서의 장에게 제출하는 것이 다소 번거롭고 부담스럽기는 하지만 그 부담이 과중한 것은 아니며, 등록의무자에 대한 범죄동기의 억제라는 주관적 영향력의 측면에서는 오히려 등록의무자로 하여금 정기적으로 관할경찰관서에 직접 사진을 제출하도록 하는 것이 더 효과적이라고 할 수 있다.

따라서 같은 효과를 갖는 덜 침해적인 수단을 생각하기 어려우므로 침해의 최소성도 인정된다.[3)4)]

3. 법익의 균형성

아동 · 청소년대상 성범죄의 경우 일단 발생하면 그 피해회복이 매우 어려워 범죄를

---

2) **헌재 2015.7.30. 2014헌바257 결정**: "아동 · 청소년대상 성범죄자의 신상정보를 등록하게 하고, 그 중 사진의 경우에는 1년마다 새로 촬영하여 제출하게 하고 이를 보존하는 것은 신상정보 등록대상자의 재범을 억제하고, 재범한 경우에는 범인을 신속하게 검거하기 위한 것이므로 그 입법목적이 정당하고, 사진이 징표하는 신상정보인 외모는 쉽게 변하고, 그 변경 유무를 객관적으로 판단하기 어려우므로 1년마다 사진제출의무를 부과하는 것은 그러한 입법목적 달성을 위한 적합한 수단이다."

3) **헌재 2015.7.30. 2014헌바257 결정**: "외모라는 신상정보의 특성에 비추어 보면 변경되는 정보의 보관을 위하여 정기적으로 사진을 제출하게 하는 방법 외에는 다른 대체수단을 찾기 어렵고, 등록의무자에게 매년 새로 촬영된 사진을 제출하게 하는 것이 그리 큰 부담은 아닐 뿐만 아니라, 의무위반 시 제재방법은 입법자에게 재량이 있으며 형벌 부과는 입법재량의 범위 내에 있고 또한 명백히 잘못 되었다고 할 수는 없으며, 법정형 또한 비교적 경미하므로 침해의 최소성 원칙 및 법익균형성원칙에도 위배되지 아니한다. 따라서 이 사건 심판대상조항은 일반적 행동의 자유를 침해하지 아니한다."

4) **헌재 2015.7.30. 2014헌바257 결정**의 반대의견(김이수, 이진성, 강일원, 조용호 재판관)에서는 "이 사건 심판대상조항은 경고, 계도조치, 행정제재를 우선적으로 적용하고 형벌은 최종적 · 보충적으로 부과하는 덜 침해적인 의무이행확보수단을 마련하지 않고 일률적으로 형벌을 가한다는 점, 사진제출의무가 부과되는 20년 동안 정기적인 통지 수단을 마련함이 없이 판결 선고시 또는 최초 등록시 1회 고지 또는 통지하고 그 이후에는 기한도과 사실 자체만으로 제재를 가한다는 점에서 기본권 침해의 최소성 원칙에 반한다"고 주장하였다.

사전에 예방하는 것이 범죄 후 범죄자에 대한 처벌보다 더 중요하고, 신상정보 변경등록의무의 이행확보를 통해 성범죄 전력이 있는 자의 재범을 사전에 예방함으로써 달성하고자 하는 아동 · 청소년의 성보호는 매우 중요한 공익이다.

이에 비하면 갑의 개인정보자기결정권, 일반적 행동의 자유가 일부 제한된다 하더라도 아동 · 청소년의 성보호가 더 큰 법익으로 인정되므로 법익의 균형성도 갖추었다.[5)]

Ⅴ. 헌법재판소의 본안판단 [12점]

1. 헌법재판소의 결정 형식과 주문

본 사안은 위헌소원 사건으로서 형식은 헌법소원심판이지만, 실질은 위헌법률심판이다. 따라서 심판대상조항에 대한 헌법재판소의 결정은 청구의 인용 또는 기각이 아니라 합헌 또는 위헌의 결정 형식을 취하게 된다.

또한 변형결정을 취하게 될 경우에는 헌법불합치결정이나 한정합헌, 한정위헌 결정도 가능하다. 하지만 사안의 경우 이러한 변형결정을 이용해야 할 특별한 필요성(예컨대 다양한 해석가능성 및 그에 따른 합헌판단과 위헌판단이 엇갈릴 가능성, 또는 단순 위헌의 경우 법적 안정성을 심각하게 훼손할 우려 등)이 보이지 않는다.

2. 청소년성보호법 제34조 제2항에 대한 합헌성 판단

위의 검토를 통해 청소년성보호법 제34조 제2항에 의한 사진 제출의무는 과잉금지원칙에 위배되지 않는 것으로 인정된다. 따라서 심판대상조항은 합헌으로 인정된다.

3. 결정의 효력

헌법재판소의 합헌결정은 당해 사건에 대해 구속력이 있지만, 위헌결정과 같이 모든 국가기관을 구속하는 것은 아니며, 같은 조항에 대해 별개의 사건에서 다시 다투어질 수 있다.

Ⅵ. 결론 [3점]

이상의 검토에 따르면 청소년성보호법 제34조 제2항은 합헌으로 판단되며, 헌법재판소는 이에 대해 합헌결정을 내려야 한다.

다만, 헌법재판소의 합헌결정은 위헌결정과 달리 일반적 기속력을 갖지 못하기 때문에 새로운 위헌소송이 제기될 가능성은 여전히 열려 있다.

---

5) **헌재 2015.7.30. 2014헌바257 결정**의 반대의견(김이수, 이진성, 강일원, 조용호 재판관)에서는 "심판대상조항이 추구하는 공익이 중요하다는 점은 인정되나, 앞에서 살핀 바와 같이, 신상정보 등록제도에 대한 이해도가 높지 않고 생업에 종사하는 신상정보 등록대상자로서는 최초 등록일부터 20년 동안 매년 도래하는 사진제출기한을 부득이한 사정으로 준수하지 못하는 경우도 예상할 수 있고, 이를 예외 없이 형사처벌로 강력하게 제재하는 것은 사익에 대한 지나친 침해로서 법익의 균형성도 인정되지 않는다"고 주장하였다.

3. 갑의 헌법소원심판청구가 적법할 경우, 이중처벌금지원칙 위반 주장에 대해 헌법재판소는 어떤 본안판단을 내려야 하는가? (30점)

Ⅰ. 서 [3점]
Ⅱ. 이중처벌금지원칙의 의의와 기능 [7점]
 1. 형벌의 정당성과 그 구성요소
 2. 이중처벌금지의 의의
 3. 이중처벌금지와 일사부재리
Ⅲ. 신상정보 제출의무의 성격 [7점]
 1. 형벌과 보안처분의 구분
 2. 현행법상 형벌의 유형
 3. 보안처분으로서의 신상정보 제출의무
Ⅳ. 형벌과 보안처분의 병과와 이중처벌금지원칙 [11점]
 1. 보안처분의 형벌적 성격에 대한 평가
 2. 형벌과 보안처분의 기능상 차이와 병과의 필요성
 3. 이중처벌금지원칙과 보안처분의 병과
Ⅴ. 결론 [2점]

Ⅰ. 서 [3점]

본 사안에서 문제되는 이중처벌금지원칙은 아동·청소년대상 성범죄자인 갑에 대해서 징역 3년의 징역형이 부과된 이외에 출소 이후에도 5년 간의 신상정보 제출의무를 부과한 것이 이중처벌인지의 여부이다.

이에 대한 판단을 위해서는 먼저 이중처벌금지원칙의 정확한 의미와 더불어 신상정보 제출의무의 성격이 형벌인지, 보안처분인지를 확인해야 할 것이다. 그리고 형벌과 보안처분의 병과가 이중처벌금지원칙과 충돌하는지의 여부를 통해 본 사안에 대한 올바른 판단이 내려질 수 있을 것이다.

Ⅱ. 이중처벌금지원칙의 의의와 기능 [7점]

1. 형벌의 정당성과 그 구성요소

형벌이 정당성을 확보하기 위해서는 다음의 몇 가지 요소들을 갖춰야 한다.

첫째, 사회적 비난가능성이 높은 행위를 범죄구성요건으로 하여 법률로써 금지하고, 형벌을 부과할 수 있도록 해야 하며, 죄형법정주의를 준수해야 한다.

둘째, 형벌은 범죄의 중대성에 상응하는 것이어야 하며, 죄질에 비해 과도한 형벌이 부과되어서는 안 된다(책임과 형벌 간의 비례원칙!).

셋째, 형벌은 범죄자의 처단을 목적으로 하는 것이 아니라 교화를 통한 사회복귀를 목적으로 해야 한다.

2. 이중처벌금지의 의의

헌법 제13조 제1항에서 명시하고 있는 이중처벌의 금지는 동일한 범죄에 대해 중복되는 처벌을 금지하는 것이다. 과거에 한 번 처벌받은 범죄행위를 이유로 또 다시 처벌하는 것은 이중처벌이며, 과도한 형벌로 인정되어 위헌인 것이다.

3. 이중처벌금지와 일사부재리

판결이 확정된 이후에는 동일한 사건에 대해 다시 심판할 수 없다는 일사부재리원칙 또한 형사사건의 경우 이중처벌의 금지와 같은 의미를 갖는다. 이미 처벌하는 판결이 있은 이후에 동일한 행위를 또 다시 처벌하기 위해 재판을 할 수는 없다는 것이기 때문이다.[6)]

Ⅲ. 신상정보 제출의무의 성격 [7점]

1. 형벌과 보안처분의 구분

범죄에 대응하는 여러 법적 장치 가운데 형벌과 보안처분을 구분하는 것이 일반적이다.

형벌은 이미 저지른 범죄행위에 대한 책임을 묻는 것이며, 유죄의 판결을 받은 자에 대해 생명, 신체의 자유, 재산 등을 박탈하는 것이다. 그러나 보안처분은 범죄행위자의 재범 등에 대한 우려에 따라 장래의 위험을 막기 위한 보충적 · 대안적 제재수단으로 치료감호, 보호관찰 등이 인정되고 있다.[7)]

2. 현행법상 형벌의 유형

형법 제41조에 따라 형벌의 유형은 사형, 자유형(징역, 금고, 구류), 명예형(자격상실, 자격정지), 재산형(벌금, 과료, 몰수)이 인정되고 있다. 그밖의 것은 형벌에 해당되지 않는다.

3. 보안처분으로서의 신상정보 제출의무

따라서 본 사안에서 문제되고 있는 3년의 징역은 형벌에 해당되나, 신상정보 제출의무는 형벌이 아닌 보안처분에 해당된다.

---

6) **헌재 2019.7.25. 2018헌바355 결정**: "헌법 제13조 제1항은 "모든 국민은… 동일한 범죄에 대하여 거듭 처벌받지 아니한다."라고 하여 이른바 '이중처벌금지의 원칙'을 규정하고 있다. 이 원칙은 한번 판결이 확정되면 동일한 사건에 대해서는 다시 심판할 수 없다는 '일사부재리의 원칙'이 국가형벌권의 기속원리로 헌법상 선언된 것으로서, 동일한 범죄행위에 대하여 국가가 형벌권을 거듭 행사할 수 없도록 함으로써 국민의 기본권 특히 신체의 자유를 보장하기 위한 것이다."

7) **헌재 2012.12.27. 2010헌가82등 결정**: "형벌은 본질적으로 행위자가 저지른 과거의 불법에 대한 책임을 전제로 부과되는 제재를 뜻함에 반하여, 보안처분은 행위자의 장래 위험성에 근거하여 범죄자의 개선을 통해 범죄를 예방하고 장래의 위험을 방지하여 사회를 보호하기 위해서 형벌에 대신하여 또는 형벌을 보충하여 부과되는 자유의 박탈과 제한 등의 처분을 뜻하는 것으로서 양자는 그 근거와 목적을 달리하는 형사제재이다. 연혁적으로도 보안처분은 형벌이 적용될 수 없거나 형벌의 효과를 기대할 수 없는 행위자를 개선 · 치료하고, 이러한 행위자의 위험성으로부터 사회를 보호하기 위한 형사정책적인 필요성에 따라 만든 제재이므로 형벌과 본질적인 차이가 있다. 즉, 형벌과 보안처분은 다 같이 형사제재에 해당하지만, 형벌은 책임의 한계 안에서 과거 불법에 대한 응보를 주된 목적으로 하는 제재이고, 보안처분은 장래 재범 위험성을 전제로 범죄를 예방하기 위한 제재이다."

물론 보안처분도 기본권에 대한 제한이 되므로 엄격한 요건과 절차에 따라 부과되어야 하며, 현행법상 법원에 의해 보안처분이 선고된다.

Ⅳ. 형벌과 보안처분의 병과와 이중처벌금지원칙 [11점]

1. 보안처분의 형벌적 성격에 대한 평가

보안처분이 형식을 취하여도 그것이 사실상 형벌에 준하는 성격 내지 효과를 갖는다는 점은 부인하기 어렵다. 예컨대 성범죄 전과자에 대한 전자발찌의 부착명령은 형벌이 아닌 보안처분이지만, 그것이 당사자에게 주는 효과는 가벼운 형벌(예컨대 벌금) 이상이라고 볼 수 있기 때문이다.[8)]

2. 형벌과 보안처분의 기능상 차이와 병과의 필요성

그럼에도 불구하고 형벌과 보안처분이 구분되고, 또 병과되는 것은 양자의 기능상 차이 때문이다. 형벌은 기본적으로 범죄로 인한 피해에 상응하여 가해자에게 불이익을 가하는 응보의 측면을 갖지만, 그것만으로 재범의 방지 등을 확보하기 어려운 것이다.

그로 인하여 형벌 이외에 재범의 방지를 위한 교육이나 감시 등 다양한 보안처분이 형벌과 함께 인정되고 있다.

3. 이중처벌금지원칙과 보안처분의 병과

사안의 경우 갑이 문제삼고 있는 것은 형벌과 보안처분의 병과에 해당하다. 그러나 헌법재판소의 확고한 판례가 말하듯이 형벌과 보안처분은 그 성질을 달리함으로 이중처벌에 해당되지 않으며,[9)] 더욱이 사안의 경우처럼 법원에서 형벌과 보안처분을 동시에 부과한 경우에는 이를 이중처벌로 볼 여지가 없다.

Ⅴ. 결론 [2점]

형벌과 보안처분이 성질상 다르기 때문에 병과될 수 있으므로 사안에서 이중처벌금지원칙의 위배된다는 갑의 주장은 타당하지 않다.

---

8) **헌재 2012.12.27. 2010헌가82등 결정**: "보안처분은 형벌과는 달리 행위자의 장래 재범위험성에 근거하는 것으로서, 행위시가 아닌 재판시의 재범위험성 여부에 대한 판단에 따라 보안처분 선고를 결정하므로 원칙적으로 재판 당시 현행법을 소급적용할 수 있다고 보는 것이 타당하고 합리적이다. 그러나 보안처분의 범주가 넓고 그 모습이 다양한 이상, 보안처분에 속한다는 이유만으로 일률적으로 소급효금지원칙이 적용된다거나 그렇지 않다고 단정해서는 안되고, 보안처분이라는 우회적인 방법으로 형벌불소급의 원칙을 유명무실하게 하는 것을 허용해서도 안된다. 따라서 보안처분이라 하더라도 형벌적 성격이 강하여 신체의 자유를 박탈하거나 박탈에 준하는 정도로 신체의 자유를 제한하는 경우에는 소급효금지원칙을 적용하는 것이 법치주의 및 죄형법정주의에 부합한다."

9) **헌재 2016.12.29. 2015헌바196등 결정**: "이중처벌금지원칙은 판결이 확정되면 동일한 사건에 대해서는 다시 심판할 수 없다는 일사부재리원칙을 선언한 것으로서 국민의 신체의 자유를 보장하기 위한 것이다. 이러한 이중처벌은 처벌 또는 제재가 동일한 행위를 대상으로 거듭 행해질 때 발생하는 문제이다. 그런데 신상정보 공개 · 고지명령은 형벌과는 목적이나 심사대상 등을 달리하는 보안처분에 해당하므로 동일한 범죄행위에 대하여 형벌이 부과된 이후 다시 신상정보 공개 · 고지명령이 선고 및 집행된다고 하여 이중처벌금지의 원칙에 위반된다고 할 수 없다."

16

통신의 비밀

갑 등은 A중공업이 근로자를 정리해고한 것에 항의하여 크레인 점거 농성 중이던 을 등을 응원하고자 2011.6.11.부터 2011.10.9. 사이에 희망버스 집회를 개최하였다는 이유로 '집회 및 시위에 관한 법률' 위반 등 혐의로 기소된 사람들이다.

해당 수사기관은 위 사건의 수사 또는 체포영장의 집행을 위하여 법원의 허가를 얻어 전기통신사업자에게 갑 등에 대한 통신비밀보호법 제2조 제11호 바목에 해당하는 통신사실확인자료의 제출을 요청하여 이를 제공받았고, 갑 등은 2011.12.22. 경부터 2012.2.4.경 사이에 해당 수사기관으로부터 위와 같은 통신사실확인자료 제공사실을 통지받았다.

이에 갑 등은 2012.2.29. 통신비밀보호법 제2조 제11호 바목, 제13조 제1항, 제2항, 제13조의3이 갑 등의 통신의 비밀, 사생활의 비밀과 자유, 개인정보자기결정권 등 기본권을 침해한다고 주장하면서 헌법재판소에 헌법소원심판을 청구하였다.

〈헌재 2018.6.28. 2012헌마191 등 참조〉

1. 갑 등의 헌법소원심판청구는 적법한가? (25점)
2. 갑 등의 헌법소원심판청구가 적법한 경우 통신비밀보호법 제13조 제1항 중에서 "검사 또는 사법경찰관은 수사를 위하여 필요한 경우 전기통신사업법에 의한 전기통신사업자에게 제2조 제11호 바목, 사목의 통신사실확인자료의 열람이나 제출을 요청할 수 있다"고 규정한 것이 갑 등의 통신의 자유 등 기본권을 위헌적으로 침해하는지 여부에 대해 헌법재판소는 어떤 본안판단을 내려야 하는가? (50점)
3. 갑 등의 헌법소원심판청구가 적법한 경우 통신비밀보호법 제13조의3 제1항의 통지조항은 적법절차원칙에 위반하여 갑 등의 개인정보자기결정권을 침해하는지 여부에 대해 헌법재판소는 어떤 본안판단을 내려야 하는가? (25점)

〈참고 조문(아래 법령은 현행 법령과 다를 수 있음)〉

통신비밀보호법 제13조 (범죄수사를 위한 통신사실확인자료제공의 절차)

① 검사 또는 사법경찰관은 수사 또는 형의 집행을 위하여 필요한 경우 전기통신사업법에 의한 전기통신사업자(이하 "전기통신사업자"라 한다)에게 통신사실확인자료의 열람이나 제출(이하 "통신사실확인자료제공"이라 한다)을 요청할 수 있다.

② 제1항의 규정에 의한 통신사실확인자료제공을 요청하는 경우에는 요청사유, 해당 가입자와의 연관성 및 필요한 자료의 범위를 기록한 서면으로 관할 지방법원(보통군사법원을 포함한다. 이하 같다) 또는 지원의 허가를 받아야 한다. 다만, 관할 지방

법원 또는 지원의 허가를 받을 수 없는 긴급한 사유가 있는 때에는 통신사실확인자료제공을 요청한 후 지체 없이 그 허가를 받아 전기통신사업자에게 송부하여야 한다.
③ 제2항 단서의 규정에 의하여 긴급한 사유로 통신사실확인자료를 제공받았으나 지방법원 또는 지원의 허가를 받지 못한 경우에는 지체 없이 제공받은 통신사실확인자료를 폐기하여야 한다.
④ 삭제
⑤ 검사 또는 사법경찰관은 제2항의 규정에 따라 통신사실확인자료제공을 받은 때에는 당해 통신사실확인자료제공요청사실 등 필요한 사항을 기재한 대장과 통신사실확인자료제공요청서 등 관련자료를 소속기관에 비치하여야 한다.
⑥ 지방법원 또는 지원은 제2항의 규정에 따라 통신사실확인자료제공 요청허가청구를 받은 현황, 이를 허가한 현황 및 관련된 자료를 보존하여야 한다.
⑦ 전기통신사업자는 검사, 사법경찰관 또는 정보수사기관의 장에게 통신사실확인자료를 제공한 때에는 자료제공현황 등을 연 2회 과학기술정보통신부장관에게 보고하고, 당해 통신사실확인자료 제공사실등 필요한 사항을 기재한 대장과 통신사실확인자료제공요청서등 관련자료를 통신사실확인자료를 제공한 날부터 7년간 비치하여야 한다.
⑧ 과학기술정보통신부장관은 전기통신사업자가 제7항의 규정에 의하여 보고한 내용의 사실여부 및 비치하여야 하는 대장등 관련자료의 관리실태를 점검할 수 있다.
⑨ 이 조에서 규정된 사항 외에 범죄수사를 위한 통신사실확인자료제공과 관련된 사항에 관하여는 제6조(동조 제7항을 제외한다)의 규정을 준용한다.

통신비밀보호법 제13조의3 (범죄수사를 위한 통신사실확인자료제공의 통지)
① 제13조의 규정에 의하여 통신사실확인자료제공을 받은 사건에 관하여 공소를 제기하거나, 공소의 제기 또는 입건을 하지 아니하는 처분(기소중지결정을 제외한다)을 한 때에는 그 처분을 한 날부터 30일 이내에 통신사실확인자료제공을 받은 사실과 제공요청기관 및 그 기간 등을 서면으로 통지하여야 한다.
② 제1항에 규정된 사항 외에 통신사실확인자료제공을 받은 사실 등에 관하여는 제9조의2(동조 제3항을 제외한다)의 규정을 준용한다.

1. 갑 등의 헌법소원심판청구는 적법한가? (25점)

Ⅰ. 서: 헌법소원심판의 유형과 적법요건 [2점]
Ⅱ. 공권력에 의한 기본권의 침해 [7점]
  1. 입법에 의한 기본권 침해와 법령소원
  2. 침해되는 기본권
  3. 갑 등의 기본권주체성
Ⅲ. 기본권침해의 직접성, 현재성, 자기관련성 [9점]
  1. 법령소원과 직접성 요건에 대한 판단
  2. 현재성에 대한 판단
  3. 자기관련성에 대한 판단
Ⅳ. 보충성 및 기타의 적법요건 [6점]

1. 헌법소원심판청구의 보충성 요건
2. 변호사강제주의
3. 청구기간: 청구기간의 도과 여부 판단

V. 결론 [1점]

I. 서: 헌법소원심판의 유형과 적법요건 [2점]

헌법재판소법 제68조 제1항에 따른 권리구제형 헌법소원은 공권력에 의한 기본권의 침해를 다투는 헌법소송이다.

그 적법요건으로는 공권력(의 행사 또는 불행사)에 의한 기본권의 침해와 더불어 기본권침해의 직접성, 현재성, 자기관련성이 갖춰져야 하며, 그밖에 헌법소원심판청구의 보충성, 변호사 강제주의, 청구기간의 준수 등이 있다.

Ⅱ. 공권력에 의한 기본권의 침해 [7점]

1. 입법에 의한 기본권 침해와 법령소원

헌법소원심판의 대상이 되는 공권력은 원칙적으로 모든 국가작용이다. 다만, 헌법재판소법 제68조 제1항 제1문의 규정에 따라 법원의 재판은 배제된다.

본 사안에서 갑 등은 통신비밀보호법 제13조 제1항 등의 위헌성으로 인한 기본권의 침해를 문제삼고 있다. 입법작용도 공권력으로서 기본권의 침해가 문제될 경우에는 헌법소원심판의 대상이 된다.

2. 침해되는 기본권

사안에서 갑 등이 침해를 주장할 수 있는 기본권은 통신의 비밀, 사생활의 비밀과 자유, 개인정보자기결정권 이외에 신체의 자유와 관련한 영장주의도 문제될 수 있을 것이다.

3. 갑 등의 기본권주체성

사안에서 갑 등의 국적에 대해서는 아무런 언급이 없다. 그러나 사안에서 문제되는 기본권들은 외국인에게도 인정될 수 있는 것이므로 기본권주체성의 인정에는 문제가 없다.

Ⅲ. 기본권침해의 직접성, 현재성, 자기관련성 [9점]

1. 법령소원과 직접성 요건에 대한 판단

기본권침해의 직접성 요건은 해당 공권력에 의해 청구인의 기본권이 직접 침해되었어야 한다는 것이다.

입법작용에 의한 기본권침해의 경우에는 직접성 요건에 주목할 필요가 있다. 해당 기본권의 침해가 입법에 의해 직접 발생하는 것인지, 집행작용의 매개를 통해 간접적으로 발생하는 것인지에 따라 직접성 요건의 충족 여부가 달라지기 때문이다.[1)]

사안의 경우 통신비밀보호법 제13조 제1항과 제13조의3 제1항은 집행작용을 매개함이 없이 통신사실확인자료의 제공에 대해 명시하고 있으므로 기본권침해의 직접성 요건을 충족하였다.

2. 현재성에 대한 판단

기본권침해의 현재성 요건은 해당 공권력에 의한 기본권침해가 장래의 발생 가능성이 있는 것이 아니라 현재적으로 침해가 이루어지고 있거나, 가까운 장래에 발생할 것이 확실한 경우이어야 한다는 것이다.

사안의 경우 갑 등은 현재 문제되고 있는 사건에 대하여 헌법소원심판을 청구한 것이므로 현재성 요건을 충족하였다.

3. 자기관련성에 대한 판단

기본권침해의 자기관련성 요건은 해당공권력이 자신의 기본권을 침해한 경우이어야 한다는 것이다. 사안에서 갑 등은 기본권 침해를 주장하는 당사자이므로 자기관련성 요건도 충족하였다.

Ⅳ. 보충성 및 기타의 적법요건 [6점]

1. 헌법소원심판청구의 보충성 요건

헌법재판소법 제68조 제1항 단서에 따른 보충성 요건은 헌법소원심판의 폭주를 막고 법원의 재판이나 행정심판 등의 구제절차를 적절하게 활용하기 위한 것이다.

그런데 입법작용에 의한 직접적인 기본권침해에 대해서는 헌법재판소 판례[2]에서 판시하듯이 별도의 적절한 구제수단이 있다고 보기 어려우므로 보충성 요건이 충족된 것으로 볼 수 있다.

2. 변호사강제주의

헌법소원심판은 사인이 청구의 주체가 되며, 헌법재판소법 제25조 제3항에 따라 변호사 강제주의가 적용된다. 따라서 갑 등은 본인이 변호사가 아닐 경우, 변호사를 대리인으로 선임하여야 헌법소원심판을 청구할 수 있다.

3. 청구기간의 준수

헌법재판소법 제69조 제1항에 따라 갑은 그 사유가 있음을 안 날부터 90일 이내에, 그 사유가 있는 날부터 1년 이내에 헌법소원심판을 청구하여야 한다.

사안에서 갑 등은 이 기간을 준수하였다.

---

1) **헌재 1991.6.3. 89헌마46 결정** 이래의 확립된 판례.

2) **헌재 1991.6.3. 89헌마46 결정**: "법률 자체에 의한 직접적인 기본권침해가 문제될 때에는 그 법률 자체의 효력을 직접 다투는 것을 소송물로 하여 일반 법원에 소송을 제기하는 길이 없으므로 다른 구제절차를 거칠 것 없이 바로 헌법소원을 제기할 수 있다."

Ⅴ. 결론 [1점]

사안의 갑 등에 의한 헌법소원심판청구는 - 변호사를 대리인으로 선임했다는 전제 하에 - 적법요건을 모두 충족하였으므로, 헌법재판소는 본안판단에 들어가야 한다.

2. 갑 등의 헌법소원심판청구가 적법한 경우 통신비밀보호법 제13조 제1항 중에서 "검사 또는 사법경찰관은 수사를 위하여 필요한 경우 전기통신사업법에 의한 전기통신사업자에게 제2조 제11호 바목, 사목의 통신사실확인자료의 열람이나 제출을 요청할 수 있다"고 규정한 것이 갑 등의 통신의 자유 등 기본권을 위헌적으로 침해하는지 여부에 대해 헌법재판소는 어떤 본안판단을 내려야 하는가? (50점)

Ⅰ. 사안의 분석과 쟁점의 정리 [5점] Ⅱ. 통신의 비밀의 의의와 보호범위 [9점] 　1. 통신의 개념과 통신비밀의 의의 　2. 통신비밀의 보호범위: 통신의 주체, 시기, 내용 등 　3. 통신사실확인자료 제공과 통신비밀의 충돌 Ⅲ. 통신사실확인자료의 의의와 근거 [9점] 　1. 통신사실확인자료의 개념 　2. 수사 목적의 통신사실확인자료 제공의 필요성 　3. 그 정당성 근거로서의 법원의 허가 Ⅳ. 통신비밀보호법 제13조 제1항의 요청조항에 대한 비례성 판단 [12점] 　1. 목적의 정당성 및 수단의 적합성 　2. 침해의 최소성 　3. 법익의 균형성 Ⅴ. 헌법재판소의 본안판단 [12점] 　1. 사안에 대한 판단 　2. 헌법재판소의 결정 형식(변형결정의 가능성) 　3. 결정의 효력 Ⅵ. 결론 [3점]

Ⅰ. 사안의 분석과 쟁점의 정리 [5점]

사안에서 문제되고 있는 것은 통신비밀보호법 제13조 제1항에 따른 통신사실확인자료의 제공 요청이다. 여기서 쟁점이 되는 것은 통신의 비밀의 주체인 갑 등에게 직접 통신사실을 확인하는 것이 아니라 전기통신사업자에게 통신사실확인자료의 제공을 요청함으로써 갑 등의 의사와 무관하게 통신의 비밀이 침해된다는 점이다.

이를 허용하는 통신비밀보호법 제13조 제1항의 합헌성 여부를 판단하기 위해서는 먼저 통신의 비밀의 의의와 보호범위를 검토하여 갑 등의 기본권 보호에 대한 부분을 확인하고, 이어서 통신사실확인자료의 의미와 성격 등을 밝혀야 한다. 그 바탕 위에서 통신비밀보호법 제13조 제1항의 합헌성 여부에 대해 판단할 수 있을 것이다.

Ⅱ. 통신의 비밀의 의의와 보호범위 [9점]

1. 통신의 개념과 통신비밀의 의의

통신이란 통신매체를 이용한 의사소통을 의미하며, 헌법 제18조가 규정하고 있는 통신의 비밀은 이러한 통신매체를 이용한 의사소통에 대해 제3자의 방해를 금지하는 것이다.

2. 통신비밀의 보호범위: 통신의 주체, 시기, 내용 등

통신비밀의 보호범위는 통신의 내용에 한정되지 않는다. 누가 누구와 통신을 하였는지(주체), 언제 통신을 하였는지(시기), 어떤 매체를 이용하여 통신하였는지(방식) 등 통신에 관한 사항이 포괄적인 보호의 대상이 된다.

예컨대 편지의 경우 우편배달부가 그 주소와 발신인, 수신인을 확인하는 것처럼 정당한 업무수행 과정에서 알려지는 통신에 관한 사항은 통신의 비밀에 대한 침해가 되지 않는다. 하지만 직무상 알게 된 정보를 제3자에게 전달하는 것은 통신비밀의 침해가 된다.

3. 통신사실확인자료 제공과 통신비밀의 충돌

이렇게 볼 때, 전기통신사업자가 통신사실확인자료를 제공하는 것은 통신의 비밀에 대한 침해가 될 수 있다. 그렇기 때문에 이를 정당화할 수 있는 특별한 요건 및 절차가 필요하게 된다.

Ⅲ. 통신사실확인자료의 의의와 근거 [9점]

1. 통신사실확인자료의 개념

통신비밀보호법 제2조 제11호에 따르면 통신사실확인자료라 함은 ① 가입자의 전기통신일시, ② 전기통신개시 · 종료시간, ③ 발 · 착신 통신번호 등 상대방의 가입자번호, ④ 사용도수, ⑤ 컴퓨터통신 또는 인터넷의 사용자가 전기통신역무를 이용한 사실에 관한 컴퓨터통신 또는 인터넷의 로그기록자료, ⑥ 정보통신망에 접속된 정보통신기기의 위치를 확인할 수 있는 발신기지국의 위치추적자료, ⑦ 컴퓨터통신 또는 인터넷의 사용자가 정보통신망에 접속하기 위하여 사용하는 정보통신기기의 위치를 확인할 수 있는 접속지의 추적자료를 말한다.

2. 수사 목적의 통신사실확인자료 제공의 필요성

범죄 수사의 목적을 위해 통신사실확인자료가 필요한 경우는 드물지 않게 발생한다. 예컨대 범죄인의 위치추적 등을 위해 통신사실확인자료가 유용한 경우가 많기 때문이다.

3. 그 정당성 근거로서의 법원의 허가

이러한 통신사실확인자료의 제공 요청은 통신의 비밀에 대한 중대한 제한이 될 수 있으며, 영장주의가 적용되어야 할 사항이라고 볼 수 있다. 이와 관련하여 통신비밀보호법 제13조 제1항에서는 법원의 허가를 받도록 함으로써 사실상 영장주의를 채택하고 있다.

Ⅳ. 통신비밀보호법 제13조 제1항의 요청조항에 대한 비례성 판단 [12점]

1. 목적의 정당성 및 수단의 적합성

범인의 검거 등 통신비밀보호법 제13조 제1항의 목적의 정당성은 부인하기 어렵다.

또한 통신사실확인자료의 제공을 통해 위치추적 등이 가능해지면 이러한 목적 달성에 도움이 되므로, 수단의 적합성도 인정된다.

2. 침해의 최소성

통신비밀보호법 제13조 제1항에 따르면 통신사실확인자료 제공의 범위에 대해서 제한이 없다. 즉, '수사를 위하여 필요한 경우'만을 요건으로 하면서 전기통신사업자에게 특정한 피의자·피내사자뿐만 아니라 관련자들에 대한 위치정보 추적자료의 제공요청도 가능하도록 규정하고 있다. 이는 통신사실확인자료 제공의 범위를 제한함으로써 관련자의 기본권침해를 감소시킬 수 있다는 점에서 침해의 최소성 원칙에 위배된다.[3)]

3. 법익의 균형성

통신비밀보호법 제13조 제1항이 달성하고자 하는 공익적 요청도 매우 중요한 것은 분명하지만, 통신의 비밀 및 개인정보자기결정권도 못지 않은 중요성을 갖는다. 더욱이 이 조항은 수사의 목적을 위해 필요 이상으로 기본권을 제한하고 있으므로 법익의 균형성 요청을 충족시키지 못한다.[4)]

---

3) **헌재 2018.6.28. 2012헌마191 등 결정**: "수사기관의 위치정보 추적자료 제공요청과 관련해서는, 이 사건 요청조항의 입법목적 달성에 지장을 초래하지 아니하면서도 정보주체의 기본권을 덜 침해하는 방법이 가능하다.
예를 들면, ① 수사기관이 전기통신사업자로부터 실시간 위치정보 추적자료를 제공받는 경우 또는 불특정 다수에 대한 위치정보 추적자료를 제공받는 경우에는 수사의 필요성뿐만 아니라 보충성이 있을 때, 즉 다른 방법으로는 범죄 실행을 저지하거나 범인의 발견·확보 또는 증거의 수집·보전이 어려운 경우에 한하여, 수사기관이 위치정보 추적자료의 제공을 요청할 수 있게 하는 방법, ② 통신비밀보호법 제5조 제1항에 규정된 통신제한조치가 가능한 범죄 이외의 범죄와 관련해서는 수사의 필요성뿐만 아니라 보충성이 있는 경우에 한하여 수사기관이 위치정보 추적자료의 제공을 요청할 수 있도록 하는 방법 등이 개선입법으로 고려될 수 있다. 이러한 방법 등을 통하여 수사의 신속성 및 효율성을 확보하고 실체적 진실발견 및 국가형벌권의 적정한 행사라는 이 사건 요청조항의 입법목적을 달성하면서도, 수사기관의 위치정보 추적자료 제공요청의 남용을 방지하고 정보주체의 기본권 보장을 도모할 수 있다.
그럼에도 불구하고, 이 사건 요청조항은 정보주체의 기본권 제한을 최소화하려는 노력을 도외시한 채 수사기관의 수사편의 및 효율성만을 도모한 것으로, 입법목적의 달성에 필요한 범위를 벗어나 정보주체의 기본권을 과도하게 제한하고 있다."

4) **헌재 2018.6.28. 2012헌마191등 결정**: "이 사건 요청조항이 달성하고자 하는 실체적 진실발견과 국가형벌권의 적정한 행사라는 공익은 중요하고, 이러한 공익목적 달성을 위하여 수사기관이 전기통신사업자로부터 위치정보 추적자료를 제공받는 것은 불가피한 측면이 있다. 그러나 이 사건 요청조항은 공익목적의 달성에 필요한 범위를 벗어나 정보주체의 통신의 자유와 개인정보자기결정권을 과도하게 제한하고 있으므로, 이 사건 요청조항으로 달성하려는 공익이 그로 인해 제한되는 정보주체의 기본권보다 중요하다고 단정할 수 없다. 따라서 이 사건 요청조항은 법익의 균형성 요건을 충족한다고 할 수 없다."

Ⅴ. 헌법재판소의 본안판단 [12점]

1. 사안에 대한 판단

앞서의 검토를 통해 확인된 것처럼 통신비밀보호법 제13조 제1항에서 범위의 제한 없이 통신사실확인자료의 제공을 요청할 수 있도록 한 것은 위헌이다.

2. 헌법재판소의 결정 형식(변형결정의 가능성)

사안의 헌법소원심판은 이른바 법령소원으로서 기본권의 침해를 다투는 것이지만, 이는 동시에 심판대상법령의 효력을 다투는 것이기도 하다. 그로 인하여 헌법재판소의 결정 형식은 인용 또는 기각이 아니라 합헌 또는 위헌으로 내려진다.

본 사안의 경우에는 특히 위헌성이 인정되더라도 단순위헌으로 전체를 무효화하기 어려운 점이 있으므로 변형결정의 하나인 헌법불합치 결정이 내려져야 할 것이다.

3. 결정의 효력

헌법재판소의 헌법불합치결정은 실질적인 위헌결정으로서 모든 국가기관과 지방자치단체를 구속한다. 다만, 단순위헌과 달리 잠정적용을 명할 수 있으며, 이를 통해 공익적 목적을 위한 통신사실확인자료의 제공을 전면 중단시키는 일은 발생하지 않도록 해야 할 것이다.

Ⅵ. 결론 [3점]

이상의 검토를 종합할 때, 통신비밀보호법 제13조 제1항은 위헌이며, 헌법재판소는 헌법불합치결정을 내림으로써 그 위헌성을 확인하되, 잠정적용 명령을 통해 공익적 목적을 위한 통신사실확인자료의 제공을 전면 무효시키는 일은 없어야 할 것이다.

3. 통신비밀보호법 제13조의3 제1항의 통지조항은 적법절차원칙에 위반하여 갑 등의 개인정보자기결정권을 침해하는가? (25점)

Ⅰ. 사안의 분석과 쟁점의 정리 [2점]
Ⅱ. 적법절차원칙의 의의와 성격 [4점]
  1. 헌법의 기본원리로서의 법치주의와 적법절차
  2. 적법절차의 헌법적 근거: 헌법 제12조 제3항, 제16조 등
  3. 적법절차의 적용범위: 영장주의, 적절한 고지, 의견진술의 기회 등
Ⅲ. 수사의 밀행성과 통지시기의 쟁점 [4점]
  1. 적법절차원칙에 따른 통신사실확인자료 제공의 통지 필요성
  2. 수사의 밀행성 요청으로 인한 즉시 통지의 곤란성
  3. 통신비밀보호법 제13조의3 제1항에 따른 통지시기의 실효성 문제
Ⅳ. 기본권 제한의 정당성에 대한 비례성 판단 [7점]
  1. 목적의 정당성 및 수단의 적합성
  2. 침해의 최소성

Ⅰ. 사안의 분석과 쟁점의 정리 [2점]

사안에서 통신비밀보호법 제13조의3 제1항은 통신사실확인자료의 제공과 관련한 통지를 처분 후 즉시가 아니라 30일 이내에 서면으로 통지하도록 규정하고 있다.

이러한 규정은 당사자로 하여금 적시에 대응하는 것이 사실상 불가능하게 만들고 있으므로 여러 가지 문제를 낳게 되며, 가장 기본적인 쟁점은 이러한 통지시기가 적법절차의 원칙에 위배되는지 여부이다.

이에 대한 판단을 위해서는 먼저 적법절차원칙의 의의와 성격을 검토한 후에 수사의 밀행성 측면에서 통지시기를 늦출 필요가 있는지를 고찰할 필요가 있다. 그리고 이를 바탕으로 기본권제한의 정당성 여부를 검토한 이후에 헌법재판소의 본안판단이 내려져야 할 것이다.

Ⅱ. 적법절차원칙의 의의와 성격 [4점]

1. 헌법의 기본원리로서의 법치주의와 적법절차

비록 법치주의에 대한 명문의 규정은 없으나, 법치주의 민주주의와 더불어 헌법의 기본원리라는 점은 널리 인정되고 있다.

더불어 적법절차의 원칙은 헌법상 명문의 규정이 있을 뿐만 아니라, 학설과 판례에 의해 헌법상의 원칙으로 인정된다.[5)]

2. 적법절차의 헌법적 근거: 헌법 제12조 제1항, 제3항 등

헌법 제12조 제1항과 제3항은 신체의 자유의 제한과 관련하여 적법절차를 명시하

---

5) **헌재 1997.11.27. 92헌바28 결정**: "헌법은 제12조 제1항에서 "누구든지… 법률과 적법한 절차에 의하지 아니하고는 처벌·보안처분 또는 강제노역을 받지 아니한다."고 규정하고 있는바, 여기에서 "적법한 절차"라 함은 이른바 적법절차주의를 채용하였음을 명시하는 것으로서 미국연방헌법 수정 제5조 및 제14조에 규정된 적법절차 (due process of law) 의 보장을 받아들인 것이라 할 것이다. 위 적법절차의 원칙은 영미법계의 국가에서 국민의 인권을 보호하기 위한 기본원리의 하나로 발달되어 온 원칙으로, 미국헌법상 적법절차 법리의 전개는 절차적정성 내지 절차의 정의합치성을 뜻하는 절차적 적법절차에 그치지 아니하고, 입법내용의 적정성을 뜻하는 실체적 적법절차로 발전되어 왔다. 따라서 위 헌법조항의 적법한 절차라 함은 인신의 구속이나 처벌 등 형사절차만이 아니라 국가작용으로서의 모든 입법작용과 행정작용에도 광범위하게 적용되는 독자적인 헌법원리의 하나로, 절차가 형식적 법률로 정하여져야 할 뿐만 아니라 적용되는 법률의 내용에 있어서도 합리성과 정당성을 갖춘 적정한 것이어야 함을 요구하는 것이다(헌법재판소 1996.1.25. 선고, 95헌가5 결정 ; 1997.3.27. 선고, 96헌가11 결정 등 참조)."

고 있다. 그러나 이는 적법절차의 한 예시에 불과하며, 적법절차원칙은 국가작용 전반에 대한 정당성 판단의 기준으로 널리 인정되고 있다.[6)]

3. 적법절차의 적용범위: 영장주의, 적절한 고지, 의견진술의 기회 등

적법절차가 적용되는 대표적인 경우의 하나가 신체의 자유, 주거의 자유 등에 대한 제한시 요구되는 영장주의이며, 그밖에 정당한 방어권의 행사를 위해 적절한 고지를 하는 것이나 의견진술의 기회를 부여하는 것도 적법절차의 내용으로 인정된다.

Ⅲ. 수사의 밀행성과 통지시기의 쟁점 [4점]

1. 적법절차원칙에 따른 통신사실확인자료 제공의 통지 필요성

이상 검토한 바에 따를 때, 적법절차원칙은 통신사실확인자료를 제공하게 된 경우에 전기통신사업자 또는 수사기관이 이러한 사실에 대해 당사자에게 통지를 하는 것이 요청된다. 이를 통해서만 부적절한 기본권침해에 대해 방어하는 것이 가능할 것이기 때문이다.

2. 수사의 밀행성 요청으로 인한 즉시 통지의 곤란성

반면에 통신사실확인자료의 제공과 동시에 당사자에게 이같은 사실이 통지될 경우에는 수사목적의 달성에 큰 장애가 발생할 가능성이 높다.

예컨대 통신사실확인자료를 제공받아서 이를 분석한 결과 범죄혐의자의 위치를 확인했는데, 이미 당사자에게 이러한 사실이 통지되어 휴대폰을 버리고 달아나는 등의 문제가 발생할 수 있는 것이다.

3. 통신비밀보호법 제13조의3 제1항에 따른 통지시기의 실효성 문제

통신비밀보호법 제13조의3 제1항은 30일 이내에 통지하도록 규정하고 있다. 이는 적법절차원칙에 따라 통지를 하되, 수사목적에 방해가 되는 것을 피하기 위해 30일이라는 기간을 둔 것으로 보인다.

그러나 30일은 이미 통신사실확인자료의 제공을 통해 당사자의 통신의 자유 등이 침해된 이후이며, 적절한 방어권 행사를 사실상 곤란하게 만드는 것은 아닌지가 문제된다.

Ⅳ. 기본권 제한의 정당성에 대한 비례성 판단 [7점]

1. 목적의 정당성 및 수단의 적합성

사안의 경우 범죄혐의자의 검거 등 목적의 정당성은 인정될 수 있다.

---

6) **헌재 2016.12.29. 2015헌바280 결정**: "헌법 제12조 제1항은 "법률과 적법한 절차에 의하지 아니하고는 처벌·보안처분 또는 강제노역을 받지 아니한다."라고 하여 적법절차원칙을 규정하고 있는바, 적법절차원칙은 형사소송절차에 국한하지 않고 모든 국가작용에 대하여 문제된 법률의 실체적 내용이 합리성과 정당성을 갖추고 있는지 여부를 판단하는 기준으로 적용된다 할 것이므로(헌재 1992.12.24. 92헌가8 등 참조), 국민에게 부담을 줄 수 있는 행정작용에 있어서도 적법절차원칙이 준수되어야 한다(헌재 2014. 3.27. 2012헌바29 등 참조)."

또한 통지시기를 30일 이내로 여유 있게 정한 것이 통신사실확인자료의 제공 이후 즉시 통지하는 것과는 달리 수사목적 달성에 도움이 된다는 점에서 수단의 적합성도 인정된다.

2. 침해의 최소성

반면에 굳이 30일까지 기간을 길게 두지 않더라도 1~2주일 정도면 수사목적 달성에는 큰 지장이 없으면서도 당사자의 방어권 행사에 도움이 될 수 있다는 점을 고려할 때, 사안의 통신비밀보호법 제13조의3 제1항에서 정한 30일의 기간은 침해의 최소성 요건을 갖추지 못한 것이다.

3. 법익의 균형성

수사목적이라는 공익과 당사자의 통신의 비밀은 각기 중요한 법익이기 때문에 어느 한쪽이 일방적으로 우월하다고 보기는 어렵다. 그러나 통신비밀보호법 제13조의3 제1항은 수사기관의 통지의무 불이행 등에 대해서 효과적인 통제수단을 두지 않고 있다는 점에서 법익의 균형성 요건도 충족시키지 못 한다.

Ⅴ. 헌법재판소의 본안판단 [7점]

1. 사안에 대한 판단

앞서의 검토를 통해 확인된 것처럼 통신비밀보호법 제13조의3 제1항에서 30일의 기간 내에 통신사실확인자료의 제공에 대해 당사자에게 통지하도록 규정한 것은 그 기간이 과도하여 갑 등의 적절한 방어권행사를 곤란하게 만들고 있으므로 적법절차원칙에 위배되어 위헌이다.

2. 헌법재판소의 결정 형식(변형결정의 가능성)

본 사안은 이른바 법령소원으로서 입법작용에 의한 기본권 침해를 다투고 있다. 실제 이 사건의 심판대상은 통신비밀보호법 제13조의3 제1항으로서 갑 등의 청구를 인용할 것인지의 여부는 결국 동 조항에 대한 위헌성 여부의 판단과 맞물려 있으므로, 헌법재판소는 청구에 대한 인용 또는 기각이 아니라, 합헌 또는 위헌으로 결정한다.

또한 본 사안의 경우에는 특히 위헌성이 인정되더라도 단순위헌으로 전체를 무효화할 경우에는 통지의무 자체가 없어지는 불합리한 결과를 낳게 되므로 변형결정의 하나인 헌법불합치 결정이 내려져야 할 것이다.

3. 결정의 효력

헌법재판소의 헌법불합치결정은 실질적인 위헌결정으로서 모든 국가기관과 지방자치단체를 구속한다. 다만, 단순위헌과 달리 잠정적용을 명할 수 있으며, 이를 통해 공익적 목적을 위한 통신사실확인자료의 제공을 전면 중단시키는 일은 발생하지 않도록 해야 할 것이다.

Ⅵ. 결론 [1점]

이상의 검토를 종합할 때, 통신비밀보호법 제13조의3 제1항은 위헌이며, 헌법재판소는 헌법불합치결정을 내림으로써 그 위헌성을 확인하되, 잠정적용 명령을 통해 동 조항이 무효화됨으로써 수사기관의 통지의무 자체가 소멸되는 불합리한 결과를 피해야 할 것이다.

17

양심의 자유

최근 가짜뉴스 논란이 심해지면서 가짜뉴스를 보도한 신문 등에 대해서는 손해액의 5배까지 부과할 수 있도록 하는 징벌적 손해배상과 더불어 사과문의 게재를 명령하는 「신문 등의 진흥에 관한 법률」(이하 신문법) 개정안이 국회를 통과하였으며, 제27조의2를 신설하였다.

A신문에서는 여당 중진의원 갑의 금품수수의혹을 보도하였는데, 여당에서는 이에 대해 언론중재위원회에 A신문사의 사과문 게재를 요구하였고 언론중재위원회에서는 A신문사에 대해 사과문 게재를 명령하였다. A신문사는 갑의 금품수수에 대해 의혹이 있다는 사실을 보도한 것이 가짜뉴스에 해당되지 않는다고 주장하며 재심을 청구하였으나 재심 기각통지를 받았다.

A신문사는 사과문을 게재명령을 받고, 재심기각통지까지 받았으므로 지체없이 사과문을 게재하여야 함에도 불구하고 이를 이행하지 않았다는 점으로 인해 신문법 위반 혐의로 기소되었다. 이 사건을 담당하게 된 B지방법원에서는 소송의 계속 중에 신문법의 '사과문 게재' 부분에 대하여 헌법재판소에 위헌법률심판을 제청하였다.

〈헌재 2015.7.30. 2013헌가8 결정 참조〉

1. 법원의 위헌법률심판제청은 적법한가? (25점)
2. 위 위헌법률심판제청이 적법한 것으로 인정될 경우 헌법재판소는 어떤 본안판단을 내려야 하는가? (50점)
3. 만일 신문법에서 사과문의 게재 대신에 언론중재위원회의 결정 자체를 게재하도록 하였을 경우에는 합헌으로 볼 수 있는가? (25점)

〈참고 조문(아래 법령은 현행 법령과 다를 수 있음)〉

신문 등의 진흥에 관한 법률 제3조(신문 등의 자유와 책임)

① 신문 및 인터넷신문에 대한 언론의 자유와 독립은 보장된다.
② 신문 및 인터넷신문은 제1항의 언론자유의 하나로서 정보원에 대하여 자유로이 접근할 권리와 그 취재한 정보를 자유로이 공표할 자유를 갖는다.
③ 신문 및 인터넷신문은 인간의 존엄과 가치 및 민주적 기본질서를 존중하여야 한다.

신문 등의 진흥에 관한 법률 제27조의2(허위 또는 불공정한 기사에 대한 언론중재위원회의 조치)

① 「신문 등의 진흥에 관한 법률」 제2조에 따른 신문, 「잡지 등 정기간행물의 진흥에

관한 법률」 제2조 제1호에 따른 잡지·정보간행물·전자간행물·기타간행물 및 「뉴스통신진흥에 관한 법률」 제2조 제1호에 따른 뉴스통신에 게재된 기사의 진실 여부 및 공정 여부가 문제될 때에는 이를 언론중재위원회에서 조사한다.

② 제1항의 조사 결과 기사의 내용이 진실하지 않거나 공정하지 않다고 인정되는 경우에 언론중재위원회는 불공정한 기사를 게재한 정기간행물 등을 발행한 자(이하 "언론사"라 한다)에 대하여 그 사과문 또는 정정보도문의 게재를 지체 없이 명하여야 한다.

1. 법원의 위헌법률심판제청은 적법한가? (25점)

Ⅰ. 위헌법률심판의 성격과 적법요건 [3점]
Ⅱ. 구체적 규범통제와 재판의 전제성 [7점]
1. 구체적 규범통제의 개념과 특성
2. 재판의 전제성의 의미
3. 재판의 전제성의 구성요소
Ⅲ. 사안의 재판의 전제성 구비 여부에 대한 판단 [7점]
1. 법원에의 소송의 계속
2. 해당 법률(조항)의 당해 사건에의 적용
3. 해당 법률(조항)의 위헌성 여부에 따른 판결 결과의 차이
Ⅳ. 위헌 여부에 대한 합리적 의심과 권리보호의 이익 [6점]
1. 위헌 여부에 대한 합리적 의심
2. 권리보호의 이익과 헌법적 해명의 중요성
Ⅴ. 결론 [2점]

Ⅰ. 위헌법률심판의 성격과 적법요건 [3점]

현행법상 인정되고 있는 위헌법률심판은 구체적 규범통제이며, 따라서 법원에 재판이 계속 중인 상태에서 법률의 위헌 여부가 문제되는 경우에 당해 법원이 제청하는 것이다.

위헌법률심판의 적법요건으로는 재판의 전제성과 더불어 위헌 여부에 대한 합리적 의심, 소의 이익 등이 요구된다. 법원에서 제청하는 만큼 적법요건에는 큰 문제가 없는 경우가 대부분이지만, 간혹 일부 적법요건의 구비 여부가 문제되는 경우도 있다.[1)]

1) **헌재 2003.10.30. 2002헌가24 결정**: "법률에 대한 위헌제청이 적법하기 위해서는 법원에 계속중인 구체적인 사건에 적용할 법률이 헌법에 위반되는 여부가 재판의 전제로 되어야 한다. 당해사건을 담당하는 법원이 당해 법률의 위헌 여부와 관계없이 각하를 하여야 할 사건이라면 당해 법률이 헌법에 위반되는지의 여부에 따라 당해 사건을 담당하는 법원이 다른 내용의 재판을 하게 되는 경우라고 할 수 없으므로 재판의 전제성이 인정될 수 없다."
헌재 2016.3.31. 2015헌가8 결정: "심판대상조항은 형사소송인 당해사건에서 형벌의 근거조항으로서 직접 적용되는 조항이 아니라, 당해사건의 유죄판결이 확정되고 난 후 그 유죄판결에 기초하여 부과되는 새로운 제재의 근거조항일 뿐이므로, 심판대상조항은 그 위헌 여부로 재판의 주문이 달라지거나 재판의

Ⅱ. 구체적 규범통제와 재판의 전제성 [7점]

1. 구체적 규범통제의 개념과 특성

구체적 규범통제는 가장 먼저 탄생된 위헌법률심판이며, 법원의 소송이 계속 중인 상태에서 당해 사건에 적용되는 법률의 합헌성 여부에 대해서만 한정적으로 위헌 여부 판단을 인정하는 것이다.

구체적 규범통제의 장점은 심판대상의 과도한 확대를 막고, 민중소송화를 방지하는 것이지만, 단점으로는 태아의 생명권 등 보호의 사각지대가 존재한다는 점이다.

2. 재판의 전제성의 의미

재판의 전제성은 '구체적 규범통제'로서의 성격 때문에 요구되는 것으로서, 위헌 여부에 대한 판단이 재판의 결과에 영향을 미칠 때에만 법원이 위헌법률심판을 제청할 수 있도록 한 것이다.

따라서 재판의 전제성을 구비하지 못한 경우에는 위헌법률심판이 진행되지 못한다.

3. 재판의 전제성의 구성요소

재판의 전제성이 인정되기 위해서는 세 가지 요건이 갖춰져야 한다. 첫째, 법원에 소송이 계속(繫屬) 중이어야 하며, 둘째, 심판대상법률(조항)이 당해 소송사건에 적용되어야 하며, 셋째, 심판대상법률(조항)의 위헌 여부에 따라 재판의 내용이 달라질 수 있어야 한다.

Ⅲ. 사안의 재판의 전제성 구비 여부에 대한 판단 [7점]

1. 법원에의 소송의 계속

재판의 전제성이 인정되기 위해서는 가장 먼저 법원에 소송이 계속(繫屬) 중이어야 한다. 즉, 법적 쟁점에 관하여 법원에 소송이 제기되고 그 소송에 대해 법원이 심리를 하고 있는 상태여야 한다.[2]

사안에서는 소송이 계속 중이라는 점이 확인된다.

2. 해당 법률(조항)의 당해 사건에의 적용

재판의 전제성이 인정되기 위한 두 번째 요건은 위헌 여부가 다투어지는 법률(조항)이 당해 사건에 적용되는 것이어야 한다는 점이다. 당해 사건의 재판과 무관한 법률(조항)에 대해서는 구체적 규범통제에서 위헌 여부를 다툴 수 없기 때문이다.

내용과 효력에 관한 법률적 의미가 달라지는 경우라고 보기 어려워 재판의 전제성이 없다."
헌재 2016.3.31. 2015헌가36 결정: "확정된 유죄판결에서 처벌의 근거가 된 법률조항은 재심의 개시 여부를 결정하는 재판에서는 재판의 전제성이 인정되지 않고, 재심의 개시 결정 이후의 '본안사건에 대한 심판'에 있어서만 재판의 전제성이 인정된다. 이 사건 제청법원은 당해사건인 재심사건에서 재심개시결정을 하지 아니한 채 심판대상조항에 대해 위헌제청을 하였으므로, 이 사건 위헌법률심판제청은 재판의 전제성이 인정되지 아니하여 부적법하다."

2) 다만, 당해사건이 부적법하여 각하될 것이 분명한 경우에는 재판의 전제성 자체가 결여된 것으로 보는 것이 헌법재판소의 판례이다. **헌재 2017.6.29. 2016헌바184; 헌재 2019.2.28. 2017헌바417** 등 참조.

사안에서는 신문법 제27조의2가 당해 사건에 적용되므로 이 요건도 갖추었다.

3. 해당 법률(조항)의 위헌성 여부에 따른 판결 결과의 차이

재판의 전제성 인정을 위한 마지막 요건은 다투어지는 법률(조항)의 위헌 여부에 따라 당해 사건의 판결 결과에 차이가 발생해야 한다는 점이다.

사안에서 심판대상조항인 신문 등의 진흥에 관한 법률 제27조의2의 합헌 여부에 따라 재판의 결과가 달라질 수 있으므로 이 요건도 갖추었다.

Ⅳ. 위헌 여부에 대한 합리적 의심과 권리보호의 이익 [6점]

1. 위헌 여부에 대한 합리적 의심

위헌법률심판 제청의 주체는 법원이며, 법원은 직권 또는 당사자의 신청에 따라 제청 여부를 결정한다. 이와 관련하여 당사자의 위헌 주장이 있으면 당해 법원은 위헌법률심판을 제청할 의무가 있다는 주장도 있으나, 위헌소원의 존재에 비추어 볼 때 이는 타당하지 않다.

다만, 법원에서 위헌에 대한 확신이 있을 때 비로소 위헌법률심판 제청을 하는 것이 아니라 위헌 여부에 대한 합리적 의심이 있는 경우에 제청하여야 한다는 것이 일반적으로 인정되고 있다. 사안의 경우에는 사죄광고에 대한 헌법재판소의 위헌결정에 비추어 볼 때, 이러한 요건도 갖춘 것으로 보인다.

2. 권리보호의 이익과 헌법적 해명의 중요성

위헌법률심판도 사법작용이며, 따라서 위헌법률심판제청 신청인의 입장에서 권리보호의 이익이 인정되어야 한다. 따라서 권리보호의 이익이 없는 것으로 인정될 경우에는 적법요건의 결여로 인해 헌법재판소는 각하 결정을 내릴 수 있다.[3)]

다만, 헌법적 해명의 중요성이 인정되고, 유사한 사건에 대한 위헌 논란이 반복될 여지가 있을 경우에는 예외적으로 위헌 여부의 심판 이익이 있다고 인정된다.[4)]

---

3) **헌재 2009.10.29. 2007헌바132 결정**: "헌법소원제도의 목적에 비추어 권리보호이익이 있는 경우에만 이를 제기할 수 있고, 헌법소원이 비록 적법하게 제기되었더라도 권리보호이익은 헌법재판소의 결정 당시에도 존재해야 한다. 그런데 개정 특조법 제3조에 대한 이 사건 헌법소원심판이 청구되어 계속중인 2009.3.25. "하천편입토지 보상 등에 관한 특별조치법"이 법률 제9543호로 제정되었다. 그렇다면 개정 특조법 제3조에 대한 이 사건 심판청구는 심판계속중 청구인이 심판을 통하여 이루고자 하는 주관적 목적을 위 법률을 통하여 달성할 수 있게 되었으므로 권리보호의 이익, 즉 심판의 이익이 상실되어 부적법하다."
이 결정은 '위헌소원'사건에 대한 것으로서 헌법소원심판제도의 목적을 들고 있지만, 그 실질은 위헌법률심판이며, 위헌법률심판에서 유사한 상황이 발생할 경우에 똑같은 논리로 부적법 각하가 가능할 것이다.

4) **헌재 2009.3.26. 2007헌가19 결정**: "심리기간 중 소의 이익이 소멸되었다 하더라도 헌법재판소로서는 제청 당시 전제성이 인정되는 한 예외적으로 객관적인 헌법질서의 수호·유지를 위하여 긴요한 사항에 대하여는 그 위헌 여부에 대한 판단을 할 수 있는 것이고(헌재 2000.7.20. 99헌가7, 판례집 12-2, 17, 25 ; 헌재 2004.10.28. 2003헌가18, 판례집 16-2하, 86, 94 참조), 이 사건 법률조항의 위헌 여부는 집행유예와 비교하여 평등권 침해가 문제되는 등 중요한 헌법적인 사항이라 할 수 있으며, 이 문제에 대하여 우리 재판소가 아직 헌법적 해명을 한 바 없을 뿐만 아니라, 이 사건과 관련하여 또는 이 사건과 무관하게 심판대상 법률조항에 따른 선고유예의 실효 청구가 재차 이루어져 평등권 등에 대한 기본권 침

사안의 경우 권리보호의 이익도 인정된다.

Ⅴ. 결론 [2점]

이상의 검토를 종합할 때, 법원의 위헌법률심판 제청은 재판의 전제성 등의 적법요건을 모두 갖춘 것으로 판단되며, 헌법재판소는 본안판단에 들어가야 할 것이다.

2. 위헌법률심판제청이 적법한 것으로 인정될 경우 헌법재판소는 어떤 본안판단을 내려야 하는가? (50점)

Ⅰ. 사안의 분석과 쟁점의 정리 [5점]
Ⅱ. 양심의 자유의 개념 및 성격과 보호범위 [8점]
  1. 양심의 자유의 개념과 성격
  2. 양심의 자유의 주체: 법인의 기본권 주체성
  3. 양심의 자유의 내용과 사안에 대한 판단: 양심에 반하는 행위의 강제
Ⅲ. 사과문 게재와 양심의 자유 [10점]
  1. 사과문 게재의 의미와 성격
  2. 사과문 게재와 양심의 자유 · 인격권의 침해
  3. 헌법재판소의 판례: 사죄광고, 준법서약서 등에서의 엇갈린 판례
Ⅳ. 제한의 정당성에 대한 비례성 판단 [12점]
  1. 목적의 정당성과 수단의 적합성
  2. 침해의 최소성
  3. 법익의 균형성
Ⅴ. 헌법재판소의 본안판단 [12점]
  1. 헌법재판소 결정의 유형과 주문
  2. 사안에 대한 판단
  3. 헌법재판소 결정의 효력
Ⅵ. 결론 [3점]

Ⅰ. 사안의 분석과 쟁점의 정리 [5점]

본 사안에서는 「신문 등의 진흥에 관한 법률」 제27조의2의 위헌성 여부를 다투고 있다. 이 조항의 위헌성 여부와 관련한 핵심 쟁점은 과거 헌법재판소에 의해 위헌으로 결정된 바 있는 사죄광고와 유사한 방식의 사과문 게재를 명하는 내용을 담고 있다는 점이다.

이에 대해 합헌성 여부를 판단하기 위해서는 양심의 자유의 의미와 보호범위에 대한 일반론적 고찰을 기초로 사과문 게재를 강제하는 것이 양심의 자유에 대한 침해인지의 여부를 고찰해야 할 것이다. 특히 헌법재판소에서 사죄광고에 대해서는 위헌 결정을

해의 논란이 반복될 여지가 있음이 분명하여, 이에 대한 위헌 여부의 심판이익이 있으므로, 객관적인 권리보호의 이익은 여전히 존재한다 할 것이다."

내렸던 반면에 준법서약서에 대해서는 합헌 결정을 내렸던 것이 어떤 의미를 갖는지도 검토해야 할 것이다.

그 바탕 위에서 위 조항에 따른 사과문 게재의 강제에 대해 합헌성 여부를 판단할 수 있을 것이다.

Ⅱ. 양심의 자유의 개념 및 성격과 보호범위 [8점]

1. 양심의 자유의 개념과 성격

헌법 제19조에서 규정하고 있는 양심의 자유는 개인이 도덕적인 선악의 판단에 대해 자신의 생각을 자유롭게 형성하고, 또 유지할 수 있는 자유를 말한다. 이러한 양심의 자유는 양심형성의 자유, 침묵의 자유(양심을 지킬 자유), 양심실현의 자유로 구분되나, 양심실현의 자유는 인정하지 않는 견해도 많다.

2. 양심의 자유의 주체 : 법인의 기본권 주체성

양심의 자유는 정신적 자유권으로서 자연인의 권리로 인정되어 왔으나, 최근에는 법인의 경우에도 양심의 자유, 종교의 자유 등과 같은 정신적 자유의 주체로 인정되고 있다. 헌법재판소는 과거 사죄광고의 위헌성을 인정하면서 그 청구주체였던 동아일보사의 기본권주체성을 간접적으로 인정한 바 있다.[5)]

3. 양심의 자유의 내용과 사안에 대한 판단 : 양심에 반하는 행위의 강제

사안의 경우 A신문사는 언론중재위원회에 의해 사과문 게재명령을 받았으나 이를 이행하지 않고 있다. 이와 관련하여 A신문사는 사과문 게재의 근거조항인 신문법 제27조의2의 위헌성 여부를 다투고 있다.

여기서 핵심적인 쟁점은 역시 사과문 게재를 강제하는 것이 －과거 헌법재판소에 의해 위헌결정을 받았던 사죄광고와 마찬가지로－ 양심의 자유에 대한 위헌적 침해로 인정될 수 있는지의 여부이다.

Ⅲ. 사과문 게재와 양심의 자유 [10점]

1. 사과문 게재의 의미와 성격

A신문사가 사과문을 게재한다는 것은 스스로의 잘못을 인정하고, 이를 독자들에게 알리는 의미를 갖는다. 즉, 사과문 게재는 A신문사의 잘못을 인정하고 반성하는 의미로 이해될 수 있는 것이다.

2. 사과문 게재와 양심의 자유 · 인격권의 침해

이러한 사과문의 게재가 자율적 결정에 의해 행해진 경우에는 아무런 문제가 없으

---

5) **헌재 1991.4.1. 89헌마160 결정**: 이 사건에서 헌법재판소는 법인이 양심의 자유의 주체가 될 수 있다는 점에 대해 명시적으로 언급하지는 않았지만, 적법요건의 결여로 각하하지 않았다는 점에서 양심의 자유에 대한 법인의 기본권주체성을 인정한 것으로 보인다.

나, 이를 강제할 경우에는 잘못이 아니라고 생각하는 것을 잘못으로 인정하도록 강제하는 것이 되어 양심의 자유, 특히 양심형성의 자유에 대한 직접적인 제한이 문제될 수 있다.

나아가 사과문 게재를 강제하는 것은 개인의 인격권에 대한 침해까지도 문제될 수 있다.

3. 헌법재판소의 판례 : 사죄광고, 준법서약서 등에서의 엇갈린 판례

이와 관련하여 헌법재판소는 사죄광고의 위헌성을 인정한 바 있다.[6] 그러나 유사한 성격의 강제로 볼 수 있는 준법서약서에 대해서는 합헌성을 인정하는 판례가 있다.[7]

이와 관련하여 논란이 있으나, 헌법재판소 판례에서 판시한 바에 따라 선택의 여지 없이 강제할 경우에 양심의 자유에 대한 침해가 있는 것으로 볼 수 있다.

Ⅳ. 제한의 정당성에 대한 비례성 판단 [12점]

1. 목적의 정당성과 수단의 적합성

신문법 제27조의2는 언론보도의 진실성과 공정성을 위한 것이라고 볼 수 있으므로 목적의 정당성이 인정된다.

또한 이러한 제재수단을 통해 허위의 보도 및 불공정한 보도를 억제하는 효과가 있으리라는 점도 분명해 보이므로 수단의 적합성도 인정된다.

2. 침해의 최소성

기본권의 제한이 정당한 공익 실현을 위한 것이라 하더라도 입법자로서는 입법목적을 달성하기 위해 선택할 수 있는 여러 수단 중에서 국민의 기본권을 가장 덜 제한하는 수단을 채택하여야 하고, 보다 덜 제한적인 방법으로도 동일한 목적을 실현할 수 있음에도 불구하고 더 제한적인 방법을 선택했다면 최소침해성 원칙에 위배된다.

그런데 신문법 제27조의2는 사과문 게재의 권고나 위반 사실에 대한 공표 등의 방법을 취할 수 있음에도 불구하고 사과문 게재를 강제함으로써 침해의 최소성에 위배된

---

6) **헌재 1991.4.1. 89헌마160 결정**: "민법 제764조가 사죄광고를 포함하는 취지라면 그에 의한 기본권제한에 있어서 그 선택된 수단이 목적에 적합하지 않을 뿐만 아니라 그 정도 또한 과잉하여 비례의 원칙이 정한 한계를 벗어난 것으로 헌법 제37조 제2항에 의하여 정당화될 수 없는 것으로서 헌법 제19조에 위반되는 동시에 헌법상 보장되는 인격권의 침해에 이르게 된다."

7) **헌재 2002.4.25. 98헌마425등 결정**: "내용상 단순히 국법질서나 헌법체제를 준수하겠다는 취지의 서약을 할 것을 요구하는 이 사건 준법서약은 국민이 부담하는 일반적 의무를 장래를 향하여 확인하는 것에 불과하며, 어떠한 가정적 혹은 실제적 상황하에서 특정의 사유(思惟)를 하거나 특별한 행동을 할 것을 새로이 요구하는 것이 아니다. 따라서 이 사건 준법서약은 어떤 구체적이거나 적극적인 내용을 담지 않은 채 단순한 헌법적 의무의 확인·서약에 불과하다 할 것이어서 양심의 영역을 건드리는 것이 아니다."
"양심의 자유는 내심에서 우러나오는 윤리적 확신과 이에 반하는 외부적 법질서의 요구가 서로 회피할 수 없는 상태로 충돌할 때에만 침해될 수 있다. 그러므로 당해 실정법이 특정의 행위를 금지하거나 명령하는 것이 아니라 단지 특별한 혜택을 부여하거나 권고 내지 허용하고 있는 데에 불과하다면, 수범자는 수혜를 스스로 포기하거나 권고를 거부함으로써 법질서와 충돌하지 아니한 채 자신의 양심을 유지, 보존할 수 있으므로 양심의 자유에 대한 침해가 된다 할 수 없다."

다.[8)]

3. 법익의 균형성

사안에서 A신문사에 대한 사과문 게재의 강제는 진실하고 공정한 보도의 확보라는 공익과 언론사의 양심의 자유가 충돌하는 지점이다. 양자는 모두 중요한 법익이지만, 전자는 사과문의 게재 이외에도 다양한 정정보도문의 게재 등에 의해 가능한 반면에 후자는 회복되기 어려운 침해가 된다는 점에서 법익의 균형성도 갖추지 못했다.[9)]

Ⅴ. 헌법재판소의 본안판단 [12점]

1. 헌법재판소 결정의 유형과 주문

본 사안은 위헌법률심판이므로 헌법재판소는 합헌 또는 위헌의 결정을 내려야 한다.

때로는 변형결정인 한정합헌이나 한정위헌 또는 헌법불합치 결정이 필요한 경우도 있으나, 사안의 경우 이러한 변형결정을 이용해야 할 특별한 필요성(예컨대 다양한 해석가능성 및 그에 따른 합헌판단과 위헌판단이 엇갈릴 가능성, 또는 단순 위헌의 경우 법적 안정성을 심각하게 훼손할 우려 등)이 보이지 않는다.

2. 사안에 대한 판단

앞서 검토한 바에 따를 때, 신문법 제27조의2는 양심의 자유에 대한 과도한 침해를 야기하므로 위헌으로 결정되어야 한다.

3. 헌법재판소 결정의 효력

헌법재판소의 위헌결정은 헌법재판소법 제45조와 제47조에 따라 법원과 그밖의 국가기관 및 지방자치단체를 기속한다.

헌법재판소의 위헌결정에 따라 신문법 제27조의2는 무효가 되며, 해당 법원은 이

---

8) **헌재 2015.7.30. 2013헌가8 결정**: "…언론사가 선거기사가 공정하지 않다는 잘못을 스스로의 진정한 의사로 인정하는 것이 아니라면, 언론사가 자신의 잘못을 인정하고 독자들에게 용서를 구한다는 사과문 게재 명령의 고유한 효과는 그 실효성이 크다고 할 수 없으므로, 사과문 게재 명령이 위에서 본 다른 제재조치들보다 효과가 더 크다고 할 수도 없다(헌재 2002.1.31. 2001헌바43; 헌재 2012.8.23. 2009헌가27 참조).
다른 나라의 입법례를 보더라도 언론중재위원회와 같은 행정기관이 정기간행물 등에 게재된 선거기사 내용이 공정하지 않다는 이유로 해당 언론사로 하여금 기사 내용에 대한 사과문을 게재하도록 강제하고, 나아가 형사처벌을 통하여 그 실효성을 담보하는 제도는 찾아보기 어렵다.
이상을 종합하면, 이 사건 법률조항들은 국민의 기본권을 덜 제한하는 방법으로도 동일한 입법목적을 실현할 수 있음에도 불구하고 더 제한적인 방법을 선택하였으므로, 기본권제한입법이 준수하여야 할 침해최소성 원칙에 위배된다."

9) **헌재 2015.7.30. 2013헌가8 결정**: "이 사건 법률조항들이 추구하는 목적, 즉 선거기사를 보도하는 언론사의 공적인 책임의식을 높임으로써 민주적이고 공정한 여론 형성 등에 이바지한다는 공익이 중요하다는 점에는 이론의 여지가 없다. 그러나 이는 객관성이나 공정성을 저버린 기사를 보도했음을 스스로 인정하지 않는 언론사로 하여금 자신의 잘못을 인정하고 용서까지 구하는 의사표시를 하도록 강제하고, 형사처벌을 통하여 그 실효성을 담보함으로써, 언론에 대한 신뢰가 무엇보다 중요한 언론사에 대하여 그 사회적 신용이나 명예를 저하시키고 인격의 자유로운 발현을 저해하고 있다. 언론사에 대한 이와 같은 인격권 침해의 정도는 이 사건 법률조항들이 달성하려는 공익에 비해 결코 작다고 할 수 없다. 따라서 이 사건 법률조항들은 법익의 균형성 원칙에도 위배된다."

조항의 무효를 전제로 재판을 계속한다.

Ⅵ. 결론 [3점]

이상의 검토를 종합할 때, 신문법 제27조의2는 양심의 자유에 위배되어 위헌이며, 헌법재판소의 위헌결정에 따라 무효가 된다. 또한 해당 법원은 이 조항이 무효인 것을 전제로 재판을 계속한다.

3. 만일 신문법에서 사과문의 게재 대신에 언론중재위원회의 결정 자체를 게재하도록 하였을 경우에는 합헌으로 볼 수 있는가? (25점)

Ⅰ. 서: 양심의 자유와 사과문 게재의 쟁점 [3점]
Ⅱ. 양심의 자유와 불법의 확인과의 관계 [6점]
  1. 양심의 의미와 그 주관성
  2. 양심과 법질서의 충돌 – 양심범의 문제
  3. 양자의 균형과 조화
Ⅲ. 불법의 확인과 양심의 강제 [7점]
  1. 법적 절차에 따른 불법의 확인이 갖는 의미와 한계
  2. 양심의 자유가 갖는 초국가적 성격과 그 한계
  3. 불법에 대한 책임, 그러나 양심의 강제는 최소화!
Ⅳ. 사과문 게재와 불법성 확인의 유사점과 차이점 [7점]
  1. 불법의 확인이라는 측면에서의 유사점
  2. 양심의 강제 유무라는 측면에서의 차이점
  3. 언론중재위 결정의 공표가 갖는 의미와 합헌성 판단
Ⅴ. 결론 [2점]

Ⅰ. 서: 양심의 자유와 사과문 게재의 쟁점 [3점]

과거 사죄광고에 대한 헌법재판소의 위헌결정이나, 본 사안의 사과문 게재 강제가 양심의 자유를 침해하는 것으로 인정되는 중요한 이유가 당사자의 선택 가능성이 없다는 점이다.

그러므로 준법서약서의 경우처럼 불이익을 감수하더라도 선택가능성이 있다면 양심의 자유에 대한 침해는 아닐 수 있다. 그런 관점에서 볼 때, 사과문의 게재 대신에 언론중재위원회의 결정을 게재하도록 한 경우에는 또 다른 결론이 나올 여지가 생긴다.

물론 '게재 강제'라는 점에서는 유사성이 인정된다. 하지만 양심의 자유와 직접 관련되는 '사과문'이 아니라 객관적 사실이라 할 수 있는 '언론중재위원회의 결정'을 게재하는 것은 달리 볼 수 있기 때문이다.

Ⅱ. 양심의 자유와 불법의 확인과의 관계 [6점]

1. 양심의 의미와 그 주관성

헌법 제19조의 양심은 일상 생활에서 말하는 양심과는 의미가 다르다. 여기서의 양심은 객관적인 기준에 따라 양심과 비양심을 구분하는 것이 아니라, 개인의 가치판단을 의미하는 것이고, 양심의 자유를 보호한다는 것은 이러한 가치판단에 대한 존중을 의미하는 것이다.[10]

2. 양심과 법질서의 충돌 - 양심범의 문제

그러므로 개인의 양심이 항상 법질서와 합치하는 것은 아니다. 때로는 법질서를 정의롭지 못한 것으로 생각할 수도 있고, 그로 인하여 양심과 법질서가 충돌하는 경우도 발생한다. 그 대표적인 예가 양심범이다.

비로 법질서에 위반되는 범죄이지만, 본인은 양심상의 결정에 따른 것이라고 주장하는 양심범은, 정말로 법질서에 문제가 있는 경우에도 발생할 수 있지만, 본인의 잘못된 양심상의 판단에 의해 발생할 수도 있는 것이다.

3. 양자의 균형과 조화

그러므로 양심과 법질서가 충돌할 경우에 어느 한쪽의 절대적 우위를 말하기는 어렵다. 때로는 법질서의 개선이 필요한 경우도 있고, 때로는 왜곡된 양심을 바로잡을 필요도 있는 것이다.

그러므로 양심과 법질서가 충돌할 경우에는 본인의 양심상의 결정이 정말 올바른 것인지를 되짚어 볼 필요도 있고, 법질서의 개선 필요성을 재검토할 필요도 있는 것이다. 나아가 양심상의 결정에 대한 법적 제재는 최대한 완화될 필요도 인정된다.

Ⅲ. '사과문' 게재 강제와 양심의 침해 [7점]

1. 사과문 게재 강제의 의미와 성격

양심상의 결정은 말 그대로 무엇이 옳고 그른지에 대한 선악 판단의 문제이다. 그런데 법질서에 따라 불법으로 확인되었음에도 불구하고 개인적 양심에 비추어 옳다고 확신하는 경우에는 심각한 문제가 발생될 수 있다.

'사과문'의 게재는 자신의 잘못을 인정하는 것인데, 사안의 A신문사가 자신의 보도에는 잘못이 없고, 오히려 이를 억압하는 법질서에 문제가 있다고 믿는 경우에는 양심의 자유의 침해가 문제되는 것이다.

---

10) **헌재 2004.8.26. 2002헌가1 결정**: "양심의 자유가 보장된다는 것은, 곧 개인이 양심상의 이유로 법질서에 대한 복종을 거부할 수 있는 권리를 부여받는다는 것을 의미하지는 않는다. 모든 개인이 양심의 자유를 주장하여 합헌적인 법률에 대한 복종을 거부할 가능성이 있으며, 개인의 양심이란 지극히 주관적인 현상으로서 비이성적 · 비윤리적 · 반사회적인 양심을 포함하여 모든 내용의 양심이 양심의 자유에 의하여 보호된다는 점을 고려한다면, '국가의 법질서는 개인의 양심에 반하지 않는 한 유효하다.'는 사고는 법질서의 해체, 나아가 국가공동체의 해체를 의미한다. 그러나 어떠한 기본권적 자유도 국가와 법질서를 해체하는 근거가 될 수 없고, 그러한 의미로 해석될 수 없다."

2. 사과문과 사죄광고

사과문은 사죄광고와 본질적으로 다르지 않은 것이라고 볼 수 있다. 즉, 양자는 '사과' 또는 '사죄'라는 윤리적 판단에 따른 표현을 담고 있는 것이며, 자발적인 사과, 사죄와는 달리 강제에 의한 사과 또는 사죄는 양심에 대한 침해가 된다. 나아가 이는 사회적 굴욕으로 받아들여질 수 있다는 점에서 이를 강제하는 것은 원칙적으로 허용될 수 없는 것이라 할 수 있다.[11)]

3. 불법에 대한 책임, 그러나 양심의 강제는 최소화!

사과문의 게재 또는 사죄광고를 강제하는 것이 양심의 자유에 대한 침해가 되기 때문에 허용될 수 없다고 해서, 그 원인이 되는 불법행위가 정당화된다는 것은 아니다. 그에 대한 제재는 여전히 필요하고 가능한 것이다. 다만, 사과문이나 사죄광고의 강제라는 제재방식이 적절치 않다는 것이다.

Ⅳ. 언론중재위원회의 결정문 게재의 합헌성 여부 [7점]

1. 불법의 확인이라는 측면에서의 유사점

신문법 제27조의2에 따른 언론중재위원회의 사과문 게재명령은 A신문사의 보도가 진실이 아니라는 것을 전제한 것이며, 이에 대해 A신문사는 가짜뉴스가 아니라고 항변하고 있다.

사안에서의 사과문 게재와 이번 설문에 따라 언론중재위원회의 'A신문사의 보도가 진실이 아니라는 점을 언론중재위원회가 확인했다'는 내용으로 결정문을 게재하는 것은

11) **헌재 1991.4.1. 89헌마160 결정**: "사죄광고제도란 타인의 명예를 훼손하여 비행을 저질렀다고 믿지 않는 자에게 본심에 반하여 깊이 "사과한다." 하면서 죄악을 자인하는 의미의 사죄의 의사표시를 강요하는 것이므로, 국가가 재판이라는 권력작용을 통해 자기의 신념에 반하여 자기의 행위가 비행이며 죄가 된다는 윤리적 판단을 형성강요하여 외부에 표시하기를 명하는 한편 의사·감정과 맞지 않는 사과라는 도의적 의사까지 광포시키는 것이다. 따라서 사죄광고의 강제는 양심도 아닌 것이 양심인 것처럼 표현할 것의 강제로 인간양심의 왜곡·굴절이고 겉과 속이 다른 이중인격형성의 강요인 것으로서 침묵의 자유의 파생인 양심에 반하는 행위의 강제금지에 저촉되는 것이며 따라서 우리 헌법이 보호하고자 하는 정신적 기본권의 하나인 양심의 자유의 제약(법인의 경우라면 그 대표자에게 양심표명의 강제를 요구하는 결과가 된다.)이라고 보지 않을 수 없다."
"원래 깊이 "사과한다"는 행위는 윤리적인 판단·감정 내지 의사의 발로인 것이므로 본질적으로 마음으로부터 우러나오는 자발적인 것이라야 할 것이며 그때 비로소 사회적 미덕이 될 것이고, 이는 결코 외부로부터 강제하기에 적합치 않은 것으로 이의 강제는 사회적으로는 사죄자 본인에 대하여 굴욕이 되는 것에 틀림없다. 사과의 정도에 따라 굴욕감의 차이는 있을 수 있지만, 적어도 "사과"의 문구가 포함되는 한 그것이 마음에 없는 것일 때에는 당사자의 자존심에 큰 상처요 치욕임에 다름없으며, "사과문", "진사문", "해명서" 등 어떠한 명목의 것이든 관계없이 그러하다. 더구나 사죄광고란 양심의 자유에 반하는 굴욕적인 의사표시를 자기의 이름으로 신문·잡지 등 대중매체에 게재하여 일반 세인에게 널리 광포하는 것이다. 이러한 굴욕적인 내용을 온 세상에 광포하면서도 그것이 소송의 성질상 형식적 형성의 소에 준하는 것임에 비추어 그 구체적 내용이 국가기관에 의하여 결정되는 것이며 그럼에도 불구하고 마치 본인의 자발적 의사형성인 것 같이 되는 것이 사죄광고이며 또 본인의 의사와는 무관한 데도 본인의 이름으로 이를 대외적으로 표명되게 되는 것이 그 제도의 특질이다. 따라서 사죄광고 과정에서는 자연인이든 법인이든 인격의 자유로운 발현을 위해 보호받아야 할 인격권이 무시되고 국가에 의한 인격의 외형적 변형이 초래되어 인격형성에 분열이 필연적으로 수반되게 된다. 이러한 의미에서 사죄광고제도는 헌법에서 보장된 인격의 존엄과 가치 및 그를 바탕으로 하는 인격권에 큰 위해도 된다고 볼 것이다."

A신문사의 보도가 진실과 부합하지 않아 불법이라는 점을 확인한다는 점에서 크게 다르지 않다.

2. 양심의 강제 유무라는 측면에서의 차이점

그러나 사과문 게재는 A신문사의 입장에서 사과문을 작성해야 하기 때문에 양심의 자유에 대한 직접적인 침해가 될 수 있는 것과는 달리, 언론중재위원회의 결정문을 게재하는 것은 양심상의 결정과는 직접적인 관련성이 적은 사실의 전달로 볼 수 있다.

즉, 사과문 게재 강제의 경우에는 양심의 강제라는 점이 문제될 수 있지만, 언론중재위원회 결정문 게재 강제의 경우에는 양심의 강제라는 문제를 회피할 수 있다.

3. 언론중재위 결정의 공표가 갖는 의미와 합헌성 판단

물론 언론중재위원회의 결정문을 게재하는 것 자체가 A신문사의 사회적 신뢰도 등에 부정적인 영향을 미칠 수 있다. 그러나 불법이 사실이라면 감수해야 할 부분이고, 사실이 아니라면 법원의 재판을 통해 다투어야 할 부분이다.

그런 의미에서 언론중재위원회의 결정을 게재하도록 하는 것은 사과문의 게재 강제에 비해 훨씬 합리적이고 합헌적인 대안이 될 수 있다.

Ⅴ. 결론 [2점]

사과문의 게재를 강제하는 것은 A신문사의 의사에 반하여 잘못을 인정하도록 하는 것이기 때문에 양심의 자유에 대한 침해가 되지만, 언론중재위원회의 결정을 게재하도록 강제하는 것은 A신문사의 의사와 무관하게 사실을 확인하도록 하는 것이므로 양심의 자유에 대한 침해가 아니며, 합헌으로 인정될 수 있다.

18

언론의 자유 - 정보비공개결정과 알권리

사기 및 협박에 관한 범죄 혐의로 구속된 갑(甲)의 변호인 을(乙)은 갑으로부터 구속적부심에 관한 의뢰를 받고 갑에 대한 사건을 담당하고 있는 A경찰서의 서장 병에게 갑에 대한 수사기록 중 고소장과 피의자신문조서의 열람 및 등사를 신청하였다.

병(丙)은 위 서류들이 형사소송법 제47조 소정의 소송에 관한 서류로서 공판개정 전의 공개가 금지되는 것이고 이는 「공공기관의 정보공개에 관한 법률」 제9조 제1항 제1호에 규정하고 있는 이른바 다른 법률에 의하여 비공개사항으로 규정된 정보에 해당한다는 이유로 을의 신청을 거부하였다.

을은 이러한 병의 결정이 위헌적인 기본권의 침해라고 주장하며 헌법재판소에 헌법소원심판을 청구하였다.

〈헌재 2003.3.27. 2000헌마474; 2014.3.27. 2012헌마652 참조〉

1. 을(乙)의 헌법소원심판청구는 적법한가? (30점)
2. 을(乙)의 헌법소원심판청구가 적법한 경우 헌법재판소는 어떤 본안판단을 하여야 하는가? (40점)
3. 병(丙)이 갑(甲)의 범죄혐의와 관련하여 경찰서 기자실에서 기자들의 취재 요청에 응하면서 갑(甲)이 경찰서 조사실에서 양손에 수갑을 찬 채 조사받는 모습을 촬영할 수 있도록 허용하였을 경우, 이는 위헌적 기본권침해라고 볼 수 있는가? (30점)

〈참고 조문(아래 법령은 현행 법령과 다를 수 있음)〉

형사소송법 제47조(소송서류의 비공개)

소송에 관한 서류는 공판의 개정 전에는 공익상 필요 기타 상당한 이유가 없으면 공개하지 못한다.

공공기관의 정보공개에 관한 법률 제9조(비공개 대상 정보)

① 공공기관이 보유·관리하는 정보는 공개 대상이 된다. 다만, 다음 각 호의 어느 하나에 해당하는 정보는 공개하지 아니할 수 있다.

1. 다른 법률 또는 법률에서 위임한 명령(국회규칙·대법원규칙·헌법재판소규칙·중앙선거관리위원회규칙·대통령령 및 조례로 한정한다)에 따라 비밀이나 비공개 사항으로 규정된 정보

2. 국가안전보장 · 국방 · 통일 · 외교관계 등에 관한 사항으로서 공개될 경우 국가의 중대한 이익을 현저히 해칠 우려가 있다고 인정되는 정보
3. 공개될 경우 국민의 생명 · 신체 및 재산의 보호에 현저한 지장을 초래할 우려가 있다고 인정되는 정보
4. 진행 중인 재판에 관련된 정보와 범죄의 예방, 수사, 공소의 제기 및 유지, 형의 집행, 교정(矯正), 보안처분에 관한 사항으로서 공개될 경우 그 직무수행을 현저히 곤란하게 하거나 형사피고인의 공정한 재판을 받을 권리를 침해한다고 인정할 만한 상당한 이유가 있는 정보
5. 감사 · 감독 · 검사 · 시험 · 규제 · 입찰계약 · 기술개발 · 인사관리에 관한 사항이나 의사결정 과정 또는 내부검토 과정에 있는 사항 등으로서 공개될 경우 업무의 공정한 수행이나 연구 · 개발에 현저한 지장을 초래한다고 인정할 만한 상당한 이유가 있는 정보. 다만, 의사결정 과정 또는 내부검토 과정을 이유로 비공개할 경우에는 의사결정 과정 및 내부검토 과정이 종료되면 제10조에 따른 청구인에게 이를 통지하여야 한다.
6. 해당 정보에 포함되어 있는 성명 · 주민등록번호 등 개인에 관한 사항으로서 공개될 경우 사생활의 비밀 또는 자유를 침해할 우려가 있다고 인정되는 정보. 다만, 다음 각 목에 열거한 개인에 관한 정보는 제외한다.
   가. 법령에서 정하는 바에 따라 열람할 수 있는 정보
   나. 공공기관이 공표를 목적으로 작성하거나 취득한 정보로서 사생활의 비밀 또는 자유를 부당하게 침해하지 아니하는 정보
   다. 공공기관이 작성하거나 취득한 정보로서 공개하는 것이 공익이나 개인의 권리 구제를 위하여 필요하다고 인정되는 정보
   라. 직무를 수행한 공무원의 성명 · 직위
   마. 공개하는 것이 공익을 위하여 필요한 경우로서 법령에 따라 국가 또는 지방자치단체가 업무의 일부를 위탁 또는 위촉한 개인의 성명 · 직업
7. 법인 · 단체 또는 개인(이하 "법인등"이라 한다)의 경영상 · 영업상 비밀에 관한 사항으로서 공개될 경우 법인등의 정당한 이익을 현저히 해칠 우려가 있다고 인정되는 정보. 다만, 다음 각 목에 열거한 정보는 제외한다.
   가. 사업활동에 의하여 발생하는 위해(危害)로부터 사람의 생명 · 신체 또는 건강을 보호하기 위하여 공개할 필요가 있는 정보
   나. 위법 · 부당한 사업활동으로부터 국민의 재산 또는 생활을 보호하기 위하여 공개할 필요가 있는 정보
8. 공개될 경우 부동산 투기, 매점매석 등으로 특정인에게 이익 또는 불이익을 줄 우려가 있다고 인정되는 정보

② 공공기관은 제1항 각 호의 어느 하나에 해당하는 정보가 기간의 경과 등으로 인하여 비공개의 필요성이 없어진 경우에는 그 정보를 공개 대상으로 하여야 한다.

③ 공공기관은 제1항 각 호의 범위에서 해당 공공기관의 업무 성격을 고려하여 비공개 대상 정보의 범위에 관한 세부 기준을 수립하고 이를 공개하여야 한다.

1. 을(乙)의 헌법소원심판청구는 적법한가? (30점)

> Ⅰ. 서: 헌법소원심판의 의의와 청구요건 [3점]
> Ⅱ. 공권력의 행사 또는 불행사에 의한 기본권의 침해 [8점]
> 1. 공권력
> 2. 을의 기본권주체성
> 3. 을이 침해를 주장할 수 있는 기본권
> Ⅲ. 침해의 직접성, 현재성, 자기관련성 [9점]
> 1. 기본권 침해의 직접성
> 2. 기본권침해의 현재성
> 3. 을의 자기관련성
> Ⅳ. 구제수단의 보충성, 권리보호의 이익, 변호사 강제주의 등의 요건 [8점]
> 1. 행정소송의 가능성과 보충성 요건의 판단
> 2. 권리보호의 이익
> 3. 변호사 강제주의 등
> Ⅴ. 결론 [2점]

Ⅰ. 서: 헌법소원심판의 의의와 청구요건 [3점]

헌법재판소법 제68조 제1항에 따른 권리구제형 헌법소원은 공권력에 의한 기본권의 침해를 다투는 헌법소송이다.

그 적법요건으로는 공권력(의 행사 또는 불행사)에 의한 기본권의 침해와 더불어 기본권침해의 직접성, 현재성, 자기관련성이 갖춰져야 하며, 그밖에 헌법소원심판청구의 보충성, 변호사 강제주의, 청구기간의 준수 등이 있다.

Ⅱ. 공권력의 행사 또는 불행사에 의한 기본권의 침해 [8점]

1. 공 권 력

헌법소원심판의 대상이 되는 공권력은 원칙적으로 모든 국가작용이다. 다만, 헌법재판소법 제68조 제1항 제1문의 규정에 따라 법원의 재판은 배제된다.

본 사안에서 문제되는 공권력은 을이 신청한 고소장과 피의자신문조서의 열람 및 등사에 대한 병의 거부처분이다. 이러한 거부처분이 공권력의 행사에 해당한다는 점에 대해서는 논란의 여지가 없다.

2. 을의 기본권주체성

사안에서 을은 갑의 변호인이다. 사안에서 문제되는 것은 변호인으로서의 활동에 관한 기본권이며, 을이 이러한 기본권의 주체가 된다는 점은 분명한 것으로 보인다.

3. 을이 침해를 주장할 수 있는 기본권

사안에서 을이 침해를 주장할 수 있는 기본권은 피구속자를 조력할 변호인의 권리 및 알 권리이며, 전자는 헌법상 명문화된 것은 아니라 할지라도 헌법 제12조 제4항에 따른 변호인의 조력을 받을 권리와 맞물려 있는 것으로서 헌법재판소 판례에 의해 인정

되고 있다.[1)]

Ⅲ. 침해의 직접성, 현재성, 자기관련성 [9점]

1. 기본권 침해의 직접성

기본권침해의 직접성 요건은 해당 공권력에 의해 청구인의 기본권이 직접 침해되었어야 한다는 것이다.

사안에서는 병의 거부처분에 의하여 을의 변호인으로서의 기본권이 직접 침해되었으므로 직접성 요건을 충족하였다.

2. 기본권침해의 현재성

기본권침해의 현재성 요건은 해당 공권력에 의한 기본권침해가 장래의 발생 가능성이 있는 것이 아니라 현재적으로 침해가 이루어지고 있거나, 가까운 장래에 발생할 것이 확실한 경우이어야 한다는 것이다.

사안에서 을의 기본권은 이미 침해된 상태이므로 현재성 요건도 충족하였다.

3. 을의 자기관련성

사안에서 을은 갑의 변호인이다. 그러나 만일 을이 갑이 침해받은 기본권에 대해 갑을 대리해서가 아니라 본인 이름으로 헌법소원심판을 청구한 것이라면 자기관련성이 부인될 수 있다.

하지만 사안에서는 을이 변호인으로서 갖는 자신의 기본권이 침해된 것을 다투고 있으므로 자기관련성도 인정된다.

Ⅳ. 권리구제의 보충성, 권리보호의 이익, 변호사 강제주의 등의 요건 [8점]

1. 행정소송의 가능성과 보충성 요건의 판단

사안에서 을은 「공공기관의 정보공개에 관한 법률」 제20조에 따라 행정소송을 제기하는 것이 가능하다. 그러므로 을이 행정소송을 거치지 않고 헌법소원심판을 청구한 것은 헌법재판소법 제68조 제1항 단서의 보충성 요청을 위배한 것으로 볼 수 있다.

그러나 을이 신청한 고소장과 피의자신문조서에 대한 열람은 구속적부심사에서 피구속자를 변호하기 위하여 필요한 것인데, 그 열람불허를 구제받기 위하여 행정소송을 제기하더라도 그 심판에 소요되는 통상의 기간에 비추어 볼 때 이에 의한 구제가 적기에 이루어질 가능성이 거의 없고 오히려 기소된 후에 권리보호이익의 흠결을 이유로 행

---

1) **헌재 2003.3.27. 2000헌마474 결정**: "헌법 제12조 제4항은 "누구든지 체포 또는 구속을 당한 때에는 즉시 변호인의 조력을 받을 권리를 가진다"라고 규정함으로써 변호인의 조력을 받을 권리를 헌법상의 기본권으로 격상하여 이를 특별히 보호하고 있거니와 변호인의 "조력을 받을" 피구속자의 권리는 피구속자를 "조력할" 변호인의 권리가 보장되지 않으면 유명무실하게 된다. 그러므로 피구속자를 조력할 변호인의 권리 중 그것이 보장되지 않으면 피구속자가 변호인으로부터 조력을 받는다는 것이 유명무실하게 되는 핵심적인 부분은, "조력을 받을 피구속자의 기본권"과 표리의 관계에 있기 때문에 이러한 핵심부분에 관한 변호인의 조력할 권리 역시 헌법상의 기본권으로서 보호되어야 한다."

정소송이 각하될 것이 분명하므로 보충성의 예외로 인정될 수 있을 것이다.2)

2. 권리보호의 이익

사안의 경우, 헌법소원심판이 진행되는 도중에 구속적부심이 종결될 것으로 보이며, 그로 인하여 주관적 권리보호의 이익이 상실될 수 있다.

그러나 헌법적 해명의 필요성 및 유사 사건의 반복 가능성 등을 고려할 때, 예외적으로 심판청구의 이익을 인정하는 것이 가능할 것이다.

3. 변호사 강제주의 등

그밖에 변호사 강제주의와 청구기간의 준수 등이 문제된다. 하지만 을은 자신이 변호사이므로 별도의 변호인 선임이 필요하지 않다.

그리고 헌법소원심판은 헌법재판소법 제69조 제1항에 따라 그 사유가 있음을 안 날부터 90일 이내에, 그 사유가 있는 날부터 1년 이내에 청구하여야 하는데, 사안에서 을이 언제 헌법소원심판을 청구했는지는 밝혀져 있지 않지만, 청구기간의 준수를 전제로 적법요건 충족을 인정할 수 있다.

Ⅴ. 결론 [2점]

이상의 검토를 종합할 때, 을의 헌법소원심판청구는 – 청구기간의 준수를 전제로 – 적법요건을 충족한 것으로 보이며, 헌법재판소는 본안판단에 들어가야 할 것이다.

2. 을(乙)의 헌법소원심판청구가 적법한 경우 헌법재판소는 어떤 본안판단을 하여야 하는가? (40점)

> Ⅰ. 사안의 분석과 쟁점의 정리 [3점]
> Ⅱ. 변호인의 법적 지위와 피구속자를 조력할 권리 등 [7점]
> 1. 변호인의 법적 지위
> 2. 변호인의 피구속자를 조력할 권리
> 3. 변호인의 알 권리

2) **헌재 2003.3.27. 2000헌마474 결정**: "이 사건에서 청구인은 공공기관의정보공개에관한법률 제18조에 의한 행정소송을 제기하여 정보비공개에 대한 구제를 청구할 수 있었음에도 불구하고 그렇게 하지 아니하였다.
비록 헌법재판소법 제68조 제1항 단서가 헌법소원심판청구를 함에 있어 다른 법률에 구제절차가 있는 경우에는 그 절차를 모두 거친 후가 아니면 이를 청구할 수 없다고 규정하고 있지만, 청구인이 신청한 고소장과 피의자신문조서에 대한 열람은 기소전(起訴前)의 절차인 구속적부심사에서 피구속자를 변호하기 위하여 필요한 것인데, 그 열람불허를 구제받기 위하여 행정소송을 제기하더라도 그 심판에 소요되는 통상의 기간에 비추어 볼 때 이에 의한 구제가 기소전에 이루어질 가능성이 거의 없고 오히려 기소된 후에 이르러 권리보호이익의 흠결을 이유로 행정소송이 각하될 것이 분명한 만큼, 청구인에게 이러한 구제절차의 이행을 요구하는 것은 불필요한 우회절차를 강요하는 셈이 되어 부당하다(헌재 1997.11.27. 94헌마60, 판례집 9-2, 675, 687-688). 그러므로 이 소원은 비록 구제절차를 거치지 아니하고 직접 제기한 것이긴 하지만 이를 적법한 것으로 보아 허용하기로 한다."

Ⅲ. 고소장과 피의자신문조서의 성격과 형사소송법 제47조 등의 의미 [8점]
   1. 고소장 및 피의자신문조서의 의의와 성격
   2. 형사소송법 제47조 등의 의미
   3. 사안에 대한 판단
Ⅳ. 기본권 제한의 정당성 여부에 대한 비례성 판단 [10점]
   1. 목적의 정당성, 수단의 적합성
   2. 침해의 최소성
   3. 법익의 균형성
Ⅴ. 헌법재판소의 결정과 그 효력 [10점]
   1. 헌법재판소 결정의 형식
   2. 사안에 대한 판단
   3. 헌법재판소 결정의 효력
Ⅵ. 결론 [2점]

Ⅰ. 사안의 분석과 쟁점의 정리 [3점]

사안에서는 갑이 아니라 변호인 을이 자신의 기본권 침해를 주장하고 있다. 따라서 변호인으로서 갖는 기본권이 무엇이며, 이러한 기본권이 위헌적으로 침해되었는지를 확인하여야 한다.

여기서는 구속적부심과 관련하여 변호인이 피구속자를 조력할 권리가 기본권으로 인정된다는 점, 그리고 변호인으로서 알 권리가 인정된다는 점이 전제되어야 하며, 이와 관련하여 형사소송법 제47조에 따른 비공개의 의미를 정확하게 판단하는 것이 필요할 것이다.

그리고 그 바탕 위에서 사안의 거부처분이 정당한 것인지 여부에 대한 판단을 내릴 수 있을 것이다.

Ⅱ. 변호인의 법적 지위와 피구속자를 조력할 권리 등 [7점]

1. 변호인의 법적 지위

변호인은 형사소송에서 피고인 또는 피의자를 보조하는 위치에 있으며, 검사와 대등한 위치에서 소송을 수행하기 위해 법률전문가인 변호사가 변호인이 된다.

헌법 제12조 제4항에서는 "누구든지 체포 또는 구속을 당한 때에는 즉시 변호인의 조력을 받을 권리를 가진다"고 명시하고 있으며, 변호인의 역할은 형사피의자 또는 피고인이 부당한 대우를 받지 않고, 정당한 방어권을 행사할 수 있도록 하는 것이다.

2. 변호인의 피구속자를 조력할 권리

피구속자가 변호인의 조력을 받을 권리가 있다는 것은 거꾸로 변호인은 피구속자를 조력할 권리가 있다는 뜻으로도 이해된다. 헌법재판소는 이를 헌법상의 기본권으로 인정하고 있다.

변호인의 피구속자를 조력할 권리는 충분한 조력의 의미로 이해되며, 그 내용으로 구속사유 등에 대해 제대로 파악할 수 있기 위한 정보에의 접근, 즉 피구속자에 대한 고소장과 경찰의 피의자신문조서 등을 열람한 권리가 포함된다.[3)]

3. 변호인의 알 권리

헌법상 알 권리는 정부가 보유하고 있는 정보에 대해 정당한 이해관계가 있는 자가 그 공개를 청구할 수 있도록 보장하고 있으며, 비록 모든 국민에게 알 권리가 인정되는 것은 아닌 경우에도 정당한 이해관계자에게는 이를 인정해야 한다.

본 사안의 경우 구속적부심절차에서 피구속자의 방어를 충분히 조력하기 위해 필요하다는 점에서 변호인은 정당한 이해관계자로서 고소장과 피의자심문조서 등에 대하여 알 권리를 주장할 수 있다.[4)]

Ⅲ. 고소장과 피의자신문조서의 성격과 형사소송법 제47조 등의 의미 [8점]

1. 고소장 및 피의자신문조서의 의의와 성격

고소장과 피의자신문조서는 피의자 또는 피고인에 대한 불법의 혐의, 그리고 수사기관에서 어떤 내용의 진술이 있었는지 등을 확인할 수 있는 자료이다.

이러한 고소장과 피의자신문조서가 형사소송법 제47조의 "소송에 관한 서류"에 포함된다는 점은 부인할 수 없다.

2. 형사소송법 제47조 등의 의미

형사소송법 제47조에서 소송에 관한 서류를 공판의 개정 전에는 원칙적으로 공개하지 못하도록 정하고 있으며, 정보공개법 제9조 제4호에서 수사 및 공소 제기 등과 관련한 사항을 비공개정보로 규정하고 있는 것은 사실이다.

그러나 그 취지는 형사소송에 있어서 유죄의 판결이 확정될 때까지는 무죄로 추정을 받아야 할 피의자가 수사단계에서의 수사서류 공개로 말미암아 그의 기본권이 침해

---

3) **헌재 2003.3.27. 2000헌마474**: "여기서 말하는 "변호인의 조력"이란 "변호인의 충분한 조력"을 의미하므로(헌재 1992.1.28. 91헌마111, 판례집 4, 51, 59; 헌재 1997.11.27. 94헌마60, 판례집 9-2, 675, 696-698), 이 사건과 같이 고소로 시작된 형사피의사건의 구속적부심절차에서 피구속자의 변호를 맡은 청구인으로서는 피구속자에 대한 고소장과 경찰의 피의자신문조서를 열람하여 그 내용을 제대로 파악하지 못한다면 피구속자가 무슨 혐의로 고소인의 공격을 받고 있는 것인지 그리고 이와 관련하여 피구속자가 수사기관에서 무엇이라고 진술하였는지 그리고 어느 점에서 수사기관 등이 구속사유가 있다고 보았는지 등을 제대로 파악할 수 없게 되고 그 결과 구속적부심절차에서 피구속자를 충분히 조력할 수 없음이 사리상 명백하므로 위 서류들의 열람은 피구속자를 충분히 조력하기 위하여 변호인인 청구인에게 그 열람이 반드시 보장되지 않으면 안되는 핵심적 권리로서 청구인의 기본권에 속한다 할 것이다."

4) **헌재 2003.3.27. 2000헌마474**: "고소로 시작된 형사피의사건의 구속적부심절차에서 피구속자의 변호를 맡은 변호인으로서는 피구속자가 무슨 혐의로 고소인의 공격을 받고 있는 것인지 그리고 이와 관련하여 피구속자가 수사기관에서 무엇이라고 진술하였는지 그리고 어느 점에서 수사기관 등이 구속사유가 있다고 보았는지 등을 제대로 파악하지 않고서는 피구속자의 방어를 충분히 조력할 수 없다는 것은 사리상 너무도 명백하므로 이 사건에서 변호인인 청구인은 고소장과 피의자신문조서의 내용을 알 권리가 있는 것이고 따라서 청구인은 정당한 이해관계를 가진 자로서 그 알 권리를 행사하여 피청구인에게 위 서류들의 공개를 청구할 권리가 있다고 할 것이다."

되는 것을 방지하고자 함에 목적이 있는 것이지 구속적부심사를 포함하는 형사소송절차에서 피의자의 방어권행사를 제한하려는 데 그 목적이 있는 것은 아니라고 보아야 할 것이다.

3. 사안에 대한 판단

이렇게 볼 때, 형사소송법 제47조 등을 근거로 공판 전에 고소장과 피의자신문조서의 열람을 금지하는 것은 타당하지 않다.

형사소송법 제47조 등이 – 일반적인 공개가 아닌 – 변호인이 열람하는 것까지 금지하려는 취지로 해석하기 어려울 뿐만 아니라, 만일 이를 인정한다면 기소 전에만 가능한 구속적부심절차에서는 변호인이 피구속자를 효과적으로 방어하는 것이 사실상 불가능한 것이 되어 매우 불합리한 결과를 야기하게 될 것이다.

Ⅳ. 기본권 제한의 정당성 여부에 대한 비례성 판단 [10점]

1. 목적의 정당성, 수단의 적합성

사안에서 병(丙)의 거부처분은 일응 수사과정에 대한 외부의 영향력을 배제하기 위한 것으로 보이며, 그 목적의 정당성은 인정된다.

또한 이러한 거부처분이 수사과정에 대한 외부의 영향력 배제에 효과적이라는 점이 인정되므로 수단의 적합성도 충족하였다.

2. 침해의 최소성

그러나 사안에서 병(丙)은 변호인의 특수한 지위와 역할을 고려하지 않고, 획일적 기준에 따라 거부처분을 한 것은 보다 덜 침해적인 다른 수단을 선택하지 않았다는 점에서 침해의 최소성 원칙에 위배된다.

3. 법익의 균형성

사안에서 병(丙)이 추구하는 공익적 목적과 을(乙)이 주장하는 기본권, 즉 변호인으로서 조력할 권리와 알 권리는 모두 중요한 헌법적 가치이다.

이들 중에 어느 쪽이 더 중대한 것인지에 대해서는 논란의 여지가 있으나, 형사소송법 제47조의 축소해석 가능성을 고려할 때, 을(乙)의 기본권에 더 큰 비중을 둘 수 있다. 따라서 본 사안은 법익의 균형성 요건도 충족시키지 못했다.

Ⅴ. 헌법재판소의 결정과 그 효력 [10점]

1. 사안에 대한 판단

이상의 검토를 종합할 때, 병(丙)의 거부처분은 을(乙)의 기본권을 과도하게 침해한 것으로서 위헌이다.

2. 헌법재판소 결정의 형식

본 사안은 헌법소원심판이므로 헌법재판소의 결정은 인용 또는 기각으로 내려져야 한다. 사안에서 병(丙)의 거부처분은 위헌이므로 헌법재판소는 을(乙)의 청구를 인용하는 결정을 내려야 하며, 그 의미는 병(丙)의 거부처분이 위헌임을 확인하는 것이 될 것이다.[5)]

3. 헌법재판소 결정의 효력

헌법재판소의 인용 결정은 모든 국가기관과 지방자치단체를 구속한다. 사안에서 병의 거부처분은 위헌이므로 무효가 되며, 유사한 열람 신청이 있을 경우에 병(丙)을 비롯한 수사기관은 고소장 및 피의자신문조서 열람을 허용해야 한다.

Ⅵ. 결론 [2점]

이상의 검토를 종합할 때, 병(丙)의 거부처분은 변호인인 을(乙)의 피구속자를 조력할 권리 및 알 권리를 과도하게 침해하여 위헌이며, 헌법재판소는 을의 청구에 대해 인용결정을 내려야 한다.

3. 병(丙)이 갑(甲)의 범죄혐의와 관련하여 경찰서 기자실에서 기자들의 취재 요청에 응하면서 갑(甲)이 경찰서 조사실에서 양손에 수갑을 찬 채 조사받는 모습을 촬영할 수 있도록 허용하였을 경우, 이는 위헌적 기본권침해라고 볼 수 있는가? (30점)

Ⅰ. 서론 [3점]
Ⅱ. 침해가 문제되는 기본권 [7점]
  1. 공인 여부, 당사자의 동의 여부 등에 따른 차이
  2. 초상권 및 인격권
  3. 무죄추정의 원칙
Ⅲ. 기본권 제한의 성격과 목적 [8점]
  1. 수사의 성격과 공개의 필요성 여부
  2. 형법 제126조 피의사실공표죄와의 관계
  3. 사안에 대한 판단
Ⅳ. 기본권 제한 정당성 여부에 관한 비례성 판단 [10점]
  1. 목적의 정당성, 수단의 적합성
  2. 침해의 최소성
  3. 법익의 균형성
Ⅴ. 결론 [2점]

5) 참고로 **헌재 2003.3.27. 2000헌마474 결정**의 주문은 다음과 같다:
"피청구인이 2000.5.30. 인천서부경찰서 수사6111 0－1163호로 청구인에 대하여 한 고소장 및 피의자신문조서에 대한 정보비공개결정은 청구인의 변호권과 알 권리를 침해한 것으로서 위헌임을 확인한다."

Ⅰ. 서론 [3점]

사안의 쟁점은 병(丙)이 기자들의 요청에 따라 갑을 촬영할 수 있도록 한 것, 더욱이 갑(甲)이 수갑을 찬 상태로 사진촬영을 하도록 한 행위이다.

이는 갑이 공인인지의 여부 등에 따라 초상권의 문제, 인격권의 문제 등이 제기될 수 있을 뿐만 아니라, 무죄추정의 원칙에 위배되는지 여부도 문제될 수 있는 상황이다.

사안에 대한 판단을 위해서는 먼저 제한되는 기본권이 무엇인지, 기본권 제한의 목적은 무엇이며, 형법 제126조 피의사실공표죄에 해당하는 것은 아닌지 등을 검토한 후에 제한의 정당성 문제를 확인해야 할 것이다.

Ⅱ. 침해가 문제되는 기본권 [7점]

1. 공인 여부, 당사자의 동의 여부 등에 따른 차이

갑이 공인으로 인정될 경우에는 초상권 등의 제한 기준이 달라질 수 있다. 또한 사진촬영에 갑이 동의했거나, 촬영 당시 얼굴을 가리는 조치를 취했는지에 따라서도 사정은 달라질 수 있는 여지가 있다.

그러나 갑이 공인이 아니고, 갑의 동의도 없고, 얼굴을 가리는 조치도 하지 않은 경우에는 침해되는 기본권의 문제가 매우 심각할 수 있다.

2. 초상권 및 인격권

공인의 경우 및 동의가 있는 경우에는 사진촬영 자체로 기본권이 침해된다고 볼 수 없다. 또한 얼굴을 가려서 식별할 수 없는 경우도 마찬가지다.

그러나 이런 조건들에 해당되지 않는 경우에는 갑의 초상권 및 인격권이 침해되는 것으로 볼 수 있다.[6]

3. 무죄추정의 원칙

헌법 제27조 제4항은 무죄추정의 원칙을 명시하고 있다.[7] 그런데 사안에서 갑은 – 비록 아직 공소가 제기되지 않은 형사피의자의 신분이라 하더라도 – 마치 범죄가 확정된 것처럼 수갑을 찬 상태에서 조사를 받는 모습을 촬영한 것은 무죄추정의 원칙에 위배되는 것으로 문제될 수 있다.

---

6) **헌재 2014.3.27. 2012헌마652 결정**: "사람은 자신의 의사에 반하여 얼굴을 비롯하여 일반적으로 특정인임을 식별할 수 있는 신체적 특징에 관하여 함부로 촬영당하지 아니할 권리를 가지고 있으므로, 촬영허용행위는 헌법 제10조로부터 도출되는 초상권을 포함한 일반적 인격권을 제한한다고 할 것이다."

7) **헌재 2014.3.27. 2012헌마652 결정**: "헌법 제27조 제4항은 무죄추정원칙을 천명하고 있는바, 아직 공소제기가 없는 피의자는 물론 공소가 제기된 피고인이라도 유죄의 확정판결이 있기까지는 원칙적으로 죄가 없는 자에 준하여 취급하여야 하고 불이익을 입혀서는 안 되며 가사 그 불이익을 입힌다 하여도 필요한 최소한도에 그쳐야 한다(헌재 1990.11.19. 90헌가48; 헌재 2011.4.28. 2010헌마474 참조)."

Ⅲ. 기본권 제한의 성격과 목적 [8점]

1. 수사의 성격과 공개의 필요성 여부

원칙적으로 '범죄사실' 자체가 아닌 그 범죄를 저지른 자에 관한 부분은 일반 국민에게 널리 알려야 할 공공성을 지닌다고 할 수 없고, 이에 대한 예외는 공개수배의 필요성이 있는 경우 등에 극히 제한적으로 인정될 수 있을 뿐이다.

사안의 경우 그러한 공개의 특별한 필요성이 인정되는지를 확인할 수 없으며, 만일 그러한 특별한 필요성이 없이 공개한 것이라면 위헌적인 기본권의 제한이 될 수 있다.

2. 형법 제126조 피의사실공표죄와의 관계

사안의 경우 형법 제126조 피의사실공표죄에 해당하는지의 여부가 문제될 수 있다. 그러나 이에 해당하는 범죄행위라면 갑은 이를 수사기관에 고소하고 그 처리결과에 따라 검찰청법에 따른 항고를 거쳐 재정신청을 할 수 있으므로 이를 헌법소원심판에서 다투는 것은 적절하지 않다.

3. 사안에 대한 판단

사안에서 병(丙)은 기자들에게 갑(甲)이 수갑을 찬 채로 조사받는 과정을 촬영할 수 있도록 허용하였는데, 이를 정당화시킬 수 있는 특별한 공익적 요청이 인정되지 않는 한 기본권제한의 정당성은 인정되기 어렵다.

이에 대한 판단은 기본권제한의 중대성을 고려하여 헌법적 기준의 위배 여부를 엄격히 판단해야 할 것이다.[8)]

Ⅳ. 기본권 제한 정당성 여부에 관한 비례성 판단 [10점]

1. 목적의 정당성, 수단의 적합성

사안에서 갑이 공인이라거나, 사진촬영에 대한 갑의 동의가 있었던 것이 아니라면, 수사관서 내에서 수사 장면의 촬영은 보도과정에서 사건의 사실감과 구체성을 추구하고, 범죄정보를 좀 더 실감나게 제공하려는 목적 외에는 공익적 목적을 인정하기 어렵다.[9)]

---

8) **헌재 2014.3.27. 2012헌마652 결정**: "수사기관에 의한 피의자의 초상 공개에 따른 인격권 제한의 문제는 위와 같은 무죄추정에 관한 헌법적 원칙, 수사기관의 피의자에 대한 인권 존중의무(형사소송법 제198조 제2항), 수사기관에 의한 인격권 침해가 피의자 및 그 가족에게 미치게 될 영향의 중대성 및 파급효 등을 충분히 고려하여 헌법적 한계의 준수 여부를 엄격히 판단하여야 한다."

9) **헌재 2014.3.27. 2012헌마652 결정**: "원칙적으로 '범죄사실' 자체가 아닌 그 범죄를 저지른 자가 누구인지, 즉 '피의자' 개인에 관한 부분은 일반 국민에게 널리 알려야 할 공공성을 지닌다고 할 수 없다. 이에 대한 예외는 피의자가 공인으로서 국민의 알권리의 대상이 되는 경우, 특정강력범죄나 성폭력범죄를 저지른 피의자의 재범방지 및 범죄예방을 위한 경우(특정강력범죄 처벌에 관한 특례법 제8조의2, 성폭력범죄의 처벌 등에 관한 특례법 제23조 참조), 체포되지 않은 피의자의 검거나 중요한 증거의 발견을 위하여 공개수배의 필요성이 있는 경우 등에 극히 제한적으로 인정될 수 있을 뿐이다. 특히 피의자를 특정하는 결과를 낳게 되는 수사관서 내에서 수사 장면의 촬영은 보도과정에서 사건의 사실감과 구체성을 추구하고, 범죄정보를 좀 더 실감나게 제공하려는 목적 외에는 어떠한 공익도 인정하기 어렵다."

따라서 목적의 정당성 자체가 인정되지 않으므로 수단의 적합성이 인정될 여지는 없다.

2. 침해의 최소성

사안의 경우 갑의 얼굴을 가리고, 수갑 등의 노출을 최소화하기 위한 조치를 하지 않았다는 점에서 침해의 최소성 원칙에도 위배된다.[10)]

3. 법익의 균형성

앞서 검토한 바와 같이 병(丙)의 촬영허용행위는 언론 보도를 보다 실감나게 하기 위한 목적 외에 어떠한 공익도 인정할 수 없다. 반면 갑(甲)은 범죄혐의자로서 얼굴이 공개되어 초상권을 비롯한 인격권에 대한 중대한 제한을 받았고, 수사기관에 의한 초상 공개가 언론 보도로까지 이어질 경우 범인으로서의 낙인 효과와 그 파급효는 매우 가혹하므로 법익의 균형성도 갖추지 못하였다.

Ⅴ. 결론 [2점]

이상의 검토를 종합할 때, 병(丙)이 갑(甲)의 범죄혐의와 관련하여 경찰서 기자실에서 기자들의 취재 요청에 응하면서 갑(甲)이 경찰서 조사실에서 양손에 수갑을 찬 채 조사받는 모습을 촬영할 수 있도록 허용한 행위는 위헌적 기본권침해로 볼 수 있다.

10) **헌재 2014.3.27. 2012헌마652 결정**: "피의자의 얼굴은 개인의 인격주체성을 결정짓는 가장 기본적인 정보로서 공개 시 어떠한 개인정보보다 각인효과가 크고, 현대 정보화 사회에서 신문이나 방송에 한 번 공개된 정보는 즉각 언제나 인터넷을 통해 다시 볼 수 있다는 점에서 그 파급효가 예전보다 훨씬 강력하다. 이후 피의자가 재판을 통해 무죄의 확정판결을 받는다 하더라도 방송에 공개됨으로써 찍힌 낙인 효과를 지우는 것은 거의 불가능하다. 가사 촬영허용행위에 대한 목적의 정당성이 인정된다고 하더라도, 수사기관으로서는 피의자의 얼굴 공개가 가져올 피해의 심각성을 고려하여 모자, 마스크 등으로 피의자의 얼굴을 가리는 등 피의자의 신원이 노출되지 않도록 침해를 최소화하기 위한 조치를 취하여야 한다."

19

개인정보의 보호와 수사기관의 요청에 따른 정보제공의 합헌성 여부

갑은 전국철도노동조합(이하 '철도노조'라 한다)의 위원장으로서 철도노조 조합원 8,639명과 공모하여 국토교통부의 '철도산업 발전방안'에 반대하거나 이를 저지할 목적으로 2013.12.9.부터 2013. 12. 31.까지 집단적으로 노무제공을 거부하여 위력으로써 한국철도공사의 여객·화물 수송 업무를 방해하였다는 업무방해 혐의로 2014.3.11. 기소되었다가 무죄판결을 받았다.

을은 서울용산경찰서장으로서 위 사건의 수사과정에서 형사소송법 제199조 제2항, '경찰관 직무집행법' 제8조 제1항에 근거하여 피청구인 국민건강보험공단 이사장에게 업무방해 사건의 피의자인 청구인들을 검거하고자 한다는 사유를 밝히고 2013.12.18. 갑의 2010.12.18.부터 2013.12.18.까지의 상병명, 요양기관명, 요양기관 주소, 전화번호의 제공을 요청하였다. 이에 국민건강보험공단은 '개인정보보호법' 제18조 제2항 제7호에 근거하여 2013.12.20. 갑의 2012.1.1.부터 2013.12.20.까지의 급여일자, 요양기관명 등을 포함한 총 44회의 요양급여내역을 을에게 제공하였다.

갑은 위와 같은 을의 사실조회행위와 국민건강보험공단의 정보제공행위 및 그 근거조항들인 형사소송법 제199조 제2항, '경찰관 직무집행법' 제8조 제1항, '개인정보보호법' 제18조 제2항 제7호가 청구인들의 개인정보자기결정권 등을 침해한다고 주장하면서 2014.5.8. 헌법재판소에 헌법소원심판을 청구하였다.

〈헌재 2018.8.30. 2014헌마368 결정 참조〉

1. 갑의 헌법소원심판청구는 적법한가? (30점)
2. 을의 사실조회행위에 대해서 영장주의가 적용되어야 하는가? (15점)
3. 갑의 헌법소원심판청구가 적법한 경우, 헌법재판소는 개인정보자기결정권 침해 여부에 대해 어떤 본안판단을 내려야 하는가? (55점)

〈참고 조문(아래 법령은 현행 법령과 다를 수 있음)〉

형사소송법 제199조(수사와 필요한 조사)

① 수사에 관하여는 그 목적을 달성하기 위하여 필요한 조사를 할 수 있다. 다만, 강제처분은 이 법률에 특별한 규정이 있는 경우에 한하며, 필요한 최소한도의 범위 안에서만 하여야 한다.

② 수사에 관하여는 공무소 기타 공사단체에 조회하여 필요한 사항의 보고를 요구할 수 있다.

경찰관 직무집행법 제8조(사실의 확인 등)

① 경찰관서의 장은 직무 수행에 필요하다고 인정되는 상당한 이유가 있을 때에는 국가기관이나 공사(公私) 단체 등에 직무 수행에 관련된 사실을 조회할 수 있다. 다만, 긴급한 경우에는 소속 경찰관으로 하여금 현장에 나가 해당 기관 또는 단체의 장의 협조를 받아 그 사실을 확인하게 할 수 있다.

② 경찰관은 다음 각 호의 직무를 수행하기 위하여 필요하면 관계인에게 출석하여야 하는 사유·일시 및 장소를 명확히 적은 출석 요구서를 보내 경찰관서에 출석할 것을 요구할 수 있다.

1. 미아를 인수할 보호자 확인
2. 유실물을 인수할 권리자 확인
3. 사고로 인한 사상자(死傷者) 확인
4. 행정처분을 위한 교통사고 조사에 필요한 사실 확인

개인정보 보호법 제18조(개인정보의 목적 외 이용·제공 제한)

① 개인정보처리자는 개인정보를 제15조 제1항에 따른 범위를 초과하여 이용하거나 제17조 제1항 및 제3항에 따른 범위를 초과하여 제3자에게 제공하여서는 아니 된다.

② 제1항에도 불구하고 개인정보처리자는 다음 각 호의 어느 하나에 해당하는 경우에는 정보주체 또는 제3자의 이익을 부당하게 침해할 우려가 있을 때를 제외하고는 개인정보를 목적 외의 용도로 이용하거나 이를 제3자에게 제공할 수 있다. 다만, 제5호부터 제9호까지의 경우는 공공기관의 경우로 한정한다.

1. 정보주체로부터 별도의 동의를 받은 경우
2. 다른 법률에 특별한 규정이 있는 경우
3. 정보주체 또는 그 법정대리인이 의사표시를 할 수 없는 상태에 있거나 주소불명 등으로 사전 동의를 받을 수 없는 경우로서 명백히 정보주체 또는 제3자의 급박한 생명, 신체, 재산의 이익을 위하여 필요하다고 인정되는 경우
4. 통계작성 및 학술연구 등의 목적을 위하여 필요한 경우로서 특정 개인을 알아볼 수 없는 형태로 개인정보를 제공하는 경우
5. 개인정보를 목적 외의 용도로 이용하거나 이를 제3자에게 제공하지 아니하면 다른 법률에서 정하는 소관 업무를 수행할 수 없는 경우로서 보호위원회의 심의·의결을 거친 경우
6. 조약, 그 밖의 국제협정의 이행을 위하여 외국정부 또는 국제기구에 제공하기 위하여 필요한 경우
7. 범죄의 수사와 공소의 제기 및 유지를 위하여 필요한 경우
8. 법원의 재판업무 수행을 위하여 필요한 경우
9. 형(刑) 및 감호, 보호처분의 집행을 위하여 필요한 경우

③ 개인정보처리자는 제2항 제1호에 따른 동의를 받을 때에는 다음 각 호의 사항을 정보주체에게 알려야 한다. 다음 각 호의 어느 하나의 사항을 변경하는 경우에도 이를 알리고 동의를 받아야 한다.

1. 개인정보를 제공받는 자
2. 개인정보의 이용 목적(제공 시에는 제공받는 자의 이용 목적을 말한다)
3. 이용 또는 제공하는 개인정보의 항목

> 4. 개인정보의 보유 및 이용 기간(제공 시에는 제공받는 자의 보유 및 이용 기간을 말한다)
> 5. 동의를 거부할 권리가 있다는 사실 및 동의 거부에 따른 불이익이 있는 경우에는 그 불이익의 내용
>
> ④ 공공기관은 제2항 제2호부터 제6호까지, 제8호 및 제9호에 따라 개인정보를 목적 외의 용도로 이용하거나 이를 제3자에게 제공하는 경우에는 그 이용 또는 제공의 법적 근거, 목적 및 범위 등에 관하여 필요한 사항을 행정안전부령으로 정하는 바에 따라 관보 또는 인터넷 홈페이지 등에 게재하여야 한다.
>
> ⑤ 개인정보처리자는 제2항 각 호의 어느 하나의 경우에 해당하여 개인정보를 목적 외의 용도로 제3자에게 제공하는 경우에는 개인정보를 제공받는 자에게 이용 목적, 이용 방법, 그 밖에 필요한 사항에 대하여 제한을 하거나, 개인정보의 안전성 확보를 위하여 필요한 조치를 마련하도록 요청하여야 한다. 이 경우 요청을 받은 자는 개인정보의 안전성 확보를 위하여 필요한 조치를 하여야 한다.

1. 갑의 헌법소원심판청구는 적법한가? (30점)

> Ⅰ. 헌법소원심판의 유형과 적법요건 [3점]
> Ⅱ. 공권력에 의한 기본권의 침해 [7점)
> 　1. 공권력으로서의 입법작용과 심판대상조항
> 　2. 공권력으로서의 집행작용: 사실조회행위, 정보제공행위
> 　3. 침해되는 기본권
> Ⅲ. 기본권침해의 직접성, 현재성, 자기관련성 [10점]
> 　1. 침해의 직접성에 대한 판단
> 　2. 침해의 현재성에 대한 판단
> 　3. 침해의 자기관련성에 대한 판단
> Ⅳ. 보충성 및 기타의 적법요건 [8점]
> 　1. 헌법소원심판청구의 보충성
> 　2. 변호사 강제주의
> 　3. 청구기간의 준수
> Ⅴ. 결론 [2점]

Ⅰ. 헌법소원심판의 유형과 적법요건 [3점]

헌법재판소법 제68조 제1항에 따른 권리구제형 헌법소원은 공권력에 의한 기본권의 침해를 다투는 헌법소송이다.

그 적법요건으로는 공권력(의 행사 또는 불행사)에 의한 기본권의 침해와 더불어 기본권침해의 직접성, 현재성, 자기관련성이 갖춰져야 하며, 그밖에 헌법소원심판청구의 보충성, 변호사 강제주의, 청구기간의 준수 등이 있다.

Ⅱ. 공권력에 의한 기본권의 침해 [7점]

1. 공권력으로서의 입법작용과 심판대상조항

헌법소원심판의 대상이 되는 공권력은 원칙적으로 모든 국가작용이다. 다만, 헌법재판소법 제68조 제1항 제1문의 규정에 따라 법원의 재판은 배제된다.

본 사안에서 문제되는 공권력의 일부는 입법작용인 형사소송법 제199조 제2항, '경찰관 직무집행법' 제8조 제1항, '개인정보보호법' 제18조 제2항 제7호이며, 이 조항들에 의한 기본권의 침해를 다투는 것은 헌법소원심판의 대상이 된다.

2. 공권력으로서의 집행작용 : 사실조회행위, 정보제공행위

본 사안에서는 을의 사실조회행위와 국민건강보험공단의 정보제공행위에 의한 기본권 침해도 아울러 다투고 있다.

헌법소원심판을 통해 다툴 수 있는 공권력이라 함은 국가 또는 공공단체의 권한 행사이므로 을의 사실조회행위와 국민건강보험공단의 정보제공행위도 공권력의 행사라 볼 수 있다.

3. 침해되는 기본권

갑이 침해를 주장할 수 있는 기본권은 개인정보자기결정권 이외에 영장주의, 행복추구권, 사생활의 비밀과 자유 등도 있으나, 사안에서 행복추구권 및 사생활의 비밀과 자유는 개인정보자기결정권과 중첩되는 것이므로 별도로 주장하기는 어려울 것이다.

Ⅲ. 기본권침해의 직접성, 현재성, 자기관련성 [10점]

1. 침해의 직접성에 대한 판단

침해의 직접성은 별도의 집행행위를 매개하지 않고 해당 공권력에 의해 기본권이 직접 침해될 것을 요구한다.

사안에서 형사소송법 제199조 제2항, '경찰관 직무집행법' 제8조 제1항, '개인정보보호법' 제18조 제2항 제7호는 집행행위를 매개하지 않고 갑의 기본권을 직접 침해하는 것이 아니므로 침해의 직접성 요건을 충족하지 못한다.

또한 을의 사실조회행위도 강제력을 가진 것이 아니라 국민건강보험공단의 재량에 따라 정보제공의 여부가 결정되므로 침해의 직접성 요건을 충족하지 못하며,[1] 국민건강

---

1) **헌재 2018.8.30. 2014헌마368 결정**: "이 사건 사실조회행위는 서울용산경찰서장이 피의자인 청구인들을 검거하기 위하여 국민건강보험공단에게 개인정보의 제공을 요청한 것이다. 그런데 이 사건 사실조회행위의 근거조항인 이 사건 사실조회조항은 수사기관이 공사단체 등에 대하여 범죄수사에 관련된 사실을 조회할 수 있다고 규정하여 수사기관에 사실조회의 권한을 부여하고 있을 뿐이고, 이 사건 정보제공조항은 범죄의 수사를 위하여 필요한 경우 정보주체 또는 제3자의 이익을 부당하게 침해할 우려가 있을 때를 제외하고는 개인정보처리자가 개인정보를 목적 외의 용도로 제3자에게 제공할 수 있다고 규정하여 개인정보의 수사기관 제공 여부를 개인정보처리자의 재량사항으로 규정하고 있으므로, 국민건강보험공단은 수사기관의 사실조회에 응하거나 협조하여야 할 의무를 부담하지 않는다. 또한 서울용산경찰서장과 국민건강보험공단 사이에는 어떠한 상하관계도 없고, 국민건강보험공단이 서울용산경찰서장의 개인정보 제공 요청을 거절한다고 하여 어떠한 형태의 사실상의 불이익을 받는 것도 아니다.

보험공단의 정보제공행위만 침해의 직접성 요건을 충족한다.

2. 침해의 현재성에 대한 판단

기본권침해의 현재성 요건은 해당 공권력에 의한 기본권침해가 장래의 발생 가능성이 있는 것이 아니라 현재적으로 침해가 이루어지고 있거나, 가까운 장래에 발생할 것이 확실한 경우이어야 한다는 것이다.

사안의 경우 국민건강보험공단에 의해 갑의 개인정보가 수사기관에게 제공된 사실을 문제삼고 있으므로 침해의 현재성 요건이 충족되었다.

3. 침해의 자기관련성에 대한 판단

기본권침해의 자기관련성 요건은 해당공권력이 자신의 기본권을 침해한 경우이어야 한다는 것이다.

사안에서 갑은 자신의 기본권 침해를 다투고 있으므로 자기관련성 요건도 충족되었다.

Ⅳ. 보충성 및 기타의 적법요건 [8점]

1. 헌법소원심판청구의 보충성

헌법재판소법 제68조 제1항 단서에 따른 보충성 요건은 헌법소원심판의 폭주를 막고 법원의 재판이나 행정심판 등의 구제절차를 적절하게 활용하기 위한 것이다.

사안의 경우 입법작용이나 사실조회행위 및 정보제공행위에 대한 적절한 구제절차가 없거나 권리구제의 기대가능성이 없으므로 보충성 요건이 충족된 것으로 볼 수 있다.

2. 변호사 강제주의

헌법소원심판은 사인이 청구의 주체가 되며, 헌법재판소법 제25조 제3항에 따라 변호사 강제주의가 적용된다. 따라서 사안의 갑은 변호사를 대리인으로 선임하여야 헌법소원심판을 청구할 수 있다.

3. 청구기간의 준수

헌법소원심판은 헌법재판소법 제69조 제1항에 따라 그 사유가 있음을 안 날부터 90일 이내에, 그 사유가 있는 날부터 1년 이내에 청구하여야 한다. 사안에서 갑은 마지막 정보제공행위가 있은 날로부터 1년 이내에 헌법소원심판청구를 하였으므로 청구기간을 준수하였다.

Ⅴ. 결론 [2점]

사안에서 갑의 헌법소원심판청구 가운데 형사소송법 제199조 제2항, '경찰관 직무

따라서 이 사건 사실조회행위만으로는 청구인들의 법률관계 내지 법적 지위를 불리하게 변화시킨다고 볼 수 없고 국민건강보험공단의 자발적인 협조가 있어야만 비로소 청구인들의 개인정보자기결정권이 제한되는 것이므로(헌재 2012.8.23. 2010헌마439 참조), 이 사건 사실조회행위는 헌법재판소법 제68조 제1항에 의한 헌법소원의 대상이 되는 공권력의 행사에 해당하지 않는다."

집행법' 제8조 제1항, '개인정보보호법' 제18조 제2항 제7호는 집행행위를 매개하지 않고 갑의 기본권을 직접 침해하는 것이 아니므로 침해의 직접성 요건을 충족하지 못한다.

또한 을의 사실조회행위도 강제력을 가진 것이 아니라 국민건강보험공단의 재량에 따라 정보제공의 여부가 결정되므로 침해의 직접성 요건을 충족하지 못하며, 국민건강보험공단의 정보제공행위만 침해의 직접성 요건을 충족하므로 이에 대해서만 헌법재판소가 본안판단을 하여야 한다.

2. 을의 사실조회행위에 대해서 영장주의가 적용되어야 하는가? (15점)

Ⅰ. 서: 사안의 성격과 영장주의 적용이 문제되는 이유 [2점]
Ⅱ. 영장주의의 의의와 기능 [4점]
Ⅲ. 영장주의의 적용범위: 강제수사와 임의수사의 구분 [3점]
Ⅳ. 사안에 대한 판단: 사실조회행위의 성격과 영장주의 적용 여부 [5점]
Ⅴ. 결론 [1점]

Ⅰ. 서: 사안의 성격과 영장주의 적용이 문제되는 이유 [2점]

헌법상 영장주의는 신체의 자유(제12조 제3항) 및 주거의 자유(제16조)에 대한 제한에 대해 명시되고 있다. 그러나 통신의 비밀 제한에 대해서도 영장주의 적용 필요성에 대한 논란이 있었고, 결과적으로 통신비밀보호법에서 법원의 허가를 받도록 함으로써 사실상 영장주의를 도입하였다.

사안의 경우 본인의 동의 없는 개인정보의 제공은 통신의 비밀 제한과 유사한 부분이 있기 때문에 영장주의 적용이 문제될 수 있다.

Ⅱ. 영장주의의 의의와 기능 [4점]

영장주의는 형사절차와 관련하여 체포 · 구속 · 압수 · 수색의 강제처분을 함에 있어서는 법관이 발부한 영장에 의하지 않으면 아니 된다는 원칙이다. 이러한 영장주의의 본질은 체포 · 구속 등과 같은 강제처분을 통해 기본권을 제한할 경우에는 중립적인 법관의 판단을 거쳐야 한다는 점에 있다.[2)]

Ⅲ. 영장주의의 적용범위: 강제수사와 임의수사의 구분 [3점]

그러므로 영장주의는 강제수사에 대해서만 적용될 여지가 있으며, 임의수사에 대해서는 적용되지 않는다. 강제수사는 본인의 의사와 무관하게 강제처분에 의해 진행되는

2) **헌재 2018.6.28. 2012헌마191등 결정**: "영장주의는 형사절차와 관련하여 체포 · 구속 · 압수 · 수색의 강제처분을 함에 있어서는 사법권 독립에 의하여 신분이 보장되는 법관이 발부한 영장에 의하지 않으면 아니 된다는 원칙이다. 따라서 헌법상 영장주의의 본질은 체포 · 구속 · 압수 · 수색 등 기본권을 제한하는 강제처분을 함에 있어서는 중립적인 법관의 구체적 판단을 거쳐야 한다는 데에 있다."

반면에 임의수사는 강제력을 행사하지 않고 상대방의 동의나 승낙을 받아서 행하는 것이기 때문이다.

Ⅳ. 사안에 대한 판단: 사실조회행위의 성격과 영장주의 적용 여부 [5점]

을의 사실조회행위는 형사소송법 제199조 제2항 등에 근거한 것이지만, 이는 수사기관에 사실조회의 권한을 부여하고 있을 뿐이고, 이에 근거한 이 사건 사실조회행위에 대하여 국민건강보험공단이 응하거나 협조하여야 할 의무를 부담하는 것이 아니다.

따라서 사안의 사실조회행위는 임의수사에 해당되므로 영장주의가 적용되지 않는다.[3)]

Ⅴ. 결론 [1점]

수사기관에 의한 개인정보의 침해와 관련하여 영장주의 적용 여부를 검토할 때 가장 중요한 기준이 강제수사인지 임의수사인지의 구분이다. 을의 사실조회행위는 앞서 검토한 바와 같이 임의수사에 해당하므로 영장주의가 적용되지 않는다.

3. 갑의 헌법소원심판청구가 적법한 경우, 헌법재판소는 개인정보자기결정권 침해 여부에 대해 어떤 본안판단을 내려야 하는가? (55점)

Ⅰ. 사안의 분석과 쟁점의 정리 [5점]
Ⅱ. 개인정보자기결정권의 의의와 보호범위 [8점]
  1. 개인정보자기결정권의 의의
  2. 개인정보자기결정권의 성격 및 헌법적 근거
  3. 개인정보자기결정권의 보호범위
Ⅲ. 요양급여정보의 의의와 법적 성격 [11점]
  1. 요양급여정보의 개념
  2. 요양급여정보의 법적 성격과 개인정보로서의 보호필요성
  3. 요양급여정보에 대한 현행법상의 보호
Ⅳ. 사안의 요양급여정보 제공에 대한 비례성 판단 [14점]
  1. 목적의 정당성 및 수단의 적합성 판단
  2. 침해의 최소성 판단
  3. 법익의 균형성 판단
Ⅴ. 헌법재판소의 결정과 그 효력 [14점]
  1. 결정의 유형과 주문의 형식

3) **헌재 2018.8.30. 2014헌마368 결정**: "이 사건 사실조회조항은 수사기관이 공사단체 등에 대하여 범죄수사에 관련된 사실을 조회할 수 있다고 규정하여 수사기관에 사실조회의 권한을 부여하고 있을 뿐이고, 이에 근거한 이 사건 사실조회행위에 대하여 국민건강보험공단이 응하거나 협조하여야 할 의무를 부담하는 것이 아니다. 따라서 이 사건 사실조회행위는 강제력이 개입되지 아니한 임의수사에 해당하므로, 이에 응하여 이루어진 이 사건 정보제공행위에도 영장주의가 적용되지 않는다."

Ⅰ. 사안의 분석과 쟁점의 정리 [5점]

사안에서 문제되는 것은 국민건강보험공단이 수사기관에게 갑의 요양급여정보를 제공한 것이 갑의 개인정보자기결정권을 침해한 것인지의 여부이다.

개인정보자기결정권에 대한 위헌적 침해 여부를 판단하기 위해서는 먼저 개인정보자기결정권의 의의와 보호범위를 검토하고, 요양급여정보가 이러한 개인정보에 해당하는지를 확인해야 할 것이다.

또한 요양급여정보가 개인정보에 해당하는지를 확인한 이후, 요양급여정보의 제공에 관한 법률 조항과 정보제공행위에 대한 제한의 정당성 여부를 비례성원칙에 비추어 판단하여야 할 것이다.

Ⅱ. 개인정보자기결정권의 의의와 보호범위 [8점]

1. 개인정보자기결정권의 의의

개인정보자기결정권은 자신에 관한 정보가 언제 누구에게 어느 범위까지 알려지고 또 이용되도록 할 것인지를 그 정보주체가 스스로 결정할 수 있는 권리이다. 즉 정보주체가 개인정보의 공개와 이용에 관하여 스스로 결정할 권리를 말한다.[4]

2. 개인정보자기결정권의 성격 및 헌법적 근거

헌법재판소 판례에 따르면 개인정보자기결정권은 인간의 존엄과 가치, 행복추구권을 규정한 헌법 제10조 제1문에서 도출되는 일반적 인격권 및 헌법 제17조의 사생활의 비밀과 자유에 의하여 보장되는 것이다.[5] 즉, 인격권과 사생활권의 구체화라고 볼 수 있는 것이다.

3. 개인정보자기결정권의 보호범위

개인정보자기결정권의 보호대상이 되는 개인정보는 개인의 신체, 신념, 사회적 지위, 신분 등과 같이 개인의 인격주체성을 특징짓는 사항으로서 그 개인의 동일성을 식별할 수 있게 하는 일체의 정보라고 할 수 있고, 반드시 개인의 내밀한 영역이나 사사(私事)의 영역에 속하는 정보에 국한되지 않으며, 공적 생활에서 형성되었거나 이미 공개된 개인정보까지 포함한다.[6]

4) 헌재 2015.7.30. 2014헌마340등 결정.
5) 헌재 2015.7.30. 2014헌마340등 결정.
6) 헌재 2015.7.30. 2014헌마340등 결정.

Ⅲ. 요양급여정보의 의의와 법적 성격 [11점]

1. 요양급여정보의 개념

국민건강보험법 제41조에 따르면 요양급여는 가입자와 피부양자의 질병, 부상, 출산 등에 대하여 국민건강보험공단이 실시한 진찰·검사, 약제·치료재료의 지급, 처치·수술 및 그 밖의 치료 등이며, 이에 관한 정보가 요양급여정보이다.

요양급여정보의 내용으로는 요양급여개시일, 국민건강보험법 제42조 제1항에 따른 요양기관의 명칭, 상병명, 입내원일수, 공단부담금, 본인부담금 등을 포함한다.

2. 요양급여정보의 법적 성격과 개인정보로서의 보호필요성

이러한 요양급여정보는 대부분 사생활의 비밀에 해당되는 정보일 뿐만 아니라, 특히 상병명, 급여일자, 요양기관명 등은 개인의 약점과 관련될 수 있는 민감한 정보로서 개인정보자기결정권에 의해 보호되어야 할 것이다.

3. 요양급여정보에 대한 현행법상의 보호

요양급여정보가 민감한 개인정보를 포함하고 있지만, 이에 관하여 국민건강보험법에서는 특별한 규정을 두지 않고 있다. 따라서 이에 대해서는 개인정보보호법에 의한 보호가 적용되어야 한다.

특히 사안의 경우 개인정보보호법 제18조의 올바른 해석과 적용이 매우 중요할 것이다.

Ⅳ. 사안의 요양급여정보 제공에 대한 비례성 판단 [14점]

1. 목적의 정당성 및 수단의 적합성 판단

사안에서 요양급여정보의 제공의 목적은 수사기관에 의한 피의자의 소재 파악과 검거이며, 이는 국가형벌권의 적정한 행사를 위한 것이므로 목적의 정당성이 인정된다.

또한 요양급여정보의 제공이 갑의 소재 파악에 도움이 될 수 있다는 점에서 수단의 적합성도 인정된다.

2. 침해의 최소성 판단

국민건강보험공단은 개인정보보호법상의 공공기관으로서 범죄수사를 위해 불가피한 경우에는 정보주체 또는 제3자의 이익을 부당하게 침해할 우려가 있는 경우를 제외하고 민감정보를 수사기관에 제공할 수 있다.

그런데 갑의 검거를 위한 목적에 비추어 볼 때, 요양급여정보보다는 통신사실확인자료의 제공이 훨씬 효과적일 수 있음에도 갑의 민감정보를 노출시킨 것은 개인정보자기결정권에 대한 침해를 최소화하기 위한 노력이 충분치 못한 것으로 보이며, 따라서 침해의 최소성에 위배된다.

3. 법익의 균형성 판단

또한 수사기관이 요양정보를 통하지 않더라도 갑의 소재를 충분히 파악할 수 있는 상태에서 요양급여정보를 요청하고 또 제공받음으로써 갑의 민감정보를 노출시킨 것은 법익의 균형성 요건도 충족시키지 못한 것으로 볼 수 있다.

Ⅴ. 헌법재판소의 결정과 그 효력 [14점]

1. 결정의 유형과 주문의 형식

사안의 경우 헌법소원심판이며, 법률조항들의 합헌성을 다투는 내용도 있으나 침해의 직접성 요건을 갖추지 못하므로 사안에서 헌법재판소가 실제 판단할 것은 처분에 대한 것이다.

이 경우 헌법재판소의 결정은 인용 또는 기각의 형식이 되며, 인용결정은 위헌확인의 형식을 갖추게 될 것이다.

2. 개인정보자기결정권 침해에 대한 판단

앞서의 검토를 통해 수사기관의 요청에 의해 국민건강보험공단이 갑의 요양급여정보를 제공한 것은 비례성원칙에 위배되어 위헌임을 확인할 수 있으며, 헌법재판소는 인용결정을 내려야 한다.

3. 헌법재판소 결정의 효력

헌법재판소법 제75조 제1항에 따라 헌법재판소의 인용결정은 모든 국가기관과 지방자치단체를 구속한다.

사안의 경우 헌법재판소의 인용결정에 따라 갑은 관련 소송에서 헌법재판소 결정의 취지를 반영할 것을 요구할 수 있고, 관련 소송이 이미 확정된 경우에는 헌법재판소법 제75조 제7항에 따라 재심을 청구할 수 있다.

Ⅵ. 결론 [3점]

사안에서 요양급여정보의 제공은 갑의 개인정보자기결정권에 대한 위헌적 침해이며, 헌법재판소는 갑의 청구를 인용하는 결정을 내려야 한다.

이 결정에 따라 갑은 관련 소송에서 헌법재판소 결정의 취지를 반영할 것을 요구할 수 있고, 관련 소송이 이미 확정된 경우에는 헌법재판소법 제75조 제7항에 따라 재심을 청구할 수 있다.

20

집회의 자유

현재 심각한 분규를 겪고 있는 A대학교에 재직하고 있는 교수 갑, 을, 병은 광화문 정부종합청사 후문 앞에서 교육부의 잘못된 교육정책과 분규대학에 대한 처리로 인하여 소속 대학의 문제가 더욱 심각해졌다는 취지의 피켓을 들고 구호를 외치는 등의 행위를 하였다. 이에 경찰에서는 갑 등이 집시법에 따른 사전신고 없이 옥외집회를 개최하였다는 이유로 입건하였고, 결국 갑 등은 검찰에 의해 기소되었다.

이에 갑 등은 혼자서 피켓을 들고 있는 1인 시위는 제한하지 않으면서 3인이 피켓을 들고 하는 행위를 제한하는 것은 평등에 위배되어 위헌이며, 집시법에 따른 사전신고는 헌법상 보장되고 있는 집회의 자유에 대한 과도한 제한으로서 허가제 금지에 반한다고 주장하면서 당해 법원에 위헌법률심판제청을 신청하였으나 기각되자 헌법재판소에 헌법소원심판을 청구하였다.

〈헌재 2014.1.28. 2011헌바174등 결정 참조〉

1. 갑 등의 헌법소원심판청구는 적법한가? (30점)
2. 법원에서 갑의 신청을 받아들여 헌법재판소에 위헌법률심판을 제청하였을 경우에는 갑이 헌법소원심판을 청구할 때와 어떤 차이가 있는가? (15점)
3. 갑의 헌법소원심판청구가 적법할 경우 헌법재판소는 어떤 본안판단을 내려야 하는가? (55점)

〈참고 조문(아래 법령은 현행 법령과 다를 수 있음)〉

집회 및 시위에 관한 법률 제6조(옥외집회 및 시위의 신고 등)

① 옥외집회나 시위를 주최하려는 자는 그에 관한 다음 각 호의 사항 모두를 적은 신고서를 옥외집회나 시위를 시작하기 720시간 전부터 48시간 전에 관할 경찰서장에게 제출하여야 한다. 다만, 옥외집회 또는 시위 장소가 두 곳 이상의 경찰서의 관할에 속하는 경우에는 관할 지방경찰청장에게 제출하여야 하고, 두 곳 이상의 지방경찰청 관할에 속하는 경우에는 주최지를 관할하는 지방경찰청장에게 제출하여야 한다.

1. 목적
2. 일시(필요한 시간을 포함한다)
3. 장소
4. 주최자(단체인 경우에는 그 대표자를 포함한다), 연락책임자, 질서유지인에 관한 다음 각 목의 사항

   가. 주소

나. 성명
다. 직업
라. 연락처
5. 참가 예정인 단체와 인원
6. 시위의 경우 그 방법(진로와 약도를 포함한다)

② 관할 경찰서장 또는 지방경찰청장(이하 "관할경찰관서장"이라 한다)은 제1항에 따른 신고서를 접수하면 신고자에게 접수 일시를 적은 접수증을 즉시 내주어야 한다.

③ 주최자는 제1항에 따라 신고한 옥외집회 또는 시위를 하지 아니하게 된 경우에는 신고서에 적힌 집회 일시 24시간 전에 그 철회사유 등을 적은 철회신고서를 관할경찰관서장에게 제출하여야 한다.

④ 제3항에 따라 철회신고서를 받은 관할경찰관서장은 제8조 제3항에 따라 금지 통고를 한 집회나 시위가 있는 경우에는 그 금지 통고를 받은 주최자에게 제3항에 따른 사실을 즉시 알려야 한다.

⑤ 제4항에 따라 통지를 받은 주최자는 그 금지 통고된 집회 또는 시위를 최초에 신고한 대로 개최할 수 있다. 다만, 금지 통고 등으로 시기를 놓친 경우에는 일시를 새로 정하여 집회 또는 시위를 시작하기 24시간 전에 관할경찰관서장에게 신고서를 제출하고 집회 또는 시위를 개최할 수 있다.

집회 및 시위에 관한 법률 제22조(벌칙)

① 제3조 제1항 또는 제2항을 위반한 자는 3년 이하의 징역 또는 300만 원 이하의 벌금에 처한다. 다만, 군인 · 검사 또는 경찰관이 제3조 제1항 또는 제2항을 위반한 경우에는 5년 이하의 징역에 처한다.

② 제5조 제1항 또는 제6조 제1항을 위반하거나 제8조에 따라 금지를 통고한 집회 또는 시위를 주최한 자는 2년 이하의 징역 또는 200만 원 이하의 벌금에 처한다.

③ 제5조 제2항 또는 제16조 제4항을 위반한 자는 1년 이하의 징역 또는 100만 원 이하의 벌금에 처한다.

④ 그 사실을 알면서 제5조 제1항을 위반한 집회 또는 시위에 참가한 자는 6개월 이하의 징역 또는 50만 원 이하의 벌금 · 구류 또는 과료에 처한다.

1. 갑 등의 헌법소원심판청구는 적법한가? (30점)

Ⅰ. 서: 위헌소원의 성격과 청구요건 [3점]
Ⅱ. 재판의 전제성 [10점]
  1. 소송의 계속
  2. 심판대상법률(조항)이 당해 소송사건에 적용
  3. 심판대상법률(조항)의 위헌 여부에 따라 다른 내용의 재판
Ⅲ. 위헌법률심판제청의 신청과 기각 [9점]
  1. 위헌소원의 성격과 위헌법률심판제청의 의미
  2. 법원의 기각 결정과 그 구속력

Ⅰ. 서: 위헌소원의 성격과 청구요건 [3점]

사안에서 갑 등이 제기한 헌법소원심판은 헌법재판소법 제68조 제2항에 따른 이른바 위헌소원이다. 위헌소원은 형식상 헌법소원이지만 실질적으로는 위헌법률심판에 해당하는 것이며, 그에 따라 헌법재판소법 제68조 제1항의 권리구제형 헌법소원과는 청구요건에 큰 차이를 보인다. 무엇보다 재판의 전제성 요건이 갖추어져야 하며, 그밖에 당해 법원에 대한 위헌법률심판제청신청과 기각, 변호사 강제주의, 청구기간 등의 요건이 갖춰져야 한다.

Ⅱ. 재판의 전제성 [10점]

1. 소송의 계속

재판의 전제성이 인정되기 위해서는 가장 먼저 법원에 소송이 계속(繫屬) 중이어야 한다. 즉, 법적 쟁점에 관하여 법원에 소송이 제기되고 그 소송에 대해 법원이 심리를 하고 있는 상태여야 한다. 본 사안에서는 소송의 계속 중임을 확인할 수 있다.

2. 심판대상법률(조항)이 당해 소송사건에 적용

두 번째 요건은 위헌 여부가 다투어지는 법률(조항)이 당해 사건에 적용되는 것이어야 한다는 점이다. 당해 사건의 재판과 무관한 법률(조항)에 대해서는 구체적 규범통제에서 위헌 여부를 다툴 수 없기 때문이다.

이 사건의 심판대상인 집회 및 시위에 관한 법률 제6조와 제22조는 갑 등의 처벌 여부를 결정하는 것이므로 이 요건도 충족된다.

3. 심판대상법률(조항)의 위헌 여부에 따라 다른 내용의 재판

재판의 전제성 인정을 위한 마지막 요건은 다투어지는 법률(조항)의 위헌 여부에 따라 당해 사건의 판결 결과에 차이가 발생해야 한다는 점이다.

심판대상조항이 위헌일 경우에는 갑 등의 처벌 여부가 달라질 수 있으므로 이 요건도 충족된다.

Ⅲ. 위헌법률심판제청의 신청과 기각 [9점]

1. 위헌소원의 성격과 위헌법률심판제청의 의미

헌법재판소에 위헌소원을 제청하기 위해서는 먼저 당해 법원에 위헌법률심판을 제청하였으나 기각 당했어야 한다.

법원이 위헌법률심판청구를 할 수도 있는데 이를 건너뛰고 당사자가 곧바로 위헌소원을 청구하는 것은 헌법재판소의 부담을 과중하게 만들 우려가 있다는 점에서 권리구제형 헌법소원에서 보충성 요건을 둔 것과 유사한 취지로 이런 요건이 인정되는 것이다.

2. 법원의 기각 결정과 그 구속력

사안에서 갑 등의 위헌법률심판제청신청은 법원에 의해 기각되었고, 이러한 기각 결정에 의해 위헌법률심판제청을 기대할 수 없게 되었다. 그러나 법원의 판단이 항상 타당한 것은 아니라는 점에서 헌법재판소의 판단을 받을 수 있는 길을 열어 놓을 필요성이 인정된다.

3. 헌법재판소법 제68조 제2항에 의한 헌법소원심판의 청구

헌법재판소법 제68조 제2항에 의한 위헌소원은 이러한 의미에서 법원의 위헌법률심판제청이 제대로 행해지지 않는 것에 대한 보완장치라 할 수 있다.[1)]

사안의 갑 등이 당해법원에 대한 위헌법률심판제청신청의 기각 후에 헌법재판소법 제68조 제2항에 의해 헌법소원심판을 청구함으로써 해당 요건을 갖추었다.

Ⅳ. 기타의 청구요건 [6점]

1. 변호사 강제주의

위헌소원은 비록 그 실질은 위헌법률심판이지만 그 형식은 헌법소원심판이며, 당사자가 청구의 주체가 된다. 따라서 헌법재판소법 제25조 제3항에 따라 변호사 강제주의가 적용된다.

갑 등은 본인이 변호사 자격이 있는 경우가 아니라면 변호사를 대리인으로 선임하여야 심판청구를 할 수 있다.

2. 청구기간

위헌소원은 헌법재판소법 제69조 제2항에 따라 위헌법률심판의 제청신청을 기각하는 결정을 통지받은 날로부터 30일 이내에 청구하여야 한다.

Ⅴ. 결론 [2점]

이상의 검토를 종합할 때, 갑 등의 헌법소원심판청구는 – 설문에 명확하게 드러나지 않고 있는 변호사 강제주의 및 청구기간 등의 요건을 준수하였다고 볼 때 – 적법한 것으로 판단된다.

---

1) 제4공화국과 제5공화국 당시 위헌법률심판제청권을 갖고 있던 대법원에서 15년(1972~1987)동안 단 한 건의 위헌법률심판도 제청하지 않았던 경험에 대한 반작용으로 이러한 위헌소원 제도가 도입된 것으로 볼 수 있다.

2. 법원에서 갑의 신청을 받아들여 헌법재판소에 위헌법률심판을 제청하였을 경우에는 갑이 헌법소원심판을 청구할 때와 어떤 차이가 있는가? (15점)

> Ⅰ. 서: 위헌법률심판과 위헌소원의 성격상의 유사성과 절차상의 차이점 [2점]
> Ⅱ. 성격상 유사성: 위헌소원의 도입배경과 실질적 위헌법률심판으로서의 위헌소원 [3점]
> Ⅲ. 절차상 차이점 1: 청구의 주체 - 법원과 당사자 [3점]
> Ⅳ. 절차상 차이점 2: 청구의 요건 - 위헌소원의 경우 제청신청의 기각과 제소기간 등의 차이 [3점]
> Ⅴ. 절차상 차이점 3: 청구의 효과 - 당해사건의 소송절차 중단의 유무 [3점]
> Ⅵ. 결론 [1점]

Ⅰ. 서: 위헌법률심판과 위헌소원의 성격상의 유사성과 절차상의 차이점 [2점]

위헌소원은 형식상 헌법소원심판이지만, 그 실질은 위헌법률심판에 해당된다. 그로 인하여 양자는 성격상 유사성이 있음에도 불구하고 절차상의 차이가 적지 않게 나타난다.

이러한 차이는 청구의 주체, 청구의 요건, 청구의 효과에 있어서의 차이로 구분되어 정리될 수 있다.

Ⅱ. 성격상 유사성: 위헌소원의 도입배경과 실질적 위헌법률심판으로서의 위헌소원 [3점]

위헌소원은 과거 제4공화국과 제5공화국에서 대법원의 위헌법률심판 제청이 없음으로 인하여 위헌법률심판이 사실상 사문화되었던 경험에 대한 반작용으로 도입된 것이다.

헌법상 위헌법률심판은 법원이 제청하도록 되어 있으므로 헌법재판소법에서 당사자가 헌법소원심판의 형식으로 사실상 위헌법률심판을 청구할 수 있도록 한 것이다. 그로 인하여 위헌소원이 실질적으로 위헌법률심판의 성격을 갖는다는 점은 학설과 판례에 의해 널리 인정되고 있다.

Ⅲ. 절차상 차이점 1: 청구의 주체 - 법원과 당사자 [3점]

성격상의 유사성에도 불구하고 위헌소원은 헌법소원심판의 형식을 갖고 있기 때문에 위헌법률심판과 절차상의 차이점이 작지 않다.

첫째로, 양자는 청구의 주체가 다르다. 위헌법률심판은 법원이 청구의 주체가 되는 반면에 위헌소원은 그 법률의 적용을 받는 소송당사자가 청구의 주체가 되는 것이다.

Ⅳ. 절차상 차이점 2: 청구의 요건 - 위헌소원의 경우 제청신청의 기각과 제소기간 등의 차이 [3점]

둘째로, 양자는 청구의 요건이 다르다. 위헌법률심판의 경우 법원이 청구의 주체가 되기 때문에 재판의 전제성과 더불어 심판대상 법률(조항)의 합헌성 여부에 대한 합리적

의심이 요건이 되지만, 위헌소원의 경우에는 재판의 전제성 이외에 위헌법률심판제청의 신청과 기각, 그리고 기각 통지를 받은 날부터 30일 이내에 청구해야 한다는 요건이 추가된다.

V. 절차상 차이점 3: 청구의 효과 - 당해사건의 소송절차 중단의 유무 [3점]

셋째로 양자는 청구의 효과가 다르다. 법원이 위헌성에 대한 의심을 가지고 위헌법률심판을 제청한 경우에는 헌법재판소법 제42조에 따라 헌법재판소의 위헌 여부의 결정이 있을 때까지 재판이 정지된다. 그러나 위헌소원의 청구는 이러한 재판의 정지 효과가 없다.

VI. 결론 [1점]

위헌법률심판과 위헌소원은 성질상 유사성을 갖지만, 청구의 주체, 요건, 효과 등에서 차이가 있으며, 만일 갑이 위헌소원을 청구한 것이 아니라 법원에서 위헌법률심판을 제청한 경우라면 재판의 정지 등 효과의 차이가 발생할 것이다.

3. 갑의 헌법소원심판청구가 적법할 경우 헌법재판소는 어떤 본안판단을 내려야 하는가? (55점)

Ⅰ. 사안의 분석과 쟁점의 정리 [5점]
Ⅱ. 갑의 주장과 본안판단의 쟁점 [9점]
  1. 평등 위반에 대한 주장
  2. 사전허가제 금지 위반에 대한 주장
  3. 그밖의 쟁점
Ⅲ. 평등 위반 주장의 정당성 판단 [13점]
  1. 평등권 제한의 심사구조와 비교집단의 설정
  2. 평등심사의 기준
  3. 사안에 대한 판단
Ⅳ. 허가제 금지 위반 주장의 정당성 판단 [13점]
  1. 허가제 금지의 의미
  2. 사전신고제의 의미와 성격, 허용범위에 대한 헌법재판소 판례
  3. 사안에 대한 비례성 판단
Ⅴ. 헌법재판소의 본안판단 [12점]
  1. 헌법재판소의 결정 유형과 주문
  2. 사안에 대한 판단
  3. 헌법재판소 결정의 효력
Ⅵ. 결론 [3점]

Ⅰ. 사안의 분석과 쟁점의 정리 [5점]

사안에서 다투어지고 있는 것은 1인 시위와 비교하여 문제되고 있는 평등권의 침해 여부, 그리고 「집회 및 시위에 관한 법률」(이하 집시법)의 사전신고의무와 관련하여 쟁점이 되고 있는 허가제 금지와의 충돌 여부이다.

따라서 헌법재판소가 본안판단을 내리기 위해서는 이 두 가지 쟁점이 어떤 의미를 갖고 있는지를 먼저 정리한 이후에 평등권의 위배 여부, 허가제 금지의 위배 여부에 대해 각기 판단하여야 할 것이다.

특히 평등권의 침해와 관련하여서는 비교집단의 설정 및 평등심사의 기준이 중요한 의미를 가질 수 있으며, 허가제 금지의 위배 여부와 관련하여는 사전신고제의 의의 및 역할에 대한 검토가 필요할 것이다.

Ⅱ. 갑의 주장과 본안판단의 쟁점 [9점]

1. 평등 위반에 대한 주장

사안에서 갑 등은 1인 시위에 대해서는 제한하지 않으면서 갑 등의 3인이 1인 시위와 같은 방식으로 피켓을 들고 시위한 것에 대해서는 제한하는 것이 평등권 침해라고 주장하고 있다.

헌법상의 평등은 '같은 것을 같게 다른 것을 다르게' 취급하는 것을 의미하며, 따라서 1인 시위와 3인 시위에서 같은 점과 다른 점을 구분하고, 어느 쪽이 본질적인 의미를 갖는지를 검토해야 한다.

2. 허가제 금지 위반에 대한 주장

또한 사안의 갑 등은 사전신고제가 허가제 금지에 위배되어 위헌이라고 주장하고 있다.

헌법 제21조 제2항에서는 언론·출판의 자유에 대한 허가 및 검열의 금지와 더불어 집회·결사에 대한 허가의 금지를 명시하고 있는 바, 그 의미를 정확하게 분석하여 집시법상 사전신고제가 이에 위배되는 것인지를 판단해야 할 것이다.

3. 그밖의 쟁점

그밖에 죄형법정주의에 따른 명확성원칙 위배 여부, 과잉형벌 여부 등이 문제될 수 있다.

그러나 헌법재판소의 판례에 비추어 볼 때, 건전한 상식과 통상적인 법감정을 가진 사람으로 하여금 그 적용대상자가 누구이며 구체적으로 어떠한 행위가 금지되고 있는지 충분히 알 수 있도록 규정되어 있다면 죄형법정주의 명확성원칙에 위배되지 않는다고 보아야 할 것이다.[2)]

---

2) 헌재 1994.7.29. 93헌가4; 헌재 2004.1.29. 2002헌가20등; 헌재 2011.6.30. 2009헌바199; 헌재 2014.1.28. 2011헌바174등 결정 등 참조.

또한 옥외집회 · 시위의 사전신고의무 위반에 대한 행정형벌의 내용으로서 2년 이하의 징역이나 200만 원 이하의 벌금형에 처하도록 한 것이 입법재량의 한계를 벗어난 과중한 처벌이라고 볼 수 없다는 것이 헌법재판소 판례이다.3)

Ⅲ. 평등 위반 주장의 정당성 판단 [13점]

1. 평등권 제한의 심사구조와 비교집단의 설정

평등권의 보호법익은 '불합리한 차별'로부터의 보호이며, 이는 비교의 대상을 전제한다. 즉, 논리적으로 비교집단이 먼저 설정되어야 차별의 합리성 여부를 판단할 수 있는 것이다.

사안에서의 비교집단은 1인 시위와 3인 시위이다. 그런데 전자는 시위라는 용어가 언론 등에서 사용되지만 법적으로는 집단적 의사표현이 아닌 개인의 의사표현으로 언론의 자유에 해당되는 반면에 후자는 집단적 의사표현으로서의 시위에 해당한다는 점에 주목할 필요가 있다.

2. 평등심사의 기준

헌법재판소는 평등심사의 기준을 엄격한 심사기준과 완화된 심사기준으로 구분하고 있다.

전자는 헌법상 평등이 명시적으로 요청되는 경우 또는 기본권에 대한 중대한 제한이 문제되는 경우에 적용되며, 그밖의 경우에는 후자의 완화된 심사기준이 적용된다.

사안의 경우 문제되는 집시법 조항은 개인적 의사표현과 집단적 의사표현을 달리 취급한 것에 해당하며, 특별히 중대한 제한이라고 보기 어려우므로 완화된 심사기준이 적용되어야 할 것이다.

3. 사안에 대한 판단

완화된 심사기준이 적용될 경우, 헌법재판소는 엄격한 비례성 심사를 하는 것이 아니라 입법자의 결정이 자의적인 경우를 제외하면 그 합헌성을 인정한다.

사안의 경우 집시법에서 개인적 의사표현과 집단적 의사표현을 달리 취급하고 있는 것은 의사표현의 방식, 파급효 등의 차이를 고려할 때, 합리적인 근거가 있는 것으로 보이며, 따라서 집시법 조항이 평등원칙에 위배되는 것으로 보기는 어렵다.

Ⅳ. 허가제 금지 위반 주장의 정당성 판단 [13점]

1. 허가제 금지의 의미

헌법 제21조 제2항에서 명시하고 있는 집회 · 결사에 대한 허가제 금지의 의미는 사전적 억제의 금지로 이해된다. 즉, 불법적인 집회 · 결사에 대한 사후적 통제는 가능하지만, 집회가 열리기도 전에 금지부터 하는 것은 위헌이라는 것이다.

---

3) 헌재 1994.4.28. 91헌바14 결정.

2. 사전신고제의 의미와 성격, 허용범위에 대한 헌법재판소 판례

이와 관련하여 집시법 제6조에 따른 옥외집회의 사전신고는 허가의 의미는 아닌 것으로 해석된다. 학설과 판례에 따르면 사전신고는 같은 시간, 같은 장소에 집회가 중복되어 혼란을 야기하는 등의 문제를 방지하고 질서를 유지하기 위한 것으로서 일정한 신고절차만 밟으면 되는 것이므로 허가제 금지에 위배되지 않는 것이다.[4)]

3. 사안에 대한 비례성 판단

집시법 제6조 등은 옥외집회의 경우 시위자와 같은 시간, 장소에 집회를 희망하는 국민, 그리고 일반 공중 사이의 이익충돌을 예방하기 위한 것으로서 목적의 정당성이 인정되며, 사전신고를 통해 이해관계를 조정할 수 있으므로 수단의 적합성도 인정된다.

또한 우발적 집회 및 긴급집회 등의 경우에는 사전신고 기간의 예외가 인정되는 것으로 해석하는 한, 최소침해의 원칙도 충족시키며, 사전신고로 인한 번거로움보다 이를 통해 보호되는 공익이 더 크다고 볼 수 있으므로 법익의 균형성도 충족된다.

Ⅴ. 헌법재판소의 본안판단 [12점]

1. 헌법재판소의 결정 유형과 주문

사안의 경우 위헌소원으로서 형식은 헌법소원심판이지만, 그 실질은 위헌법률심판이다. 이에 따라 실질적인 심판대상은 법률(조항)이며, 헌법재판소의 결정은 심판대상에 대한 합헌 또는 위헌의 방식으로 내려진다.

2. 사안에 대한 판단

사안의 경우 앞서 살펴본 바와 같이 평등권의 침해로 보기 어려우며, 헌법 제21조 제2항의 허가제 금지에 위배되는 것으로도 보기 어려우므로 헌법재판소는 합헌 결정을 내려야 한다.

3. 헌법재판소 결정의 효력

위헌결정과 달리 합헌결정은 국가기관과 지방자치단체를 구속하는 효력이 없으며, 당해 사건에 대해서만 구속력을 가질 뿐이다.

---

4) **헌재 2009.5.28. 2007헌바22 결정**: "집회의 자유의 행사는 다수인의 집단적인 행동을 수반하기 때문에 집단행동의 속성상 의사표현의 수단으로서 개인적인 행동의 경우보다 공공의 안녕질서나 법적 평화와 마찰을 빚을 가능성이 큰 것 또한, 사실이다(헌재 1994.4.28. 91헌바14, 판례집 6-1, 281, 300). 특히 옥외집회는 일정한 옥외장소나 도로의 사용을 전제로 하므로 그러한 가능성이 더욱 높고, 이에 따라 사전에 집회의 자유와 다른 법익을 조화시킬 수 있는 제도적 장치가 요청된다.
그리하여 구 집시법 제6조 제1항은, 옥회집회를 주최하려는 자는 그에 관한 신고서를 옥외집회를 시작하기 720시간 전부터 48시간 전에 관할 경찰서장에게 제출하도록 하고 있다. 이러한 사전신고는 경찰관청 등 행정관청으로 하여금 집회의 순조로운 개최와 공공의 안전보호를 위하여 필요한 준비를 할 수 있는 시간적 여유를 주기 위한 것으로서, 협력의무로서의 신고라고 할 것이다.
결국, 구 집시법 전체의 규정 체제에서 보면 법은 일정한 신고절차만 밟으면 일반적·원칙적으로 옥회집회 및 시위를 할 수 있도록 보장하고 있으므로(헌재 1994.4.28. 91헌바14, 판례집 6-1, 281, 302), 집회에 대한 사전신고제도는 헌법 제21조 제2항의 사전허가금지에 반하지 않는다."

따라서 해당 조항에 대해서는 별개의 사건에서 다시금 위헌 여부가 다투어질 수 있다.

Ⅵ. 결론 [3점]

이상 검토한 바와 같이 헌법재판소는 갑 등의 헌법소원심판 청구에 대해 합헌 결정을 내려야 한다. 헌법재판소의 합헌 결정은 당해 사건에 대해서만 구속력을 가지며, 심판대상조항에 대해서는 별개의 사건에서 다시금 위헌 여부가 다투어질 수 있다.

21

학문의 자유와 대학의 자율성

교육부장관 갑은 국립대학교인 A대학교 총장 을에게 법학전문대학원 설치 인가신청서 상의 장학금 지급비율을 이행하지 않았으니 이를 이행하라는 시정명령을 하였다. 그러나 을은 갑이 법학전문대학원 인가 당시 A대학교 법학전문대학원의 장학금확보율을 장학금지급률로 오해하여 시정명령을 하였다면서 이를 이행하지 아니하였다. 그러자 갑은 법학교육위원회의 심의를 거쳐, A대학교 법학전문대학원의 학생정원 40명 중 차년도 모집정지 1명 및 차차년도 모집정지 1명을 내용으로 하는 제재를 확정·통지하였다.

A대학교는 교육부 장관의 이러한 제재가 헌법 제31조 제4항이 정하고 있는 대학의 자율권을 침해한다고 주장하면서 헌법재판소에 헌법소원심판을 청구하였다.

〈헌재 2015.12.23. 2014헌마1149 참조〉

1. 국립대학교인 A대학교가 헌법소원심판의 청구인이 될 수 있는가? (20점)
2. A대학교의 헌법소원심판청구는 적법한가? (20점)
3. A대학교의 헌법소원심판청구가 적법할 경우 헌법재판소는 어떠 본안판단을 내려야 하는가? (60점)

〈참고 조문(아래 법령은 현행 법령과 다를 수 있음)〉

법학전문대학원 설치·운영에 관한 법률 제5조(설치인가 등)

① 법학전문대학원을 두고자 하는 대학의 설립·경영자는 제16조부터 제20조까지의 규정에 따른 교원(「고등교육법」 제14조 제2항에 따른 강사는 제외한다. 이하 같다)·시설 및 교육과정 등 법학전문대학원의 설치기준을 갖추어야 한다.

② 공립 또는 사립대학의 설립·경영자가 법학전문대학원을 두고자 하는 경우에는 교육부장관의 인가를 받아야 한다. 인가받은 법학전문대학원을 폐지하거나 인가받은 사항 중 대통령령으로 정하는 중요 사항을 변경하는 때에도 또한 같다.

③ 교육부장관은 제2항에 따른 설치인가 및 폐지·변경인가를 하고자 하는 경우에는 미리 제10조에 따른 법학교육위원회(이하 "법학교육위원회"라 한다)의 심의를 거쳐야 한다.

④ 국가가 법학전문대학원을 두고자 하는 경우에는 법학교육위원회의 심의를 거쳐야 한다. 법학전문대학원을 폐지하거나 대통령령으로 정하는 중요 사항을 변경하는 때에도 또한 같다.

⑤ 제2항에 따른 설치인가 및 폐지·변경인가의 절차 등에 관하여 필요한 사항은 대통

령령으로 정한다.

법학전문대학원 설치 · 운영에 관한 법률 제17조(물적 기준)

① 법학전문대학원은 충실한 교육을 위하여 대통령령으로 정하는 시설을 갖추어야 한다.

② 법학전문대학원을 두는 대학은 법학전문대학원의 운영에 필요한 재정을 확보하여야 하고, 장학금제도 등 학생에 대한 경제적 지원방안을 마련하여야 한다.

법학전문대학원 설치 · 운영에 관한 법률 제38조(시정명령)

교육부장관은 법학전문대학원이 설치된 대학 또는 당해 법학전문대학원이 제5조 제2항 및 제4항, 제7조 제3항, 제8조, 제16조, 제17조, 제18조 제1항부터 제3항까지, 제19조, 제20조, 제22조, 제23조, 제25조, 제27조 및 제32조를 위반하는 경우에는 일정한 기간을 정하여 법학전문대학원이 설치된 대학의 설립 · 경영자 또는 대학의 장에게 시정명령을 할 수 있다.

법학전문대학원 설치 · 운영에 관한 법률 제39조(감축조치 등)

교육부장관은 제38조에 따른 시정명령을 받은 자가 정당한 사유 없이 지정된 기간 내에 이를 이행하지 아니하여 정상적인 학사운영이 곤란한 경우에는 다음 각 호의 처분을 할 수 있다.

1. 당해 법학전문대학원의 학생정원의 감축
2. 당해 법학전문대학원의 학생모집 정지

법학전문대학원 설치 · 운영에 관한 법률 시행령 제2조(설치인가 절차)

① 「법학전문대학원 설치 · 운영에 관한 법률」(이하 "법"이라 한다) 제5조 제2항 전단에 따른 공립 또는 사립대학의 설립 · 경영자는 법학전문대학원을 두고자 할 때에는 다음 각 호의 사항을 적은 서류를 갖추어 교육부장관에게 법학전문대학원의 설치인가를 신청하여야 한다.

1. 목적
2. 명칭
3. 위치
4. 학칙
5. 교원(「고등교육법」 제14조 제2항에 따른 강사는 제외한다. 이하 같다) 및 제9조 제2항에 따른 겸임교원 및 초빙교원 등의 현황 및 확보 계획
6. 제10조에 따른 교육시설의 현황 및 확보계획
7. 교육과정 및 교수방법
8. 학생정원 및 선발계획
9. 개원예정일
10. 법학전문대학원이 설치될 대학의 과거 3년간의 재무제표. 다만, 설립된 지 3년이 지나지 아니한 대학은 설립 이후의 재무제표
11. 수업료 및 입학금 등 재원, 장학금 제도를 포함한 향후 3년간의 법학전문대학원의 재정운용계획
12. 폐지되는 법학에 관한 학사학위과정의 학생에 대한 대책

> 13. 법학전문대학원이 설치될 대학에 개설된 법학에 관한 석·박사학위과정의 운용 계획
> 14. 법학전문대학원 발전계획
> 15. 그 밖에 연구과정 설치, 현장실습계획 등 법학전문대학원의 설치·운영에 관하여 교육부장관이 특히 필요하다고 인정하는 사항
>
> ② 교육부장관은 제1항에 따른 설치인가 신청을 받으면 법 제10조에 따른 법학교육위원회(이하 "법학교육위원회"라 한다)에 그 신청에 대한 심의를 의뢰하여야 한다. 제3조에 따른 폐지인가 및 제4조 제2항에 따른 변경인가 신청을 받은 경우에도 또한 같다.

1. 국립대학교인 A대학교가 헌법소원심판의 청구인이 될 수 있는가? (20점)

> Ⅰ. 서: 기본권의 성격 이해와 기본권주체성 [2점]
> Ⅱ. 헌법소원심판의 청구인과 기본권주체성 [5점]
> 1. 헌법소원심판의 개념: 공권력에 의한 기본권침해를 다투는 헌법소송
> 2. 자연인인 국민의 기본권주체성과 청구인능력
> 3. 외국인 또는 법인의 기본권주체성과 청구인능력의 제한
> Ⅲ. 전통적인 기본권이론과 공법인의 기본권주체성 [5점]
> 1. 기본권의 출발점: 국가 공권력의 오남용에 대한 통제장치
> 2. 기본권의 주체: 공권력의 주체가 아닌 상대방
> 3. 전통적인 기본권이론과 공법인의 기본권주체성 부인
> Ⅳ. 공법인의 기본권주체성이 인정되는 예외적 경우 [7점]
> 1. 현대적 기본권이론과 공법인의 예외적 기본권주체성 인정
> 2. 학설과 판례에 따른 공법인의 기본권주체성 인정의 예
> 3. 사안에 대한 판단
> Ⅴ. 결론 [1점]

Ⅰ. 서: 기본권의 성격 이해와 기본권주체성 [2점]

기본권은 전통적으로 국민이 국가에 대해 갖는 주관적 공권으로 이해되었다. 따라서 국민만이 기본권의 주체로 인정되었다.

그러나 인권의 보편화에 따라 외국인의 기본권주체성이 – 참정권 등 일부 기본권을 제외하고 – 인정되었고, 법인의 기본권주체성 또한 기본권의 성질에 따라 인정된다.

하지만 국가에 의해 설립된 공법인은 원칙적으로 기본권주체성을 갖지 못한다. 사안의 경우 A대학교가 예외적으로 기본권주체성을 인정받을 수 있는지가 문제된다.

Ⅱ. 헌법소원심판의 청구인과 기본권주체성 [5점]

1. 헌법소원심판의 개념: 공권력에 의한 기본권침해를 다투는 헌법소송

헌법소원심판은 공권력의 행사 또는 불행사에 의한 기본권의 침해를 다투는 헌법소

송이다. 따라서 기본권의 주체가 아닌 경우에는 헌법소원심판을 청구할 수 없다.

그러므로 사안의 경우 A대학교가 헌법소원심판의 청구인이 될 수 있는지의 여부는 곧 기본권주체성을 갖는지의 여부에 달려 있다.

2. 자연인인 국민의 기본권주체성과 청구인능력

자연인인 국민은 당연히 기본권의 주체로 인정된다. 설령 심신미약자라던가 범죄를 저지르고 형의 집행 중인 수형자라 하더라도 대한민국의 국민인 이상 기본권주체성이 부인되지는 않는다. 따라서 자연인인 국민은 항상 헌법소원심판의 청구인능력을 갖는다.

3. 외국인 또는 법인의 기본권주체성과 청구인능력의 제한

이와는 달리 외국인이나 법인의 경우에는 기본권주체성이 제한되며, 따라서 헌법소원심판의 청구인능력도 제한된다.

예컨대 외국인의 경우 참정권 등의 기본권을 인정받지 못하며, 따라서 참정권의 침해를 이유로 한 헌법소원심판의 청구인이 되지 못하며, 법인도 생명권 등 법인의 기본권주체성이 인정되지 못하는 경우에 헌법소원심판의 청구인이 될 수 없다.

Ⅲ. 전통적인 기본권이론과 공법인의 기본권주체성 [5점]

1. 기본권의 출발점: 국가 공권력의 오남용에 대한 통제장치

전통적인 기본권의 출발점은 국민에 대한 국가권력의 강제력에 대한 균형추로서의 역할에 있었다. 즉, 국가권력이 오 · 남용될 경우에는 기본권을 주장하여 대항할 수 있도록 하는 것이 기본권의 역할이었던 것이다.

2. 기본권의 주체: 공권력의 주체가 아닌 상대방

그러므로 전통적인 기본권이론에 따를 때, 기본권의 주체는 공권력의 주체가 아닌 그 상대방으로서의 국민이다. 공권력의 주체가 다시금 공권력에 대해서, 혹은 국민에 대해서 기본권을 주장한다는 것은 논리적 모순이라고 보았기 때문이다.

3. 전통적인 기본권이론과 공법인의 기본권주체성 부인

이러한 전통적인 기본권이론에 따르면 공법인의 기본권주체성은 부인될 수밖에 없다. 공법인은 국가를 비롯하여 국가에 의해 직 · 간접으로 창설된 법인으로서 공공목적의 달성을 지향하는 것이다. 따라서 국가와 공법인의 관계는 기본권 인정의 전제인 국가와 국민의 일반권력관계와는 본질적으로 다른 것이기 때문이다.

Ⅳ. 공법인의 기본권주체성이 인정되는 예외적 경우 [7점]

1. 현대적 기본권이론과 공법인의 예외적 기본권주체성 인정

전통적 기본권이론은 큰 틀에서 유지되고 있지만, 현대적 기본권이론의 발전에 따라 부분적인 변화가 있다. 특히 공법인과 관련하여 예외적으로 기본권주체성을 인정하는 경우가 인정되고 있다.

이러한 예외 인정의 조건은 첫째, 공법인이 국가로부터 조직과 활동에서 독립되어 있어야 하며, 둘째, 공법인의 존립목적상 기본권의 인정이 불가피한 경우이어야 한다는 것이다.[1)]

2. 학설과 판례에 따른 공법인의 기본권주체성 인정의 예

오늘날 학설과 판례에 따라 공법인의 기본권주체성이 인정되는 대표적인 경우로 학문의 자유와 관련한 국·공립대학,[2)] 언론의 자유와 관련한 국·공영방송국 등[3)]을 들 수 있다.

이들의 경우 국가로부터의 독립성이 인정되며, 학문의 자유 또는 언론의 자유가 인정되지 않으며, 그 존립목적을 달성할 수 없는 것으로 인정되기 때문이다.

3. 사안에 대한 판단

사안의 A대학교는 국립대학으로서 학문의 자유와 관련하여 있으며, 공법인의 기본권주체성이 예외적으로 인정되는 경우에 해당된다.

Ⅴ. 결론 [1점]

이상의 검토를 종합할 때, A대학교는 비록 공법인이지만, 학문의 자유에 대해 예외적으로 기본권주체성이 인정되며, 따라서 헌법소원심판의 청구인이 될 수 있다.

---

1) **헌재 2013.9.26. 2012헌마271 결정**: "기본권 보장 규정인 헌법 제2장은 그 제목을 '국민의 권리와 의무'로 하고 있고, 제10조 내지 제39조는 "모든 국민은 …… 권리를 가진다."고 규정하고 있으므로 공권력의 행사자인 국가, 지방자치단체나 그 기관 또는 국가조직의 일부나 공법인은 국민의 기본권을 보호 내지 실현해야 할 '책임'과 '의무'를 지는 주체로서 헌법소원을 청구할 수 없다(헌재 1994.12.29. 93헌마120, 판례집 6-2, 477, 480; 헌재 1995.9.28. 92헌마23등, 판례집 7-2, 343, 351; 헌재 2006.2.23. 2004헌바50, 판례집 18-1상, 170, 179).
다만 공법인이나 이에 준하는 지위를 가진 자라 하더라도 공무를 수행하거나 고권적 행위를 하는 경우가 아닌 사경제 주체로서 활동하는 경우나 조직법상 국가로부터 독립한 고유 업무를 수행하는 경우, 그리고 다른 공권력 주체와의 관계에서 지배복종관계가 성립되어 일반 사인처럼 그 지배하에 있는 경우 등에는 기본권 주체가 될 수 있다. 이러한 경우에는 이들이 기본권을 보호해야 하는 국가적 기능을 담당하고 있다고 볼 수 없기 때문이다."

2) **헌재 2015.12.23. 2014헌마1149 결정**: "헌법 제31조 제4항이 규정하는 교육의 자주성 및 대학의 자율성은 헌법 제22조 제1항이 보장하는 학문의 자유의 확실한 보장을 위해 꼭 필요한 것으로서 대학에 부여된 헌법상 기본권인 대학의 자율권이므로, 국립대학인 청구인도 이러한 대학의 자율권의 주체로서 헌법소원심판의 청구인능력이 인정된다."

3) **헌재 2013.9.26. 2012헌마271 결정**: "청구인은 공법상 재단법인인 방송문화진흥회가 최다출자자인 방송사업자로서 방송법 등 관련 규정에 의하여 공법상의 의무를 부담하고 있지만, 그 설립목적이 언론의 자유의 핵심 영역인 방송 사업이므로 이러한 업무 수행과 관련해서는 기본권 주체가 될 수 있고, 그 운영을 광고수익에 전적으로 의존하고 있는 만큼 이를 위해 사경제 주체로서 활동하는 경우에도 기본권 주체가 될 수 있다. 이 사건 심판청구는 청구인이 그 운영을 위한 영업활동의 일환으로 방송광고를 판매하는 지위에서 그 제한과 관련하여 이루어진 것이므로 그 기본권 주체성이 인정된다."

2. A대학교의 헌법소원심판청구는 적법한가? (20점)

Ⅰ. 서: 헌법소원심판의 유형과 적법요건 [2점]
Ⅱ. 공권력에 의한 기본권의 침해 [5점]
  1. 공권력으로서의 교육부장관의 제재
  2. A대학교의 기본권주체성
  3. 침해를 주장할 수 있는 기본권
Ⅲ. 기본권침해의 직접성, 현재성, 자기관련성 [7점]
  1. 직접성 요건에 대한 판단
  2. 현재성 요건에 대한 판단
  3. 자기관련성 요건에 대한 판단
Ⅳ. 보충성 및 기타의 적법요건 [5점]
  1. 헌법소원심판청구의 보충성 요건: 행정소송의 가능성 여부
  2. 변호사강제주의
  3. 청구기간
Ⅴ. 결론 [1점]

Ⅰ. 서: 헌법소원심판의 유형과 적법요건 [2점]

헌법재판소법 제68조 제1항에 따른 권리구제형 헌법소원은 공권력에 의한 기본권의 침해를 다투는 헌법소송이다.

그 적법요건으로는 공권력(의 행사 또는 불행사)에 의한 기본권의 침해와 더불어 기본권침해의 직접성, 현재성, 자기관련성이 갖춰져야 하며, 그밖에 헌법소원심판청구의 보충성, 변호사 강제주의, 청구기간의 준수 등이 있다.

Ⅱ. 공권력에 의한 기본권의 침해 [5점]

1. 공권력으로서의 교육부장관의 제재

헌법소원심판의 대상이 되는 공권력은 원칙적으로 모든 국가작용이다. 다만, 헌법재판소법 제68조 제1항 제1문의 규정에 따라 법원의 재판은 제외된다.

본 사안에서 문제되는 공권력은 교육부장관 갑의 A대학교에 대한 제재처분이다. 이러한 처분이 공권력의 행사에 해당한다는 점에 대해서는 이론의 여지가 없다.

2. A대학교의 기본권주체성

사안에서 공법인인 A대학교가 기본권주체성이 인정될 수 있는 것은 매우 예외적인 경우에 해당한다. 즉, 국가로부터의 조직상 · 활동상의 독립과 존립목적상 기본권 인정의 불가피성이라는 예외 조건을 충족시킴으로써 A대학교는 학문의 자유의 주체로 인정된다.

3. 침해를 주장할 수 있는 기본권

따라서 사안에서 A대학교는 학생선발에 대한 제재처분과 관련하여 학문의 자유(대학의 자치)를 주장할 수 있다.[4] 그밖에 모집정지로 인한 등록금수입의 감소로 인한 재산권 침해도 생각해볼 수 있으나, 이는 반사적 불이익에 불과하므로 재산권의 침해를 인정하기는 어려울 것이다.

Ⅲ. 기본권침해의 직접성, 현재성, 자기관련성 [7점]

1. 직접성 요건에 대한 판단

기본권침해의 직접성 요건은 해당 공권력에 의해 청구인의 기본권이 직접 침해되었어야 한다는 것이다.

사안에서는 갑의 제재처분에 의하여 A대학교의 기본권이 직접 침해되었으므로 직접성 요건을 충족하였다.

2. 현재성 요건에 대한 판단

기본권침해의 현재성 요건은 해당 공권력에 의한 기본권침해가 장래의 발생 가능성이 있는 것이 아니라 현재적으로 침해가 이루어지고 있거나, 가까운 장래에 발생할 것이 확실한 경우이어야 한다는 것이다.

사안에서 A대학교의 기본권은 이미 침해된 상태이므로 현재성 요건도 충족하였다.

3. 자기관련성 요건에 대한 판단

기본권침해의 자기관련성 요건은 민중소송을 막고 남소를 방지하기 위한 것으로서 자신의 기본권이 침해되었을 때에만 헌법소원심판을 청구할 수 있도록 한 것이다.

사안에서 A대학교는 자신의 기본권이 침해되었다고 다투고 있으므로 자기관련성도 인정된다.

Ⅳ. 보충성 및 기타의 적법요건 [5점]

1. 헌법소원심판청구의 보충성 요건: 행정소송의 가능성 여부

사안에서 A대학교는 행정소송을 거치지 않고 헌법소원심판을 청구함으로써 보충성

---

4) **헌재 2015.12.23. 2014헌마1149 결정**: "헌법재판소는, 헌법 제31조 제4항이 정하는 교육의 자주성 및 대학의 자율성은 헌법 제22조 제1항이 보장하는 학문의 자유의 확실한 보장수단으로 꼭 필요한 것으로서 대학에게 부여된 헌법상의 기본권인 대학의 자율권이라고 판시하면서 국립 서울대학교가 대학의 자율권의 주체가 될 수 있음을 인정한 바 있고(헌재 1992.10.1. 92헌마68등 참조), 대학의 자율권은 기본적으로 대학에게 부여된 기본권이나 문제되는 사안에 따라 교수·교수회도 그 주체가 될 수 있다고 판시함으로써 대학의 자율권의 주체는 원칙적으로 대학 그 자체임을 재확인한 바 있다(헌재 2006.4.27. 2005헌마1047등 참조). 그리고 이러한 대학의 자율권의 보호영역에는 대학시설의 관리·운영만이 아니라 학사관리 등 전반적인 것으로 연구와 교육의 내용, 그 방법과 대상, 교과과정의 편성, 학생의 선발, 학생의 전형도 포함된다(헌재 1992.10.1. 92헌마68등 참조). 그런데 이 사건 모집정지는 ○○대학교 법학전문대학원의 2015학년도 및 2016학년도 신입생 모집정원 40명 중 각 1명의 모집을 정지하도록 하고 있으므로, 국립대학교인 청구인의 학생 선발에 관한 대학의 자율권을 제한한다."

요건의 충족 여부가 문제된다.

그런데 국립대학에 대해서는 행정소송의 당사자능력이 인정되지 않는다는 법원의 판례에 비추어 볼 때, A대학교가 행정소송을 제기하더라도 부적법각하될 가능성이 높으므로 행정소송에 의한 구제가능성이 없어서 보충성의 예외로 인정될 수 있다.[5)]

2. 변호사강제주의

헌법소원심판은 사인이 청구의 주체가 되며, 헌법재판소법 제25조 제3항에 따라 변호사 강제주의가 적용된다. 따라서 A대학교는 변호사를 대리인으로 선임하여야 헌법소원심판을 청구할 수 있다.

3. 청구기간

헌법재판소법 제69조 제1항에 따라 갑은 그 사유가 있음을 안 날부터 90일 이내에, 그 사유가 있는 날부터 1년 이내에 헌법소원심판을 청구하여야 한다.

사안에서 A대학교가 언제 헌법소원심판을 청구했는지 드러나지 않고 있으나, 이 기간을 준수했어야 적법요건이 충족될 수 있다.

Ⅴ. 결론 [1점]

이상의 검토를 종합할 때, A대학교는 공법인이지만, 학문의 자유(대학의 자치)의 주체가 될 수 있으며, 헌법소원심판의 청구에 필요한 적법요건을 충족하였다. 따라서 헌법재판소는 본안판단에 들어가야 한다.

3. A대학교의 헌법소원심판청구가 적법할 경우 헌법재판소는 어떤 본안판단을 내려야 하는가? (60점)

Ⅰ. 사안의 분석과 쟁점의 정리 [5점]
Ⅱ. 학문의 자유와 대학의 자치의 인정범위 [10점]
  1. 자유권과 대학자치의 의의와 성격
  2. 헌법 제31조 제4항과 그 의미
  3. 대학의 자율성과 법률에 의한 제한 가능성
Ⅲ. 자유권에 대한 제한과 법률상의 근거 [15점]
  1. 법률유보 원칙의 의의
  2. 법학전문대학원법 제38조, 제39조의 적용 가능성

5) **헌재 2015.12.23. 2014헌마1149 결정**: "청구인은 이 사건 모집정지에 대하여 행정소송을 제기하지 아니한 채 바로 헌법소원심판을 청구하였으므로 보충성 요건을 갖추었는지 여부가 문제되지만, 법인화되지 않은 국립대학은 영조물에 불과하고, 그 총장은 국립대학의 대표자일 뿐이어서 행정소송의 당사자능력이 인정되지 않는다는 것이 법원의 확립된 판례이므로(대법원 2010.3.11. 선고 2009두23129 판결; 대법원 2007.9.20. 선고 2005두6935 판결 등 참조), 설사 청구인이 이 사건 모집정지에 대하여 행정소송을 제기한다고 할지라도 부적법 각하될 가능성이 많아 행정소송에 의하여 권리 구제를 받을 가능성이 없는 경우에 해당되고, 따라서 보충성의 예외를 인정함이 상당하다(헌재 1995.12.28. 91헌마80 등 참조)."

Ⅰ. 사안의 분석과 쟁점의 정리 [5점]

사안에서는 교육부장관 갑의 국립인 A대학교에 대한 모집정지라는 제재처분이 대학의 자치를 침해한 것인지의 여부가 문제되고 있다.

대학의 자치는 헌법 제21조 제1항에서 규정한 학문의 자유의 내용의 하나로 인정되고 있다. 하지만 헌법 제31조 제4항에서는 "…대학의 자율성은 법률이 정하는 바에 의하여 보장된다"고 함으로써 대학의 자치와 관련한 입법형성권의 범위가 문제된다.

또한 대학의 자치에 대한 법률상의 제한이 과연 어떤 경우에 어디까지 허용될 수 있는지에 대한 검토를 전제로 교육부장관 갑의 A대학교에 대한 제재처분이 정당한 것인지에 대한 비례성 판단을 할 수 있을 것이다.

Ⅱ. 학문의 자유와 대학의 자치의 인정범위 [10점]

1. 자유권과 대학자치의 의의와 성격

대학의 자치는 일반적으로 학문의 자유에 포함되는 것으로 인정되고 있으며, 학문의 자유는 자유권의 하나로 분류되고 있다.

이렇게 볼 때, 대학의 자치는 대학의 자율적인 학사운영에 대해 국가의 간섭을 배제하는 것으로 이해될 수 있다. 즉, 대학의 자율적 인사권, 자율적 기구편성권, 자율적인 학과의 증설과 폐지, 학생정원 및 학생선발의 자율성 등이 그 내용으로 인정되는 것이다.

2. 헌법 제31조 제4항과 그 의미

그런데 사회권으로 분류되는 교육의 권리에 관한 헌법 제31조 제4항에서는 "…대학의 자율성은 법률이 정하는 바에 의하여 보장된다"고 명시함으로써 사회권의 형성적 법률유보와 유사한 규정을 두고 있다.

이로 인하여 대학의 자치의 의미와 성격에 대한 혼란이 있으나, 대학의 자치도 자유권적 측면과 사회권적 측면을 동시에 가지고 있으며, 헌법 제31조 제4항은 그 사회권적 측면을 규정한 것으로 이해하여야 할 것이다.

3. 대학의 자율성과 법률에 의한 제한 가능성

물론 대학의 자치의 자유권적 측면에 대해서도 다른 자유권과 마찬가지로 법률에 의해 제한이 가능하다는 점은 인정된다.

다만, 사회권에 대한 형성적 법률유보처럼 법률이 정하는 바에 의해 비로소 내용이 구체화되는 것은 아니라는 점에서 큰 차이가 있다.

Ⅲ. 자유권에 대한 제한과 법률상의 근거 [15점]

1. 법률유보 원칙의 의의

사안에서 문제되고 있는 것은 교육부장관에 의한 제재처분이고, 그 근거는 법학전문대학원의 설치 · 운영에 관한 법률(이하 법학전문대학원법) 제38조와 제39조 등이다.

대학의 자치를 비롯한 자유권의 경우에도 헌법 제37조 제2항에 따라 제한이 가능하다는 점에는 이견이 없다. 다만, 헌법 제37조 제2항이 정하고 있는 요건과 절차를 준수해야 할 것이다.

2. 법학전문대학원법 제38조, 제39조의 적용 가능성

사안의 경우 교육부장관이 법학전문대학원법 제38조에 근거하여 시정명령을 내렸고, 이러한 시정명령에 따른 조치가 취해지지 않았음을 근거로 동법 제39조에 근거하여 차년도 및 차차년도에 모집정지 1명의 제재를 가한 것은 외견상 정당한 것으로 보인다.

3. 법학전문대학원법 제5조 제2항 등의 위반 여부

그런데 사안에서 교육부장관 갑이 A대학교에 시정명령을 내린 이유는 법학전문대학원 설치 인가신청서상의 장학금 지급비율을 이행하지 않았다는 점에 있다.

그런데 법학전문대학원법 제5조 제2항에 따르면 국립인 A대학교가 교육부장관의 인가를 받지 않은 채 장학금제도를 변경했다 하더라도 이를 동 조항에 위배된 것으로 볼 수 없으며, 따라서 시정명령의 근거가 뚜렷하지 못하다.

Ⅳ. 제재처분의 비례성원칙 위반 여부 판단 [15점]

1. 목적의 정당성과 수단의 적합성

사안에서 갑의 제재처분은 법학전문대학원 설립인가 당시의 장학금 지급계획의 충실한 이행을 위한 것으로서 그 목적의 정당성이 인정된다.

또한 이와 같은 제재처분이 목적 달성에 도움이 될 것으로 보이므로 수단의 적합성도 인정된다.

2. 침해의 최소성

반면에 갑의 제재처분이 A대학교의 실제 장학금확보율, 장학금지급상황 등을 충분히 고려하지 않은 채, 시정명령 불이행이라는 점에만 초점을 맞춰서 충분한 유예기간과 재검토 없이 모집정지라는 제재처분을 내린 것은 침해의 최소성원칙에 위배된다.

3. 법익의 균형성

또한 2년에 걸쳐 신입생 모집을 각 1명씩 정지하도록 한 것은 비록 모집정지로서는 최소한의 규모이지만, 그에 상응하는 공익적 요청이 뚜렷하지 않다는 점에서 법익의 균형성도 충족되지 않는다.

Ⅴ. 헌법재판소의 본안판단 [12점]

1. 헌법재판소의 결정 형식

사안의 경우와 같은 처분을 대상으로 하는 권리구제형 헌법소원심판에서는 위헌소원이나 법령소원과는 달리 합헌 또는 위헌으로 결정할 것이 아니고, 청구의 인용(위헌확인 또는 취소) 또는 기각으로 헌법재판소가 결정을 내려야 한다.[6]

2. 본안에 대한 판단

앞서 검토한 바와 같이 갑의 제재처분은 정당한 것으로 볼 수 없으므로 헌법재판소는 A대학교의 헌법소원심판청구를 인용하여야 한다.

3. 헌법재판소 결정의 효력

헌법재판소법 제75조 제1항에 따라 헌법소원의 인용결정은 – 위헌법률심판에서의 위헌결정처럼 – 모든 국가기관과 지방자치단체를 기속한다. 따라서 피청구인인 교육부장관 갑도 헌법재판소 결정에 기속된다.

Ⅵ. 결론 [3점]

이상의 검토를 종합할 때, 교육부장관 갑의 A대학교에 대한 제재처분은 비례성원칙에 위배되어 위헌이므로 헌법재판소는 A대학교의 헌법소원심판청구에 대해 인용결정을 내려야 한다.

헌법재판소의 인용결정에 따라 갑의 모집정지 처분은 위헌임이 확인되며, 아직 효력이 남아 있는 부분은 취소된다.

---

6) 헌법재판소는 헌재 2015.12.23. 2014헌마1149 결정에서 이미 시간이 지난 부분과 아직 그렇지 않은 부분을 나눠서 각기 위헌확인과 취소로 결정한 바 있다. 그 결정 주문은 다음과 같다:
"피청구인이 ○○대학교 법학전문대학원에 대하여, 2015학년도 신입생 1명의 모집을 정지하도록 한 행위는 청구인의 대학의 자율권을 침해하므로 위헌임을 확인하고, 2016학년도 신입생 1명의 모집을 정지하도록 한 행위는 청구인의 대학의 자율권을 침해하므로 이를 취소한다."

22

영화진흥법에 의한 기본권의 제한

주식회사 A시네마는 2005.11.18. 영상물등급위원회에 카르로스 레이가다스(Carlos Reygadas) 감독의 '천국의 전쟁'(Battle in Heaven)에 대하여 등급분류 신청을 하였다.

영상물등급위원회는 2005.11.24. 이 사건 영화의 내용 중 성기 노출 등의 음란성을 문제삼아 '제한상영가' 등급 판정처분을 하였다. 이에 A시네마는 2006.2.28. 서울행정법원에 이 사건 처분의 취소를 구하는 행정소송을 제기하고, 2006.5.13. '제한상영가' 등급 판정을 규정한 영화진흥법 제21조 제3항 제5호 등에 대하여 위헌제청신청을 하였으며, 법원이 이 신청을 받아들여 이 사건 위헌법률심판을 제청하였다.

한편, 국회는 2006.4.28. 영화진흥법(이하 '영진법'이라 한다)을 폐지하면서, 영화와 비디오물을 하나로 묶고 종래 영진법에서 정한 내용들을 흡수하여 법률 제7943호로 '영화 및 비디오물 진흥에 관한 법률'(이하 '영비법'이라 한다)을 제정하였다.

〈헌재 2008.7.31. 2007헌가4 참조〉

1. 법원의 위헌법률심판제청은 적법한가? (20점)
2. 영화진흥법에서 '제한상영가' 등급의 영화를 '상영 및 광고 · 선전에 있어서 일정한 제한이 필요한 영화'라고 정의한 것이 명확성원칙에 위배되는가? (20점)
3. 영화진흥법이 제한상영가 상영등급분류의 구체적 기준을 영상물등급위원회의 규정에 위임하고 있는 것이 포괄위임금지원칙에 위배되는가? (30점)
4. 사안의 경우 '영화 및 비디오물 진흥에 관한 법률' 제29조 제2항 제5호에 대해서도 위헌 여부를 판단하는 것이 필요한가? 필요한 경우 헌법재판소는 어떤 본안판단을 내려야 하는가? (30점)

〈참고 조문(아래 법령은 현행 법령과 다를 수 있음)〉

영화진흥법 제21조(상영등급분류)

① 영화(예고편 및 광고영화를 포함한다)는 그 상영전에 영상물등급위원회로부터 상영등급을 분류받아야 한다. 다만, 다음 각호의 1에 해당하는 영화는 그러하지 아니하다.
1. 대가를 받지 아니하고 18세이상의 특정인들에 한하여 상영하는 소형 · 단편영화
2. 위원회가 추천하는 영화제에서 상영하는 영화
3. 위원회가 추천하는 단체등이 제작하여 상영하는 영화
4. 기타 문화관광부장관이 등급분류가 필요하지 아니하다고 인정하는 영화

② 제1항의 규정에 의하여 상영등급을 분류받지 아니한 영화는 이를 상영하여서는 아니된다.

③ 제1항의 규정에 의한 영화의 상영등급은 다음 각호와 같다. 다만, 예고편·광고영화 등 본편 영화 상영전에 상영되는 모든 영화는 제1호에 해당하는 경우에 한하여 상영등급을 분류받을 수 있다.

1. "전체관람가": 모든 연령의 자가 관람할 수 있는 영화
2. "12세관람가": 12세 미만의 자는 관람할 수 없는 영화
3. "15세관람가": 15세 미만의 자는 관람할 수 없는 영화
4. "18세관람가": 18세 미만의 자(이하 "연소자"라 한다)는 관람할 수 없는 영화
5. "제한상영가": 상영 및 광고·선전에 있어서 일정한 제한이 필요한 영화

④ 누구든지 제3항 제2호 내지 제4호의 규정에 의한 상영등급에 해당하는 영화의 경우에는 당해 영화를 관람할 수 있는 연령에 도달하지 아니한 자를 입장시켜서는 아니되며, 동항제4호의 규정에 의한 상영등급에 해당하는 영화의 경우에는 초·중등교육법 제2조의 규정에 의한 고등학교에 재학중인 학생을 입장시켜서는 아니된다. 다만, 부모 등 보호자를 동반하여 관람하는 경우 제3항 제2호 및 제3호의 규정에 의한 상영등급에 해당하는 영화에 대하여는 그러하지 아니하다.

⑤ 누구든지 제3항 제5호의 규정에 의한 상영등급에 해당하는 영화의 경우에는 청소년보호법의 규정에 의한 청소년 및 초·중등교육법 제2조의 규정에 의한 고등학교에 재학중인 학생을 입장시켜서는 아니된다.

⑥ 누구든지 제1항의 규정에 의하여 분류받은 상영등급을 변조하거나 상영등급을 분류받은 영화와 다른 내용의 영화를 상영하여서는 아니된다.

⑦ 제1항의 규정에 의한 상영등급분류의 절차 및 방법, 제3항의 규정에 의한 상영등급분류의 구체적 기준 등에 관하여 필요한 사항은 영상물등급위원회의 규정으로 정한다.

영화 및 비디오물 진흥에 관한 법률 제29조 (상영등급분류)

① 영화업자는 제작 또는 수입한 영화(예고편 및 광고영화를 포함한다)에 대하여 그 상영 전까지 제71조의 규정에 의한 영상물등급위원회(이하 "영상물등급위원회"라 한다)로부터 상영등급을 분류 받아야 한다. 다만, 다음 각 호의 어느 하나에 해당하는 영화에 대하여는 그러하지 아니하다.

1. 대가를 받지 아니하고 특정한 장소에서 청소년이 포함되지 아니한 특정인에 한하여 상영하는 소형영화·단편영화
2. 영화진흥위원회가 추천하는 영화제에서 상영하는 영화
3. 국제적 문화교류의 목적으로 상영하는 영화 등 문화체육관광부장관이 등급분류가 필요하지 아니하다고 인정하는 영화

② 제1항 본문의 규정에 의한 영화의 상영등급은 다음 각 호와 같다. 다만, 예고편·광고영화 등 영화 상영 전에 상영되는 영화는 제1호에 해당하는 경우에 한하여 상영등급을 분류 받을 수 있다.

1. 전체관람가: 모든 연령에 해당하는 자가 관람할 수 있는 영화
2. 12세 이상 관람가: 12세 이상의 자가 관람할 수 있는 영화
3. 15세 이상 관람가: 15세 이상의 자가 관람할 수 있는 영화
4. 청소년 관람불가: 청소년은 관람할 수 없는 영화

> 5. 제한상영가: 상영 및 광고·선전에 있어서 일정한 제한이 필요한 영화
> ③ 누구든지 제1항 및 제2항의 규정을 위반하여 상영등급을 분류 받지 아니한 영화를 상영하여서는 아니 된다.
> ④ 누구든지 제2항 제2호 또는 제3호의 규정에 의한 상영등급에 해당하는 영화의 경우에는 당해 영화를 관람할 수 있는 연령에 도달하지 아니한 자를 입장시켜서는 아니 된다. 다만, 부모 등 보호자를 동반하여 관람하는 경우에는 그러하지 아니하다.
> ⑤ 누구든지 제2항 제4호 또는 제5호의 규정에 의한 상영등급에 해당하는 영화의 경우에는 청소년을 입장시켜서는 아니 된다.
> ⑥ 누구든지 제1항의 규정에 의하여 분류 받은 상영등급을 변조하거나 상영등급을 분류 받은 영화의 내용을 변경하여 영화를 상영하여서는 아니 된다.

1. 법원의 위헌법률심판제청은 적법한가? (20점)

> Ⅰ. 위헌법률심판의 성격과 적법요건 [2점]
> Ⅱ. 규범통제와 재판의 전제성 [5점]
> 1. 구체적 규범통제의 개념과 특성
> 2. 재판의 전제성의 의미
> 3. 재판의 전제성의 구성요소
> Ⅲ. 사안의 재판의 전제성 구비 여부에 대한 판단 [7점]
> 1. 법원에의 소송의 계속
> 2. 해당 법률(조항)의 당해 사건에의 적용
> 3. 해당 법률(조항)의 위헌성 여부에 따른 판결 결과의 차이
> Ⅳ. 위헌 여부에 대한 합리적 의심과 권리보호의 이익 [5점]
> 1. 위헌 여부에 대한 합리적 의심
> 2. 권리보호의 이익과 헌법적 해명의 중요성
> Ⅴ. 결론 [1점]

Ⅰ. 위헌법률심판의 성격과 적법요건 [2점]

현행법상 인정되고 있는 위헌법률심판은 구체적 규범통제이며, 따라서 법원에 재판이 계속 중인 상태에서 법률의 위헌 여부가 문제되는 경우에 당해 법원이 제청하는 것이다.

위헌법률심판의 적법요건으로는 재판의 전제성과 더불어 위헌 여부에 대한 합리적 의심, 소의 이익 등이 요구된다. 법원에서 제청하는 만큼 적법요건에는 큰 문제가 없는 경우가 대부분이지만, 간혹 일부 적법요건의 구비 여부가 문제되는 경우도 있다.[1]

---

1) **헌재 2003.10.30. 2002헌가24 결정**: "법률에 대한 위헌제청이 적법하기 위해서는 법원에 계속중인 구체적인 사건에 적용할 법률이 헌법에 위반되는 여부가 재판의 전제로 되어야 한다. 당해사건을 담당하는 법원이 당해 법률의 위헌 여부와 관계없이 각하를 하여야 할 사건이라면 당해 법률이 헌법에 위반되는지의 여부에 따라 당해 사건을 담당하는 법원이 다른 내용의 재판을 하게 되는 경우라고 할 수 없으므로 재판의 전제성이 인정될 수 없다."
헌재 2016.3.31. 2015헌가8 결정: "심판대상조항은 형사소송인 당해사건에서 형벌의 근거조항으로서 직

Ⅱ. 규범통제와 재판의 전제성 [5점]

1. 구체적 규범통제의 개념과 특성

구체적 규범통제는 가장 먼저 탄생된 위헌법률심판이며, 법원의 소송이 계속 중인 상태에서 당해 사건에 적용되는 법률의 합헌성 여부에 대해서만 한정적으로 위헌 여부 판단을 인정하는 것이다.

구체적 규범통제의 장점은 심판대상의 과도한 확대를 막고, 민중소송화를 방지하는 것이지만, 단점으로는 태아의 생명권 등 보호의 사각지대가 존재한다는 점이다.

2. 재판의 전제성의 의미

재판의 전제성은 '구체적 규범통제'로서의 성격 때문에 요구되는 것으로서, 위헌 여부에 대한 판단이 재판의 결과에 영향을 미칠 때에만 법원이 위헌법률심판을 제청할 수 있도록 한 것이다.

따라서 재판의 전제성을 구비하지 못한 경우에는 위헌법률심판이 진행되지 못한다.

3. 재판의 전제성의 구성요소

재판의 전제성이 인정되기 위해서는 세 가지 요건이 갖춰져야 한다. 첫째, 법원에 소송이 계속(繫屬) 중이어야 하며, 둘째, 심판대상법률(조항)이 당해 소송사건에 적용되어야 하며, 셋째, 심판대상법률(조항)의 위헌 여부에 따라 재판의 내용이 달라질 수 있어야 한다.

Ⅲ. 사안의 재판의 전제성 구비 여부에 대한 판단 [7점]

1. 법원에의 소송의 계속

재판의 전제성이 인정되기 위해서는 가장 먼저 법원에 소송이 계속(繫屬) 중이어야 한다. 즉, 법적 쟁점에 관하여 법원에 소송이 제기되고 그 소송에 대해 법원이 심리를 하고 있는 상태여야 한다.[2)]

사안에서는 소송이 계속 중이라는 점이 확인된다.

2. 해당 법률(조항)의 당해 사건에의 적용

재판의 전제성이 인정되기 위한 두 번째 요건은 위헌 여부가 다투어지는 법률(조항)이 당해 사건에 적용되는 것이어야 한다는 점이다. 당해 사건의 재판과 무관한 법률(조

접 적용되는 조항이 아니라, 당해사건의 유죄판결이 확정되고 난 후 그 유죄판결에 기초하여 부과되는 새로운 제재의 근거조항일 뿐이므로, 심판대상조항은 그 위헌 여부로 재판의 주문이 달라지거나 재판의 내용과 효력에 관한 법률적 의미가 달라지는 경우라고 보기 어려워 재판의 전제성이 없다."

헌재 2016.3.31. 2015헌가36 결정: "확정된 유죄판결에서 처벌의 근거가 된 법률조항은 재심의 개시 여부를 결정하는 재판에서는 재판의 전제성이 인정되지 않고, 재심의 개시 결정 이후의 '본안사건에 대한 심판'에 있어서만 재판의 전제성이 인정된다. 이 사건 제청법원은 당해사건인 재심사건에서 재심개시결정을 하지 아니한 채 심판대상조항에 대해 위헌제청을 하였으므로, 이 사건 위헌법률심판제청은 재판의 전제성이 인정되지 아니하여 부적법하다."

2) 다만, 당해사건이 부적법하여 각하될 것이 분명한 경우에는 재판의 전제성 자체가 결여된 것으로 보는 것이 헌법재판소의 판례이다. **헌재 2017.6.29. 2016헌바184; 헌재 2019.2.28. 2017헌바417** 등 참조.

항)에 대해서는 구체적 규범통제에서 위헌 여부를 다툴 수 없기 때문이다.

사안에서는 영화진흥법 제21조 제3항 제5호 등이 당해 사건에 적용되므로 이 요건도 갖추었다.

3. 해당 법률(조항)의 위헌성 여부에 따른 판결 결과의 차이

재판의 전제성 인정을 위한 마지막 요건은 다투어지는 법률(조항)의 위헌 여부에 따라 당해 사건의 판결 결과에 차이가 발생해야 한다는 점이다.

사안에서는 영화진흥법 제21조 제3항 제5호 등의 위헌 여부에 따라 재판의 결과가 달라질 수 있으므로 이 요건도 갖추었다.

Ⅳ. 위헌 여부에 대한 합리적 의심과 권리보호의 이익 [5점]

1. 위헌 여부에 대한 합리적 의심

위헌법률심판 제청의 주체는 법원이며, 법원은 직권 또는 당사자의 신청에 따라 제청 여부를 결정한다. 이와 관련하여 당사자의 위헌 주장이 있으면 당해 법원은 위헌법률심판을 제청할 의무가 있다는 주장도 있으나, 위헌소원의 존재에 비추어 볼 때 이는 타당하지 않다.

다만, 법원에서 위헌에 대한 확신이 있을 때 비로소 위헌법률심판 제청을 하는 것이 아니라 위헌 여부에 대한 합리적 의심이 있는 경우에 제청하여야 한다는 것이 일반적으로 인정되고 있다. 사안의 경우에는 심판대상조항의 명확성원칙, 포괄위임입법금지 등과의 위배 여부에 대한 검토 필요성에 비추어 볼 때, 이러한 요건도 갖춘 것으로 보인다.

2. 권리보호의 이익과 헌법적 해명의 중요성

위헌법률심판도 사법작용이며, 따라서 위헌법률심판제청 신청인의 입장에서 권리보호의 이익이 인정되어야 한다. 따라서 권리보호의 이익이 없는 것으로 인정될 경우에는 적법요건의 결여로 인해 헌법재판소는 각하 결정을 내릴 수 있다.[3]

다만, 헌법적 해명의 중요성이 인정되고, 유사한 사건에 대한 위헌 논란이 반복될 여지가 있을 경우에는 예외적으로 위헌 여부의 심판 이익이 있다고 인정된다.[4]

---

3) **헌재 2009.10.29. 2007헌바132 결정**: "헌법소원제도의 목적에 비추어 권리보호이익이 있는 경우에만 이를 제기할 수 있고, 헌법소원이 비록 적법하게 제기되었더라도 권리보호이익은 헌법재판소의 결정 당시에도 존재해야 한다. 그런데 개정 특조법 제3조에 대한 이 사건 헌법소원심판이 청구되어 계속중인 2009.3.25. "하천편입토지 보상 등에 관한 특별조치법"이 법률 제9543호로 제정되었다. 그렇다면 개정 특조법 제3조에 대한 이 사건 심판청구는 심판계속중 청구인이 심판을 통하여 이루고자 하는 주관적 목적을 위 법률을 통하여 달성할 수 있게 되었으므로 권리보호의 이익, 즉 심판의 이익이 상실되어 부적법하다."
이 결정은 '위헌소원'사건에 대한 것으로서 헌법소원심판제도의 목적을 들고 있지만, 그 실질은 위헌법률심판이며, 위헌법률심판에서 유사한 상황이 발생할 경우에 똑같은 논리로 부적법 각하가 가능할 것이다.

4) **헌재 2009.3.26. 2007헌가19 결정**: "심리기간 중 소의 이익이 소멸되었다 하더라도 헌법재판소로서는 제청 당시 전제성이 인정되는 한 예외적으로 객관적인 헌법질서의 수호·유지를 위하여 긴요한 사항에 대하여는 그 위헌 여부에 대한 판단을 할 수 있는 것이고(헌재 2000.7.20. 99헌가7, 판례집 12-2, 17, 25 ; 헌재 2004.10.28. 2003헌가18, 판례집 16-2하, 86, 94 참조), 이 사건 법률조항의 위헌 여부는 집행유예와 비교하여 평등권 침해가 문제되는 등 중요한 헌법적인 사항이라 할 수 있으며, 이 문제에 대

사안의 경우 권리보호의 이익도 인정된다.

Ⅴ. 결론 [1점]

이상의 검토를 종합할 때, 법원의 위헌법률심판 제청은 재판의 전제성 등의 적법요건을 모두 갖춘 것으로 판단되며, 헌법재판소는 본안판단에 들어가야 할 것이다.

2. 영화진흥법에서 '제한상영가' 등급의 영화를 '상영 및 광고 · 선전에 있어서 일정한 제한이 필요한 영화'라고 정의한 것이 명확성원칙에 위배되는가? (20점)

Ⅰ. 서: 명확성원칙의 의미와 역할 [2점]
Ⅱ. 법치주의와 기본권 제한에서 법률의 명확성 요청 [5점]
　1. 법치주의와 예측가능성
　2. 기본권 제한 법률의 명확성 요청
　3. 표현의 자유와 명확성원칙
Ⅲ. 명확성원칙 위배 여부의 판단기준 [7점]
　1. 문구의 명확성
　2. 다른 규정의 보완을 통한 예측가능성의 확보
　3. 탄력적인 적용의 필요성 여부
Ⅳ. 영화진흥법 조항의 명확성 위반 여부에 대한 판단 [5점]
　1. 문구의 불명확성
　2. 다른 조항을 통한 보완의 불충분성
　3. 탄력적 적용 필요성의 부존재
Ⅴ. 결론 [1점]

Ⅰ. 서: 명확성원칙의 의미와 역할 [2점]

법치주의 원리는 법의 예측가능성을 본질적 요청으로 하며, 그로부터 명확성원칙이 파생된다. 즉, 법규범의 내용이 명확해야 수범자인 국민들이 그 법을 제대로 이해하고, 준수할 수 있기 때문이다.

특히 기본권을 제한하는 법규범의 경우에는 '불명확하기 때문에 무효'라는 미 연방대법원의 판례처럼 명확성원칙이 더욱 강조된다.

Ⅱ. 법치주의와 기본권 제한에서 법률의 명확성 요청 [5점]

1. 법치주의와 예측가능성

법치주의는 법의 이념인 정의와 법적 안정성, 합목적성을 지향하고 있으며, 특히

하여 우리 재판소가 아직 헌법적 해명을 한 바 없을 뿐만 아니라, 이 사건과 관련하여 또는 이 사건과 무관하게 심판대상 법률조항에 따른 선고유예의 실효 청구가 재차 이루어져 평등권 등에 대한 기본권 침해의 논란이 반복될 여지가 있음이 분명하여, 이에 대한 위헌 여부의 심판이익이 있으므로, 객관적인 권리보호의 이익은 여전히 존재한다 할 것이다."

법적안정성의 확보를 위해 법규범의 예측가능성이 강조되고 있다.

법규범이 예측가능해야 법규범에 맞춰서 행동할 수 있으며, 법위반에 대해서 책임을 물을 수 있기 때문이다. 예컨대 소급효 금지의 원칙도 예측가능성의 확보를 위해 인정되는 것이다.

2. 기본권 제한 법률의 명확성 요청

기본권을 제한하는 법률은 헌법 제37조 제2항에 따라 엄격한 요건을 갖추어야 한다. 이에 따라 법률에 근거한 제한, 목적의 제한, 비례성원칙, 본질내용의 침해금지 등이 인정된다.

비록 헌법 제37조 제2항에 명시되지는 않고 있으나, 기본권을 제한하는 법률은 명확성을 갖추어야 한다는 점이 학설과 판례에 의해 인정되고 있다.[5] 이는 기본권 제한 법률의 예측가능성을 위해서 꼭 필요하기 때문이다.

3. 표현의 자유와 명확성원칙

명확성원칙은 모든 기본권 제한 법률에 대해 요구되는 것이지만, 표현의 자유에 대한 제한의 경우에 특히 강조된다. 표현의 자유를 제한하는 법률에서 금지되는 표현이 무엇인지를 불명확하게 규정할 경우에는 표현의 자유에 대한 위축효과가 매우 커질 수 있기 때문이다.[6]

Ⅲ. 명확성원칙 위배 여부의 판단기준 [7점]

1. 문구의 명확성

기본권을 제한하는 법률규정의 명확성원칙 위배 여부를 판단하는 가장 중요한 기준은 문구의 명확성이다.

해당 조항의 문구에서 제한 또는 금지하는 대상이 명확하게 특정될 경우에는 명확

---

5) **헌재 2008.7.31. 2007헌가4 결정**: "명확성원칙은 법치국가 원리의 한 표현으로서 기본권을 제한하는 법규범의 내용은 명확하여야 한다는 헌법상의 원칙으로서, 법률은 적용대상자가 그 규제내용을 미리 알 수 있도록 명확하게 규정하여 장래의 행동지침으로 삼을 수 있도록 하여야 한다는 것이다.
법규범의 의미 내용으로부터 무엇이 금지되는 행위이고 무엇이 허용되는 행위인지를 알 수 없다면, 법적안정성과 예측가능성은 확보될 수 없게 되고, 법집행 당국에 의한 자의적 집행이 가능하게 될 것이다(헌재 1998.4.30. 95헌가16, 판례집10-1, 327, 341-342; 헌재 2000.2.24. 98헌바37, 판례집 12-1, 169, 179; 헌재 2002.7.18. 2000헌바57, 판례집 14-2, 1, 16; 헌재 2003.12.18. 2001헌바91, 판례집 15-2하, 406, 421-422 참조)."

6) **헌재 2008.7.31. 2007헌가4 결정**: "명확성의 원칙은 모든 기본권을 제한하는 입법에 대하여 요구되는 것이지만, 민주사회에서 표현의 자유가 수행하는 역할과 기능에 비추어 볼 때, 불명확한 규범에 의하여 표현의 자유를 규제하는 것은 헌법상 보호받는 표현에 대한 위축효과를 가져오게 되므로, 이러한 표현의 자유를 규제하는 입법에서는 특별히 중요한 의미를 지닌다.
즉, 무엇이 금지되는 표현인지가 불명확한 경우에는, 자신이 행하고자 하는 표현이 규제의 대상이 아니라는 확신이 없는 기본권 주체는 대체로 규제를 받을 것을 우려해서 표현행위를 스스로 억제하게 될 가능성이 높아지기 때문에 표현의 자유를 규제하는 법률은 그 규제로 인해 보호되는 다른 표현에 대해 위축효과가 미치지 않도록 규제되는 표현의 개념을 세밀하고 명확하게 규정할 것이 헌법적으로 요구된다(헌재 1998.4.30. 95헌가16, 판례집 10-1, 327, 342; 헌재 2002.6.27. 99헌마48, 판례집 14-1, 616, 628 참조)."

성원칙과 충돌될 여지가 없다. 그러나 문구 자체가 추상적이고, 그 대상이 불명확한 경우가 문제되는 것이다.

2. 다른 규정의 보완을 통한 예측가능성의 확보

문제는 많은 법규범들이 추상적인 표현으로 대상을 규정하고 있으며, 그로 인하여 문구가 불명확한 경우가 매우 많다는 점에 있다. 그로 인하여 해당 문구만 보면 불명확하지만, 법률의 전후 맥락을 통해 그 의미를 확인할 수 있는 경우도 있다.

이처럼 다른 규정의 보완을 통해 문구의 명확성을 보충함으로써 예측가능성을 확보할 수 있는 경우에는 명확성원칙에 위배되지 않는 것으로 볼 수 있다.

3. 탄력적인 적용의 필요성 여부

또한 규율 대상에 따라서는 사회적 · 경제적 상황의 변화에 따라 탄력적인 적용이 필요한 경우도 있다. 이런 경우에는 명확성의 요청이 일부 완화될 수 있지만, 명확성원칙이 배제되는 것은 아니므로 합리적인 범위를 벗어나서는 안 된다.

Ⅳ. 영화진흥법 조항의 명확성 위반 여부에 대한 판단 [5점]

1. 문구의 불명확성

사안에서 명확성원칙 위배 여부가 문제되는 것은 영진법 제21조 제3항 제5호에서 "제한상영가: 상영 및 광고 · 선전에 있어서 일정한 제한이 필요한 영화"라고 규정한 것이다.

이러한 문구는 무엇을 기준으로 제한이 필요한 것인지를 확인하기 어려우므로 문구의 불명확성이 인정된다.[7)]

2. 다른 조항을 통한 보완의 불충분성

이와 관련하여 영진법의 다른 조항에서 그 의미를 보충 내지 보완할 수 있는 것이 존재하지 않으므로 문구의 불명확성은 여전히 치유되지 않았다.[8)]

---

7) **헌재 2008.7.31. 2007헌가4 결정**: "영진법 제21조 제3항 제5호는 '제한상영가' 등급의 영화를 '상영 및 광고 · 선전에 있어서 일정한 제한이 필요한 영화'라고 정의하고 있는데, 이 규정은 제한상영가 등급의 영화가 어떤 영화인지를 말해주기보다는 제한상영가 등급을 받은 영화가 사후에 어떠한 법률적 제한을 받는지를 기술하고 있으므로, 제한상영가 영화가 어떤 영화인지 이 규정만 가지고는 도대체 짐작하기가 쉽지 않다.
제한상영가 영화가 어떤 내용의 영화인지를 예측할 수 있도록 하려면 이러한 등급분류판정을 받은 후에 가해지는 법률적 효과가 아니라 그 영화 자체가 어떤 내용의 영화인지에 대한 정보를 법률 규정이 제공하고 있어야 하는데, 이 규정은 그 자체로는 이에 대해 아무런 정보도 제공하고 있지 않다."

8) **헌재 2008.7.31. 2007헌가4 결정**: "법률 자체의 내용이 다소 미흡하더라도 다른 관련규정을 통해서 그 미흡함을 보충하여 내용을 예측할 수 있다면, 명확성원칙을 위반하고 있다고까지 말할 수는 없을 것이다.
제한상영가 등급의 영화가 어떤 경우에 부여되는 등급의 영화인지에 대해 그 대강의 기준이라도 법률이 정하고 있으면, 그 기준을 통해 제한상영가 영화가 어떤 내용의 영화인지를 짐작할 수 있을 것이고, 그런 경우에는 해당 법률의 수범자가 불의의 타격을 받는 일은 발생하지 않을 것이며, 등급 판정 기관이 자의적으로 등급을 부여하는 일도 가능하지 않을 것이기 때문이다.
그런데 영진법 제21조 제7항 후문은 등급분류의 구체적 기준에 대해 영상물등급위원회의 규정에 위임하면서 단지 '……제3항의 규정에 의한 상영등급분류의 구체적 기준 등에 관하여 필요한 사항은 영상물등급위원회의 규정으로 정한다'고 하고 있을 뿐, 그 기준에 관하여는 아무런 언급이 없으므로, 위 상영등급

3. 탄력적 적용 필요성의 부존재

또한 영진법 제21조 제3항 제5호가 같은 항의 다른 호에서와는 달리 특별한 탄력적 적용이 필요한 것으로 보기도 어렵다.

Ⅴ. 결론 [1점]

이상의 검토를 종합할 때, 영진법 제21조 제3항 제5호에서 '제한상영가' 등급의 영화를 '상영 및 광고 · 선전에 있어서 일정한 제한이 필요한 영화'라고 정의한 것은 명확성원칙에 위배된다.

3. 영화진흥법이 제한상영가 상영등급분류의 구체적 기준을 영상물등급위원회의 규정에 위임하고 있는 것이 포괄위임금지원칙에 위배되는가? (30점)

Ⅰ. 서: 포괄위임입법금지원칙의 의미와 기능 [3점]
Ⅱ. 법치주의의 구체화로서의 포괄위임금지원칙 [6점]
  1. 법치주의와 법률유보
  2. 법률유보의 형해화에 대한 우려와 헌법 제75조
  3. 포괄적 위임 금지의 의미: 법률에 의한 규율의 밀도 유지
Ⅲ. 포괄위임금지원칙 위배 여부의 판단기준 [9점]
  1. 법률로 정해야 할 사항인지의 여부
  2. 법률의 전체적 맥락 속에서 해석
  3. 규율대상이 요구하는 탄력성의 고려
Ⅳ. 영화진흥법 조항의 포괄위임금지원칙 위배 여부에 대한 판단 [10점]
  1. 사안의 성격과 위임 형식의 문제: 영상물등급위원회의 규정에 위임
  2. 법률에 의한 구체적 기준의 제시 여부
  3. 탄력적 규율 필요성의 부존재
Ⅴ. 결론 [2점]

Ⅰ. 서: 포괄위임입법금지원칙의 의미와 기능 [3점]

헌법 제75조는 "대통령은 법률에서 구체적으로 범위를 정하여 위임받은 사항과 법률을 집행하기 위하여 필요한 사항에 관하여 대통령령을 발할 수 있다"고 규정하고 있다.

이 조항은 대통령령의 헌법적 근거임과 동시에 포괄적 위임입법의 금지를 규정한 것이기도 하다. 법률로 정할 사항을 대통령령에 위임할 때, 반드시 구체적으로 범위를 정하도록 함으로써 법치주의의 요청에 따라 법률로 정할 사항을 형식화하지 않도록 한 것이다.

분류의 기준에 관하여 정하고 있는 위 위임규정도 제한상영가 등급 영화의 의미를 예측하는데 아무런 도움도 주지 못한다."

Ⅱ. 법치주의의 구체화로서의 포괄위임금지원칙 [6점]

1. 법치주의와 법률유보

법치주의의 가장 중요한 요청의 하나가 법률유보 원칙이다. 법률유보란 일정한 사항은 반드시 법률로만 정할 수 있도록 한 것으로서 과거 기본권의 제한하는 경우에만 법률로 정할 것이 요구되는 침해유보가 통용된 바 있으나, 사회적 유보이론, 전부유보이론 등이 대두된 바 있었고, 오늘날에는 의회유보가 널리 인정되고 있다.

2. 법률유보의 형해화에 대한 우려와 헌법 제75조

행정국가화 경향에 따라 행정입법이 발달하면서 법률유보의 형해화에 대한 우려가 높아졌다. 법률유보 원칙에 따라 형식상 법률로 정하고 있는 사항들의 경우에도 실제 중요한 내용은 시행령에 위임함으로써 사실상 법률유보가 유명무실하게 된다는 것이었다.

이런 문제들에 대응하기 위해 도입된 것이 헌법 제75조의 포괄적 위임의 금지이며, 이는 법률에서 시행령에 백지위임하는 것을 금지한 것이다.

3. 포괄적 위임 금지의 의미: 법률에 의한 규율의 밀도 유지

그런 의미에서 포괄적 위임의 금지는 법률에 의한 규율의 '밀도'를 유지하도록 한 것이라고 이해될 수 있다.

즉, 법률유보에 의해 어떤 사항이 법률로 정해져야 하는지를 정함으로써 법률에 의한 규율의 양적 범위를 확보할 뿐만 아니라, 포괄적 위임의 금지를 통해서 실제 법률로 정해야 할 사항의 질적 밀도까지 확보하는 것이다.

Ⅲ. 포괄위임금지원칙 위배 여부의 판단기준 [9점]

1. 법률로 정해야 할 사항인지의 여부

포괄적 위임의 금지와 관련하여 가장 먼저 확인되어야 할 것은 법률로 정해야 할 사항인지의 여부이다. 만일 입법사항이 아니라면 포괄적 위임의 금지가 특별히 문제되지 않기 때문이다.

예컨대 기본권의 제한에 관한 사항이라면 법률로 정해야 하는 것이기 때문에 이에 관한 위임의 경우에 포괄적 위임이 금지되지만, 관련 기구의 내부 조직에 관한 것으로서 기본권과는 무관한 것이라면 입법사항이 아니기 때문에 시행령에 포괄적으로 위임하는 것이 문제되지 않는다.

2. 법률의 전체적 맥락 속에서 해석

기본권 제한규범의 명확성원칙의 경우와 유사하게, 위임에 관한 규정도 위임의 구체적 범위 등이 위임조항뿐만 아니라 그 조항의 전후 맥락 속에서 확인되어야 한다. 즉, 위임조항 자체로는 포괄적인 것처럼 보이더라도, 다른 조항들과의 체계적 해석 속에서 위임의 구체적 범위 등을 확인할 수 있는 경우에는 포괄적 위임의 금지에 위배되지 않는 것으로 보아야 할 것이다.[9]

3. 규율대상이 요구하는 탄력성의 고려

또한 규율대상이 요구하는 유동성 내지 탄력성이 어느 정도이며, 위임의 범위가 그 이상으로 과도하게 넓은지의 여부도 고려되어야 한다. 예컨대 규율대상이 매우 다양하거나 수시로 변화되는 성질의 것이라면 위임의 구체성 · 명확성 요청이 완화되어야 한다.[10)]

Ⅳ. 영화진흥법 조항의 포괄위임금지원칙 위배 여부에 대한 판단 [10점]

1. 사안의 성격과 위임 형식의 문제: 영상물등급위원회의 규정에 위임

사안에서 영진법 제21조 제7항의 위임규정은 상영등급분류의 구체적 기준에 관하여 대통령령이나 총리령 또는 부령이 아닌 영상물등급위원회의 규정에 위임하고 있다.

그러나 헌법재판소는 일정한 요건과 기준이 충족되는 경우 고시와 같은 행정규칙으로의 위임도 가능하다고 보고 있으므로,[11)] 위임 형식상 영상물등급위원회의 규정에 위임한 것 자체가 위헌은 아니다. 다만 그것이 행정규칙에의 위임이 인정되기 위한 요건인 전문적 · 기술적 사항 및 경미한 사항에 해당하는지에 대해서는 논란의 소지가 있다.

2. 법률에 의한 구체적 범위의 제시 여부

규율대상이 국민의 기본권을 직접적으로 제한하거나 침해할 소지가 있는 법규에서는 위임의 구체성 · 명확성의 요구가 강화된다. 사안의 영진법 제21조 제4항 이하에서 금지규정을 두고 있을 뿐만 아니라 그 위반에 대한 제재가 가능할 경우에는 더욱 구체성과 명확성 요구가 강해질 것이다.

그런데 영진법 제21조 제3항 제5호의 규정뿐만 아니라 그 조항의 전후 맥락을 살펴보아도 제한되는 영화가 무엇인지를 알 수 없으므로 법률에 의해 구체적 범위를 제시한 것으로 볼 수 없다.

3. 탄력적 규율 필요성의 부존재

또한 사안의 경우 영진법 제21조 제3항에서 제5호에서 규정하는 영화들이 규율대상이 매우 다양하거나 수시로 변화되는 성질의 것이라고 볼 수 없으므로 탄력적 규율

9) **헌재 2010.10.28. 2007헌마890 결정**: "헌법 제75조는 법률이 입법사항을 대통령령에 위임하는 경우에는 대통령령으로 규정될 사항의 범위를 구체적으로 규정할 것을 요구하고 있으므로, 위임법률 자체로부터 대통령령에 규정될 내용의 대강을 예측할 수 있어야 한다. 그러한 예측가능성의 유무는 당해 특정조항 하나만을 가지고 판단할 것은 아니고 관련 법 조항 전체를 유기적 · 체계적으로 종합하여 판단하여야 하며 각 대상법률의 성질에 따라 구체적 · 개별적으로 검토하여야 한다(헌재 1995.7.21. 94헌마125, 판례집 7-2, 155, 166 참조)."

10) **헌재 2005.7.21. 2004헌가30 결정**: "처벌법규나 조세법규와 같이 국민의 기본권을 직접적으로 제한하거나 침해할 소지가 있는 법규에서는 구체성 · 명확성의 요구가 강화되어 그 위임의 요건과 범위가 일반적인 급부행정의 경우보다 더 엄격하게 제한적으로 규정되어야 하며, 규율대상이 다양하거나 수시로 변화하는 성질의 것일 때에는 위임의 구체성 · 명확성의 요건이 완화된다(헌재 1995.10.26. 93헌바62, 판례집 7-2, 419, 429; 1997.2.20. 95헌바27, 판례집 9-1, 156, 164)."

11) **헌재 2004.10.28. 99헌바91 결정**: "법률이 입법위임을 할 때에는 대통령령 · 총리령 · 부령 등 법규명령에 위임함이 바람직하고, 고시와 같은 형식으로 입법위임을 할 때에는 적어도 행정규제기본법 제4조 제2항 단서에서 정한 바와 같이 법령이 전문적 · 기술적 사항이나 경미한 사항으로서 업무의 성질상 위임이 불가피한 사항에 한정된다."

필요성도 인정될 수 없다.

Ⅴ. 결론 [2점]

이상의 검토를 종합할 때, 영진법 제21조 제3항 제5호 및 이에 관한 구체적 기준을 영상물등급위원회의 규정으로 정하도록 한 영진법 제21조 제7항은 포괄적 위임입법의 금지 원칙에 위배되어 위헌이다.

4. 사안의 경우 '영화 및 비디오물 진흥에 관한 법률' 제29조 제2항 제5호에 대해서도 위헌 여부를 판단하는 것이 필요한가? 필요한 경우 헌법재판소는 어떤 본안판단을 내려야 하는가? (30점)

Ⅰ. 서: 위헌법률심판에서 심판대상 확장의 의미 [3점]
Ⅱ. 위헌법률심판의 구조와 심판대상의 특정 필요성 [7점]
  1. 법률의 위헌성 판단의 의미와 기능
  2. 위헌법률심판에서 심판대상 특정의 의미
  3. 심판대상 특정의 기준: 재판의 전제성
Ⅲ. 심판 도중의 법개정과 심판대상의 확장 필요성 [8점]
  1. 심판 도중의 법개정과 그 파급효
  2. 위헌결정의 실효성 확보를 위한 심판대상 확장 필요성
  3. 법질서의 정합성과 소송경제를 위한 심판대상 확장 필요성
Ⅳ. 헌법재판소의 본안판단 [10점]
  1. 사안에 대한 판단
  2. 헌법재판소 결정의 형식: 헌법불합치 결정의 필요성
  3. 헌법재판소 결정의 효력
Ⅴ. 결론 [2점]

Ⅰ. 서: 위헌법률심판에서 심판대상 확장의 의미 [3점]

위헌법률심판의 경우 그 심판대상은 특정되어 있는 것이 일반적이다. 위헌법률심판의 적법요건 중에서 가장 중요한 요소라고 할 수 있는 재판의 전제성이 인정되는 법률(조항)만이 심판대상이 될 수 있기 때문이다.

그러나 법률조항 중 당해 사건의 재판에 적용되지 않는 내용이 있는 경우에도, 법원에서 위헌법률심판제청한 조항과 밀접한 관련이 있고, 동일한 심사척도가 적용될 것이어서 그 내용을 분리하여 따로 판단하기 적절치 않은 경우,[12] 그리고 본 사안의 경우

12) **헌재 2019.5.30. 2018헌가12 결정**: "법률조항 중 당해사건의 재판에 적용되지 않는 내용이 있는 경우에도, 제청법원이 단일 조문 전체나 기타 관련부분을 위헌제청하고, 그 관련부분 등이 동일한 심사척도가 적용될 위헌심사 대상이고 밀접한 관련이 있어 그 내용을 분리하여 따로 판단하는 것이 적절하지 아니한 경우에는 법률조항 전체로 심판대상을 확장하여 판단할 수 있다(헌재 1995.11.30. 94헌가2; 헌재 1996.11.28. 96헌가13; 헌재 2003.6.26. 2001헌가17등; 헌재 2004.6.24. 2002헌가27 등)."

처럼 법개정에 의해 구법 이외에 신법까지도 위헌 여부를 판단할 필요가 있는 경우[13]에 심판대상의 확장이 인정된다.

Ⅱ. 위헌법률심판의 구조와 심판대상의 특정 필요성 [7점]

1. 법률의 위헌성 판단의 의미와 기능

위헌법률심판제도를 통해 법률의 합헌성 여부를 판단하는 것은 실질적 법치주의를 구현하는 매우 중요한 제도이지만, 국민에 의해 선출된 민주적 입법자의 역할을 통제하는 것이기 때문에 매우 조심스러운 것이기도 하다.

그로 인하여 위헌법률심판에서는 합헌적 법률해석의 원칙 등 입법자의 판단을 존중하는 기준들이 작용하는 것이다.

2. 위헌법률심판에서 심판대상 특정의 의미

유사한 맥락에서 위헌법률심판에서는 심판대상을 특정하는 것이 필요하다. 위헌성에 대한 의심이 있는 관련조항들에 대해서 헌법재판소가 포괄적인 심사를 통해 합헌성 여부를 판단하는 것이 아니라 심판대상조항에 대해서만 판단을 내림으로써 한편으로는 입법자의 권위를 존중하고, 다른 한편으로는 헌법재판소의 과중한 부담을 피하는 것이다.

3. 심판대상 특정의 기준 : 재판의 전제성

현행법상의 위헌법률심판은 구체적 규범통제에 한정되어 있으며, 그로 인하여 위헌법률심판의 대상을 특정하는 가장 중요한 기준은 재판의 전제성이다.

재판의 전제성이 있는 법률(조항)만이 심판의 대상이 되며, 그렇지 않는 법률(조항)은 심판내상에서 배제되는 것이다.

Ⅲ. 심판 도중의 법개정과 심판대상의 확장 필요성 [8점]

1. 심판 도중의 법개정과 그 파급효

심판대상이 특정되어 있는 경우라 하더라도, 사안의 경우처럼 심판 도중에 법이 개정될 경우에는 상황이 복잡해질 수 있다. 구법에 대해 위헌결정을 내리더라도 똑같은 내용의 신법이 유효할 경우에는 구법에 대해 내린 헌법재판소 결정의 의미가 크게 축소될 것이기 때문이다.

그러므로 사안과 같은 경우에는 심판대상의 확장을 적극적으로 인정할 필요가 있다.[14]

---

13) **헌재 2018.1.25. 2017헌가7등 결정**: "이 사건 심판대상은 구 소년법(1988.12.31. 법률 제4057호로 전부개정되고, 2007.12.21. 법률 제8722호로 개정되기 전의 것) 제67조(이하 '이 사건 구법 조항'이라 한다)가 헌법에 위반되는지 여부이다.
한편, 위 조항은 2007.12.21. 법률 제8722호로 개정되었으나 일부 자구상의 표현만 다를 뿐 그 실질적 내용에는 변함이 없이 현재에 이르고 있다. 따라서 소년법(2007.12.21. 법률 제8722호로 개정된 것) 제67조(이하 '이 사건 현행법 조항'이라 한다) 또한 그 위헌 여부에 관하여 이 사건 구법 조항과 결론을 같이 할 것이 명백하므로, 이 사건 현행법 조항도 심판대상에 포함시키기로 한다(헌재 2008.7.31. 2004헌마1010등; 헌재 2011.11.24. 2009헌바146 등 참조)."

14) **헌재 2008.7.31. 2007헌가4 결정**: "영진법이 영비법으로 전환되어 입법되면서 제한상영가 등급의 내용

2. 위헌결정의 실효성 확보를 위한 심판대상 확장 필요성

법개정의 경우에 심판대상이 확장되어야 할 가장 중요한 이유는 위헌결정의 실효성 확보 때문이다.

일반적으로 위헌으로 결정된 내용과 동일한 내용의 법률을 제정하는 것은 – 시간이 많이 경과하여 사정변경 등의 요소가 인정되지 않는 한 – 헌법재판소의 위헌결정의 효력에 반하는 것으로 인정된다. 그런데 위헌결정 이전에 유사한 문제가 발생한 경우는 그렇지 않다고 하면, 위헌결정의 실효성이 크게 감소되는 것이다.

3. 법질서의 정합성과 소송경제를 위한 심판대상 확장 필요성

또한 법질서의 정합성과 소송경제의 측면도 심판대상의 확장을 위한 중요한 논거가 된다.

즉, 구법의 위헌성과 신법의 합헌성이 충돌하는 것을 방치하는 것은 법질서의 정합성을 깨드리는 것이 된다. 또한 구법이 위헌으로 인정되었음에도 불구하고 신법에 대해서는 새로이 헌법소송절차를 거쳐서야 한다는 것은 소송경제에 반하는 것이다.

Ⅳ. 헌법재판소의 본안판단 [10점]

1. 사안에 대한 판단

구법에 대해서 이미 위헌판단이 내려진 상태라면, 동일한 내용의 신법에 대해 위헌판단이 내려지지 않을 이유가 없다. 따라서 헌법재판소는 심판대상의 확장에 근거하여 영비법 제29조 제2항 제5호에 대해 위헌으로 판단하여야 한다.

2. 헌법재판소 결정의 형식: 헌법불합치 결정의 필요성

사안의 영비법 조항들은 헌법에 위배되므로 위헌결정을 내려야 할 것이나, 단순위헌결정으로 해당 조항들을 무효화시킬 경우에는 제한상영가 등급의 영화에 대한 법적 근거가 상실되어 입법의 공백이 문제될 것이다.

따라서 이에 대해서는 헌법불합치결정을 내려서 잠정 적용하되, 빠른 시일 내에 입법자가 개선입법을 마련하도록 하는 것이 필요할 것이다.15)

을 종전과 같이 '상영 및 광고·선전에 있어서 일정한 제한이 필요한 영화'라고 동일하게 규정하고 있어, 영진법상의 제한상영가 등급규정이 명확성원칙을 충족하는지 여부는 영비법상의 제한상영가 등급규정에 대하여도 똑 같이 발생한다고 할 것인데도, 만약 영비법의 규정을 그대로 둔다면 내용이 불명확한 법 규정을 존치시켜 위헌적인 상태를 방치하는 결과가 될 것이므로, 위헌결정의 실효성을 담보하고, 법질서의 정합성과 소송경제를 도모하기 위하여 새로 제정된 영비법 규정에 대하여도 확장하여 위헌임을 선언할 필요가 있다 할 것이다."

15) **헌재 2008.7.31. 2007헌가4 결정**: "이 사건 심판대상조항들은 헌법에 위반되므로 원칙적으로 위헌결정을 하여야 할 것이나, 위헌결정을 하여 당장 그 효력을 상실시킬 경우 제한상영가 등급의 영화에 대한 법적 근거가 상실되어 법적 공백상태가 발생하고, 이로 말미암아 제한상영가 등급의 필요성이 인정되는 영화에 대하여서까지 18세 관람가 등급을 부여하거나 아니면 등급을 아예 부여하지 못하는 경우가 발생할 수 있으며, 이 사건 심판대상 조항들에 대한 위헌결정이 제한상영가등급제도 자체를 위헌이라고 판단한 것이 아닌데도 제도 자체가 위헌으로 판단된 경우와 동일한 결과가 나타날 것이므로, 이 사건 심판대상 조항들에 대하여 단순위헌 결정을 하는 대신 헌법불합치의 결정을 하는 것이다.
그리고, 영비법 제29조 제2항 제5호는 그 위헌성이 제거될 때까지 잠정적으로 적용되어야 하고, 입법자는 되도록 빠른 시일 내에, 늦어도 2009.12.31.까지는 새 입법을 마련하여야 할 것이다."

3. 헌법재판소 결정의 효력

헌법재판소의 헌법불합치결정은 실질적인 위헌결정이므로 모든 국가기관과 지방자치단체를 구속한다. 따라서 본 사안을 담당하는 당해 법원에도 위헌결정의 구속력이 미치며, 위헌결정의 취지에 따라 재판을 하여야 한다.

Ⅴ. 결론 [2점]

사안의 경우 헌법재판소의 위헌법률심판이 진행 중인 상태에서 법률이 바뀌었지만, 구법의 내용과 신법의 내용이 동일하므로 심판대상을 확장하는 것이 필요하다.

헌법재판소는 이를 통해 영비법 제29조 제2항 제5호에 대해서도 그 위헌성을 인정하고, 헌법불합치결정을 내려야 할 것이다.

23

뮤직비디오와 사전검열

가수 갑은 3년의 공백기를 거쳐 팬들에게 복귀를 알리는 음반을 내면서 공식 음반의 출시에 앞서서 타이틀곡인 "우리들의 꿈"의 뮤직비디오를 유튜브를 통해 인터넷에 공개하였다.

그런데 인터넷 뮤직비디오는 「영화 및 비디오물의 진흥에 관한 법률」(이하 '영비법'이라 한다) 제50조 제1항에 의거, 영상물등급위원회로부터 사전 등급분류를 받고 있다. 사전 심의를 받은 뮤직비디오는 초기화면 우측 상단에 전체 관람가, 12세 이상 관람가, 15세 이상 관람가, 청소년 관람불가, 제한 관람가 등급 중 해당 등급과 제작사를 3초 이상 표시해야 하는 의무를 부여받는다.

갑의 뮤직비디오는 이러한 영상물 등급위원회의 사전 등급분류를 받지 않고 인터넷에 공개하였기 때문에 「영화 및 비디오물의 진흥에 관한 법률」 위반이 문제되어 현재 소송이 진행 중이다. 이에 갑은 위 법률조항이 위헌이라고 주장하였으나 법원에서 받아들이지 않자, 헌법재판소에 헌법소원심판을 청구하였다.

〈헌재 2008.10.30. 2004헌가18 결정 참조〉

1. 갑의 헌법소원심판청구는 적법한가? (25점)
2. 헌법재판소는 어떤 본안판단을 내려야 하는가? (60점)
3. 갑의 뮤직비디오가 TV방송에서 먼저 방영된 경우에는 어떻게 판단해야 하는가? (15점)

〈참고 조문(아래 법령은 현행 법령과 다를 수 있음)〉

영화 및 비디오물의 진흥에 관한 법률 제50조(등급분류)

① 비디오물을 제작 또는 배급(수입을 포함한다. 이하 같다)하는 자는 해당 비디오물을 공급하기 전에 해당 비디오물의 내용에 관하여 영상물등급위원회로부터 등급분류를 받아야 한다. 다만, 다음 각 호의 어느 하나에 해당하는 비디오물의 경우에는 그러하지 아니하다.

1. 대가를 받지 아니하고 특정한 장소에서 청소년이 포함되지 아니한 특정인을 대상으로 하여 시청에 제공하는 비디오물
2. 대가를 받지 아니하고 정보통신망을 이용하여 공중의 시청에 제공하는 비디오물. 다만, 「음악산업 진흥에 관한 법률」 제2조 제8호부터 제11호까지에 해당하는 영업을 하는 자가 제작 · 유통하거나 공중의 시청에 제공하는 음악영상파일은 제외한다.
3. 문화체육관광부장관 또는 관계중앙행정기관의 장이 추천하는 영상물 대회, 전시

회 등에서 시청에 제공하는 비디오물
4. 등급분류를 받은 영화(제한상영가 영화를 제외한다)를 동일한 내용으로 제작하는 비디오물. 이 경우 해당 영화의 상영등급을 비디오물의 등급으로 본다.
5. 그 밖에 비디오물의 제작 주체, 유통 형태 등에 비추어 보아 등급분류가 필요하지 아니한 비디오물로서 대통령령이 정하는 것

② 제1항의 규정에 따라 비디오물의 등급분류를 신청하는 자는 그 비디오물의 제작 또는 배급에 관한 정당한 권리를 가진 자임을 증명하는 서류를 갖추어 등급분류를 신청하여야 한다.

③ 제1항의 규정에 의한 비디오물의 등급은 비디오물의 내용, 영상 및 대사 등의 표현 정도에 따라 다음 각 호와 같이 분류한다.
1. 전체관람가: 모든 연령의 자가 시청할 수 있는 비디오물
2. 12세 이상 관람가: 12세 이상의 자가 시청할 수 있는 비디오물
3. 15세 이상 관람가: 15세 이상의 자가 시청할 수 있는 비디오물
4. 청소년관람불가: 청소년은 시청할 수 없는 비디오물
5. 제한관람가: 선정성 · 폭력성 · 사회적 행위 등의 표현이 과도하여 인간의 보편적 존엄, 사회적 가치, 선량한 풍속 또는 국민 정서를 현저하게 해할 우려가 있어 시청제공 · 유통 등에 일정한 제한이 필요한 비디오물

④ 삭제

⑤ 제3항 각 호의 등급에 대한 구체적인 분류 기준은 제29조 제7항 각 호의 사항을 고려하여 대통령령으로 정한다.

⑥ 영상물등급위원회는 등급분류 결정을 한 경우에 다음 각 호의 서류를 신청인에게 교부하여야 한다.
1. 비디오물의 등급과 내용정보를 기재한 등급분류증명서
2. 등급분류에 따른 의무사항을 기재한 서류

⑦ 제1항 · 제2항 및 제6항에 따른 등급분류 절차 · 방법, 등급분류증명서의 교부절차 등에 관하여 필요한 사항은 영상물등급위원회규정으로 정한다.

영화 및 비디오물의 진흥에 관한 법률 제65조(표시의무)

① 영리의 목적으로 비디오물을 제작 또는 수입하거나 이를 복제하는 자는 해당 비디오물마다 제작 · 수입 또는 복제한 자의 상호(도서에 부수되는 비디오물의 경우에는 출판사의 상호를 말한다), 제50조 제1항의 규정에 따라 분류된 등급, 내용정보, 그 밖에 문화체육관광부령으로 정하는 사항을 표시하여야 한다.

② 제1항의 규정에 의한 등급 및 내용정보의 표시 방법에 관하여 필요한 사항은 대통령령으로 정한다.

영화 및 비디오물의 진흥에 관한 법률 제70조(구성)

① 영상물등급위원회는 위원장 및 부위원장 각 1인을 포함한 9인 이내의 위원으로 구성 한다.

② 영상물등급위원회의 위원은 문화예술 · 영상물등 · 청소년 · 법률 · 교육 · 언론 분야 또는 비영리민간단체 등에서 종사하고 전문성과 경험이 있는 자 중에서 「대한민국예술원법」에 의한 대한민국예술원회장의 추천에 의하여 문화체육관광부장관이 위촉한다.

③ 영상물등급위원회의 위원은 성과 연령을 균형있게 고려하여 구성하여야 하며 위원의 선임기준에 관하여 구체적인 사항은 대통령령으로 정한다.
④ 그 밖에 영상물등급위원회의 구성·운영에 관하여 필요한 사항은 영상물등급위원회 규정으로 정한다.

영화 및 비디오물의 진흥에 관한 법률 제86조(국고지원)
① 영상물등급위원회의 운영에 필요한 경비는 국고에서 보조할 수 있다.
② 영상물등급위원회는 국고 예산이 수반되는 영상물등급위원회의 사업계획 등에 대하여 미리 문화체육관광부장관과 협의하여야 한다.

영화 및 비디오물의 진흥에 관한 법률 시행령 제23조(등급분류가 필요하지 아니한 비디오물)
① 법 제50조 제1항 제5호에서 "대통령령이 정하는 것"이라 함은 다음 각 호의 어느 하나에 해당하는 비디오물을 말한다.
1. 법 제57조 제1항 제1호 내지 제5호와 제7호에 해당하는 비디오물
2. 「방송법」 제2조에 따른 방송프로그램을 동일한 내용으로 하여 제작한 비디오물. 다만, 동법 제100조 제1항에 따라 방송통신위원회로부터 제재조치를 받은 방송프로그램을 제작하는 것을 제외한다.
3. 국내에서 교육·학습 또는 종교활동 등에 사용하기 위하여 제작하는 다음 각 목의 비디오물. 다만, 별표 2에 해당하는 비디오물을 제외한다.
   가. 유아교육·초등교육·중등교육·고등교육 등 학교 교육과정과 관련된 교육·학습용 비디오물
   나. 「학원의 설립·운영 및 과외교습에 관한 법률」 제2조의2에 따른 학원에서 사용되는 교육·학습용 비디오물
   다. 설교·복음·찬송 등 종교의례와 관련된 비디오물
4. 등급분류를 받은 비디오물을 동일한 내용으로 하여 다른 매체로 제작하거나 배급하는 비디오물. 다만, 비디오물의 내용을 다시 편집하여 제작 또는 배급하거나 다른 내용의 영상을 부가하는 경우를 제외한다.
5. 외교·문화교류·자선·사교 등 비영리목적으로 제작되거나 수입되는 것으로서 문화체육관광부장관이 인정하는 비디오물

② 비디오물을 제작하는 자가 그 비디오물이 제1항 제3호 단서에 해당하는지를 판단하기 곤란한 경우에는 미리 영상물등급위원회의 확인을 받을 수 있다.

1. 갑의 헌법소원심판청구는 적법한가? (25점)

Ⅰ. 서: 위헌소원의 성격과 적법요건 [3점]
Ⅱ. 재판의 전제성 [9점]
1. 소송의 계속
2. 심판대상법률(조항)이 당해 소송사건에 적용
3. 심판대상법률(조항)의 위헌 여부에 따라 다른 내용의 재판

Ⅲ. 위헌법률심판제청의 신청과 기각 [7점]
1. 위헌소원의 성격과 법원에 대한 위헌법률심판제청의 의미
2. 법원의 기각 결정과 그 의미
3. 헌법재판소법 제68조 제2항에 의한 헌법소원심판의 청구
Ⅳ. 기타의 적법요건 [5점]
1. 변호사 강제주의
2. 청구기간
Ⅴ. 결론 [1점]

Ⅰ. 서: 위헌소원의 성격과 적법요건 [3점]

사안의 헌법소원심판은 헌법재판소법 제68조 제2항에 따른 위헌소원이며, 그 형식은 헌법소원심판이지만 그 실질은 위헌법률심판이기 때문에 적법요건에 있어서 권리구제형 헌법소원과는 큰 차이를 보인다.

위헌법률심판과 마찬가지로 재판의 전제성 요건을 갖추어야 하는 것은 물론이고 그 밖에 당해 법원에 위헌법률심판의 제청을 신청했으나 기각당했어야 한다. 반면에 변호사 강제주의와 청구기간의 제한이 인정되는 점은 권리구제형 헌법소원과 유사한 점이 있다.

Ⅱ. 재판의 전제성 [9점]

1. 소송의 계속

재판의 전제성이 인정되기 위해서는 가장 먼저 법원에 소송이 계속(繫屬) 중이어야 한다. 즉, 법적 쟁점에 관하여 법원에 소송이 제기되고 그 소송에 대해 법원이 심리를 하고 있는 상태여야 한다. 본 사안에서는 소송의 계속 중임을 확인할 수 있다.

2. 심판대상법률(조항)이 당해 소송사건에 적용

두 번째 요건은 위헌 여부가 다투어지는 법률(조항)이 당해 사건에 적용되는 것이어야 한다는 점이다. 당해 사건의 재판과 무관한 법률(조항)에 대해서는 구체적 규범통제에서 위헌 여부를 다툴 수 없기 때문이다.

이 사건의 심판대상인 영비법 제50조 등은 당해 사건에 적용되는 것이므로 이 요건도 충족된다.

3. 심판대상법률(조항)의 위헌 여부에 따라 다른 내용의 재판

재판의 전제성 인정을 위한 마지막 요건은 다투어지는 법률(조항)의 위헌 여부에 따라 당해 사건의 판결 결과에 차이가 발생해야 한다는 점이다. 심판대상조항인 영비법 제50조 등이 위헌일 경우에는 당해 사건에서 갑의 재판에 결정적인 영향을 미칠 수 있을 것이므로 이 요건도 충족된다.

Ⅲ. 위헌법률심판제청의 신청과 기각 [7점]

1. 위헌소원의 성격과 법원에 대한 위헌법률심판제청의 의미

헌법재판소에 위헌소원을 제청하기 위해서는 먼저 당해 법원에 위헌법률심판을 제청하였으나 기각 당했어야 한다.

법원이 위헌법률심판청구를 할 수도 있는데 이를 건너뛰고 당사자가 곧바로 위헌소원을 청구하는 것은 헌법재판소의 부담을 과중하게 만들 우려가 있다는 점에서 권리구제형 헌법소원에서 보충성 요건을 둔 것과 유사한 취지로 이런 요건이 인정되는 것이다.

2. 법원의 기각 결정과 그 의미

사안에서 갑 등의 위헌법률심판제청신청은 법원에 의해 기각되었고, 이러한 기각 결정에 의해 위헌법률심판제청을 기대할 수 없게 되었다. 그러나 법원의 판단이 항상 타당한 것은 아니라는 점에서 헌법재판소의 판단을 받을 수 있는 길을 열어 놓을 필요성이 인정된다.

3. 헌법재판소법 제68조 제2항에 의한 헌법소원심판의 청구

헌법재판소법 제68조 제2항에 의한 위헌소원은 이러한 의미에서 법원의 위헌법률심판제청이 제대로 행해지지 않는 것에 대한 보완장치라 할 수 있다.[1]

사안의 갑이 당해법원에 대한 위헌법률심판제청신청의 기각 후에 헌법재판소법 제68조 제2항에 의해 헌법소원심판을 청구함으로써 해당 요건을 갖추었다.

Ⅳ. 기타의 적법요건 [5점]

1. 변호사 강제주의

위헌소원은 비록 그 실질은 위헌법률심판이지만 그 형식은 헌법소원심판이며, 당사자가 청구의 주체가 된다. 따라서 헌법재판소법 제25조 제3항에 따라 변호사 강제주의가 적용된다.

갑 등은 본인이 변호사 자격이 있는 경우가 아니라면 변호사를 대리인으로 선임하여야 심판청구를 할 수 있다.

2. 청구기간

위헌소원은 헌법재판소법 제69조 제2항에 따라 위헌법률심판의 제청신청을 기각하는 결정을 통지받은 날로부터 30일 이내에 청구하여야 한다.

Ⅴ. 결론 [1점]

이상의 검토를 종합할 때, 갑 등의 헌법소원심판청구는 – 설문에 명확하게 드러나지 않고 있는 변호사 강제주의 및 청구기간 등의 요건을 준수하였다고 볼 때 – 적법한

1) 제4공화국과 제5공화국 당시 위헌법률심판제청권을 갖고 있던 대법원에서 15년(1972~1987)동안 단 한 건의 위헌법률심판도 제청하지 않았던 경험에 대한 반작용으로 이러한 위헌소원 제도가 도입된 것으로 볼 수 있다.

것으로 판단된다.

2. 헌법재판소는 어떤 본안판단을 내려야 하는가? (60점)

Ⅰ. 사안의 분석과 쟁점의 정리 [5점]
Ⅱ. 뮤직비디오의 성격과 제한되는 기본권 [9점]
  1. 뮤직비디오의 개념과 성격
  2. 일차적으로 제한되는 기본권: 예술의 자유
  3. 언론의 자유와 예술의 자유의 관계: 검열금지 원칙의 적용
Ⅲ. 검열금지 원칙의 위반 여부 [13점]
  1. 헌법 제21조 제2항의 검열의 의미
  2. 검열의 요건 ① 허가를 받기 위한 표현물의 제출의무
  3. 검열의 요건 ② 행정권이 주체가 된 사전심사절차
  4. 검열의 요건 ③ 허가를 받지 아니한 의사표현의 금지
  5. 검열의 요건 ④ 심사절차를 관철할 수 있는 강제수단
Ⅳ. 「영화 및 비디오물의 진흥에 관한 법률」 조항의 위헌성 여부에 대한 판단 [15점]
  1. 허가를 받기 위한 표현물의 제출의무
  2. 행정권이 주체가 된 사전심사절차
  3. 허가를 받지 아니한 의사표현의 금지 및 심사절차를 관철할 수 있는 강제수단
Ⅴ. 헌법재판소의 본안판단의 형식과 효력 [15점]
  1. 헌법재판소의 결정 유형과 주문
  2. 본안에 대한 판단
  3. 헌법재판소 결정의 효력
Ⅵ. 결론 [3점]

Ⅰ. 사안의 분석과 쟁점의 정리 [5점]

본 사안에서는 갑의 뮤직비디오가 영상물 등급위원회의 등급분류를 받지 않은 상태에서 인터넷에 공개된 것이 문제되고 있으며, 갑은 이를 규정한 영비법 조항들이 위헌이라고 주장하고 있다.

영비법 조항들의 합헌성 여부를 판단하기 위해서는 사안에서 침해되는 기본권이 무엇인지, 또한 검열금지의 원칙이 뮤직비디오에도 적용되는지, 영상물 등급위원회의 등급분류가 헌법상 금지되는 검열에 해당되는지의 여부를 검토해야 할 것이다.

그 바탕 위에서 비로소 헌법재판소가 어떤 본안판단을 내려야 하는지 판단할 수 있을 것이다.

Ⅱ. 뮤직비디오의 성격과 제한되는 기본권 [9점]

1. 뮤직비디오의 개념과 성격

뮤직비디오란 음악에 맞춰서 영상을 제작하여 음악과 영상을 함께 감상할 수 있도

록 만든 것이다. 그러므로 뮤직비디오는 음악의 요소와 영상물의 요소를 함께 갖추고 있는 것이며, 영비법 제50조의 비디오물에 해당된다.

2. 일차적으로 제한되는 기본권 : 예술의 자유

뮤직비디오는 기본적으로 음악을 표현하는 형태로 이해되며, 따라서 예술의 자유에 의해 보호받는 것으로 볼 수 있다.

따라서 사안에서 영비법에 의해 뮤직비디오에 대해 등급분류를 강제하는 등의 제한을 가하고 있는 것은 예술의 자유에 대한 제한이 된다.

3. 언론의 자유와 예술의 자유의 관계 : 검열금지 원칙의 적용

일반적으로 언론의 자유와 예술의 자유는 일반 – 특별의 관계로 이해된다. 즉, 언론의 자유의 특별한 형태 중의 하나가 예술의 자유인 것이다.

이러한 일반 – 특별의 관계에 따라 헌법 제21조 제2항의 언론의 자유에 대한 허가 및 검열의 금지는 예술의 자유에 대해서도 적용된다.

Ⅲ. 검열금지 원칙의 위반 여부 [13점]

1. 헌법 제21조 제2항의 검열의 의미

헌법 제21조 제2항에서 금지하고 있는 허가 및 검열의 금지는 언론의 자유에 대한 사전억제의 금지 원칙에 따른 것이다.

여기서 검열은 행정권이 실질적인 주체가 되어서 사상이나 의견 등이 발표되기 전에 예방적 조치로서 그 내용을 심사, 선별하여 사전에 억지하는 제도를 말하며, 이는 헌법상 엄격하게 금지된다.2)

2. 검열의 요건 ① 허가를 받기 위한 표현물의 제출의무

헌법재판소는 검열에 해당하는 것으로 판단하기 위한 첫 번째 요건으로 허가를 받기 위한 표현물의 제출의무를 들고 있다.

3. 검열의 요건 ② 행정권이 주체가 된 사전심사절차

검열에 해당하기 위한 두 번째 요건은 행정권에 의하여 행해지는 경우이어야 한다는 것이다. 예컨대 방송국 내에서의 자율적 심의 등과 같은 행정권이 아닌 민간 차원의 자율적 규제는 헌법 제21조 제2항에 의해 금지되는 검열에 해당되지 않는다.3)

---

2) **헌재 2008.10.30. 2004헌가18 결정**: "여기서 말하는 검열은 그 명칭이나 형식과 관계없이 실질적으로 행정권이 주체가 되어 사상이나 의견 등이 발표되기 이전에 예방적 조치로서 그 내용을 심사, 선별하여 발표를 사전에 억제하는, 즉 허가받지 아니한 것의 발표를 금지하는 제도를 뜻하고, 이러한 사전검열은 법률로써도 불가능한 것으로서 절대적으로 금지된다(헌재 1996.10.4. 93헌가13등, 판례집 8-2, 212, 222 ; 헌재 1996.10.31. 94헌가6, 판례집 8-2, 395, 402 ; 헌재 1997.3.27. 97헌가1, 판례집 9-1, 267, 271 ; 헌재 1998.2.27. 96헌바2, 판례집 10-1, 118, 125-126). 언론·출판에 대하여 사전검열이 허용될 경우에는 국민의 예술활동의 독창성과 창의성을 침해하여 정신생활에 미치는 위험이 클 뿐만 아니라 행정기관이 집권자에게 불리한 내용의 표현을 사전에 억제함으로써 이른바 관제의견이나 지배자에게 무해한 여론만이 허용되는 결과를 초래할 염려가 있기 때문에 헌법이 절대적으로 금지하고 있는 것이다."

4. 검열의 요건 ③ 허가를 받지 아니한 의사표현의 금지

세 번째 요건은 허가를 받지 않은 의사표현을 금지하는 것이다. 이를 통해 언론의 자유에 대한 실질적인 사전억제가 가해지는 것이다.

5. 검열의 요건 ④ 심사절차를 관철할 수 있는 강제수단

마지막 요건은 심사절차를 관철할 수 있는 강제수단의 존재이다. 즉, 강제력이 없는 자율적 제재라면 굳이 검열에 해당하는 것으로 볼 이유가 없기 때문이다.

Ⅳ. 「영화 및 비디오물의 진흥에 관한 법률」 조항의 위헌성 여부에 대한 판단 [15점]

1. 허가를 받기 위한 표현물의 제출의무

영비법 제50조의 등급분류는 사안의 뮤직비디오가 등급분류업무를 담당하는 기관에 유통 이전에 제출되어야 할 것을 전제하므로, '허가를 받기 위한 표현물의 제출의무'라는 요건을 충족시킨다.

2. 행정권이 주체가 된 사전심사절차

사안의 경우 비디오물의 심의 및 등급분류기관인 영상물등급위원회가 행정기관의 성격을 갖는지가 문제된다.

여기서 영상물등급위원회가 행정기관인가의 여부는 기관의 형식보다는 실질에 따라 판단되어야 할 것이다. 예컨대 검열을 독립적인 위원회에서 행한다고 하더라도 행정권이 주체가 되어 검열절차를 형성하고 검열기관의 구성에 지속적인 영향을 미칠 수 있다면, 검열기관은 행정기관이라고 보아야 한다.[4)]

3. 허가를 받지 아니한 의사표현의 금지 및 심사절차를 관철할 수 있는 강제수단

영비법 제50조 제1항에 따르면 비디오물의 공급 전에 등급분류를 받아야 한다는 것은 정보의 유통을 금지한다는 점에서 등급분류를 통한 허가 이전에는 의사표현을 금지하는 것과 다르지 않다.

---

3) **헌재 2008.10.30. 2004헌가18 결정**: "검열금지의 원칙은 모든 형태의 사전적인 규제를 금지하는 것은 아니고, 의사표현의 발표 여부가 오로지 행정권의 허가에 달려있는 사전심사만을 금지하는 것이다. 그리고 검열은 일반적으로 허가를 받기 위한 표현물의 제출의무, 행정권이 주체가 된 사전심사절차, 허가를 받지 아니한 의사표현의 금지 및 심사절차를 관철할 수 있는 강제수단 등의 요건을 갖춘 경우에만 이에 해당하는 것이다(헌재 1996.10.4. 93헌가13등, 판례집 8-2, 212, 223 ; 헌재 1996.10.31. 94헌가6, 판례집 8-2, 395, 402-403)."

4) **헌재 2008.10.30. 2004헌가18 결정**: "비디오물에 대한 심의 및 상영등급분류업무를 담당하고 등급분류보류결정권한을 갖고 있는 영상물등급위원회의 경우에도, 비록 이전의 공연윤리위원회나 한국공연예술진흥협의회와는 달리 문화관광부장관에 대한 보고 내지 통보의무는 없다고 하더라도, 여전히 영상물등급위원회의 위원을 대통령이 위촉하고(제7조 제2항), 위원회의 운영에 필요한 경비를 국고에서 보조할 수 있으며(제19조 제1항), 국고 예산 등이 수반되는 사업계획 등은 미리 문화관광부장관과 협의하도록 규정하고 있는 점(제19조 제2항) 등에 비추어 볼 때, 행정권이 심의기관의 구성에 지속적인 영향을 미칠 수 있고 행정권이 주체가 되어 검열절차를 형성하고 있다고 보지 않을 수 없다."
위 헌재결정 이후에 영비법이 개정되었으나, 대통령이 위촉하도록 했던 규정을 문화체육관광부장관이 위촉하는 것으로 바뀌었을 뿐, 그 실질적인 성격의 변화는 없다.

또한 이를 관철하기 위하여 영비법 제53조 제1항 제1호에서 등급분류를 받지 않은 비디오물의 공급, 판매, 대여와 더불어 진열, 보관도 금지하고 있는 것에 비추어 볼 때, 심사절차를 관철할 수 있는 강제수단도 갖추었다.

Ⅴ. 헌법재판소의 본안판단의 형식과 효력 [15점]

1. 헌법재판소의 결정 유형과 주문

사안의 경우 위헌소원으로서 형식은 헌법소원심판이지만, 그 실질은 위헌법률심판이다. 이에 따라 실질적인 심판대상은 법률(조항)이며, 헌법재판소의 결정은 심판대상에 대한 합헌 또는 위헌의 방식으로 내려진다.

2. 본안에 대한 판단

사안의 경우 앞서 살펴본 바와 같이 검열에 해당하는 것으로 볼 수 있으며, 따라서 헌법재판소는 위헌결정을 내려야 한다.

3. 헌법재판소 결정의 효력

헌법재판소의 위헌결정은 모든 국가기관과 지방자치단체를 구속하는 효력이 있다. 또한 사안의 경우 당해 법원은 헌법재판소의 위헌결정에 따라 심판대상조항의 무효를 전제로 재판을 해야 한다.

Ⅵ. 결론 [3점]

이상의 검토를 종합할 때, 심판대상조항에 의한 영상물등급분류는 사실상 행정기관에 의한 검열에 해당하므로 위헌이다. 당해 법원은 헌법재판소의 결정에 따라 해당 조항을 적용하지 않고 재판을 하여야 하며, 이미 재판이 갑의 유죄로 종결된 경우에는 헌법재판소법 제47조 제4항에 따라 재심의 청구가 가능하다.

3. 갑의 뮤직비디오가 TV방송에서 먼저 방영된 경우에는 어떻게 판단해야 하는가? (15점)

Ⅰ. 서: TV방송의 등급심사와 비디오물 등급심사의 관계 [2점]
Ⅱ. 양자의 기준에 있어서의 자율성 [4점]
Ⅲ. TV방송 기준의 엄격성 요청 [4점]
Ⅳ. 영비법 시행령 제23조 제1항 제2호에 따른 예외조항 [4점]
Ⅴ. 결론 [1점]

Ⅰ. 서: TV방송의 등급심사와 비디오물 등급심사의 관계 [2점]

TV방송과 비디오물은 각기 영상매체로서 그 선정성, 폭력성 등에 대한 규제의 필요가 있다. 하지만 헌법 제21조 제2항의 검열금지 원칙에 따라 행정기관에 의한 사전검열이 금지된다는 점에서 공통점을 갖는다.

그러나 TV방송의 등급심사와 비디오물의 등급심사는 각기 다른 주체에 의해 다른 방식으로 이루어지는 바, 양자의 관계를 어떻게 설정할 것인지가 문제될 수 있다. 비디오물이 TV방송되거나 TV방송에서 방영된 내용이 비디오물로 나올 경우에 각기 별도의 등급심사를 받아야 하는지, 어느 한쪽의 등급심사가 다른 쪽을 생략하게 할 수 있는지가 문제되는 것이다.

Ⅱ. 양자의 기준에 있어서의 자율성 [4점]

헌법 제21조 제2항의 검열금지 원칙에 따라 TV방송의 등급심사와 비디오물의 등급심사는 각기 자율적인 민간기구에 의해 이루어져야 한다. 행정권이 주체가 되어 등급심사를 할 경우에는 검열에 해당하는 것으로서 위헌이 되기 때문이다.

따라서 TV방송의 등급심사와 비디오물의 등급심사는 그 목적은 같을 수 있으나, 그 주체와 심사방식, 나아가 심사기준 등에서 자율성이 크게 작용할 수밖에 없다.

Ⅲ. TV방송 기준의 엄격성 요청 [4점]

양자 가운데 기준의 엄격성이 더욱 강하게 요청되는 것은 TV방송이다. 그것은 시청 대상이 폭이 넓고, 대상자의 통제가 어려우며, 파급효가 훨씬 크기 때문이다.

따라서 TV방송의 등급심사는 비록 자율성이 인정된다 하더라도 비디오물에 비해서 엄격한 기준이 적용되는 것이 일반적이다.

Ⅳ. 영비법 시행령 제23조 제1항 제2호에 따른 예외조항 [4점]

이럼 점들을 고려하여 제정된 것이 영비법 시행령 제23조 제1항 제2호 본문의 예외조항이라 할 수 있다. 이 조항에 따르면 TV방송에서 방영된 내용과 동일한 내용의 비디오물에 대해서는 별도의 등급분류가 필요하지 않은 것으로 인정되는 것이다.

이는 TV방송의 등급분류가 더욱 엄격한 것이기 때문에 이를 통과한 것에 대해 재차 등급분류를 하는 것이 불필요하다는 점을 인정한 것이라 볼 수 있다.

Ⅴ. 결론 [1점]

이상의 검토를 종합할 때, 갑의 뮤직비디오가 TV방송에서 먼저 등급심사를 거쳐 방송된 경우에는 이를 유튜브를 통해 인터넷에 공개했다 하더라도 영비법 시행령 제23조 제1항 제2호 본문에 따른 예외가 인정되므로 영비법 제50조에 따른 사전 등급분류를 받지 않았다는 점이 문제되지 않는다.

24

재산권보장과 공용수용

A군의 군수 갑은 고급 골프장 및 리조트 건설을 목적으로 한 B지역 개발을 위해 C주식회사를 「지역균형개발 및 지방중소기업 육성에 관한 법률」(이하 '지역균형개발법'이라 한다)'의 개발촉진지구에서 시행되는 지역개발사업의 시행자로 지정·고시하였고 몇 달 후에는 실시계획을 승인·고시하였다.

C주식회사는 위 개발사업에 편입된 경남 A군 소재 4필지의 토지와 그 지상건물을 취득하기 위하여 그 소유자인 을과 보상협의를 하였으나 협의가 이루어지지 아니하자, 구 지역균형개발법 제19조 제1항에 의하여 경상남도 지방토지수용위원회에 위 토지에 대한 수용재결 신청을 하였고, 경상남도 지방토지수용위원회는 수용재결을 하였다.

C주식회사는 위 수용처분의 취지에 따라 보상금을 공탁한 뒤, 을을 상대로 부동산인도의 소를 제기하였고, 이 소송 계속 중 을은 지역균형개발법 제16조 제1항 제4호, 제19조 제1항에 대하여 위헌법률심판제청 신청을 하였으나 기각되자, 헌법재판소에 헌법소원심판을 청구하였다.

〈헌재 2014.10.30. 2011헌바172등 참조〉

1. 을의 헌법소원심판청구는 적법한가? (25점)
2. 헌법 제23조 제3항의 '공공필요'와 제37조 제2항의 '공공복리'는 어떤 관계에 있는가? (25점)
3. 을의 헌법소원심판청구가 적법할 경우 헌법재판소는 어떤 본안판단을 내려야 하는가? (50점)

〈참고 조문(아래 법령은 현행 법령과 다를 수 있음)〉

지역균형개발 및 지방중소기업 육성에 관한 법률 제1조(목적)

이 법은 국토를 합리적으로 이용·개발·보전하기 위하여 지방의 발전잠재력을 개발하고 민간부문의 자율적인 참여를 유도하여 지역개발사업이 효율적으로 시행될 수 있도록 하며 아울러 지방중소기업을 적극적으로 육성함으로써 인구의 지방정착을 유도하고 지역경제를 활성화시켜 국토의 균형 있는 발전에 이바지함을 목적으로 한다.

지역균형개발 및 지방중소기업 육성에 관한 법률 제16조(시행자)

① 개발촉진지구안에서 시행되는 지역개발사업(이하 "지구개발사업"이라 한다)은 다른 법률의 규정에 불구하고 다음 각호의 자가 이를 시행할 수 있다.

1. 국가, 지방자치단체
2. 대통령령이 정하는 정부투자기관

3. 「지방공기업법」에 의한 지방공사(이하 "지방공사"라 한다)
4. 제1호 내지 제3호에 규정된 자 외의 자로서 지구개발사업의 시행자로 지정받은 자

② 지구개발사업(국가나 지방자치단체가 직접 시행하는 경우는 제외한다)에 대하여는 관할 시장·군수 또는 구청장이 다음 각 호의 사항을 고려하여 대통령령으로 정하는 바에 따라 시행자를 지정하여야 한다. 이 경우 지구개발사업에 필요한 재원의 조달 또는 개발기술의 활용을 위하여 필요하다고 인정되는 경우에는 둘 이상의 시행자를 공동시행자로 지정할 수 있으며, 지구개발사업이 둘 이상의 시·군·구에 걸쳐 있는 경우로서 시장·군수 또는 구청장 간에 협의가 이루어지지 아니할 때에는 광역시장 또는 도지사가 시행자를 지정할 수 있다.

1. 개발계획에 따른 사업 내용 및 규모
2. 재원의 조달능력
3. 지역개발사업 시행 능력 및 경험
4. 다른 지역개발사업과의 연계성 등

③ 제2항에 따라 시행자를 지정할 때 제9조 제3항에 따른 개발촉진지구 지정의 제안에 따라 시행되는 지구개발사업에 대하여는 그 지정을 제안한 자를 우선적으로 시행자로 지정할 수 있다.

④ 광역시장·도지사 또는 시장·군수·구청장(이하 "지정권자"라 한다)이 제2항에 따라 시행자를 지정하였을 때에는 대통령령으로 정하는 바에 따라 그 내용을 고시하여야 한다.

지역균형개발 및 지방중소기업 육성에 관한 법률 제19조(토지수용 등)

① 시행자는 지구개발사업의 시행에 필요한 토지등을 수용하거나 사용할 수 있다. 다만, 시행자가 민간개발자(제30조에 따른 지역개발법인의 경우에는 민간투자자의 출자비율이 100분의 50 이상인 경우만 해당한다)인 경우에는 사업 대상 토지면적의 3분의 2 이상을 매입하고 토지소유자 총수(總數) 및 건물소유자 총수의 각 2분의 1 이상에 해당하는 자의 동의를 받은 경우로 한정한다.

② 제17조 제3항에 따라 실시계획이 고시되었을 때에는 「공익사업을 위한 토지 등의 취득 및 보상에 관한 법률」 제20조 제1항에 따른 사업인정 및 같은 법 제22조에 따른 사업인정의 고시가 된 것으로 본다.

③ 토지등에 대한 재결(裁決) 신청은 「공익사업을 위한 토지 등의 취득 및 보상에 관한 법률」 제23조 제1항 및 제28조 제1항에도 불구하고 제17조에 따른 실시계획에서 정한 사업기간 이내에 할 수 있다.

④ 제1항에 따른 수용 또는 사용에 관하여는 이 법에 특별한 규정이 있는 경우를 제외하고는 「공익사업을 위한 토지 등의 취득 및 보상에 관한 법률」을 준용한다.

1. 乙의 헌법소원심판청구는 적법한가? (25점)

Ⅰ. 서: 위헌소원의 성격과 적법요건 [3점]
Ⅱ. 재판의 전제성 [9점]
1. 소송의 계속

Ⅰ. 서: 위헌소원의 성격과 적법요건 [3점]

사안의 헌법소원심판은 헌법재판소법 제68조 제2항에 따른 위헌소원이며, 그 형식은 헌법소원심판이지만 그 실질은 위헌법률심판이기 때문에 적법요건에 있어서 권리구제형 헌법소원과는 큰 차이를 보인다.

위헌법률심판과 마찬가지로 재판의 전제성 요건을 갖추어야 하는 것은 물론이고 그 밖에 당해 법원에 위헌법률심판의 제청을 신청했으나 기각당했어야 한다. 반면에 변호사 강제주의와 청구기간의 제한이 인정되는 점은 권리구제형 헌법소원과 유사한 점이 있다.

Ⅱ. 재판의 전제성 [9점]

1. 소송의 계속

재판의 전제성이 인정되기 위해서는 가장 먼저 법원에 소송이 계속(繫屬) 중이어야 한다. 즉, 법적 쟁점에 관하여 법원에 소송이 제기되고 그 소송에 대해 법원이 심리를 하고 있는 상태여야 한다. 본 사안에서는 소송의 계속 중임을 확인할 수 있다.

2. 심판대상법률(조항)이 당해 소송사건에 적용

두 번째 요건은 위헌 여부가 다투어지는 법률(조항)이 당해 사건에 적용되는 것이어야 한다는 점이다. 당해 사건의 재판과 무관한 법률(조항)에 대해서는 구체적 규범통제에서 위헌 여부를 다툴 수 없기 때문이다.

이 사건의 심판대상인 지역균형개발법 제16조 등은 당해 사건에 적용되는 것이므로 이 요건도 충족된다.

3. 심판대상법률(조항)의 위헌 여부에 따라 다른 내용의 재판

재판의 전제성 인정을 위한 마지막 요건은 다투어지는 법률(조항)의 위헌 여부에 따라 당해 사건의 판결 결과에 차이가 발생해야 한다는 점이다. 심판대상조항인 지역균형개발법 제16조 등이 위헌일 경우에는 당해 사건에 결정적인 영향을 미칠 수 있을 것이므로 이 요건도 충족된다.

Ⅲ. 위헌법률심판제청의 신청과 기각 [7점]

1. 위헌소원의 성격과 법원에 대한 위헌법률심판제청의 의미

헌법재판소에 위헌소원을 제청하기 위해서는 먼저 당해 법원에 위헌법률심판을 제청하였으나 기각 당했어야 한다.

법원이 위헌법률심판청구를 할 수도 있는데 이를 건너뛰고 당사자가 곧바로 위헌소원을 청구하는 것은 헌법재판소의 부담을 과중하게 만들 우려가 있다는 점에서 권리구제형 헌법소원에서 보충성 요건을 둔 것과 유사한 취지로 이런 요건이 인정되는 것이다.

2. 법원의 기각 결정과 그 의미

사안에서 갑 등의 위헌법률심판제청신청은 법원에 의해 기각되었고, 이러한 기각 결정에 의해 위헌법률심판제청을 기대할 수 없게 되었다. 그러나 법원의 판난이 항상 타당한 것은 아니라는 점에서 헌법재판소의 판단을 받을 수 있는 길을 열어 놓을 필요성이 인정된다.

3. 헌법재판소법 제68조 제2항에 의한 헌법소원심판의 청구

헌법재판소법 제68조 제2항에 의한 위헌소원은 이러한 의미에서 법원의 위헌법률심판제청이 제대로 행해지지 않는 것에 대한 보완장치라 할 수 있다.[1)]

사안의 을이 당해법원에 대한 위헌법률심판제청신청의 기각 후에 헌법재판소법 제68조 제2항에 의해 헌법소원심판을 청구함으로써 해당 요건을 갖추었다.

Ⅳ. 기타의 적법요건 [5점]

1. 변호사 강제주의

위헌소원은 비록 그 실질은 위헌법률심판이지만 그 형식은 헌법소원심판이며, 당사자가 청구의 주체가 된다. 따라서 헌법재판소법 제25조 제3항에 따라 변호사 강제주의가 적용된다.

을은 본인이 변호사 자격이 있는 경우가 아니라면 변호사를 대리인으로 선임하여야 심판청구를 할 수 있다.

2. 청구기간

위헌소원은 헌법재판소법 제69조 제2항에 따라 위헌법률심판의 제청신청을 기각하는 결정을 통지받은 날로부터 30일 이내에 청구하여야 한다.

---

1) 제4공화국과 제5공화국 당시 위헌법률심판제청권을 갖고 있던 대법원에서 15년(1972~1987)동안 단 한 건의 위헌법률심판도 제청하지 않았던 경험에 대한 반작용으로 이러한 위헌소원 제도가 도입된 것으로 볼 수 있다.

Ⅴ. 결론 [1점]

이상의 검토를 종합할 때, 을헌법소원심판청구는 – 설문에 명확하게 드러나지 않고 있는 변호사 강제주의 및 청구기간 등의 요건을 준수하였다고 볼 때 – 적법한 것으로 판단된다.

2. 헌법 제23조 제3항의 '공공필요'와 제37조 제2항의 '공공복리'는 어떤 관계에 있는가? (25점)

Ⅰ. 서: 공용필요와 공공복리, 의미의 유사점과 역할의 차이점 [2점]
Ⅱ. 공공필요와 공공복리의 유사점 [7점]
1. 목적의 측면: 기본권의 제한
2. 공익성의 측면
3. 최소한의 측면
Ⅲ. 제한 대상의 차이점 [7점]
1. 재산권과 모든 기본권
2. 공용사용 및 공용수용과 다른 방식의 재산권 제한
3. 보상이 따르는 제한과 그렇지 않은 제한
Ⅳ. 보상 여부의 차이와 그 근거 [8점]
1. 기본권 제한의 일반적 요건과 기준
2. 재산권 제한의 특수성
3. 헌법 제23조 제3항에 따른 제한에서 보상의 의미
Ⅴ. 결론 [1점]

Ⅰ. 서: 공용필요와 공공복리, 의미의 유사점과 역할의 차이점 [2점]

헌법 제23조 제3항에서는 공공필요에 의한 재산권 제한에 대해 규정하고 있는 반면에 헌법 제37조 2항에서는 공공복리에 의한 기본권 제한에 대해 규정하고 있다.

그로 인하여 공공필요와 공공복리가 각기 어떤 의미인지, 양자의 유사점과 차이점은 무엇이며, 헌법 제23조 제3항에 따른 제한과 제37조 제2항에 의한 제한은 어떤 역할을 하는지에 대해 신중한 비교 · 검토가 요청되고 있다.

Ⅱ. 공공필요와 공공복리의 유사점 [7점]

1. 목적의 측면 : 기본권의 제한

양자의 기본적인 유사점은 기본권에 대한 제한이다. 즉, 공공필요 및 공공복리는 기본권의 제한 요소라는 공통점을 갖는다.

2. 공익성의 측면

양자는 공익성을 특징으로 한다. 기본권 충돌의 경우와는 달리 공익을 이유로 기본

권을 제한하는 경우에 해당하는 것이다.[2)]

3. 필요성의 측면

양자는 기본권의 제한을 위해 요청되는 필요 최소한의 요청이라는 공통점을 갖는다. 공공복리의 경우 비례성원칙에 따라서 최소침해의 원칙이 인정되며, 공공필요의 경우에도 헌법재판소 판례에 의해 필요성의 요청이 인정되고 있다.[3)]

Ⅲ. 제한 대상의 차이점 [7점]

1. 재산권과 모든 기본권

헌법 제23조 제3항에 따른 공공필요에 의한 기본권의 제한과 헌법 제37조 제2항에 따른 공공복리에 의한 기본권 제한은 제한 대상이 되는 기본권의 범위에서 차이를 보인다.

전자는 공용수용 등에 의한 재산권의 제한에 한정되는 반면에, 후자는 모든 기본권의 제한에 적용된다.

2. 공용수용 등에 의한 제한과 다른 방식의 재산권 제한

따라서 헌법 제23조 제3항의 공용필요에 의한 제한은 공용수용 등에 의한 재산권 제한에 한정되는 반면에 재산권의 제한이라 하더라도 공용수용 등에 해당되지 않는 경우에는 헌법 제37조 제2항에 따른 제한이 된다.

예컨대 범죄에 사용된 물품의 압수 및 국고귀속은 헌법 제37조 제2항이 적용된다.

3. 보상이 따르는 제한과 그렇지 않은 제한

헌법 제23조 제3항에 의한 제한과 제37조 제2항에 의한 제한의 중요한 차이의 하나는 보상의 유무이다. 전자는 보상을 전제로 하는 반면에 후자는 보상 없는 제한이 된다.

---

2) **헌재 2014.10.30. 2011헌바172등 결정**: "공용수용이 허용될 수 있는 공익성을 가진 사업, 즉 공익사업의 범위는 사업시행자와 토지소유자 등의 이해가 상반되는 중요한 사항으로서, 공용수용에 대한 법률유보의 원칙에 따라 법률에서 명확히 규정되어야 한다. 공공의 이익에 도움이 되는 사업이라도 '공익사업'으로 실정법에 열거되어 있지 않은 사업은 공용수용이 허용될 수 없다.
다만 법이 공용수용 할 수 있는 공익사업을 열거하고 있더라도, 이는 공공성 유무를 판단하는 일응의 기준을 제시한 것에 불과하므로, 사업인정의 단계에서 개별적·구체적으로 공공성에 관한 심사를 하여야 한다. 즉 공공성의 확보는 1차적으로 입법자가 입법을 행할 때 일반적으로 당해 사업이 수용이 가능할 만큼 공공성을 갖는가를 판단하고, 2차적으로는 사업인정권자가 개별적·구체적으로 당해 사업에 대한 사업인정을 행할 때 공공성을 판단하는 것이다."

3) **헌재 2014.10.30. 2011헌바172등 결정**: "공용수용을 허용하고 있는 개별법은 대부분 공익사업을 시행하기 위하여 '필요한 경우'에 토지 등을 수용할 수 있다고 규정하고 있다.
수용은 타인의 재산권을 직접적으로 박탈하는 것일 뿐 아니라, 헌법 제10조로부터 도출되는 계약의 자유 내지 피수용자의 거주이전 자유까지 문제될 수 있는 등 사실상 많은 헌법상 가치들의 제약을 초래할 수 있으므로, 헌법적 요청에 의한 수용이라 하더라도 국민의 재산을 그 의사에 반하여 강제적으로라도 취득해야 할 정도의 필요성이 인정되어야 하고, 그 필요성이 인정되기 위해서는 공용수용을 통하여 달성하려는 공익과 그로 인하여 재산권을 침해당하는 사인의 이익 사이의 형량에서 사인의 재산권침해를 정당화할 정도의 공익의 우월성이 인정되어야 한다."

Ⅳ. 보상 여부의 차이와 그 근거 [8점]

1. 기본권 제한의 일반적 요건과 기준

헌법 제37조 제2항에 따른 기본권 제한은 법률에 근거한 제한 형식, 국가안전보장·질서유지·공공복리의 제한 목적, 비례성원칙에 따른 제한 기준, 본질적 내용의 침해 금지라는 제한의 한계를 요구한다.

이러한 요건과 기준을 충족한 기본권 제한은 공익적 필요 내지 타인의 기본권과의 관계에서 기본권의 보호범위를 축소시키는 것이며, 기본권의 오남용을 막는다는 의미를 갖는다.

2. 재산권 제한의 특수성

반면에 헌법 제23조 제3항에 따른 재산권 제한은 기본권 주체의 기본권 오남용과는 달리 오로지 공공필요에 의한 제한이며, 공용수용 등의 방식으로 재산권에 심각한 제한을 가하는 것이기 때문에 헌법 제37조 제2항에 의한 제한과는 달리 보상을 전제로 한다.

즉, 이전 가능성이라는 재산의 특성과 제한의 근거가 기본권 주체의 기본권 오남용과는 무관하다는 점으로 인해 보상을 전제로 해서만 헌법 제23조 제3항에 따른 제한이 인정되는 것이다.

3. 헌법 제23조 제3항에 따른 제한에서 보상의 의미

그러므로 헌법 제23조 제3항에 따른 제한은 당연히 보상을 전제하는 것이며, 보상 없는 제한은 그 자체로서 위헌이 된다. 이를 명시하고 있는 것이 헌법 제23조 제3항 후단의 결부조항이다. 즉, 정당한 보상 없이는 제한 자체가 인정되지 않는 것이다.

이에 따라 보상을 전제로 하는 헌법 제23조 제3항의 제한은 헌법 제37조 제2항의 제한에 비해 특별한 요건으로 볼 수 있다.[4] 다만, 새로운 제한의 추가 등 사후적인 사정변경으로 인하여 보상 없는 제한이 문제될 경우에 어떻게 볼 것인지에 대해서는 분리이론과 경계이론의 대립이 있다.

Ⅴ. 결론 [1점]

이상의 검토를 종합할 때, 헌법 제23조 제3항의 '공공필요'와 제37조 제2항의 '공공복리'는 의미상 유사하다. 하지만 각각의 경우 기본권 제한의 대상 및 효과에 차이가 있다.

---

4) **헌재 2014.10.30. 2011헌바172등 결정**: "오늘날 공익사업의 범위가 확대되는 경향에 대응하여 재산권의 존속보장과의 조화를 위해서는, '공공필요'의 요건에 관하여, 공익성은 추상적인 공익 일반 또는 국가의 이익 이상의 중대한 공익을 요구하므로 기본권 일반의 제한사유인 '공공복리'보다 좁게 보는 것이 타당하며, 공익성의 정도를 판단함에 있어서는 공용수용을 허용하고 있는 개별법의 입법목적, 사업내용, 사업이 입법목적에 이바지 하는 정도는 물론, 특히 그 사업이 대중을 상대로 하는 영업인 경우에는 그 사업 시설에 대한 대중의 이용·접근가능성도 아울러 고려하여야 한다."

특히 헌법 제23조 제3항에 따른 제한은 보상을 전제하는 것으로서 그 조건인 공공필요는 헌법 제37조 제2항의 공공복리에 비하여 특별한 요건으로 볼 수 있을 것이다.

이런 점들을 고려할 때, 헌법 제37조 제2항의 공공복리를 위한 기본권 제한과 헌법 제23조 제3항의 공공필요에 따른 재산권 제한은 일반 - 특별의 관계로 보는 것이 타당할 것이다.

3. 을의 헌법소원심판청구가 적법할 경우 헌법재판소는 어떤 본안판단을 내려야 하는가? (50점)

Ⅰ. 사안의 분석과 쟁점의 정리 [5점]
Ⅱ. 심판대상조항과 공용수용에 의한 기본권 제한 [8점]
  1. 지역균형개발법의 의의와 기능
  2. 지역균형개발법 제19조에 근거한 '시행자에 의한 토지수용'의 장단점
  3. 토지수용으로 인한 재산권 제한의 문제
Ⅲ. 지역개발사업의 공익성 문제 [10점]
  1. 지역개발사업의 개념과 유형
  2. 골프장 건설의 성격과 그 공익성의 문제
  3. 사안에 대한 판단
Ⅳ. 골프장 건설을 위한 공용수용의 비례성 판단 [12점]
  1. 목적의 정당성, 수단의 적합성
  2. 침해의 최소성
  3. 법익의 균형성
Ⅴ. 헌법재판소의 본안판단의 형식과 효력 [12점]
  1. 헌법재판소의 결정 유형과 주문
  2. 본안에 대한 판단
  3. 헌법재판소 결정의 효력
Ⅵ. 결론 [3점]

Ⅰ. 사안의 분석과 쟁점의 정리 [5점]

사안에서는 공공기관이 아닌 사인에 의한 공용수용과 관련하여 그 정당성을 다투고 있다. 이와 관련한 쟁점은 크게 세 가지로 나누어질 수 있다.

첫째, 공공기관이 아닌 사인이 공용수용의 주체가 되는 것이 정당한가?

둘째, 사안의 경우 골프장 등을 건설하기 위한 공용수용이 공익적 필요성이라는 공용수용의 요건을 충족시키는가?

셋째, 사안의 경우 공용수용은 기본권 제한의 비례성 요건을 충족시키는가?

이러한 쟁점들에 대한 검토에 기초하여 헌법재판소가 어떤 본안판단을 내려야 하는지를 확인할 수 있을 것이다.

Ⅱ. 심판대상조항과 사인에 의한 공용수용의 정당성 여부 [8점]

1. 지역균형개발법의 의의와 기능

사안의 지역균형개발법은 제1조 목적에서 밝히고 있는 것처럼 지방의 발전잠재력을 개발하고 민간의 자율적 참여를 유도하여 지역개발사업이 효율적으로 시행되도록 함과 동시에 지방중소기업을 육성시키는 것을 지향하고 있다.

2. 민간기업의 지구개발사업 시행자 자격 인정

지역균형발전법에 의한 지방중소기업의 육성의 중요한 수단의 하나가 제16조 제1항 제4호에 의해 국가, 지방자치단체, 정부투자기관, 지방공사 이외에 민간기업이 지구개발사업의 시행자로 지정받은 경우도 시행자가 될 수 있도록 한 것이다.

이는 민간기업의 적극적 참여 및 지역개발사업의 효율적 시행이라는 입법취지에 부합하는 것으로 볼 수 있다.

3. 지역균형개발법 제19조에 근거한 '시행자에 의한 토지수용'의 정당성 여부

그러나 사안에서 쟁점이 되고 있는 시행자에 의한 토지수용은 민간기업에 의한 공용수용이라는 점에서 그 정당성 여부가 문제된다.[5]

이에 대해 헌법재판소는 헌법 제23조 제3항이 공용수용의 주체를 국가 등 공적 기관에 한정하지 않고 있다고 봄으로써 민간기업을 공용수용의 주체로 인정한 것이 합헌이라고 인정한 바 있다.[6]

Ⅲ. 공용수용의 성격과 지역개발사업이 공익성 문제 [10점]

1. 공용수용의 성격과 공익적 필요성

헌법재판소 판례에 따라 민간기업의 공용수용의 주체로 인정된다 하더라도 공익적 필요성이라는 공용수용의 요건은 반드시 갖춰야 한다. 즉, 타인의 재산을 그 의사에 반하여 강제적으로라도 취득해야 할 공익적 필요성이 인정되어야 한다.

이를 갖추지 못한 공용수용은 그 주체가 공적 기관이냐 아니면 민간기업이냐에 무관하게 위헌적인 것으로 인정되는 것이다.

2. 골프장 건설의 성격과 그 공익성의 문제

사안의 경우 고급 골프장 건설이 공익성을 갖추고 있는지가 문제된다.

---

5) 한편으로는 입법취지에 따라 시행자의 권한을 인정해 한다는 시각이 있는가 하면, 다른 한편으로는 이윤을 추구하는 사기업에게 이러한 권한을 인정할 경우에 나타날 오·남용을 우려하는 견해도 있다.

6) **헌재 2009.9.24. 2007헌바114 결정**: "헌법 제23조 제3항은 정당한 보상을 전제로 하여 재산권의 수용 등에 관한 가능성을 규정하고 있지만, 재산권 수용의 주체를 한정하지 않고 있다. 위 헌법조항의 핵심은 당해 수용이 공공필요에 부합하는가, 정당한 보상이 지급되고 있는가 여부 등에 있는 것이지, 그 수용의 주체가 국가인지 민간기업인지 여부에 달려 있다고 볼 수 없다. 또한 국가 등의 공적 기관이 직접 수용의 주체가 되는 것이든 그러한 공적 기관의 최종적인 허부판단과 승인결정하에 민간기업이 수용의 주체가 되는 것이든, 양자 사이에 공공필요에 대한 판단과 수용의 범위에 있어서 본질적인 차이를 가져올 것으로 보이지 않는다. 따라서 위 수용 등의 주체를 국가 등의 공적 기관에 한정하여 해석할 이유가 없다."

주민소득 증대에 이바지할 수 있는 등 입법목적에 대한 기여도가 높을 뿐만 아니라 그 사업이 대중을 상대로 하는 영업이면서 대중이 비용부담 등에서 손쉽게 이용할 수 있는 경우에는 공익성이 높은 것으로 인정된다.

반면에 고급 골프장 등은 평균 고용인원이 적고, 시설 내에서 모든 소비행위가 이루어지는 자족적 영업행태를 가지고 있어 개발이 낙후된 지역의 균형발전이나 주민소득 증대 등 입법목적에 대한 기여도가 낮을 뿐만 아니라, 이용자가 상대적으로 소수이고, 대중의 접근 및 이용 가능성이 작아 공익성이 낮다고 평가된다.

3. 사안에 대한 판단

사안의 고급골프장 건설은 공익성이 전혀 없는 것으로 보기는 어려우나, 고용효과 등이 크고 대중적 이용이 가능한 시설들에 비해 공익성이 적다는 점은 부인하기 어렵다.

따라서 이러한 경우에 시행자에게 공용수용의 주체가 될 지위를 인정하는 것이 적절한 것인지에 대해서는 엄격한 비례성 판단이 필요할 것이다.

Ⅳ. 골프장 건설을 위한 공용수용의 비례성 판단 [12점]

1. 목적의 정당성, 수단의 적합성

본 사안의 심판대상조항인 지역균형개발법 제19조는 그 입법목적이 상술한 바와 같이 지역의 발전을 위한 것으로서 정당성이 인정되며, 시행자에게 공용수용권을 부여한 것도 이러한 목적 달성에 도움이 된다는 점에서 수단의 적합성도 인정된다.

2. 침해의 최소성

그러나 해당 사업의 공익성 정도에 따른 차별화 없이 획일적으로 모든 시행자에게 공용수용권을 인정하는 것은 덜 침해적인 수단이 가능함에도 이를 선택하지 않은 것으로서 침해의 최소성 요건에 위배된다.

3. 법익의 균형성

또한 고급골프장 등의 사업을 시행하기 위하여 공용수용을 통하여 달성하려는 공익과 그로 인하여 재산권을 침해당하는 사인의 이익을 형량해 볼 때, 강제수용되는 주민들의 기본권침해에 비하여 공익적 요청이 크다고 보기 어려우므로 법익의 균형성 요건도 갖추지 못했다.

Ⅴ. 헌법재판소의 본안판단의 형식과 효력 [12점]

1. 헌법재판소의 결정 유형과 주문

사안의 경우 형식은 헌법소원심판이나 그 실질은 위헌법률심판으로서 헌법재판소는 합헌 또는 위헌으로 결정해야 한다.

만일 단순위헌으로 결정하면 법적 공백이란 혼란이 문제될 수 있는 경우에는 헌법불합치 결정을 내릴 수 있다. 또한 다양한 해석 가능성이 있고, 어떻게 해석하느냐에 따라 합헌 또는 위헌이 달라질 수 있는 경우에는 한정합헌 또는 한정위헌으로 결정하는 것도 가능하다.

2. 본안에 대한 판단

사안의 경우 고급 골프장 등의 경우 공익적 요청이 상대적으로 작은 반면에 주민들의 재산권을 의사에 반하여 공용수용할 경우의 기본권 침해는 크다고 볼 수 있으므로 위헌으로 판단하되, 법적 공백의 문제를 고려하여 헌법불합치결정을 내리는 것이 합리적이다.

3. 헌법재판소 결정의 효력

헌법재판소의 헌법불합치결정은 일종의 변형결정이지만, 그 실질은 위헌결정과 같은 것이기 때문에 헌법 제47조 제1항에 따라 모든 국가기관과 지방자치단체를 구속한다.

Ⅵ. 결론 [3점]

이상의 검토를 종합할 때, 헌법재판소는 사안의 지역균형개발법 제19조의 해당 부분에 대해 헌법불합치결정을 내리고, 입법자에게 조속한 시일 내에 법률을 개정할 것을 요구하여야 한다. 그리고 그 기간 동안 해당 법률조항은 잠정적용하는 것으로 결정하여야 할 것이다.[7)]

7) 참고로 **헌재 2014.10.30. 2011헌바172등 결정**의 주문은 다음과 같다:
"1. 구 '지역균형개발 및 지방중소기업 육성에 관한 법률'(2005.11.8. 법률 제7695호로 개정되고, 2011.5.30. 법률 제10762호로 개정되기 전의 것) 제19조 제1항의 '시행자' 부분 중 '제16조 제1항 제4호'에 관한 부분은 헌법에 합치되지 아니한다.
2. 위 법률조항은 입법자가 개정할 때까지 계속 적용한다."

25

서울광장 통행 제한과 거주 · 이전의 자유

경찰청장 갑은 노무현 전 대통령이 서거한 2009.5.23.경 고인을 조문하고자 덕수궁 대한문 앞 시민분향소를 찾은 사람들이 그 건너편에 있는 서울광장에서 불법 · 폭력 집회나 시위를 개최하는 것을 막기 위하여 경찰버스들로 서울광장을 둘러싸 소위 차벽(車壁)을 만드는 방법으로 서울광장에 출입하는 것을 제지하였다.

서울특별시민인 을 등은 2009.6.3. 서울광장을 가로질러 통행하려고 하다가 서울광장을 둘러싼 경찰버스들에 의하여 만들어진 차벽에 의하여 통행하지 못하게 되자 갑의 이와 같은 통행제지행위가 을 등의 기본권을 침해한다고 주장하면서 2009.7.21. 헌법재판소에 그 위헌확인을 구하는 헌법소원심판을 청구하였다.

〈헌재 2011.6.30. 2009헌마406 참조〉

1. 을 등의 헌법소원심판청구는 적법한가? (25점)
2. 사안에서 을 등에게 인정될 수 있는 기본권은 무엇인가? (15점)
3. 을 등의 헌법소원심판청구가 적법할 경우 헌법재판소는 어떤 본안판단을 내려야 하는가? (60점)

〈참고 조문(아래 법령은 현행 법령과 다를 수 있음)〉

경찰법 제3조(국가경찰의 임무)

국가경찰의 임무는 다음 각 호와 같다.

1. 국민의 생명 · 신체 및 재산의 보호
2. 범죄의 예방 · 진압 및 수사

2의2. 범죄피해자 보호

3. 경비 · 요인경호 및 대간첩 · 대테러 작전 수행
4. 치안정보의 수집 · 작성 및 배포
5. 교통의 단속과 위해의 방지
6. 외국 정부기관 및 국제기구와의 국제협력
7. 그 밖의 공공의 안녕과 질서유지

경찰관직무집행법 제2조(직무의 범위)

경찰관은 다음 각 호의 직무를 수행한다.

1. 국민의 생명 · 신체 및 재산의 보호
2. 범죄의 예방 · 진압 및 수사

2의2. 범죄피해자 보호
3. 경비, 주요 인사(人士) 경호 및 대간첩 · 대테러 작전 수행
4. 치안정보의 수집 · 작성 및 배포
5. 교통 단속과 교통 위해(危害)의 방지
6. 외국 정부기관 및 국제기구와의 국제협력
7. 그 밖에 공공의 안녕과 질서 유지

경찰관직무집행법 제5조(위험발생의 방지 등)

① 경찰관은 사람의 생명 또는 신체에 위해를 끼치거나 재산에 중대한 손해를 끼칠 우려가 있는 천재(天災), 사변(事變), 인공구조물의 파손이나 붕괴, 교통사고, 위험물의 폭발, 위험한 동물 등의 출현, 극도의 혼잡, 그 밖의 위험한 사태가 있을 때에는 다음 각 호의 조치를 할 수 있다.
1. 그 장소에 모인 사람, 사물(事物)의 관리자, 그 밖의 관계인에게 필요한 경고를 하는 것
2. 매우 긴급한 경우에는 위해를 입을 우려가 있는 사람을 필요한 한도에서 억류하거나 피난시키는 것
3. 그 장소에 있는 사람, 사물의 관리자, 그 밖의 관계인에게 위해를 방지하기 위하여 필요하다고 인정되는 조치를 하게 하거나 직접 그 조치를 하는 것

② 경찰관서의 장은 대간첩 작전의 수행이나 소요(騷擾) 사태의 진압을 위하여 필요하다고 인정되는 상당한 이유가 있을 때에는 대간첩 작전지역이나 경찰관서 · 무기고 등 국가중요시설에 대한 접근 또는 통행을 제한하거나 금지할 수 있다.

③ 경찰관은 제1항의 조치를 하였을 때에는 지체 없이 그 사실을 소속 경찰관서의 장에게 보고하여야 한다.

④ 제2항의 조치를 하거나 제3항의 보고를 받은 경찰관서의 장은 관계 기관의 협조를 구하는 등 적절한 조치를 하여야 한다.

경찰관직무집행법 제6조(범죄의 예방과 제지)

경찰관은 범죄행위가 목전(目前)에 행하여지려고 하고 있다고 인정될 때에는 이를 예방하기 위하여 관계인에게 필요한 경고를 하고, 그 행위로 인하여 사람의 생명 · 신체에 위해를 끼치거나 재산에 중대한 손해를 끼칠 우려가 있는 긴급한 경우에는 그 행위를 제지할 수 있다.

서울특별시 서울광장의 사용 및 관리에 관한 조례 제2조(정의)

이 조례에서 사용하는 용어의 뜻은 다음과 같다.
1. "사용"이란 서울광장(이하 "광장"이라 한다)의 일부 또는 전부를 이용함으로써 불특정 다수 시민의 자유로운 광장 이용을 제한하는 행위를 말한다.
2. "신고자"란 자신의 명의와 책임하에 광장을 사용하고자 하는 자를 말한다.
3. "사용자"란 광장사용신고를 하여 이 조례에 따라 광장을 사용하는 자를 말한다.

서울특별시 서울광장의 사용 및 관리에 관한 조례 제5조(사용신고)

① 신고자는 사용목적과 일시, 신고자의 성명과 주소, 사용예정인원, 안전관리계획 등을

기재한 별지 서식의 광장사용신고서를 광장을 사용하고자 하는 날 또는 사용개시일(이하 "사용일"이라 한다)의 90일 전부터 5일 전까지 시장에게 제출하여야 한다.
② 시장은 연례적인 기념행사나 충분한 사전준비 및 홍보 등이 필요한 행사의 경우에는 제1항에도 불구하고 연간 30일을 초과하지 않는 범위내에서 광장 사용신고 및 수리방법을 따로 정할 수 있다.
③ 시장은 제2항에 따라 매년 일정 기간에 공개적으로 다음연도 광장 사용신고를 받아 「서울특별시 열린광장운영시민위원회 설치 및 운영에 관한 조례」에 따른 서울특별시 열린광장운영시민위원회(이하 "위원회"라 한다)의 심의를 거쳐 광장 사용일을 미리 확정한다.
④ 제2항과 제3항에 따른 광장 사용신고 및 수리 방법과 공개할 사항 등에 관한 필요한 사항은 규칙으로 정한다.

1. 을 등의 헌법소원심판청구는 적법한가? (25점)

Ⅰ. 서: 헌법소원심판의 의의와 청구요건 [3점]
Ⅱ. 공권력의 행사 또는 불행사에 의한 기본권의 침해 [7점]
  1. 공권력의 행사로서의 차벽 설치
  2. 침해되는 기본권
  3. 사안에 대한 판단
Ⅲ. 기본권침해의 직접성, 현재성, 자기관련성 [9점]
  1. 직접성 요건에 대한 판단
  2. 현재성에 대한 판단
  3. 자기관련성에 대한 판단
Ⅳ. 보충성 및 기타의 적법요건 [5점]
  1. 보충성 요건: 행정소송의 가능성에 대한 검토
  2. 변호사강제주의와 청구기간
  3. 권리보호의 이익: 예외적인 심판의 이익 인정
Ⅴ. 결론 [1점]

Ⅰ. 서: 헌법소원심판의 의의와 청구요건 [3점]

헌법재판소법 제68조 제1항에 따른 권리구제형 헌법소원은 공권력에 의한 기본권의 침해를 다투는 헌법소송이다.

그 적법요건으로는 공권력(의 행사 또는 불행사)에 의한 기본권의 침해와 더불어 기본권침해의 직접성, 현재성, 자기관련성이 갖춰져야 하며, 그밖에 헌법소원심판청구의 보충성, 변호사 강제주의, 청구기간의 준수 등이 있다.

Ⅱ. 공권력의 행사 또는 불행사에 의한 기본권의 침해 [8점]

1. 공권력의 행사로서의 차벽 설치

헌법소원심판의 대상이 되는 공권력은 원칙적으로 모든 국가작용이다. 다만, 헌법재판소법 제68조 제1항 제1문의 규정에 따라 법원의 재판은 배제된다.

본 사안에서 문제되는 공권력은 차벽 설치를 통해 서울광장의 통행을 막은 행위이며, 이는 공권력의 행사로서 헌법소원심판의 대상이 될 수 있다.

2. 침해되는 기본권

을 등이 침해를 주장할 수 있는 기본권은 통행의 자유, 서울광장의 이용권 등이 있으며, 기본권에 대한 침해 가능성이 인정되므로 이 요건도 갖추었다.

3. 을 등의 기본권주체성

사안에서 을 등은 서울특별시민이라고 하였으나, 그 의미가 대한민국 국민인지의 여부는 확실치 않다.

을 등이 대한민국 국민일 경우 기본권주체성은 당연히 인정될 것이다. 또한 을 등이 외국인으로서 서울에 주소를 두어 지방자치법 제12조에 따라 주민의 자격을 얻는 사람인 경우에도 기본권주체성이 인정된다. 통행의 자유는 외국인에게도 인정되며, 공공시설 이용권은 지방자치법 제13조 제1항에 따라 주민에게 인정되기 때문이다.

Ⅲ. 기본권침해의 직접성, 현재성, 자기관련성 [8점]

1. 직접성 요건에 대한 판단

기본권침해의 직접성 요건은 해당 공권력에 의해 청구인의 기본권이 직접 침해되었어야 한다는 것이다.

사안에서는 갑의 차벽 설치에 의하여 을 등이 통행에 직접 제한을 받았으므로 직접성 요건을 충족하였다.

2. 현재성에 대한 판단

기본권침해의 현재성 요건은 해당 공권력에 의한 기본권침해가 장래의 발생 가능성이 있는 것이 아니라 현재적으로 침해가 이루어지고 있거나, 가까운 장래에 발생할 것이 확실한 경우이어야 한다는 것이다.

사안에서 을 등의 기본권은 이미 침해된 상태이므로 현재성 요건도 충족하였다.

3. 자기관련성에 대한 판단

기본권침해의 자기관련성 요건은 해당공권력이 자신의 기본권을 침해한 경우이어야 한다는 것이다.

사안에서 을 등은 자신의 기본권이 침해된 것을 다투고 있으므로 자기관련성도 인정된다.

Ⅳ. 보충성 및 기타의 적법요건 [5점]

1. 보충성 요건: 행정소송의 가능성에 대한 검토

사안의 통행제지행위는 즉시강제로서 권력적 사실행위에 해당하므로 행정쟁송의 대상이 된다. 사안의 차벽설치는 노무현 전 대통령의 조문 당일에 설치되고 곧바로 철수되는 것이어서, 을 등이 행정쟁송을 제기하더라도 소의 이익이 부정될 가능성이 높다.

이러한 경우에 사전구제절차의 이행을 요구하는 것은 불필요한 우회절차를 강요하는 셈이 되는 것이므로, 행정쟁송 절차를 거치지 않았다 하더라도 보충성의 예외로서 인정된다.

2. 변호사강제주의와 청구기간

그밖에 변호사 강제주의와 청구기간의 준수 등이 문제된다. 따라서 을 등은 헌법소원심판의 청구를 위해 변호인을 선임하여야 한다.

그리고 헌법소원심판은 헌법재판소법 제69조 제1항에 따라 그 사유가 있음을 안 날부터 90일 이내에, 그 사유가 있는 날부터 1년 이내에 청구하여야 하는데, 사안에서 을 등은 청구기간을 준수하였다.

3. 권리보호의 이익: 예외적인 심판의 이익 인정

사안의 경우 차벽이 철수됨으로 인해 주권적 권리보호의 이익은 상실되었다고 볼 수 있으나, 유사한 침해의 반복가능성 및 헌법적 해명의 필요성에 비추어 예외적인 심판의 이익이 인정될 수 있다.

Ⅴ. 결론 [1점]

사안에서 을 등의 헌법소원심판청구는 공권력에 의한 기본권침해의 직접성, 현재성 자기관련성 등을 갖추고 있으며, 보충성의 예외로 인정된다. 비록 권리보호의 이익이 문제될 수 있으나, 예외적인 심판의 이익이 인정되므로 적법한 것으로 인정된다.

2. 사안에서 을 등에게 인정될 수 있는 기본권은 무엇인가? (15점)

Ⅰ. 서: 사안의 공권력행사와 침해될 수 있는 기본권 [2점]
Ⅱ. 거주·이전의 자유 [4점]
Ⅲ. 일반적 행동의 자유 [4점]
Ⅳ. 서울시민의 공공시설 이용권(공물이용권) [4점]
Ⅴ. 결론 [1점]

Ⅰ. 서: 사안의 공권력행사와 침해될 수 있는 기본권 [2점]

사안에서 차벽 설치와 관련하여 문제되는 기본권은 크게 두 가지이다. 하나는 통행의 자유이고, 다른 하나는 서울광장의 이용권, 즉 공공시설 이용권이다. 그리고 통행의 자유와 관련하여 살펴보아야 할 것이 거주·이전의 자유 및 일반적 행동자유권이다.

Ⅱ. 거주 · 이전의 자유 [4점]

거주 · 이전의 자유는 자유롭게 주소와 거소를 결정할 수 있는 자유를 말한다. 사안에서 차별 설치로 인하여 서울광장의 통행을 방해받게 된 것이 거주 · 이전의 자유에 대한 제한인지에 대해서는 논란의 여지가 있다.

그러나 헌법재판소는 통행의 자유는 거주 · 이전의 자유가 아닌 일반적 행동의 자유에 속하는 것으로 보고 있으며, 따라서 거주 · 이전의 자유에 대한 제한은 아니라고 볼 수 있다.[1]

Ⅲ. 일반적 행동의 자유 [4점]

통행의 자유는 헌법 제10조 행복추구권에서 파생되는 일반적 행동자유권에 포함되는 것으로 보는 것이 헌법재판소의 판례이다. 따라서 사안에서 차벽 설치를 통해 서울광장의 자유로운 통행을 방해하는 것은 일반적 행동자유권을 제한한 것이 된다.[2]

Ⅳ. 서울시민의 공공시설 이용권(공물이용권) [4점]

사안에서 을 등은 서울시민으로서 서울광장이라는 공공시설의 이용권을 주장할 수 있다.

그러나 이러한 권리가 법률상의 권리가 아닌 헌법상의 권리로 인정되기는 어렵다. 헌법상 이러한 청구권적 기본권이 명시되지 않고 있으며, 이를 헌법 제10조의 행복추구권에서 도출하는 것도 행복추구권의 자유권적 성격에 비추어 볼 때, 타당하지 않기 때문이다.[3]

Ⅴ. 결론 [1점]

이상의 검토를 종합할 때, 사안에서 실제 기본권의 침해로서 검토될 수 있는 것은 통행의 자유 내지 일반적 행동의 자유이며, 거주 · 이전의 자유 및 공공시설 이용권은

---

1) **헌재 2011.6.30. 2009헌마406 결정**: "이 사건에서 서울광장이 청구인들의 생활형성의 중심지라고 할 수 없을 뿐만 아니라 청구인들이 서울광장에 출입하고 통행하는 행위가 그 장소를 중심으로 생활을 형성해 나가는 행위에 속한다고 볼 수도 없으므로 청구인들이 서울광장을 출입하고 통행하는 자유는 헌법상의 거주 · 이전의 자유의 보호영역에 속한다고 할 수 없고, 따라서 이 사건 통행제지행위로 인하여 청구인들의 거주 · 이전의 자유가 제한된다고 할 수는 없다."

2) **헌재 2011.6.30. 2009헌마406 결정**: "일반 공중에게 개방된 장소인 서울광장을 개별적으로 통행하거나 서울광장에서 여가활동이나 문화활동을 하는 것은 일반적 행동자유권의 내용으로 보장됨에도 불구하고, 피청구인이 이 사건 통행제지행위에 의하여 청구인들의 이와 같은 행위를 할 수 없게 하였으므로 청구인들의 일반적 행동자유권의 침해 여부가 문제된다."

3) **헌재 2011.6.30. 2009헌마406 결정**: "청구인들은, 시민이 공물을 이용할 수 있는 요건을 갖추는 한 공물을 사용 · 이용하게 해달라고 국가에 대하여 청구할 수 있는 권리, 즉 공물이용권이 행복추구권에 포함되는 청구권적 기본권이라고 주장한다. 그러나 헌법 제10조의 행복추구권은 국민이 행복을 추구하기 위한 활동을 국가권력의 간섭 없이 자유롭게 할 수 있다는 포괄적인 의미의 자유권으로서의 성격을 갖는 것인바(헌재 2007.3.29. 2004헌마207, 판례집 19-1, 276, 286), 청구인들이 주장하는 공물을 사용 · 이용하게 해달라고 청구할 수 있는 권리는 청구인들의 주장 자체에 의하더라도 청구권의 영역에 속하는 것이므로 이러한 권리가 포괄적인 자유권인 행복추구권에 포함된다고 할 수 없다."

인정되기 어렵다.

3. 갑 등의 헌법소원심판청구가 적법할 경우 헌법재판소는 어떤 본안판단을 내려야 하는가? (60점)

Ⅰ. 사안의 분석과 쟁점의 정리 [5점]
Ⅱ. 서울광장 통행 제한의 의미와 헌법적 쟁점 [10점]
 1. 서울광장의 조성 이유와 목적에 부합하는 사용
 2. 서울광장에 대한 서울시의 관리책임과 통제의 가능성
 3. 경찰의 질서유지 책임과 서울광장에 대한 통제 가능성
Ⅲ. 제한의 법적 근거 [15점]
 1. 경찰법 제3조에 따른 국가경찰의 임무
 2. 경찰관직무집행법 제2조에 따른 직무의 범위
 3. 경찰관직무집행법 제5조에 따른 위험발생의 방지
Ⅳ. 차벽 설치를 통한 통행 제한의 과잉금지 위반 여부 판단 [15점]
 1. 목적의 정당성과 수단의 적합성
 2. 침해의 최소성
 3. 법익의 균형성
Ⅴ. 헌법재판소의 본안판단 [12점]
 1. 헌법재판소의 결정 유형
 2. 사안에 대한 판단
 3. 헌법재판소 결정의 효력
Ⅵ. 결론 [3점]

Ⅰ. 사안의 분석과 쟁점의 정리 [5점]

사안에서 문제되고 있는 것은 차벽 설치를 통해 서울광장의 통행을 제한한 것이 정당한지의 여부이다.

이에 대한 판단을 위해서는 먼저 서울광장의 성격 및 이에 대한 통행제한이 갖는 의미에 대한 분석을 전제로 제한의 법적 근거들을 분석할 필요가 있다. 그리고 그 바탕 위에서 제한의 정당성 여부에 대한 비례성 판단이 내려질 수 있을 것이며, 이를 근거로 헌법재판소의 본안판단이 내려질 수 있을 것이다.

Ⅱ. 서울광장 통행 제한의 의미와 헌법적 쟁점 [10점]

1. 서울광장의 조성 이유와 목적에 부합하는 사용

서울광장의 조성 이유는 「서울특별시 서울광장의 사용 및 관리에 관한 조례」에 비추어 볼 때, 불특정 다수 시민의 자유로운 광장 이용을 전제하는 것이며, 따라서 을 등의 서울광장 통행은 목적에 부합하는 사용이라 볼 수 있다.

2. 서울광장에 대한 서울시의 관리책임과 통제의 가능성

물론 서울광장의 이용에 대해서는 서울시의 관리책임이 있고, 서울광장의 사용자들에게 사용목적과 일시 등을 신고하도록 통제할 수 있다. 그러나 을 등의 경우처럼 단순 통행에 해당하는 것까지 신고를 요하는 것으로는 보이지 않으며, 더욱이 사안에서 문제되는 차벽 설치는 경찰청에 의한 것이므로 서울시에 의한 통제는 문제되지 않는다.

3. 경찰의 질서유지 책임과 서울광장에 대한 통제 가능성

경찰청장 갑의 지시에 의한 차벽 설치는 경찰의 질서유지에 대한 권한과 책임에서 비롯된 것으로 보이지만, 그것이 서울광장에 대한 통제를 정당화시킬 수 있는지에 대해서는 신중한 검토가 필요할 것이다.

Ⅲ. 제한의 법적 근거 [15점]

1. 경찰법 제3조에 따른 국가경찰의 임무

경찰법 제3조에 따른 국가경찰의 임무에는 국민의 생명 · 신체 및 재산의 보호 등과 함께 제7호에서 그밖의 공공의 안녕과 질서유지가 포함되어 있다.

사안에서 차벽 설치의 근거로 삼고 있는 것이 서울광장에서 불법 · 폭력 집회나 시위를 막고자 하는 것이므로 그 목적은 공공의 안녕과 질서유지에 있는 것으로 볼 수 있다.

2. 경찰관직무집행법 제2조에 따른 직무의 범위

경찰관직무집행법 제2조에서도 경찰법 제3조와 유사한 규정들을 두고 있으며, 역시 제7호에서 그밖의 공공의 안녕과 질서유지를 규정하고 있다.

그러므로 사안의 차벽 설치는 경찰법 제3조 제7호와 더불어 경찰관직무집행법 제7호에 근거한 것으로 볼 수 있다.

3. 경찰관직무집행법 제5조에 따른 위험발생의 방지

또한 사안의 불법 · 폭력 집회나 시위를 막고자 하는 것은 경찰관직무집행법 제5조에 따른 위험발생의 방지를 위한 활동으로 볼 수도 있다. 특히 동조 제1항 제3호에서 규정한 '그 장소에 있는 사람, 사물의 관리자, 그 밖의 관계인에게 위해를 방지하기 위하여 필요하다고 인정되는 조치를 하게 하거나 직접 그 조치를 하는 것'에 해당하는 것으로 볼 수도 있다.

Ⅳ. 차벽 설치를 통한 통행 제한의 과잉금지 위반 여부 판단 [15점]

1. 목적의 정당성과 수단의 적합성

사안에서 경찰의 차벽 설치는 불법 · 폭력 집회나 시위를 막고자 한다는 점에서 목적의 정당성을 인정할 수 있다.

또한 차벽 설치를 통해 서울광장에서의 집회 · 시위를 원천적으로 차단함으로써 목적 달성에 도움이 된다는 점이 인정되므로 수단의 적합성도 인정된다.

2. 침해의 최소성

그러나 불법 · 폭력 집회나 시위의 가능성이 있다 하더라도 필요 최소한의 범위에서 제한을 가하는 것이 아니라 차벽 설치를 통해 서울광장의 통행 자체를 원천적으로 차단하는 것은 덜 침해적인 수단, 예컨대 조건을 붙여 집회를 허용하고, 조건을 어긴 경우에 해산시키는 등의 조치를 고려하지 않은 것으로서 침해의 최소성에 위배된다.[4)]

3. 법익의 균형성

사안에서 불법 · 폭력 집회나 시위의 발생을 막는다는 공익과 서울광장 통행제지를 통해 침해되는 시민들의 기본권을 비교할 때, 전자는 불확실하고 추상적인 반면에 후자는 명확하고 광범위하다는 점에서 공익의 요청이 시민들의 기본권 제한에 비해 크다고 단정하기 어려우므로 법익의 균형성에도 위배된다.[5)]

Ⅴ. 헌법재판소의 본안판단 [12점]

1. 헌법재판소의 결정 유형

사안에서는 헌법재판소법 제68조 제1항에 의한 권리구제형 헌법소원으로서 법령소원에 해당하지 않으므로 헌법재판소는 청구의 인용 또는 기각으로 결정해야 한다.

인용결정의 경우 청구 취지에 따른 주관적 권리보호의 이익이 있는 경우에는 처분의 취소 결정을 내릴 수 있지만, 이미 주권적 권리보호의 이익이 소멸된 경우에는 위헌확인을 하게 된다.

2. 사안에 대한 판단

사안의 경우 갑의 지시에 의한 차벽 설치는 을 등의 통행의 자유(일반적 행동의 자유)를 침해한 것으로서 헌법재판소는 을 등의 청구에 대해 인용(위헌확인) 결정을 내려야 한다.

---

4) **헌재 2011.6.30. 2009헌마406 결정**: "불법 · 폭력 집회나 시위가 개최될 가능성이 있다고 하더라도 이를 방지하기 위한 조치는 개별적 · 구체적인 상황에 따라 경찰 목적을 달성하기 위한 필요최소한의 범위에서 행해져야 하는 것이다. 즉, 민주주의 국가에서 표현의 자유가 가지고 있는 헌법적 중요성을 고려하면, 집회의 자유를 보다 적게 제한하는 다른 수단, 즉 조건을 붙여 집회를 허용하는 조치 등을 고려해야 할 것이고, 이러한 조치로써는 공익목적을 달성할 수 없다고 인정되는 경우에만 비로소 집회의 금지와 해산을 고려할 수 있을 것이다(헌재 2003.10.30. 2000헌바67등, 판례집 15-2하, 41, 56 참조).
……
이와 같은 덜 침해적인 수단이 존재하고 이러한 수단을 채택하더라도 공공의 안녕과 질서유지의 목적을 상당 부분 달성할 수 있었을 것임에도 불구하고, 피청구인이 그러한 고려 없이 이 사건 통행제지행위로 모든 시민의 통행을 전면적으로 제지한 것은 침해의 최소성이라는 요구를 충족하였다고 할 수 없다."

5) **헌재 2011.6.30. 2009헌마406 결정**: "이 사건 통행제지행위로써 대규모의 불법 · 폭력 집회나 시위를 막아 시민들의 생명 · 신체와 재산을 보호한다는 공익은 물론 중요한 것이지만, 앞서 본 바와 같은 이 사건 통행제지행위 당시의 서울광장 부근의 상황에 비추어 볼 때 이러한 공익의 존재 여부나 그 실현 효과는 다소 가상적이고 추상적인 것으로 볼 수 있는 여지도 있을 뿐만 아니라, 그러한 공익목적은 앞서 본 바와 같이 비교적 덜 제한적인 수단에 의하여도 상당 부분 달성될 수 있었던 것으로 보인다. 따라서 이 사건 통행제지행위로 얻어질 공익의 정도가, 청구인들과 같은 일반 시민들이 서울광장을 가로질러 통행하지 못하고 서울광장 내에서 여가 및 문화활동을 할 수 없음으로써 입게 되는 실질적이고 현존하는 불이익에 비하여 결코 크다고 단정하기 어려우므로 이 사건 통행제지행위는 법익의 균형성 요건을 충족하였다고 할 수도 없다."

3. 헌법재판소 결정의 효력

헌법재판소의 인용 결정은 모든 국가기관과 지방자치단체를 구속한다. 따라서 경찰에서는 향후 유사한 처분을 내릴 수 없다.

Ⅵ. 결론 [3점]

이상의 검토를 종합할 때, 경찰청장 갑의 지시에 의해 서울광장에 차벽을 설치한 것은 비록 그 목적의 정당성과 수단의 적합성이 인정되나 최소침해의 원칙 및 법익의 균형성에 위배되는 것으로서 위헌이다.

그러므로 헌법재판소는 인용(위헌확인) 결정을 내려야 하며, 이러한 헌법재판소의 결정은 모든 국가기관과 지방자치단체를 구속한다.

26

공사 상근직원의 선거운동의 자유

갑은 한국철도공사의 상근 차량관리원으로 재직하고 있으며, 한국철도공사노조의 간부를 역임했던 사람이다. 갑은 특정 정당과 그 후보자에 대한 지지를 호소하는 이메일을 한국철도공사 서울·경기지부 소속 노조원에게 발송하였다는 점이 문제되어 공직선거법 제60조 제1항 제5호 위반으로 기소되었다.

갑은 소송이 계속 중인 상황에서 공직선거법 제60조 제1항 제5호에 대해 법원에 위헌법률심판제청신청을 하였으나 기각되었고, 이에 헌법재판소에 헌법소원심판을 청구하였다.

〈헌재 2018.2.22. 2015헌바124 참조〉

1. 갑의 헌법소원심판청구는 적법한가? (25점)
2. 공사 상근직원의 법적 지위에 따른 선거운동의 제한은 어디까지 정당화될 수 있는가? (25점)
3. 갑의 헌법소원심판청구가 적법한 경우 헌법재판소는 어떤 본안판단을 내려야 하는가? (50점)

〈참고 조문(아래 법령은 현행 법령과 다를 수 있음)〉

공직선거법 제60조(선거운동을 할 수 없는 자)

① 다음 각 호의 어느 하나에 해당하는 사람은 선거운동을 할 수 없다. 다만, 제1호에 해당하는 사람이 예비후보자·후보자의 배우자인 경우와 제4호부터 제8호까지의 규정에 해당하는 사람이 예비후보자·후보자의 배우자이거나 후보자의 직계존비속인 경우에는 그러하지 아니하다.

1. 대한민국 국민이 아닌 자. 다만, 제15조 제2항 제3호에 따른 외국인이 해당 선거에서 선거운동을 하는 경우에는 그러하지 아니하다.
2. 미성년자(19세 미만의 자를 말한다. 이하 같다)
3. 제18조(選擧權이 없는 者) 제1항의 규정에 의하여 선거권이 없는 자
4. 「국가공무원법」 제2조(公務員의 구분)에 규정된 국가공무원과 「지방공무원법」 제2조(公務員의 구분)에 규정된 지방공무원. 다만, 「정당법」 제22조(발기인 및 당원의 자격) 제1항 제1호 단서의 규정에 의하여 정당의 당원이 될 수 있는 공무원(國會議員과 地方議會議員외의 政務職公務員을 제외한다)은 그러하지 아니하다.
5. 제53조(公務員 등의 立候補) 제1항 제2호 내지 제8호에 해당하는 자(第4號 내지 第6號의 경우에는 그 常勤職員을 포함한다)
6. 예비군 중대장급 이상의 간부
7. 통·리·반의 장 및 읍·면·동주민자치센터(그 명칭에 관계없이 읍·면·동사

무소 기능전환의 일환으로 조례에 의하여 설치된 각종 문화 · 복지 · 편익시설을 총칭한다. 이하 같다)에 설치된 주민자치위원회(주민자치센터의 운영을 위하여 조례에 의하여 읍 · 면 · 동사무소의 관할구역별로 두는 위원회를 말한다. 이하 같다)위원

8. 특별법에 의하여 설립된 국민운동단체로서 국가 또는 지방자치단체의 출연 또는 보조를 받는 단체(바르게살기運動協議會 · 새마을運動協議會 · 韓國自由總聯盟을 말한다)의 상근 임 · 직원 및 이들 단체 등(市 · 道組織 및 區 · 市 · 郡組織을 포함한다)의 대표자
9. 선상투표신고를 한 선원이 승선하고 있는 선박의 선장

② 각급선거관리위원회위원 · 예비군 중대장급 이상의 간부 · 주민자치위원회위원 또는 통 · 리 · 반의 장이 선거사무장, 선거연락소장, 선거사무원, 제62조 제4항에 따른 활동보조인, 회계책임자, 연설원, 대담 · 토론자 또는 투표참관인이나 사전투표참관인이 되고자 하는 때에는 선거일 전 90일(선거일 전 90일 후에 실시사유가 확정된 보궐선거등에서는 그 선거의 실시사유가 확정된 때부터 5일 이내)까지 그 직을 그만두어야 하며, 선거일 후 6월 이내(주민자치위원회위원은 선거일까지)에는 종전의 직에 복직될 수 없다. 이 경우 그만둔 것으로 보는 시기에 관하여는 제53조 제4항을 준용한다.

공직선거법 제53조(공무원 등의 입후보)

① 다음 각 호의 어느 하나에 해당하는 사람으로서 후보자가 되려는 사람은 선거일 전 90일까지 그 직을 그만두어야 한다. 다만, 대통령선거와 국회의원선거에 있어서 국회의원이 그 직을 가지고 입후보하는 경우와 지방의회의원선거와 지방자치단체의 장의 선거에 있어서 당해 지방자치단체의 의회의원이나 장이 그 직을 가지고 입후보하는 경우에는 그러하지 아니하다.

1. 「국가공무원법」 제2조(公務員의 구분)에 규정된 국가공무원과 「지방공무원법」 제2조(公務員의 區分)에 규정된 지방공무원. 다만, 「정당법」 제22조(발기인 및 당원의 자격) 제1항 제1호 단서의 규정에 의하여 정당의 당원이 될 수 있는 공무원(政務職公務員을 제외한다)은 그러하지 아니하다.
2. 각급선거관리위원회위원 또는 교육위원회의 교육위원
3. 다른 법령의 규정에 의하여 공무원의 신분을 가진 자
4. 「공공기관의 운영에 관한 법률」 제4조 제1항 제3호에 해당하는 기관 중 정부가 100분의 50 이상의 지분을 가지고 있는 기관(한국은행을 포함한다)의 상근 임원
5. 「농업협동조합법」 · 「수산업협동조합법」 · 「산림조합법」 · 「엽연초생산협동조합법」에 의하여 설립된 조합의 상근 임원과 이들 조합의 중앙회장
6. 「지방공기업법」 제2조(適用範圍)에 규정된 지방공사와 지방공단의 상근 임원
7. 「정당법」 제22조 제1항 제2호의 규정에 의하여 정당의 당원이 될 수 없는 사립학교교원
8. 중앙선거관리위원회규칙으로 정하는 언론인
9. 특별법에 의하여 설립된 국민운동단체로서 국가 또는 지방자치단체의 출연 또는 보조를 받는 단체(바르게살기운동협의회 · 새마을운동협의회 · 한국자유총연맹을 말하며, 시 · 도조직 및 구 · 시 · 군조직을 포함한다)의 대표자

> ② 제1항 본문에도 불구하고 다음 각 호의 어느 하나에 해당하는 경우에는 선거일 전 30일까지 그 직을 그만두어야 한다.
> 1. 비례대표국회의원선거나 비례대표지방의회의원선거에 입후보하는 경우
> 2. 보궐선거등에 입후보하는 경우
> 3. 국회의원이 지방자치단체의 장의 선거에 입후보하는 경우
> 4. 지방의회의원이 다른 지방자치단체의 의회의원이나 장의 선거에 입후보하는 경우
>
> ③ 제1항 단서에도 불구하고 비례대표국회의원이 지역구국회의원 보궐선거등에 입후보하는 경우 및 비례대표지방의회의원이 해당 지방자치단체의 지역구지방의회의원 보궐선거등에 입후보하는 경우에는 후보자등록신청 전까지 그 직을 그만두어야 한다.
>
> ④ 제1항부터 제3항까지의 규정을 적용하는 경우 그 소속기관의 장 또는 소속위원회에 사직원이 접수된 때에 그 직을 그만 둔 것으로 본다.
>
> ⑤ 제1항 및 제2항에도 불구하고, 지방자치단체의 장은 선거구역이 당해 지방자치단체의 관할구역과 같거나 겹치는 지역구국회의원선거에 입후보하고자 하는 때에는 당해 선거의 선거일전 120일까지 그 직을 그만두어야 한다. 다만, 그 지방자치단체의 장이 임기가 만료된 후에 그 임기만료일부터 90일 후에 실시되는 지역구국회의원선거에 입후보하려는 경우에는 그러하지 아니하다.

1. 갑의 헌법소원심판청구는 적법한가? (25점)

> Ⅰ. 서: 위헌소원의 성격과 청구요건 [3점]
> Ⅱ. 재판의 전제성 [8점]
> 1. 소송의 계속
> 2. 심판대상법률(조항)이 당해 소송사건에 적용
> 3. 심판대상법률(조항)의 위헌 여부에 따라 다른 내용의 재판
>
> Ⅲ. 위헌법률심판제청의 신청과 기각 [7점]
> 1. 위헌소원의 성격과 위헌법률심판제청의 의미
> 2. 법원의 기각 결정과 그 구속력
> 3. 헌법재판소법 제68조 제2항에 의한 헌법소원심판의 청구
>
> Ⅳ. 기타의 청구요건 및 청구의 효력 [5점]
> 1. 변호사 강제주의
> 2. 청구기간
>
> Ⅴ. 결론 [2점]

Ⅰ. 서: 위헌소원의 성격과 청구요건 [3점]

사안에서 갑이 제기한 헌법소원심판은 헌법재판소법 제68조 제2항에 따른 이른바 위헌소원이다. 위헌소원은 형식상 헌법소원이지만 실질적으로는 위헌법률심판에 해당하는 것이며, 그에 따라 헌법재판소법 제68조 제1항의 권리구제형 헌법소원과는 청구요건에 큰 차이를 보인다. 무엇보다 재판의 전제성 요건이 갖추어져야 하며, 그밖에 당해

법원에 대한 위헌법률심판제청신청과 기각, 변호사 강제주의, 청구기간 등의 요건이 갖춰져야 한다.

Ⅱ. 재판의 전제성 [8점]

1. 소송의 계속

재판의 전제성이 인정되기 위해서는 가장 먼저 법원에 소송이 계속(繫屬) 중이어야 한다. 즉, 법적 쟁점에 관하여 법원에 소송이 제기되고 그 소송에 대해 법원이 심리를 하고 있는 상태여야 한다. 본 사안에서는 소송의 계속 중임을 확인할 수 있다.

2. 심판대상법률(조항)이 당해 소송사건에 적용

두 번째 요건은 위헌 여부가 다투어지는 법률(조항)이 당해 사건에 적용되는 것이어야 한다는 점이다. 당해 사건의 재판과 무관한 법률(조항)에 대해서는 구체적 규범통제에서 위헌 여부를 다툴 수 없기 때문이다.

이 사건의 심판대상인 제60조 제1항 제5호는 갑 등의 처벌 여부를 결정하는 것이므로 이 요건도 충족된다.

3. 심판대상법률(조항)의 위헌 여부에 따라 다른 내용의 재판

재판의 전제성 인정을 위한 마지막 요건은 다투어지는 법률(조항)의 위헌 여부에 따라 당해 사건의 판결 결과에 차이가 발생해야 한다는 점이다.

심판대상조항이 위헌일 경우에는 갑의 처벌 여부가 달라질 수 있으므로 이 요건도 충족된다.

Ⅲ. 위헌법률심판제청의 신청과 기각 [7점]

1. 위헌소원의 성격과 위헌법률심판제청의 의미

헌법재판소에 위헌소원을 제청하기 위해서는 먼저 당해 법원에 위헌법률심판을 제청하였으나 기각당했어야 한다.

법원이 위헌법률심판청구를 할 수도 있는데 이를 건너뛰고 당사자가 곧바로 위헌소원을 청구하는 것은 헌법재판소의 부담을 과중하게 만들 우려가 있다는 점에서 권리구제형 헌법소원에서 보충성 요건을 둔 것과 유사한 취지로 이런 요건이 인정되는 것이다.

2. 법원의 기각 결정과 그 구속력

사안에서 갑의 위헌법률심판제청신청은 법원에 의해 기각되었고, 이러한 기각 결정에 의해 위헌법률심판제청을 기대할 수 없게 되었다. 그러나 법원의 판단이 항상 타당한 것은 아니라는 점에서 헌법재판소의 판단을 받을 수 있는 길을 열어 놓을 필요성이 인정된다.

3. 헌법재판소법 제68조 제2항에 의한 헌법소원심판의 청구

헌법재판소법 제68조 제2항에 의한 위헌소원은 이러한 의미에서 법원의 위헌법률

심판제청이 제대로 행해지지 않는 것에 대한 보완장치라 할 수 있다.[1)]

사안의 갑이 당해법원에 대한 위헌법률심판제청신청의 기각 후에 헌법재판소법 제68조 제2항에 의해 헌법소원심판을 청구함으로써 해당 요건을 갖추었다.

Ⅳ. 기타의 청구요건 [5점]

1. 변호사 강제주의

위헌소원은 비록 그 실질은 위헌법률심판이지만 그 형식은 헌법소원심판이며, 당사자가 청구의 주체가 된다. 따라서 헌법재판소법 제25조 제3항에 따라 변호사 강제주의가 적용된다.

갑은 본인이 변호사 자격이 있는 경우가 아니라면 변호사를 대리인으로 선임하여야 심판청구를 할 수 있다.

2. 청구기간

위헌소원은 헌법재판소법 제69조 제2항에 따라 위헌법률심판의 제청신청을 기각하는 결정을 통지받은 날로부터 30일 이내에 청구하여야 한다.

Ⅴ. 결론 [2점]

이상의 검토를 종합할 때, 갑의 헌법소원심판청구는 – 설문에 명확하게 드러나지 않고 있는 변호사 강제주의 및 청구기간 등의 요건을 준수하였다고 볼 때 – 적법한 것으로 판단된다.

2. 공사 상근직원의 법적 지위에 따른 선거운동의 제한은 어디까지 정당화될 수 있는가? (25점)

Ⅰ. 사안의 분석과 쟁점의 정리 [3점]
Ⅱ. 공사 상근직원의 개념과 법적 지위 [5점]
1. 공사를 비롯한 공공기관의 특수성과 공사 구성원의 법적 지위
2. 현행 공직선거법상 공사 임원과 공사 직원의 구분
3. 공사 상근직원의 공적 지위 및 역할에 따른 기본권의 특별한 제한 필요성
Ⅲ. 공사 상근직원의 선거운동 제한 [7점]
1. 공사 상근직원의 법적 지위와 정치적 기본권 제한의 정도
2. 공직자의 선거운동 제한의 필요성 및 정도
3. 업무 외의 사적 시간과 공간에서의 선거에 관한 의사표현의 허용
Ⅳ. 갑의 이메일 선거운동과 그 제한의 적정성 [8점]

---

1) 제4공화국과 제5공화국 당시 위헌법률심판제청권을 갖고 있던 대법원에서 15년(1972~1987)동안 단 한 건의 위헌법률심판도 제청하지 않았던 경험에 대한 반작용으로 이러한 위헌소원 제도가 도입된 것으로 볼 수 있다.

I. 사안의 분석과 쟁점의 정리 [3점]

공사의 상근직원은 공무원과 유사한 점도 있으나 다른 점도 있다. 그로 인하여 공사 상근직원의 정치적 기본권을 어디까지 인정할 것인지에 대해서는 논란이 있다.

이를 정리하기 위해서는 먼저 공사 상근직원의 개념과 법적 지위를 확인하고, 이들에 대한 정치적 기본권 제한의 법적 근거 및 정도를 정리한 이후에 사안에서 문제되는 이메일 선거운동에 대해서도 판단할 수 있을 것이다.

II. 공사 상근직원의 개념과 법적 지위 [5점]

1. 공사를 비롯한 공공기관의 특수성과 공사 구성원의 법적 지위

현행법상 공직자의 범위는 공직자윤리법 등에서 다양하게 정하고 있으나, 공무원 이외에 일정 범위의 공공기관 종사자를 포함한다.

공공기관의 일종인 공사의 구성원들이 공직자윤리법 제2조 제1항 제11호에서 일정 직급 이상의 공기업 임원을 포함하는 등 공직자로 인정되는 것은 공공기관의 임직원의 임명방식과 역할 등이 사실상 공무원과 유사한 경우가 많기 때문이다.

2. 현행 공직선거법상 공사 임원과 공사 직원의 구분

현행 공직선거법은 공사의 임원과 직원을 구분하고 있다. 공무원의 입후보와 관련한 공직선거법 제53조 제1항 제4호~제6호에서는 상근임원을, 선거운동을 할 수 없는 자와 관련한 제60조 제1항 제5호에서는 상근직원을 포함하는 것으로 규정하고 있다.

이는 공직선거에 입후보할 경우와 달리 선거운동에 대해서는 보다 폭넓은 제한이 필요할 것이기 때문이다.

3. 공사 상근직원의 공적 지위 및 역할에 따른 기본권의 특별한 제한 필요성

공사는 일종의 공법인으로서 국가목적 달성을 위한 조직이라고 할 수 있다. 또한 공사의 상근직원은 비록 공무원의 신분을 가진 것은 아니지만, 그 임명에 정부 또는 지방자치단체의 영향력이 있다는 점을 간과할 수 없다.

이런 점들로 인하여 공사의 상근직원에 대해 공무원에 준하여 정치적 기본권을 제한하는 것이 인정되고 있다. 하지만 제한의 범위 및 방식은 입법론적으로 다양한 가능성이 열려 있다.[2)]

---

2) 공무원에 대한 정치적 기본권의 제한도 각국의 입법례를 비교할 때 상당한 차이를 보인다. 그러므로 공사의 상근직원에 대한 정치적 기본권의 제한은 말할 필요도 없이 입법론적으로 다양한 선택이 가능한 것이다.

Ⅲ. 공사 상근직원의 선거운동 제한 [7점]

1. 공사 상근직원의 법적 지위와 정치적 기본권 제한의 정도

공사의 상근직원은 넓은 의미의 공직자라고 볼 수 있지만, 엄격한 의미의 공무원은 아니다. 그로 인하여 이들에 대한 정치적 기본권을 어느 정도까지 제한하는 것이 옳은지에 대해서는 논란이 있다.

분명한 것은 공무원과 비슷하거나 약간 완화된 정도의 제한이 합리적이라는 점이다.

2. 공직자의 선거운동 제한의 필요성 및 정도

대한민국에서 공무원 및 공직자들의 정치활동에 대한 제한이 강조되는 것은 과거 3·15부정선거로 대표되는 관권선거에 대한 아픈 경험 때문이다. 그 이후로 선거관리위원회가 헌법상의 독립기관으로 설치되었을 뿐만 아니라, 공무원 등의 정치활동에 대한 제한은 매우 강력하게 요청되었다.

민주화 이후 공무원의 기본권에 대한 인식이 조금씩 변화하면서 공직자들의 정치활동에 대해서도 다양한 의견들이 나오고 있다. 하지만 아직은 공직자들의 선거운동에 대해서는 부정적인 인식이 크기 때문에 공직선거법 제60조 제1항 제5호와 같은 조항이 존재하는 것으로 볼 수 있다.

3. 업무 외의 사적 시간과 공간에서의 선거에 관한 의사표현의 허용

그런데 업무 외의 사적 시간과 공간에서 자유롭게 정치적 의사표현을 한 것이 선거운동으로 문제되는 경우를 어떻게 볼 것인지에 대해서는 여전히 논란이 있다.

공무원의 경우에도 업무 외의 사적 시간과 공간에 자유롭게 선거에 관한 의사표현을 할 자유는 인정된다. 더욱이 공사의 상근직원에 대해 이를 부인하는 것은 타당하지 않다. 그런데 사안의 경우처럼 특정 정당과 그 후보자에게 지지를 호소하는 이메일을 보낸 행위는 과연 어떻게 이해될 것인지가 문제되는 것이다.

Ⅳ. 갑의 이메일 선거운동과 그 제한의 적정성 [8점]

1. 이메일 선거운동의 성격과 기능

오늘날 이메일 등 온라인 매체를 이용한 선거운동이 차지하는 비중이 점차 커지고 있으며, 이에 대해 적절한 법적 통제가 필요하다는 점은 부인할 수 없다.

그러나 다른 한편으로는 오프라인 선거운동에 비해 온라인 선거운동에 대해서는 그 규제가 완화되고 있는 측면도 간과할 수 없다.

2. 직위를 이용한 선거운동인 경우의 제한 필요성

공직자들의 선거운동에 대한 특별한 제한이 문제되는 가장 큰 이유는 상하관계 속에서 직위를 이용한 선거운동의 파급효가 문제되기 때문이다. 따라서 사안의 이메일 선거운동의 경우에도 직위를 이용한 것이라면 보다 강력한 통제가 필요할 것이다.

3. 획일적 선거운동 제한의 불합리성

다른 한편으로는 단순히 개인적 친분이 있는 사람들에게 이메일을 보내면서 특정 정당이나 후보자에 대한 지지의사를 표명한 정도라면 이를 직위를 이용한 선거운동과 동일하게 취급할 필요는 없다고 볼 수 있다.

Ⅴ. 결론 [2점]

이상의 검토를 종합할 때, 공사 상근직원에 대한 선거운동의 제한은 타당하다고 볼 수 있으나, 특히 이메일 선거운동에 대해서는 그 직위의 이용 여부 등을 고려하여 구체적 상황에 따른 판단이 필요할 것이다.

3. 갑의 헌법소원심판청구가 적법한 경우 헌법재판소는 어떤 본안판단을 내려야 하는가? (50점)

Ⅰ. 사안의 분석과 쟁점의 정리 [5점]
Ⅱ. 공직선거법 제60조 제1항 제5호에 의해 제한되는 기본권 [8점]
1. 공직선거법 제60조 제1항 제5호의 규정 내용과 기본권의 제한
2. 선거운동의 자유
3. 평등권
Ⅲ. 선거운동의 자유가 갖는 의미와 제한의 구조 [10점]
1. 선거운동의 의미와 선거운동의 자유
2. 선거권 및 피선거권의 구체화로서의 선거운동의 자유
3. 선거운동 제한의 엄격성 요청과 비례성 판단
Ⅳ. 공직선거법 제60조 제1항 제5호의 합헌성 여부에 대한 비례성 판단 [12점]
1. 입법목적의 정당성 및 수단의 적합성
2. 침해의 최소성
3. 법익의 균형성
Ⅴ. 헌법재판소 결정의 형식 및 결정의 효력 [12점]
1. 위헌소원의 성격과 주문의 형식
2. 헌법재판소의 본안판단
3. 결정의 효력
Ⅵ. 결론 [3점]

Ⅰ. 사안의 분석과 쟁점의 정리 [5점]

사안에서 갑은 위헌소원을 제기하였는 바, 심판대상조항은 공직선거법 제60조 제1항 제5호이다.

이 조항의 합헌성 여부를 판단하기 위해서는 먼저 이 조항이 어떤 기본권을 제한하고 있는지, 그리고 특히 선거운동의 자유에 대한 제한을 어떻게 볼 것인지를 정리하는

것이 필요하다. 그리고 이를 기초로 공직선거법 제60조 제1항 제5호의 합헌성 여부에 대한 비례성 판단을 통해 헌법재판소가 내려야 할 본안판단에 대해 확인할 수 있을 것이다.

Ⅱ. 공직선거법 제60조 제1항 제5호에 의해 제한되는 기본권 [8점]

1. 공직선거법 제60조 제1항 제5호의 규정 내용과 기본권의 제한

공직선거법 제60조 제1항 제5호는 사안의 갑과 같은 공사의 상근직원에 대해서도 선거운동을 할 수 없는 자에 포함된다는 것을 규정하고 있다.

이 조항은 선거운동의 자유에 대한 제한일 뿐만 아니라, 사기업의 상근직원 등과 비교하여 평등권의 침해도 문제될 수 있다.

2. 선거운동의 자유

선거운동의 자유는 선거과정에서 자유로이 의사를 표현할 자유이므로 표현의 자유의 한 형태이기도 하다. 또한 선거운동의 자유는 선거권 행사의 전제 내지 선거권의 중요한 내용을 이루는 것으로서 선거운동의 제한은 선거운동의 제한으로도 볼 수 있다.[3]

민주국가에서 선거는 국민의 주권 행사의 중요한 수단이므로, 이를 제한하는 것은 매우 엄격한 심사기준이 적용되어야 한다.[4]

3. 평 등 권

평등권의 침해는 곧 불합리한 차별의 존재를 의미한다. 사안에서 공사 상근직원에 대한 평등권 침해의 문제는 비교집단으로 설정될 수 있는 사기업의 상근직원 등과 비교하여 합리적인 차별인지의 여부가 문제된다.

그런데 이러한 평등권 침해의 문제는 심판대상조항이 선거운동을 금지하는 범위가 지나치게 넓다는 주장으로 귀결되므로, 이는 심판대상조항에 의한 선거운동 제한의 비례성 판단에 포섭될 수 있다.

---

3) **헌재 2018.2.22. 2015헌바124 결정**: "선거운동의 자유는 널리 선거과정에서 자유로이 의사를 표현할 자유의 일환이므로 표현의 자유의 한 태양이기도 한데, 이러한 정치적 표현의 자유는 선거과정에서의 선거운동을 통하여 국민이 정치적 의견을 자유로이 발표, 교환함으로써 비로소 그 기능을 다하게 된다 할 것이므로 선거운동의 자유는 헌법이 정한 언론·출판·집회·결사의 자유 및 보장규정에 의한 보호를 받는다(헌재 2009.3.26. 2006헌마526; 헌재 2016.6.30. 2013헌가1 참조). 또한 우리 헌법은 참정권의 내용으로서 모든 국민에게 법률이 정하는 바에 따라 선거권을 부여하고 있는데, 선거권이 제대로 행사되기 위하여는 후보자에 대한 정보의 자유교환이 필연적으로 요청된다 할 것이므로, 선거운동의 자유는 선거권 행사의 전제 내지 선거권의 중요한 내용을 이룬다고 할 수 있고, 따라서 선거운동의 제한은 선거권의 제한으로도 파악될 수 있을 것이다(헌재 1995.4.20. 92헌바29; 헌재 2004.4.29. 2002헌마467 참조)."

4) **헌재 2018.2.22. 2015헌바124 결정**: "선거운동의 자유도 무제한일 수는 없는 것이고, 선거의 공정성이라는 또 다른 가치를 위하여 어느 정도 선거운동의 주체, 기간, 방법 등에 대한 규제가 행하여지지 않을 수 없다. 다만 선거운동은 국민주권 행사의 일환일 뿐 아니라 정치적 표현의 자유의 한 형태로서 민주사회를 구성하고 움직이게 하는 요소이므로 그 제한입법의 위헌 여부에 대하여는 엄격한 심사기준이 적용되어야 할 것이다(헌재 1994.7.29. 93헌가4등; 헌재 2011.12.29. 2010헌마285; 헌재 2016.12.29. 2013헌가1 참조)."

Ⅲ. 선거운동의 자유가 갖는 의미와 제한의 구조 [10점]

1. 선거운동의 의미와 선거운동의 자유

선거운동은 후보자의 입장에서는 유권자인 국민들에게 자신이 해당 공직의 적임자라는 점을 알리기 위한 것이지만, 유권자인 국민들의 입장에서는 후보자들에 대한 정보를 손쉽게 얻을 수 있는 방법이기도 하다.

즉, 선거운동은 유권자들이 후보자들에 대해 많은 정보를 손쉽게 얻어서 올바른 판단을 할 수 있도록 하기 위한 것이므로, 한편으로는 선거운동의 자유가 인정되지만, 다른 한편으로는 흑색선전이나 금권선거, 관권선거 등을 막기 위해 선거의 공정성을 위한 각종 규제도 인정되고 있다.

2. 선거권 및 피선거권의 구체화로서의 선거운동의 자유

또한 선거운동의 자유는 선거권 및 피선거권의 구체화이기도 하다. 유권자들의 입장에서는 선거권을 올바르게 행사하기 위한 전제이고, 피선거권자인 후보자들의 입장에서는 당선을 위한 정당한 활동으로 이해되기 때문이다.

따라서 선거운동을 제한하는 것은 선거권 및 피선거권의 제한이라는 측면에서도 매우 엄격하고 신중해야 한다.

3. 선거운동 제한의 엄격성 요청과 비례성 판단

선거운동에 대한 제한은 선거운동의 자유 내지 정치적 의사표현의 자유에 대한 제한임과 동시에 선거권 및 피선거권에 대한 제한이기도 하다는 점에서 엄격한 심사기준이 적용되어야 한다는 것이 헌법재판소의 확립된 판례이다.

엄격한 심사기준이 적용되어야 한다는 것은 곧 비례성원칙에 따른 심사가 행해져야 함을 의미한다.

Ⅳ. 공직선거법 제60조 제1항 제5호의 합헌성 여부에 대한 비례성 판단 [12점]

1. 입법목적의 정당성 및 수단의 적합성

공직선거법 제60조 제1항 제5호는 상근직원으로 근무하는 자가 지위와 권한을 남용하여 선거운동을 하거나 영향력을 행사하는 것을 방지하여 선거의 공정성 확보를 위한 것이므로 목적의 정당성이 인정된다.

또한 선거운동의 금지는 목적 달성에 도움이 될 것이므로 수단의 적합성도 인정된다.

2. 침해의 최소성

공사의 임원과는 달리 상근직원의 경우 직위를 이용한 선거운동의 우려가 크지 않다. 또한 선거운동 제한의 필요성이 인정된다 하더라도 직급의 차이 등을 고려하지 않고 모든 상근직원에게 선거운동을 전면적으로 금지하는 것은 덜 침해적인 수단을 선택하지 않음으로써 선거운동의 자유를 지나치게 침해하는 것이므로 침해의 최소성에 위배된다.

3. 법익의 균형성

심판대상조항의 공익적 의도와 기능을 인정한다 하더라도 상근직원이 수행하는 직무에 비추어 볼 때, 요구되는 공익성은 지위를 이용한 선거운동 내지 영향력 행사의 금지로 충분하다. 따라서 일체의 선거운동을 금지하는 것은 공익의 실현에 비해 선거운동의 자유를 매우 중대하게 제한하는 것이므로 법익의 균형성을 충족시키지 못한다.

Ⅴ. 헌법재판소 결정의 형식 및 결정의 효력 [12점]

1. 위헌소원의 성격과 주문의 형식

사안과 같은 위헌소원은 형식상 헌법소원심판이지만 실질은 위헌법률심판에 해당된다. 따라서 헌법재판소의 결정은 합헌 또는 위헌의 형식을 취하며, 필요에 따라 헌법불합치결정이나 한정합헌, 한정위헌과 같은 변형결정도 가능하다.

2. 헌법재판소의 본안판단

사안의 공직선거법 제60조 제1항 제5호는 앞서 살펴본 바와 같이 선거운동의 자유에 대한 과도한 제한이므로 위헌이다.

3. 결정의 효력

헌법재판소의 위헌결정은 헌법재판소법 제75조 제6항 및 이에 의해 준용되는 헌법재판소법 제45조와 제47조에 따라 법원과 그밖의 국가기관 및 지방자치단체를 기속한다.

갑의 소송을 담당한 당해 법원은 공직선거법 제60조 제1항 제5호이 위헌으로 무효되었음을 고려하여 재판을 하여야 하며, 이미 재판이 확정된 경우에는 갑이 재심을 청구할 수 있다.

Ⅵ. 결론 [3점]

이상의 검토를 종합할 때, 헌법재판소는 공직선거법 제60조 제1항 제5호에 대해 위헌결정을 하여야 하며, 이 조항은 헌법재판소 결정에 의해 무효가 된다.

갑의 소송을 담당한 당해 법원은 공직선거법 제60조 제1항 제5호이 위헌으로 무효되었음을 고려하여 재판을 하여야 하며, 이미 재판이 확정된 경우에는 갑이 재심을 청구할 수 있다.

27

선거비용반환을 위한 득표율 기준과 참정권, 재산권 등

국내 제3의 정당인 A당의 공천을 받아 B지역의 국회의원 선거에 출마하였던 갑은 나름으로 선전하였으나, 결과적으로 9.8%의 득표를 얻어 낙선하게 되었다. 이러한 결과에 낙심하던 갑은 10%의 득표에 미달하였기 때문에 공직선거법 제57조 제1항의 규정에 따라 기탁금의 반환이 불가능할 뿐만 아니라 동법 제122조의2 제1항의 규정에 따라 선거비용의 반환 또한 불가능하다는 사실을 확인하고 이러한 규정에는 문제가 있다고 확신하게 되었다.

갑은 기탁금에 의하여 과도한 출마를 막는 제도적 장치가 이미 마련되어 있는 상태에서 선거비용의 반환을 위한 득표율을 기탁금과 같이 높은 기준으로 정하는 것은 선거공영제에 반할 뿐만 아니라 자신의 참정권, 재산권, 평등권 등을 침해한다고 주장하면서 헌법재판소에 헌법소원심판을 청구하였다.

〈헌재 2003.8.21. 2001헌마687등; 헌재 2010.5.27. 2008헌마491 참조〉

1. 갑의 헌법소원심판청구는 적법한가? (20점)
2. 헌법재판소는 어떤 본안판단을 내려야 하는가? (60점)
3. 국가에서 A정당에 대해 국고보조를 한 부분은 어떻게 고려될 수 있는가? (20점)

〈참고 조문(아래 법령은 현행 법령과 다를 수 있음)〉

공직선거법 제57조(기탁금의 반환 등)

① 관할선거구선거관리위원회는 다음 각 호의 구분에 따른 금액을 선거일 후 30일 이내에 기탁자에게 반환한다. 이 경우 반환하지 아니하는 기탁금은 국가 또는 지방자치단체에 귀속한다.

1. 대통령선거, 지역구국회의원선거, 지역구지방의회의원선거 및 지방자치단체의 장선거
   가. 후보자가 당선되거나 사망한 경우와 유효투표총수의 100분의 15 이상을 득표한 경우에는 기탁금 전액
   나. 후보자가 유효투표총수의 100분의 10 이상 100분의 15 미만을 득표한 경우에는 기탁금의 100분의 50에 해당하는 금액
   다. 예비후보자가 사망하거나 제57조의2 제2항 본문에 따라 후보자로 등록될 수 없는 경우에는 제60조의2 제2항에 따라 납부한 기탁금 전액
2. 비례대표국회의원선거 및 비례대표지방의회의원선거
   당해 후보자명부에 올라 있는 후보자중 당선인이 있는 때에는 기탁금 전액. 다

만, 제189조 및 제190조의2에 따른 당선인의 결정 전에 사퇴하거나 등록이 무효로 된 후보자의 기탁금은 제외한다.

② 제56조 제3항에 따라 기탁금에서 부담하여야 할 비용은 제1항에 따라 기탁금을 반환하는 때에 공제하되, 그 부담비용이 반환할 기탁금을 넘는 사람은 그 차액을, 기탁금 전액이 국가 또는 지방자치단체에 귀속되는 사람은 그 부담비용 전액을 해당 선거구선거관리위원회의 고지에 따라 그 고지를 받은 날부터 10일 이내에 납부하여야 한다.

③ 관할선거구선거관리위원회는 제2항의 납부기한까지 해당자가 그 금액을 납부하지 아니한 때에는 관할세무서장에게 징수를 위탁하고, 관할세무서장은 국세 체납처분의 예에 따라 이를 징수하여 국가 또는 해당 지방자치단체에 납입하여야 한다. 이 경우 제271조에 따른 불법시설물 등에 대한 대집행비용은 우선 해당 선거관리위원회가 지출한 후 관할세무서장에게 그 징수를 위탁할 수 있다.

④ 삭제

⑤ 기탁금의 반환 및 귀속 기타 필요한 사항은 중앙선거관리위원회규칙으로 정한다.

공직선거법 제122조의2(선거비용의 보전 등)

① 선거구선거관리위원회는 다음 각호의 규정에 따라 후보자(대통령선거의 정당추천후보자와 비례대표국회의원선거 및 비례대표지방의회의원선거에 있어서는 후보자를 추천한 정당을 말한다. 이하 이 조에서 같다)가 이 법의 규정에 의한 선거운동을 위하여 지출한 선거비용[「정치자금법」 제40조(회계보고)의 규정에 따라 제출한 회계보고서에 보고된 선거비용으로서 정당하게 지출한 것으로 인정되는 선거비용을 말한다]을 제122조(선거비용제한액의 공고)의 규정에 의하여 공고한 비용의 범위안에서 대통령선거 및 국회의원선거에 있어서는 국가의 부담으로, 지방자치단체의 의회의원 및 장의 선거에 있어서는 당해 지방자치단체의 부담으로 선거일후 보전한다.

1. 대통령선거, 지역구국회의원선거, 지역구지방의회의원선거 및 지방자치단체의 장선거
   가. 후보자가 당선되거나 사망한 경우 또는 후보자의 득표수가 유효투표총수의 100분의 15 이상인 경우
   후보자가 지출한 선거비용의 전액
   나. 후보자의 득표수가 유효투표총수의 100분의 10 이상 100분의 15 미만인 경우
   후보자가 지출한 선거비용의 100분의 50에 해당하는 금액
2. 비례대표국회의원선거 및 비례대표지방의회의원선거
   후보자명부에 올라 있는 후보자중 당선인이 있는 경우에 당해 정당이 지출한 선거비용의 전액

② 제1항에 따른 선거비용의 보전에 있어서 다음 각 호의 어느 하나에 해당하는 비용은 이를 보전하지 아니한다. 〈신설 2005.8.4., 2010.1.25., 2011.7.28.〉

1. 예비후보자의 선거비용
2. 「정치자금법」 제40조(회계보고)의 규정에 따라 제출한 회계보고서에 보고되지 아니하거나 허위로 보고된 비용
3. 이 법에 위반되는 선거운동을 위하여 또는 기부행위제한규정을 위반하여 지출된 비용

4. 제64조 또는 제65조에 따라 선거벽보와 선거공보를 관할 구·시·군선거관리위원회에 제출한 후 그 내용을 정정하거나 삭제하는데 소요되는 비용
5. 이 법에 따라 제공하는 경우 외에 선거운동과 관련하여 지출된 수당·실비 그 밖의 비용
6. 정당한 사유 없이 지출을 증빙하는 적법한 영수증 그 밖의 증빙서류가 첨부되지 아니한 비용
7. 후보자가 자신의 차량·장비·물품 등을 사용하거나 후보자의 가족·소속 정당 또는 제3자의 차량·장비·물품 등을 무상으로 제공 또는 대여받는 등 정당 또는 후보자가 실제로 지출하지 아니한 비용
8. 청구금액이 중앙선거관리위원회규칙으로 정하는 기준에 따라 산정한 통상적인 거래가격 또는 임차가격과 비교하여 정당한 사유 없이 현저하게 비싸다고 인정되는 경우 그 초과하는 가액의 비용
9. 선거운동에 사용하지 아니한 차량·장비·물품 등의 임차·구입·제작비용
10. 휴대전화 통화료와 정보이용요금. 다만, 후보자와 그 배우자, 선거사무장, 선거연락소장 및 회계책임자가 선거운동기간 중 선거운동을 위하여 사용한 휴대전화 통화료 중 후보자가 부담하는 통화료는 보전한다.
11. 그 밖에 위 각 호의 어느 하나에 준하는 비용으로서 중앙선거관리위원회규칙으로 정하는 비용

③ 다음 각 호의 어느 하나에 해당하는 비용은 국가 또는 지방자치단체가 후보자를 위하여 부담한다. 이 경우 제3호의2 및 제5호의 비용은 국가가 부담한다.
1. 제64조에 따른 선거벽보의 첩부 및 철거의 비용
2. 제65조에 따른 점자형 선거공보의 작성비용과 책자형 선거공보(점자형 선거공보 및 같은 조 제9항의 후보자정보공개자료를 포함한다) 및 전단형 선거공보의 발송비용과 우편요금
3. 제66조(선거공약서)제8항의 규정에 따른 점자형 선거공약서의 작성비용

3의2. 활동보조인(예비후보자로서 선임하였던 활동보조인을 포함한다)의 수당과 실비

4. 제82조의2(선거방송토론위원회 주관 대담·토론회)의 규정에 의한 대담·토론회(합동방송연설회를 포함한다)의 개최비용
5. 제82조의3(선거방송토론위원회 주관 정책토론회)의 규정에 의한 정책토론회의 개최비용
6. 제161조(投票參觀)의 규정에 의한 투표참관인 및 제162조에 따른 사전투표참관인의 수당과 식비
7. 제181조(開票參觀)의 규정에 의한 개표참관인의 수당과 식비

④ 제1항 내지 제3항의 규정에 따른 비용의 산정 및 보전청구 그 밖에 필요한 사항은 중앙선거관리위원회규칙으로 정한다.

1. 갑의 헌법소원심판청구는 적법한가? (20점)

Ⅰ. 서: 권리구제형 헌법소원과 적법요건 [2점]
Ⅱ. 공권력(의 행사 또는 불행사)에 의한 기본권의 침해 [6점]

Ⅰ. 서: 권리구제형 헌법소원과 적법요건 [2점]

헌법재판소법 제68조 제1항에 따른 권리구제형 헌법소원은 공권력에 의한 기본권의 침해를 다투는 헌법소송이다.

그 적법요건으로는 공권력(의 행사 또는 불행사)에 의한 기본권의 침해와 더불어 기본권침해의 직접성, 현재성, 자기관련성이 갖춰져야 하며, 그밖에 헌법소원심판청구의 보충성, 변호사 강제주의, 청구기간의 준수 등이 있다.

Ⅱ. 공권력의 행사 또는 불행사에 의한 기본권의 침해 [6점]

1. 공권력으로서의 입법작용

헌법소원심판의 대상이 되는 공권력은 원칙적으로 모든 국가작용이다. 다만, 헌법재판소법 제68조 제1항 제1문의 규정에 따라 법원의 재판은 배제된다.

본 사안에서 문제되는 공권력은 공직선거법상의 기탁금반환 조항과 선거비용보전 조항이다. 사안의 청구인 갑은 공직선거법 제56조 제1항 및 제122조의2 제1항에 의한 기본권침해를 주장하는 바, 이는 입법작용에 의한 기본권침해를 다투는 것으로서 헌법소원심판의 대상이 된다.

2. 갑의 기본권주체성

갑은 정당의 공천을 받아 국회의원선거에 출마하였던 사람이다. 이에 비추어 볼 때, 갑은 대한민국 국민이며, 따라서 기본권주체성 인정에 아무런 문제가 없을 것이다.

3. 침해되는 기본권

사안에서 청구인인 갑이 주장하는 기본권은 참정권, 재산권, 평등권 등이다. 이와 더불어 선거공영제 위반도 주장하고 있다.

이를 통해 공권력에 의한 기본권의 침해라는 요건을 충족시킨다.

Ⅲ. 기본권침해의 직접성, 현재성, 자기관련성 [7점]

1. 입법작용에 의한 기본권침해와 직접성 요건

기본권침해의 직접성 요건은 해당 공권력에 의해 청구인의 기본권이 직접 침해되었어야 한다는 것이다.

입법작용에 의한 기본권침해의 경우에는 직접성 요건에 주목할 필요가 있다. 해당 기본권의 침해가 입법에 의해 직접 발생하는 것인지, 집행작용의 매개를 통해 간접적으로 발생하는 것인지에 따라 직접성 요건의 충족 여부가 달라지기 때문이다.[1)]

사안의 경우 공직선거법 제56조 제1항과 제122조의2 제1항에 기탁금반환 및 선거비용보전의 기준이 확정되어 있으며, 집행과정에서의 탄력적 적용의 여지가 없으므로 기본권침해의 직접성 요건을 충족하였다.

2. 현재성에 대한 판단

기본권침해의 현재성 요건은 해당 공권력에 의한 기본권침해가 장래의 발생 가능성이 있는 것이 아니라 현재적으로 침해가 이루어지고 있거나, 가까운 장래에 발생할 것이 확실한 경우이어야 한다는 것이다.

사안의 경우 갑은 해당 조항에 의한 불이익을 현재 받고 있으므로 현재성 요건을 충족하였다.

3. 자기관련성에 대한 판단

기본권침해의 자기관련성 요건은 해당공권력이 자신의 기본권을 침해한 경우이어야 한다는 것이다.

사안에서 갑은 자신이 기탁금 및 선거비용보전의 당사자이므로 자기관련성 요건도 충족하였다.

Ⅳ. 구제수단의 보충성 및 기타 적법요건 [4점]

1. 헌법소원심판청구의 보충성 요건

헌법재판소법 제68조 제1항 단서에 따른 보충성 요건은 헌법소원심판의 폭주를 막고 법원의 재판이나 행정심판 등의 구제절차를 적절하게 활용하기 위한 것이다.

그런데 입법작용에 의한 직접적인 기본권침해에 대해서는 헌법재판소 판례[2)]에서

---

1) **헌재 1991.6.3. 89헌마46 결정** 이래의 확립된 판례.

2) **헌재 1991.6.3. 89헌마46 결정**: "법률 자체에 의한 직접적인 기본권침해가 문제될 때에는 그 법률 자체의 효력을 직접 다투는 것을 소송물로 하여 일반 법원에 소송을 제기하는 길이 없으므로 다른 구제절차를 거칠 것 없이 바로 헌법소원을 제기할 수 있다."
참고판례 – **헌재 2010.12.28. 2010헌마101 결정**: "국가인권위원회는 국가인권위원회법에 따라 설립된 인권보호기구이자 독립된 국가기관으로서 이 사건 진정사건 기각결정은 헌법재판소법 제68조 제1항에서 규정하는 공권력의 행사로서 헌법소원심판의 대상이 되고, 국가인권위원회법은 국가인권위원회의 진정 기각 또는 각하 결정에 대한 불복수단으로 어떠한 구제절차도 마련해 놓고 있지 않으며 법원의 확립된 판례에 의해 행정처분성이 인정되고 있다고 보기도 어려우므로 보충성 요건을 충족하므로 이 사건 헌법소원심판청구는 적법하다."

판시하듯이 별도의 적절한 구제수단이 있다고 보기 어려우므로 보충성 요건이 충족된 것으로 볼 수 있다.

2. 변호사강제주의

헌법소원심판은 사인이 청구의 주체가 되며, 헌법재판소법 제25조 제3항에 따라 변호사 강제주의가 적용된다. 따라서 사안의 갑은 본인이 변호사 자격을 갖고 있는 경우가 아니라면 변호사를 대리인으로 선임하여야 헌법소원심판을 청구할 수 있다.

3. 청구기간의 준수

헌법소원심판은 헌법재판소법 제69조 제1항에 따라 그 사유가 있음을 안 날부터 90일 이내에, 그 사유가 있는 날부터 1년 이내에 청구하여야 한다. 사안의 갑이 언제 헌법심판청구를 하였는지 나타나지 않고 있으나, 청구기간을 도과한 경우에는 부적법 각하된다.

Ⅴ. 결론 [1점]

사안의 갑에 의한 헌법소원심판청구는 – 변호인의 선임 및 청구기간의 준수를 전제로 – 적법요건을 충족하였으므로, 헌법재판소는 본안판단에 들어가야 한다.

2. 헌법재판소는 어떤 본안판단을 내려야 하는가? (60점)

Ⅰ. 사안의 분석과 쟁점의 정리 [5점]
Ⅱ. 선거의 기능과 선거공영제의 내용 [10점]
1. 민주적 선거의 의의와 기능
2. 선거의 민주성 확보를 위한 선거공영제의 필요성
3. 선거공영제의 내용
Ⅲ. 기탁금제도와 선거비용반환 제도의 구별 필요성 [12점]
1. 선거의 효율성 확보를 위한 기탁금 제도의 의미
2. 선거공영제의 실질화를 위한 선거비용반환의 필요성
3. 양자의 실질적 차이에 비추어 본 반환 기준의 문제점
Ⅳ. 선거비용반환 기준과 기본권 제한의 정당성 판단 [15점]
1. 선거비용반환의 기준과 제한되는 기본권
2. 목적의 정당성과 수단의 적합성
3. 침해의 최소성 판단
4. 법익의 균형성 판단
Ⅴ. 헌법재판소 결정의 형식 및 결정의 효력 [15점]
1. 위헌소원의 성격과 주문의 형식
2. 헌법재판소의 본안판단
3. 결정의 효력
Ⅵ. 결론 [3점]

Ⅰ. 사안의 분석과 쟁점의 정리 [5점]

사안의 핵심은 공직선거법 제57조 제1항과 제122조의2 제1항에서 규정하고 있는 기탁금반환 및 선거비용보전에 규정의 합헌성 여부이다.

이에 대한 판단을 위해서는 먼저 선거공영제의 의미를 확인하고, 이에 비추어 기탁금 제도 및 선거비용반환 제도의 의미와 각각의 역할을 정리하는 것이 필요할 것이다.

그리고 이를 토대로 기탁금반환과 선거비용보전에서 같은 기준을 적용하고 있는 것이 합헌인지의 여부를 판단할 수 있을 것이다.

Ⅱ. 선거의 기능과 선거공영제의 내용 [10점]

1. 민주적 선거의 의의와 기능

민주국가에서의 선거는 주권자인 국민이 국가사무를 담당할 대표자를 선출하는 행위이며, 이는 국가권력의 담당자로서의 정당성을 부여하는 것임과 동시에 국민의 선거를 통해 기존의 정치권력을 통제하는 것이기도 하다.

2. 선거의 민주성 확보를 위한 선거공영제의 필요성

선거의 민주성을 확보하기 위해서는 국민의 의사가 제대로 반영되는 선거이어야 한다. 이를 위해 선거제도 자체가 국민의사를 왜곡하지 않도록 해야 할 뿐만 아니라, 선거권 및 피선거권에 대한 불합리한 제한이 없어야 한다.

특히 경제력이 있는 사람들만 선거에 입후보할 수 있을 경우에는 선거의 민주성이 심각하게 훼손될 수 있기 때문에 헌법 제116조 제2항에서는 선거공영제를 명시하고 있다.

3. 선거공영제의 내용

선거공영제는 선거비용을 정당이나 후보자가 아닌 국가가 부담하도록 하는 것이다. 그런데 공직선거법에 따르면 선거관리비용은 국가가 부담하되, 선거운동비용은 – 일부 국가가 부담하는 것도 있지만 – 대부분 후보자가 부담하도록 하고 있다.

그로 인하여 선거공영제의 실질화를 위한 논란이 있었고, 기탁금반환 및 선거비용보전 등의 제도가 도입되었다.

Ⅲ. 기탁금 제도와 선거비용보전 제도의 구별 필요성 [12점]

1. 선거의 효율성 확보를 위한 기탁금 제도의 의미

기탁금 제도의 기본적 의미는 후보자의 난립을 방지함으로써 유권자들이 후보자들의 면면을 제대로 파악하고 선택할 수 있도록 하는 데 있다.

이를 위해 기탁금의 액수는 대한민국 평균인을 기준으로 부담스러울 정도이나 감당하지 못할 정도는 아니어야 한다. 또한 일정 이상의 득표율을 얻는 후보자에게는 이를 반환함으로써 유력한 후보자의 참여를 막지는 않도록 하고 있다.

2. 선거공영제의 실질화를 위한 선거비용보전의 필요성

선거비용보전 제도는 기탁금 제도와는 조금 다른 맥락에서 이해되어야 한다. 이 제도는 후보자의 난립과는 무관하게 선거공영제의 실질화를 위한 것이기 때문이다.

헌법 제116조 제2항에도 불구하고 공직선거법 제119조 제1항에서는 선거비용을 선거운동에 소요되는 비용으로서 후보자가 부담하는 비용 및 동조항 각호에 해당하는 비용으로 정의하고 있다. 즉, 선거운동비용의 대부분은 후보자가 부담하도록 했기 때문에 공직선거법 제122조의2에서는 일정한 득표율을 얻은 후보자에게 선거비용을 사후적으로 보전하도록 한 것이다.

3. 양자의 실질적 차이에 비추어 본 반환 기준의 문제점

문제는 사안의 갑이 문제삼고 있는 것처럼 기탁금반환의 기준과 선거비용보전의 기준이 동일하다는 점이다.

공직선거법 제57조 제1항과 제122조의2 제1항에서는 후보자가 당선되거나 사망한 경우와 유효투표총수의 15% 이상을 득표한 경우에는 기탁금 및 선거비용의 전액을, 후보자가 유효투표총수의 10% 이상 15% 미만을 득표한 경우에는 기탁금 및 선거비용의 50%를 반환 내지 보전하도록 하고 있다.

이는 양자의 기능상 차이에 비추어 볼 때 합리적인 것은 아니라고 볼 수 있다.

Ⅳ. 반환 및 보전 기준과 기본권 제한의 정당성 판단 [15점]

1. 반환 및 보전의 기준과 제한되는 기본권

현행 공직선거법에 따른 기탁금반환 및 선거비용보전의 기준과 관련하여 문제될 수 있는 기본권은 참정권, 재산권, 평등권이다.

기탁금 및 선거비용의 부담으로 인한 입후보의 어려움은 참정권의 제한이 될 수 있으며, 선거공영제에도 불구하고 선거비용의 부담이 크고, 선거비용보전이 제대로 되지 않은 것은 재산권의 제한 문제로 연결될 수 있고, 양자의 기준이 동일한 것은 다른 것을 같게 취급한 것으로서 평등권의 침해가 될 수 있다.

2. 목적의 정당성과 수단의 적합성

기탁금 제도 및 기탁금반환 기준에 대해서는 후보자 난립의 방지라는 목적의 정당성이 인정된다. 또한 이러한 제도가 목적 달성에 도움이 된다는 점에서 수단의 적합성도 인정된다.

그러나 선거비용보전 제도는 선거공영제의 실질화를 위한 것으로서 그 목적의 정당성 및 수단의 적합성이 인정될 수 있는 반면에, 그 기준을 기탁금 반환과 동일하게 정한 것은 선거공영제의 실질화에 오히려 역행하는 것으로 보이며, 수단의 적합성이 인정되지 않는다.[3)]

---

3) **헌재 2010.5.27. 2008헌마491 결정**에서는 이러한 기준의 합헌성을 인정한 바 있으나, 이에 대해 조대

3. 침해의 최소성 판단

공익실현에 동일한 효과를 가져오면서 기본권에 대한 침해가 덜 한 수단을 선택해야 한다는 측면에서 볼 때에도, 기탁금 반환과 동일한 기준으로 선거비용보전의 기준을 정한 것은 타당하지 않다. 즉, 선거비용보전의 목적은 후보자난립의 방지가 아니라 선거공영제의 실질화에 있음을 생각할 때, 이러한 높은 기준은 침해의 최소성에 위배된다.

4. 법익의 균형성 판단

선거비용보전의 기준을 기탁금 반환과 같이 높은 수준으로 정함으로써 얻는 공익은 선거공영제의 약화 및 이를 통해 입후보자들의 참정권, 재산권, 평등권 등에 가해지는 제한에 비추어 볼 때, 더 크다고 보기 어려우므로 법익의 균형성도 갖추지 못했다.

Ⅴ. 헌법재판소 결정의 형식 및 결정의 효력 [15점]

1. 위헌소원의 성격과 주문의 형식

사안에서 갑의 헌법소원심판청구는 헌법재판소법 제68조 제1항에 따른 위헌소원이다. 이는 형식상 헌법소원심판이지만 그 실질은 위헌법률심판이라는 점이 널리 인정되며, 헌법재판소의 결정 형식도 합헌 또는 위헌으로 나온다. 다만, 필요에 따라 헌법불합치결정 또는 한정합헌이나 한정위헌 등의 변형결정도 가능하다.

2. 헌법재판소의 본안판단

사안에서 기탁금 반환의 기준은 나름의 합리성을 갖고 있는 것으로 볼 수 있으나, 선거비용보전의 기준을 기탁금 반환과 같이 높은 기준으로 정하고 있는 것은 비례성원칙에 위배되는 것으로서 위헌이다. 다만, 이를 단순위헌결정을 통해 무효화할 경우에는 입법의 공백이 문제될 수 있으므로 헌법불합치결정을 내려야 할 것이다.

3. 결정의 효력

헌법재판소의 위헌결정은 모든 국가기관과 지방자치단체를 구속한다. 다만, 헌법불합치결정의 경우에는 잠정적용을 명하면서 일정한 기간 내에 입법자에 의한 법개정을 요구할 수 있다.

현, 송두환 재판관의 반대의견에서는 "이 사건 법률조항이 보전의 대상으로 규정한 선거비용은 선거에서 필수적인 비용이므로 선거경비의 공공부담 원칙에 비추어 국가가 부담함이 마땅함에도 불구하고, 10% 득표율이라는 과도한 기준을 설정함으로써 소수정당의 후보자나 무소속 후보자로 나서는 것을 주저하게 하여 민주정치의 발달에 부정적 영향을 미치고 선거경비 공공부담의 원칙에 역행한다. 또한 10% 득표율에 미치지 못하는 후보자를 두고 정치적 소견을 표시할 가치가 없다고 보기 어렵고 제재 받을 대상으로 보기도 어렵다. 또한, 후보자추천제도, 기탁금제도와 같이 후보자 난립을 방지하기 위한 유효적절한 장치가 있음에도 이러한 목적을 위하여 중첩적 장치를 둘 필요가 있다고 보기 어렵다. 나아가 재력이 풍부한 자나 입후보 자체로 선거를 이용하고자 하는 자들에게는 입후보 난립 방지의 효과를 갖지 못하고, 재력이 부족한 사람에게만 효과를 갖는바, 이는 선거공영제의 정신에 위배되며, 이 사건 법률조항은 거대정당과 소수정당 등의 불평등 구조를 심화시키고 있어 선거공영제 본래의 정신인 선거의 기회균등 보장 정신에 위배된다."고 지적하였다.

Ⅵ. 결론 [3점]

이상의 검토를 종합할 때, 공직선거법 제122조의2 제1항에서 정하고 있는 선거비용보전의 기준은 위헌이다. 다만, 단순위헌으로 결정할 경우에는 입법의 공백이 문제되므로 헌법재판소는 헌법불합치결정을 내리고, 해당 조항을 잠저 적용하되, 일정한 기간 내에 입법자가 법개정을 하도록 요구하여야 할 것이다.

3. 국가에서 A정당에 대해 국고보조를 한 부분은 어떻게 고려될 수 있는가? (20점)

Ⅰ. 서: 국고보조와 선거비용보전의 이중수혜 문제 [2점]
Ⅱ. 선거비용보전의 의미와 기능 [4점]
  1. 선거공영제와 선거비용보전의 필요성
  2. 선거비용보전을 통한 피선거권의 실질화
  3. 선거비용보전을 통한 금권선거의 억제
Ⅲ. 선거비용에 대한 국고보조시 선거비용보전에서 배제하는 방안 [7점]
  1. 현행법상 국고보조의 기준과 액수
  2. 선거시 정당에 대한 국고보조와 정당 후보자의 선거비용
  3. 정당에 대한 국고보조를 선거비용보전에 배제하는 방안의 의미와 한계
Ⅳ. 현행법 해석의 한계와 개선 입법의 필요성 [6점]
  1. 현행 국고보조의 체계와 개선 필요성
  2. 현행 선거비용보전의 체계와 개선 필요성
  3. 정당에 대한 국고보조와 후보자에 대한 선거비용보전의 분리 필요성
Ⅴ. 결론 [1점]

Ⅰ. 서: 국고보조와 선거비용보전의 이중수혜 문제 [2점]

선거비용보전은 후보자가 지출한 선거운동비용을 보전함으로써 선거공영제를 실질화시키고자 하는 것이다. 그런데 후보자가 지출한 선거운동비용 가운데 정당의 지원금이 있을 경우에는 이를 선거비용보전의 범위에 포함시키는 것은 이중수혜가 될 수 있다는 문제가 있다.

정당의 지원금 가운데 국고보조금이 포함된 것으로 볼 수 있으며, 결국 국고보조로 지출한 비용에 대해서까지 선거비용보전을 하는 것은 불합리한 것으로 볼 수 있기 때문이다.

Ⅱ. 선거비용보전의 의미와 기능 [4점]

1. 선거공영제와 선거비용보전의 필요성

선거공영제는 선거비용을 후보자나 정당이 아닌 국가가 부담하도록 함으로써 경제력 능력의 여하에 따라서 입후보에 결정적인 영향을 미치는 일이 없도록 하는 것이다.

그런데 현행 공직선거법은 선거운동비용의 대부분을 후보자에게 부담시키고 있으므

로 이를 적절하게 보전하는 것이 선거공영제의 취지에 맞는 것이라 할 수 있다.

2. 선거비용보전을 통한 피선거권의 실질화

그런 의미에서 선거비용보전의 가장 중요한 기능은 피선거권의 실질화에 있다. 선거비용의 보전을 통해 후보자의 부담을 경감시키는 것은 곧 선거비용의 부담으로 인하여 입후보를 망설이는 피선거권자에게 보다 적극적인 입후보를 가능케 할 것이기 때문이다.

3. 선거비용보전을 통한 금권선거의 억제

또한 선거비용보전은 금권선거를 억제하는 기능을 한다. 공직선거의 후보자들 중에서 선거비용의 부담으로 인하여 적극적인 선거운동을 하지 못하는 문제를 해소시키는 것은 곧 경제력이 뛰어난 후보자들만이 선거비용을 더 많이 지출하여 적극적인 선거운동을 할 경우에 발생할 수 있는 금권선거의 우려를 불식시키는 것이 되기 때문이다.

Ⅲ. 선거비용에 대한 국고보조시 선거비용보전에서 배제하는 방안 [7점]

1. 현행법상 국고보조의 기준과 액수

정치자금법 제25조 이하에서는 정당에 대한 국고보조에 대해 규정하고 있다. 국고보조금은 경상보조금과 선거보조금으로 나뉘며, 선거가 없는 해에는 경상보조금을, 대통선거, 임기만료에 의한 국회의원선거 또는 동시지방선거가 있는 해에는 경상보조금 외에 선거보조금까지 지급하도록 정하고 있다.

2. 선거시 정당에 대한 국고보조와 정당 후보자의 선거비용

이러한 정치자금법 규정에 따라 선거가 있는 해에는 정당에 대한 별도의 선거보조금이 지급되므로, 이는 정당 공천을 받은 후보자에 대한 선거비용으로 사용되는 것이 그 목적에 맞는 올바른 사용이라 할 수 있다.

다만, 각 지역구 선거와 비례대표 선거 중에서 어느 쪽에 어느 정도 액수의 지원을 할 것인지는 각 정당의 내부적 판단에 따라서 결정될 수 있다.

3. 정당에 대한 국고보조를 선거비용보전에 배제하는 방안의 의미와 한계

정치자금법 제58조 제1항에서는 공직선거의 후보자가 후원회의 후원금 또는 정당의 지원금으로 선거비용을 지출하여 공직선거법 제122조의2(선거비용의 보전 등)의 규정에 의하여 반환 · 보전받은 경우에는 그 반환 · 보전비용 중 자신의 재산으로 지출한 비용을 공제한 잔액을 소속정당에 인계하도록 정하고 있다.

이는 정당의 국고보조와 선거비용보전의 이중수혜를 금지하기 위한 것이라 할 수 있다.

Ⅳ. 현행법 해석의 한계와 개선 입법의 필요성 [6점]

1. 현행 국고보조의 체계와 개선 필요성

현행 국고보조에 대해서는 논란이 많다. 특히 경상보조금과 선거보조금을 별도로 지급하는 것, 국고보조의 액수가 크고 정당들의 국고보조에 대한 의존도가 높은 것, 국고보조금의 배분에 있어서 기성 정당에 유리하고 신생 정당 및 소규모 정당에 불리한 것 등에 대해서는 개선의 필요성이 거론된다.

2. 현행 선거비용보전의 체계와 개선 필요성

현행법상 선거비용보전에 대해서도 개선 필요성이 지적되는 부분들이 적지 않다. 보전을 위한 득표율 기준도 그렇지만, 그밖에 후보자가 비용을 지출한 이후에 선거관리위원회에 비용보전을 청구하도록 할 것이 아니라, 일정한 선거비용을 직접 국가가 부담하도록 하는 것이 선거공영제의 취지에 더 맞다는 점에서도 개선 요청이 있다.

3. 정당에 대한 국고보조와 후보자에 대한 선거비용보전의 분리 필요성

이런 개선 요청들을 고려할 때, 정당에 대한 국고보조와 후보자에 대한 선거비용보전이 엄밀하게 분리되도록 제도화하는 것이 바람직할 것이다.

예컨대 정당에 대한 국고보조금을 후보자에 대한 지원금으로 사용하기 위한 절차와 내용 등을 구체화함으로써 선거비용보전의 대상에서 배제하는 방법, 또는 후보자의 선거운동비용에 대해 사후적 보전이 아니라 사전적으로 국가에서 부담하도록 하는 방법 등이 고려될 수 있을 것이다.

Ⅴ. 결론 [1점]

이상의 검토를 종합할 때, 정당에 대한 국고보조와 후보자에 대한 선거비용보전이 중복수혜가 되는 것을 막는 것은 정당하며, 정치자금법 제58조에서 이를 규정하고 있는 것도 합리적이라고 볼 수 있다.

다만, 선거공영제의 취지에 더욱 부합하는 제도 개선을 위해서는 후보자의 선거운동비용에 대해 사후적 보전이 아니라 사전적으로 국가에서 부담하도록 하는 방법을 고려하는 것도 필요할 것이다.

28

직업의 자유

갑은 2014.7.17. A지방법원에서 「아동 · 청소년의 성보호에 관한 법률」위반(강제추행)죄로 징역 1년 6월 및 치료감호 등을 선고받았다.

갑은 이 사건 치료감호 등 판결에 따라 B치료감호소에 수용되어 있던 중 2015.1.30. 「아동 · 청소년의 성보호에 관한 법률」 제56조 제1항, 「치료감호 등에 관한 법률」 제16조 제2항 제1호 및 「특정 범죄자에 대한 보호관찰 및 전자장치 부착 등에 관한 법률」 제23조 제1항이 갑의 기본권을 침해한다고 주장하며, 이 사건 헌법소원심판을 청구하였다.

〈헌재 2016.4.28. 2015헌마98 결정 참조〉

1. 「치료감호 등에 관한 법률」 제16조 제2항 제1호에 대한 갑의 헌법소원심판청구는 적법한가? (15점)
2. 「특정 범죄자에 대한 보호관찰 및 전자장치 부착 등에 관한 법률」 제23조 제1항에 대한 갑의 헌법소원심판청구는 적법한가? (15점)
3. 「아동 · 청소년의 성보호에 관한 법률」 제56조 제1항은 갑의 직업의 자유를 침해하는가? (70점)

〈참고 조문(아래 법령은 현행 법령과 다를 수 있음)〉

「아동 · 청소년의 성보호에 관한 법률」 제56조(아동 · 청소년 관련기관 등에의 취업제한 등)

① 아동 · 청소년대상 성범죄 또는 성인대상 성범죄(이하 "성범죄"라 한다)로 형 또는 치료감호를 선고받아 확정된 자(제11조 제5항에 따라 벌금형을 선고받은 자는 제외한다)는 그 형 또는 치료감호의 전부 또는 일부의 집행을 종료하거나 집행이 유예 · 면제된 날부터 10년 동안 다음 각 호에 따른 시설 · 기관 또는 사업장(이하 "아동 · 청소년 관련기관 등"이라 한다)을 운영하거나 아동 · 청소년 관련기관 등에 취업 또는 사실상 노무를 제공할 수 없다. 다만, 제10호 및 제14호 경우에는 경비업무에 종사하는 사람, 제12호의 경우에는 「의료법」 제2조의 의료인, 제18호의 경우에는 아동 · 청소년에게 직접교육서비스를 제공하는 사람에 한한다.

1. 「유아교육법」 제2조 제2호의 유치원
2. 「초 · 중등교육법」 제2조의 학교 및 같은 법 제28조와 같은 법 시행령 제54조에 따른 위탁 교육기관
3. 「학원의 설립 · 운영 및 과외교습에 관한 법률」 제2조 제1호의 학원, 같은 조 제2호의 교습소 및 같은 조 제3호의 개인과외교습자(아동 · 청소년의 이용이 제한되지 아니하는 학원 · 교습소로서 교육부장관이 지정하는 학원 · 교습소 및 아

동 · 청소년을 대상으로 하는 개인과외교습자를 말한다)
4. 「청소년 보호법」 제35조의 청소년 보호 · 재활센터
5. 「청소년활동 진흥법」 제2조 제2호의 청소년활동시설
6. 「청소년복지 지원법」 제29조 제1항에 따른 청소년상담복지센터 및 같은 법 제31조 제1호에 따른 청소년쉼터
7. 「영유아보육법」 제2조 제3호의 어린이집
8. 「아동복지법」 제3조 제10호의 아동복지시설
9. 「성매매방지 및 피해자보호 등에 관한 법률」 제5조 제1항 제2호의 청소년 지원시설과 같은 법 제10조의 성매매피해상담소
10. 「주택법」 제2조 제3호의 공동주택의 관리사무소
11. 「체육시설의 설치 · 이용에 관한 법률」에 따라 설립된 체육시설 중 아동 · 청소년의 이용이 제한되지 아니하는 체육시설로서 문화체육관광부장관이 지정하는 체육시설
12. 「의료법」 제3조의 의료기관
13. 「게임산업진흥에 관한 법률」에 따른 다음 각 목의 영업을 하는 사업장
 가. 「게임산업진흥에 관한 법률」 제2조 제7호의 인터넷컴퓨터게임시설제공업
 나. 「게임산업진흥에 관한 법률」 제2조 제8호의 복합유통게임제공업
14. 「경비업법」 제2조 제1호의 경비업을 행하는 법인
15. 영리의 목적으로 「청소년기본법」 제3조 제3호의 청소년활동의 기획 · 주관 · 운영을 하는 사업장(이하 "청소년활동기획업소"라 한다)
16. 영리의 목적으로 연기 · 무용 · 연주 · 가창 · 낭독, 그 밖의 예능과 관련한 용역을 제공하는 자 또는 제공하려는 의사를 가진 자를 위하여 훈련 · 지도 또는 상담을 하는 사업장(이하 "대중문화예술기획업소"라 한다)
17. 아동 · 청소년의 고용 또는 출입이 허용되는 다음 각 목의 어느 하나에 해당하는 기관 · 시설 또는 사업장(이하 이 호에서 "시설등"이라 한다)으로서 대통령령으로 정하는 유형의 시설등
 가. 아동 · 청소년과 해당 시설등의 운영자 · 근로자 또는 사실상 노무 제공자 사이에 업무상 또는 사실상 위력 관계가 존재하거나 존재할 개연성이 있는 시설등
 나. 아동 · 청소년이 선호하거나 자주 출입하는 시설등으로서 해당 시설등의 운영 과정에서 운영자 · 근로자 또는 사실상 노무 제공자에 의한 아동 · 청소년 대상 성범죄의 발생이 우려되는 시설등
18. 가정을 방문하거나 아동 · 청소년이 찾아오는 방식 등으로 아동 · 청소년에게 직접교육서비스를 제공하는 사람을 모집하거나 채용하는 사업장(이하 "가정방문 등 학습교사 사업장"이라 한다)

② 제1항 각 호(제10호는 제외한다)의 아동 · 청소년 관련기관 등의 설치 또는 설립 인가 · 신고를 관할하는 지방자치단체의 장, 교육감 또는 교육장은 아동 · 청소년 관련기관 등을 운영하려는 자에 대한 성범죄 경력 조회를 관계 기관의 장에게 요청하여야 한다. 다만, 아동 · 청소년 관련기관 등을 운영하려는 자가 성범죄 경력 조회 회신서를 지방자치단체의 장, 교육감 또는 교육장에게 직접 제출한 경우에는 성범죄 경력 조회를 한 것으로 본다.

③ 아동 · 청소년 관련기관 등의 장은 그 기관에 취업 중이거나 사실상 노무를 제공 중인 자 또는 취업하려 하거나 사실상 노무를 제공하려는 자(이하 "취업자등"이라 한다)에 대하여 성범죄의 경력을 확인하여야 하며, 이 경우 본인의 동의를 받아 관계 기관의 장에게 성범죄의 경력 조회를 요청하여야 한다. 다만, 취업자등이 성범죄 경력 조회 회신서를 아동 · 청소년 관련기관 등의 장에게 직접 제출한 경우에는 성범죄 경력 조회를 한 것으로 본다.
④ 제2항 및 제3항에 따라 성범죄 경력 조회 요청을 받은 관계 기관의 장은 성범죄 경력 조회 회신서를 발급하여야 한다.
⑤ 제2항부터 제4항까지에 따른 성범죄경력 조회의 요청 절차 · 범위 등에 관하여 필요한 사항은 대통령령으로 정한다.

「치료감호 등에 관한 법률」 제16조(치료감호의 내용)
① 치료감호를 선고받은 자(이하 "피치료감호자"라 한다)에 대하여는 치료감호시설에 수용하여 치료를 위한 조치를 한다.
② 피치료감호자를 치료감호시설에 수용하는 기간은 다음 각 호의 구분에 따른 기간을 초과할 수 없다.
  1. 제2조 제1항 제1호 및 제3호에 해당하는 자: 15년
  2. 제2조 제1항 제2호에 해당하는 자: 2년
③ 「특정 범죄자에 대한 보호관찰 및 전자장치 부착 등에 관한 법률」 제2조 제3호의2에 따른 살인범죄(이하 "살인범죄"라 한다)를 저질러 치료감호를 선고받은 피치료감호자가 살인범죄를 다시 범할 위험성이 있고 계속 치료가 필요하다고 인정되는 경우에는 법원은 치료감호시설의 장의 신청에 따른 검사의 청구로 3회까지 매회 2년의 범위에서 제2항 각 호의 기간을 연장하는 결정을 할 수 있다.
④ 치료감호시설의 장은 정신건강의학과 등 전문의의 진단이나 감정을 받은 후 제3항의 신청을 하여야 한다.
⑤ 제3항에 따른 검사의 청구는 제2항 각 호의 기간 또는 제3항에 따라 연장된 기간이 종료하기 6개월 전까지 하여야 한다.
⑥ 제3항에 따른 법원의 결정은 제2항 각 호의 기간 또는 제3항에 따라 연장된 기간이 종료하기 3개월 전까지 하여야 한다.
⑦ 제3항의 결정에 대한 검사, 피치료감호자, 그 법정대리인의 항고와 재항고에 관하여는 「성폭력범죄자의 성충동 약물치료에 관한 법률」 제22조 제5항부터 제11항까지의 규정을 준용하되, "성폭력 수형자"는 "피치료감호자"로 본다.
⑧ 제1항에 따른 치료감호시설에서의 치료와 그 밖에 필요한 사항은 대통령령으로 정한다.

「특정 범죄자에 대한 보호관찰 및 전자장치 부착 등에 관한 법률」 제23조(가종료 등과 전자장치 부착)
① 「치료감호법」 제37조에 따른 치료감호심의위원회(이하 "치료감호심의위원회"라 한다)는 제9조에 따른 부착명령 판결을 선고받지 아니한 특정 범죄자로서 치료감호의 집행 중 가종료 또는 치료위탁되는 피치료감호자나 보호감호의 집행 중 가출소되는 피보호감호자(이하 "가종료자등"이라 한다)에 대하여 「치료감호법」 또는 「사회보호

> 법」(법률 제7656호로 폐지되기 전의 법률을 말한다)에 따른 준수사항 이행 여부 확인 등을 위하여 보호관찰기간의 범위에서 기간을 정하여 전자장치를 부착하게 할 수 있다.
> ② 치료감호심의위원회는 제1항에 따라 전자장치 부착을 결정한 경우에는 즉시 피부착결정자의 주거지를 관할하는 보호관찰소의 장에게 통보하여야 한다.
> ③ 치료감호시설의 장·보호감호시설의 장 또는 교도소의 장은 가종료자등이 가종료 또는 치료위탁되거나 가출소되기 5일 전까지 가종료자 등의 주거지를 관할하는 보호관찰소의 장에게 그 사실을 통보하여야 한다.

1. 「치료감호 등에 관한 법률」 제16조 제2항 제1호에 대한 갑의 헌법소원심판청구는 적법한가? (15점)

> Ⅰ. 서: 헌법소원심판의 유형과 적법요건 [2점]
> Ⅱ. 공권력에 의한 기본권의 침해 [3점]
> Ⅲ. 기본권침해의 직접성, 현재성, 자기관련성 [5점]
> Ⅳ. 보충성 및 기타의 적법요건 [4점]
> Ⅴ. 결론 [1점]

Ⅰ. 서: 헌법소원심판의 유형과 적법요건 [2점]

헌법재판소법 제68조 제1항에 따른 권리구제형 헌법소원은 공권력에 의한 기본권의 침해를 다투는 헌법소송이다. 그 적법요건으로는 공권력(의 행사 또는 불행사)에 의한 기본권의 침해와 더불어 기본권침해의 직접성, 현재성, 자기관련성이 갖춰져야 하며, 그밖에 헌법소원심판청구의 보충성, 변호사 강제주의, 청구기간의 준수 등이 있다.

Ⅱ. 공권력에 의한 기본권의 침해 [3점]

사안의 치료감호법에 대한 헌법소원심판은 법률에 의한 기본권의 침해를 다투는 것으로서 법령소원에 해당된다.

입법작용 또한 공권력이므로 공권력에 의한 기본권의 침해이며, 치료감호법 제16조에 의해 제한되는 기본권은 신체의 자유, 인격권 등이며 이들 기본권은 외국인에게도 인정되는 것이므로 갑의 기본권주체성 인정에는 아무런 문제가 없다.

Ⅲ. 기본권침해의 직접성, 현재성, 자기관련성 [5점]

법령소원의 경우 기본권침해의 직접성에 특히 주목해야 하나, 치료감호법 제16조 제2항 제1호는 그 기간을 명시하였고, 집행행위에 의해 달라질 가능성이 없으므로 직접성 요건을 충족하였다. 또한 갑이 치료감호법의 적용을 받고 있는 상태이므로 현재성과 자기관련성도 충족하였다.

Ⅳ. 보충성 및 기타의 적법요건 [4점]

법령소원의 경우 특별한 구제수단이 없으므로 보충성의 예외가 인정된다. 또한 변호사 강제주의에 따라 변호인을 대리인으로 선임해야 한다. 그런데 사안에서 갑은 2014.7.17. 선고를 받고, 2015.1.30. 헌법소원심판을 청구했으므로 안 날로부터 90일이라는 청구기간을 준수하지 않은 것이다.

Ⅴ. 결론 [1점]

이상의 검토를 종합할 때, 치료감호법에 대한 갑의 헌법소원심판청구는 청구기간을 준수하지 않은 것이어서 부적법하며, 각하되어야 한다.

2. 「특정 범죄자에 대한 보호관찰 및 전자장치 부착 등에 관한 법률」 제23조 제1항에 대한 갑의 헌법소원심판청구는 적법한가? (15점)

Ⅰ. 서: 헌법소원심판의 유형과 적법요건 [2점] Ⅱ. 공권력에 의한 기본권의 침해 [3점] Ⅲ. 기본권침해의 직접성, 현재성, 자기관련성 [6점] Ⅳ. 보충성 및 기타의 적법요건 [3점] Ⅴ. 결론 [1점]

Ⅰ. 서: 헌법소원심판의 유형과 적법요건 [2점]

헌법재판소법 제68조 제1항에 따른 권리구제형 헌법소원은 공권력에 의한 기본권의 침해를 다투는 헌법소송이다. 그 적법요건으로는 공권력(의 행사 또는 불행사)에 의한 기본권의 침해와 더불어 기본권침해의 직접성, 현재성, 자기관련성이 갖춰져야 하며, 그밖에 헌법소원심판청구의 보충성, 변호사 강제주의, 청구기간의 준수 등이 있다.

Ⅱ. 공권력에 의한 기본권의 침해 [3점]

사안의 전자장치부착법에 대한 헌법소원심판은 법률에 의한 기본권의 침해를 다투는 것으로서 법령소원에 해당된다.

입법작용 또한 공권력이므로 공권력에 의한 기본권의 침해이며, 전자장치부착법 제23조 제1항에 의해 제한되는 기본권은 신체의 자유, 인격권 등이며 이들 기본권은 외국인에게도 인정되는 것이므로 갑의 기본권주체성 인정에는 아무런 문제가 없다.

Ⅲ. 기본권침해의 직접성, 현재성, 자기관련성 [6점]

법령소원의 경우 기본권침해의 직접성에 특히 주목해야 하는 바, 나, 전자장치부착법 제23조 제1항은 확정적으로 전자장치를 부착하도록 규정한 것이 아니라 치료감호심

의의원회의 판단에 따라 부착 여부가 결정되므로 직접성 요건을 충족하지 못하였다.[1)]

반면에 갑이 전자장치부착법의 적용을 받고 있는 상태이므로 현재성과 자기관련성은 충족하였다.

Ⅳ. 보충성 및 기타의 적법요건 [3점]

법령소원의 경우 특별한 구제수단이 없으므로 보충성의 예외가 인정된다. 또한 변호사 강제주의에 따라 변호인을 대리인으로 선임해야 한다. 그리고 기본권침해가 있은 날로부터 1년 이내, 안 날로부터 90일 이내에 청구하여야 한다. 그러므로 사안에서 갑은 언제 전자장치가 부착되었는지에 따라 청구기간의 준수 여부가 달라질 수 있다.

Ⅴ. 결론 [1점]

이상의 검토를 종합할 때, 전자장치부착법 제23조 제1항에 대한 갑의 헌법소원심판 청구는 직접성 요건을 갖추지 못한 것이어서 부적법하며, 각하되어야 한다.

3. 「아동 · 청소년의 성보호에 관한 법률」 제56조 제1항은 갑의 직업의 자유를 침해하는가? (70점)

Ⅰ. 사안의 분석과 쟁점의 정리 [5점]
Ⅱ. 직업의 자유의 성격과 보호범위 [12점]
　1. 직업의 자유의 의의와 기능
　2. 직업의 자유의 내용: 직업선택의 자유와 직업수행(행사)의 자유
　3. 직업의 자유의 보호범위
Ⅲ. 직업의 자유에 대한 제한과 단계이론 [14점]
　1. 직업의 자유에 대한 제한의 유형와 단계이론
　2. 직업수행(행사)에 대한 제한
　3. 주관적 사유에 의한 직업선택의 제한과 객관적 사유에 의한 직업선택의 제한
Ⅳ. 갑의 직업의 자유 침해에 대한 비례성 판단 [18점]
　1. 직업선택의 자유 제한에 대한 엄격한 비례성 심사의 필요성
　2. 목적의 정당성 및 방법의 적합성
　3. 침해의 최소성 및 법익의 균형성
Ⅴ. 헌법재판소의 본안판단 [18점]
　1. 헌법재판소 결정의 형식
　2. 사안에 대한 판단

1) **헌재 2016.4.28. 2015헌마98 결정**: "이 사건 전자장치부착법 조항은 치료감호심의위원회의 전자장치부착 결정이라는 집행행위를 예정하고 있고, 또한 전자장치의 부착 여부를 치료감호심의위원회의 재량사항으로 규정하고 있다. 따라서 청구인이 주장하는 기본권침해는 치료감호심의위원회가 청구인에 대하여 전자장치를 부착하도록 하는 결정을 함으로써 비로소 발생하는 것이고, 이 사건 전자장치부착법 조항 자체에 의하여 발생하는 것은 아니다. 그렇다면 이 사건 전자장치부착법 조항에 대한 심판청구는 직접성의 요건을 갖추지 못하여 부적법하다."

3. 결정의 효력
VI. 결론 [3점]

Ⅰ. 사안의 분석과 쟁점의 정리 [5점]

본 사안은 법령소원으로서 심판대상이 되는 「아동 · 청소년의 성보호에 관한 법률」 제56조 제1항은 아동 · 청소년을 대상으로 한 성범죄자에 대해서 아동 · 청소년 관련기관 등에의 취업을 제한하고 있는 조항이다.

이 조항은 직업의 자유에 대한 직접적인 제한이며, 따라서 그 합헌성 여부를 판단하기 위해서는 직업의 자유의 성격과 보호범위, 특히 단계이론에 따른 직업의 자유의 제한 기준에 대한 검토가 필요할 것이다.

그 기초 위에서 사안에서 문제되는 취업제한의 정당성 여부에 대한 비례성판단을 통해 헌법재판소가 어떤 본안판단을 내려야 하는지를 확인할 수 있을 것이다.

Ⅱ. 직업의 자유의 성격과 보호범위 [12점]

1. 직업의 자유의 의의와 기능

직업이란 경제적 소득을 위해 지속적 · 반복적으로 수행하는 일을 말하며, 직업의 자유는 이러한 직업을 자유롭게 선택하고, 선택한 직업에서 활동하는 자유를 말한다.

직업의 자유는 종래 경제적 자유의 일종으로 분류되었으며, 경제활동의 측면에 초점이 맞춰져 있었지만, 오늘날에는 직업활동을 통한 자기실현의 측면도 못지않게 강조되고 있다.

2. 직업의 자유의 내용: 직업선택의 자유와 직업수행(행사)의 자유

직업의 자유는 직업선택의 자유와 직업활동(수행)의 자유를 포함한다. 헌법 제15조에는 직업선택의 자유만을 명시하고 있지만, 학설과 판례는 직업활동의 자유를 인정하는데 이견이 없다.[2)]

직업선택의 자유와 직업활동의 자유는 맞물려 있는 것으로 볼 수 있다. 직업선택을 전제로 직업활동을 할 수 있으며, 직업활동이 없는 직업선택은 유명무실한 것이기 때문이다.

3. 직업의 자유의 보호범위

직업선택의 자유는 그 직업의 선택을 위해 필요한 직업교육 내지 직업훈련을 받을 자유를 포함하며, 나아가 직업의 포기 내지 변경의 자유도 직업선택의 자유에 포함된다.

직업활동의 자유는 자신이 선택한 직업에 따라 구체적인 활동을 할 수 있는 자유이

2) **헌재 2018.6.28. 2017헌마130등 결정**: "헌법 제15조는 "모든 국민은 직업선택의 자유를 가진다."라고 규정함으로써 개인이 원하는 직업을 자유롭게 선택하는 '좁은 의미의 직업선택의 자유'와 그가 선택한 직업을 자기가 원하는 방식으로 자유롭게 수행할 수 있는 '직업수행의 자유'를 보장하고 있다."

며, 직장의 선택 및 변경의 자유를 포함한다.

Ⅲ. 직업의 자유에 대한 제한과 단계이론 [14점]

1. 직업의 자유에 대한 제한의 유형와 단계이론

직업의 자유에 대한 제한은 다양한 형태로 나타난다. 직업 자체를 법적으로 금지하거나 특별한 허가를 통해서만 직업선택이 가능한 경우가 있는가 하면, 직업활동에 대해서도 다양한 형태의 규제가 가해지고 있다.

이러한 직업의 자유를 제한하는 기준과 관련하여 단계이론이 학설과 판례에 의해 널리 수용되고 있다. 즉, 직업활동의 제한, 주관적 사유에 의한 직업선택의 제한, 객관적 사유에 의한 직업선택의 제한, 각기 그 단계에 따라 요구되는 공익성의 정도에 차이가 인정된다.[3)]

2. 직업활동(행사)에 대한 제한

직업선택에 대해서는 제한하지 않으면서 직업활동에 대해서만 제한하는 것은 가장 가벼운 제한으로 인정되며, 그에 따라 공익성의 요청도 상대적으로 크지 않다.

예컨대 전관예우를 막기 위해 퇴직 법관에게 최종 근무지에서 변호사 개업을 하지 못하도록 제한하는 것은 다른 지역에서 변호사 활동은 가능하므로 직업활동에 대한 제한이 된다.[4)]

3. 주관적 사유에 의한 직업선택의 제한과 객관적 사유에 의한 직업선택의 제한

직업선택의 자유에 대한 제한은 주관적 사유에 의한 제한과 객관적 사유에 의한 제한으로 구분된다. 전자는 기본권주체의 개인적 사정에 따른 제한이고, 후자는 이와는 달리 외부적 사정으로 인한 제한이다.

예컨대 전관예우를 막기 위해 퇴직 법관 중에서 재직 중 징계를 받은 사람은 변호사 개업을 하지 못하도록 한 것은 주관적 사유에 의한 직업선택의 자유의 제한이고, 모든 퇴직 법관의 변호사 개업을 못하도록 한 것은 객관적 사유에 의한 직업선택의 자유에 대한 제한이다.

---

3) **헌재 2016.4.28. 2015헌마98 결정**: "직업의 자유도 헌법 제37조 제2항에 따라 국가안전보장, 질서유지 또는 공공복리 등 정당하고 중요한 공공의 목적을 달성하기 위하여 필요한 경우에는 그 본질적 내용을 침해하지 않는 범위 내에서 제한될 수 있지만, 좁은 의미의 직업선택의 자유를 제한하는 것은 인격발현에 대한 침해의 효과가 직업수행의 자유를 제한하는 경우보다 일반적으로 크기 때문에 전자에 대한 제한은 후자에 대한 제한보다 더 엄격한 제약을 받는다(헌재 2010.5.27. 2008헌바110; 헌재 2016.3.31. 2013헌마585등 참조)."

4) **헌재 1989.11.20. 89헌가102 결정**에서는 "헌법 제15조에 따라 모든 국민은 직업선택의 자유를 가진다. 따라서 국민은 누구나 자유롭게 자신이 종사할 직업을 선택하고, 그 직업에 종사하며, 이를 변경할 수 있다. 이에는 개인의 직업적 활동을 하는 장소 즉 직장을 선택할 자유도 포함된다. 이러한 원칙은 변호사와 같이 자유로운 전문직의 경우라 하여 달리 취급될 수는 없다. 이러한 점에서 이 사건 심판의 대상인 법 제10조 제2항은 일정한 경우 변호사의 개업을 제한하는 내용이므로 직업선택의 자유를 제한하는 규정이라 할 것이다."라고 판시한 바 있다. 그러나 여기서 직업선택의 자유는 직업의 자유를 의미하는 것으로 보이며, 직업활동의 자유와 구분되는 좁은 의미의 직업선택의 자유를 지칭한 것은 아니라고 보인다.

Ⅳ. 갑의 직업의 자유 침해에 대한 비례성 판단 [18점]

1. 직업선택의 자유 제한에 대한 엄격한 비례성 심사의 필요성

사안에서 갑의 경우는 직업의 자유에 대한 폭넓은 제한이며, 특정한 직종에서의 직업활동을 전면적으로 금지한다는 점에서 사실상 직업선택의 자유를 제한하는 것으로 볼 수 있다.

이러한 중대한 기본권의 제한에 대해서는 엄격한 비례성 심사가 요청된다.[5]

2. 목적의 정당성 및 수단의 적합성

사안의 청소년성보호법 제56조 제1항은 아동 · 청소년을 성범죄로부터 보호하기 위한 것이므로 목적의 정당성이 인정된다.

또한 아동 · 청소년을 대상으로 한 성범죄 전과자들이 해당 직종에 취업할 수 없도록 한 것은 이러한 목적의 달성에 도움이 될 것이므로 수단의 적합성도 인정된다.

3. 침해의 최소성 및 법익의 균형성

사안의 청소년성보호법 제56조 제1항은 아동 · 청소년 대상으로 한 성범죄 전과자들이 어떤 교정 프로그램을 통해 얼마나 개선되었는지 등, 그 구체적 · 개별적 재범가능성에 대한 평가 없이 획일적으로 취업제한을 한 것은 보다 덜 침해적인 수단을 적극적으로 활용하지 않았다는 점에서 침해의 최소성 원칙에 위배된다.

또한 아동 · 청소년의 성보호의 중요성을 가볍게 볼 수는 없지만, 범죄의 경중이나 재범의 위험성 여부를 떠나 형 또는 치료감호 집행이 종료된 때로부터 10년이라는 기간동안 아동 · 청소년 관련기관 등에 대한 취업제한을 가한 것은 성범죄 전과자의 기본권을 과도하게 제한하는 것이어서 법익의 균형성에도 위배된다.

Ⅴ. 헌법재판소의 본안판단 [18점]

1. 헌법재판소 결정의 형식

사안의 경우 갑의 헌법소원심판은 이른바 법령소원으로서 심판대상은 청소년성보호법 제56조 제1항의 합헌성 여부이다.

이러한 법령소원의 특징으로 인하여 헌법재판소의 결정 형식은 일반적인 헌법소원심판과는 달리 합헌 또는 위헌으로 판단하며, 필요에 따라 헌법불합치결정 또는 한정합헌, 한정위헌과 같은 변형결정도 가능하다.

---

5) **헌재 2008.11.27. 2005헌마161등 결정**: "직업의 자유의 보장이 입법자로 하여금 이미 형성된 직종을 언제까지나 유지하거나 직업종사의 요건을 계속하여 동일하게 유지할 것까지를 요구하는 것은 아니라고 할 것이나, 입법자가 공익상의 필요에 의하여 직업행사의 요건을 달리 정하거나 강화하는 등 직업제도를 개혁함에 있어서는 기존 종사자들의 신뢰를 보호하는 것이 헌법상 법치국가의 원리로부터 요청되고, 신뢰보호가 충분히 이루어졌는지 여부가 과잉금지의 원칙의 위반 여부를 판단하는 기준이 될 것이다(헌재 1997.11.27. 97헌바10, 판례집 9-2, 651, 667-668 ; 헌재 2002.7.18. 99헌마574, 판례집 14-2, 29, 41 등 참조)."

2. 사안에 대한 판단

앞서 검토한 바에 따르면 청소년성보호법 제56조 제1항은 갑에 대한 과도한 기본권의 제한으로 위헌이며, 입법의 공백으로 헌법불합치결정을 내려야 할 특별한 사정도 없으므로 단순위헌으로 판단하여야 한다.

3. 결정의 효력

헌법재판소의 위헌결정에 따라 청소년성보호법 제56조 제1항의 갑에 관한 부분은 무효가 되며, 이러한 헌법재판소의 결정은 모든 국가기관과 지방자치단체를 구속한다.

Ⅵ. 결론 [3점]

이상의 검토를 종합할 때, 헌법재판소는 청소년성보호법 제56조 제1항은 갑에 관한 부분은 위헌이라고 판단하여야 한다. 이러한 헌법재판소의 결정에 따라 청소년성보호법 제56조 제1항의 해당 부분(아동·청소년 대상 성범죄로 형 또는 치료감호를 선고받아 확정된 자)은 무효가 되며, 그 효력은 모든 국가기관과 지방자치단체에 미친다.

29

국민연금법상 분할연금수급권의 합헌성 여부

갑은 1988.1.1.부터 2008.12.31.까지 국민연금 가입자 자격을 유지하다가 2010.6.14. 조기노령연금 수급권을 취득하여 2010.7.부터 국민연금공단으로부터 노령연금을 받아 왔다. 한편, 갑은 1975.8.15. 을과 혼인하였는데, 2004.2.10.을 상대로 이혼 등을 청구하는 소를 제기하였고, 위 소송 계속 중 2004.4.21. 이혼 조정이 성립되어 이혼하였다.

을은 2014.4.24. 국민연금공단에 분할연금의 지급을 청구하였고, 이에 국민연금공단은 2014.6.2. 을에 대하여 분할연금 지급결정을 한 후, 2014.6.23. 갑에게 청구인의 노령연금액을 774,440원에서 491,620원으로 감액하는 내용의 연금수급권 내용변경 통지를 하였다.

갑은 2014.11.13. 국민연금공단을 상대로 이 사건 처분의 취소를 구하는 소를 제기한 다음, 그 소송 계속 중 분할연금을 규정한 국민연금법 제64조에 대하여 위헌법률심판제청신청을 하였으나 기각되자, 2015.5.4. 헌법소원심판을 청구하였다.

〈헌재 2016.12.29. 2015헌바182 결정 참조〉

1. 갑의 헌법소원심판청구는 적법한가? (25점)
2. 분할연금수급권의 법적 성격은 어떻게 보아야 하는가? (15점)
3. 갑의 헌법소원심판청구가 적법한 경우 헌법재판소는 어떤 본안판단을 내려야 하는가? (60점)

〈참고 조문(아래 법령은 현행 법령과 다를 수 있음)〉

국민연금법 제3조(정의 등)

① 이 법에서 사용하는 용어의 뜻은 다음과 같다.

1. "근로자"란 직업의 종류가 무엇이든 사업장에서 노무를 제공하고 그 대가로 임금을 받아 생활하는 자(법인의 이사와 그 밖의 임원을 포함한다)를 말한다. 다만, 대통령령으로 정하는 자는 제외한다.
2. "사용자(使用者)"란 해당 근로자가 소속되어 있는 사업장의 사업주를 말한다.
3. "소득"이란 일정한 기간 근로를 제공하여 얻은 수입에서 대통령령으로 정하는 비과세소득을 제외한 금액 또는 사업 및 자산을 운영하여 얻는 수입에서 필요경비를 제외한 금액을 말한다.
4. "평균소득월액"이란 매년 사업장가입자 및 지역가입자 전원(全員)의 기준소득월액을 평균한 금액을 말한다.
5. "기준소득월액"이란 연금보험료와 급여를 산정하기 위하여 국민연금가입자(이하

"가입자"라 한다)의 소득월액을 기준으로 하여 정하는 금액을 말한다.

6. "사업장가입자"란 사업장에 고용된 근로자 및 사용자로서 제8조에 따라 국민연금에 가입된 자를 말한다.
7. "지역가입자"란 사업장가입자가 아닌 자로서 제9조에 따라 국민연금에 가입된 자를 말한다.
8. "임의가입자"란 사업장가입자 및 지역가입자 외의 자로서 제10조에 따라 국민연금에 가입된 자를 말한다.
9. "임의계속가입자"란 국민연금 가입자 또는 가입자였던 자가 제13조 제1항에 따라 가입자로 된 자를 말한다.
10. "연금보험료"란 국민연금사업에 필요한 비용으로서 사업장가입자의 경우에는 부담금 및 기여금의 합계액을, 지역가입자 · 임의가입자 및 임의계속가입자의 경우에는 본인이 내는 금액을 말한다.
11. "부담금"이란 사업장가입자의 사용자가 부담하는 금액을 말한다.
12. "기여금"이란 사업장가입자가 부담하는 금액을 말한다.
13. "사업장"이란 근로자를 사용하는 사업소 및 사무소를 말한다.
14. "수급권"이란 이 법에 따른 급여를 받을 권리를 말한다.
15. "수급권자"란 수급권을 가진 자를 말한다.
16. "수급자"란 이 법에 따른 급여를 받고 있는 자를 말한다.
17. "초진일"이란 장애의 주된 원인이 되는 질병이나 부상에 대하여 처음으로 의사의 진찰을 받은 날을 말한다. 이 경우 질병이나 부상의 초진일에 대한 구체적인 판단기준은 보건복지부장관이 정하여 고시한다.
18. "완치일"이란 장애의 주된 원인이 되는 질병이나 부상이 다음 각 목 중 어느 하나에 해당하는 날을 말한다. 이 경우 증상의 종류별 완치일에 대한 구체적인 판단기준은 보건복지부장관이 정하여 고시한다.
    가. 해당 질병이나 부상이 의학적으로 치유된 날
    나. 더 이상 치료효과를 기대할 수 없는 경우로서 그 증상이 고정되었다고 인정되는 날
    다. 증상의 고정성은 인정되지 아니하나, 증상의 정도를 고려할 때 완치된 것으로 볼 수 있는 날
19. "가입대상기간"이란 18세부터 초진일 혹은 사망일까지의 기간으로서, 다음의 각 목에 해당하는 기간을 제외한 기간을 말한다. 다만, 18세 미만에 가입자가 된 경우에는 18세 미만인 기간 중 보험료 납부기간을 가입대상기간에 포함하고, 초진일이나 사망일 이전에 나목과 다목에 해당되는 기간에 대하여 제92조에 따라 보험료를 추후 납부하였을 경우에는 그 추후 납부한 기간을 가입대상기간에 포함한다.
    가. 제6조 단서에 따라 가입 대상에서 제외되는 기간
    나. 18세 이상 27세 미만인 기간 중 제9조 제3호에 따라 지역가입자에서 제외되는 기간
    다. 18세 이상 27세 미만인 기간 중 제91조 제1항 각 호에 따라 연금보험료를 내지 아니한 기간(제91조 제1항 제2호의 경우는 27세 이상인 기간도 포함)

② 이 법을 적용할 때 배우자, 남편 또는 아내에는 사실상의 혼인관계에 있는 자를 포함한다.

③ 수급권을 취득할 당시 가입자 또는 가입자였던 자의 태아가 출생하면 그 자녀는 가입자 또는 가입자였던 자에 의하여 생계를 유지하고 있던 자녀로 본다.

④ 가입자의 종류에 따른 소득 범위, 평균소득월액의 산정 방법, 기준소득월액의 결정 방법 및 적용 기간 등은 대통령령으로 정한다.

국민연금법 제64조(분할연금 수급권자 등)

① 혼인 기간(배우자의 가입기간 중의 혼인 기간만 해당한다. 이하 같다)이 5년 이상인 자가 다음 각 호의 요건을 모두 갖추면 그때부터 그가 생존하는 동안 배우자였던 자의 노령연금을 분할한 일정한 금액의 연금(이하 "분할연금"이라 한다)을 받을 수 있다.

1. 배우자와 이혼하였을 것
2. 배우자였던 사람이 노령연금 수급권자일 것
3. 60세가 되었을 것

② 제1항에 따른 분할연금액은 배우자였던 자의 노령연금액(부양가족연금액은 제외한다) 중 혼인 기간에 해당하는 연금액을 균등하게 나눈 금액으로 한다.

③ 제1항에 따른 분할연금은 제1항 각 호의 요건을 모두 갖추게 된 때부터 5년 이내에 청구하여야 한다.

국민연금법 제64조의2(분할연금 지급의 특례) [본조신설 2015.12.29.]

① 제64조 제2항에도 불구하고 「민법」 제839조의2 또는 제843조에 따라 연금의 분할에 관하여 별도로 결정된 경우에는 그에 따른다.

② 제1항에 따라 연금의 분할이 별도로 결정된 경우에는 분할 비율 등에 대하여 공단에 신고하여야 한다.

③ 제2항에 따른 신고 방법 및 절차 등 신고에 필요한 세부사항은 보건복지부령으로 정한다.

국민연금법 제64조의3(분할연금 청구의 특례) [본조신설 2015.12.29.]

① 제64조 제3항에도 불구하고 제64조 제1항 제3호의 연령에 도달하기 이전에 이혼하는 경우에는 이혼의 효력이 발생하는 때부터 분할연금을 미리 청구(이하 "분할연금 선청구"라 한다)할 수 있다. 이 경우 제64조 제3항에 따른 청구를 한 것으로 본다(선청구를 하고 제2항에 따른 선청구의 취소를 하지 아니한 경우에 한정한다).

② 제1항에 따른 분할연금 선청구는 이혼의 효력이 발생하는 때부터 3년 이내에 하여야 하며, 제64조 제1항 제3호의 연령이 도달하기 이전에 분할연금 선청구를 취소할 수 있다. 이 경우 분할연금 선청구 및 선청구의 취소는 1회에 한한다.

③ 제1항에 따라 분할연금을 선청구한 경우라고 하더라도 제64조 제1항 각 호의 요건을 모두 갖추게 된 때에 분할연금을 지급한다.

④ 제1항 및 제2항에 따른 분할연금 선청구 및 선청구 취소 방법 · 절차 등 시행에 필요한 세부사항은 보건복지부령으로 정한다.

국민연금법 제64조의4(분할연금 수급권의 포기) [본조신설 2016.5.29.]
① 제64조 제1항에 따른 분할연금 수급권자는 같은 항의 배우자였던 사람과 재혼한 경우 보건복지부령으로 정하는 바에 따라 분할연금 수급권의 포기를 신청할 수 있다.
② 제1항에 따라 분할연금 수급권자가 분할연금 수급권의 포기를 신청한 경우에는 그 분할연금 수급권은 신청한 날부터 소멸된다.
③ 제2항에 따라 분할연금 수급권이 소멸된 경우에는 분할연금 수급권을 포기한 사람의 배우자에게 분할연금이 발생하기 전의 노령연금을 지급한다.

국민연금법 부칙 제2조(분할연금 수급권자 등에 대한 적용례)
① 제64조의2의 개정규정은 이 법 시행 후 최초로 분할연금 지급 사유가 발생한 경우부터 적용한다.
② 제64조의3의 개정규정은 이 법 시행 후 최초로 분할연금 선청구를 하는 경우부터 적용한다.

1. 갑의 헌법소원심판청구는 적법한가? (25점)

Ⅰ. 서: 위헌소원의 성격과 적법요건 [3점]
Ⅱ. 재판의 전제성 [9점]
  1. 소송의 계속
  2. 심판대상법률(조항)이 당해 소송사건에 적용
  3. 심판대상법률(조항)의 위헌 여부에 따라 다른 내용의 재판
Ⅲ. 위헌법률심판제청의 신청과 기각 [7점]
  1. 위헌소원의 성격과 법원에 대한 위헌법률심판제청의 의미
  2. 법원의 기각 결정과 그 의미
  3. 헌법재판소법 제68조 제2항에 의한 헌법소원심판의 청구
Ⅳ. 기타의 적법요건 [5점]
  1. 변호사 강제주의
  2. 청구기간
Ⅴ. 결론 [1점]

Ⅰ. 서: 위헌소원의 성격과 적법요건 [3점]

사안의 헌법소원심판은 헌법재판소법 제68조 제2항에 따른 위헌소원이며, 그 형식은 헌법소원심판이지만 그 실질은 위헌법률심판이기 때문에 적법요건에 있어서 권리구제형 헌법소원과는 큰 차이를 보인다.

위헌법률심판과 마찬가지로 재판의 전제성 요건을 갖추어야 하는 것은 물론이고 그 밖에 당해 법원에 위헌법률심판의 제청을 신청했으나 기각당했어야 한다. 반면에 변호사 강제주의와 청구기간의 제한이 인정되는 점은 권리구제형 헌법소원과 유사한 점이 있다.

Ⅱ. 재판의 전제성 [9점]

1. 소송의 계속

재판의 전제성이 인정되기 위해서는 가장 먼저 법원에 소송이 계속(繫屬) 중이어야 한다. 즉, 법적 쟁점에 관하여 법원에 소송이 제기되고 그 소송에 대해 법원이 심리를 하고 있는 상태여야 한다. 본 사안에서는 소송의 계속 중임을 확인할 수 있다.

2. 심판대상법률(조항)이 당해 소송사건에 적용

두 번째 요건은 위헌 여부가 다투어지는 법률(조항)이 당해 사건에 적용되는 것이어야 한다는 점이다. 당해 사건의 재판과 무관한 법률(조항)에 대해서는 구체적 규범통제에서 위헌 여부를 다툴 수 없기 때문이다.

이 사건의 심판대상인 국민연금법 제64조는 당해 사건에 적용되는 것이므로 이 요건도 충족된다.

3. 심판대상법률(조항)의 위헌 여부에 따라 다른 내용의 재판

재판의 전제성 인정을 위한 마지막 요건은 다투어지는 법률(조항)의 위헌 여부에 따라 당해 사건의 판결 결과에 차이가 발생해야 한다는 점이다.

심판대상조항인 국민연금법 제64조가 위헌일 경우에는 당해 사건에서 갑의 재판에 결정적인 영향을 미칠 수 있을 것이므로 이 요건도 충족된다.

Ⅲ. 위헌법률심판제청의 신청과 기각 [7점]

1. 위헌소원의 성격과 법원에 대한 위헌법률심판제청의 의미

헌법재판소에 위헌소원을 제청하기 위해서는 먼저 당해 법원에 위헌법률심판을 제청하였으나 기각 당했어야 한다.

법원이 위헌법률심판청구를 할 수도 있는데 이를 건너뛰고 당사자가 곧바로 위헌소원을 청구하는 것은 헌법재판소의 부담을 과중하게 만들 우려가 있다는 점에서 권리구제형 헌법소원에서 보충성 요건을 둔 것과 유사한 취지로 이런 요건이 인정되는 것이다.

2. 법원의 기각 결정과 그 의미

사안에서 갑 등의 위헌법률심판제청신청은 법원에 의해 기각되었고, 이러한 기각 결정에 의해 위헌법률심판제청을 기대할 수 없게 되었다. 그러나 법원의 판단이 항상 타당한 것은 아니라는 점에서 헌법재판소의 판단을 받을 수 있는 길을 열어 놓을 필요성이 인정된다.

3. 헌법재판소법 제68조 제2항에 의한 헌법소원심판의 청구

헌법재판소법 제68조 제2항에 의한 위헌소원은 이러한 의미에서 법원의 위헌법률심판제청이 제대로 행해지지 않는 것에 대한 보완장치라 할 수 있다.[1)]

---

1) 제4공화국과 제5공화국 당시 위헌법률심판제청권을 갖고 있던 대법원에서 15년(1972~1987)동안 단 한

사안의 갑이 당해법원에 대한 위헌법률심판제청신청의 기각 후에 헌법재판소법 제68조 제2항에 의해 헌법소원심판을 청구함으로써 해당 요건을 갖추었다.

Ⅳ. 기타의 적법요건 [5점]

1. 변호사 강제주의

위헌소원은 비록 그 실질은 위헌법률심판이지만 그 형식은 헌법소원심판이며, 당사자가 청구의 주체가 된다. 따라서 헌법재판소법 제25조 제3항에 따라 변호사 강제주의가 적용된다.

갑 등은 본인이 변호사 자격이 있는 경우가 아니라면 변호사를 대리인으로 선임하여야 심판청구를 할 수 있다.

2. 청구기간

위헌소원은 헌법재판소법 제69조 제2항에 따라 위헌법률심판의 제청신청을 기각하는 결정을 통지받은 날로부터 30일 이내에 청구하여야 한다.

Ⅴ. 결론 [1점]

이상의 검토를 종합할 때, 갑 등의 헌법소원심판청구는 – 설문에 명확하게 드러나지 않고 있는 변호사 강제주의 및 청구기간 등의 요건을 준수하였다고 볼 때 – 적법한 것으로 판단된다.

2. 국민연금법에서 규정한 분할연금수급권의 법적 성격은 어떻게 보아야 하는가? (15점)

Ⅰ. 서: 사회권의 의의와 성격 [2점] Ⅱ. 국민연금수급권의 사회권적 성격 [4점] Ⅲ. 국민연금수급권의 재산권적 측면 [4점] Ⅳ. 분할연금수급권의 법적 성격 [4점] Ⅴ. 결론 [1점]

Ⅰ. 서: 사회권의 의의와 성격 [1점]

헌법상 보장되는 기본권 중에서 가장 큰 비중을 차지하는 것이 자유권과 사회권이다. 양자는 무엇보다 초국가적 권리로서의 성격 유무에서 차이가 있다.

자유권은 국가 이전부터 존재하는 선국가적 내지 초국가적 권리로 인정되는 반면에 사회권은 국가에 의한 보호를 의미하므로 국가내적 권리이며, 입법에 의한 구체화를 전제한다는 특징이 있다.

건의 위헌법률심판도 제청하지 않았던 경험에 대한 반작용으로 이러한 위헌소원 제도가 도입된 것으로 볼 수 있다.

Ⅱ. 국민연금수급권의 사회권적 성격 [2점]

국민연금수급권은 사회권의 일종이다. 국민연금제도 자체가 사회적 안전망을 위해 만들어진 사회보장제도이며, 이를 통해 형성된 국민연금수급권은 헌법 제34조의 인간다운 생활을 할 권리를 구체화한 것으로 이해된다.

이처럼 국민연금수급권은 헌법상의 기본권이 국민연금법에 의해 구체화된 것이므로 단순한 법률상의 권리가 아닌 헌법상의 기본권으로 인정된다.

Ⅲ. 국민연금수급권의 재산권적 측면 [3점]

연금수급권은 사회권적 성격 이외에 재산권적 성격을 동시에 갖는 것으로 인정하는 것이 헌법재판소의 확고한 판례이다.

연급수급권이 재산적 가치가 있는 권리라는 측면을 인정하고 있을 뿐만 아니라, - 연금의 유형에 따라 차이는 있지만 - 가입자가 일정한 부분 기여를 한 경우(예컨대 봉급연불적 성격을 갖고 있는 경우 또는 부담금을 납입하는 경우)의 재산권적 측면을 확실하게 인정하고 있는 것이다.[2)]

Ⅳ. 분할연금수급권의 법적 성격 [3점]

국민연급법 제64조 이하에 따른 분할연금수급권은 연금수급권으로부터 파생되는 권리로 볼 수 있다.

특히 이혼한 배우자를 분할연금수급권의 수급권자로 인정하고 있다는 점에서 이혼한 배우자가 혼인 기간 중 재산 형성에 기여한 부분을 청산 · 분배하는 재산권적인 성격과 이혼한 배우자의 노후를 보장하는 사회보장적 성격을 함께 갖는 것으로 볼 수 있다.[3)]

---

2) **헌재 1994.6.30. 92헌가9 결정**: "퇴역연금은 군인이 장기간 충실히 복무한 공로에 대한 공적보상으로서 지급된다고 하는 은혜적인 성질을 갖는 한편 퇴역연금 중 기여금에 상당한 부분만은 봉급연불적인 성질을 갖는다 할 것이다."
헌재 2006.3.30. 2005헌마337 결정: "공무원연금법상 퇴직연금수급권은 경제적 가치 있는 권리로서 헌법 제23조에 의하여 보장되는 재산권으로서의 성격을 가진다. 그런데 공무원연금의 구체적인 급여의 내용, 기여금의 액수 등을 형성하는 데에 있어서는 직업공무원제도나 사회보험원리에 입각한 사회보장적 급여로서의 성격으로 인하여 일반적인 재산권에 비하여 입법자에게 상대적으로 폭넓은 재량이 허용된다."
헌재 2018.12.27. 2018헌바104 결정: "국민연금법상 연금수급권 내지 연금수급기대권은 사회보장적 급여이면서 동시에 헌법 제23조에 의하여 보장되는 재산권으로서의 성격을 갖는다(헌재 2004.6.24. 2002헌바15; 헌재 2013.10.24. 2012헌마906 참조). 다만, 연금수급권 내지 연금수급기대권은 국가에 대하여 적극적으로 급부를 요구하는 것이므로 헌법규정만으로는 이를 실현할 수 없고 법률에 의한 형성을 필요로 한다. 연금수급권의 구체적 내용 즉, 수급요건, 수급권자의 범위, 급여금액 등을 법률로 형성함에 있어 입법자는 광범위한 형성의 자유를 가진다(헌재 1999.4.29. 97헌마333; 헌재 2014.5.29. 2012헌마248 참조)."

3) **헌재 2016.12.29. 2015헌바182 결정**: "분할연금제도는 이혼한 배우자가 혼인 기간 중 재산 형성에 기여한 부분을 청산 · 분배하는 재산권적인 성격과 이혼배우자의 노후를 보장하는 사회보장적 성격을 함께 가진다. 따라서 입법자는 이 두 요소를 고려하여 분할연금의 구체적인 내용을 정할 수 있고, 두 요소 중 어느 요소를 더 중시할지는 입법자의 재량에 맡겨져 있다."

V. 결론 [1점]

이상의 검토를 종합할 때, 국민연금법 제64조 이하의 분할연금수급권은 재산권적 측면과 사회보장수급권의 측면을 동시에 갖는 것으로 볼 수 있다.

3. 갑의 헌법소원심판청구가 적법한 경우 헌법재판소는 어떤 본안판단을 내려야 하는가? (60점)

Ⅰ. 사안의 분석과 쟁점의 정리 [5점]
Ⅱ. 분할연금 수급권의 개념과 성격 [10점]
  1. 분할연금 수급권의 개념
  2. 분할연금 수급권의 사회권적 성격
  3. 분할연금 수급권의 재산권적 성격
Ⅲ. 이혼 배우자의 법적 지위와 연금형성에의 기여 여부 [12점]
  1. 이혼 배우자의 법적 지위
  2. 별거, 가출 등의 사유로 연금형성에 기여가 없는 경우에 대한 예외 인정 필요성
  3. 국민연금법 제64조의2 신설에 따른 영향
Ⅳ. 국민연금법 제64조 제1항의 정당성 여부에 대한 판단 [15점]
  1. 국민연금법 제64조 제1항과 제한되는 기본권
  2. 입법자의 입법형성권과 그 범위
  3. 입법형성권의 한계 일탈에 대한 검토
Ⅴ. 헌법재판소의 본안판단 [15점]
  1. 헌법재판소 결정의 방식
  2. 사안에 대한 판단
  3. 헌법재판소 결정의 효력
Ⅵ. 결론 [3점]

Ⅰ. 사안의 분석과 쟁점의 정리 [5점]

사안의 쟁점은 국민연금법 제64조에서 이혼한 전처에게 분할연금수급권을 인정하는 것이 합헌인지의 여부이다.

이에 대한 판단을 위해서는 먼저 분할연금수급권의 의의와 성격을 검토하고, 이혼한 배우자에 대해서 분할연금수급권을 인정하는 의미와 분할연금수급권 인정 요건의 합리성을 분석해볼 필요가 있다.

그 토대 위에서 국민연금법 제64조 제1항의 합헌성 여부에 대한 비례성 판단을 통해서 헌법재판소가 어떤 본안판단을 내려야 할 것인지를 확인할 수 있을 것이다.

Ⅱ. 분할연금수급권의 개념과 성격 [10점]

1. 분할연금수급권의 개념

국민연금법 제64조 이하에 의하여 도입된 분할연금수급권은 연금수급권자의 이혼한 배우자가 노령연금을 분할한 일정한 금액의 연금, 즉 분할연금을 받을 수 있는 권리이다.

모든 이혼한 배우자가 분할연금수급권을 받을 수 있는 것은 아니며, 배우자와 이혼했다는 것 이외에도 3가지 요건이 갖춰져야 한다. 첫째, 혼인 기간이 5년 이상이어야 하며, 둘째, 배우자였던 사람이 노령연금수급권자이어야 하며, 셋째, 60세가 되어야 한다.

2. 분할연금수급권의 사회권적 성격

분할연금수급권은 연금수급권의 일종이라 할 수 있으며, 사회보장적 성격을 갖는 사회권으로서의 성격을 갖는다. 특히 이혼한 배우자에게 노령연금의 분할을 인정하는 것은 노후 생계의 보장이라는 측면에서 사회보장적 성격이 뚜렷한 것으로 볼 수 있다.[4]

3. 분할연금수급권의 재산권적 성격

또한 분할연금청구권은 연금기여금에 대한 재산권적 측면도 인정된다. 이혼한 배우자가 혼인 기간 동안에 재산의 형성에 기여한 점을 인정하여 이를 청산·분배하는 측면은 재산권적 성격을 갖는 것으로 볼 수 있는 것이다.

Ⅲ. 이혼 배우자의 법적 지위와 연금형성에의 기여 여부 [12점]

1. 이혼 배우자의 법적 지위

이혼한 배우자는 민법상으로 가족관계가 정리되어 민법상의 권리의무가 해소된다. 그러나 이혼한 배우자에 대한 특별한 사회보장적 보호의 문제는 관련 입법에서 정하기에 따라 달라질 수 있다.

국민연금법 제3조 제2항에서는 국민연금 가입자 본인뿐만 아니라 사실혼 관계를 포함한 배우자까지 적용 대상으로 명시하고 있으며, 이혼한 배우자도 혼인 당시의 적용을 근거로 분할연금수급권을 주장할 수 있는 기초가 마련되어 있는 것이다.

2. 별거, 가출 등의 사유로 연금형성에 기여가 없는 경우에 대한 예외 인정 필요성

그러나 모든 배우자에게 국민연금에 대한 연금분할수급권이 동일하게 인정하는 것은 합리적이지 않다.

연금분할수급권의 재산권적 성격과 관련하여 주목할 점은 연금수급권이 부부가 함께 형성한 공공재산이므로 이혼 후에는 그 기여분에 해당하는 몫을 분할하여야 한다는

---

4) **헌재 2016.12.29. 2015헌바182 결정**: "국민연금법상 분할연금제도는 이혼한 배우자에게 전배우자가 혼인 기간 중 취득한 노령연금 수급권에 대해서 그 연금 형성에 기여한 부분을 인정하여 청산·분배를 받을 수 있도록 하는 한편, 가사노동 등으로 직업을 가지지 못하여 국민연금에 가입하지 못한 배우자에게도 상대방 배우자의 노령연금 수급권을 기초로 일정한 수준의 노후 소득을 보장하려는 취지에서 마련되었다."

것인데, 형식상 혼인관계가 지속되고 있었지만, 별거나 가출 등의 사유로 연금형성에 기여가 없는 경우에는 이를 인정하기 어렵기 때문이다.

3. 국민연금법 제64조의2 신설에 따른 영향

이와 관련하여 국민연금법 제64조의2는 민법상의 재산분할의 방식으로 연금분할을 별도로 결정할 수 있도록 함으로써 연금분할수급권에 대한 다툼을 해결할 수 있는 방도를 마련하고 있다. 그러나 양 제도의 성격과 취지의 차이 등에 비추어 볼 때, 이로써 모든 문제가 해결된 것으로 보기 어렵다.[5]

또한 국민연금법 부칙 제2조 제1항에서는 "법 시행 후 최초로 분할연금 지급 사유가 발생한 경우부터 적용"하도록 정함으로써 그 중간에 발생한 문제들의 경우에는 이를 통한 보정도 가능하지 않다.

Ⅳ. 국민연금법 제64조 제1항의 정당성 여부에 대한 판단 [15점]

1. 국민연금법 제64조 제1항과 제한되는 기본권

사안에서 문제되는 국민연금법 제64조는 이혼한 배우자에게 연금분할수급권을 인정함으로써 국민연금 가입자의 연금수급권에서 감액이 이루어지게 한다. 즉, 연금수급권을 제한하는 것이다.

연금수급권은 재산권의 보호대상이라는 점은 헌법재판소의 확고한 판례이며,[6] 따라서 심판대상조항은 재산권을 제한하는 것이다.

2. 입법자의 입법형성권과 그 범위

연금분할수급권은 사회권적 성격과 재산권적 성격을 함께 갖는 것이며, 입법자는 이 두 가지 요소를 고려하여 분할연금제도의 구체적 형성을 할 수 있는 입법형성권을 갖는다.

그러나 사회권적 성격에 관한 부분에 대해서는 입법형성권이 폭넓게 인정될 수 있는 반면에 재산권적 성격에 관한 부분은 그 재산형성에 대한 기여 등을 합리적으로 고려해야 한다는 점에서 입법형성권의 범위가 사회권적 측면보다는 제한되는 것으로 볼 수 있다.

3. 입법형성권의 한계 일탈에 대한 검토

심판대상조항에서 쟁점이 되고 있는 것은 별거나 가출 등으로 인하여 형식상 혼인

---

5) **헌재 2016.12.29. 2015헌바182 결정**: "2015.12.29. 법률 제13642호로 개정된 국민연금법은 제64조의2를 신설하여 민법상 재산분할청구제도에 따라 연금의 분할에 관하여 별도로 결정된 경우에는 그에 따르도록 하였다. 그러나 사법적인 민법상 재산분할청구제도와 사회보험법적인 국민연금법상 분할연금제도는 그 제도의 성격 및 취지를 달리할 뿐만 아니라, 재산분할청구권을 행사할지 여부는 임의적인 것에 불과함에도, 위 조항이 신설되었다 하여 심판대상조항을 그대로 둔다면 이는 사실상 노령연금 수급권자로 하여금 먼저 재산분할청구권을 행사하도록 강제하게 된다는 점 등에 비추어 볼 때, 위 조항이 신설되었다 하여 심판대상조항의 위헌성이 해소되었다고 볼 수는 없다."

6) 헌재 1996.10.4. 96헌가6; 헌재 2000.6.1. 97헌마190; 헌재 2004.6.24. 2002헌바15 등 참조.

관계가 유지되고 있으나, 실질적으로 부부의 공동재산 형성에 기여하지 못한 배우자에게 연금분할청구권을 인정하고 있는 부분이다.

이러한 점은 연금분할수급권의 한 축이라고 할 수 있는 재산권적 성격에 부합되지 않으며, 이를 고려하지 않은 입법은 입법형성권의 한계를 벗어난 것으로서 위헌이라고 보아야 할 것이다.

Ⅴ. 헌법재판소의 본안판단 [15점]

1. 헌법재판소 결정의 방식

사안은 위헌소원사건이며, 그 형식은 헌법소원심판이지만 실질적으로 위헌법률심판의 성격을 갖는다.

따라서 헌법재판소는 합헌 또는 위헌으로 결정하여야 하며, 필요에 따라 헌법불합치 결정이나 한정위헌, 한정합헌 등의 변형결정을 내릴 수 있다.

2. 사안에 대한 판단

사안의 국민연금법 제64조는 앞서 검토한 바에 따라 위헌이다. 하지만 연금분할제도 자체가 위헌이 아니라 재산형성에 기여하지 않은 배우자에게 연금분할수급권을 인정하는 것이 위헌이므로 단순위헌을 통해 동 조항을 무효화할 경우에는 재산형성에 기여한 배우자들까지 연금분할수급권이 배제되는 불합리한 결과가 발생한다.

이러나 문제를 해소하기 위해 헌법재판소는 헌법불합치결정을 내리면서 잠정적용을 명하고, 빠른 시일에 위헌성을 해소하기 위한 법개정을 요구하여야 한다.[7)]

3. 헌법재판소 결정의 효력

헌법재판소의 헌법불합치결정은 실질적으로 위헌결정이므로 헌법 제47조 제1항에 따라 모든 국가기관과 지방자치단체를 구속한다. 당해 사건의 법원은 해당 조항의 잠정적용을 전제로 갑에 대한 재판을 해야 할 것이다.

Ⅵ. 결론 [3점]

이상의 검토를 종합할 때, 헌법재판소는 국민연금법 제64조 제1항에 대하여 입법의

---

7) **헌재 2016.12.29. 2015헌바182 결정**: "심판대상조항의 위헌성은 분할연금을 산정함에 있어 법률혼 관계에 있었지만 별거·가출 등으로 실질적인 혼인관계가 존재하지 않았던 기간을 전혀 고려하지 않고 일률적으로 혼인기간에 포함시키도록 하는 점에 있다. 그런데 심판대상조항에 대하여 단순위헌결정을 함으로써 그 효력을 즉시 상실시킨다면 노령연금 수급권 형성에 기여한 이혼배우자의 분할연금 수급권의 근거규정까지도 사라지는 법적 공백 상태가 발생하게 된다. 뿐만 아니라 입법자는 개선입법을 형성함에 있어 어떤 경우에 실질적인 혼인관계가 존재하지 않는다고 볼 것인지, 실질적인 혼인관계가 존재하지 않았던 기간을 고려할 수 있는 구체적인 절차나 방법을 어떻게 정할 것인지 등에 관하여 광범위한 입법재량을 가진다.
이러한 사정들을 감안하여 심판대상조항에 대하여 위헌결정을 하는 대신 헌법불합치결정을 선고하되, 입법자의 개선입법이 이루어질 때까지 계속 적용을 명하기로 한다. 입법자는 되도록 빠른 시일 내에, 늦어도 2018.6.30.까지는 개선입법을 마련하여야 하고, 그때까지 개선입법이 이루어지지 않으면 심판대상조항은 2018.7.1.부터 그 효력을 상실한다."

공백을 막기 위해 헌법불합치결정을 내리되, 잠정적용을 명하면서 입법자의 법개정을 촉구하여야 할 것이다.

이러한 헌법재판소 결정이 내려질 때, 당해 사건의 법원은 국민연금법 제64조를 적용하여 갑에 대한 재판을 해야 할 것이다.

30

공무원과 이혼한 배우자의 연금분할청구권

갑과 을은 1982.1.16. 혼인하여 갑은 공무원으로 생활하였고, 을은 가사를 전담하였다. 그런데 갑과 을은 2014.10.16. 협의이혼하였고, 이후 갑은 2014.12.31. 정년퇴직하여 2017.1. 부터 공무원연금공단에서 매월 260만 원의 퇴직연금을 수령하고 있다.

을은 2015.2.17. 갑을 상대로 A법원에 재산분할의 소를 제기하였고, 법원에서는 을에게 퇴직연금을 제외한 재산의 35%를, 그리고 퇴직연금의 30%를 지급하도록 판결하였으며, 이 판결에 을이 불복하지 않아 2015.9.22. 확정되었다.

2015.6.22. 법률 제13387호로 개정된 공무원연금법은 분할연금제도를 도입하여, 법정 요건을 갖춘 분할연금수급권자는 원칙적으로 퇴직연금액 또는 조기퇴직연금액 중 혼인기간에 해당하는 연금액을 균등하게 나눈 금액을 지급받을 수 있도록 하면서(제46조의3), 민법상 재산분할청구에 따라 연금분할이 별도로 결정된 경우에는 그에 따르도록 하는 분할연금 지급의 특례도 함께 규정하였다(제46조의4). 위 조항들에 따른 분할연금은 개정법 시행일인 2016.1.1. 이후 최초로 지급사유가 발생한 사람부터 지급하도록 하였다(같은 법 부칙 제1조, 제2조 제1항).

을은, 분할연금 지급의 특례를 규정한 공무원연금법 제46조의4, 개정 공무원연금법의 시행일을 2016.1.1.로 정한 같은 법 부칙 제1조, 분할연금 지급의 적용대상을 규정한 같은 법 부칙 제2조 제1항이, 분할연금제도 시행 이전에 법원의 재산분할심판에 따라 연금분할이 확정된 을로 하여금 공무원연금법 제46조의3에서 정한 비율에 따른 분할연금을 청구할 수 없게 하여 자신의 기본권을 침해한다고 주장하면서, 헌법재판소에 헌법소원심판을 청구하였다.

〈헌재 2018.4.26. 2016헌마54 참조〉

1. 을의 헌법소원심판청구는 적법한가? (25점)
2. 개정법률에서 분할연금제도를 도입하면서 개정법 시행 후 최초로 지급사유가 발생한 사람부터 분할연금을 지급하도록 한 공무원연금법 부칙조항은 개정법 시행일 이전에 공무원과 이혼한 배우자의 평등권을 침해하는가? (25점)
3. 을의 헌법소원심판청구가 적법한 경우 공무원연금법 제46조의4에 대해 乙이 침해를 주장할 수 있는 기본권은 무엇이며, 그에 대해 헌법재판소는 어떤 본안판단을 내려야 하는가? (50점)

〈참고 조문(아래 법령은 현행 법령과 다를 수 있음)〉

공무원연금법 제46조(퇴직연금 또는 퇴직연금일시금)

① 공무원이 10년 이상 재직하고 퇴직한 경우에는 다음 각 호의 어느 하나에 해당하는 때부터 사망할 때까지 퇴직연금을 지급한다.

1. 65세가 되었을 때
2. 법률 또는 국회규칙, 대법원규칙, 헌법재판소규칙, 중앙선거관리위원회규칙 및 대통령령(이하 "공무원임용관계법령등"이라 한다)에서 정년 또는 근무상한연령(공무원임용관계법령등에서 근무상한연령을 정하지 아니한 공무원의 근무상한연령은 공무원임용관계법령 등에서 정한 그 공무원과 유사한 직위의 공무원의 근무상한연령 등을 고려하여 대통령령으로 정하는 연령을 말한다)을 60세 미만으로 정한 경우에는 그 정년 또는 근무상한 연령이 되었을 때부터 5년이 경과한 때
3. 공무원임용관계법령 등에서 정한 계급정년이 되어 퇴직한 때부터 5년이 경과한 때
4. 직제와 정원의 개정과 폐지 또는 예산의 감소 등으로 인하여 직위가 없어지거나 정원을 초과하는 인원이 생겨 퇴직한 때부터 5년이 경과한 때
5. 대통령령으로 정하는 장애 상태가 된 때

② 제1항에도 불구하고 공무원이 10년 이상 재직하고 제1항 제1호부터 제4호까지의 규정에서 정한 퇴직연금 지급이 시작되는 시점 이전에 퇴직한 경우에는 본인이 원하면 그가 사망할 때까지 제1항제1호부터 제4호까지의 규정에서 정한 퇴직연금 지급이 시작되는 시점에 못 미치는 햇수[이하 "미달연수(未達年數)"라 한다)]에 따라 다음 각 호에 정한 금액을 조기퇴직연금으로 지급할 수 있다.

1. 미달연수 1년 이내: 퇴직연금 상당액의 100분의 95
2. 미달연수 1년 초과 2년 이내: 퇴직연금 상당액의 100분의 90
3. 미달연수 2년 초과 3년 이내: 퇴직연금 상당액의 100분의 85
4. 미달연수 3년 초과 4년 이내: 퇴직연금 상당액의 100분의 80
5. 미달연수 4년 초과 5년 이내: 퇴직연금 상당액의 100분의 75

③ 제1항과 제2항에 따라 퇴직연금 또는 조기퇴직연금을 받을 권리가 있는 자가 원하는 경우에는 퇴직연금 또는 조기퇴직연금을 갈음하여 퇴직연금일시금을 지급하거나, 10년(퇴직연금 · 조기퇴직연금 또는 퇴역연금의 수급자가 제24조에 따라 재직기간을 합산받은 경우에는 그 합산받은 재직기간)을 초과하는 재직기간 중 본인이 원하는 기간에 대하여는 그 기간에 해당하는 퇴직연금 또는 조기퇴직연금을 갈음하여 퇴직연금공제일시금(이하 "공제일시금"이라 한다)을 지급할 수 있다.

④ 제1항에 따른 퇴직연금의 금액은 재직기간 매 1년당(1년 미만의 매 1개월은 12분의 1년으로 계산한다. 이하 같다) 평균기준소득월액의 100만분의 17,000에 상당하는 금액으로 한다. 다만, 이 경우 재직기간은 36년을 초과하지 못한다.

⑤ 제3항의 퇴직연금일시금의 금액은 퇴직한 날의 전날이 속하는 달의 기준소득월액에 재직연수(1년 미만의 매 1개월은 12분의 1년으로 계산한다. 이하 같다)를 곱한 금액의 1천분의 975에 상당하는 금액에다 재직연수에서 5년을 뺀 연수의 매 1년에 대하여 퇴직한 날의 전날이 속하는 달의 기준소득월액에 재직연수를 곱한 금액의 1만분의 65에 상당하는 금액을 가산한 금액으로 한다. 이 경우에 그 재직연수는 36년을 초과하지 못한다.

⑥ 제3항의 공제일시금은 퇴직한 날의 전날이 속하는 달의 기준소득월액에 퇴직하는 공무원이 공제일시금 계산에 산입할 것을 원하는 재직연수(이하 "공제재직연수"라 한다)를 곱한 금액의 1천분의 975에 상당하는 금액에다 공제재직연수 매 1년에 대하여 퇴직한 날의 전날이 속하는 달의 기준소득월액에 공제재직연수를 곱한 금액의 1만분의 65에 상당하는 금액을 가산한 금액으로 한다.

⑦ 제5항에 따라 산정한 금액이 이미 낸 기여금에 「민법」 제379조에 따른 이자를 가산한 금액보다 적을 경우에는 제5항에 따라 산정한 금액을 갈음하여 기여금에 「민법」 제379조에 따른 이자를 가산한 금액을 지급한다.

⑧ 제1항 제4호에 따른 퇴직의 확인은 대통령령으로 정하는 바에 따라 인사혁신처장이 한다.

공무원연금법 제46조의2(퇴직연금의 수급권 상실)

제46조 제1항 제5호에 따라 퇴직연금을 받던 자의 장애 상태가 대통령령으로 정한 장애 상태에 해당되지 아니하게 되면 그 다음 달부터 같은 호의 사유로 인한 퇴직연금은 지급하지 아니한다.

공무원연금법 제46조의3(분할연금 수급권자 등)

① 혼인기간(배우자가 공무원으로서 재직한 기간 중의 혼인기간만 해당한다. 이하 같다)이 5년 이상인 사람이 다음 각 호의 요건을 모두 갖추면 그 때부터 그가 생존하는 동안 배우자였던 사람의 퇴직연금 또는 조기퇴직연금을 분할한 일정한 금액의 연금(이하 "분할연금"이라 한다)을 받을 수 있다.

1. 배우자와 이혼하였을 것
2. 배우자였던 사람이 퇴직연금 또는 조기퇴직연금 수급권자일 것
3. 65세가 되었을 것

② 제1항에 따른 분할연금액은 배우자였던 사람의 퇴직연금액 또는 조기퇴직연금액 중 혼인기간에 해당하는 연금액을 균등하게 나눈 금액으로 한다.

③ 제1항에 따른 분할연금은 제1항 각 호의 요건을 모두 갖추게 된 때부터 3년 이내에 청구하여야 한다.

④ 제1항부터 제3항까지에 따른 급여의 청구 등에 관하여 구체적인 사항은 대통령령으로 정한다.

공무원연금법 제46조의4(분할연금 지급의 특례)

제46조의3에도 불구하고 「민법」 제839조의2 또는 제843조에 따라 연금분할이 별도로 결정된 경우에는 그에 따른다.

공무원연금법 제46조의5(분할연금과 퇴직연금 등과의 관계)

① 제46조의3 제1항에 따른 분할연금 수급권은 그 수급권을 취득한 후에 배우자였던 사람에게 생긴 사유로 퇴직연금 또는 조기퇴직연금의 수급권이 소멸·정지되어도 영향을 받지 아니한다. 다만, 형벌 등에 따른 사유로 배우자였던 사람의 퇴직연금액 또는 조기퇴직연금액이 감액되거나 그 지급이 정지된 경우에는 제64조를 준용한다.

② 수급권자에게 둘 이상의 분할연금 수급권이 생기면 둘 이상의 분할연금액을 합하여 지급한다.

③ 분할연금 수급권자는 제56조의 유족연금을 지급할 때 퇴직연금 또는 조기퇴직연금 수급권자로 보지 아니한다.
④ 분할연금 수급권자에게 퇴직연금 또는 조기퇴직연금 수급권이 발생한 경우에는 분할연금액과 퇴직연금액 또는 조기퇴직연금액을 합하여 지급한다.
⑤ 분할연금 수급권이 소멸된 경우에는 그 사유가 발생한 다음 달부터 배우자였던 사람에게 분할되기 전의 금액을 지급한다.
⑥ 분할연금 수급권자와 그 배우자였던 사람이 모두 퇴직연금 또는 조기퇴직연금 수급권자인 경우에는 당사자들의 합의에 따라 각각의 분할연금을 지급하지 아니할 수 있다.

공무원연금법 부칙 제2조(분할연금 지급에 관한 적용례)
① 제46조의3부터 제46조의5까지의 개정규정에 따른 분할연금은 이 법 시행 후 최초로 지급사유가 발생한 사람부터 지급한다. 이 경우 분할연금액 지급 대상 혼인기간에는 이 법 시행 전에 배우자 또는 배우자였던 사람이 공무원으로서 재직한 기간 중의 혼인기간을 포함한다.
② 제46조의3 제1항 제3호의 개정규정에도 불구하고 분할연금은 제46조의3 제1항 제1호 및 제2호의 개정규정의 요건에 해당한 사람으로서 다음 각 호에서 정한 연도별로 정한 연령에 도달한 경우에는 받을 수 있다.
1. 2016년부터 2021년까지: 60세
2. 2022년부터 2023년까지: 61세
3. 2024년부터 2026년까지: 62세
4. 2027년부터 2029년까지: 63세
5. 2030년부터 2032년까지: 64세

1. 乙의 헌법소원심판청구는 적법한가? (25점)

Ⅰ. 헌법소원심판의 유형과 적법요건 [3점]
Ⅱ. 공권력에 의한 기본권의 침해 [6점]
　1. 공권력으로서의 입법작용
　2. 침해되는 기본권
　3. 사안에 대한 판단
Ⅲ. 기본권침해의 직접성, 현재성, 자기관련성 [9점]
　1. 입법작용에 의한 기본권침해와 직접성 요건
　2. 현재성에 대한 판단
　3. 자기관련성에 대한 판단
Ⅳ. 보충성 및 기타의 적법요건 [6점]
　1. 헌법소원심판청구의 보충성
　2. 변호사강제주의
　3. 청구기간
Ⅴ. 결론 [1점]

Ⅰ. 헌법소원심판의 유형과 적법요건 [3점]

헌법재판소법 제68조 제1항에 따른 권리구제형 헌법소원은 공권력에 의한 기본권의 침해를 다투는 헌법소송이다.

그 적법요건으로는 공권력(의 행사 또는 불행사)에 의한 기본권의 침해와 더불어 기본권침해의 직접성, 현재성, 자기관련성이 갖춰져야 하며, 그밖에 헌법소원심판청구의 보충성, 변호사 강제주의, 청구기간의 준수 등이 있다.

Ⅱ. 공권력에 의한 기본권의 침해 [6점]

1. 공권력으로서의 입법작용

헌법소원심판의 대상이 되는 공권력은 원칙적으로 모든 국가작용이다. 다만, 헌법재판소법 제68조 제1항 제1문의 규정에 따라 법원의 재판은 배제된다.

본 사안에서 문제되는 공권력은 공무원연금법 조항들이며, 입법작용도 공권력의 행사로서 헌법소원심판의 대상이 될 수 있다.

2. 침해되는 기본권

을이 침해를 주장할 수 있는 기본권은 재산권, 평등권, 인간다운 생활을 할 권리 등이 있으며, 기본권에 대한 침해 가능성이 인정되므로 이 요건도 갖추었다.

3. 을의 기본권주체성

사안에서 을의 국적은 명시되지 않고 있다. 그러나 을은 공무원인 갑과 결혼하였고, 따라서 결혼 전에는 외국인이었나 하더라도 대한민국의 국민이 되었다고 볼 수 있다. 그러므로 을의 기본권주체성은 문제되지 않는다.

Ⅲ. 기본권침해의 직접성, 현재성, 자기관련성 [9점]

1. 입법작용에 의한 기본권침해와 직접성 요건

기본권침해의 직접성 요건은 해당 공권력에 의해 청구인의 기본권이 직접 침해되었어야 한다는 것이다.

사안에서 공무원연금법 제43조의3은 분할연금의 수급권자를 구체적으로 한정하고 있으며, 집행행위를 매개하는 것은 아니므로 침해의 직접성이 인정된다.

2. 현재성에 대한 판단

기본권침해의 현재성 요건은 해당 공권력에 의한 기본권침해가 장래의 발생 가능성이 있는 것이 아니라 현재적으로 침해가 이루어지고 있거나, 가까운 장래에 발생할 것이 확실한 경우이어야 한다는 것이다.

사안에서 을의 기본권은 이미 침해된 상태이므로 현재성 요건도 충족하였다.

3. 자기관련성에 대한 판단

기본권침해의 자기관련성 요건은 해당공권력이 자신의 기본권을 침해한 경우이어야 한다는 것이다.

사안에서 을은 자신의 기본권이 침해된 것을 다투고 있으므로 자기관련성도 인정된다.

Ⅳ. 보충성 및 기타의 적법요건 [6점]

1. 헌법소원심판청구의 보충성

헌법재판소법 제68조 제1항 단서에 따른 보충성 요건은 헌법소원심판의 폭주를 막고 법원의 재판이나 행정심판 등의 구제절차를 적절하게 활용하기 위한 것이다. 사안의 경우 입법작용에 대해서는 적절한 구제절차가 없으므로 보충성 요건이 충족된 것으로 볼 수 있다.[1)]

2. 변호사강제주의

헌법소원심판은 사인이 청구의 주체가 되며, 헌법재판소법 제25조 제3항에 따라 변호사 강제주의가 적용된다. 따라서 사안의 을은 변호사를 대리인으로 선임하여야 헌법소원심판을 청구할 수 있다.

3. 청구기간

헌법소원심판은 헌법재판소법 제69조 제1항에 따라 그 사유가 있음을 안 날부터 90일 이내에, 그 사유가 있는 날부터 1년 이내에 청구하여야 한다.

사안에서 을은 공무원연금법 개정이 있었던 2015.6.22.부터 1년 이내, 법개정을 안 날부터 90일 이내에 헌법소원심판을 청구하였어야 한다.

Ⅴ. 결론 [1점]

이상의 검토를 종합할 때, 을의 을의 헌법소원심판청구는 – 변호사 강제주의와 청구기간의 준수를 전제로 – 적법요건을 충족한 것으로 보이며, 헌법재판소는 본안판단에 들어가야 할 것이다.

2. 개정법률에서 분할연금제도를 도입하면서 개정법 시행 후 최초로 지급사유가 발생한 사람부터 분할연금을 지급하도록 한 공무원연금법 부칙조항은 개정법 시행일 이전에 공무원과 이혼한 배우자의 평등권을 침해하는가? (25점)

Ⅰ. 서: 법개정과 평등권 적용의 문제 [3점]
Ⅱ. 공무원연금법 부칙 제2조의 의미와 기능 [5점]
  1. 부칙조항의 의의와 기능: 시행시기 · 대상의 한정을 통한 법적안정성 확보
  2. 분할연금제도 도입과 법적안정성의 문제

---

1) **헌재 1991.6.3. 89헌마46 결정**: "법률 자체에 의한 직접적인 기본권침해가 문제될 때에는 그 법률 자체의 효력을 직접 다투는 것을 소송물로 하여 일반 법원에 소송을 제기하는 길이 없으므로 다른 구제절차를 거칠 것 없이 바로 헌법소원을 제기할 수 있다."

Ⅰ. 서: 법개정과 평등권 적용의 문제 [3점]

오늘날 평등권은 입법권까지 구속하는 것으로 인정되므로, 법개정에 의한 평등권 침해도 위헌으로 인정될 수 있다.

다만, 평등권의 입법에 대한 구속은 특별한 경우가 아니면 완화된 심사기준이 적용된다는 점을 고려하여 사안에 대한 평등권 위반 여부를 판단하여야 할 것이다.

Ⅱ. 공무원연금법 부칙 제2조의 의미와 기능 [5점]

1. 부칙조항의 의의와 기능: 시행시기 · 대상의 한정을 통한 법적안정성 확보

사안에서는 부칙조항이 문제되고 있는 바, 부칙조항은 규율의 내용을 정하고 있는 본문과는 달리 경과규정 등을 통해 시행 시기나 대상을 한정하는 것이다.

즉, 부칙조항의 기능은 이를 통해 법의 제정 · 개정을 통한 과도기의 혼란을 최소화하고 법적안정성을 확보하는 것이다.

2. 분할연금제도 도입과 법적안정성의 문제

공무원연금법의 개정을 통해 분할연금제도를 도입함으로 인하여 그 이전과 이후에 연금수급권자에 차이가 발생하게 되었다. 이로 인한 법적 혼란을 최소화하기 위하여 부칙조항에서 과도기를 규율하기 위한 경과규정을 둔 것은 부칙조항의 성격에 부합한다.

3. 분할연금제도 도입과 입법형성권(입법재량)

또한 분할연금제도의 도입에 대해서는 입법형성권이 넓게 인정된다는 점이 고려되어야 한다. 공무원연금법 등에 의한 연금수급권은 사회보장적 성격과 재산권적 성격을 동시에 갖고 있지만, 그 적절한 형성에 대해서는 입법형성권이 넓게 인정된다는 것이 헌법재판소의 일관된 판례이다.[2)]

---

2) **헌재 2004.6.24. 2002헌바15 결정**: "연금수급권은 국가에 대하여 적극적으로 급부를 요구하는 것이므로 헌법규정만으로는 이를 실현할 수 없고, 법률에 의한 형성을 필요로 한다. 연금수급권의 구체적 내용 즉, 수급요건, 수급권자의 범위, 급여금액 등은 법률에 의하여 비로소 확정되며, 연금수급권과 같은 사회적 기본권을 법률로 형성함에 있어 입법자는 광범위한 형성의 자유를 누린다(헌재 1997.5.29. 94헌 마

Ⅲ. 비교집단과 평등심사의 기준 [7점]

1. 비교집단: 2016.1.1. 이전과 이후에 이혼한 사람들

사안에서 공무원연금법 부칙 제2조 제1항은 개정법률의 시행일인 2016.1.1. 이후에 지급사유가 발생하였을 것을 요구함으로써 그 이전에 이혼한 사람들에 대해서는 적용되지 않도록 하였다.

그 결과 2016.1.1. 이전에 이혼한 사람들과 그 이후에 이혼한 사람들 사이에 법적용의 차별이 발생하였으므로 이를 비교집단으로 설정하는 것이 합리적이다.

2. 엄격한 심사와 완화된 심사의 구별기준

사회의 변화·발전에 따른 법개정이라 하더라도 평등권의 침해가 문제될 소지는 항상 있고, 그로 인하여 법개정이 곤란해져서는 오히려 더 큰 문제가 발생할 수 있다.

이에 따라 평등권의 입법에 대한 구속력은 헌법에서 평등취급이 명시적으로 요청되는 경우, 혹은 기본권에 대한 중대한 제한이 문제되는 경우에는 엄격한 심사기준을 적용하되, 그밖의 경우에는 완화된 심사기준을 적용하는 것이 헌법재판소의 확고한 판례이다.

3. 사안에 적용될 평등심사기준

사안의 경우 분할연금제도의 도입은 입법형성권이 폭넓게 인정될 수 있는 사안이며, 부칙조항에서 정하고 있는 적용대상의 범위 또한 그러하다. 적용대상을 무한정 확장할 수 없는 이상 일정한 시기를 기준으로 한정하는 것은 불가피할 것이기 때문이다.

Ⅳ. 평등권 침해 여부에 대한 판단 [8점]

1. 차별의 합리성에 대한 판단

완화된 심사기준이 적용된다 하더라도 차별의 합리성이 인정될 수 없는 자의적 차별인 경우에는 위헌으로 인정될 수 있다.

그러나 사안의 경우에는 개정법의 시행 이후에 지급사유가 발생한 사람에게 분할연금을 지급하는 것은 소급적용을 하지 않겠다는 것으로서 이를 자의적인 것으로 볼 수는 없다.

33, 판례집 9-1, 543, 554; 1999.4.29. 97헌마333, 판례집 11-1, 503, 513 참조)."

헌재 2013.9.26. 2011헌바272 결정: "공무원연금법상의 퇴직급여, 유족급여 등 각종 급여를 받을 권리, 즉 연금수급권은 일부 재산권으로서의 성격을 지니는 것으로 파악되고 있으나 이는 앞서 본 바와 같이 사회보장수급권의 성격과 불가분적으로 혼재되어 있으므로, 비록 연금수급권에 재산권의 성격이 일부 있다 하더라도 그것은 이미 사회보장법리의 강한 영향을 받지 않을 수 없다 할 것이고, 입법자로서는 연금수급권의 구체적 내용을 정함에 있어 이를 전체로서 파악하여 어느 한 쪽의 요소에 보다 중점을 둘 수 있다 할 것이다.

따라서 연금수급권의 구체적인 내용을 형성함에 있어서 입법자는 국가의 재정능력, 국민 전체의 소득 및 생활수준, 기타 여러 가지 사회적·경제적 여건 등을 종합하여 이 법의 입법목적 달성에 알맞도록 합리적인 수준에서 결정할 수 있고, 여기에 필요한 정책적인 판단 및 결정은 일차적으로 입법자의 재량에 맡겨져 있다 할 것이다(헌재 2009.5.28. 2008헌바107, 판례집 21-1하, 712, 717)."

2. 입법형성권의 남용 내지 한계일탈 여부에 대한 판단

또한 분할연금제도를 도입하면서 그 시행 전에 이혼한 사람들도 소급하여 분할연금수급권자가 될 수 있도록 한다면, 과거에 이미 형성된 법률관계에 중대한 영향을 미쳐 법적 안정성이 훼손될 우려가 크다.[3)]

따라서 부칙조항에서 이렇게 대상범위를 한정한 것은 입법형성권을 남용하여 한계를 일탈한 것이라고 볼 수 없다.

3. 사안의 평등권 침해 여부에 대한 판단

그러므로 사안의 부칙조항은 평등권을 불합리하게 제한한 것이라고 볼 수 없으며, 합리적 차별로서 합헌으로 보아야 한다.

Ⅴ. 결론 [2점]

이상의 검토를 종합할 때, 공무원연금법 부칙 제2조 제1항에서 2016.1.1. 이전에 이혼한 사람들을 적용대상에서 배제한 것은 합리적 이유가 있는 차별이며, 따라서 평등권을 침해한 것은 아니므로 합헌이다.

3. 공무원연금법 제46조의4에 대해 乙이 침해를 주장할 수 있는 기본권은 무엇이며, 그에 대해 헌법재판소는 어떤 본안판단을 내려야 하는가? (50점)

Ⅰ. 사안의 분석과 쟁점의 정리 [5점]
Ⅱ. 연금분할청구권의 성격과 乙이 침해를 주장할 수 있는 기본권 [8점]
 1. 퇴직연금수급권 및 연금분할청구권의 의의와 성격
 2. 퇴직연금수급권의 헌법적 근거: 인간다운 생활을 할 권리, 재산권
 3. 연금분할청구권의 헌법적 근거: 재산권, 평등권, 인간다운 생활을 할 권리
Ⅲ. 분할연금제도의 성격과 입법형성권 [10점]
 1. 분할연금제도의 의의와 성격
 2. 분할연금제도 도입의 방식 및 단계에 대한 입법자의 입법형성권
 3. 공무원연금법 제46조의4의 의미와 기능
Ⅳ. 심판대상조항의 기본권 침해 여부 [12점]
 1. 재산권 및 사회보장수급권과 입법형성권의 한계
 2. 분할연금지급의 특례와 평등권

3) **헌재 2018.4.26. 2016헌마54 결정**: "분할연금제도를 도입하면서 그 시행 전에 이혼한 사람들도 소급하여 분할연금수급권자가 될 수 있도록 한다면, 분할연금 수급권자에게 지급하여야 할 분할연금을 포함하여 이미 퇴직연금을 지급한 경우나 퇴직연금수급자가 이미 사망하여 퇴직연금이 소멸된 경우 등 과거에 이미 형성된 법률관계에 중대한 영향을 미쳐 법적 안정성이 훼손될 우려가 크다. 지급적용대상 조항은 이러한 문제를 방지하기 위하여 개정 법률의 적용대상을 제한한 것으로 충분히 납득할 이유가 있다.
따라서 2015년 개정 공무원연금법에 분할연금제도를 신설하면서, 그 지급적용 대상을 개정법 시행일 이후에 이혼한 사람으로 한정한 것은 입법재량의 범위를 벗어난 현저히 불합리한 차별이라고 보기 어려우므로, 지급적용대상 조항은 청구인의 평등권을 침해하지 아니한다."

3. 사안에 대한 판단
V. 헌법재판소의 결정과 그 효력 [12점]
1. 헌법재판소 결정의 형식
2. 사안에 대한 판단
3. 헌법재판소 결정의 효력
VI. 결론 [3점]

I. 사안의 분석과 쟁점의 정리 [5점]

공무원연금법 제46조의4는 분할연금의 특례에 관한 규정이다. 즉, 민법상의 이혼에 따른 재산분할의 방법으로 연금분할이 결정된 경우에는 국민연금법 제46조의3이 적용되지 않도록 한 것이다.

그러므로 을이 이에 대해 다툴 수 있는 것은 국민연금법 제46조의3에 의해 인정되는 기본권이 배제된다는 점이며, 과연 이렇게 배제하고 있는 것이 타당한지의 여부가 사안의 핵심이라 할 수 있다.

이에 대한 판단을 위해서는 먼저 연금분할청구권과의 관계에서 을이 침해를 주장할 수 있는 기본권을 확인하고, 분할연금제도의 의의와 성격에 비추어서 공무원연금법 제46조의4가 관련 기본권을 위헌적으로 침해하고 있는지를 검토하여야 할 것이다. 그리고 그 결과에 따라 헌법재판소가 어떤 본안판단을 내려야 하며, 그 효력은 어떠한지를 확인할 수 있을 것이다.

II. 연금분할청구권의 성격과 을이 침해를 주장할 수 있는 기본권 [8점]

1. 퇴직연금수급권 및 연금분할청구권의 의의와 성격

공무원연금법에 따른 퇴직연금수급권은 공무원 퇴직자에게 인정되는 연금수급권으로서 사회보장적 급여로서의 성격과 공로보상 내지 후불임금으로서의 성격도 함께 갖는다.

이러한 퇴직연금수급권은 경제적 가치 있는 권리로서 헌법 제23조에 의하여 보장되는 재산권으로서의 성격을 갖는다.[4)]

2. 퇴직연금수급권의 헌법적 근거: 인간다운 생활을 할 권리, 재산권

퇴직연금수급권은 헌법적 근거는 인간다운 생활을 할 권리와 재산권에서 찾을 수 있다.

퇴직연금수급권의 사회보장적 측면의 근거는 헌법 제34조 인간다운 생활을 할 권리에서 도출되며, 후불임금적 성격 및 연금수급권 자체의 재산적 가치성은 헌법 제23조

---

4) **헌재 2012.8.23. 2010헌바425 결정**: "공무원연금법상의 퇴직연금수급권은 기본적으로 사회보장적 급여로서의 성격을 가짐과 동시에 공로보상 내지 후불임금으로서의 성격도 함께 가진다고 할 것이고, 이러한 퇴직연금수급권은 경제적 가치 있는 권리로서 헌법 제23조에 의하여 보장되는 재산권으로서의 성격을 가진다고 할 수 있는데 다만, 그 구체적인 급여의 내용, 기여금의 액수 등을 형성하는 데에 있어서는 직업공무원제도나 사회보험원리에 입각한 사회보장적 급여로서의 성격으로 인하여 일반적인 재산권에 비하여 입법자에게 상대적으로 보다 폭넓은 재량이 헌법상 허용된다고 볼 수 있다(헌재 2005.6.30. 2004헌바42, 판례집 17-1, 973, 981)."

의 재산권에 의해 보호된다.

3. 연금분할청구권의 헌법적 근거: 재산권, 평등권, 인간다운 생활을 할 권리

연금분할청구권은 퇴직연금수급권에서 파생되는 것이라 볼 수 있으며, 그 헌법적 근거는 퇴직연금수급권과 같은 인간다운 생활을 할 권리, 재산권 이외에 평등권이 추가된다.

연금분할청구권은 이혼한 배우자에게 부부의 공동재산에 대한 기여를 인정하고 이에 대한 합당한 몫의 분배를 요구하는 것이기 때문이다.

Ⅲ. 분할연금제도의 성격과 입법형성권 [10점]

1. 분할연금제도의 의의와 성격

공무원연금법상 분할연금제도는 공무원과 이혼한 배우자에게 공무원이 재직기간 중의 혼인기간에 취득한 퇴직연금 또는 조기퇴직연금 수급권에 대해 그 연금 형성에 기여한 부분을 인정하여 청산·분배를 받을 수 있도록 하는 한편, 상대방의 퇴직연금 또는 조기퇴직연금 수급권을 기초로 일정한 수준의 노후소득을 보장하려는 취지에서 마련된 것이다.

2. 분할연금제도 도입의 방식 및 단계에 대한 입법자의 입법형성권

공무원연금법에 의한 퇴직연금수급권 및 이로부터 파생되는 분할연금제도의 도입에 대해서는 입법자의 입법형성권이 넓게 인정된다.

연금수급권의 구체적인 내용을 형성함에 있어서 입법자는 국가의 재정능력, 국민 전체의 소득 및 생활수준, 기타 여러 가지 사회적·경제적 여건 등을 종합하여 이 법의 입법목적 달성에 알맞도록 합리적인 수준에서 결정할 수 있고, 여기에 필요한 정책적인 판단 및 결정은 일차적으로 입법자의 재량에 맡겨져 있다는 것이 헌법재판소의 일관된 판례이다.[5)]

3. 공무원연금법 제46조의4의 의미와 기능

공무원연금법 제46조의4에 의한 특례는 동법 제46조의3에 따른 균등분할에 대한 예외를 인정한 것이고, 이는 민법상의 재산분할 방식으로 연금분할을 결정한 경우에 이를 우선하도록 한 것이다.

이는 연금형성에 대한 실질적 기여도나 당사자 쌍방이 혼인생활 중 협력하여 취득한 모든 적극재산과 소극재산을 고려하여 연금분할에 관하여 달리 정할 수 있는 여지를 둠으로써, 당사자의 의사를 존중하고 개별 사안의 특수성을 고려하여 구체적 타당성을 도모하기 위한 것이다.

Ⅳ. 심판대상조항의 기본권 침해 여부 [12점]

1. 재산권 및 사회보장수급권과 입법형성권의 한계

공무원연금법 제46조의4가 연금분할청구권에 대한 예외를 정함으로써 이를 제한하

5) **헌재 2009.5.28. 2008헌바107 결정** 이래의 확립된 판례.

는 것이 될 수 있지만, 그것이 그 헌법적 근거인 재산권 및 사회보장수급권에 대한 입법자의 입법형성권을 일탈한 것으로는 보기 어렵다.

연금제도의 형성에 대해서는 입법자에게 넓은 입법형성권이 인정될 뿐만 아니라, 공무원연금법 제46조의4에 의한 연금분할청권의 특례 인정은 나름의 합리적 사유를 갖고 있는 것으로서 자의적인 입법으로는 볼 수 없기 때문이다.

2. 분할연금지급의 특례와 평등권

공무원연금법 제46조의4는 평등권 침해가 문제될 수도 있다. 그러나 획일적으로 균등분할하는 것보다는 연금형성에 대한 실질적 기여도 등을 고려하여 차등분할이 가능하도록 하는 것이 더 합리적이라고 볼 수 있다.

그런 의미에서 분할연금지급의 특례 인정이 평등권에 위배되는 것은 아니라고 보아야 할 것이다.

3. 사안에 대한 판단

이상의 검토에 따라 공무원연금법 제46조의4에 의한 분할연금의 특례는 인간다운 생활을 할 권리, 재산권, 평등권 등을 침해하는 것이 아니므로 합헌이라고 보아야 할 것이다.

Ⅴ. 헌법재판소의 결정과 그 효력 [12점]

1. 헌법재판소 결정의 형식

사안의 헌법소원심판은 법령소원으로서 그 을의 청구에 대한 인용 또는 기각은 심판대상조항에 대한 합헌 또는 위헌결정이 된다.

또한 필요에 따라서는 헌법불합치 또는 한정합헌이나, 한정위헌의 변형결정도 가능하다.

2. 사안에 대한 판단

위의 검토에 따라 본 사안에 대해서 헌법재판소는 합헌(기각) 결정을 내려야 한다.

3. 헌법재판소 결정의 효력

헌법재판소의 합헌결정은 당해 사건에 대해 구속력이 있지만, 위헌결정과 같이 모든 국가기관을 구속하는 것은 아니며, 같은 조항에 대해 별개의 사건에서 다시 다투어질 수 있다.

Ⅵ. 결론 [3점]

이상의 검토에 따르면 공무원연금법 제46조의4는 내용상 합헌으로 판단되며, 헌법재판소는 이에 대해 합헌(기각)결정을 내려야 한다.

다만, 헌법재판소의 합헌결정은 위헌결정과 달리 일반적 기속력을 갖지 못하기 때문에 새로운 위헌소송이 제기될 가능성은 계속 열려 있다.

31

군인연금법 부칙조항의 합헌성 여부

갑은 현역병으로 입대하여 2년간 근무한 후에 장기복무를 지원하여 하사관으로 18년을 더 근무하고 1984년 6월 말 퇴직하였다.

구 군인연금법(1982.12.28. 법률 제3587호로 개정된 것) 제16조 제5항은 현역병 등으로 복무한 기간을 군인연금법에 의한 급여산정시 군인으로서의 '복무기간'에 산입할 수 있도록 규정하였다. 갑은 국방부장관에게 현역병의 복무기간 산입을 신청하였으나, 국방부장관은 군인연금법 부칙 제2항 및 군인연금법 시행령 부칙 제2항에 따라 1984.10.1. 전에 퇴직한 군인에 대해서는 이를 산입할 수 없다는 이유로 거부하였다.

이에 갑은 국방부장관의 거부처분에 대해 취소를 구하는 소송을 제기하였고, 소송이 계속 중인 상태에서 담당법원에 군인연금법 부칙 제1항과 제2항에 대한 위헌법률심판제청을 신청하였으나 법원에서 이를 기각하자 헌법재판소에 헌법소원심판을 청구하였다.

〈헌재 2015.6.25. 2013헌바17 참조〉

1. 갑의 헌법소원심판청구는 적법한가? (20점)
2. 군인연금법 제16조 제5항의 시행일을 대통령령에 위임한 부칙 제1항 단서는 포괄적 위임입법 금지의 원칙에 위배되는가? (20점)
3. 개정 군인연금법 시행 전에 퇴직하여 급여의 사유가 발생한 자에 대하여 위 법을 소급 적용하지 않도록 한 군인연금법 부칙 제2항은 평등원칙에 위배되는가? (20점)
4. 갑의 헌법소원심판청구가 적법할 경우 헌법재판소는 어떤 본안판단을 내려야 하는가? (40점)

〈참고 조문(아래 법령은 현행 법령과 다를 수 있음)〉

군인연금법 제16조(복무기간의 계산)

① 군인의 복무기간은 그 임용된 날이 속하는 달부터 퇴직한 날의 전날 또는 사망한 날이 속하는 달까지의 연월수(年月數)로 계산한다.

② 부사관(제2조 제1호의 부사관은 제외한다)에서 준사관 또는 장교로 임용된 사람 및 준사관에서 장교로 임용된 사람의 복무기간은 상호 합산하되, 복무 중 지원 군간부후보생 기간을 포함한다.

③ 삭제

④ 전투에 참가한 기간은 3배로 계산한다.

⑤ 이 법의 적용을 받는 군인으로 임용되기 전의 「병역법」에 따른 현역병 또는 지원

에 의하지 아니하고 임용된 부사관의 복무기간(방위소집·상근예비역소집 또는 보충역소집에 따라 복무한 기간 중 대통령령으로 정하는 복무기간을 포함한다)은 본인이 원하는 바에 따라 제1항의 복무기간에 산입할 수 있다. 이 경우 복무기간을 산입하려는 사람은 복무기간 산입신청서를 국방부장관에게 제출하여야 한다.

⑥ 퇴직한 군인·공무원 또는 사립학교교직원(「군인연금법」·「공무원연금법」 또는 「사립학교교직원 연금법」의 적용을 받지 아니하였던 사람은 제외한다)이 군인으로 복무하게 된 경우에는 본인이 원하는 바에 따라 종전의 해당 연금법에 따른 복무기간 또는 재직기간을 제1항의 복무기간에 합산할 수 있다.

⑦ 삭제

⑧ 복무기간을 계산할 때 19년 6개월 이상 20년 미만으로 복무한 사람의 복무기간은 20년으로 한다.

⑨ 복무기간의 계산은 정부수립연도 이전으로 소급하지 못한다.

⑩ 제4항 및 제8항에 따라 가산된 기간 또는 제5항·제6항에 따른 복무기간은 퇴직수당을 지급할 때에는 제1항의 복무기간에 합산하거나 산입하지 아니한다.

⑪ 퇴직수당 지급과 관련하여 복무기간을 계산할 때에는 다음 각 호의 사유로 인한 휴직을 제외한 휴직기간, 직위해제기간 및 정직기간은 그 기간의 2분의 1을 각각 뺀다.

1. 공무상 질병 또는 부상으로 인한 휴직
2. 국제기구, 외국기관, 국내외 대학 또는 국내외 연구기관에 임시채용됨으로 인한 휴직
3. 자녀의 양육 또는 여성군인의 임신이나 출산으로 인한 휴직
4. 그 밖에 법률에 따른 의무를 수행하기 위한 휴직

군인연금법 부칙

① (시행일) 이 법은 1983년 1월 1일부터 시행한다. 다만, 제16조 제5항 및 제38조 제2항의 개정규정은 군인보수법 제9조의 규정에 의한 군인의 초임호봉 부여에 있어서 장교·준사관·하사관·병등의 모든 계급 간의 복무기간을 합산·조정하는 제도가 마련된 후 대통령령이 정하는 날로부터 시행한다.

② (급여사유발생에 관한 경과조치) 이 법 시행 전에 급여의 사유가 발생한 자에 대한 급여에 관하여는 종전의 규정에 의한다.

③ (군복무기간의 산입에 관한 경과조치) 이 법(제1항 단서의 규정에 의하여 추후 시행되는 제16조 제5항 및 제38조 제2항의 개정규정을 말한다. 이하 이 항에서 같다) 시행당시 복무중인 군인으로서 제16조 제5항의 규정에 의하여 그 복무기간이 재직기간에 산입되는 자는 그 산입기간에 대하여 이 법 시행일이 속하는 월부터 매월 당해 월분의 기여금과 같은 금액의 소급기여금을 납부하여야 한다. 이 경우 당해 군인이 그 소급기여금의 납부도중 퇴직 또는 사망한 때에는 퇴직 또는 사망 당시의 보수월액을 기준으로 잔여소급기여금을 계산하여 이를 당해 퇴직 또는 유족급여에서 공제한다.

1. 갑의 헌법소원심판청구는 적법한가? (20점)

Ⅰ. 서: 위헌소원의 성격과 청구요건 [2점] Ⅱ. 재판의 전제성 [7점] 1. 소송의 계속 2. 심판대상법률(조항)이 당해 소송사건에 적용 3. 심판대상법률(조항)의 위헌 여부에 따라 다른 내용의 재판 Ⅲ. 위헌법률심판제청의 신청과 기각 [6점] 1. 위헌소원의 성격과 위헌법률심판제청의 의미 2. 법원의 기각 결정과 그 의미 3. 헌법재판소법 제68조 제2항에 의한 헌법소원심판의 청구 Ⅳ. 기타의 청구요건 [4점] 1. 변호사 강제주의 2. 청구기간 Ⅴ. 결론 [1점]

Ⅰ. 서: 위헌소원의 성격과 청구요건 [2점]

사안에서 갑이 제기한 헌법소원심판은 헌법재판소법 제68조 제2항에 따른 이른바 위헌소원이다. 위헌소원은 형식상 헌법소원이지만 실질적으로는 위헌법률심판에 해당하는 것이며, 그에 따라 헌법재판소법 제68조 제1항의 권리구제형 헌법소원과는 청구요건에 큰 차이를 보인다. 무엇보다 재판의 전제성 요건이 갖추어져야 하며, 그밖에 당해 법원에 대한 위헌법률심판제청신청과 기각, 변호사 강제주의, 청구기간 등의 요건이 갖춰져야 한다.

Ⅱ. 재판의 전제성 [7점]

1. 소송의 계속

재판의 전제성이 인정되기 위해서는 가장 먼저 법원에 소송이 계속(繫屬) 중이어야 한다. 즉, 법적 쟁점에 관하여 법원에 소송이 제기되고 그 소송에 대해 법원이 심리를 하고 있는 상태여야 한다. 본 사안에서는 소송의 계속 중임을 확인할 수 있다.

2. 심판대상법률(조항)이 당해 소송사건에 적용

두 번째 요건은 위헌 여부가 다투어지는 법률(조항)이 당해 사건에 적용되는 것이어야 한다는 점이다. 당해 사건의 재판과 무관한 법률(조항)에 대해서는 구체적 규범통제에서 위헌 여부를 다툴 수 없기 때문이다.

이 사건의 심판대상인 군인연금법 부칙 제1항과 제2항은 당해 사건에 적용되는 것이므로 이 요건도 충족된다.

3. 심판대상법률(조항)의 위헌 여부에 따라 다른 내용의 재판

재판의 전제성 인정을 위한 마지막 요건은 다투어지는 법률(조항)의 위헌 여부에 따라 당해 사건의 판결 결과에 차이가 발생해야 한다는 점이다. 심판대상이 위헌일 경우에는 당해 사건에서 갑에 대한 재판의 결과가 달라질 수 있으므로 이 요건도 충족된다.

Ⅲ. 위헌법률심판제청의 신청과 기각 [6점]

1. 위헌소원의 성격과 법원에 대한 위헌법률심판제청의 의미

헌법재판소에 위헌소원을 제청하기 위해서는 먼저 당해 법원에 위헌법률심판을 제청하였으나 기각당했어야 한다.

법원이 위헌법률심판청구를 할 수도 있는데 이를 건너뛰고 당사자가 곧바로 위헌소원을 청구하는 것은 헌법재판소의 부담을 과중하게 만들 우려가 있다는 점에서 권리구제형 헌법소원에서 보충성 요건을 둔 것과 유사한 취지로 이런 요건이 인정되는 것이다.

2. 법원의 기각 결정과 그 의미

사안에서 갑의 위헌법률심판제청신청은 법원에 의해 기각되었고, 이러한 기각 결정에 의해 위헌법률심판제청을 기대할 수 없게 되었다. 그러나 법원의 판단이 항상 타당한 것은 아니라는 점에서 헌법재판소의 판단을 받을 수 있는 길을 열어 놓을 필요성이 인정된다.

3. 헌법재판소법 제68조 제2항에 의한 헌법소원심판의 청구

헌법재판소법 제68조 제2항에 의한 위헌소원은 이러한 의미에서 법원의 위헌법률심판제청이 제대로 행해지지 않는 것에 대한 보완장치라 할 수 있다.

사안의 갑이 당해법원에 대한 위헌법률심판제청신청의 기각 후에 헌법재판소법 제68조 제2항에 의해 헌법소원심판을 청구한 것은 해당 요건을 갖춘 것이다.

Ⅳ. 기타의 청구요건 [4점]

1. 변호사 강제주의

위헌소원은 비록 그 실질은 위헌법률심판이지만 그 형식은 헌법소원심판이며, 당사자가 청구의 주체가 된다. 따라서 헌법재판소법 제25조 제3항에 따라 변호사 강제주의가 적용된다.

갑 등은 본인이 변호사 자격이 있는 경우가 아니라면 변호사를 대리인으로 선임하여야 심판청구를 할 수 있다.

2. 청구기간

위헌소원은 헌법재판소법 제69조 제2항에 따라 위헌법률심판의 제청신청을 기각하는 결정을 통지받은 날로부터 30일 이내에 청구하여야 한다.

Ⅴ. 결론 [1점]

이상의 검토를 종합할 때, 갑 등의 헌법소원심판청구는 – 설문에 명확하게 드러나지 않고 있는 변호사 강제주의 및 청구기간 등의 요건을 준수하였다고 볼 때 – 적법한 것으로 판단된다.

2. 군인연금법 제16조 제5항의 시행일을 대통령령에 위임한 부칙 제1항 단서는 포괄적 위임입법 금지의 원칙에 위배되는가? (20점)

> Ⅰ. 서: 부칙조항의 성격과 포괄적 위임입법금지의 적용범위 [3점]
> Ⅱ. 법치주의 원리와 포괄적 위임입법금지의 의의, 기능 [5점]
> 1. 법치주의 원리와 법적 안정성 및 예측가능성의 요청
> 2. 법률유보의 의미와 대상 범위
> 3. 포괄적 위임입법금지를 통한 예측가능성 확보
> Ⅲ. 군인연금법 부칙 조항에 따른 규정내용과 시행시기의 예측가능성 [10점]
> 1. 시행령에서 정해야 할 현실적 필요성
> 2. 시행령에 규정될 내용의 예측가능성
> 3. 시행일의 대강을 예측할 수 있는 기준의 제시
> Ⅳ. 결론 [2점]

Ⅰ. 서: 부칙조항의 성격과 포괄적 위임입법금지의 적용범위 [2점]

부칙조항은 본문의 규정들과 달리 법의 제정이나 개정에 임하여 시행의 시기나 대상을 한정하는 경과규정을 두는 경우가 일반적이다. 이를 통해 과도기의 혼란을 최소화하고 법적안정성을 확보하는 것이다.

이러한 부칙조항은 시기나 대상을 특정하는 것이 일반적이지만, 사안의 경우처럼 대통령령에 위임하는 경우도 있다. 이러한 경우 본문이 아니라 하더라도 포괄적 위임입법의 금지원칙이 적용되며, 그 위반 여부를 확인할 필요가 생긴다.

Ⅱ. 법치주의 원리와 포괄적 위임입법금지의 의의, 기능 [4점]

1. 법치주의 원리와 법적 안정성 및 예측가능성의 요청

민주주의와 더불어 헌법의 양대 기본원리로 인정되는 법치주의는 법의 내용적 정당성(정의)와 더불어 법적안정성을 추구한다. 특히 법적안정성은 법의 변화와 관련한 예측가능성을 요구하며, 이를 벗어난 법은 위헌으로 보게 된다.

2. 법률유보의 의미와 대상 범위

법치주의의 중요한 요청 가운데 하나가 국가작용의 근거로 법률이 있어야 한다는 법률유보이다. 법률유보의 대상이 되는 국가작용의 범위를 어떻게 볼 것인가에 대해 많은 논란이 있었으나, 오늘날에는 의회유보론이 널리 받아들여지고 있다.

3. 포괄적 위임입법금지를 통한 예측가능성 확보

법률유보와 더불어 국가작용의 예측가능성 확보를 위해 중요한 역할을 하는 것이

포괄적 위임입법의 금지이다. 법률유보가 법률에 의해 국가작용의 근거를 확인할 수 있도록 하는 것이라면, 포괄적 위임입법의 금지는 그 법률이 형해화되는 것을 막고, 실질적인 기능을 하도록 하는 것이기 때문이다.

Ⅲ. 군인연금법 부칙 조항에 따른 규정내용과 시행시기의 예측가능성 [6점]

1. 시행령에서 정해야 할 현실적 필요성

법률의 시행시기는 그 법률 자체에서 정하는 것이 원칙이다. 이에 대한 예외를 인정하기 위해서는 그 이유가 분명해야 한다. 즉, 법률이 아닌 시행령에서 정하는 것이 정당화될 수 있는 사유가 존재해야 한다.

사안의 경우 군인연금법 부칙 제3항에서 규정한 바와 같이 복무기간의 재직기간 산입에 관한 계급 간 복무기간의 합산·조정의 선행 결정 필요성이 인정된다.

2. 시행령에 규정될 내용의 예측가능성

포괄적 위임입법의 금지에 해당되지 않기 위해서는 위임하는 사항에 대한 구체적 기준이 법률에서 정해져야 한다.

사안의 경우 군인연금법 부칙 조항에서 복무기간의 재직기간 산입에 관한 시행령이 언제까지 제정되어야 하는지를 명시하지 않았지만, 시행령에서 정해야 할 사항을 구체적으로 제시하고 있으므로, 이러한 요건을 충족하였다.

이에 따라 최대한 빨리 시행령이 제정될 것을 요구한 것으로 보아야 한다. 따라서 기준의 제시라는 요건도 충족한 것으로 볼 수 있다.

3. 시행일의 대강을 예측할 수 있는 기준의 제시

군인연금법 부칙조항에서 시행령에서 정할 내용을 구체적으로 제시하고 있는 바, 이는 이러한 기준을 갖추어 최대한 빨리 시행령이 제정될 것을 요구한 것으로 보아야 한다.

따라서 시행일의 대강을 예측할 수 있는 기준도 제시된 것으로 볼 수 있다.

Ⅳ. 결론 [2점]

이상에서 검토한 바를 종합할 때, 군인연금법 제16조 제5항의 시행일을 대통령령에 위임한 부칙 제1항 단서는 포괄적 위임입법 금지의 원칙에 위배되지 않는 것으로 판단된다.

3. 개정 군인연금법 시행 전에 퇴직하여 급여의 사유가 발생한 자에 대하여 위 법을 소급 적용하지 않도록 한 군인연금법 부칙 제2항은 평등원칙에 위배되는가? (20점)

Ⅰ. 서: 소급효 금지의 원칙과 예외적 적용의 가능성 [2점]

II. 소급효의 개념과 유형 [3점]
1. 소급효의 개념
2. 소급효의 유형
3. 사안의 경우
III. 군인연금법의 성격과 입법형성권의 범위 [4점]
1. 특수직역연금으로서의 군인연금과 그 사회보험으로서의 성격
2. 사회보험제도의 형성에 관한 입법자의 넓은 입법형성권
3. 사안의 경우 입법형성권의 범위 인정이 평등심사에 미치는 영향
IV. 군인연금법에 따른 퇴직연금의 지급구조와 그 의미 [4점]
1. 퇴직연금의 의의와 기능
2. 퇴직연금의 지급기준으로서의 복무기간
3. 군인연금법 개정에 따른 복무기간 인정의 변화와 그 의미
V. 군인연금법 부칙 제2항에 따른 차별과 평등 위반 여부 [6점]
1. 비교집단의 설정
2. 평등심사의 기준
3. 평등 위반 여부에 대한 판단
VI. 결론 [1점]

I. 서: 소급효 금지의 원칙과 예외적 적용의 가능성 [2점]

법치주의 원리에 따라 소급효는 원칙적으로 금지된다. 다만, 형벌의 무효화 등 유리한 소급효는 허용될 수 있다.

그러므로 사안의 경우 개정 군인연금법 시행 전에 퇴직하여 급여의 사유가 발생한 자에 대해 소급효를 인정하는 것도 당사자에게 유리한 소급효이므로 가능할 수 있다. 하지만 당연히 소급효를 인정해야 하는 것은 아니며, 제반 사항을 고려하여 입법자가 형성할 수 있는 여지는 넓게 인정될 수 있으므로, 이를 고려하여 사안에 대해 판단해야 할 것이다.

II. 소급효의 개념과 유형 [3점]

1. 소급효의 개념

소급효란 법의 제정 또는 개정 이전에 형성된 법률관계 내지 법적 지위에 영향을 미치는 것을 말한다. 이러한 소급효는 법적 안정성을 깨뜨릴 수 있으므로 금지하는 것이 원칙이다.

2. 소급효의 유형

소급효는 시효의 완성 등에 의해 법적 지위가 확정된 이후에 이를 변경하는 진정소급효와 시효의 진행 중에 이를 변경하는 것처럼 완성되지 않은 법적 지위를 변경하는 부진정 소급효로 나뉜다.

또한 당사자에게 유리한 소급효와 불리한 소급효를 구분하여 후자는 원칙적으로 금지하되, 전자를 허용될 수 있는 것으로 보기도 한다.

3. 사안의 경우

사안의 경우 진정 소급효냐, 부진정 소급효냐가 문제되는 것이 아니라, 당사자에게 유리한 소급효를 인정할 필요성 및 기준이 문제되고 있다.

Ⅲ. 군인연금법의 성격과 입법형성권의 범위 [4점]

1. 특수직역연금으로서의 군인연금과 그 사회보험으로서의 성격

군인연금은 국민연금이나 공무원연금 등과 유사한 측면이 크지만, 군인을 대상으로 한다는 점에서 구분되는 특수직역연금이다.

이러한 군인연금은 사회보험의 일종이며, 헌법 제34조의 인간다운 생활을 할 권리를 구체화한 사회보장제도의 하나이다.

2. 사회보험제도의 형성에 관한 입법자의 넓은 입법형성권

사회적 기본권의 구체화가 일반적으로 그러하듯이 사회보험제도의 형성에 대해서는 – 자유권의 제한과는 달리 – 입법자에게 입법형성권이 넓게 인정된다.

이는 경제적 · 사회적 제반 여건들 및 국가의 재정상황 등을 고려하여 사회보험제도의 도입 여부 및 범위에 대한 입법자의 일차적 판단을 존중하는 것이다.

3. 사안의 경우 넓은 입법형성권 인정이 평등심사에 미치는 영향

이처럼 입법자의 입법형성권이 넓게 인정됨에 따라 사회권의 구체화에 관한 입법에 있어서는 평등심사에서도 엄격한 심사보다는 완화된 심사가 적용되는 것이 일반적이다.

Ⅳ. 군인연금법에 따른 퇴직연금의 지급구조와 그 의미 [4점]

1. 퇴직연금의 의의와 기능

퇴직연금은 일정 기간 이상 재직한 이후에 퇴직한 사람을 대상으로 연금을 지급하는 것으로서 사회보장적 성격 이외에도 공적보상의 성격, 봉급연불적 성격도 아울러 갖고 있다.[1] 이에 따라 퇴직연금 보호의 성격 및 제한의 요건도 매우 복합적이다.

2. 퇴직연금의 지급기준으로서의 복무기간

퇴직연금의 지급과 관련하여 복무기간을 고려하는 것은 그 성격상 불가피한 일이다. 특히 사안에서 군인연금법 개정과 관련하여 현역병 등으로 복무한 기간을 산입할

---

1) **헌재 1994.6.30. 92헌가9 결정**: "군인연금법상 퇴역연금은 군인이 장기간 충실히 복무한 공로에 대한 공적보상으로서 지급된다고 하는 은혜적 성질을 갖는 한편 퇴역연금 중 기여금에 상당한 부분만은 봉급연불적인 성질을 갖고 있을 뿐만 아니라, 군인이 부담하는 기여금은 군인인 기간 동안 및 퇴직 후에 있어서의 공적 재해보험의 성질이 있고 국고의 부담금은 군인과 그 가족을 위한 사회보장 부담금으로서의 성질이 있다 할 것이므로, 결국 퇴역연금은 퇴역군인의 생활을 보장하기 위한 사회보험 내지 사회보장 · 사회복지적인 성질도 함께 갖는다."

수 있도록 한 것은 퇴직연금의 성격에 비추어 합리적인 것으로 볼 수 있다.

3. 군인연금법 개정에 따른 복무기간 인정의 변화와 그 의미

사안에서의 문제는 복무기간 인정과 관련한 군인연금법 개정 자체의 정당성이 아니라 개정 법률의 적용시점에 대한 것이다. 즉, 갑에게 유리한 개정 법률이 소급적용되지 않은 것에 대해 다투고 있다.

Ⅴ. 군인연금법 부칙 제2항에 따른 차별과 평등 위반 여부 [6점]

1. 비교집단의 설정

여기서는 개정법률의 시행과 관련하여 결국 1984년 10월 1일 이전에 퇴직한 군인과 이후에 퇴직한 군인에 대해 개정법률의 적용 여부가 달라지므로 이를 비교집단으로 설정할 수 있다.

2. 평등심사의 기준

사안의 경우 퇴직연금의 급여산정과 관련한 복무기간 인정의 변경에 관한 것이며, 이는 사회보장에 관한 것으로서 입법형성권이 넓게 인정되므로 완화된 심시기준이 적용되어야 한다.

3. 평등 위반 여부에 대한 판단

완화된 심사기준에 비추어 볼 때, 국가의 재정적 부담 등을 고려하여 이미 퇴직한 군인들에 대한 소급적용을 배제한 것은 자의적인 것으로 볼 수 없으며, 따라서 입법형성권의 범위를 벗어난 불합리한 차별로 볼 수 없다.

Ⅵ. 결론 [1점]

이상의 검토를 종합할 때, 개정 군인연금법 시행 전에 퇴직하여 급여의 사유가 발생한 자에 대하여 위 법을 소급 적용하지 않도록 한 군인연금법 부칙 제2항은 평등원칙에 위배되지 않는다.

4. 갑의 헌법소원심판청구가 적법할 경우 헌법재판소는 어떤 본안판단을 내려야 하는가? (40점)

Ⅰ. 사안의 분석과 쟁점의 정리 [4점]
Ⅱ. 군인연금법의 의의, 기능과 연금제도 개혁의 방식 [6점]
  1. 군인연금의 의의와 기능
  2. 군인연금과 국민연금, 그 유사점과 차이점
  3. 연금제도 개혁과 기득권 보호의 문제
Ⅲ. 연금제도 개혁을 통한 복무기간 인정의 확대와 그 의미 [8점]
  1. 군인연금의 개선과 복무기간 인정 기준의 변화

Ⅰ. 사안의 분석과 쟁점의 정리 [4점]

사안의 핵심 쟁점은 갑의 경우에 개정된 국민연금법의 적용을 받지 못하도록 하는 국민연금법 부칙 조항들의 합헌성 여부이다.

이에 대한 판단을 위해서는 군인연금법 개정의 의의 및 그 적용범위 확대의 의미, 그리고 부칙조항에 의한 적용대상의 한정이 갖는 의미를 순차적으로 검토하여야 할 것이다.

특히 부칙조항의 합헌성 여부에 대한 판단에서는 수혜적 법개정이라는 특성과 더불어 사안의 경우에 입법자의 입법형성권이 어느 정도 인정되어야 하는지도 비중 있게 고려되어야 할 것이다.

그 바탕 위에서 헌법재판소가 어떤 본안판단을 내려야 하는지, 그 결정의 형식과 내용, 효력에 대해 결론을 도출할 수 있을 것이다.

Ⅱ. 군인연금법의 의의, 기능과 연금제도 개혁의 방식 [6점]

1. 군인연금의 의의와 기능

군인연금은 군인으로서 상당한 기간을 성실히 복무하고 퇴직하거나 심신의 장애로 인하여 퇴직하거나 사망한 경우 또는 공무(公務)상의 질병 · 부상으로 요양하는 경우에 본인이나 그 유족에게 지급되는 급여이며, 이를 통하여 군인 본인 및 그 유족의 생활안정과 복리 향상에 이바지하고자 하는 것이다.

2. 군인연금과 국민연금, 그 유사점과 차이점

군인연금은 군인이라는 특수한 직역에 속하는 사람들을 위한 사회보험인 반면에 국민연금은 국민 일반에 대한 연금급여를 목적으로 하는 사회보험이다. 즉, 양자는 연금급여 방식의 사회보험이라는 점에서 유사점이 있으나, 그 가입대상 및 급여의 내용 등에서 적지 않은 차이점을 보인다.

3. 연금제도 개혁과 기득권 보호의 문제

최근 연금제도 개혁의 광범위하게 논의된 바 있다. 국민연금뿐만 아니라 공무원연금에 대해서도 더 내고 덜 받는 개혁의 필요성이 강조되었지만, 군인연금의 경우에는 그 직역의 특수성으로 인하여 국가의 지원이 당연시되고 있으며, 사안에서 문제되는 군인연금법의 개정도 연금가입자에게 더 많은 혜택을 주는 것이라는 특징을 갖는다.

Ⅲ. 연금제도 개혁을 통한 복무기간 인정의 확대와 그 의미 [8점]

1. 군인연금의 개선과 복무기간 인정 기준의 변화

사안에서 문제되는 군인연금법의 개정에서는 무엇보다 복무기간 인정 기준의 변화가 문제되고 있다.

즉, 개정된 군인연금법 제16조 제5항에 따라 갑의 경우 하사관이 되기 이전 현역병으로서 복무한 2년의 기간을 복무기간에 합산할 수 있게 된 것이다.

2. 새로운 군인연금법 적용에 따른 혜택과 그 적용범위 제한의 필요성

이처럼 개정된 군인연금법을 적용하게 되면 갑의 경우 개정 전과는 달리 2년의 현역병 복무기간을 합산하여 20년의 복무기간을 인정받게 된다. 따라서 갑에게는 개정 법률을 적용하는 것이 혜택이 크게 된다.

그러나 이러한 혜택을 모든 군인에게 부여할 경우에는 국가의 재정적 부담이 크게 증가할 수 있기 때문에 그 적용범위를 제한할 필요가 생길 수 있다.

3. 제한의 합리성과 관련한 합헌성 판단의 문제

결국 사안에서 문제되는 것은 개정된 군인연금법을 갑에게 적용할 경우에 부여될 혜택을 배제하고 있는 부칙 조항들이며, 이 조항들에서 개정된 군인연금법의 적용을 제한하고 있는 것이 합헌인지의 여부라고 할 수 있다.

Ⅳ. 개정 군인연금법 부칙조항의 정당성 여부에 대한 판단 [10점]

1. 입법목적의 정당성

사안에서 문제되는 부칙조항들은 상술한 바와 같이 국가의 재정적 상황을 고려하여 혜택의 부여 범위를 제한하고 있는 것이며, 이는 국가 재정이라는 공익 목적을 위한 것으로서 입법목적의 정당성이 인정된다.

2. 수혜적 법개정과 입법형성권의 범위

또한 사안의 군인연금법 개정은 기본권을 제한하는 법률이라기보다는 혜택을 확대하는 수혜적인 것이므로 입법형성권의 범위는 넓게 인정된다. 즉, 엄격한 비례성원칙의 적용이 아니라 국가의 재정적 · 경제적 상황을 고려하는 가운데 입법을 형성할 수 있으며, 자의적인 입법이 아닌 한 합헌으로 인정될 수 있는 것이다.

3. 포괄적 위임입법의 문제 및 평등권 위반의 심사

다만, 사안의 경우 포괄적 위임입법에 해당하는지의 여부와 더불어 평등권 위반 여부에 대해서는 합헌성 판단이 필요하다.

먼저 포괄적 위임입법에 해당하는지의 여부에 관하여는 제2문에서 검토한 바와 같이 시행령에서 정해야 할 현실적 필요성이 인정되며, 시행령에 규정될 내용의 예측가능성과 시행일의 대강을 예측할 수 있는 기준의 제시 등에 비추어 포괄적 위임입법은 아니라고 볼 수 있다.

또한 평등권 위반 여부에 대해서도 제3문에서 검토한 바와 같이 완화된 심사기준의 적용을 전제로 할 때, 이미 퇴직한 군인들에 대한 소급적용을 배제한 것은 자의적인 것으로 볼 수 없으며, 따라서 입법형성권의 범위를 벗어난 불합리한 차별로 볼 수 없다.

Ⅴ. 헌법재판소의 본안판단의 형식과 효력 [10점]

1. 위헌소원의 성격과 헌법재판소의 결정주문

사안의 헌법소원심판은 이른바 위헌소원으로서 형식은 헌법소원심판이지만 그 실질은 위헌법률심판에 해당된다.

따라서 헌법재판소의 본안판단에서 결정주문은 인용이나 기각이 아니라 합헌, 위헌 또는 변형결정의 형식으로 나오게 된다.

2. 본안에 대한 판단

앞서 검토한 바와 같이 사안의 군인연금법 부칙조항들은 국가의 재정적 형편을 고려한 것으로서 비록 퇴직 군인들에 대해 소급하여 적용되지 않는다 하더라도 입법형성권의 범위를 벗어난 것은 아니며, 포괄적 위입입법의 금지에 위배되지도 않는다. 또한 평등권의 침해로 볼 수도 없으므로 합헌이다.

3. 헌법재판소 결정의 효력

헌법재판소의 합헌결정은 당해 사건에 대해 구속력이 있지만, 위헌결정과 같이 모든 국가기관을 구속하는 것은 아니며, 같은 조항에 대해 별개의 사건에서 다시 다투어질 수 있다.

Ⅵ. 결론 [2점]

이상 검토한 바에 따르면 군인연금법 부칙조항들은 합헌으로 판단되며, 헌법재판소는 이에 대해 합헌결정을 내려야 한다.

다만, 헌법재판소의 합헌결정은 위헌결정과 달리 일반적 기속력을 갖지 못하기 때문에 새로운 위헌소송이 제기될 가능성은 열려 있다.

32

교육의 권리와 국정교과서

갑은 A중학교 한국사 교사로 재직하면서 학생들을 가르치고 있으며, 동시에 '한국사교육을 위한 교사모임'의 대표로서 활동하고 있다. 갑은 여러 동료 교사들과 협력하여 현재 사용하고 있는 고등학교 한국사교과서에 대한 보충교재로서 사용될 수 있는 '통일시대의 한국사교과서'를 저술하였고, 이를 보충교재로 사용하고 보완하는 과정에서 현행 한국사교과서보다 학생들에게 더 잘 맞는 한국사교과서가 될 수 있다는 생각을 갖게 되었다.

그런데 초·중등교육법 제29조 제2항과 이에 근거한 「교과용도서에 관한 규정」(대통령령) 제4조, 「중·고등학교 교과용도서 국·검·인정 구분」(교육부고시)에 기초하여 고등학교의 한국사교과서를 국정도서로 정하여 교육부가 저작, 발행, 공급하도록 규정하고 있어, 갑 등의 고등학교 한국사교과서의 저작·출판이 원천적으로 불가능함을 알고 갑은, 위 법률 및 교과서규정의 각 조항이 헌법 제31조 제4항, 제21조 제1항, 제22조 제1항에 의하여 보장되고 있는 헌법상의 기본권을 침해하고 있어 위헌이라고 주장하면서, 헌법재판소에 헌법소원심판을 청구하였다.

한국사 분야의 석학으로 알려진 B대학교 명예교수인 을은 한국사 국정교과서가 특정 정권을 옹호하는 편향된 역사관을 보이고 있을 뿐만 아니라, 일제의 식민사관에 기초하여 고구려 건국 이전의 만주역사를 한국사에서 제외함으로써 만주를 중국의 고대사로 편입하려는 중국의 동북공정에 빌미를 주었고, 이로써 전통문화창달 및 홍익인간 등 헌법이념과 자신의 행복추구권 등 기본권이 침해되었다고 주장하면서, 헌법재판소에 헌법소원심판을 청구하였다.

〈헌재 1992.11.12. 89헌마88; 2006.11.14. 2006헌마1200 참조〉

1. 갑과 을의 헌법소원심판청구는 적법한가? (30점)
2. 갑의 헌법소원심판청구가 적법한 경우 헌법재판소는 어떤 본안판단을 내려야 하는가? (60점)
3. 한국사 교과서를 국정교과서와 검정 교과서 중에서 선택할 수 있도록 할 경우에는 헌법재판소의 판단이 달라질 것인가? (10점)

1. 갑과 을의 헌법소원심판청구는 적법한가? (30점)

Ⅰ. 서: 헌법소원심판의 의의와 청구요건 [3점]

II. 공권력의 행사 또는 불행사에 의한 기본권의 침해 [8점]
  1. 공권력
  2. 갑과 을의 기본권주체성
  3. 침해를 주장할 수 있는 기본권
III. 침해의 직접성, 현재성, 자기관련성 [9점]
  1. 침해의 직접성, 현재성, 자기관련성 요건의 의미
  2. 을의 자기관련성 문제
  3. 사안에 대한 판단
IV. 구제의 보충성, 청구기간 및 변호사 강제주의 등의 요건 [8점]
  1. 행정소송의 가능성과 보충성 요건의 판단
  2. 변호사 강제주의
  3. 청구기간
V. 결론 [2점]

Ⅰ. 서: 헌법소원심판의 의의와 청구요건 [3점]

헌법재판소법 제68조 제1항에 따른 권리구제형 헌법소원은 공권력에 의한 기본권의 침해를 다투는 헌법소송이다.

그 적법요건으로는 공권력(의 행사 또는 불행사)에 의한 기본권의 침해와 더불어 기본권침해의 직접성, 현재성, 자기관련성이 갖춰져야 하며, 그밖에 헌법소원심판청구의 보충성, 변호사 강제주의, 청구기간의 준수 등이 있다.

Ⅱ. 공권력의 행사 또는 불행사에 의한 기본권의 침해 [8점]

1. 공 권 력

사안에서 기본권을 침해하는 것으로 문제되고 있는 것은 국정교과서 지정에 관한 법령이며, 이는 입법작용으로서 공권력에 해당한다.

2. 갑과 을의 기본권주체성

사안에서 갑과 을은 각기 교사, 대학의 명예교수이다. 사안에서 특별한 언급은 없지만 갑과 을이 대한민국의 국적을 가진 국민이라고 볼 때, 기본권주체성은 당연히 인정된다.

또한 갑이 외국인인 경우에도 교사로서의 교육의 권리의 주체는 될 수 있다. 다만, 을의 경우에는 명예교수로서 국정교과서를 직접 사용하는 자가 아니므로 관련 기본권의 주체로 인정받기는 어렵다.

3. 침해를 주장할 수 있는 기본권

사안에서 갑이 문제삼는 것은 국정교과서의 경우 선택의 여지 없이 특정 교과서가 강제되고 있다는 점이며, 을의 경우에는 그 교과서의 내용적 타당성을 다투고 있으며,

이와 관련하여 문제되는 기본권은 국정교과서를 사용하는 교사 및 학생들의 교육의 권리라고 볼 수 있다.

Ⅲ. 침해의 직접성, 현재성, 자기관련성 [9점]

1. 침해의 직접성, 현재성, 자기관련성 요건의 의미

헌법소원심판에서 기본권침해의 직접성, 현재성, 자기관련성을 요구하는 것은 남소를 막고 기본권보호가 꼭 필요한 경우에 집중하기 위해서다.

사안에서 갑의 경우 처분에 의한 기본권 침해의 직접성이 인정될 뿐만 아니라, 장래의 기본권침해가 아닌 현재 침해당한 기본권을 문제삼고 있으며, 자신의 기본권침해를 주장하므로 자기관련성 요건도 모두 갖추었다.

2. 을의 자기관련성 문제

반면에 을의 경우에는 교육과정과 직접적인 관련성을 갖지 않는 연구자에 불과하므로 설령 국정교과서의 내용에 오류가 있다 하더라도 이로 인하여 자신의 기본권이 침해당했다고 보기 어려우며, 자기관련성이 없다고 판단된다.[1)]

3. 사안에 대한 판단

이상의 검토를 통해 갑은 공권력에 의한 기본권 침해를 다투어야 한다는 요건은 모두 충족하고 있는 것으로 판단된다. 반면에 을은 이러한 요건을 충족하지 못하였다.

Ⅳ. 구제의 보충성, 청구기간 및 변호사 강제주의 등의 요건 [8점]

1. 보충성 요건의 판단

헌법재판소법 제68조 제1항 단서에 따른 보충성 요건은 헌법소원심판의 폭주를 막고 법원의 재판이나 행정심판 등의 구제절차를 적절하게 활용하기 위한 것이다.

본 사안의 경우 입법작용을 심판대상으로 하고 있으며, 입법작용에 의한 직접적인 기본권침해에 대해서는 헌법재판소 판례[2)]에서 판시하듯이 별도의 적절한 구제수단이 있다고 보기 어려우므로 보충성 요건이 충족된 것으로 볼 수 있다.

---

1) **헌재 2006.11.14. 2006헌마1200 결정**: "이 사건 심판대상은 중학교 및 고등학교 교육과정에 사용되는 국정교과서인 국사교과서의 편찬행위로서, 학교의 장은 위 국정교과서를 의무적으로 교과용 도서로 사용하여야 하고, 또한 중학교 또는 고등학교의 교육과정에 참여하는 교사나 학생의 경우에는 그 편찬된 내용대로 수업을 하거나 교육을 받아야 하므로, 그 범위에서 이들의 기본권이 직접 제한될 여지가 있다. 그러나 청구인은 이들과는 달리 중학교 또는 고등학교의 교육과정과 아무런 법적 관련성을 가지지 아니하는 개인적인 국사연구자에 불과하므로, 청구인의 주장대로 고대사와 관련한 국사교과서 편찬행위에 심각한 오류가 있다고 하더라도, 이로 인하여 청구인이 받는 불이익은 사실적이고 정서적인 것에 불과할 뿐 법적인 불이익이라고 볼 수 없다."

2) **헌재 1991.6.3. 89헌마46 결정**: "법률 자체에 의한 직접적인 기본권침해가 문제될 때에는 그 법률 자체의 효력을 직접 다투는 것을 소송물로 하여 일반 법원에 소송을 제기하는 길이 없으므로 다른 구제절차를 거칠 것 없이 바로 헌법소원을 제기할 수 있다."

2. 변호사 강제주의

헌법소원심판은 사인이 청구의 주체가 되며, 헌법재판소법 제25조 제3항에 따라 변호사 강제주의가 적용된다. 따라서 갑, 을은 변호사를 대리인으로 선임하여야 헌법소원심판을 청구할 수 있다.

3. 청구기간

헌법소원심판은 헌법재판소법 제69조 제1항에 따라 그 사유가 있음을 안 날부터 90일 이내에, 그 사유가 있는 날부터 1년 이내에 청구하여야 한다. 사안에서 청구기간의 준수 여부는 명확하지 않으나, 이를 준수하였을 때에만 헌법소원심판청구의 적법성이 인정된다.

Ⅴ. 결론 [2점]

사안에서 갑은 변호사의 선임 및 청구기간의 준수를 전제로 적법요건의 충족을 인정할 수 있다. 반면에 을은 기본권침해의 자기관련성이 인정되지 않으므로 적법요건을 충족하지 못하였다.

2. 갑의 헌법소원심판청구가 적법한 경우 헌법재판소는 어떤 본안판단을 내려야 하는가? (60점)

Ⅰ. 사안의 분석과 논점의 정리 [5점]
Ⅱ. 교육의 권리의 의의와 적용범위 [8점]
  1. 교육의 권리의 헌법적 의의
  2. 교육의 주체와 각각에게 인정되는 교육권
  3. 교사의 수업(授業)의 자유와 그 보호범위
Ⅲ. 국정교과서제도의 의의, 기능과 헌법적 근거 [10점]
  1. 국정교과서의 개념과 국정교과서제도의 의의
  2. 교과용 도서의 기능과 국정교과서제, 검인정제의 장단점
  3. 국정교과서제도의 헌법적 근거와 한계
Ⅳ. 국정교과서의 내용과 정부의 책임 [10점]
  1. 국정교과서의 파급효와 부적절한 내용에 대한 책임
  2. 을의 주장에 대한 검토
  3. 국정교과서의 내용 변경과 국정교과서 제도 자체의 문제
Ⅴ. 국정교과서제도에 대한 비례성 심사 [12점]
  1. 목적의 정당성, 방법의 적합성
  2. 침해의 최소성
  3. 법익의 균형성
Ⅵ. 헌법재판소의 본안판단과 그 효력 [12점]
  1. 헌법재판소 결정의 형식

Ⅰ. 사안의 분석과 논점의 정리 [5점]

사안의 핵심은 모든 학생들이 공통적으로 사용하는 국정교과서의 내용이 편향성을 가지고 있어서 이를 사용하는 교사 및 학생들의 올바른 교육에 장애가 되고 있는지의 여부이다.

이와 관련하여 한편으로는 국정교과서 제도 자체의 타당성이 문제될 수 있으며, 다른 한편으로는 그 내용의 타당성 여부에 대한 판단이 문제될 수 있다. 그런데 사안에서 갑이 문제삼고 있는 것은 국정교과서 제도 자체라고 볼 수 있으며, 그것이 교육의 권리를 침해하는 것인지의 여부가 문제된다.

이를 판단하기 위해서는 교육의 권리의 보호범위에 대한 이해를 전제로 국정교과서 제도의 의의와 기능, 그리고 국정교과서의 내용에 대한 정부의 책임을 전제로 국정교과서제도에 대해 비례성 심사를 하는 것이 필요할 것이다.

Ⅱ. 교육의 권리의 의의와 적용범위 [8점]

1. 교육의 권리의 헌법적 의의

교육의 권리는 기본권 주체가 원하는 교육을 자유롭게 받을 수 있는 교육의 자유(자유권적 측면)와 교육의 실질적 여건의 확보에 대한 국가의 지원을 요구할 수 있는 권리(사회권적 측면)을 동시에 갖는다. 양자는 모두 중요한 헌법적 기본권으로 존중되어야 한다.

2. 교육의 주체와 각각에게 인정되는 교육권

교육의 주체는 교사와 학생 및 이들과 직접 관련성을 갖는 교육당국 및 학부모이다. 특히 사안에서 갑은 교사이므로 교육의 주체라는 점이 분명하다. 교사의 교육권은 교육의 내용 및 방식 등에 관한 자율권을 중심으로 하며, 이는 학생들의 교육을 받을 권리와 맞물려 있다.[3)]

3. 교사의 수업(授業)의 자유와 그 보호범위

교사에게는 원칙적으로 수업의 자유가 인정된다. 다만, 수업의 자유가 수업의 내용 및 방식에 대한 전면적인 자유를 의미하는 것은 아니며 교육당국에 의해 정해진 교과내용 및 진도 등에 의한 제한을 받는다. 또한 학생들의 교육권에 대한 부당한 제한이 되지 않아야 한다.

3) 다만 교사의 교육권과 학생의 교육권이 충돌할 경우에는 비례성원칙에 따라 조정되어야 할 것이다.

Ⅲ. 국정교과서제도의 의의, 기능과 헌법적 근거 [10점]

1. 국정교과서의 개념과 국정교과서제도의 의의

국정교과서란 교육부가 저작권을 가진 교과용도서를 말하며,[4] 국정교과서가 있는 경우에는 대부분 국정교과서를 통일적으로 사용한다.[5]

그 결과 국정교과서로 지정된 교과목의 경우에는 다른 교과서를 사용할 수 없게 된다.

2. 교과용 도서의 기능과 국정교과서제, 검·인정제의 장단점

교과용 도서는 학생들의 교육에 사용되는 것으로서 서책뿐만 아니라 음반, 영상, 전자저작물을 포함한다.

이를 국정교과서로 통일할 경우에는 교육 내용의 일관성 및 형평성을 높일 수 있으나, 교육의 다양성 위축과 편향성 우려 등도 존재한다. 따라서 교육내용의 일관성과 형평성이 더욱 중요한 교과목에서는 국정교과서를, 교육의 다양성이 더 강조되는 분야에서는 검·인정교과서를 사용하는 것이 원칙이다.

3. 국정교과서제도의 헌법적 근거와 한계

그러므로 국정교과서제도는 헌법상 교육의 권리, 특히 교육의 기회균등을 구체화시키는 점에서 그 헌법적 근거와 한계를 갖는다.

즉, 교육의 기회균등을 위해 교육내용의 일관성과 형평성이 강조되는 경우에, 그리고 그런 경우에 한하여 국정교과서가 헌법적 정당성을 가질 수 있는 것이다.

Ⅳ. 국정교과서의 내용과 정부의 책임 [10점]

1. 국정교과서의 파급효와 내용의 적정성에 대한 책임

국정교과서를 인정하는 교과목의 경우에는 검·인정교과서를 인정하지 않게 되므

---

4) 교과용도서에 관한 규정 제2조(정의) 이 령에서 사용하는 용어의 정의는 다음과 같다.
   1. "교과용도서"라 함은 교과서 및 지도서를 말한다.
   2. "교과서"라 함은 학교에서 학생들의 교육을 위하여 사용되는 학생용의 서책·음반·영상 및 전자저작물 등을 말한다.
   3. "지도서"라 함은 학교에서 학생들의 교육을 위하여 사용되는 교사용의 서책·음반·영상 및 전자저작물 등을 말한다.
   4. "국정도서"라 함은 교육부가 저작권을 가진 교과용도서를 말한다.
   5. "검정도서"라 함은 교육부장관의 검정을 받은 교과용도서를 말한다.
   6. "인정도서"라 함은 국정도서·검정도서가 없는 경우 또는 이를 사용하기 곤란하거나 보충할 필요가 있는 경우에 사용하기 위하여 교육부장관의 인정을 받은 교과용도서를 말한다.
   7. "개편"이라 함은 교육과정의 전면개정 또는 부분개정이나 그 밖의 사유로 인하여 교과용도서의 총 쪽수(음반·영상·전자저작물 등의 경우에는 총 수록 내용)의 2분의 1을 넘는 내용을 변경하는 것을 말한다.
   8. "수정"이라 함은 교육과정의 부분개정이나 그 밖의 사유로 인하여 교과용도서의 문구·문장·통계·삽화 등을 교정·증감·변경하는 것으로서 개편의 범위에 이르지 아니하는 것을 말한다.

5) 대통령령인 「교과용도서에 관한 규정」 제3조 제2항 제3호에서는 국정도서와 검정도사 모두 있는 경우에는 그 중에서 선정할 수 있도록 규정하고 있지만, 「초·중등학교 교과용도서 국·검·인정 구분고시」에 의해 국정도서와 검정도서, 인정도서가 각기 구분되고 있어서 중복되지 않도록 하고 있다.

로 교육내용의 일관성과 형평성을 확보할 수 있는 대신에 국정교과서의 내용에 편향성이 있을 경우의 문제점은 매우 심각해진다. 따라서 그 내용의 적정성에 대해 정부가 책임을 져야 한다.

2. 국정교과서 내용의 편향성 주장에 대한 검토

국정교과서 내용의 편향성 문제는 국정교과서 제도 자체의 정당성 문제와 직결될 수 있다. 사안에서 을이 주장한 국정교과서의 내용상 문제점이 사실이라면 국정교과서 제도의 정당성을 재검토할 이유가 될 수 있다.

3. 국정교과서의 내용 변경과 국정교과서 제도 자체의 문제

그러나 국정교과서의 내용상 문제가 반드시 국정교과서 제도 자체의 폐지로 이어져야 하는 것은 아니다. 국정교과서에 의한 교육내용의 통일성과 일관성이 강조되어야 할 교과목의 경우에는 국정교과서의 폐지 대신에 내용의 개선으로 문제를 해결하는 것도 고려될 수 있기 때문이다.

Ⅴ. 국정교과서제도에 대한 비례성 심사 [12점]

1. 국정교과서제도의 목적의 정당성, 방법의 적합성

국정교과서제도는 일단 교육의 통일성과 일관성이라는 측면에서 – 모든 교과목이 아니라 일부 교과목에 적용된다는 전제 하에 – 그 목적의 정당성이 인정되며, 이를 위해 검 · 인정교과서를 배제하고 모든 학교에서 통일된 국정교과서를 사용하게 하는 것도 방법의 적합성이 인정된다.

이는 창의성을 핵심으로 하는 학문과는 달리 검증된 지식의 전달이라는 교육의 특성에 부합하는 것이기 때문이다.

2. 침해의 최소성

문제는 국정교과서제도가 그 배타성으로 인하여 헌법 제31조 제4항에서 보장하는 교육의 자주성 · 전문성 · 정치적 중립성을 침해하는지의 여부인데, 이는 모든 교과목이 아니라 교육내용의 통일성과 일관성이 특별히 중요한 교과목에만 한정함으로써 침해의 최소성 요건에도 부합하는 것으로 볼 수 있다.

3. 법익의 균형성

국정교과서제도를 인정할 경우와 이를 폐지하고 검 · 인정교과서만 둘 경우의 장단점에 대해서는 논란이 많다. 그러나 제도 자체의 본질적 문제점이 아니라 국정교과서 내용의 오류 내지 편향성이 문제되는 것이라면 이를 개선함으로써 국정교과서제도의 장점을 살리는 방향으로 해결하면 국정교과서제도의 인정이 법익의 균형성도 갖춘 것으로 볼 수 있다.

Ⅵ. 헌법재판소의 본안판단과 그 효력 [12점]

1. 헌법재판소 결정의 형식

사안에서 갑은 헌법소원심판을 청구하였으나 그 내용은 이른바 법령소원으로서 법령의 합헌성을 다투고 있다. 이런 경우 헌법재판소는 일반적인 헌법소원과는 달리 인용 또는 기각의 형식이 아니라 합헌 또는 위헌의 형식으로 결정하고 있다.

2. 헌법재판소의 본안판단

앞서의 검토에 비추어 볼 때, 국정교과서제도는 비록 내용상 오류의 가능성이 있지만, 제도 자체의 본질적 문제점이라 볼 수 없으며, 비례성원칙에 비추어 보더라도 합리적인 제도로 인정될 수 있으므로 국정교과서제도 자체가 위헌이라고 볼 수 없다. 따라서 헌법재판소는 합헌결정을 내려야 한다.

3. 헌법재판소 결정의 효력

헌법재판소의 합헌결정은 당해 사건에 대해 구속력이 있지만, 위헌결정과 같이 모든 국가기관을 구속하는 것은 아니며, 같은 조항에 대해 별개의 사건에서 다시 다투어질 수 있다.

Ⅶ. 결론 [3점]

이상의 검토를 종합할 때, 갑의 헌법소원심판청구에 대해 헌법재판소는 합헌결정을 내려야 한다.

이 결정은 당해 사건에 대해 구속력이 있지만, 위헌결정과 같이 일반적 구속력을 갖는 것은 아니므로 별개의 사건에서 국정교과서제도의 위헌성 여부가 다시 다투어질 수 있다.

3. 한국사 교과서를 국정교과서와 검정교과서 중에서 선택할 수 있도록 할 경우에는 헌법재판소의 본안판단이 달라질 것인가? (10점)

Ⅰ. 서: 국정교과서제도의 의의와 성격 [1점]
Ⅱ. 국정 교과서의 내용적 편향성에 대한 판단에 미치는 영향 [4점]
Ⅲ. 한국사 교과서의 국정제도 자체의 합헌성 여부에 대한 판단에 미치는 영향 [4점]
Ⅳ. 결론 [1점]

Ⅰ. 서: 국정교과서제도의 의의와 성격 [1점]

국정교과서는 교육부가 직접 관여하여 저작하는 도서로서 모든 학교에서 공통으로 사용되는 것이다. 따라서 국정교과서와 검정교과서 중에서 선택할 수 있게 된다면,[6] 현

6) 현행법령의 경우처럼 「교과용도서에 관한 규정」 제3조 제2항 제3호에서는 국정도서와 검정도사 모두 있

행 국정교과서제도의 기본 성격이 크게 바뀌는 것이며, 국정교과서와 검정교과서의 본질적 차이가 사라지는 것이다.

Ⅱ. 국정교과서의 내용적 편향성에 대한 판단에 미치는 영향 [4점]

사안에서 쟁점이 되고 있는 국정교과서제도의 가장 큰 문제점은 그 배타성과 더불어 내용의 편향성이다. 그런데 국정교과서와 검정교과서를 동등한 위치에서 선택할 수 있게 된다면, 국정교과서제도의 장점과 더불어 단점도 사라지게 된다. 즉, 일부 내용적 편향성이 있더라도 다른 교과서를 선택할 가능성이 있으므로 그 심각성이 훨씬 덜하게 된다.

Ⅲ. 한국사 교과서의 국정제도 자체의 합헌성 여부에 대한 판단에 미치는 영향 [4점]

사안에서 문제되는 한국사 교과서를 국정교과서로 하되, 한국사에 대한 검정교과서도 인정하고 이들 가운데 선택할 수 있도록 한다면, 갑의 경우에는 다투어야 할 이유가 없으므로 헌법소원심판이 각하될 것이다.

또한 사안에서 국정교과서제도 자체는 합헌으로 인정되지만, 설령 위헌으로 볼 경우에도 국정교과서와 검정교과서의 선택가능성이 인정될 경우에는 합헌으로 보아야 할 것이다.

Ⅳ. 결론 [1점]

국정교과서와 검정교과서의 선택가능성이 인정될 경우에는 국정교과서제도의 합헌성이 더욱 뚜렷해진다.

는 경우에는 그 중에서 선정할 수 있도록 규정하고 있음에도 불구하고 「초 · 중등학교 교과용도서 국 · 검 · 인정 구분고시」에 의해 국정도서와 검정도서, 인정도서를 각기 구분하여 중복되지 않도록 하고 있는 것은 사실상 선택가능성을 인정하지 않고 있는 것이다.

33

산재보험과 그 적용범위

甲은 'ㅇㅇ비닐하우스'라는 사업장의 근로자로 근무하였는데 2017.7.8. 논에 들어가 잡초를 뽑는 작업을 하던 중 돌부리에 부딪히는 사고로 '우측 제1족지 개방창, 궤양 혈관합병증 동반한 당뇨' 등의 상병을 입었다고 주장하면서 2018.9.20. 근로복지공단에 요양급여신청을 하였다.

근로복지공단은 2018.10.11. 청구인에 대하여, 이 사건 상병 중 '우측 제1족지 개방창'은 업무상 재해로 볼 수 있으나 위 사업장은 상시근로자 수가 5명 미만으로 산재보험 적용제외사업이라는 이유로 청구인의 위 신청을 불승인하는 처분을 하였다.

甲은 이러한 공단의 처분에 불복하여 법원에 요양불승인처분취소의 소를 제기하였고, 그 소송이 계속중인 상태에서 산업재해보상보험법 제6조 단서, 같은 법 시행령 제2조 제1항 제6호에 대하여 위헌법률심판제청신청을 하였으나 기각되자, 헌법소원심판을 청구하였다.

〈헌재 2018.1.25. 2016헌바466 참조〉

1. 갑의 헌법수원심판청구는 적법한가? (20점)
2. 산업재해보상보험법 제6조는 포괄위임입법금지원칙에 위배되는가? (30점)
3. 甲이 침해를 주장할 수 있는 기본권은 무엇이며, 기본권 침해 여부에 대해 헌법재판소는 어떤 본안판단을 내려야 하는가? (50점)

〈참고 조문(아래 법령은 현행 법령과 다를 수 있음)〉

산업재해보상보험법 제6조(적용범위)

이 법은 근로자를 사용하는 모든 사업 또는 사업장(이하 "사업"이라 한다)에 적용한다. 다만, 위험률·규모 및 장소 등을 고려하여 대통령령으로 정하는 사업에 대하여는 이 법을 적용하지 아니한다.

산업재해보상보험법 시행령 제2조(법의 적용 제외 사업)

① 「산업재해보상보험법」 제6조 단서에서 "대통령령으로 정하는 사업"이란 다음 각 호의 어느 하나에 해당하는 사업 또는 사업장(이하 "사업"이라 한다)을 말한다.

1. 「공무원 재해보상법」 또는 「군인연금법」에 따라 재해보상이 되는 사업. 다만, 「공무원 재해보상법」 제60조에 따라 순직유족급여 또는 위험직무순직유족급여에 관한 규정을 적용받는 경우는 제외한다.
2. 「선원법」, 「어선원 및 어선 재해보상보험법」 또는 「사립학교교직원 연금법」에

따라 재해보상이 되는 사업
3. 삭제 〈2017.12.26.〉
4. 가구내 고용활동
5. 삭제 〈2017.12.26.〉
6. 농업, 임업(벌목업은 제외한다), 어업 및 수렵업 중 법인이 아닌 자의 사업으로서 상시근로자 수가 5명 미만인 사업

② 제1항 각 호의 사업의 범위에 관하여 이 영에 특별한 규정이 없으면 「통계법」에 따라 통계청장이 고시하는 한국표준산업분류표(이하 "한국표준산업분류표"라 한다)에 따른다.

③ 삭제 〈2017.12.26.〉

1. 갑의 헌법소원심판청구는 적법한가? (20점)

Ⅰ. 서론: 위헌소원의 의의 및 성격과 청구요건 [2점]
Ⅱ. 재판의 전제성 [7점]
 1. 소송의 계속
 2. 심판대상법률(조항)이 당해 소송사건에 적용
 3. 심판대상법률(조항)의 위헌 여부에 따라 다른 내용의 재판
Ⅲ. 위헌법률심판제청의 신청과 기각 [6점]
 1. 위헌소원의 성격과 위헌법률심판제청의 의미
 2. 법원의 기각 결정과 그 구속력
 3. 헌법재판소법 제68조 제2항에 의한 헌법소원심판의 청구
Ⅳ. 기타의 청구요건 [3점]
 1. 변호사 강제주의
 2. 청구기간
Ⅴ. 결론 [2점]

Ⅰ. 서론: 위헌소원의 의의 및 성격과 청구요건 [2점]

사안에서 갑 등이 제기한 헌법소원심판은 헌법재판소법 제68조 제2항에 따른 이른바 위헌소원이다. 위헌소원은 형식상 헌법소원이지만 실질적으로는 위헌법률심판에 해당하는 것이며, 그에 따라 헌법재판소법 제68조 제1항의 권리구제형 헌법소원과는 청구요건에 큰 차이를 보인다. 무엇보다 재판의 전제성 요건이 갖추어져야 하며, 그밖에 당해 법원에 대한 위헌법률심판제청신청과 기각, 변호사 강제주의, 청구기간 등의 요건이 갖춰져야 한다.

Ⅱ. 재판의 전제성 [7점]

1. 소송의 계속

재판의 전제성이 인정되기 위해서는 가장 먼저 법원에 소송이 계속(繫屬) 중이어야

한다. 즉, 법적 쟁점에 관하여 법원에 소가 제기되고 그 소송에 대해 법원이 심리를 하고 있는 상태여야 한다. 본 사안에서는 소송의 계속 중임을 확인할 수 있다.

2. 심판대상법률(조항)이 당해 소송사건에 적용

두 번째 요건은 위헌 여부가 다투어지는 법률(조항)이 당해 사건에 적용되는 것이어야 한다는 점이다. 당해 사건의 재판과 무관한 법률(조항)에 대해서는 구체적 규범통제에서 위헌 여부를 다툴 수 없기 때문이다.

이 사건의 심판대상인 「산업재해보상보험법」 제6조 등은 당해 사건에 적용되는 것이므로 이 요건도 충족된다.

3. 심판대상법률(조항)의 위헌 여부에 따라 다른 내용의 재판

재판의 전제성 인정을 위한 마지막 요건은 다투어지는 법률(조항)의 위헌 여부에 따라 당해 사건의 판결 결과에 차이가 발생해야 한다는 점이다. 심판대상조항이 위헌일 경우에는 당해 사건에서 갑의 요양불승인처분의 정당성 판단에 결정적인 영향을 미칠 수 있을 것이므로 이 요건도 충족된다.

Ⅲ. 위헌법률심판제청의 신청과 기각 [5점]

1. 위헌소원의 성격과 법원에 대한 위헌법률심판제청의 의미

헌법재판소에 위헌소원을 청구하기 위해서는 먼저 당해 법원에 위헌법률심판제청을 신청하였으나 기각당했어야 한다.

법원이 위헌법률심판제청을 할 수도 있는데 이를 건너뛰고 당사자가 곧바로 위헌소원을 청구하는 것은 헌법재판소의 부담을 과중하게 만들 우려가 있다는 점에서 권리구제형 헌법소원에서 보충성 요건을 둔 것과 유사한 취지로 이런 요건이 인정되는 것이다.

2. 법원의 기각 결정과 그 의미

사안에서 갑의 위헌법률심판제청신청은 법원에 의해 기각되었고, 이러한 기각 결정에 의해 위헌법률심판제청을 기대할 수 없게 되었다. 그러나 법원의 판단이 항상 타당한 것은 아니라는 점에서 헌법재판소의 판단을 받을 수 있는 길을 열어 놓을 필요성이 인정된다.

3. 헌법재판소법 제68조 제2항에 의한 헌법소원심판의 청구

헌법재판소법 제68조 제2항에 의한 위헌소원은 이러한 의미에서 법원의 위헌법률심판제청이 제대로 행해지지 않는 것에 대한 보완장치라 할 수 있다.[1)]

사안의 갑이 당해법원에 대한 위헌법률심판제청신청의 기각 후에 헌법재판소법 제68조 제2항에 의해 헌법소원심판을 청구함으로써 해당 요건을 갖추었다.

---

1) 제4공화국과 제5공화국 당시 위헌법률심판제청권을 갖고 있던 대법원에서 15년(1972~1987)동안 단 한 건의 위헌법률심판도 제청하지 않았던 경험에 대한 반작용으로 이러한 위헌소원 제도가 도입된 것으로 볼 수 있다.

Ⅳ. 기타의 청구요건 [5점]

1. 변호사 강제주의

위헌소원은 비록 그 실질은 위헌법률심판이지만 그 형식은 헌법소원심판이며, 당사자가 청구의 주체가 된다. 따라서 헌법재판소법 제25조 제3항에 따라 변호사 강제주의가 적용된다.

갑은 본인이 변호사 자격이 있는 경우가 아니라면 변호사를 대리인으로 선임하여야 심판청구를 할 수 있다.

2. 청구기간

위헌소원은 헌법재판소법 제69조 제2항에 따라 위헌법률심판의 제청신청을 기각하는 결정을 통지받은 날로부터 30일 이내에 청구하여야 한다.

Ⅴ. 결론 [1점]

이상의 검토를 종합할 때, 갑의 헌법소원심판청구는 – 설문에 명확하게 드러나지 않고 있는 변호사 강제주의 및 청구기간 등의 요건을 준수하였다고 볼 때 – 적법한 것으로 판단된다.

2. 산업재해보상보험법 제6조는 포괄위임입법금지원칙에 위배되는가? (30점)

Ⅰ. 서론: 기본권의 형성 및 제한 입법과 포괄적 위임입법의 문제점 [3점]
Ⅱ. 법치주의의 요청과 헌법 제75조에 따른 포괄적 위임입법 금지의 원칙 [7점]
  1. 법치주의와 법률유보
  2. 국가작용의 체계와 위임입법의 필요성
  3. 이른바 규율의 밀도와 포괄적 위임입법의 금지
Ⅲ. 위임의 필요성에 대한 검토 [9점]
  1. 산재보험법 제6조의 규정과 위임의 방식
  2. 산재보험 적용제외사업과 관련한 사회경제적 여건의 변화 정도
  3. 대통령령에서 탄력적으로 규율할 필요성
Ⅳ. 예측가능성에 대한 검토 [9점]
  1. 산재보험법 제6조의 기준: 위험률, 규모, 장소 등
  2. 위험률의 의미 내지 예측가능성
  3. 규모와 장소의 의미 내지 예측가능성
Ⅴ. 결론 [2점]

Ⅰ. 서론: 기본권의 형성 및 제한 입법과 포괄적 위임입법의 문제점 [3점]

법률유보의 원칙에 따라 및 기본권 제한은 법률로 해야 하며, 나아가 기본권의 구체화(형성적 법률유보) 등 중요한 사항들은 법률로 정하는 것이 원칙이다(의회유보의 원칙).

또한 형식상 법률로 정한다 하더라도 중요한 부분을 시행령 등에 위임할 경우에는 법률유보가 형해화 될 수 있으므로 헌법 제75조는 포괄적 위임입법의 금지를 규정함으로써 법률유보 원칙이 실질적으로 기능할 수 있도록 하고 있다.

Ⅱ. 법치주의의 요청과 헌법 제75조에 따른 포괄적 위임입법 금지의 원칙 [7점]

1. 법치주의와 법률유보

법치주의의 가장 중요한 요청의 하나가 법률유보 원칙이다. 법률유보란 일정한 사항은 반드시 법률로만 정할 수 있도록 한 것으로서 과거 기본권을 제한하는 경우에만 법률로 정할 것이 요구되는 침해유보가 통용된 바 있으나, 이후 사회적 유보이론, 전부유보이론 등이 대두된 바 있었고, 오늘날에는 의회유보가 널리 인정되고 있다.

2. 국가작용의 체계와 위임입법의 필요성

행정국가화 경향에 따라 행정입법이 크게 확대되었다. 법률보다는 행정입법에 의해 탄력적으로 규율해야 할 사항들이 많기 때문이다.

특히 복잡화된 현대 산업사회에서 다양한 분야의 변화를 신속하게 반영하는 데에는 국회의 입법과정이 상당히 비효율적이라는 점 때문에 중요사항은 법률로 정하되, 세부적인 사항은 시행령이나 시행규칙과 같은 위임입법에서 정하는 것이 일반화되었다.

3. 이른바 규율의 밀도와 포괄적 위임입법의 금지

포괄적 위임입법의 금지는 위임입법의 증가에도 불구하고 법률로 정해야 할 핵심적 부분까지 위임하는 것을 막기 위한 것이다. 이를 법률에 의한 규율의 '밀도'를 유지하도록 한 것이라고 말하기도 한다.

즉, 법률유보에 의해 어떤 사항이 법률로 정해져야 하는지를 정함으로써 법률에 의한 규율의 양적 범위를 확보할 뿐만 아니라, 포괄적 위임의 금지를 통해서 실제 법률로 정해야 할 사항의 질적 밀도까지 확보하는 것이다.

Ⅲ. 위임의 필요성에 대한 검토 [9점]

1. 산재보험법 제6조의 규정과 위임의 방식

산재보험법 제6조 단서는 "다만, 위험률 · 규모 및 장소 등을 고려하여 대통령령으로 정하는 사업에 대하여는 이 법을 적용하지 아니한다."고 규정하고 있으며, 이는 일응 기준을 정해서 위임한 것으로 볼 수 있다.

2. 산재보험 적용제외사업과 관련한 사회경제적 여건의 변화 정도

또한 산재보험과 관련한 여건은 사회경제적 상황이 변동함에 따라 변하는 것이라는 점에서 산재보험 적용제외사업의 범위는 산재보험과 관련한 여건의 변화와 보험 운용의 실태를 면밀히 조사 · 분석하여 변화하는 여건에 맞게 탄력적으로 결정할 필요가 있다.

3. 대통령령에서 탄력적으로 규율할 필요성

산재보험과 관련한 전문적 · 기술적 대응의 측면에서는 국회보다 행정부에 앞선다고 볼 수 있다. 따라서 산재보험 적용제외사업의 범위는 법률에서 자세히 규정하기보다는 전문적 · 기술적 능력을 갖춘 행정부가 사회경제적 상황의 변동에 따라 탄력적으로 대응할 수 있도록 하위 법령에 위임할 필요성이 인정된다.

Ⅳ. 예측가능성에 대한 검토 [9점]

1. 산재보험법 제6조의 기준: 위험률, 규모, 장소 등

산재보험법 제6조는 대통령에 위임하면서 그 기준으로 "위험률, 규모, 장소 등"을 제시하고 있다. 이러한 기준의 명확성 여부가 곧 위임입법의 내용에 관한 예측가능성으로 이어지는 것으로 볼 수 있다.

2. '위험률'의 의미 내지 예측가능성

'위험률'은 산재보험의 구조와 원리에 비추어 사업별 산재발생률 내지 그에 따른 보험급여비용의 정도를 의미하는 것으로 이해될 수 있다. 그 의미는 비교적 명확하며, 예측가능성 확보에 어려움이 없다.

3. '규모'와 '장소'의 의미 내지 예측가능성

'규모'는 근로자 수나 총임금, 생산규모 등에 의하여 결정되는 사업의 인적 · 물적 크기로, '장소'는 사업장의 소재지를 의미하는 것으로 볼 수 있다. 따라서 역시 예측가능성 확보에 문제는 없다.

Ⅴ. 결론 [2점]

이상의 검토를 종합할 때, 사안의 산재보험법 제6조는 그 기준이 명확하여 위임입법의 내용을 충분히 예측할 수 있으므로 포괄적 위임입법에 해당하지 않는다.

3. 甲이 침해를 주장할 수 있는 기본권은 무엇이며, 기본권 침해 여부에 대해 헌법재판소는 어떤 본안판단을 내려야 하는가? (50점)

Ⅰ. 사안의 분석과 쟁점의 정리 [5점]
Ⅱ. 산재보험 및 그 수급권과 관련 기본권 [8점]
  1. 산재보험의 의의와 기능
  2. 산재보험수급권의 헌법적 근거: 인간다운 생활을 할 권리
  3. 산재보험수급권 인정의 범위와 관련한 기본권: 평등권
Ⅲ. 산재보험수급권의 대상범위 제한 [10점]
  1. 산재보험의 대상범위
  2. 산재보험의 적용범위에 대한 입법자의 입법형성권

Ⅰ. 사안의 분석과 쟁점의 정리 [5점]

사안에서 갑은 산재보험에 따른 요양급여를 신청했으나 근로복지공단은 갑이 소속된 사업장이 산재보험 대상에서 배제된다는 이유로 갑의 신청을 불승인하였다.

이 사안의 핵심은 산재보험의 적용범위와 관련하여 그 적용배제사업장을 정하고 있는 것이 갑의 기본권을 침해하는지의 여부이며, 이와 관련하여 산재보험수급권의 헌법적 근거인 인간다운 생활을 할 권리의 보호범위와 한계, 그리고 산재보험이 적용되는 사업과 그렇지 않은 사업 사이의 평등권 문제가 검토되어야 할 것이다.

Ⅱ. 산재보험 및 그 수급권과 관련 기본권 [8점]

1. 산재보험의 의의와 기능

산재보험(산업재해보상보험)이란 산업현장에서의 업무상 재해로 인한 근로자들의 각종 손해를 보상함으로써 한편으로는 재해근로자들의 재활 및 사회복귀를 지원하며, 다른 한편으로는 관련 제도 및 시설의 확보를 통해 근로자들의 복지를 증진시키기 위해 만들어진 사회보험이다.

2. 산재보험수급권의 헌법적 근거: 인간다운 생활을 할 권리

다른 사회보험과 마찬가지로 산재보험수급권 역시 사회보장수급권의 일종으로서 그 헌법적 근거는 헌법 제34조의 인간다운 생활을 할 권리이다.

특히 헌법 제34조 제2항의 사회보장은 공적부조와 사회보험, 사회복지시설을 포함하는 것으로 해석되며, 국가의 재정적 부담을 줄이면서 사회적 안전망을 강화하기 위한 방법으로 사회보험이 널리 활용되고 있다.

3. 산재보험수급권 인정의 범위와 관련한 기본권: 평등권

사안에서 문제되고 있는 산재보험법의 적용범위는 산재보험수급권의 인정범위에 관한 문제가 된다. 산재보험법의 적용 여부에 따라 산재보험수급권의 인정 여부가 달라지기 때문이다.

특히 사안의 경우 이와 관련하여 산재보험법의 적용을 받는 근로자와 그렇지 않은 근로자 사이의 차별이 문제되는 바, 그 차별의 합리성 여부를 다투게 되면 평등권의 침해 여부가 중요한 쟁점이 될 수 있다.

Ⅲ. 산재보험수급권의 대상범위 제한 [10점]

1. 산재보험의 대상범위

산재보험의 대상범위는 한편으로는 산재보험법에 따른 업무상 재해에 해당하는지, 다른 한편으로는 산재보험대상이 되는 사업인지에 따라 결정된다.

산재보험법에 따른 업무상 재해란 "업무상의 사유에 따른 근로자의 부상 · 질병 · 장해 또는 사망을 말한다."[2] 또한 산재보험법 제6조는 적용대상 사업의 범위를 한정하고 있다.

2. 산재보험의 적용범위에 대한 입법자의 입법형성권

산재보험의 내용 및 대상범위를 어떻게 정할 것인지는 국가가 재정부담능력과 전체적인 사회보장 수준 등을 고려하여 결정될 수밖에 없다. 따라서 이에 대해서는 광범위한 입법형성권이 인정된다.

헌법재판소는 이와 관련하여 헌법 제34조에 따른 사회보장의무에 위반하여 생계보호에 관한 입법을 전혀 하지 아니하였거나 또는 그 내용이 현저히 불합리하여 헌법상 용인될 수 있는 재량의 범위를 명백히 일탈한 경우에 한하여 헌법에 위반된다고 판시한 바 있다.[3]

3. 산재보험법 제6조 및 동법 시행령 제2조에 대한 판단

이렇게 볼 때, 산재보험법 제6조 및 동법 시행령 제2조에 따른 적용대상 사업의 범위 한정은 현저한 불합리성이 확인되지 않는 한 위헌으로 보기 어렵다. 더욱이 사업의 종류와 규모 등에 따른 재해발생률, 그로 인한 비용부담의 정도 및 비용부담이 당해 사업에 미치는 영향의 차이 등을 고려한 것으로 볼 때, 이는 입법의 재량범위를 일탈한 것으로 보기 어렵다.

Ⅳ. 산재보험 적용대상 사업과의 비교와 평등권 침해 여부 [12점]

1. 비교집단 : 산재보험 적용대상 사업

사안에서 갑은 산재보험의 적용을 받지 못하고 있으며, 이를 불합리한 차별로 주장할 경우에는 산재보험 적용대상이 되는 사업을 비교집단으로 설정할 수 있을 것이다.

2. 사회적 기본권과 평등심사기준

사안의 경우 산재보험수급권은 헌법 제34조의 인간다운 생활을 할 권리가 구체화

---

2) 산재보험법 제5조 제1호.

3) 헌재 2005.7.21. 2004헌바2; 헌재 2015.6.25. 2014헌바269 등 참조.

된 것으로서 사회권 기본권의 일종이라 할 수 있다.

따라서 그 구체적 내용 및 대상범위의 결정에 대해 입법자는 폭넓은 재량을 인정받으며, 평등심사에 있어서도 엄격한 심사기준이 아닌 완화된 심사기준이 적용된다.

3. 차별의 합리성 여부에 대한 판단

사안의 경우 입법자가 적용대상 사업의 범위를 한정한 것은 앞서 서술한 바와 같이 나름의 합리적 기준을 적용하고 있을 뿐만 아니라, 산재보험 적용제외사업의 사업주도 산재보험에 임의 가입이 가능한 점 등을 고려할 때, 불합리한 자의적 차별이라고 보기 어렵다.

Ⅴ. 헌법재판소의 결정과 그 효력 [12점]

1. 결정의 유형과 주문의 형식

사안에서 갑은 헌법재판소법 제68조 제2항에 따른 위헌소원심판을 청구하였으며, 이는 형식상 헌법소원심판이지만 실질은 위헌법률심판에 해당하는 것으로 인정된다.

따라서 헌법재판소의 결정은 일반적인 헌법소원심판과는 달리 인용 또는 기각이 아니라 합헌 또는 위헌이 형식으로 내려진다.

2. 갑의 인간다운 생활권 및 평등권 침해에 대한 판단

사안에서 갑이 심판대상조항의 위헌성을 주장할 수 있는 부분은 심판대상조항이 자신의 산재보험수급권(인간다운 생활을 할 권리) 및 평등권을 불합리하게 침해했다는 것이다.

그러나 앞서 검토한 바와 같이 심판대상조항의 내용은 입법자가 합리적 고려에 의해 형성한 것으로서 재량의 범위를 벗어나지 않았다고 보아야 할 것이므로 합헌 판단이 내려져야 한다.

3. 헌법재판소 결정의 효력

헌법재판소의 합헌결정은 당해 사건에 대해 구속력이 있으나, 위헌결정과는 달리 모든 국가기관에 대한 일반적 구속력을 갖지 않는다. 따라서 유사 사건에 의해 심판대상조항의 합헌성 여부가 다시 다투어질 수 있다.

Ⅵ. 결론 [3점]

이상의 검토를 종합할 때, 헌법재판소는 갑의 청구에 대해 심판대상조항을 합헌으로 결정해야 한다. 이 결정은 당해 사건에 대해 구속력을 갖지만, 위헌결정과는 달리 일반적 구속력은 없으므로 유사 사건에 의해 심판대상조항의 합헌성 여부가 다시 다투어질 수 있다.

34

단체협약과 노조전임자 지원의 합헌성 여부

산별노조인 A노조는 7개 회사와의 단체협약에서 '회사는 조합사무실과 집기, 비품을 제공하며 조합사무실 관리유지비(전기료, 수도료, 냉난방비, 영선비) 기타 일체를 부담한다.', '회사는 노동조합에 차량을 제공한다(주유비, 각종 세금 및 수리비용을 지급한다).'는 등의 노조 운영비를 지원하는 조항을 포함시켰다.

그런데 대전지방고용노동청 천안지청장은 이 단체협약의 노조 운영비 지원에 관한 조항은 '노동조합 및 노동관계조정법'(이하 '노동조합법'으로 약칭) 제81조 제4호를 위반하였다는 등의 이유로 2010.11.11. 노동조합법 제31조 제3항에 따라 시정명령을 내렸다.

A노조는 대전지방고용노동청 천안지청장을 상대로 이 사건 시정명령의 취소를 구하는 소를 제기하고, 그 소송 계속 중 노동조합법 제81조 제4호 등에 대한 위헌법률심판제청신청을 하였으나 대전지방법원은 위헌법률심판제청을 기각하였다. 이에 A노조는 헌법재판소에 헌법소원심판을 청구하였다.

〈헌재 2018.5.31. 2012헌바90 참조〉

1. A노조의 헌법소원심판청구는 적법한가? (30점)
2. 노동조합 및 노동관계조정법에서 노조에 대한 회사의 운영비 지원을 부당노동행위로서 금지하고 있는 이유는 무엇인가? (20점)
3. A노조의 헌법소원심판청구가 적법한 경우 헌법재판소는 어떤 본안판단을 내려야 하는가? (50점)

〈참고 조문(아래 법령은 현행 법령과 다를 수 있음)〉

노동조합 및 노동관계조정법 제81조(부당노동행위)

사용자는 다음 각 호의 어느 하나에 해당하는 행위(이하 "不當勞動行爲"라 한다)를 할 수 없다.

1. 근로자가 노동조합에 가입 또는 가입하려고 하였거나 노동조합을 조직하려고 하였거나 기타 노동조합의 업무를 위한 정당한 행위를 한 것을 이유로 그 근로자를 해고하거나 그 근로자에게 불이익을 주는 행위
2. 근로자가 어느 노동조합에 가입하지 아니할 것 또는 탈퇴할 것을 고용조건으로 하거나 특정한 노동조합의 조합원이 될 것을 고용조건으로 하는 행위. 다만, 노동조합이 당해 사업장에 종사하는 근로자의 3분의 2 이상을 대표하고 있을 때에는 근로자가 그 노동조합의 조합원이 될 것을 고용조건으로 하는 단체협약의 체결은 예외로 하

며, 이 경우 사용자는 근로자가 그 노동조합에서 제명된 것 또는 그 노동조합을 탈퇴하여 새로 노동조합을 조직하거나 다른 노동조합에 가입한 것을 이유로 근로자에게 신분상 불이익한 행위를 할 수 없다.

3. 노동조합의 대표자 또는 노동조합으로부터 위임을 받은 자와의 단체협약체결 기타의 단체교섭을 정당한 이유없이 거부하거나 해태하는 행위
4. 근로자가 노동조합을 조직 또는 운영하는 것을 지배하거나 이에 개입하는 행위와 노동조합의 전임자에게 급여를 지원하거나 노동조합의 운영비를 원조하는 행위. 다만, 근로자가 근로시간 중에 제24조 제4항에 따른 활동을 하는 것을 사용자가 허용함은 무방하며, 또한 근로자의 후생자금 또는 경제상의 불행 기타 재액의 방지와 구제등을 위한 기금의 기부와 최소한의 규모의 노동조합사무소의 제공은 예외로 한다.
5. 근로자가 정당한 단체행위에 참가한 것을 이유로 하거나 또는 노동위원회에 대하여 사용자가 이 조의 규정에 위반한 것을 신고하거나 그에 관한 증언을 하거나 기타 행정관청에 증거를 제출한 것을 이유로 그 근로자를 해고하거나 그 근로자에게 불이익을 주는 행위

노동조합 및 노동관계조정법 제90조(벌칙)

제44조 제2항, 제69조 제4항, 제77조 또는 제81조의 규정에 위반한 자는 2년 이하의 징역 또는 2천만 원 이하의 벌금에 처한다.

1. A노조의 헌법소원심판청구는 적법한가? (30점)

Ⅰ. 서: 위헌소원의 의의 및 성격과 청구요건 [3점]
Ⅱ. 재판의 전제성 [10점]
  1. 소송의 계속
  2. 심판대상법률(조항)이 당해 소송사건에 적용
  3. 심판대상법률(조항)의 위헌 여부에 따라 다른 내용의 재판
Ⅲ. 위헌법률심판제청의 신청과 기각 [9점]
  1. 위헌소원의 성격과 위헌법률심판제청의 의미
  2. 법원의 기각 결정과 그 구속력
  3. 헌법재판소법 제68조 제2항에 의한 헌법소원심판의 청구
Ⅳ. 기타의 청구요건 [6점]
  1. 변호사 강제주의
  2. 청구기간
Ⅴ. 결론 [2점]

Ⅰ. 서: 위헌소원의 의의 및 성격과 청구요건 [3점]

사안에서 A노조가 청구한 헌법소원심판은 헌법재판소법 제68조 제2항에 따른 이른바 위헌소원이다. 위헌소원은 형식상 헌법소원이지만 실질적으로는 위헌법률심판에 해당하는 것이며, 그에 따라 헌법재판소법 제68조 제1항의 권리구제형 헌법소원과는 청구

요건에 큰 차이를 보인다. 무엇보다 재판의 전제성 요건이 갖추어져야 하며, 그밖에 당해 법원에 대한 위헌법률심판제청신청과 기각, 변호사 강제주의, 청구기간 등의 요건이 갖춰져야 한다.

Ⅱ. 재판의 전제성 [10점]

1. 소송의 계속

재판의 전제성이 인정되기 위해서는 가장 먼저 법원에 소송이 계속(繫屬) 중이어야 한다. 즉, 법적 쟁점에 관하여 법원에 소송이 제기되고 그 소송에 대해 법원이 심리를 하고 있는 상태여야 한다. 본 사안에서는 소송의 계속 중임을 확인할 수 있다.

2. 심판대상법률(조항)이 당해 소송사건에 적용

두 번째 요건은 위헌 여부가 다투어지는 법률(조항)이 당해 사건에 적용되는 것이어야 한다는 점이다. 당해 사건의 재판과 무관한 법률(조항)에 대해서는 구체적 규범통제에서 위헌 여부를 다툴 수 없기 때문이다.

이 사건의 심판대상인 노동조합법 제81조 제4호는 당해 소송사건에 적용되는 것이므로 이 요건도 충족된다.

3. 심판대상법률(조항)의 위헌 여부에 따라 다른 내용의 재판

재판의 전제성 인정을 위한 마지막 요건은 다투어지는 법률(조항)의 위헌 여부에 따라 당해 사건의 판결 결과에 차이가 발생해야 한다는 점이다.

심판대상조항이 위헌일 경우에는 A노조의 주장에 대한 판단 및 당해 사건의 결론이 날라질 수 있으므로 이 요건도 충족된다.

Ⅲ. 위헌법률심판제청의 신청과 기각 [9점]

1. 위헌소원의 성격과 위헌법률심판제청의 의미

헌법재판소에 위헌소원을 제청하기 위해서는 먼저 당해 법원에 위헌법률심판을 제청하였으나 기각 당했어야 한다.

법원이 위헌법률심판청구를 할 수도 있는데 이를 건너뛰고 당사자가 곧바로 위헌소원을 청구하는 것은 헌법재판소의 부담을 과중하게 만들 우려가 있다는 점에서 권리구제형 헌법소원에서 보충성 요건을 둔 것과 유사한 취지로 이런 요건이 인정되는 것이다.

2. 법원의 기각 결정과 그 구속력

사안에서 A노조의 위헌법률심판제청신청은 법원에 의해 기각되었고, 이러한 기각 결정에 의해 위헌법률심판제청을 기대할 수 없게 되었다. 그러나 법원의 판단이 항상 타당한 것은 아니라는 점에서 헌법재판소의 판단을 받을 수 있는 길을 열어 놓을 필요성이 인정된다.

3. 헌법재판소법 제68조 제2항에 의한 헌법소원심판의 청구

헌법재판소법 제68조 제2항에 의한 위헌소원은 이러한 의미에서 법원의 위헌법률심판제청이 제대로 행해지지 않는 것에 대한 보완장치라 할 수 있다.[1)]

사안의 A노조가 당해법원에 대한 위헌법률심판제청신청의 기각 후에 헌법재판소법 제68조 제2항에 의해 헌법소원심판을 청구함으로써 해당 요건을 갖추었다.

Ⅳ. 기타의 청구요건 [6점]

1. 변호사 강제주의

위헌소원은 비록 그 실질은 위헌법률심판이지만 그 형식은 헌법소원심판이며, 당사자가 청구의 주체가 된다. 따라서 헌법재판소법 제25조 제3항에 따라 변호사 강제주의가 적용된다.

따라서 A노조는 본인이 변호사를 대리인으로 선임하여야 심판청구를 할 수 있다.

2. 청구기간

위헌소원은 헌법재판소법 제69조 제2항에 따라 위헌법률심판의 제청신청을 기각하는 결정을 통지받은 날로부터 30일 이내에 청구하여야 한다.

Ⅴ. 결론 [2점]

이상의 검토를 종합할 때, A노조의 헌법소원심판청구는 – 설문에 명확하게 드러나지 않고 있는 변호사 강제주의 및 청구기간 등의 요건을 준수하였다고 볼 때 – 적법한 것으로 판단된다.

2. 「노동조합 및 노동관계조정법」에서 노조에 대한 회사의 운영비 지원을 부당노동행위로서 금지하고 있는 이유는 무엇인가? (20점)

Ⅰ. 서: 회사의 노조 운영비 지원이 갖는 의미와 쟁점 [2점]
Ⅱ. 부당노동행위 제도의 의미와 기능 [4점]
1. 부당노동행위의 개념
2. 노사 간의 세력균형을 위한 적극적 입법의 필요성
3. 부당노동행위에 법적 제재의 의미
Ⅲ. 노조 운영비 지원 금지조항의 의의와 기능에 관한 헌법재판소의 해석 [6점]
1. 입법취지: 노동조합의 자주성 확보
2. 노조 운영비 지원과 사용자의 영향력 침투의 문제
3. 노조의 자주성 침해가 문제되지 않는 경우에 대한 예외 인정?

1) 제4공화국과 제5공화국 당시 위헌법률심판제청권을 갖고 있던 대법원에서 15년(1972~1987)동안 단 한 건의 위헌법률심판도 제청하지 않았던 경험에 대한 반작용으로 이러한 위헌소원 제도가 도입된 것으로 볼 수 있다.

Ⅰ. 서: 회사의 노조 운영비 지원이 갖는 의미와 쟁점 [2점]

심판대상조항은 회사의 노조 운영비 지원을 부당노동행위로 규정하여 금지하고 있다. 이는 심판대상조항의 내용에 비추어 볼 때, 회사가 노조를 지배하는 것을 방지하기 위한 것으로 보인다.

그로 인하여 사실상 회사가 노조를 지배하는 것이 아닌 경우에도 운영비 지원은 금지되어야 하는 것인지, 아니면 회사의 노조 지배가 아닌 경우에는 허용될 수 있는 것인지에 대해 해석상 논란이 발생하게 된다.

Ⅱ. 부당노동행위 제도의 의미와 기능 [4점]

1. 부당노동행위의 개념

부당노동행위란 근로자의 노동삼권을 부당하게 제한하는 사용자의 행위를 말한다. 부당노동행위의 구체적인 유형을 명시하고 있는 것이 노동조합법 제81조 각호의 규정이다.

2. 노사 간의 세력균형을 위한 적극적 입법의 필요성

노동삼권의 보호를 위한 국가의 개입은 노사 간의 세력 균형을 위한 것이다. 즉, 근로자나 사용자의 어느 한쪽을 국가가 편드는 것이 아니라, 합리적인 대화 내지 단체교섭 등을 위한 전제로서 어느 한쪽이 압도적인 힘의 우위를 갖지 않도록 국가가 양자의 관계를 적절히 조정하는 것이다.[2)]

3. 부당노동행위에 법적 제재의 의미

심판대상조항은 사용자가 근로자의 노동삼권을 무력화시키기 위해 부당한 영향력을 행사하는 것을 막기 위한 것이다. 즉, 근로자의 노동삼권을 실질적으로 보장하기 위해 국가가 일정한 기준을 제시하고, 부당노동행위에 해당하는 경우에는 국가의 적극적인 개입을 통해 노동삼권을 보호하고자 하는 것이다.

Ⅲ. 노조 운영비 지원 금지조항의 의의와 기능에 관한 헌법재판소의 해석 [6점]

1. 입법취지: 노동조합의 자주성 확보

심판대상조항의 목적이 노동조합의 자주성 확보에 있다는 점은 분명하다. 원칙적으

2) 대부분 근로자에 비해 사용자가 더 큰 힘을 갖고 있으므로 국가의 개입은 사용자에 대한 규제로 나타나는 경우가 많지만, 그것이 곧 국가가 근로자의 편이라는 의미는 아니다.

로 사용자의 관여 내지 지배를 위한 행위를 금지하되, 단서에서 최소한의 배려로 볼 수 있는 부분을 허용하고 있는 것에서 이를 확인할 수 있다.

2. 노조 운영비 지원과 사용자의 영향력 침투의 문제

문제는 노조 운영비의 지원은 명시적으로 금지되고 있다는 점이며, 이는 사용자의 영향력 침투를 방지하기 위한 것으로 해석된다. 즉, 사용자가 노조에 대한 재정적 지원을 통해 사실상 어용노조화 할 수 있다는 점을 우려한 것이다.

3. 노조의 자주성 침해가 문제되지 않는 경우에 대한 예외 인정?

이에 대한 반대해석을 통해 노조의 자주성이 인정되는 경우라면 사용자의 노조 운영비 지원이 문제되지 않는다는 결론이 도출될 수도 있다.

그러나 최근 일부 기업에서는 노조의 힘이 사용자의 힘을 넘어서는 경우까지도 발생하면서 과연 그런 결론이 합리적인지에 대해서는 또 다른 각도에서의 검토가 필요하다.

Ⅳ. 사용자와 노조의 세력관계 변화와 새로운 해석 필요성 [7점]

1. 사용자와 노조의 대등성이 확보된 경우

사용자와 노조의 대등성이 확보된 경우라면 양자의 단체교섭 등이 정상적으로 진행될 것이며, 이를 위해 국가가 적극적으로 개입할 필요는 인정되지 않는다. 즉, 사용자의 노조 운영비 지원을 반드시 금지해야 하는 것으로 보기 어렵다. 하지만 대등성 여부가 명확하지 않은 경우라면 금지가 불합리한 것으로 단언하기 어렵다.

2. 사용자가 노조에 대해 우월한 경우

반면에 사용자가 노조에 대해 우월한 경우에는 노조 운영비 지원이 노조의 어용화로 이어질 우려가 매우 크므로 이를 엄격하게 금지할 필요성이 크다.

3. 노조가 사용자에 대해 우월한 경우 - 새로운 해석 필요성

거꾸로 노조가 사용자에 대해 우월한 경우에도 사용자의 노조 운영비 지원이 문제될 수 있다. 즉, 노조가 사용자에게 부당한 부담을 지우는 것으로 볼 수 있을 것이기 때문이다.

Ⅴ. 결론 [1점]

이상의 검토를 종합할 때, 심판대상조항의 입법취지는 사용자의 노조에 대한 부당한 영향력 행사를 금지하기 위한 것이지만, 거꾸로 노조가 사용자에 대해 부당한 부담을 지우는 것을 막기 위해서도 인정되어야 할 것이다.

3. A노조의 헌법소원심판청구가 적법한 경우 헌법재판소는 어떤 본안판단을 내려야 하는가? (50점)

Ⅰ. 사안의 분석과 쟁점의 정리 [5점]

사안의 핵심 쟁점은 노동조합법 제81조 제4호의 합헌성 여부이며, 이를 판단하기 위해서는 A노조의 노동삼권과 관련하여 어떤 위헌적인 침해가 있는지를 검토하는 것이 필요하다.

심판대상조항의 입법취지는 사용자와 노조의 대등성 확보를 위한 것으로 볼 수 있으며, 이러한 법률조항에 의해 A노조의 노동삼권 등이 침해되는지 여부를 비례성원칙에 비추어서 판단해야 할 것이다.

Ⅱ. 사용자의 노조 운영비 지원 금지조항의 헌법적 쟁점 [8점]

1. 입법목적: 사용자와 노조의 실질적 평등 확보

노동조합법 제81조의 부당노동행위는 노동삼권의 실질적 보장을 위한 것이며, 노동삼권은 사용자와 노동자의 실질적 대등성의 확보를 위한 것이다. 이러한 제도의 취지에 비추어 볼 때, 심판대상조항인 노동조합법 제81조 제4호는 사용자와 노조의 실질적 평등을 확보하기 위한 조항으로 이해될 수 있다.

2. 단체교섭권의 제한

이와 관련하여 A노조의 입장에서는 사용자의 노조에 대한 운영비 지원을 얻어내는 것을 단체교섭의 내용으로 삼을 수도 있는데 이를 금지하는 것이 단체교섭권의 제한이라고 주장할 수 있다. 사안의 단체협약에 대한 시정명령에 대한 불복도 이런 취지로 이해된다.

3. 죄형법정주의 위반 여부

또한 노동조합법 제90조는 노동조합법 제81조 제4호 위반에 대한 형벌의 부과를 명시하고 있으므로 이와 관련하여 죄형법정주의 위반이 문제될 수 있다.

Ⅲ. 단체교섭권의 의의와 보호범위 [10점]

1. 근로삼권의 체계 속에서 단체교섭권의 의의

근로삼권 중에서 중심에 서는 것은 단체교섭권이라고 볼 수 있다. 단결권은 단체교섭권을 위한 전제이며, 단체행동권은 단체교섭이 결렬되었을 때를 대비하기 위한 것으로 볼 수 있기 때문이다.

2. 노사 협상의 자율성과 국가 개입의 (원칙적) 보충성

단체교섭 등의 노사 협상은 자율적으로 행해지는 것이 원칙이다. 이는 노사관계도 사적 자치를 원칙으로 하되, 국가의 관여 내지 개입은 보충적이어야 하기 때문이다.

다만, 힘의 불균형으로 인하여 노사의 어느 일방에게 유리한 방향으로 불합리하게 결정될 경우에는 국가의 개입에 의해 단체교섭권에 한계를 긋는 것이 필요할 수 있다.

3. 단체교섭권의 한계: 법령에 의해 정해지는 사례

노동조합법 제81조는 현행법상 금지되는 부당노동행위를 규정하고 있으며, 이처럼 법률에 의해 금지되는 내용을 노사의 단체교섭에 의해 결정할 수는 없다. 이는 부당노동행위에 해당하는 내용의 단체교섭을 정상적인 (대등한 주체 간의 합리적 타협에 의한) 합의로 보기 어렵기 때문이다.

Ⅳ. 제한의 정당성에 대한 비례성 판단 [12점]

1. 목적의 정당성, 수단의 적합성

문제가 되고 있는 운영비 지원 금지에 관한 조항은 사용자의 노조에 대한 부당한 영향력을 막기 위한 것으로서 입법목적의 정당성이 인정된다.

그러나 노동조합법 제81조 제4호에서 노조의 자율성을 침해할 위험이 없는 경우까지도 포괄적으로 금지하는 것은 입법목적 달성에 적합한 수단이라고 보기 어렵다.

2. 침해의 최소성

심판대상조항이 노동조합의 자주성을 저해하거나 저해할 현저한 위험이 있는 운영비 원조 행위만을 금지하더라도 노동조합의 자주성을 확보하고 근로3권의 실질적인 행사를 보장하고자 하는 입법목적을 달성할 수 있을 것이다. 그럼에도 불구하고, 심판대상조항에서 운영비 지원을 포괄적으로 금지하고 있는 것은 과도한 제한으로서 침해의 최소성에 반한다.

3. 법익의 균형성

심판대상조항이 사용자의 운영비 지원을 통한 노조의 자주성 침해 등의 문제를 방지하는 효과는 인정되지만, 노조의 자주성 침해가 문제되지 않는 경우에도 운영비 지원을 금지함으로써 노사자치의 원칙에 제약을 가하고, 노조의 활동을 위축시키는 것은 더욱 심각한 법익의 침해로 볼 수 있으므로 법익의 균형성을 갖추지 못한 것이다.

Ⅴ. 헌법재판소의 결정과 그 효력 [12점]

1. 헌법재판소의 본안 판단

이상에서 검토한 바에 따르면 심판대상조항은 비록 입법목적의 정당성이 인정되고, 사용자의 부당한 관여를 억제하는 등 나름의 입법적 효과가 있다고 볼 수 있으나, 사용자의 노조 운영비 지원을 포괄적으로 금지하는 것은 침해의 최소성, 법익의 균형성 등에 위배되어 위헌이라고 판단된다.

2. 헌법재판소 결정의 형식

사안의 심판대상조항을 단순위헌으로 결정할 경우에는 운영비 지원을 전적으로 허용하는 것이 되어 사용자의 부당한 관여를 억제할 수 없는 법적 공백상태가 발생한다.

그러므로 이러한 경우에는 단순위헌결정 대신에 입법자의 개선입법을 전제로 헌법불합치결정을 내리는 것이 적절하다.

3. 헌법재판소 결정의 효력

헌법재판소의 헌법불합치결정은 실질적인 위헌결정이므로 모든 국가기관을 구속하는 효력을 갖는다. 다만, 헌법재판소가 정한 기간 내에 입법자가 개선입법을 하지 않는 경우에 심판대상조항이 효력을 상실하게 된다.

Ⅵ. 결론 [3점]

이상의 검토를 종합할 때, 헌법재판소는 심판대상조항에 대해 기간을 정해서 국회의 개선입법을 촉구하면서 헌법불합치결정을 내려야 한다. 만일 이 기간 내에 국회에서 개선입법을 하지 않을 경우에는 해당 조항의 위헌적인 부분은 무효가 된다.

35

환경책임과 재산권

서울시 성북구에서 주유소 사업을 하던 甲은 3년 전부터 지병이 악화되어 주유소 사업을 접고자 하였으나 적당한 매수인이 나타나지 않아 乙에게 자신의 토지와 주유소를 임대하였고, 3년 전부터는 乙이 甲의 소유인 토지 위에서 주유소를 운영하였다. 그런데 최근 주유소 주변 토양오염이 문제되어 정밀조사를 한 결과 주유소 지하에 설치된 저장탱크의 배관 이상으로 기름이 유출되어 토양오염이 발생한 것으로 확인되었다.

이에 성북구청장은 乙에게 오염된 토양의 정화조치를 명하였으나 乙은 자신이 주유소 사업을 하게 된 것이 3년에 불과하고, 배관 이상이 발생한 것이 3년 이내라는 증거가 없으므로 토양오염에 대한 정화 책임을 지는 것은 부당하다고 항변하였다. 이에 성북구청장은 토지소유자이며 주유소의 소유자인 甲이 토양오염에 대한 정화 책임을 지는 것이 타당하다고 생각하여 갑에게 토양오염의 정화를 명하였다.

甲은 서울 북부지원에 성북구청장의 처분의 취소를 구하는 소송을 제기하였으나 기각되었고, 항소 중에 처분의 근거가 된 토양환경보전법 제2조 제3호, 제10조의3 제3항 제2호에 대한 위헌법률심판제청을 신청하였으나 역시 기각되었다. 이에 甲은 헌법재판소에 위 조항들이 위헌성을 다투는 헌법소원심판을 청구하였다.

〈헌재 2012.8.23. 2010헌바167 결정 참조〉

1. 갑의 헌법소원심판청구는 적법한가? (30점)
2. 토양환경보전법 제2조 제3호의 규정은 명확성원칙에 반하는가? (20점)
3. 토양환경보전법 제10조의3 제3항 제2호의 규정은 토양오염관리대상시설의 소유자, 점유자, 운영자의 재산권을 침해하는가? (50점)

〈참고 조문(아래 법령은 현행 법령과 다를 수 있음)〉

토양환경보전법 제2조(정의)

이 법에서 사용하는 용어의 정의는 다음 각호와 같다.

1. "토양오염"이라 함은 사업활동 기타 사람의 활동에 따라 토양이 오염되는 것으로서 사람의 건강·재산이나 환경에 피해를 주는 상태를 말한다.
2. "토양오염물질"이라 함은 토양오염의 원인이 되는 물질로서 환경부령이 정하는 것을 말한다.
3. "토양오염관리대상시설"이라 함은 토양오염물질을 생산·운반·저장·취급·가공 또는 처리함으로써 토양을 오염시킬 우려가 있는 시설·장치·건물·구축물 및 장

소 등을 말한다.
4. "특정토양오염관리대상시설"이라 함은 토양을 현저히 오염시킬 우려가 있는 토양오염관리대상시설로서 환경부령이 정하는 것을 말한다.
5. "토양정화"라 함은 생물학적 또는 물리·화학적 처리 등의 방법으로 토양중의 오염물질을 감소·제거하거나 토양중의 오염물질에 의한 위해를 완화하는 것을 말한다.
6. "토양정밀조사"라 함은 제4조의2의 규정에 의한 토양오염우려기준을 넘거나 넘을 가능성이 크다고 판단되는 지역에 대하여 오염물질의 종류, 오염의 정도 및 범위 등을 환경부령이 정하는 바에 따라 조사하는 것을 말한다.
7. "토양정화업"이라 함은 토양정화를 수행하는 업을 말한다.

토양환경보전법 제10조의3(토양오염의 피해에 대한 무과실책임)

① 토양오염으로 인하여 피해가 발생한 때에는 당해 오염원인자는 그 피해를 배상하고 오염된 토양을 정화하여야 한다. 다만, 토양오염이 천재·지변 또는 전쟁으로 인하여 발생한 경우에는 그러하지 아니하다.

② 오염원인자가 2인이상 있는 경우에 어느 오염원인자에 의하여 제1항의 피해가 발생한 것인지를 알 수 없을 때에는 각 오염원인자가 연대하여 배상하고 오염된 토양을 정화하여야 한다.

③ 다음 각호의 1에 해당하는 자는 제1항의 규정에 의한 오염원인자로 본다. 다만, 제3호(토양오염관리대상시설을 양수한 자에 한한다) 및 제4호의 경우에 토양오염관리대상시설을 인수한 자가 선의이며 과실이 없는 때에는 그러하지 아니하다.

1. 토양오염물질을 토양에 누출·유출시키거나 투기·방치함으로써 토양오염을 유발시킨 자
2. 토양오염의 발생 당시 토양오염의 원인이 된 토양오염관리대상시설을 소유·점유 또는 운영하고 있는 자
3. 토양오염관리대상시설을 양수한 자 및 합병·상속 그 밖의 사유로 제1호 및 제2호에 해당되는 자의 권리·의무를 포괄적으로 승계한 자
4. 민사집행법에 의한 경매, 「채무자 회생 및 파산에 관한 법률」에 의한 환가, 국세징수법·관세법 또는 지방세법에 의한 압류재산의 매각 그 밖에 이에 준하는 절차에 따라 토양오염관리대상시설을 인수한 자「산업재해보상보험법」 제6조 단서에서 "대통령령으로 정하는 사업"이란 다음 각 호의 어느 하나에 해당하는 사업 또는 사업장(이하 "사업"이라 한다)을 말한다.

1. 갑의 헌법소원심판청구는 적법한가? (30점)

Ⅰ. 서: 위헌소원의 의의 및 성격과 청구요건 [3점]
Ⅱ. 재판의 전제성 [10점]
1. 소송의 계속
2. 심판대상법률(조항)이 당해 소송사건에 적용
3. 심판대상법률(조항)의 위헌 여부에 따라 다른 내용의 재판
Ⅲ. 위헌법률심판제청의 신청과 기각 [9점]

Ⅰ. 서: 위헌소원의 의의 및 성격과 청구요건 [3점]

사안에서 갑이 제기한 헌법소원심판은 헌법재판소법 제68조 제2항에 따른 이른바 위헌소원이다. 위헌소원은 형식상 헌법소원이지만 실질적으로는 위헌법률심판에 해당하는 것이며, 그에 따라 헌법재판소법 제68조 제1항의 권리구제형 헌법소원과는 청구요건에 큰 차이를 보인다. 무엇보다 재판의 전제성 요건이 갖추어져야 하며, 그밖에 당해 법원에 대한 위헌법률심판제청신청과 기각, 변호사 강제주의, 청구기간 등의 요건이 갖춰져야 한다.

Ⅱ. 재판의 전제성 [10점]

1. 소송의 계속

재판의 전제성이 인정되기 위해서는 가장 먼저 법원에 소송이 계속(繫屬) 중이어야 한다. 즉, 법적 쟁점에 관하여 법원에 소송이 제기되고 그 소송에 대해 법원이 심리를 하고 있는 상태여야 한다. 본 사안에서는 소송의 계속 중임을 확인할 수 있다.

2. 심판대상법률(조항)이 당해 소송사건에 적용

두 번째 요건은 위헌 여부가 다투어지는 법률(조항)이 당해 사건에 적용되는 것이어야 한다는 점이다. 당해 사건의 재판과 무관한 법률(조항)에 대해서는 구체적 규범통제에서 위헌 여부를 다툴 수 없기 때문이다.

이 사건의 심판대상인 「토양환경보전법」 제2조 제3호, 제10조의3 제3항 제2호 등은 당해 사건에 적용되는 것이므로 이 요건도 충족된다.

3. 심판대상법률(조항)의 위헌 여부에 따라 다른 내용의 재판

재판의 전제성 인정을 위한 마지막 요건은 다투어지는 법률(조항)의 위헌 여부에 따라 당해 사건의 판결 결과에 차이가 발생해야 한다는 점이다. 심판대상조항이 위헌일 경우에는 당해 사건의 소송에 결정적인 영향을 미칠 수 있을 것이므로 이 요건도 충족된다.

Ⅲ. 위헌법률심판제청의 신청과 기각 [9점]

1. 위헌소원의 성격과 위헌법률심판제청의 의미

헌법재판소에 위헌소원을 청구하기 위해서는 먼저 당해 법원에 위헌법률심판제청을 신청하였으나 기각당했어야 한다.

법원이 위헌법률심판제청을 할 수도 있는데 이를 건너뛰고 당사자가 곧바로 위헌소원을 청구하는 것은 헌법재판소의 부담을 과중하게 만들 우려가 있다는 점에서 권리구제형 헌법소원에서 보충성 요건을 둔 것과 유사한 취지로 이런 요건이 인정되는 것이다.

2. 법원의 기각 결정과 그 구속력

사안에서 갑의 위헌법률심판제청신청은 법원에 의해 기각되었고, 이러한 기각 결정에 의해 위헌법률심판제청을 기대할 수 없게 되었다. 그러나 법원의 판단이 항상 타당한 것은 아니라는 점에서 헌법재판소의 판난을 받을 수 있는 길을 열어 놓을 필요성이 인정된다.

3. 헌법재판소법 제68조 제2항에 의한 헌법소원심판의 청구

헌법재판소법 제68조 제2항에 의한 위헌소원은 이러한 의미에서 법원의 위헌법률심판제청이 제대로 행해지지 않는 것에 대한 보완장치라 할 수 있다.[1]

사안의 갑이 당해법원에 대한 위헌법률심판제청신청의 기각 후에 헌법재판소법 제68조 제2항에 의해 헌법소원심판을 청구함으로써 해당 요건을 갖추었다.

Ⅳ. 기타의 청구요건 [6점]

1. 변호사 강제주의

위헌소원은 비록 그 실질은 위헌법률심판이지만 그 형식은 헌법소원심판이며, 당사자가 청구의 주체가 된다. 따라서 헌법재판소법 제25조 제3항에 따라 변호사 강제주의가 적용된다.

갑은 본인이 변호사 자격이 있는 경우가 아니라면 변호사를 대리인으로 선임하여야 심판청구를 할 수 있다.

2. 청구기간

위헌소원은 헌법재판소법 제69조 제2항에 따라 위헌법률심판의 제청신청을 기각하는 결정을 통지받은 날로부터 30일 이내에 청구하여야 한다.

Ⅴ. 결론 [2점]

이상의 검토를 종합할 때, 갑의 헌법소원심판청구는 －설문에 명확하게 드러나지

---

1) 제4공화국과 제5공화국 당시 위헌법률심판제청권을 갖고 있던 대법원에서 15년(1972~1987)동안 단 한 건의 위헌법률심판도 제청하지 않았던 경험에 대한 반작용으로 이러한 위헌소원 제도가 도입된 것으로 볼 수 있다.

않고 있는 변호사 강제주의 및 청구기간 등의 요건을 준수하였다고 볼 때 – 적법한 것으로 판단된다.

2. 토양환경보전법 제2조 제3호의 규정은 명확성원칙에 반하는가? (20점)

Ⅰ. 서: 기본권 제한 입법의 명확성 요청과 그 의미 [2점]
Ⅱ. 명확성원칙의 개념과 성격: 불명확하기 때문에 무효 [5점]
  1. 법치주의와 예측가능성
  2. 기본권 제한 법률의 명확성 요청
  3. 표현의 자유와 명확성원칙
Ⅲ. 명확성원칙 위배 여부의 판단기준 [7점]
  1. 문구의 명확성
  2. 다른 규정의 보완을 통한 예측가능성의 확보
  3. 탄력적인 적용의 필요성 여부
Ⅳ. 토지환경보전법 제2조 제3호의 해석 [5점]
  1. "장소 등"의 해석과 그 범위의 한정
  2. 입법목적 달성과의 관련성
  3. 제2조 제3호의 정의조항과 제10조의2, 제10조의3 과의 체계적 · 논리적 정합성
Ⅴ. 결론 [1점]

Ⅰ. 서: 기본권 제한 입법의 명확성 요청과 그 의미 [2점]

법치주의 원리는 법의 예측가능성을 본질적 요청으로 하며, 그로부터 명확성원칙이 파생된다. 즉, 법규범의 내용이 명확해야 수범자인 국민들이 그 법을 제대로 이해하고, 준수할 수 있기 때문이다.

특히 기본권을 제한하는 법규범의 경우에는 '불명확하기 때문에 무효'라는 미 연방대법원의 판례처럼 명확성원칙이 더욱 강조된다.

Ⅱ. 명확성원칙의 개념과 성격: 불명확하기 때문에 무효 [5점]

1. 법치주의와 예측가능성

법치주의는 법의 이념인 정의와 법적 안정성, 합목적성을 지향하고 있으며, 특히 법적안정성의 확보를 위해 법규범의 예측가능성이 강조되고 있다.

법규범이 예측가능해야 법규범에 맞춰서 행동할 수 있으며, 법위반에 대해서 책임을 물을 수 있기 때문이다. 예컨대 소급효 금지의 원칙도 예측가능성의 확보를 위해 인정되는 것이다.

2. 기본권 제한 법률의 명확성 요청

기본권을 제한하는 법률은 헌법 제37조 제2항에 따라 엄격한 요건을 갖추어야 한다. 이에 따라 법률에 근거한 제한, 목적의 제한, 비례성원칙, 본질내용의 침해금지 등

이 인정된다.

비록 헌법 제37조 제2항에 명시되지는 않고 있으나, 기본권을 제한하는 법률은 명확성을 갖추어야 한다는 점이 학설과 판례에 의해 인정되고 있다.2) 이는 기본권 제한 법률의 예측가능성을 위해서 꼭 필요하기 때문이다.

3. 명확성원칙의 기능: 명확성이 결여된 법률에 의한 기본권제한의 무효화

명확성원칙의 기능은 명확성이 결여된 기본권 제한을 무효로 인정하는 것에 있다. 미 연방대법원의 판례에 의해 확립된 '불명확하기 때문에 무효'라는 원칙이 인정되는 것이다.

특히 표현의 자유에 대한 제한에서 명확성 요청이 더욱 강조되기는 하지만, 사안과 같은 환경관련법률에 의해 기본권이 제한될 경우에도 명확성원칙은 적용된다.

Ⅲ. 명확성원칙 위배 여부의 판단기준 [7점]

1. 문구의 명확성

기본권을 제한하는 법률규정의 명확성원칙 위배 여부를 판단하는 가장 중요한 기준은 문구의 명확성이다.

해당 조항의 문구에서 제한 또는 금지하는 대상이 명확하게 특정될 경우에는 명확성원칙과 충돌될 여지가 없다. 그러나 문구 자체가 추상적이고, 그 대상이 불명확한 경우가 문제되는 것이다.

2. 다른 규정의 보완을 통한 예측가능성의 확보

문제는 많은 법규범들이 추상적인 표현으로 대상을 규정하고 있으며, 그로 인하여 문구가 불명확한 경우가 매우 많다는 점에 있다. 그로 인하여 해당 문구만 보면 불명확하지만, 법률의 전후 맥락을 통해 그 의미를 확인할 수 있는 경우도 있다.

이처럼 다른 규정의 보완을 통해 문구의 명확성을 보충함으로써 예측가능성을 확보할 수 있는 경우에는 명확성원칙에 위배되지 않는 것으로 볼 수 있다.

3. 탄력적인 적용의 필요성 여부

또한 규율 대상에 따라서는 사회적 · 경제적 상황의 변화에 따라 탄력적인 적용이 필요한 경우도 있다. 이런 경우에는 명확성의 요청이 일부 완화될 수 있지만, 명확성원칙이 배제되는 것은 아니므로 합리적인 범위를 벗어나서는 안 된다.

---

2) **헌재 2008.7.31. 2007헌가4 결정**: "명확성원칙은 법치국가 원리의 한 표현으로서 기본권을 제한하는 법규범의 내용은 명확하여야 한다는 헌법상의 원칙으로서, 법률은 적용대상자가 그 규제내용을 미리 알 수 있도록 명확하게 규정하여 장래의 행동지침으로 삼을 수 있도록 하여야 한다는 것이다.
법규범의 의미 내용으로부터 무엇이 금지되는 행위이고 무엇이 허용되는 행위인지를 알 수 없다면, 법적 안정성과 예측가능성은 확보될 수 없게 되고, 법집행 당국에 의한 자의적 집행이 가능하게 될 것이다(헌재 1998.4.30. 95헌가16, 판례집10-1, 327, 341-342; 헌재 2000.2.24. 98헌바37, 판례집 12-1, 169, 179; 헌재 2002.7.18. 2000헌바57, 판례집 14-2, 1, 16; 헌재 2003.12.18. 2001헌바91, 판례집 15-2하, 406, 421-422 참조)."

Ⅳ. 토지환경보전법 제2조 제3호의 해석 [5점]

1. "장소 등"의 해석과 그 범위의 한정

사안에서 명확성원칙 위배 여부가 문제되는 것은 토지환경보전법 제2조 제3호에서 "장소 등"으로 규정하고 있는 부분이다. 그러나 그 의미가 장소를 비롯하여 모든 것을 포함할 수 있는 것으로 해석되지 않고, 장소에 준하는 것을 의미하는 것으로 보아야 할 것이므로 문구 자체가 명확성원칙에 위배되는 것은 아니다.[3]

2. 입법목적 달성과의 관련성

또한 이 조항에서 "장소 등"으로 규정한 것은 토양오염의 예방 및 오염된 토양의 정화라는 입법목적을 달성하기 위하여 이 조항의 시설 등이 설치된 '부지'의 소유자 · 점유자 · 운영자, 나아가 양수자, 인수자에게도 토양오염에 대한 책임을 부담시킬 필요가 있기 때문이다.[4]

3. 제2조 제3호의 정의조항과 제10조의2, 제10조의3 과의 체계적 · 논리적 정합성

토양환경보전법 제2조 제3호의 정의조항을 이와 같이 해석하는 것은 같은 법 제10조의2에 따른 토양환경평가의 대상, 그리고 제10조의3에 따른 토양오염관리대상시설과 다르다는 점이 문제될 수 있으나, 이들 시설의 설치된 부지를 포함시켜 해석함으로써 법조항 상호간의 체계적 · 논리적 정합성이 인정될 수 있다.[5]

---

3) **헌재 2012.8.23. 2010헌바167 결정**: "이 사건 정의조항은 토양오염관리대상시설에 '장소 등'을 포함시키고 있는바, '장소'의 의미는 통상 '어떤 일이 이루어지거나 일어나는 곳'으로, '등'의 의미는 '장소에 준하는 것'으로 각 해석되고, 위 '장소 등'은 '토양오염물질을 생산 · 운반 · 저장 · 취급 · 가공 또는 처리함으로써 토양을 오염시킬 우려가 있는'이라는 문구에 의하여 그 범위가 한정되고 있다."

4) **헌재 2012.8.23. 2010헌바167 결정**: "'토양오염물질을 생산 · 운반 · 저장 · 취급 · 가공 또는 처리'하는 것은 일정한 시설 · 장치 · 건물 · 구축물을 통한 경우와 기타의 방법에 의하는 경우가 있다. 통상의 경우 시설 · 장치 · 건물 · 구축물은 일정한 '장소'를 가질 수밖에 없는데, 그 장소를 토지의 측면에서 평가한 것이 '부지'이므로, '토양오염물질을 생산 · 운반 · 저장 · 취급 · 가공 또는 처리함으로써 토양을 오염시킬 우려가 있는 시설 · 장치 · 건물 · 구축물의 부지' 역시 '장소'의 범위에 포함된다(대법원 2009.12.24. 선고 2009두12778 판결 참조).
이처럼 이 사건 정의조항이 일정한 부지를 토양오염관리대상시설에 포함시키는 것은, 토양오염을 예방하고 오염된 토양을 정화한다는 법의 목적(구법 제1조)을 달성하기 위하여 일정한 부지의 소유자 · 점유자 · 운영자, 양수자, 인수자에게도 토양오염에 대한 책임을 부담시킬 필요가 있기 때문이다(구법 제10조의3 제3항 제2호, 제3호, 제4호)."

5) **헌재 2012.8.23. 2010헌바167 결정**: "구법 제10조의2 제1항은 '토양오염관리대상시설이 설치되어 있거나 설치되어 있었던 부지'를 양도 · 양수하거나 임대 · 임차하는 경우에 토양환경평가를 할 수 있도록 규정함으로써 이 사건 정의조항과는 달리 '토양오염관리대상시설'에서 '토양오염물질을 생산 · 운반 · 저장 · 취급 · 가공 또는 처리함으로써 토양을 오염시킬 우려가 있는 시설 · 장치 · 건물 · 구축물의 부지'를 제외하고 있으나, 위 조항 역시 '토양오염관리대상시설이 설치되어 있거나 설치되어 있었던 부지'만의 거래를 통해서도 토양오염에 대한 책임이 발생할 수 있음을 전제하고 있으므로, 이 사건 정의조항과 구법 제10조의2 제1항은 모순된다고 보기 어렵다.
또한 토양은 토양오염물질의 확산을 통하여 그 자체 다른 토양오염의 원인이 되거나 다른 토양을 오염시킬 우려가 있으므로, 구법 제10조의3 제3항 제2호가 '토양오염의 원인이 된 토양오염관리대상시설'이라고 규정한 것은, 이 사건 정의조항이 '토양오염물질을 생산 · 운반 · 저장 · 취급 · 가공 또는 처리함으로써 토양을 오염시킬 우려가 있는 장소 등'이라고 규정하여 일정한 부지를 토양오염관리대상시설에 포함시키고 있는 것과 모순되지 아니한다."

Ⅴ. 결론 [1점]

이상의 검토를 종합할 때, 토양환경보전법 제2조 제3호의 규정은 명확성원칙에 반하지 않는 것으로 판단된다.

3. 토양환경보전법 제10조의3 제3항 제2호의 규정은 토양오염관리대상시설의 소유자, 점유자, 운영자의 재산권을 침해하는가? (50점)

Ⅰ. 사안의 분석과 쟁점의 정리 [5점]
Ⅱ. 재산권의 성격과 보호범위 [8점]
  1. 재산권의 개념
  2. 재산권의 성격과 효력에 대한 일반적 이해
  3. 환경책임에 의한 재산권 제한의 가능성
Ⅲ. 오염원인자 책임의 의미와 입법형성의 한계 [10점]
  1. 환경책임의 개념과 유형
  2. 무과실책임으로서의 오염원인자 책임
  3. 오염원인자 책임에 대한 입법형성의 자유와 그 한계
Ⅳ. 재산권 제한의 정당성 판단 [12점]
  1. 목적의 정당성 및 수단의 적합성
  2. 침해의 최소성
  3. 법익의 균형성
Ⅴ. 헌법재판소의 결정과 그 효력 [12점]
  1. 사안에 대한 본안 판단
  2. 결정의 유형과 주문의 형식: 법적 공백의 우려와 헌법불합치결정의 필요성
  3. 헌법재판소 결정의 효력
Ⅵ. 결론 [3점]

Ⅰ. 사안의 분석과 쟁점의 정리 [5점]

사안에서 갑은 토양환경보전법 제2조 제3호와 같은 법 제10조의3 제3항 제2호 등에 근거하여 자신이 소유하는 주유소의 기름 유출로 인한 토양환경오염에 대한 책임을 지게 된 것을 다투고 있다.

위헌소원에 의해 헌법재판소에서는 토양환경보전법의 해당조항들의 합헌성 여부를 판단하여야 하며, 이를 위해 핵심은 제10조의2 제3항에 따른 오염원인자 책임의 의미와 그 정당성을 평가해야 할 것이다. 특히 동조항 제2호에 대해서는 무과실책임이 인정되는 바, 그로 인한 재산권 제한의 합헌성 여부에 초점을 맞춰야 할 것이다.

Ⅱ. 재산권의 성격과 보호범위 [8점]

1. 재산권의 개념

헌법 제23조에서 보장되는 재산권은 모든 재산적 가치가 있는 권리를 의미하며, 소

유권 등의 물권과 각종 채권, 저작권 및 특허권 등의 산업재산권 등을 포함한다.

2. 재산권의 성격과 효력에 대한 일반적 이해

헌법 제23조 제1항 제2문은 재산권의 내용과 한계는 법률로 정한다고 규정하고 있지만, 그것이 입법자의 재산권 제한에 대한 백지위임을 의미하는 것은 아니며, 비례성 원칙에 위반되는 재산권 제한은 위헌으로 인정된다.[6)]

3. 환경책임에 의한 재산권 제한의 가능성

헌법 제35조는 환경권과 더불어 환경보전의무를 규정하고 있으며, 이는 환경책임을 근거로 한 재산권 제한의 가능성과도 연결된다. 물론 환경책임에 근거한 재산권 제한이 정당한 것으로 인정되기 위해서는 헌법 제37조 제2항에 따른 기본권 제한의 요건을 갖춰야 할 것이다.

Ⅲ. 오염원인자 책임의 의미와 입법형성의 한계 [10점]

1. 환경책임의 개념과 유형

환경책임이란 환경보전을 위한 국가와 국민의 책임으로 각종 환경오염을 방지하기 위해 인정되는 것이다. 환경책임의 유형으로는 대기오염, 수질오염, 토양오염, 방사능오염, 소음·진동공해 등에 대한 방지 및 개선 책임이 인정되고 있다.

2. 무과실책임으로서의 오염원인자 책임

환경책임은 모든 국민에게 부과되지만, 그 중에서도 오염원인자의 책임이 가장 중요할 수밖에 없다. 그런데 토양환경보전법 제10조의3 제3항에서는 제3호와 제4호에 따른 인수자에 대해서는 과실책임을 인정하지만, 제1호와 제2호에서는 무과실책임을 인정하고 있다.

3. 오염원인자 책임에 대한 입법형성의 자유와 그 한계

이처럼 입법자가 오염원인자책임에 대해 무과실책임까지 인정하고 있는 것은 환경보전의 중요성을 고려하여 환경책임을 무겁게 인정하는 것이다. 그러나 그로 인하여 토지소유자 등에 대한 과도한 기본권의 제한이 되는 것은 아닌지에 대해 엄격한 비례성 심사가 필요하다.

Ⅳ. 재산권 제한의 정당성 판단 [12점]

1. 목적의 정당성 및 수단의 적합성

환경오염의 방지를 위한 입법목적의 정당성에는 이론의 여지가 없다. 또한 이를 위

6) 과거 토지공개념 3법 중에서 토지초과이득세법과 택지소유상한에 관한 법률에 대해 헌법재판소가 위헌결정 및 헌법불합치결정을 내린 것이나, 종합부동산세법의 일부 내용에 대해 위헌결정을 내린 것도 비례성 판단에 따른 것이었다.

해 오염원인자에게 책임을 지도로 하는 것은 입법목적의 달성에 적합한 수단으로 인정될 수 있다.[7]

2. 침해의 최소성

그러나 심판대상조항은 오염원인자에게 무제한의 무과실책임을 인정하고 있는 바, 귀책의 정도에 비해 과중한 것이 되지 않도록 침해를 최소화하지 않음으로써 침해의 최소성에 위배된다.

예컨대 제3자의 행위, 법적으로 허용된 행위, 일반 공중에 귀속될 수 있는 원인 등으로 인하여 토양오염이 발생한 경우와 같이 토양오염관리대상시설의 소유자 · 점유자 · 운영자가 토양오염 발생에 관하여 선의 · 무과실인 경우에 면책을 인정하는 것이 필요하며, 책임한도제의 도입도 고려될 수 있을 것이다.[8]

3. 법익의 균형성

심판대상조항은 환경보전이라는 공익을 위한 것이지만, 사실상 면책이 없는 무과실책임으로 인하여 파산에 이를 정도의 부담을 질 수 있다는 점에서 법익의 균형성에도 위배된다.

---

7) **헌재 2012.8.23. 2010헌바167 결정**: "토양오염은 그 피해가 장기간에 걸쳐 누적적으로 발생하므로 다른 환경영역에 비하여 책임 있는 자를 특정하거나 고의 · 과실을 입증하기 곤란하고, 중금속 등 유해물질로 인한 피해의 지속성 · 광범성 · 중대성의 측면에서 신속한 오염토양의 정화가 강조된다. 위와 같은 토양오염의 특징을 고려하여 이 사건 오염원인자조항은 신속하고 확실하게 토양오염에 대한 책임자를 특정하고 그에 따른 책임이행을 확보할 수 있도록 오염원인자의 범위를 토양오염관리대상시설의 소유자 · 점유자 · 운영자로 확장하여 이들에게 무과실의 책임을 부담시키고 있는데, 이러한 입법목적은 토양오염으로 인한 국민건강 및 환경상의 위해를 예방하고, 토양생태계의 보전을 위하여 오염된 토양을 정화하는 등 토양을 적정하게 관리 · 보전함으로써 모든 국민이 건강하고 쾌적한 삶을 누릴 수 있게 하려는 법의 목적(구법 제1조)에 비추어 정당하다.
한편, 위와 같은 목적을 달성하기 위하여 일응 자력이 있는 것으로 추정되는 토양오염관리대상시설의 소유자 · 점유자 · 운영자에게 손해배상책임 및 오염토양의 정화책임 등을 부과하는 것은 입법목적 달성에 적합한 수단이 된다."

8) **헌재 2012.8.23. 2010헌바167 결정**: "토양오염관리대상시설의 소유자 · 점유자 · 운영자가 부담하는 책임이 그 귀책의 정도에 비하여 과중한 것이 되지 않도록 침해를 최소화하는 다른 수단이 존재한다.
가) '토양오염물질을 토양에 누출 · 유출시키거나 투기 · 방치함으로써 토양오염을 유발시킨 자'(구법 제10조의3 제3항 제1호, 이하 '오염유발자'라 한다)에게 1차적인 책임을 부담시키고, 오염유발자를 찾을 수 없거나 오염유발자가 책임을 이행하지 않을 때 토양오염관리대상시설의 소유자 · 점유자 · 운영자에게 보충적으로 책임을 부담시키는 방법을 통해서도 확실하고 신속한 피해배상 및 토양정화라는 입법목적을 달성할 수 있다.
나) 제3자의 행위, 법적으로 허용된 행위, 일반 공중에 귀속될 수 있는 원인 등으로 인하여 토양오염이 발생한 경우와 같이 토양오염관리대상시설의 소유자 · 점유자 · 운영자가 토양오염 발생에 관하여 선의 · 무과실이고 그 책임으로 돌릴 수 없는 경우에 한하여 토양오염관리대상시설의소유자 · 점유자 · 운영자를면책할 수 있다.
다) 토양오염 피해에 대한 손해배상액과 오염토양의 정화비용 등은 거액에 이르는 경우가 많다는 점을 고려하여, 토양오염 발생에 대하여 선의 · 무과실인 토양오염관리대상시설의 소유자 · 점유자 · 운영자의 책임을 당해 토양오염관리대상시설의 시가 범위 내로 제한하거나, 일반적인 책임한도제를 도입하는 등으로 침해를 최소화할 수 있다."

Ⅴ. 헌법재판소의 결정과 그 효력 [12점]

1. 사안에 대한 본안판단

앞서의 검토에 따라 심판대상조항은 비례성원칙에 위배되어 오염원인자의 재산권을 과도하게 침해하므로 위헌으로 판단된다.

2. 결정의 유형과 주문의 형식: 법적 공백의 우려와 헌법불합치결정의 필요성

심판대상조항에 대해 위헌으로 결정할 경우에는 토양오염관리대상시설의 소유자·점유자·운영자를 오염원인자로 간주할 근거규정이 사라져 법적 공백 상태가 발생하게 될 것이고, 이는 이들에 대한 책임을 일률적으로 면책시키는 부당한 결과가 나올 것이므로 단순위헌결정이 아닌 헌법불합치결정이 필요하다.

3. 헌법재판소 결정의 효력

헌법재판소의 헌법불합치결정은 실질적으로 위헌결정이므로 모든 국가기관에 대한 구속력을 갖는다. 입법자는 헌법재판소의 헌법불합치결정의 취지에 맞게 개선입법을 하여야 한다.

Ⅵ. 결론 [3점]

이상의 검토를 종합할 때, 심판대상조항은 입법목적의 정당성 및 수단의 적합성은 인정되나, 침해의 최소성과 법익의 균형성을 갖추지 못하여 재산권에 대한 과도한 제한이 되어 위헌으로 인정된다. 다만, 위헌결정으로 해당 조항을 무효화할 경우에는 입법의 공백이 문제되므로 헌법불합치결정을 내리고 입법자의 개선입법을 촉구하여야 할 것이다.

36

제소기간 제한의 재판청구권 침해 여부

갑은 A건설회사에서 시공하는 공사현장에서 일하던 중에 2004.8.23. 교통사고로 인하여 심한 부상을 입고 입원하게 되었다. 갑은 2005.5.18. 근로복지공단에 병원의 진단에 따라 요양신청과 기기고정술에 대한 사전승인신청을 하였으나, 근로복지공단은 2005.6.2. 청구인의 요양신청을 '요추 염좌, 경추 염좌'로 변경승인하였고, 2005.6.3.에는 기기고정술에 대한 승인신청을 불승인하였다.

갑은 그 무렵 이 사건 처분의 취소를 구하는 소를 제기하였으나 청구기각판결이 확정되었다. 청구인은 2015.9.4. 다시 이 사건 처분의 취소를 구하는 소를 제기하였으나, 2016.12.16. 제소기간 도과를 이유로 소가 각하되자, 항소하였다. 갑은 항소심이 계속 중이던 2016.7.6. 법원에 행정소송법 제20조 제1항에 대하여 위헌법률심판제청을 신청하였으나, 법원에서 이를 기각하자 헌법재판소에 헌법소원심판을 청구하였다.

〈헌재 2018.6.28. 2017헌바66 참조〉

1. 갑의 헌법소원심판청구는 적법한가? (20점)
2. 재판청구권의 인정범위는 법률에 의해 정해지는가? (30점)
3. 갑의 헌법소원심판청구가 적법한 경우 헌법재판소는 어떤 본안판단을 내려야 하는가? (50점)

〈참고 조문(아래 법령은 현행 법령과 다를 수 있음)〉

행정소송법 제20조(제소기간)

① 취소소송은 처분 등이 있음을 안 날부터 90일 이내에 제기하여야 한다. 다만, 제18조 제1항 단서에 규정한 경우와 그 밖에 행정심판청구를 할 수 있는 경우 또는 행정청이 행정심판청구를 할 수 있다고 잘못 알린 경우에 행정심판청구가 있은 때의 기간은 재결서의 정본을 송달받은 날부터 기산한다.

② 취소소송은 처분등이 있은 날부터 1년(제1항 단서의 경우는 재결이 있은 날부터 1년)을 경과하면 이를 제기하지 못한다. 다만, 정당한 사유가 있는 때에는 그러하지 아니하다.

③ 제1항의 규정에 의한 기간은 불변기간으로 한다.

1. 갑의 헌법소원심판청구는 적법한가? (20점)

Ⅰ. 서: 위헌소원의 의의 및 성격과 청구요건 [2점]
Ⅱ. 재판의 전제성 [7점]
  1. 소송의 계속
  2. 심판대상법률(조항)이 당해 소송사건에 적용
  3. 심판대상법률(조항)의 위헌 여부에 따라 다른 내용의 재판
Ⅲ. 위헌법률심판제청의 신청과 기각 [5점]
  1. 위헌소원의 성격과 위헌법률심판제청의 의미
  2. 법원의 기각 결정과 그 구속력
  3. 헌법재판소법 제68조 제2항에 의한 헌법소원심판의 청구
Ⅳ. 기타의 청구요건 [5점]
  1. 변호사 강제주의
  2. 청구기간
Ⅴ. 결론 [1점]

Ⅰ. 서: 위헌소원의 의의 및 성격과 청구요건 [2점]

사안에서 갑이 제기한 헌법소원심판은 헌법재판소법 제68조 제2항에 따른 이른바 위헌소원이다. 위헌소원은 형식상 헌법소원이지만 실질적으로는 위헌법률심판에 해당하는 것이며, 헌법재판소법 제68조 제1항의 권리구제형 헌법소원과는 청구요건에 큰 차이를 보인다. 무엇보다 재판의 전제성 요건이 갖추어져야 하며, 그밖에 당해 법원에 대한 위헌법률심판제청신청과 기각, 변호사 강제주의, 청구기간 등의 요건이 갖춰져야 한다.

Ⅱ. 재판의 전제성 [7점]

1. 소송의 계속

재판의 전제성이 인정되기 위해서는 가장 먼저 법원에 소송이 계속(繫屬) 중이어야 한다. 즉, 법적 쟁점에 관하여 법원에 소송이 제기되고 그 소송에 대해 법원이 심리를 하고 있는 상태여야 한다. 본 사안에서는 소송의 계속 중임을 확인할 수 있다.

2. 심판대상법률(조항)이 당해 소송사건에 적용

두 번째 요건은 위헌 여부가 다투어지는 법률(조항)이 당해 사건에 적용되는 것이어야 한다는 점이다. 당해 사건의 재판과 무관한 법률(조항)에 대해서는 구체적 규범통제에서 위헌 여부를 다툴 수 없기 때문이다.

이 사건의 심판대상인 행정소송법 제20조 제1항은 당해 사건에 적용되는 것이므로 이 요건도 충족된다.

3. 심판대상법률(조항)의 위헌 여부에 따라 다른 내용의 재판

재판의 전제성 인정을 위한 마지막 요건은 다투어지는 법률(조항)의 위헌 여부에 따라 당해 사건의 판결 결과에 차이가 발생해야 한다는 점이다. 심판대상조항이 위헌일 경우에는 당해 사건에서 갑의 제소에 대한 각하 판단에 결정적인 영향을 미칠 수 있을

것이므로 이 요건도 충족된다.

Ⅲ. 위헌법률심판제청의 신청과 기각 [5점]

1. 위헌소원의 성격과 위헌법률심판제청의 의미

헌법재판소에 위헌소원을 청구하기 위해서는 먼저 당해 법원에 위헌법률심판제청을 신청하였으나 기각당했어야 한다.

법원이 위헌법률심판제청을 할 수도 있는데 이를 건너뛰고 당사자가 곧바로 위헌소원을 청구하는 것은 헌법재판소의 부담을 과중하게 만들 우려가 있다는 점에서 권리구제형 헌법소원에서 보충성 요건을 둔 것과 유사한 취지로 이런 요건이 인정되는 것이다.

2. 법원의 기각 결정과 그 구속력

사안에서 갑의 위헌법률심판제청신청은 법원에 의해 기각되었고, 이러한 기각 결정에 의해 위헌법률심판제청을 기대할 수 없게 되었다. 그러나 법원의 판단이 항상 타당한 것은 아니라는 점에서 헌법재판소의 판단을 받을 수 있는 길을 열어 놓을 필요성이 인정된다.

3. 헌법재판소법 제68조 제2항에 의한 헌법소원심판의 청구

헌법재판소법 제68조 제2항에 의한 위헌소원은 이러한 의미에서 법원의 위헌법률심판제청이 제대로 행해지지 않는 것에 대한 보완장치라 할 수 있다.[1)]

사안의 갑이 당해법원에 대한 위헌법률심판제청신청의 기각 후에 헌법재판소법 제68조 제2항에 의해 헌법소원심판을 청구함으로써 해당 요건을 갖추었다.

Ⅳ. 기타의 청구요건 [5점]

1. 변호사 강제주의

위헌소원은 비록 그 실질은 위헌법률심판이지만 그 형식은 헌법소원심판이며, 당사자가 청구의 주체가 된다. 따라서 헌법재판소법 제25조 제3항에 따라 변호사 강제주의가 적용된다.

갑은 본인이 변호사 자격이 있는 경우가 아니라면 변호사를 대리인으로 선임하여야 심판청구를 할 수 있다.

2. 청구기간

위헌소원은 헌법재판소법 제69조 제2항에 따라 위헌법률심판의 제청신청을 기각하는 결정을 통지받은 날로부터 30일 이내에 청구하여야 한다.

---

1) 제4공화국과 제5공화국 당시 위헌법률심판제청권을 갖고 있던 대법원에서 15년(1972~1987)동안 단 한 건의 위헌법률심판도 제청하지 않았던 경험에 대한 반작용으로 이러한 위헌소원 제도가 도입된 것으로 볼 수 있다.

V. 결론 [1점]

이상의 검토를 종합할 때, 갑의 헌법소원심판청구는 – 설문에 명확하게 드러나지 않고 있는 변호사 강제주의 및 청구기간 등의 요건을 준수하였다고 볼 때 – 적법한 것으로 판단된다.

2. 재판청구권의 인정범위는 법률에 의해 정해지는가? (30점)

I. 서: 재판청구권의 성격과 보호범위 [2점]
II. 재판청구권의 성격과 사법제도에 의한 구체화 [5점]
 1. 재판청구권과 재판제도의 상관관계
 2. 소송의 유형과 재판청구권
 3. 재판청구권의 사법제도에 의한 구체화
III. 전통적인 사법제도와 재판청구권 [7점]
 1. 전통적인 사법제도와 그 유형: 민사소송, 형사소송, 행정소송
 2. 전통적인 사법제도와 재판청구권의 관계: 재판청구권의 구체화로서의 사법제도
 3. 상고 제한 등 사법제도 변경에 의한 재판청구권 축소의 가능성
IV. 새로운 사법제도의 도입과 재판청구권의 확대 [7점]
 1. 특허소송 등 전문분야 소송의 도입이 재판청구권에 미치는 효과
 2. 회생법원 등 새로운 법원의 도입이 재판청구권에 미치는 효과
 3. 헌법소원심판과 같은 헌법소송이 재판청구권에 미치는 효과
V. 재판청구권의 인정범위와 법률의 역할 [8점]
 1. 전통적인 사법제도에 근거한 재판청구권의 인정범위
 2. 전문법원 등의 도입에 따른 재판청구권의 인정범위
 3. 헌법소원심판의 도입 및 재판소원 배제에 따른 재판청구권의 인정범위
VI. 결론 [1점]

I. 서: 재판청구권의 성격과 보호범위 [2점]

헌법 제27조의 재판청구권은 헌법과 법률이 정한 법관에 의하여 법률에 의한 재판을 받을 권리를 말한다. 즉, 헌법과 법률이 정한 법관의 존재와 더불어 법률로 구체화된 사법제도를 전제하는 것이다.

다만, 사법제도는 전통적으로 인정되고 있는 민·형사소송 등과 같이 당연히 인정되며, 법률로써 폐지할 수 없는 것이 있는가 하면, 헌법소원심판과 같이 종래에는 존재하지 않던 새로운 소송유형이 헌법과 법률에 의해 도입된 것도 있고, 특허소송 등과 같이 법률에 의해 도입된 것도 있으므로 각각의 경우에 재판청구권이 법률에 의해 구체화되는 범위 및 방식이 달라진다.

Ⅱ. 재판청구권의 성격과 사법제도에 의한 구체화 [5점]

1. 재판청구권과 재판제도의 상관관계

재판청구권은 이른바 청구권적 기본권 또는 절차적 기본권으로 분류되며, 국가에 의해 만들어진 재판제도를 전제로 하는 것이다. 그런 의미에서 재판청구권은 재판제도, 넓게는 사법제도에 의해 그 내용이 정해지는 측면이 있지만, 거꾸로 국민의 재판청구권에 근거하여 올바를 사법제도를 구성해야 한다는 요청(예컨대 사법개혁 요청)이 나오기도 한다.

2. 소송의 유형과 재판청구권

재판청구권, 즉 재판을 받을 권리는 사법제도에 의해 구체화되는 소송유형의 영향을 받을 수밖에 없다. 즉, 재판청구권에 근거하여 실정법상 존재하지 않는 소송(예컨대 추상적 규범통제 또는 법원의 재판에 대한 헌법소원)을 만들라고 요구할 수는 없는 것이다.

3. 재판청구권의 사법제도에 의한 구체화

그런 의미에서 재판청구권은 사법제도에 의해 구체화되는 것이 분명하지만, 이미 사법제도에 의해 구체화된 전통적인 소송유형, 예컨대 민사소송이나 형사소송 등의 경우에는 법률로써 이를 폐지할 수는 없다. 이는 사법의 본질에 반하는 것일 뿐만 아니라 헌법상 국민의 재판청구권의 본질적 내용을 침해하는 것이 되기 때문이다.

Ⅲ. 전통적인 사법제도와 재판청구권 [7점]

1. 전통적인 사법제도와 그 유형 : 민사소송, 형사소송, 행성소송

전통적인 사법제도에 따라 소송유형으로 보편화되어 있는 것으로 민사소송, 형사소송과 더불어 행정소송을 들 수 있다. 이러한 소송유형은 이미 사법제도의 불가결의 요소로 인정되고 있으며, 설령 법률로써 사법제도를 변경하는 경우에도 이러한 소송의 존재 자체를 없애는 것은 가능하지 않다.[2)]

2. 전통적인 사법제도와 재판청구권의 관계 : 재판청구권의 구체화로서의 사법제도

전통적인 소송유형의 폐지가 불가능하다는 것이 부분적인 절차적 변경이 불가능하다는 것은 아니다. 예컨대 전자기록물 등의 증거능력 인정 등에 관한 새로운 입법이나, 징벌적 손해배상을 도입하거나, 형사소송에서 미국식의 유죄협상제도(plea bargaining)을 도입하는 입법은 가능하다.

3. 상고 제한 등 사법제도 변경에 의한 재판청구권 축소의 가능성

국민의 재판청구권과 관련하여 가장 논란이 많이 된 문제의 하나가 대법원에 대한 상고를 제한하는 법률이 재판청구권에 대한 침해로서 위헌인지의 여부에 관한 것이다.

---

2) 이는 마치 헌법 제23조 제1항에서 재산권의 내용과 한계를 법률로 정하도록 규정하고 있지만, 그렇다고 물권, 채권 등의 보편화된 전통적 재산권을 부인하는 법률은 인정될 수 없는 것과 유사하다.

이는 대법원에 대한 상고가 재판청구권의 본질적 내용인지에 따라 달리 평가될 수 있으며, 학설과 판례는 이를 부인하고 있다. 즉, 공익적 필요성에 따라 상고의 제한은 허용될 수 있으며, 이러한 입법이 이미 시행되고 있다.[3)]

Ⅳ. 새로운 사법제도의 도입과 재판청구권의 확대 [7점]

1. 특허소송 등 전문분야 소송의 도입이 재판청구권에 미치는 효과

특허소송 등 전문분야의 소송은 재판의 전문성과 효율성을 높이는 것이므로 국민의 재판청구권은 제한하는 것이 아니라 이를 보다 강화하는 것으로 이해된다. 따라서 사법제도의 변경을 통해 이러한 전문분야 소송을 도입하는 것은 재판청구권을 올바른 방향으로 구체화하는 것이 된다.

2. 회생법원 등 새로운 법원의 도입이 재판청구권에 미치는 효과

2017년 법원조직법 개정에 의해 도입된 회생법원도 전문성을 제고하기 위하여 만들어진 것으로 볼 수 있다. 회생법원의 관할사건들은 「채무자 회생 및 파산에 관한 법률」에 따른 전문분야 사건이라 할 수 있으며, 이를 통해 재판의 신속성과 효율성을 높일 수 있을 것이기 때문이다.

3. 헌법소원심판과 같은 헌법소송이 재판청구권에 미치는 효과

헌법소원심판과 같은 헌법소송의 도입도 재판청구권을 확대하는 효과를 갖는다. 다만, 헌법소송은 법률에 의해 인정되기 이전에 헌법 제111조 제1항에서 명시되어 있으며, 단지 그 구체적인 내용이 법률에 의해 정해진다. 특히 헌법소원심판의 경우 법률에 의해 재판소원이 배제됨으로 인해 재판청구권의 인정범위가 제한되는 효과를 갖는다.[4)]

---

3) 이와 관련하여 헌법재판소는 **헌재 1995.1.20. 90헌바1 결정**에서 "헌법이 대법원을 최고법원으로 규정하였다고 하여 대법원으로 하여금 모든 사건을 상고심으로서 관할할 것을 요구하는 것은 아니며, "헌법과 법률이 정한 법관에 의하여 법률에 의한 재판을 받을 권리"가 사건의 경중을 가리지 않고 모든 사건에 대하여 대법원을 구성하는 법관에 의한 균등한 재판을 받을 권리를 의미한다거나 또는 상고심재판을 받을 권리를 의미하는 것이라고 할 수는 없다."고 판시한 이래 상고 제한에 관한 법률조항들의 합헌성을 인정하고 있다(헌재 2007.7.26. 2006헌마551 등; 헌재 2008.5.29. 2007헌마1408; 헌재 2010.12.28. 2009헌바410; 헌재 2011.6.30. 2010헌바395; 헌재 2012.12.27. 2011헌마161 참조).

4) 그러나 이로 인하여 재판소원의 배제가 재판청구권의 본질적 내용에 대한 침해라고 보기는 어려우며, 따라서 위헌으로 볼 수 없다.
헌재 1997.12.24. 96헌마172등 결정: "법원의 재판을 헌법소원심판의 대상에 포함시켜야 한다는 견해는 기본권보호의 측면에서는 보다 이상적이지만, 이는 헌법재판소의 위헌결정을 통하여 이루어질 문제라기보다 입법자가 해결해야 할 과제이다. 헌법재판소법 제68조 제1항은 국민의 기본권(평등권 및 재판청구권 등)의 관점에서는 입법형성권의 헌법적 한계를 넘는 위헌적인 법률조항이라고 할 수 없다."
그러나 헌법재판소의 위헌결정에 위배되는 법원의 재판에 대해서는 예외적으로 재판소원의 대상으로 인정하여 그 위헌성을 판단하고 있다.
헌재 1997.12.24. 96헌마172 등 결정: "헌법재판소법 제68조 제1항이 원칙적으로 헌법에 위반되지 아니한다고 하더라도, 법원이 헌법재판소가 위헌으로 결정하여 그 효력을 전부 또는 일부 상실하거나 위헌으로 확인된 법률을 적용함으로써 국민의 기본권을 침해한 경우에도 법원의 재판에 대한 헌법소원이 허용되지 않는 것으로 해석한다면, 위 법률조항은 그러한 한도내에서 헌법에 위반된다."

Ⅴ. 재판청구권의 인정범위와 법률의 역할 [8점]

1. 전통적인 사법제도에 근거한 재판청구권의 인정범위

이상의 내용을 종합할 때, 전통적인 민 · 형사 · 행정소송의 존재 자체는 법률에 의해 달라질 수 없으나, 그 구체적인 내용과 절차, 상고의 제한 등은 법률에 의해 정해짐으로써 재판청구권의 인정범위에 영향을 미칠 수 있다.

2. 전문법원 등의 도입에 따른 재판청구권의 인정범위

전문법원 등의 도입은 국민의 재판청구권을 내실화하는 것이며, 재판의 신속성과 효율성에 기여함으로써 재판청구권의 실질화에 기여하는 것으로 평가될 수 있다.

3. 헌법소원심판의 도입 및 재판소원 배제에 따른 재판청구권의 인정범위

헌법소원심판의 경우 법률에 의해 재판소원을 배제하고 있으나, 이는 헌법소원의 본질에 속하는 것이라기보다는 입법정책의 문제로 볼 수 있으므로 – 비록 재판청구권의 제한으로 볼 수 있지만 – 합헌으로 인정된다.

Ⅵ. 결론 [1점]

이상의 검토 결과 재판청구권은 다른 기본권들과 마찬가지로 법률에 의해 구체화된다고 볼 수 있다. 법률에 의한 재판청구권의 구체화는 재판청구권의 내실화를 위해, 혹은 다른 공익상의 필요에 따른 재판청구권 제한을 위해 인정될 수 있지만, 다만, 재판청구권의 본질적 내용을 침해할 수는 없다.

3. 갑의 헌법소원심판청구가 적법한 경우 헌법재판소는 어떤 본안판단을 내려야 하는가? (50점)

Ⅰ. 사안의 분석과 쟁점의 정리 [5점]
Ⅱ. 재판청구권의 의의 및 성격과 보호범위 [8점]
  1. 재판청구권의 개념
  2. 재판청구권의 성격과 주체
  3. 재판청구권의 보호범위
Ⅲ. 제소기간 제한의 의미와 기능 [10점]
  1. 법적 안정성의 요청과 제소기간의 제한
  2. 행정소송법 제20조 제1항에 따른 제소기간 한정의 기준
  3. '처분이 있음을 안 날'과 '처분이 위법함을 안 날'의 차이
Ⅳ. 제소기간 제한의 정당성 판단 [12점]
  1. 목적의 정당성 및 수단의 적합성
  2. 침해의 최소성
  3. 법익의 균형성
Ⅴ. 헌법재판소의 결정과 그 효력 [12점]

Ⅰ. 사안의 분석과 쟁점의 정리 [5점]

사안에서 갑은 행정소송법 제20조 제1항에 의한 제소기간의 제한을 다투고 있다. 즉, 갑은 제소기간의 제한이 재판청구권에 대한 위헌적 제한임을 주장하고 있는 것이다.

이에 대한 올바른 판단을 위해서는 재판청구권의 보호범위와 제소기간 제한의 의미를 검토하는 가운데 제한의 정당성 여부를 확인해야 할 것이다. 비록 제소기간의 제한 자체가 무조건 위헌이라고 보기는 어렵지만, 합리적인 제한인지의 여부에 대해서는 신중한 검토가 필요할 것이다.

Ⅱ. 재판청구권의 의의 및 성격과 보호범위 [8점]

1. 재판청구권의 개념

재판청구권이란 자신의 기본권을 침해로부터 보호하기 위해 국가에 대해 재판을 청구할 수 있는 권리이다. 즉, 기본권의 침해로부터 보호를 위해 사법절차를 이용할 수 있는 기본권이며, 그러므로 재판청구권은 사법절차와 맞물려 있는 것이다.

2. 재판청구권의 성격과 주체

재판청구권의 법적 성격에 대하여는 청구권설, 자유권과 청구권의 복합적 권리설 등이 주장된 바 있으나, 오늘날 재판청구권은 실체적 기본권과 구분되는 절차적 기본권으로 이해될 수 있다. 이는 재판청구권이 실체적 기본권의 주체에 대해 그 기본권의 침해와 관련해서만 행사될 수 있다는 점에서도 확인된다.

3. 재판청구권의 보호범위

재판청구권에 의해 보호되는 구체적 범위는 사법제도의 형성에 따라 달라질 수 있다. 예컨대 헌법소원심판제도가 도입에 따라 그 이전과 이후의 재판청구권의 보호범위는 달라진 바 있다.

마찬가지로 상고의 제한, 제소기간의 제한 등에 의해 재판청구권의 보호범위가 제한될 수 있다. 다만, 이러한 제한은 재판청구권의 본질적 내용을 침해하지 않는 범위 내에서의 합리적 제한이어야 한다.

Ⅲ. 제소기간 제한의 의미와 기능 [12점]

1. 법적 안정성의 요청과 제소기간의 제한

대부분의 재판청구권 행사와 관련하여 제소기간의 제한이 인정되고 있는 것은 시효

제도와 마찬가지로 법적 안정성 때문이다. 제소기간의 제한이 없을 경우에는 오랜 시간이 경과된 이후에 기존의 법률관계를 무효화시킴으로 인해 선의의 제3자 등에 대해서도 심각한 피해가 발생할 수 있기 때문이다.

2. 행정소송법 제20조 제1항에 따른 제소기간 한정의 기준

심판대상조항인 행정소송법 제20조 제1항에서는 "취소소송은 처분 등이 있음을 안 날부터 90일 이내에 제기하여야 한다"고 규정하고 있다.[5]

이 조항은 제소기간 제한의 일반적 범위를 벗어난 것은 아니며, 과도하게 짧은 기간이어서 재판청구권의 행사를 곤란하게 만드는 것이라고는 보기 어렵다.

3. '처분이 있음을 안 날'과 '처분이 위법함을 안 날'의 차이

비록 90일의 제소기간은 합리적인 것으로 인정되지만, 주목해야 할 점은 행정소송법 제20조 제1항에서 "처분 등이 있음을 안 날"을 기산점으로 규정하고 있다는 점이다. 이는 헌법소원심판의 기산점과 비교할 때, 불리한 것으로 볼 여지가 있다.

그러나 명확하게 일자를 특정할 필요성, 90일의 기간이 지나치게 짧은 것은 아니며, 당사자가 책임질 수 없는 사유로 기간을 준수할 수 없을 때에는 추후보완이 허용된다는 점[6] 등을 고려할 때, 현저하게 불합리한 것으로 보기는 어렵다.

Ⅳ. 제소기간 제한의 정당성 판단 [10점]

1. 제한되는 기본권

제소기간의 제한에 의해 침해가 문제되는 기본권은 재판청구권이다. 그밖에 평등권, 인간다운 생활을 할 권리, 재산권 등이 주장될 수 있으나, 이러한 기본권의 실체적 내용이 문제되는 것이 아니라 제소기간을 제한함으로써 이들 기본권의 침해가 야기됨을 이야기하는 것이므로 결국 재판청구권 제한의 정당성 판단이 핵심이라 할 수 있다.

2. 정당성 판단의 기준

재판청구권의 구체화와 관련한 사법제도의 형성에 대해서는 일차적으로 입법자의 형성권이 인정된다. 그런 의미에서 사안에 대한 정당성 판단은 입법자가 합리적인 입법재량의 범위를 일탈했는지 여부를 기준으로 해야 하며, 따라서 비례성 심사가 아닌 자의성 심사가 되어야 한다.

---

5) 이 조항을 헌법재판소법 제69조의 "제68조 제1항에 따른 헌법소원의 심판은 그 사유가 있음을 안 날부터 90일 이내에, 그 사유가 있는 날부터 1년 이내에 청구하여야 한다"와 비교할 때, 기간 제한의 유사상을 확인할 수 있다. 다만 주목할 점은 밑줄 친 부분의 해석이다. 즉, 처분이 있음을 안 날과 그 위법성을 안 날은 다를 수 있다는 점이다.

6) **행정소송법 제8조 제2항**: "행정소송에 관하여 이 법에 특별한 규정이 없는 사항에 대하여는 법원조직법과 민사소송법 및 민사집행법의 규정을 준용한다."
민사소송법 제173조 제1항: "당사자가 책임질 수 없는 사유로 말미암아 불변기간을 지킬 수 없었던 경우에는 그 사유가 없어진 날부터 2주 이내에 게을리 한 소송행위를 보완할 수 있다. 다만, 그 사유가 없어질 당시 외국에 있던 당사자에 대하여는 이 기간을 30일로 한다."

3. 사안에 대한 판단

앞서 검토한 바에 따라 90일 제소기간의 합리성 여부를 판단할 때, 비록 논란의 여지는 있을 수 있지만, 법적 안정성의 확보를 위한 제소기간 제한의 목적이 정당하고, 90일이라는 기간과 '처분이 있음을 안 날'을 기산점으로 삼은 것도 자의적인 것으로 보기 어려우며, 재판청구권의 행사를 불합리하게 제한한 것으로 보기 어렵다.

Ⅴ. 헌법재판소의 결정과 그 효력 [12점]

1. 헌법재판소 결정의 형식

본 사안은 위헌소원사건으로서 비록 형식은 헌법소원심판이지만, 그 실질은 위헌법률심판이라고 할 수 있다. 따라서 헌법재판소의 주문은 청구 인용 또는 청구 기각이 아니라 심판대상조항에 대한 합헌 또는 위헌(경우에 따라서는 변형결정)의 형태로 나온다.

2. 심판대상조항의 합헌성 여부에 대한 판단

앞서의 검토에 따를 때, 심판대상조항인 행정소송법 제20조 제1항은 그 목적의 정당성과 규정 내용의 합리성이 인정되므로 합헌으로 결정되어야 한다.

3. 헌법재판소 결정의 효력

헌법재판소의 법령에 대한 합헌결정은 – 위헌결정과 달리 – 대세적 구속력을 갖지 않으므로 차후에 다시 해당조항에 대해 위헌여부의 심판이 제기될 수 있으며, – 과거 간통죄 등에 대해 헌법재판소의 판례가 변경되었던 것처럼 – 사정변경에 따라 헌법재판소의 결정이 번복될 가능성도 열려 있다.

Ⅵ. 결론 [3점]

이상의 검토를 종합할 때, 헌법재판소는 심판대상조항인 행정소송법 제20조 제1항에 대해 합헌 결정을 내려야 하며, 이 결정의 효력은 당해 사건에만 미친다. 따라서 사정변경을 전제로 해당 조항에 대해 다시 위헌법률심판이나 위헌소원 등이 제기되는 것도 가능하다.

37

법률에 의한 '재판상 화해'의 간주에 의해 침해되는 기본권

갑 등은 대통령의 긴급조치 제1호, 제4호, 제9호를 위반하였다는 범죄사실로 1974년 내지 1979년경 징역형을 선고받아 그 판결이 확정된 사람들 본인 또는 그 유족이다. '민주화운동 관련자 명예회복 및 보상 등에 관한 법률'에 따라 구성된 '민주화운동 관련자 명예회복 및 보상 심의 위원회'는 위와 같은 사실을 인정하여 갑 등의 본인 또는 그 피상속인을 민주화운동 관련자로 심의·결정한 후 2004년 내지 2008년경 보상금 등을 지급하는 결정을 하였고, 갑 등은 위 지급결정에 동의한 다음 보상금 등을 지급받았다.

이후 헌법재판소는 긴급조치 제1호, 제2호, 제9호를 위헌으로 결정하였고, 대법원은 긴급조치 제1호, 제4호, 제9호를 위헌으로 판단하였다. 그 결과 긴급조치 위반을 이유로 한 기존 유죄판결은 재심절차에서 취소되고 무죄판결이 선고되었다. 이에 갑 등은 대한민국을 상대로 불법 체포·구금·고문 등의 가혹행위, 출소 이후에도 계속된 감시, 위헌·무효인 긴급조치에 근거한 유죄판결의 선고 등으로 인해 발생한 정신적 손해 등의 배상을 청구하는 소송을 법원에 제기하였고, 그 소송 계속 중 '민주화운동 관련자 명예회복 및 보상 등에 관한 법률' 제18조 제2항에 대한 위헌법률심판제청을 신청하였으나 기각되었다. 이에 갑 등은 헌법재판소에 헌법소원심판을 청구하였다.

〈헌재 2018.8.30. 2014헌바180 등 참조〉

1. 갑 등의 헌법소원심판청구는 적법한가? (20점)
2. 위원회의 보상금 등 지급결정에 동의한 때 재판상 화해의 성립을 간주함으로써 법관에 의하여 법률에 의한 재판을 받을 권리를 제한하는 것은 재판청구권을 침해하는가? (30점)
3. 보상금 등의 지급결정에 동의한 때 "민주화운동과 관련하여 입은 피해"에 대해 재판상 화해의 성립을 간주하는 심판대상조항이 정신적 손해에 대한 국가배상청구권을 침해하는가? (50점)

〈참고 조문(아래 법령은 현행 법령과 다를 수 있음)〉

「민주화운동 관련자 명예회복 및 보상 등에 관한 법률」 제18조(다른 법률에 의한 보상 등과의 관계 등)

① 이 법은 민주화운동과 관련하여 「국가유공자 등 예우 및 지원에 관한 법률」, 「보훈보상대상자 지원에 관한 법률」 또는 「5·18민주화운동 관련자 보상 등에 관한 법률」

등 다른 법률에 따른 예우 또는 보상을 받을 수 있는 사람에게는 적용하지 아니한다.
② 이 법에 의한 보상금 등의 지급결정은 신청인이 동의한 때에는 민주화운동과 관련하여 입은 피해에 대하여 민사소송법의 규정에 의한 재판상 화해가 성립된 것으로 본다.

1. 갑 등의 헌법소원심판청구는 적법한가? (20점)

Ⅰ. 서: 위헌소원의 의의 및 성격과 청구요건 [2점]
Ⅱ. 재판의 전제성 [7점]
  1. 소송의 계속
  2. 심판대상법률(조항)이 당해 소송사건에 적용
  3. 심판대상법률(조항)의 위헌 여부에 따라 다른 내용의 재판
Ⅲ. 위헌법률심판제청의 신청과 기각 [6점]
  1. 위헌소원의 성격과 위헌법률심판제청의 의미
  2. 법원의 기각 결정과 그 구속력
  3. 헌법재판소법 제68조 제2항에 의한 헌법소원심판의 청구
Ⅳ. 기타의 청구요건 [4점]
  1. 변호사 강제주의
  2. 청구기간
Ⅴ. 결론 [1점]

Ⅰ. 서: 위헌소원의 의의 및 성격과 청구요건 [2점]

사안에서 갑 등이 제기한 헌법소원심판은 헌법재판소법 제68조 제2항에 따른 이른바 위헌소원으로서 헌법소원이지만 실질적으로는 위헌법률심판에 해당하는 것이다. 따라서 청구요건으로 재판의 전제성 요건이 갖추어져야 하며, 그밖에 당해 법원에 대한 위헌법률심판제청신청과 기각, 변호사 강제주의, 청구기간 등의 요건이 갖춰져야 한다.

Ⅱ. 재판의 전제성 [7점]

1. 소송의 계속

재판의 전제성이 인정되기 위해서는 가장 먼저 법원에 소송이 계속(繫屬) 중이어야 한다. 즉, 법적 쟁점에 관하여 법원에 소송이 제기되고 그 소송에 대해 법원이 심리를 하고 있는 상태여야 한다. 본 사안에서는 소송의 계속 중임을 확인할 수 있다.

2. 심판대상법률(조항)이 당해 소송사건에 적용

두 번째 요건은 위헌 여부가 다투어지는 법률(조항)이 당해 사건에 적용되는 것이어야 한다는 점이다. 당해 사건의 재판과 무관한 법률(조항)에 대해서는 구체적 규범통제에서 위헌 여부를 다툴 수 없기 때문이다.

이 사건의 심판대상인 민주화보상법 제18조 제2항은 당해 사건에 적용되는 것이므로 이 요건도 충족된다.

3. 심판대상법률(조항)의 위헌 여부에 따라 다른 내용의 재판

재판의 전제성 인정을 위한 마지막 요건은 다투어지는 법률(조항)의 위헌 여부에 따라 당해 사건의 판결 결과에 차이가 발생해야 한다는 점이다. 심판대상조항이 위헌일 경우에는 당해 사건의 판단에 결정적인 영향을 미칠 수 있을 것이므로 이 요건도 충족된다.

Ⅲ. 위헌법률심판제청의 신청과 기각 [6점]

1. 위헌소원의 성격과 법원에 대한 위헌법률심판제청의 의미

헌법재판소에 위헌소원을 청구하기 위해서는 먼저 당해 법원에 위헌법률심판제청을 신청하였으나 기각당했어야 한다.

법원이 위헌법률심판제청을 할 수도 있는데 이를 건너뛰고 당사자가 곧바로 위헌소원을 청구하는 것은 헌법재판소의 부담을 과중하게 만들 우려가 있다는 점에서 권리구제형 헌법소원에서 보충성 요건을 둔 것과 유사한 취지로 이런 요건이 인정되는 것이다.

2. 법원의 기각 결정과 그 의미

사안에서 갑 등의 위헌법률심판제청신청은 법원에 의해 기각되었고, 이러한 기각 결정에 의해 위헌법률심판제청을 기대할 수 없게 되었다. 그러나 법원의 판단이 항상 타당한 것은 아니라는 점에서 헌법재판소의 판단을 받을 수 있는 길을 열어 놓을 필요성이 인정된다.

3. 헌법재판소법 제68조 제2항에 의한 헌법소원심판의 청구

헌법재판소법 제68조 제2항에 의한 위헌소원은 이러한 의미에서 법원의 위헌법률심판제청이 제대로 행해지지 않는 것에 대한 보완장치라 할 수 있다.[1)]

사안의 갑 등이 당해법원에 대한 위헌법률심판제청신청의 기각 후에 헌법재판소법 제68조 제2항에 의해 헌법소원심판을 청구함으로써 해당 요건을 갖추었다.

Ⅳ. 기타의 청구요건 [4점]

1. 변호사 강제주의

위헌소원은 비록 그 실질은 위헌법률심판이지만 그 형식은 헌법소원심판이며, 당사자가 청구의 주체가 된다. 따라서 헌법재판소법 제25조 제3항에 따라 변호사 강제주의가 적용된다.

---

1) 제4공화국과 제5공화국 당시 위헌법률심판제청권을 갖고 있던 대법원에서 15년(1972~1987)동안 단 한 건의 위헌법률심판도 제청하지 않았던 경험에 대한 반작용으로 이러한 위헌소원 제도가 도입된 것으로 볼 수 있다.

갑 등은 본인이 변호사 자격이 있는 경우가 아니라면 변호사를 대리인으로 선임하여야 심판청구를 할 수 있다.

2. 청구기간

위헌소원은 헌법재판소법 제69조 제2항에 따라 위헌법률심판의 제청신청을 기각하는 결정을 통지받은 날로부터 30일 이내에 청구하여야 한다.

Ⅴ. 결론 [1점]

이상의 검토를 종합할 때, 갑 등의 헌법소원심판청구는 – 설문에 명확하게 드러나지 않고 있는 변호사 강제주의 및 청구기간 등의 요건을 준수하였다고 볼 때 – 적법한 것으로 판단된다.

2. 위원회의 보상금 등 지급결정에 동의한 때 재판상 화해의 성립을 간주함으로써 법관에 의하여 법률에 의한 재판을 받을 권리를 제한하는 것은 재판청구권을 침해하는가? (30점)

Ⅰ. 사안의 분석과 쟁점의 정리 [3점]
Ⅱ. 재판상 화해의 의의와 효력 [10점]
  1. 재판상 화해의 개념
  2. 재판상 화해의 효력
  3. 재판상 화해에 대한 불복절차
Ⅲ. 재판상 화해 성립의 간주에 의한 재판청구권의 제한 여부 [8점]
  1. 재판상 화해의 기판력과 향후 재판에 미치는 영향
  2. 입법에 의한 재판상 화해 간주의 의미와 입법형성권의 범위
  3. 사안의 경우: 민주화보상법에 의한 재판청구권의 제한
Ⅳ. 제한의 정당성에 대한 판단 [7점]
  1. 위원회의 중립성과 독립성, 심의절차의 전문성과 공정성
  2. 보상금 등 지급결정에 대한 동의의 의미
  3. 불복절차의 인정
Ⅴ. 결론 [2점]

Ⅰ. 사안의 분석과 쟁점의 정리 [3점]

민주화보상법 제18조 제2항이 재판상 화해의 성립을 간주하는 것은 향후 재판절차에서 그 화해의 취지에 반하는 주장을 할 수 없게 된다[2]는 점에서 재판을 받을 권리의 제한이 된다.

---

2) 재판상 화해에는 확정판결과 같은 효력이 있고 당사자 간에 기판력을 발생시켜 특별한 사정이 없는 한 당사자는 향후 재판절차에서 그 화해의 취지에 반하는 주장을 할 수 없게 된다(대법원 1962.2.15. 선고 4294민상914 전원합의체 판결; 대법원 2012.4.12. 선고 2011다109357 판결 등 참조).

문제는 이러한 재판상 화해의 성립을 간주하는 것이 합리적 이유가 있고, 따라서 재판청구권에 대한 정당한 제한으로 인정될 수 있는지, 아니면 과도한 제한으로서 위헌으로 판단되는지인데, 이를 위해서는 재판상 화해의 성격과 효력에 비추어 보상금 등 지급결정에 대한 동의의 의미, 위원회의 중립성과 독립성, 심의절차의 전문성과 공정성, 불복절차의 인정 여부 등이 고려되어야 할 것이다.

Ⅱ. 재판상 화해의 의의와 효력 [10점]

1. 재판상 화해의 개념

재판상 화해는 제소전 화해와 소송상 화해를 포함하는 것으로서 당사자 간의 합의에 의해 화해조서를 작성함으로써 성립된다.

2. 재판상 화해의 효력

당사자 간의 합의에 의해 작성된 화해조서는 확정판결과 동일한 효력을 갖는다. 즉, 재판상 화해는 기판력을 갖게 되며, 당사자는 이에 반하는 주장을 하지 못한다.

3. 재판상 화해에 대한 불복절차

재판상 화해의 내용에 관하여 무효 또는 취소가 문제되는 경우에는 민사소송법 제461조에 따른 준재심(準再審)의 절차에 의해 구제될 수 있다.

Ⅲ. 재판상 화해 성립의 간주에 의한 재판청구권의 제한 여부 [8점]

1. 재판상 화해의 기판력과 향후 재판에 미치는 영향

재판상 화해는 기판력을 발생시키며, 이에 따라 이미 화해조서가 작성된 내용에 대해서는 더 이상 재판을 통해 다투지 못하는 것이 원칙이다.

따라서 사안의 경우 민주화보상법에 따른 보상금의 지급에 대해 동의한 경우에는 더 이상의 피해보상을 재판상 청구할 수 없게 됨을 의미한다.

2. 입법에 의한 재판상 화해 간주의 의미와 입법형성권의 범위

민주화보상법 제18조 제2항에서 재판상 화해를 간주한 것은 이 법에 따른 보상 이외에 또 다른 피해보상 요구가 계속되는 것을 막기 위한 것으로 보인다.

민주화보상법에 따른 보상이 적정하고, 이에 대한 충분한 공감대 속에서 보상금 지급에 대한 당사자의 동의가 있다면, 합리적인 입법으로 볼 수 있지만, 그렇지 않을 경우에는 입법형성권의 범위를 일탈한 것으로 볼 수 있다.

3. 사안의 경우: 민주화보상법에 의한 재판청구권의 제한

결국 심판대상조항인 민주화보상법 제18조 제2항이 재판청구권의 제한이라는 점은 분명하다. 그것이 합리적인 제한인지 위헌적인 제한인지의 여부에 대한 판단이 필요한 것이다.

Ⅳ. 제한의 정당성에 대한 판단 [7점]

1. 위원회의 중립성과 독립성, 심의절차의 전문성과 공정성

보상금 액수의 결정 등이 합리적인 것으로 인정되기 위해서는 민주화보상법 제7조 이하에 따른 기준의 합리성과 더불어 이를 판단하는 위원회(민주화운동관련자명예회복및보상심의위원회)의 중립성과 독립성, 그리고 심의절차의 전문성과 공정성이 중요하며, 이는 민주화보상법 제5조 및 제7조 이하에서 규정되고 있다.

2. 보상금 등 지급결정에 대한 동의의 의미

민주화보상법에 따른 보상금의 지급은 국가가 일방적으로 지급하는 것이 아니라 위원회의 심의와 결정을 거친 이후에 당사자의 동의가 있어야 지급한다.

이는 당사자가 보상금에 대해 적정한 것으로 인정하고, 이에 합의한 것으로 보는 것이며, 적어도 당사자의 의사와 무관한 일방적인 보상금 지급으로 국가배상청구 등을 무력화시킨 것은 아니라는 점에서 합리적이다.

3. 불복절차의 인정

민주화보상법 제17조는 보상금 등의 지급에 관하여 소송을 제기할 수 있도록 인정하고 있다. 이러한 불복절차가 인정되고 있는 점도 민주화보상법 제18조 제2항의 합리성 인정에 중요한 요소가 된다.

Ⅴ. 결론 [2점]

이상 검토한 바와 같이 민주화보상법은 위원회의 중립성 · 독립성, 심의절차에 전문성 · 공정성을 제고하고 있으며, 신청인에게 지급결정 동의의 법적효과를 안내하면서 검토할 시간을 보장하여 동의 여부를 자유롭게 선택하도록 하고 있는 점, 불복절차를 허용하고 있는 점 등을 볼 때, 심판대상조항이 입법형성권의 한계를 일탈하여 재판청구권을 침해한다고 볼 수 없다.

3. 보상금 등의 지급결정에 동의한 때 "민주화운동과 관련하여 입은 피해"에 대해 재판상 화해의 성립을 간주하는 심판대상조항이 정신적 손해에 대한 국가배상청구권을 침해하는가? (50점)

Ⅰ. 사안의 분석과 쟁점의 정리 [5점]
Ⅱ. 국가배상청구권의 의의와 보호범위 [8점]
  1. 국가배상청구권의 개념과 성격
  2. 국가배상법에 의한 국가배상청구권의 구체화
  3. 보호범위: 물질적 손해와 정신적 손해
Ⅲ. 국가배상법과 민주화보상법의 관계 [10점]
  1. 일반법과 특별법의 관계

Ⅰ. 사안의 분석과 쟁점의 정리 [5점]

사안의 핵심은 민주화보상법 제18조 제2항에 따른 재판상 화해의 인정이 고문 등의 가혹행위로 인한 정신적 손해에 대한 배상에 대해서도 인정하는 것이 국가배상청구권에 대한 위헌적 제한은 아닌지에 대한 판단이다.

그러므로 사안의 해결을 위해서는 정신적 손해도 국가배상청구권의 보호범위에 포함된다는 점을 확인한 이후에 이를 민주화보상법에 의해 제한하는 것이 정당한지의 여부를 평가하는 것이 필요할 것이다.

Ⅱ. 국가배상청구권의 의의와 보호범위 [8점]

1. 국가배상청구권의 개념과 성격

헌법 제19조의 국가배상청구권은 공무원의 직무상 불법행위로 인하여 손해를 입은 국민이 이에 대한 배상을 청구할 수 있도록 한 것이다.

비록 청원권이나 재판청구권처럼 다양한 기본권침해에 대해 포괄적으로 이용될 수 있는 것은 아니지만, 국가배상청구권도 기본권의 침해를 구제하기 위한 절차적 기본권으로서의 성격을 갖는다.

2. 국가배상법에 의한 국가배상청구권의 구체화

헌법 제29조의 국가배상청구권은 국가배상법에 의해 구체화된다. 이 법률에 의해 배상의 기준 등이 구체화될 뿐만 아니라, 외국인에 대한 책임 인정의 조건 등이 정해지고 있다.

3. 보호범위: 물질적 손해와 정신적 손해

국가배상청구권에 의해 보호되는 손해의 범위에는 물질적 손해뿐만 아니라, 정신적 손해도 포함된다. 국가배상법 제3조 제5항에서는 "정신적 고통에 대한 위자료"를 명시하고 있다.

Ⅲ. 국가배상법과 민주화보상법의 관계 [10점]

1. 일반법과 특별법의 관계

같은 사항을 규율하는 복수의 법률이 존재할 때, 일반 – 특별의 관계를 따져서 적용의 우선순위를 판단해야 한다.

국가배상법과 민주화보상법은 전자가 국가배상청구권은 구체화하는 일반법이고, 후자는 민주화운동 관련 희생자들에 대해 제한적으로 적용되는 특별법이라고 할 수 있다. 따라서 민주화보상법이 적용되는 범위에서 국가배상적의 적용은 배제된다.

2. 국가배상청구권의 제한으로서의 민주화보상법 제18조 제2항

이렇게 볼 때, 민주화보상법 제18조 제2항은 국가배상법에 따른 국가배상청구권을 제한하는 규정으로 해석된다. 즉, 민주화보상법에 의해 보상을 받은 사람은 별도로 국가배상청구를 하지 못한다고 보아야 하는 것이다.

이러한 점은 갑 등이 주장하고 있는 정신적 손해에 대해서도 마찬가지다. "민주화운동과 관련하여 입은 피해"에는 정신적 손해도 포함되는 것으로 해석되어야 하기 때문이다.

3. 동 조항의 합헌성 판단의 기준

민주화보상법 제18조 제2항은 국가배상청구권의 내용을 구체적으로 형성하는 것이 아니라, 국가배상법의 제정을 통해 이미 형성된 국가배상청구권의 행사를 제한하는 것이다.

그러므로 그 합헌성 여부를 판단함에 있어서는, 기본권 제한 입법의 한계인 헌법 제37조 제2항을 준수하였는지 여부, 즉 과잉금지원칙을 준수하고 있는지 여부를 살펴보아야 한다.

Ⅳ. 국가배상청구권 제한의 정당성 판단 [12점]

1. 목적의 정당성 및 수단의 적합성

심판대상조항은 민주화운동 관련 희생자들이 위원회의 지급결정에 동의하여 적절한 보상을 받은 경우 보상금 등 지급절차를 신속하게 이행 · 종결시킴으로써 이들을 신속히 구제하고 보상금 등 지급결정에 안정성을 부여하기 위하여 도입된 것이므로, 그 입법목적의 정당성 및 수단의 적합성이 인정된다.

2. 침해의 최소성

민주화보상법에 따른 보상금 등의 지급대상, 지급액 산정기준 등에 비추어 볼 때, 보상금 등의 성격과 중첩되지 않는 정신적 손해에 대한 국가배상청구권의 행사까지 금지하는 것은 국가배상청구권에 대한 지나치게 과도한 제한에 해당하여 침해의 최소성에 위반된다.

3. 법익의 균형성

또한 민주화보상법은 보상금 등 산정에 있어 정신적 손해에 대한 배상을 전혀 반영하지 않고 있으므로, 이와 무관한 보상금 등을 지급한 다음 정신적 손해에 대한 배상청구마저 금지하는 것은 달성할 수 있는 공익에 비하여 사익 제한의 정도가 지나치게 크므로 법익의 균형성에도 위배된다.

Ⅴ. 헌법재판소의 결정과 그 효력 [12점]

1. 헌법재판소 결정의 형식

본 사안은 위헌소원사건으로서 비록 형식은 헌법소원심판이지만, 그 실질은 위헌법률심판이라고 할 수 있다. 따라서 헌법재판소의 주문은 청구 인용 또는 청구 기각이 아니라 심판대상조항에 대한 합헌 또는 위헌(경우에 따라서는 변형결정)의 형태로 나온다.

2. 심판대상조항의 합헌성 여부에 대한 판단

심판대상조항은 민주화보상법 제18조 제2항의 "민주화운동과 관련하여 입은 피해" 중 불법행위로 인한 정신적 손해에 관한 부분은 헌법에 위반된다.

3. 헌법재판소 결정의 효력

이러한 헌법재판소 결정은 모든 국가기관과 지방자치단체를 기속한다(헌법재판소법 제47조).

Ⅵ. 결론 [3점]

이상 검토한 바와 같이 민주화보상법은 국가배상법의 특별법으로서 동법에 의한 국가배상청구권의 예외를 규정한다. 그런데 민주화보상법 제18조 제2항에서 정신적 손해에 대한 배상까지 배제한 것은 과잉금지원칙의 침해의 최소성 원칙 및 법익의 균형성 원칙에 위배되는 것으로서 위헌이다. 헌법재판소의 위헌결정은 모든 국가기관과 지방자치단체를 기속한다.

38

증여세 부과의 합헌성 여부

갑(甲), 을(乙), 병(丙)은 A여행사의 사실상 1인 소유주였던 정(丁)의 자녀들이다. 그런데 갑은 2003.9.30. A여행사의 주식을 4만주 취득하였고, 을은 2003.6.20. A여행사의 주식을 6만주, B여행사의 주식을 20만주 취득하였으며, 병은 2003.7.4. A여행사의 주식을 4만6천주, B여행사의 주식을 17만5천주 취득하였다. 그리고 A여행사는 2006.7.3. B여행사에 흡수합병되면서 해산되었다.

서울지방국세청장은 갑이 정으로부터 주식을 증여받았고, 을은 정으로부터 주식취득 자금을 증여받았고, 병은 일부 주식과 주식취득자금을 증여받았고 합병상장이익을 증여받은 것으로 보아 갑, 을, 병의 주소지 세무서장들에게 과세자료를 통보했다. 이에 갑, 을, 병의 주소지 세무서장들은 갑, 을, 병에게 증여받은 주식 그 자체 및 그 취득자금에 대한 증여세를 각 결정·고지하고, 주식의 합병상장이익에 대하여는 당초 증여재산의 가액에 합산하여 증여세를 결정·고지하였다.

이에 갑, 을, 병은 증여세부과처분의 취소를 구하는 행정소송을 제기하였고, 그 소송 계속 중 「상속세 및 증여세법」 제41조의5에 대하여 위헌법률심판 제청신청을 하였으나 기각되자 헌법재판소에 헌법소원심판을 청구하였다.

〈헌재 2016.3.31. 2013헌바372 참조〉

1. 갑 등의 헌법소원심판청구는 적법한가? (20점)
2. 상속세 및 증여세법 제41조의5 제1항은 갑 등의 재산권을 위헌적으로 침해하는가? (50점)
3. 상속세 및 증여세법 제41조의5 제1항은 조세평등주의 및 과세요건 명확주의에 위배되는가? (30점)

〈참고 조문(아래 법령은 현행 법령과 다를 수 있음)〉

상속세 및 증여세법 제41조의5(합병에 따른 상장 등 이익의 증여)

① 최대주주등의 특수관계인이 다음 각 호의 어느 하나에 해당하는 경우로서 그 주식등을 증여받거나 취득한 날부터 5년 이내에 그 주식등을 발행한 법인이 대통령령으로 정하는 특수관계에 있는 주권상장법인과 합병되어 그 주식등의 가액이 증가함으로써 그 주식등을 증여받거나 취득한 자가 당초 증여세 과세가액(증여받은 재산으로 주식등을 취득한 경우는 제외한다) 또는 취득가액을 초과하여 이익을 얻은 경우에는 그 이익에 상당하는 금액을 그 이익을 얻은 자의 증여재산가액으로 한다. 다만, 그 이익에 상당하는 금액이 대통령령으로 정하는 기준금액 미만인 경우는 제외한다.

> 1. 최대주주등으로부터 해당 법인의 주식등을 증여받거나 유상으로 취득한 경우
> 2. 증여받은 재산으로 최대주주등이 아닌 자로부터 해당 법인의 주식등을 취득한 경우
> 3. 증여받은 재산으로 최대주주등이 주식등을 보유하고 있는 다른 법인의 주식등을 최대주주등이 아닌 자로부터 취득함으로써 최대주주등과 그의 특수관계인이 보유한 주식등을 합하여 그 다른 법인의 최대주주등에 해당하게 되는 경우
>
> ② 제1항에 따른 합병에 따른 상장 등 이익의 증여에 관하여는 제41조의3제3항부터 제9항까지의 규정을 준용한다. 이 경우 "상장일"은 "합병등기일"로 본다.

1. 갑 등의 헌법소원심판청구는 적법한가? (20점)

> Ⅰ. 서: 위헌소원의 의의 및 성격과 청구요건 [2점]
> Ⅱ. 재판의 전제성 [7점]
> 1. 소송의 계속
> 2. 심판대상법률(조항)이 당해 소송사건에 적용
> 3. 심판대상법률(조항)의 위헌 여부에 따라 다른 내용의 재판
> Ⅲ. 위헌법률심판제청의 신청과 기각 [6점]
> 1. 위헌소원의 성격과 위헌법률심판제청의 의미
> 2. 법원의 기각 결정과 그 구속력
> 3. 헌법재판소법 제68조 제2항에 의한 헌법소원심판의 청구
> Ⅳ. 기타의 청구요건 [4점]
> 1. 변호사 강제주의
> 2. 청구기간
> Ⅴ. 결론 [1점]

Ⅰ. 서: 위헌소원의 의의 및 성격과 청구요건 [2점]

사안에서 갑 등이 제기한 헌법소원심판은 헌법재판소법 제68조 제2항에 따른 이른바 위헌소원으로서 헌법소원이지만 실질적으로는 위헌법률심판에 해당하는 것이다. 따라서 청구요건으로 재판의 전제성 요건이 갖추어져야 하며, 그밖에 당해 법원에 대한 위헌법률심판제청신청과 기각, 변호사 강제주의, 청구기간 등의 요건이 갖춰져야 한다.

Ⅱ. 재판의 전제성 [7점]

1. 소송의 계속

재판의 전제성이 인정되기 위해서는 가장 먼저 법원에 소송이 계속(繫屬) 중이어야 한다. 즉, 법적 쟁점에 관하여 법원에 소송이 제기되고 그 소송에 대해 법원이 심리를 하고 있는 상태여야 한다. 본 사안에서는 소송의 계속 중임을 확인할 수 있다.

2. 심판대상법률(조항)이 당해 소송사건에 적용

두 번째 요건은 위헌 여부가 다투어지는 법률(조항)이 당해 사건에 적용되는 것이어야 한다는 점이다. 당해 사건의 재판과 무관한 법률(조항)에 대해서는 구체적 규범통제에서 위헌 여부를 다툴 수 없기 때문이다.

이 사건의 심판대상인 「상속세 및 증여세법」 제41조의5 제1항은 당해 사건에 적용되는 것이므로 이 요건도 충족된다.

3. 심판대상법률(조항)의 위헌 여부에 따라 다른 내용의 재판

재판의 전제성 인정을 위한 마지막 요건은 다투어지는 법률(조항)의 위헌 여부에 따라 당해 사건의 판결 결과에 차이가 발생해야 한다는 점이다. 심판대상조항이 위헌일 경우에는 당해 사건의 판단에 결정적인 영향을 미칠 수 있을 것이므로 이 요건도 충족된다.

Ⅲ. 위헌법률심판제청의 신청과 기각 [6점]

1. 위헌소원의 성격과 법원에 대한 위헌법률심판제청의 의미

헌법재판소에 위헌소원을 청구하기 위해서는 먼저 당해 법원에 위헌법률심판제청을 신청하였으나 기각당했어야 한다.

법원이 위헌법률심판제청을 할 수도 있는데 이를 건너뛰고 당사자가 곧바로 위헌소원을 청구하는 것은 헌법재판소의 부담을 과중하게 만들 우려가 있다는 점에서 권리구제형 헌법소원에서 보충성 요건을 둔 것과 유사한 취지로 이런 요건이 인정되는 것이다.

2. 법원의 기각 결정과 그 의미

사안에서 갑 등의 위헌법률심판제청신청은 법원에 의해 기각되었고, 이러한 기각 결정에 의해 위헌법률심판제청을 기대할 수 없게 되었다. 그러나 법원의 판단이 항상 타당한 것은 아니라는 점에서 헌법재판소의 판단을 받을 수 있는 길을 열어 놓을 필요성이 인정된다.

3. 헌법재판소법 제68조 제2항에 의한 헌법소원심판의 청구

헌법재판소법 제68조 제2항에 의한 위헌소원은 이러한 의미에서 법원의 위헌법률심판제청이 제대로 행해지지 않는 것에 대한 보완장치라 할 수 있다.[1)]

사안의 갑 등이 당해법원에 대한 위헌법률심판제청신청의 기각 후에 헌법재판소법 제68조 제2항에 의해 헌법소원심판을 청구함으로써 해당 요건을 갖추었다.

1) 제4공화국과 제5공화국 당시 위헌법률심판제청권을 갖고 있던 대법원에서 15년(1972~1987)동안 단 한 건의 위헌법률심판도 제청하지 않았던 경험에 대한 반작용으로 이러한 위헌소원 제도가 도입된 것으로 볼 수 있다.

Ⅳ. 기타의 청구요건 [4점]

1. 변호사 강제주의

위헌소원은 비록 그 실질은 위헌법률심판이지만 그 형식은 헌법소원심판이며, 당사자가 청구의 주체가 된다. 따라서 헌법재판소법 제25조 제3항에 따라 변호사 강제주의가 적용된다.

갑 등은 본인이 변호사 자격이 있는 경우가 아니라면 변호사를 대리인으로 선임하여야 심판청구를 할 수 있다.

2. 청구기간

위헌소원은 헌법재판소법 제69조 제2항에 따라 위헌법률심판의 제청신청을 기각하는 결정을 통지받은 날로부터 30일 이내에 청구하여야 한다.

Ⅴ. 결론 [1점]

이상의 검토를 종합할 때, 갑 등의 헌법소원심판청구는 – 설문에 명확하게 드러나지 않고 있는 변호사 강제주의 및 청구기간 등의 요건을 준수하였다고 볼 때 – 적법한 것으로 판단된다.

2. 상속세 및 증여세법 제41조의5 제1항은 갑 등의 재산권을 위헌적으로 침해하는가? (50점)

Ⅰ. 사안의 분석과 쟁점의 정리 [5점]
Ⅱ. 재산권의 의의와 보호범위 [8점]
  1. 재산권의 개념
  2. 재산권의 내용과 보호범위
  3. 납세의무에 의한 재산권의 제한과 그 한계
Ⅲ. 주식 및 출자지분 합병 이익에 대한 증여세 과세제도 [10점]
  1. 제도의 의의와 기능
  2. 과세요건
  3. 증여세액의 정산
Ⅳ. 재산권 제한의 정당성 판단 [12점]
  1. 목적의 정당성 및 수단의 적합성
  2. 침해의 최소성
  3. 법익의 균형성
Ⅴ. 헌법재판소의 결정과 그 효력 [12점]
  1. 헌법재판소 결정의 형식
  2. 사안에 대한 판단
  3. 헌법재판소 결정의 효력
Ⅵ. 결론 [3점]

Ⅰ. 사안의 분석과 쟁점의 정리 [5점]

사안에서 갑 등이 「상속세 및 증여세법」 제41조의5의 합헌성 여부를 다투고 있는 것은 그에 따른 과세가 과도한 것이어서 재산권을 위헌적으로 침해한다는 점을 주된 이유로 하고 있다.

사안에서 재산권의 침해가 문제되는 쟁점은 ① 주식 등의 증여일 등으로부터 5년 이내에 합병으로 일정 기준 이상의 이익을 얻은 경우 그 합병 목적 등을 고려하지 않고 무조건 당해 이익을 증여받은 것으로 보아 과세하도록 규정하는 점, ② 증여와 합병 간의 견련성이 낮은 '현금 등을 증여받아 주식을 취득한 경우'까지 과세대상에 포함하는 점, ③ 정산기준일 이후의 주가 하락 등 납세자의 실질적 담세력을 고려하지 않는 점 등이다.

사안의 올바른 해결을 위해서는 납세의무에 의한 재산권의 제한 가능성과 그 한계를 전제로 심판대상조항에 의한 과세제도의 의미와 내용을 평가하고, 이를 기초로 재산권에 대한 제한의 정당성 여부를 판단하는 것이 필요하다.

Ⅱ. 재산권의 의의와 보호범위 [8점]

1. 재산권의 개념

재산권이란 경제적 가치가 있는 유형 및 무형의 재화들에 대한 권리이다. 즉, 동산이나 부동산 등 유형의 재화에 대한 소유권, 기타 물권뿐만 아니라, 각종 채권이나 지적재산권을 비롯한 각종 영업상 권리, 특별법상의 권리 등이 이에 포함된다.

2. 재산권의 내용과 보호범위

재산권으로 보장되는 것은 현재 보유하고 있는 재화에 대한 권리뿐만이 아니다. 오히려 재산권의 취득 – 행사 – 처분의 전체 과정이 헌법상 재산권보장에 의한 보호대상이며, 이는 곧 경제활동의 자유가 폭넓게 인정되고 있는 것과 맞물려 있다.

3. 납세의무에 의한 재산권의 제한과 그 한계

재산권은 다른 기본권과 마찬가지로 헌법 제37조 제2항에 따라 제한될 수 있으며, 헌법 제23조 제2항에 따른 사회적 구속성에 의한 제한, 제23조 제3항에 따른 공공필요에 의한 (보상을 전제로 하는) 제한도 인정된다.

또한 재산권은 납세의무에 의해 제한될 수 있다. 다만, 이러한 제한은 조세부과의 기준과 절차가 정당하다는 전제 하에서만 합헌적인 것으로 인정된다.

Ⅲ. 주식 및 출자지분 합병 이익에 대한 증여세 과세제도 [10점]

1. 제도의 의의와 기능

심판대상조항에 의한 증여세 부과는 기업의 합병 등 기업의 내부정보를 가진 최대주주 등이 미리 자녀 등 특수관계인에게 주식 등을 증여하거나 매각한 후 가까운 장래에 합병을 실행하여 거액의 이익, 이른바 '합병으로 인한 우회상장 프리미엄'을 얻도록 하는 경우, 합병 후에 해당 주식 등의 가치 증가가 현저한 상태에서 증여한 것과 동일한 경제적 효과가 있으므로, 그 합병상장이익을 증여세의 과세대상으로 삼도록 한 것이다.[2)]

2. 과세요건

심판대상조항에 따른 과세를 위한 요건은 최대주주 등의 특수관계인이 해당 법인의 주식 등을 증여받거나 취득하고 5년 이내에 특수관계에 있는 주권상장법인 또는 협회등록법인과 합병되어 당초 증여세과세가액 또는 취득가액을 초과하여 이익을 얻었고, 그 이익에서 기업가치의 실질적인 증가로 인한 이익을 차감하더라도 대통령령이 정하는 기준 이상인 경우이다.[3)]

3. 증여세액의 정산

증여세액의 정산이란 비상장법인의 주식등의 증여 또는 그 취득자금의 증여 시점에 과세되었던 증여세를 예납적으로 보고 차후 합병된 후 정산기준일 현재 정확한 평가를 하여 증여세 과세표준과 세액을 정밀하게 계산하는 것을 말한다. 정산기준일 현재의 주식 등의 가액이 당초의 증여세 과세가액보다 적은 경우로서 그 차액이 일정한 기준 이상의 차이가 있는 경우에는 그 차액에 상당하는 증여세액을 환급받을 수 있다.[4)]

---

2) 즉, 이 제도는 주식등 재산의 증여 또는 취득 시점에 사실상 무상으로 이전된 재산의 가액을 실질적으로 평가하여 과세함으로써 조세부담의 불공평을 시정하고 과세의 평등을 실현하기 위한 것이다(대법원 2011.6.30. 선고, 2010도10968 판결 참조).

3) **상속세 및 증여세법 제41조의5**(합병에 따른 상장 등 이익의 증여)
① 최대주주등의 특수관계인이 다음 각 호의 어느 하나에 해당하는 경우로서 그 주식등을 증여받거나 취득한 날부터 5년 이내에 그 주식등을 발행한 법인이 대통령령으로 정하는 특수관계에 있는 주권상장법인과 합병되어 그 주식등의 가액이 증가함으로써 그 주식등을 증여받거나 취득한 자가 당초 증여세 과세가액(증여받은 재산으로 주식등을 취득한 경우는 제외한다) 또는 취득가액을 초과하여 이익을 얻은 경우에는 그 이익에 상당하는 금액을 그 이익을 얻은 자의 증여재산가액으로 한다. 다만, 그 이익에 상당하는 금액이 대통령령으로 정하는 기준금액 미만인 경우는 제외한다.
1. 최대주주등으로부터 해당 법인의 주식등을 증여받거나 유상으로 취득한 경우
2. 증여받은 재산으로 최대주주등이 아닌 자로부터 해당 법인의 주식등을 취득한 경우
3. 증여받은 재산으로 최대주주등이 주식등을 보유하고 있는 다른 법인의 주식등을 최대주주등이 아닌 자로부터 취득함으로써 최대주주등과 그의 특수관계인이 보유한 주식등을 합하여 그 다른 법인의 최대주주등에 해당하게 되는 경우
② 제1항에 따른 합병에 따른 상장 등 이익의 증여에 관하여는 제41조의3제3항부터 제9항까지의 규정을 준용한다. 이 경우 "상장일"은 "합병등기일"로 본다.

4) **상속세 및 증여세법 제41조의5 제2항**: 제1항에 따른 합병에 따른 상장 등 이익의 증여에 관하여는 제41조의3 제3항부터 제9항까지의 규정을 준용한다. 이 경우 "상장일"은 "합병등기일"로 본다.
상속세 및 증여세법 제41조의5 제4항: 제1항에 따른 이익을 얻은 자에 대해서는 그 이익을 당초의 증여세 과세가액(증여받은 재산으로 주식등을 취득한 경우에는 그 증여받은 재산에 대한 증여세 과세가액을 말한다. 이하 이 조에서 같다)에 가산하여 증여세 과세표준과 세액을 정산한다. 다만, 정산기준일 현재의 주식등의 가액이 당초의 증여세 과세가액보다 적은 경우로서 그 차액이 대통령령으로 정하는 기준 이상인 경우에는 그 차액에 상당하는 증여세액(증여받은 때에 납부한 당초의 증여세액을 말한다)을 환급받을 수 있다.

Ⅳ. 재산권 제한의 정당성 판단 [12점]

1. 목적의 정당성 및 수단의 적합성

심판대상조항은 주식등 재산의 증여 또는 취득 시점에 사실상 무상으로 이전된 재산의 가액을 실질적으로 평가하여 과세함으로써 조세부담의 불공평을 시정하고 과세의 평등을 실현하기 위한 것이므로 목적이 정당하고, 이를 위해 증여세를 부과하는 것은 목적 달성에 적합한 수단으로 인정된다.

2. 침해의 최소성

대주주 등의 주관적 의도 및 합병의 목적을 기준으로 증여세를 과세할 경우, 내부자료의 조작 가능성 및 입증의 어려움 등을 이유로 과세관청이 자의적으로 법률조항을 적용할 가능성이 있어 오히려 납세의무자의 불안정성을 더 심화시킬 수 있으며, 조세평등을 실현하기 위해서는 합병상장이익에 대하여 증여세를 과세하는 방법 이외에 다른 합리적인 수단을 찾기 어렵다는 점에서 침해의 최소성도 인정된다.

3. 법익의 균형성

심판대상조항은 최대주주등의 특수관계인에 대한 우회적인 상장이익 증여행위에 대하여 적정한 과세를 함으로써 조세정의의 확보라는 공익을 실현하는 중요한 역할을 수행한다. 반면에 납세의무자가 입게 되는 불이익은 증여세를 납부하게 되어 재산권이 제한되고, 5년 전에 잠재되어 있던 합병상장이익에 대해서 합병 후 증여세가 부과될 수 있다는 점이다. 이러한 불이익이 공익에 비해 크다고 볼 수 없으므로 법익의 균형성도 인정된다.

Ⅴ. 헌법재판소의 결정과 그 효력 [12점]

1. 헌법재판소 결정의 형식

본 사안은 위헌소원사건으로서 형식은 헌법소원이나 그 실질은 위헌법률심판에 해당된다. 따라서 헌법재판소는 인용 또는 기각이 아닌, 합헌 또는 위헌, 변형결정의 형식으로 본안판단을 내려야 한다.

2. 심판대상조항의 합헌성 여부에 대한 판단

앞서의 검토에 비추어 볼 때, 심판대상조항은 재산권에 대한 제한을 가하고 있으나 그 목적의 정당성, 수단의 적합성, 침해의 최소성, 법익의 균형성을 모두 충족하므로 헌법재판소는 합헌으로 판단하여야 한다.

3. 헌법재판소 결정의 효력

헌법재판소의 합헌결정은 위헌결정과 달리 일반적 구속력이 없으므로 당해 사건에 대해서만 기속력을 갖는다. 그러므로 향후 다른 사건에서 심판대상조항의 합헌성 여부가 다시 쟁점이 될 수 있다.

Ⅵ. 결론 [3점]

이상 검토한 바에 따라 헌법재판소는 「상속세 및 증여세법」 제41조의5에 대해 합헌결정을 내려야 한다. 이 결정은 당해 사건에 대해서만 기속력을 가지며, 심판대상조항의 합헌성 여부는 향후 다른 사건에서 다시금 다투어질 수 있다.

3. 상속세 및 증여세법 제41조의5 제1항은 조세평등주의 및 과세요건 명확주의에 위배되는가? (30점)

Ⅰ. 서: 국민의 납세의무와 조세의 정당성을 위한 요건 [3점]
Ⅱ. 조세법률주의와 조세평등주의의 의의와 기능 [7점]
  1. 헌법 제59조와 조세법률주의
  2. 과세요건 법정주의와 과세요건 명확주의
  3. 평등원칙의 구체화로서의 조세평등주의
Ⅲ. 조세평등주의 위배 여부 [9점]
  1. 조세평등주의의 의미: 담세능력에 기초한 공평과세
  2. 일반 주식취득자와 최대주주 등과 특수관계에 있는 자의 차별
  3. 특별한 이익과 담세능력의 차이
Ⅳ. 과세요건 명확주의 위배 여부 [9점]
  1. 조세법률주의의 내용으로서 과세요건 명확주의
  2. 명확성의 판단기준
  3. 사안에 대한 판단
Ⅴ. 결론 [2점]

Ⅰ. 서: 국민의 납세의무와 조세의 정당성을 위한 요건 [3점]

납세의무는 국민의 기본의무의 하나이며, 국민이 부담하는 조세 없이는 국가의 존립과 활동이 불가능하다.

그러나 이러한 납세의무의 부과는 엄격한 기준과 절차에 따라야 하며, 이를 위해 조세에 관한 헌법원리로 인정되는 것이 조세법률주의와 조세평등주의이다. 이를 준수한 조세의 부과만이 정당한 것으로 인정되며, 납세의무의 대상이 된다.

Ⅱ. 조세법률주의와 조세평등주의의 의의와 기능 [7점]

1. 헌법 제59조와 조세법률주의

헌법 제59조는 "조세의 종목과 세율은 법률로 정한다"고 규정하고 있다. 즉, 헌법상 납세의무를 구체화하기 위해서는 국민의 대표기관인 국회에서 법률로서 조세의 구체적 내용을 정해야 한다는 것을 헌법이 명시하고 있는 것이다.

2. 과세요건 법정주의와 과세요건 명확주의

조세법률주의의 내용으로 과세요건 법정주의와 과세요건 명확주의를 인정하고 있는

것은 헌법재판소의 확립된 판례이며, 학설 또한 이를 인정하고 있다.

과세요건 법률주의는 말 그대로 법률로 과세요건을 정해야 함을 의미하지만, 그러한 과세요건이 구체적인 부과대상을 특정할 수 있을 정도로 명확해야 한다는 과세요건 명확주의에 의해 조세법률주의가 제 기능을 할 수 있게 된다.

3. 평등원칙의 구체화로서의 조세평등주의

조세법률주의처럼 명문화되어 있지 않으나 조세에 관한 헌법원리로 널리 인정되는 것이 조세평등주의이다.

조세평등주의는 납세자에 대한 조세부담이 평등해야 한다는 것으로서 형식적 평등이 아닌 실질적 평등을 구체화하는 조세, 즉 납세자의 담세능력에 상응하는 공평한 조세의 부과를 요청한다.

Ⅲ. 조세평등주의 위배 여부 [9점]

1. 조세평등주의의 의미 : 담세능력에 기초한 공평과세

조세평등주의에 따른 공평과세는 담세능력에 상응하는 것이며, 이러한 담세능력의 차이는 소득의 차이, 보유 재산의 차이 등에서 확인된다.

즉, 소득세 및 재산세 등에서의 누진과세는 이러한 담세능력의 차이에 기초한 것이기 때문에 공평과세의 범위를 벗어나지 않는 것이며, 오히려 조세평등주의의 실현으로 인정된다.

2. 일반 주식취득자와 최대주주 등과 특수관계에 있는 자의 차별

사안에서 평등과 관련하여 문제될 수 있는 것은 일반 주식취득자와는 달리 최대주주 등과 특수관계에 있는 자를 차별하는 것이다.

이러한 차별의 합리성은 최대주주 등과 특수관계에 있는 자가 특별한 이익을 볼 수 있다는 점에 있다. 즉, 합병에 관한 정보를 알 수 있는 기회의 측면에서 본질적으로 다른 지위에 있으므로 차별의 합리적 사유가 존재하는 것이다.

3. 특별한 이익과 담세능력의 차이

또한 심판대상조항은 합병 등으로 인해 비정상적인 이익을 취한 경우를 특별히 증여세 부과의 대상으로 삼고 있으므로 과세의 전제가 되는 담세능력의 차이도 인정된다.

주가 상승은 미실현이익이라 볼 수도 있지만, 실제 거주에 사용하는 부동산과는 달리 보유주식 등은 환금성이 높아 언제든 현금화할 수 있다는 점에서 담세능력의 상승으로 보는데 무리가 없다.

Ⅳ. 과세요건 명확주의 위배 여부 [9점]

1. 조세법률주의의 내용으로서 과세요건 명확주의

과세요건 명확주의는 조세법률주의의 핵심적 내용의 하나로서 조세의 종목과 세율

뿐만 아니라 과세의 기준 등 과세요건이 명확해야 함을 의미한다.

이는 기본권 제한에서 일반적으로 요구되는 명확성원칙이 과세에 대해 구체화된 것으로 볼 수 있으며, 재산권 제한에 대한 정당성 확보의 중요한 요소이다.

2. 명확성의 판단기준

해당 법률조항만으로 과세요건이 명확하게 드러나는 경우라면 문제될 것이 없겠지만, 그렇지 않은 경우에 명확성 여부의 판단이 어려워질 수 있다.

이런 경우 헌법재판소는 해당 조항과 내용적으로 관련되어 있는 조항들의 체계적 해석, 나아가 법관의 법보충작용을 통한 해당 조항의 구체화를 통해 명확한 기준이 도출될 수 있는 경우에는 명확성 요건을 충족하는 것으로 본다.

3. 사안에 대한 판단

사안에서 문제되는 「상속세 및 증여세법」 제41조의5 제1항은 그 적용대상 및 과세대상금액의 범위 등이 명확하게 특정될 수 있으며, 과세관청의 자의가 개입될 여지가 없으므로 과세요건 명확주의에 위배되지 않는다.

V. 결론 [2점]

이상의 검토를 종합할 때, 「상속세 및 증여세법」 제41조의5 제1항은 조세평등주의 및 과세요건 명확주의에 위배되지 않는다.

39

입법절차상의 하자와 법률의 효력 등

갑(甲)은 1953.7.25. 중앙고등군법회의에서 구 국방경비법 제32조, 제33조 위반죄로 사형을 선고받은 뒤 육군총참모장의 확인과정에서 무기징역으로 감형되었다. 갑은 복역하던 중 1995.8.15. 형집행정지로 출소하였다. 법무부장관은 보안관찰법 제4조 제1항에 의하여 갑에 대하여 보안관찰처분을 하였다가, 같은 법 제5조 제1항에 따른 2년의 처분기간 만료일이 다가오자 같은 조 제2항에 의하여 1997.10.28.자로 보안관찰처분의 기간을 갱신하는 처분을 하였다.

갑은 서울고등법원에 기간갱신처분의 취소를 구하는 행정소송을 제기하고 그 효력정지를 구하는 가처분신청을 하는 한편, 그 소송 계속 중에 보안관찰법 부칙 제2조 제2호 중 구 국방경비법 제32조 및 제33조의 규정에 의한 죄로 처벌받은 자를 보안관찰처분대상자로 규정하고 있는 부분, 그리고 구 국방경비법이 제정 또는 공포된 일이 없는 무효 내지 부존재의 법률임에도 불구하고 이를 미군정장관이 남조선과도정부 법령의 하나로 제정하여 관보에의 게재가 아닌 다른 방법에 의하여 공포한 것으로 추정하는 것에 대해 위헌성을 주장하면서 위헌법률심판의 제청을 신청하였다. 법원이 갑의 제청신청을 기각하자, 갑은 헌법재판소에 헌법소원심판을 청구하였다.

〈헌재 2001.4.26. 98헌바79 등 참조〉

1. 갑의 헌법소원심판청구는 적법한가? (30점)
2. 갑의 헌법소원심판청구가 적법할 경우, 헌법재판소는 갑의 청구에 대해 어떤 본안판단을 내려야 하는가? (50점)
3. 보안관찰법 제24조에서 가처분에 관한 규정을 준용하지 않은 것은 위헌으로 볼 수 있는가 (20점)

〈참고 조문(아래 법령은 현행 법령과 다를 수 있음)〉

보안관찰법 제4조 (보안관찰처분)

① 제3조에 해당하는 자중 보안관찰해당범죄를 다시 범할 위험성이 있다고 인정할 충분한 이유가 있어 재범의 방지를 위한 관찰이 필요한 자에 대하여는 보안관찰처분을 한다.

② 보안관찰처분을 받은 자는 이 법이 정하는 바에 따라 소정의 사항을 주거지 관할경찰서장(이하 "管轄警察署長"이라 한다)에게 신고하고, 재범방지에 필요한 범위안에서 그 지시에 따라 보안관찰을 받아야 한다.

보안관찰법 제24조(행정소송법의 준용)
제23조의 소송에 관하여 이 법에 규정한 것을 제외하고는 행정소송법을 준용한다. 다만, 행정소송법 제18조 및 제23조와 동법 제8조 제2항에 의하여 준용되는 민사소송법 중 가처분에 관한 규정은 준용하지 아니한다.

보안관찰법(1989.6.16. 전문개정된 것)부칙 제2조 (보안관찰처분대상자에 대한 경과조치)
다음 각호의 1에 해당하는 자는 이 법 적용에 있어서 보안관찰처분대상자로 본다.
1. 이 법 시행당시 법 제3조에 해당하는 자
2. 이 법 시행당시 구 형법 제81조 내지 제85조 · 제87조(제86조의 미수죄를 제외한다) 및 제88조(제86조에 해당하는 죄를 제외한다), 구 비상사태하의범죄처벌에관한특별조치령 제3조 내지 제5조, 법률 제10호 구 국가보안법 제1조 내지 제4조, 법률 제85호 구 국가보안법 제1조 내지 제5조, 법률 제500호 구 국가보안법 제6조 내지 제20조(제17조 제4항을 제외한다) · 제21조 제1항 · 제25조 및 제28조(제17조 제4항 · 제21조 제2항 내지 제4항의 예비 · 음모 · 미수범을 제외한다), 법률 제549호 구 국가보안법 제2조 내지 제8조(제1조의 미수범, 예비, 음모를 제외한다), 법률 제643호 반공법 제6조 및 제7조, 구 국방경비법 제32조 및 제33조, 구 해안경비법 제8조의2 및 제9조의 규정에 의한 죄 또는 이와 경합된 범죄로 금고이상의 형의 선고를 받고 그 형기합계가 3년 이상인 자로서 형의 전부 또는 일부의 집행을 받은 사실이 있는 자
3. 이 법 시행당시 제2호에 게기된 죄를 범한 자중 이 법 시행후에 제2호에 게기된 죄 또는 이와 경합된 범죄로 금고 이상의 형의 선고를 받고 그 형기합계가 3년 이상인 자로서 형의 전부 또는 일부의 집행을 받은 사실이 있는 자

구 국방경비법 제32 조 (적에 대한 구원, 통신연락 또는 방조)
직접, 간접으로 무기, 탄약, 양식, 금전 기타 물자로써 적을 구원 혹은 구원을 기도하거나 또는 고의로 적을 은닉 혹은 보호하거나 또는 적과 통신연락 혹은 적에게 정보를 제공하는 여하한 자든지 군법회의판결에 의하여 사형 또는 타 형벌에 처함.

구 국방경비법 제33조 (간첩)
조선경비대의 여하한 요새지, 주둔지, 숙사 혹은 진영 내에서 간첩으로서 잠복 또는 행동하는 여하한 자든지 고등군법회의에서 차를 재판하며 유죄시에는 사형에 처함.

1. 갑의 헌법소원심판청구는 적법한가? (30점)

Ⅰ. 서: 위헌소원의 의의 및 성격과 청구요건 [3점]
Ⅱ. 재판의 전제성 [10점]
  1. 소송의 계속
  2. 심판대상법률(조항)이 당해 소송사건에 적용
  3. 심판대상법률(조항)의 위헌 여부에 따라 다른 내용의 재판
Ⅲ. 위헌법률심판제청의 신청과 기각 [8점]
  1. 위헌소원의 성격과 위헌법률심판제청의 의미

Ⅰ. 서: 위헌소원의 의의 및 성격과 청구요건 [3점]

사안에서 갑이 제기한 헌법소원심판은 헌법재판소법 제68조 제2항에 따른 이른바 위헌소원으로서 헌법소원이지만 실질적으로는 위헌법률심판에 해당하는 것이다. 따라서 청구요건으로 재판의 전제성 요건이 갖추어져야 하며, 그밖에 당해 법원에 대한 위헌법률심판제청신청과 기각, 변호사 강제주의, 청구기간 등의 요건이 갖춰져야 한다.

Ⅱ. 재판의 전제성 [10점]

1. 소송의 계속

재판의 전제성이 인정되기 위해서는 가장 먼저 법원에 소송이 계속(繫屬) 중이어야 한다. 즉, 법적 쟁점에 관하여 법원에 소송이 제기되고 그 소송에 대해 법원이 심리를 하고 있는 상태여야 한다. 본 사안에서는 소송의 계속 중임을 확인할 수 있다.

2. 심판대상법률(조항)이 당해 소송사건에 적용

두 번째 요건은 위헌 여부가 다투어지는 법률(조항)이 당해 사건에 적용되는 것이어야 한다는 점이다. 당해 사건의 재판과 무관한 법률(조항)에 대해서는 구체적 규범통제에서 위헌 여부를 다툴 수 없기 때문이다.

이 사건의 심판대상조항인 보안관찰법 제4조 등은 당해 사건에 적용되는 것이므로 이 요건도 충족된다.

3. 심판대상법률(조항)의 위헌 여부에 따라 다른 내용의 재판

재판의 전제성 인정을 위한 마지막 요건은 다투어지는 법률(조항)의 위헌 여부에 따라 당해 사건의 판결 결과에 차이가 발생해야 한다는 점이다. 심판대상조항이 위헌일 경우에는 당해 사건의 판단에 결정적인 영향을 미칠 수 있을 것이므로 이 요건도 충족된다.

Ⅲ. 위헌법률심판제청의 신청과 기각 [8점]

1. 위헌소원의 성격과 법원에 대한 위헌법률심판제청의 의미

헌법재판소에 위헌소원을 청구하기 위해서는 먼저 당해 법원에 위헌법률심판제청을 신청하였으나 기각당했어야 한다.

법원이 위헌법률심판제청을 할 수도 있는데 이를 건너뛰고 당사자가 곧바로 위헌소원을 청구하는 것은 헌법재판소의 부담을 과중하게 만들 우려가 있다는 점에서 권리구제형 헌법소원에서 보충성 요건을 둔 것과 유사한 취지로 이런 요건이 인정되는 것이다.

2. 법원의 기각 결정과 그 의미

사안에서 갑 등의 위헌법률심판제청신청은 법원에 의해 기각되었고, 이러한 기각결정에 의해 위헌법률심판제청을 기대할 수 없게 되었다. 그러나 법원의 판단이 항상 타당한 것은 아니라는 점에서 헌법재판소의 판단을 받을 수 있는 길을 열어 놓을 필요성이 인정된다.

3. 헌법재판소법 제68조 제2항에 의한 헌법소원심판의 청구

헌법재판소법 제68조 제2항에 의한 위헌소원은 이러한 의미에서 법원의 위헌법률심판제청이 제대로 행해지지 않는 것에 대한 보완장치라 할 수 있다.[1)]

사안의 갑 등이 당해법원에 대한 위헌법률심판제청신청의 기각 후에 헌법재판소법 제68조 제2항에 의해 헌법소원심판을 청구함으로써 해당 요건을 갖추었다.

Ⅳ. 기타의 청구요건 [8점]

1. 변호사 강제주의

위헌소원은 비록 그 실질은 위헌법률심판이지만 그 형식은 헌법소원심판이며, 당사자가 청구의 주체가 된다. 따라서 헌법재판소법 제25조 제3항에 따라 변호사 강제주의가 적용된다.

갑 등은 본인이 변호사 자격이 있는 경우가 아니라면 변호사를 대리인으로 선임하여야 심판청구를 할 수 있다.

2. 청구기간

위헌소원은 헌법재판소법 제69조 제2항에 따라 위헌법률심판의 제청신청을 기각하는 결정을 통지받은 날로부터 30일 이내에 청구하여야 한다.

3. 권리보호의 이익

사안의 경우 갑의 기간갱신과 관련하여 이미 2년의 처분기간이 만료되어 권리보호의 이익이 소멸하였을 가능성도 있다.

그러나 헌법소원제도는 개인의 주관적 권리구제에만 그 목적이 있는 것이 아니고 객관적인 헌법질서의 유지·수호에도 있다 할 것이며, 사안의 법률조항은 반복가능성 및 헌법적 해명의 필요성이 인정되므로 예외적으로 본안판단의 필요성이 인정된다.

---

1) 제4공화국과 제5공화국 당시 위헌법률심판제청권을 갖고 있던 대법원에서 15년(1972~1987)동안 단 한 건의 위헌법률심판도 제청하지 않았던 경험에 대한 반작용으로 이러한 위헌소원 제도가 도입된 것으로 볼 수 있다.

Ⅴ. 결론 [1점]

이상의 검토를 종합할 때, 갑 등의 헌법소원심판청구는 – 설문에 명확하게 드러나지 않고 있는 변호사 강제주의 및 청구기간 등의 요건을 준수하였다고 볼 때 – 적법한 것으로 판단된다.

2. 갑의 헌법소원심판청구가 적법할 경우, 헌법재판소는 갑의 청구에 대해 어떤 본안 판단을 내려야 하는가? (50점)

Ⅰ. 사안의 분석과 쟁점의 정리 [5점]
Ⅱ. 보안관찰법의 의의와 기능 [8점]
　1. 보안관찰법의 입법취지
　2. 보안관찰처분의 대상자
　3. 적법절차에서 벗어난 보안관찰처분의 문제
Ⅲ. 국방경비법의 성립상의 하자 여부 [10점]
　1. 미군정기 법령체계와 입법절차의 미비
　2. 국방경비법의 제정 · 공포 경위
　3. 대한민국 정부수립 이후의 국방경비법 적용
Ⅳ. 보안관찰처분의 정당성 판단 [12점]
　1. 목적의 정당성 및 수단의 적합성
　2. 침해의 최소성
　3. 법익의 균형성
Ⅴ. 헌법재판소의 결정과 그 효력 [12점]
　1. 헌법재판소 결정의 형식
　2. 심판대상조항의 합헌성 여부에 대한 판단
　3. 헌법재판소 결정의 효력
Ⅵ. 결론 [3점]

Ⅰ. 사안의 분석과 쟁점의 정리 [5점]

사안에서 갑은 보안관찰법 제4조 등의 위헌성을 주장하고 있으며, 그 주된 근거로 위헌적인 구 국방경비법에 근거한 보안관찰처분이 위헌임을 제시하고 있다.

헌법재판소가 이에 대해 올바른 판단을 내리기 위해서는 먼저 보안관찰법에 따른 보안관철처분의 의의와 기능을 확인한 후에 구 국방경비법의 성립과정에서의 하자로 인해 동법의 위헌성이 인정되는지를 검토하고, 본 사안에서의 보안관찰처분 및 그 근거규정의 정당성 여부를 평가해야 할 것이다.

Ⅱ. 보안관찰법의 의의와 기능 [8점]

1. 보안관찰법의 입법취지

보안관찰법 제1조는 "특정범죄를 범한 자에 대하여 재범의 위험성을 예방하고 건전한 사회복귀를 촉진"하는 것이 보안관찰처분의 목적임을 밝히고 있다.

즉, 보안관찰법에 따른 보안관찰처분은 재범의 방지를 통해 국가와 사회의 안전을 유지하고자 하는 것으로 볼 수 있다.

2. 보안관찰처분의 대상자

보안관찰법 제3조에 따르면 "보안관찰처분대상자"는 제2조의 보안관찰해당범죄 또는 이와 경합된 범죄로 금고 이상의 형의 선고를 받고 그 형기합계가 3년 이상인 자로서 형의 전부 또는 일부의 집행을 받은 사람이다.

3. 적법절차에서 벗어난 보안관찰처분의 문제

헌법 제12조 제1항의 적법절차 원칙에 비추어 볼 때, 보안관찰해당범죄의 경력이 보안관찰처분의 근거가 되기 위해서는 보안관찰해당범죄로 처벌할 당시 그 처벌규정이 유효하게 성립하고 있었음을 전제로 한다.

따라서 성립절차상의 중대한 하자로 효력을 인정할 수 없고 외관상으로만 존재하는 처벌규정을 근거로 한 범죄경력을 그 기초로 삼는다면 "법률과 적법한 절차"에 의하여 이루어지는 보안처분이라 할 수 없을 것이다.

Ⅲ. 국방경비법의 성립상의 하자 여부 [10점]

1. 미군정기 법령체계와 입법절차의 미비

미군정기에는 법령체계가 정비되지 않고 있었으며, 당시 입법권은 미군정청에 의해 창설된 조선과도입법의원에서 일반복리와 이해에 관계되는 사항 및 군정장관이 의탁한 사항에 관한 법령제정권을 가지고 있었다. 하지만 입법절차가 구체적으로 명시되지는 않았다.[2)]

---

2) **헌재 2001.4.26. 98헌바79등 결정**: "태평양 미국 육군 총사령관은 일본 패망후 북위 38도선 이남의 조선지역에 대한 군정실시기관으로서 재조선 미국 육군사령부 군정청(이하 '미군정청'이라 한다)을 창설하고, 1945.9.7. 포고 제1호로 북위 38도선 이남의 조선지역에 대하여 군정을 실시하며, 포고, 법령, 규약, 고시, 지시, 조례등의 제정권한이 미군정청에 속함을 선언하였다.
그 후 미군정청 군정장관은 1945.11.2. 재판소에 대하여 조선의 법령, 미국 태평양육군 총사령부의 포고의 제규정, 군정장관의 명령 및 법령 등을 시행할 것을 명하는 한편(군정청 법령 제21호 제2조), 1946.8.24. 조선과도입법의원(이하 '입법의원'이라 한다)을 창설하여 일반복리와 이해에 관계되는 사항 및 군정장관이 의탁한 사항에 관한 법령제정권을 부여하였다(군정청 법령 제118호).
그리하여 미군정 실시이후 정부수립 전까지 미군정청이 입법권을 행사하였고, 입법의원이 창설된 1946.8.24.부터 해산한 1948.5.20.까지 사이에는 미군정청과 입법의원에게 입법권한이 분산되었으나 입법의원의 권한은 미군정청의 권한에 종속되어 있었다(위 법령 제118호 제11조에서는 입법의원의 권한은 군정청의 권한하에 행사한다고 규정하였다).
입법의원이 제정한 법령은 "군정청 법률", "남조선과도정부 법률"로, 군정장관이 제정한 것 중 법령(ordinance)의 형식을 취한 것은 "군정청 법령", "남조선과도정부 법령"으로 각 호칭되었는데, 입법의원이 제정한 법령은 군정장관이 동의하여 합법적으로 서명, 날인하고 관보에 공포하는 때에 법률로서 효력을 가졌던 반면(위 법령 제118호 제5조), 군정장관이 제정한 법령 기타 법규의 공포방식에 관하여는 이를 규율하는 법규가 없었다.
한편, 군정청 장관의 군정청직원에 대한 지시 형식의 "법령 기타 법규의 공포·형식에 관한 건"(1946.1.19.자)에 따르면, 관보에 게재된 법령 기타 법규는 공포일로부터 10일후 그 조항에 의하여 효력

2. 구 국방경비법의 제정 · 공포 경위

일부 법령집 등에는 구 국방경비법이 1948.7.5. 남조선과도정부 법률로 공포되고 1948.8.4. 효력을 발생한 법률로 기재되어 있다. 그리고 구 국방경비법이 1962.1.20. 공포된 군형법과 군법회의법에 의해 폐지되기까지 "현행법령"임을 전제로 재판에서 널리 적용되었다. 그러나, 구 국방경비법이 실제 공포되었다는 관보나 제정경위에 관한 직접적인 자료는 발견되지 않고 있어서 그 성립여부나 경위에 관한 의문이 제기되고 있다.3)

을 발생하되 필요한 때에는 군정장관의 사전 인가에 의해 그 예외가 인정되고, 관보에 인쇄된 또는 인쇄될 법령 기타 법규에 관한 여하한 형식 또는 매체를 통하여 하는 공포는 그 시행기일 이전에는 금지된다는 내용이 들어 있다.

이와 같이 법령체계의 정비가 아직 불충분하여 "법령 기타 법규"의 형식을 가졌다 하여 반드시 "법률"보다 하위의 규범인 것은 아니며 그 공포방식도 정형화되어 있지 않아서, 오늘날 법률로 제정되어야 할 사항이 "법령 기타 법규"의 형식으로 제정되어 관보게재 외의 방식으로 공포될 수도 있었음을 알 수 있다."

3) **헌재 2001.4.26. 98헌바79등 결정**: "구 국방경비법은 각종 법령집에 남조선과도정부 법률의 하나로 기재되어 있으나, 입법의원은 구 국방경비법이 공포되었다고 하는 1948.7.5. 이전인 같은 해 5.20. 이미 해산한 상태였고, 이를 입법의원에서 심의, 의결하였다는 자료나 관보에 의하여 공포되었다는 자료가 발견되지 않는 것으로 보아, 입법의원에서 남조선과도정부 법률의 하나로 구 국방경비법을 제정, 공포하였다고는 보기 어렵다.

일부 자료에는 구 국방경비법이 구 해안경비법과 더불어 당시 미군정장관이 직권에 의하여 법령(ordinance)의 형식으로 제정, 공포한 것으로 되어 있다. 미군정장관이 직권으로 제정, 공포한 군정청 법령 내지 남조선과도정부 법령은 그 공포 형식에 관하여 제한이 없었으므로(그럼에도 불구하고 미군정청은 관보에 의해 법령을 공포하는 관행을 지켰으나 자료에 의하면 1948.7. 초부터 미 군정청 공보부는 사실상 기능을 정지하였고 같은 달 하순무렵에는 미군정청이 곧 수립될 대한민국 정부로 통치권을 이양하는 작업을 거의 마무리하였으므로 1948.7.5. 무렵에는 위 관행을 따르지 않았을 가능성이 있다) 구 국방경비법은 당시 법규에 따라 군정장관이 직권에 의하여 남조선과도정부 법령(South Korean Interim Government Ordinance)의 하나로 제정하여 군정청관보에의 게재가 아닌 다른 방법에 의하여 공포한 것이라고 볼 수 있다(대법원 1999.1.26. 선고 98두16620, 공 1999상, 389 참조).

한편, 아래와 같이 구 국방경비법은 "조선경비청에 대한 규정"을 개정하는 "기타 법규"로서 관보게재 외의 방식으로 공포되었고, 특히 구 국방경비법 제32조, 제33조는 1946.6.15. 당시 이미 존재하고 있었다고 볼 수도 있다. 미군정청은 1945.11.13. 미군정청 법령 제28호로 "조선의 종국의 독립을 준비하며, 세계국가에 오(伍) 하야 조선의 주권과 대권의 보호, 안전에 필요한 병력을 급속히 준비"하며 "필요한 육해군의 소집, 조직, 훈련, 준비를 시작"하기 위하여 미군정청 내에 국방사령부(1946.3.29. 국방부로 개칭됨)를 설치하면서 군무국을 국방사령부하에 두고, 군무국 내에 육군부와 해군부를 설치하도록 하였는데, 1946.6.15.에 이르러 법령 제86호로 국방부를 국내경비부로 개칭하고, 군무국을 폐지하는 한편, 1946.1.14.자로 소급하여 조선경비대를 설치하였다.

자료에 의하면, 위 법령 28호에 따라 남조선국방경비대가 설치되었는데, 법령 제86호로 설치한 위 조선경비대는 남조선국방경비대의 조직을 인수하면서 그 명칭을 변경한 것이며 법령 제86호에 의한 위와 같은 개칭등에는 군대의 설치에 관련한 소련측의 항의가 작용하였다고 한다.

이와 같은 경위로 설치된 조선경비대는 비록 공식적으로는 본격적인 군사조직으로서가 아니라 치안을 위한 예비경찰대로 설치되었으나 그 설치, 발전 경위와 조직 및 기능을 살펴볼 때 실질적으로는 군사조직이었던 것으로 판단된다.

미군정청 법령 제86호 제4조에서는 "조선경비청에 대한 규정이 자에 제정되며 이는 상시 및 도처에서 조선경비대를 관리함"("朝鮮警備庁에 대한 規程이 玆에 制定되며 及 其는 常時 及 到処에서 朝鮮警備隊를 管理함")이라고 규정하였는데, "조선경비청에 대한 규정(Articles for Government of Korean Constabulary)"은 조선경비대(Korean Constabulary)를 "관리하는(govern)" 규정이고 조선경비대는 실질적으로 군대였으므로, "조선경비청에 대한 규정"은 국방경비대를 사법적으로 관리한다고 할 수 있는 구 국방경비법의 개정전 법규일 개연성이 높다. 특히 각종 자료에서 "조선경비청에 대한 규정"을 "조선

3. 대한민국 정부수립 이후의 국방경비법 적용

대한민국 정부수립 후 구 국방경비법은 1962.1.20. 군형법 (법률 제1003호) 과 군법회의법 (법률 제1004호) 에 의해 폐지될 때까지 일관되게 국민들과 법제정당국 및 집행당국에 의해 "현행법률"로 취급받았고 폐지후로도 유효한 법률이었음을 전제로 입법이 되는 등 실질적으로 규범력을 갖춘 법률로 승인되었다.

이런 점을 고려할 때, 비록 구 국방경비법의 제정, 공포경위가 명백히 밝혀지지 않기는 하나 그 유효한 성립을 인정함이 합리적이다.

Ⅳ. 보안관찰처분의 정당성 판단 [12점]

1. 목적의 정당성 및 수단의 적합성

보안관찰처분의 목적은 앞서 검토한 보안관찰법의 입법목적에 비추어 정당한 것으로 인정된다. 또한 보안관찰처분이 목적달성에 도움이 된다는 점에서 수단의 적합성도 인정된다.

2. 침해의 최소성

보안관찰처분은 직접 대상자를 체포 · 구금하거나 직업생활 등을 직접 규제하는 것이 아니라 재범 방지를 위한 신고의무의 부과 및 국가기관의 관찰에 한정되므로 침해의 최소성 요건도 충족한다.

3. 법익의 균형성

재범으로 인한 공익의 침해와 보안관찰처분대상자에게 부과되는 불이익을 비교형량할 때, 공익의 크기가 더 큰 것으로 평가되므로 법익의 균형성도 충족한다.

Ⅴ. 헌법재판소의 결정과 그 효력 [12점]

1. 헌법재판소 결정의 형식

본 사안은 위헌소원사건으로서 형식은 헌법소원이나 그 실질은 위헌법률심판에 해당된다. 따라서 헌법재판소는 인용 또는 기각이 아닌, 합헌 또는 위헌, 변형결정의 형식으로 본안판단을 내려야 한다.

2. 심판대상조항의 합헌성 여부에 대한 판단

앞서의 검토에 비추어 볼 때, 심판대상조항에 근거한 보안관찰처분은 그 목적의 정

경비법"이라고 칭하면서, '군대를 유지할 군법으로 제정된 것으로, 그 내용은 총칙, 죄, 군법회의, 잡칙으로 구성되어 있으며 미육군전시법(Articles of War)을 속성번역한 탓으로 흠결이 많아 그 후 군법회의 부분을 일부수정하여 국방경비법으로 제정, 공포하였다'고 기재하고 있는 점, 구 국방경비법 제32조(적에 대한 구원, 통신연락 또는 방조) 및 제33조(간첩)와 거의 동일한 규정이 미육군전시법에서 발견되는 점(제45조, 제46조), "조선경비청에 대한 규정"은 위 법령 제86호 제4조에 의하여 그 제정사실이 확인되고 효력이 부여된 점을 종합하면, 구 국방경비법 제32조 및 제33조는 1946.6.15.부터 이미 유효하게 성립되어 있었다고 볼 수가 있다."

당성, 수단의 적합성, 침해의 최소성, 법익의 균형성을 모두 충족하므로 헌법재판소는 합헌으로 판단하여야 한다.

3. 헌법재판소 결정의 효력

헌법재판소의 합헌결정은 위헌결정과 달리 일반적 구속력이 없으므로 당해 사건에 대해서만 기속력을 갖는다. 그러므로 향후 다른 사건에서 심판대상조항의 합헌성 여부가 다시 쟁점이 될 수 있다.

Ⅵ. 결론 [3점]

이상의 검토를 종합할 때, 보안관찰법에 따른 보안관찰처분의 합헌성, 그리고 그 근거가 된 구 국방경비법의 유효성이 모두 인정되므로 헌법재판소는 심판대상조항에 대해 합헌결정을 내려야 한다.

3. 보안관찰법 제24조에서 가처분에 관한 규정을 준용하지 않은 것은 위헌으로 볼 수 있는가? (20점)

Ⅰ. 서: 준용규정의 의미와 기능 [2점]
Ⅱ. 행정소송법상 집행정지제도와 민사소송법상 가처분 제도의 비교 [7점]
1. 행정소송법상 집행정지제도의 의의와 기능
2. 민사소송법상 가처분제도의 의의와 기능
3. 양자의 비교
Ⅲ. 가처분제도의 준용 배제와 적법절차의 충돌 [6점]
1. 가처분제도의 준용 배제의 의미
2. 준용 배제의 파급효
3. 준용 배제와 적법절차의 충돌
Ⅳ. 보안관찰법 제24조의 합헌성 여부에 대한 판단 [4점]
1. 목적의 정당성과 수단의 적합성
2. 침해의 최소성
3. 법익의 균형성
Ⅴ. 결론 [1점]

Ⅰ. 서: 준용규정의 의미와 기능 [2점]

준용이란 다른 법률에서 규정하고 있는 제도를 그와 유사하지만 조금은 성질이 다른 사항에 대해서 적용하도록 법률에서 명시하는 것이다.

법률에서 명시하고 있다는 점에서 해석상의 유추적용과는 구별되며, 유추해석과는 달리 죄형법정주의와도 충돌하지 않는다.

Ⅱ. 행정소송법상 집행정지제도와 민사집행법상 가처분 제도의 비교 [7점]

1. 행정소송법상 집행정지제도의 의의와 기능

행정소송법 제23조 제1항에 의하면, 행정처분에 대하여 취소소송을 제기하더라도 그 처분의 효력이나 그 집행 또는 절차의 속행에 영향을 주지 않는다.

이로 인한 회복할 수 없는 손해의 발생을 막기 위해 행정소송법 제23조 제2항에서는 집행정지제도를 두고 있으며,[4] 이는 무효 등 확인소송에도 준용되며,[5] 행정심판법에서도 규정되어 있다.[6]

2. 민사소송법상 가처분제도의 의의와 기능

민사소송법 제714조 제1항에 따르면 가처분은 "현상의 변경으로 당사자가 권리를 실행하지 못하거나 이를 실행하는 것이 매우 곤란할 염려가 있을 때"에 인정된다.

또한 동조 제2항에 따르면 "계속하는 권리관계에 현저한 손해를 피하거나 급박한 강폭을 방지하기 위하여 또는 기타 필요한 이유에 의하여" 가처분이 인정될 수 있다.[7]

3. 양자의 비교

행정소송법상의 집행정지제도와 민사집행법상의 가처분제도는 회복할 수 없는 손해의 발생을 막기 위해 인정된다는 공통점이 있으며, 그 실질적 기능은 거의 유사한 것으로 볼 수 있다.

Ⅲ. 가처분제도의 준용 배제와 적법절차의 충돌 [6점]

1. 가처분제도의 준용 배제의 의미

사안의 보안관찰법 제24조는 민사소송법에 따른 가처분의 준용을 명시적으로 배제하고 있다. 만일 행정소송법에 의한 집행정지제도가 인정되고 있다면 가처분의 준용 배

---

4) **행정소송법 제23조 제2항**: "취소소송이 제기된 경우에 처분등이나 그 집행 또는 절차의 속행으로 인하여 생길 회복하기 어려운 손해를 예방하기 위하여 긴급한 필요가 있다고 인정할 때에는 본안이 계속되고 있는 법원은 당사자의 신청 또는 직권에 의하여 처분등의 효력이나 그 집행 또는 절차의 속행의 전부 또는 일부의 정지(이하 "執行停止"라 한다)를 결정할 수 있다. 다만, 처분의 효력정지는 처분등의 집행 또는 절차의 속행을 정지함으로써 목적을 달성할 수 있는 경우에는 허용되지 아니한다."

5) **행정소송법 제38조 제1항**: "제9조, 제10조, 제13조 내지 제17조, 제19조, 제22조 내지 제26조, 제29조 내지 제31조 및 제33조의 규정은 무효등 확인소송의 경우에 준용한다."

6) **행정심판법 제30조 제2항**: "위원회는 처분, 처분의 집행 또는 절차의 속행 때문에 중대한 손해가 생기는 것을 예방할 필요성이 긴급하다고 인정할 때에는 직권으로 또는 당사자의 신청에 의하여 처분의 효력, 처분의 집행 또는 절차의 속행의 전부 또는 일부의 정지(이하 "집행정지"라 한다)를 결정할 수 있다. 다만, 처분의 효력정지는 처분의 집행 또는 절차의 속행을 정지함으로써 그 목적을 달성할 수 있을 때에는 허용되지 아니한다."

7) 구 민사소송법 제714조의 내용은 현재 민사집행법 제300조에서 규정하고 있다.
민사집행법 제300조 ① 다툼의 대상에 관한 가처분은 현상이 바뀌면 당사자가 권리를 실행하지 못하거나 이를 실행하는 것이 매우 곤란할 염려가 있을 경우에 한다.
② 가처분은 다툼이 있는 권리관계에 대하여 임시의 지위를 정하기 위하여도 할 수 있다. 이 경우 가처분은 특히 계속하는 권리관계에 끼칠 현저한 손해를 피하거나 급박한 위험을 막기 위하여, 또는 그 밖의 필요한 이유가 있을 경우에 하여야 한다.

제가 문제될 바 없으나, 동 조항에서는 행정소송법 제23조도 함께 준용 배제하고 있으므로 결국 본안에 대한 판단 이전의 가구제는 불가능하게 만들고 있는 것이다.

2. 준용 배제의 파급효

이러한 준용 배제의 결과 보안관찰 대상자는 설사 그 처분이 부적법하더라도 본안 판결로 취소되기 이전에는 보안관찰처분의 집행을 피할 수 없다.

또한 보안관찰처분의 취소를 구하는 행정소송을 적법하게 제기하더라도 소송이 종료되기 전에 처분기간 2년이 만료될 경우 권리보호이익을 상실하게 되어 소각하판결을 받게 되므로 본인의 귀책사유가 없이 보안관찰처분의 당부에 대한 사법적 판단을 받지 못하는 불이익을 입을 수 있다.

3. 준용 배제와 적법절차의 충돌

보안관찰법 제24조에서 준용을 배제한 것은 보안관찰처분의 부과와 관련하여 적법절차의 위반이 문제된다.

보안관찰처분은 보안처분의 일종으로서 그 성격이 형사벌로서의 제재라고는 할 수 없으나, 기본권의 제한 정도는 처분의 적법성에 대한 법원의 판단을 받을 기회가 상당히 잠식되어도 무방하다고 볼 정도로 가볍지가 않기 때문이다.

Ⅳ. 보안관찰법 제24조의 합헌성 여부에 대한 판단 [4점]

1. 목적의 정당성과 수단의 적합성

보안관찰법 제24조의 입법목적은 충분한 심리가 이루어지지 않는 집행정지신청이나 가처분신청을 통하여 보안관찰처분의 집행이 부적절하게 정지될 경우에 재범으로 인한 국가와 사회의 안전이 침해되는 것을 방지하려는 것으로서 그 정당성이 인정된다.

또한 준용의 배제는 이러한 위험 배제의 효과가 있으므로 수단의 적합성 또한 인정된다.

2. 침해의 최소성

그러나 보안관찰처분의 대상이 되는 범죄의 유형 내지 재범의 위험성을 가리지 않고 획일적으로 가처분 등의 준용을 배제한 것은 행정적인 편의나 효율성에 치중한 것으로서 침해의 최소성 원칙을 충족하지 못한다.

3. 법익의 균형성

또한 보안관찰처분의 지속을 위한 공익적 필요성이 보안관찰처분의 적법여부에 대한 법원의 판단을 받을 수 있는 기회를 실질적으로 제한받고, 경우에 따라서는 박탈당하기도 한다는 점에서, 이러한 입법수단으로 얻어지는 공익과 그로 인해 제한되는 피보안관찰자의 이익을 비교할 때, 법익의 균형성을 충족하는 것으로 보기 어렵다.

Ⅴ. 결론 [1점]

이상의 검토를 종합할 때, 보안관찰법 제24조에 의한 가처분 등의 준용 배제는 위헌적으로 적법절차를 침해한 것이며,[8] 따라서 위헌으로 판단된다.[9]

---

8) **헌재 2001.4.26. 98헌바79등 결정**: "헌법 제12조 제1항에 따른 적법절차의 원칙은 절차가 형식적 법률로 정하여져야 할 뿐만 아니라 그 실체적인 내용이 합리성과 정당성을 갖춘 적정한 것이어야 한다는 것으로 이해되어야 할 것인바 (헌재 1997.11.27. 92헌바28, 판례집 9-2, 548, 566; 헌재 1997.3.27. 96헌가11, 판례집 9-1, 245, 259; 헌재 1993.12.23. 93헌가2, 판례집 5-2, 578, 595-596 등 참조), 이 사건 제2법률조항은 위와 같이 피보안관찰자로 하여금 상당범위의 자유제한을 감내하도록 요구하는 보안관찰처분의 적법여부를 다투는 소송절차의 내용을 형성함에 있어서 피보안관찰자의 기본권보장이 합리적 이유 없이 축소되도록 하였다는 점에서 그 내용이 합리성과 정당성을 갖춘 것이라고 볼 수 없으므로 적법절차원칙에 위배된다 할 것이다.
또한, 헌법 제27조 제1항에 의해 보장되는 재판청구권에는 당사자간의 권리의무 또는 법률관계에 관한 구체적 분쟁에 관하여 법원의 법적 판단을 구할 수 있는 권리가 포함되어 있으므로 보안관찰처분의 적법여부나 당부에 대한 법원의 법적 판단을 구할 수 있는 권리는 이 재판청구권에 의해 보장되는바, 이 사건 제2법률조항에 의해 간접적, 실질적으로는 헌법 제37조 제2항에 따른 기본권 제한의 한계를 넘어 피보안관찰자의 재판청구권을 제한하는 측면도 있다."

9) 헌법재판소의 위헌결정에 따라 현행 보안관찰법 제24조는 "제23조의 소송에 관하여 이 법에 규정한 것을 제외하고는 행정소송법을 준용한다. 다만, 행정소송법 제18조의 규정은 준용하지 아니한다"로 개정되었다.

40

이라크 전쟁 파병의 위헌성 여부

갑(甲)은 A시민단체의 간부로서 대통령의 이라크 전쟁에 대한 군대의 파병이 인간으로서의 존엄과 가치, 행복추구권을 침해하였다고 주장하며 헌법재판소에 헌법소원심판을 청구하였다.

을(乙)은 B당의 대표로서 B당과 당원들을 대표하여 국무회의가 미국의 이라크 전쟁을 지원하기 위해 '국군부대의 대이라크전쟁파견동의안'을 심의·의결한 것은 - 비록 파병되는 군인을 지원에 의해 선발한다 하더라도 - 인간으로서의 존엄과 가치, 행복추구권을 침해하였다고 주장하며 헌법재판소에 헌법소원심판을 청구하였다.

병(丙)은 육군에 입대한 아들을 둔 어머니인데, 국회의 이라크 전쟁 파병동의가 인간으로서의 존엄과 가치, 행복추구권을 침해하였다고 주장하며 헌법재판소에 헌법소원심판을 청구하였다.

정(丁)은 일반 국민의 한 사람으로서 대한민국 정부가 국군을 이라크에 파견하기로 한 것은 침략적 전쟁을 부인한다고 규정하고 있는 헌법 제5조에 위반될 뿐만 아니라 특히 의무복무를 하는 일반 사병은 급여를 받는 직업군인인 장교 및 부사관과 달리 실질적으로 급여를 받지 못하는 바 일반 사병을 이라크에 파견하는 것은 국가안전보장 및 국방의 의무에 관한 헌법규정에 위반된다는 이유로 헌법재판소에 헌법소원심판을 청구하였다.

〈헌재 2003.12.18. 2003헌마255등; 헌재 2003.12.18. 2003헌마225;
헌재 2004.4.29. 2003헌마814 참조〉

1. 갑, 을, 병의 헌법소원심판청구는 적법한가? (30점)
2. 이라크 전쟁에 건설공병과 의무병을 파병하는 것이 침략적 전쟁에 해당하는 것으로 볼 수 있는가? (30점)
3. 대통령의 이라크 파병 결정은 통치행위에 해당하는 것으로 볼 수 있는가? (40점)

〈참고 조문(아래 법령은 현행 법령과 다를 수 있음)〉

헌법 제5조

① 대한민국은 국제평화의 유지에 노력하고 침략적 전쟁을 부인 한다.

② 국군은 국가의 안전보장과 국토방위의 신성한 의무를 수행함을 사명으로 하며, 그 정치적 중립성은 준수된다.

헌법 제6조
① 헌법에 의하여 체결·공포된 조약과 일반적으로 승인된 국제법규는 국내법과 같은 효력을 가진다.
② 외국인은 국제법과 조약이 정하는 바에 의하여 그 지위가 보장된다.

헌법 제10조
모든 국민은 인간으로서의 존엄과 가치를 가지며, 행복을 추구할 권리를 가진다. 국가는 개인이 가지는 불가침의 기본적 인권을 확인하고 이를 보장할 의무를 진다.

헌법 제60조
① 국회는 상호원조 또는 안전보장에 관한 조약, 중요한 국제조직에 관한 조약, 우호통상항해조약, 주권의 제약에 관한 조약, 강화조약, 국가나 국민에게 중대한 재정적 부담을 지우는 조약 또는 입법사항에 관한 조약의 체결·비준에 대한 동의권을 가진다.
② 국회는 선전포고, 국군의 외국에의 파견 또는 외국군대의 대한민국 영역 안에서의 주류에 대한 동의권을 가진다.

헌법 제66조
① 대통령은 국가의 원수이며, 외국에 대하여 국가를 대표한다.
② 대통령은 국가의 독립·영토의 보전·국가의 계속성과 헌법을 수호할 책무를 진다.
③ 대통령은 조국의 평화적 통일을 위한 성실한 의무를 진다.
④ 행정권은 대통령을 수반으로 하는 정부에 속한다.

1. 갑, 을, 병의 헌법소원심판청구는 적법한가? (30점)

Ⅰ. 서: 헌법소원심판의 의의와 청구요건 [3점]
Ⅱ. 공권력의 행사 또는 불행사에 의한 기본권의 침해 [8점]
  1. 공권력 행사로서의 이라크 파병 결정
  2. B당의 기본권주체성
  3. 갑, 을, 병이 침해를 주장할 수 있는 기본권
Ⅲ. 기본권 침해의 직접성, 현재성, 자기관련성 [9점]
  1. 직접성 요건의 검토
  2. 현재성 요건의 검토
  3. 갑, 을, 병의 자기관련성
Ⅳ. 보충성, 변호사 강제주의 및 청구기간 등의 요건 [8점]
  1. 보충성 요건의 판단
  2. 변호사 강제주의
  3. 청구기간
Ⅴ. 결론 [2점]

Ⅰ. 서: 헌법소원심판의 의의와 청구요건 [3점]

헌법재판소법 제68조 제1항에 따른 권리구제형 헌법소원은 공권력에 의한 기본권의 침해를 다투는 헌법소송이다.

그 적법요건으로는 공권력(의 행사 또는 불행사)에 의한 기본권의 침해와 더불어 기본권침해의 직접성, 현재성, 자기관련성이 갖춰져야 하며, 그밖에 헌법소원심판청구의 보충성, 변호사 강제주의, 청구기간의 준수 등이 요구된다.

Ⅱ. 공권력의 행사 또는 불행사에 의한 기본권의 침해 [8점]

1. 공권력 행사로서의 이라크 파병 결정

헌법소원심판의 대상이 되는 공권력은 원칙적으로 모든 국가작용이다. 다만, 헌법재판소법 제68조 제1항 제1문의 규정에 따라 법원의 재판은 배제된다.

본 사안에서 갑이 문제삼는 공권력은 대통령의 이라크 파병 결정이다. 그리고 을은 이에 관한 국무회의 심의·의결을, 병은 이에 대한 국회의 동의를 기본권을 침해한 공권력 행사로 보고 있다. 대통령의 파병 결정, 국회회의 의결, 국회의 동의 등이 공권력의 행사라는 점은 인정된다.

2. B당의 기본권주체성

B당의 헌법소원청구와 관련하여 정당의 기본권주체성이 문제될 수 있다. 하지만 헌법재판소는 오래전부터 정당의 기본권주체성 및 헌법소원청구인적격을 인정한 바 있으며,[1] 따라서 B당의 헌법소원청구도 가능한 것으로 볼 수 있다.

3. 갑, 을, 병이 침해를 주장할 수 있는 기본권

사안에서 갑, 을, 병이 침해를 주장할 수 있는 기본권은 헌법 제10조에서 보장되는 인간으로서의 존엄과 가치 및 행복추구권이다. 그밖에 평화적 생존권도 생각해볼 수 있으나, 헌법재판소는 판례변경을 통해 평화적 생존권을 헌법상의 기본권으로 인정하지 않고 있다.[2]

---

1) **헌재 1991.3.11. 91헌마21 결정**: "시·도의회의원선거에서 정당이 후보자의 추천과 후보자를 지원하는 선거운동을 통하여 소기의 목적을 추구하는 경우, 평등권 및 평등선거원칙으로부터 나오는 (선거에 있어서의) 기회균등의 원칙은 후보자는 물론 정당에 대해서도 보장되는 것이므로 정당추천의 후보자가 선거에서 차등대우를 받는 것은 정당이 선거에서 차등대우를 받는 것과 같은 결과가 된다."

2) 헌법재판소는 과거의 판례에서 "오늘날 전쟁과 테러 혹은 무력행위로부터 자유로워야 하는 것은 인간의 존엄과 가치를 실현하고 행복을 추구하기 위한 기본전제가 되는 것이므로, 헌법 제10조와 제37조 제1항으로부터 평화적 생존권이라는 이름으로 이를 보호하는 것이 필요하며 그 기본내용은 침략전쟁에 강요되지 않고 평화적 생존을 할 수 있도록 국가에 요청할 수 있는 권리라고 볼 수 있다"고 인정한 바 있다(헌재 2006.2.23. 2005헌마268 결정).
그러나 헌법재판소는 이후의 판례에서 평화적 생존권을 헌법상 보장된 기본권으로 볼 수 없다는 입장으로 판례를 변경하였다(헌재 2009.5.28. 2007헌마369 결정).

Ⅲ. 침해의 직접성, 현재성, 자기관련성 [9점]

1. 직접성 요건의 검토

본 사안에서의 공권력 행사가 인간의 존엄 등 기본권의 침해에 직접 영향을 미칠 수 있다는 점은 명확하지 않다. 즉, 외국 파병이 타인의 생명 존중에 대한 침해가 되고, 이는 곧 인간의 존엄에 대한 침해가 된다는 것은 국민의, 또는 인류의 일원으로서 입는 사실상의, 또는 간접적인 성격을 지닌 것이고 법적으로 포착될 수 있는 이익 또는 권리라고 보기는 어렵다.[3)]

2. 현재성 요건의 검토

마찬가지로 외국 파병으로 인하여 국제정세가 불안해지고, 한반도에 긴장이 고조되고, 무력충돌에 휘말리게 될 우려 등도 막연한 가능성에 불과하고, 확실하게 예측되는 것은 아니므로 현재성 요건도 결여되었다.

3. 갑, 을, 병의 자기관련성

사안에서 갑, 을, 병은 직접 파병되는 군인이 아니므로 기본권침해의 자기관련성을 갖지 못한다. 병의 경우 군인이 아들이라 하더라도 파병이 지원에 의해 이루어지고 있을 뿐 아니라 병 자신이 파병되는 군인이 아닌 이상 자기관련성은 인정되지 않는다.

Ⅳ. 보충성, 변호사 강제주의 및 청구기간 등의 요건 [8점]

1. 보충성 요건의 판단

사안의 공권력 행사에 대해서는 별도의 구제수단이 존재한다고 보기 어려우므로 헌법재판소법 제68조 제1항 단서의 보충성 원칙이 적용되지 않는 예외라고 볼 수 있다.[4)]

2. 변호사강제주의

헌법소원심판은 사인이 청구의 주체가 되며, 헌법재판소법 제25조 제3항에 따라 변호사 강제주의가 적용된다. 따라서 사안의 갑, 을, 병은 변호사를 대리인으로 선임하여야 헌법소원심판을 청구할 수 있다.

3. 청구기간의 준수

헌법소원심판은 헌법재판소법 제69조 제1항에 따라 그 사유가 있음을 안 날부터 90일 이내에, 그 사유가 있는 날부터 1년 이내에 청구하여야 한다.

---

3) **헌재 1998.9.30. 97헌마404 결정**: "청구인들은 대통령의 특별사면에 관하여 일반국민의 지위에서 사실상의 또는 간접적인 이해관계를 가진다고 할 수는 있으나 대통령의 청구외인들에 대한 특별사면으로 인하여 청구인들 자신의 법적이익 또는 권리를 직접적으로 침해당한 피해자라고는 볼 수 없으므로, 이 사건 심판청구는 자기관련성, 직접성이 결여되어 부적법하다."

4) **헌재 1989.9.4. 88헌마22 결정**: "헌법소원심판청구인이 그의 불이익으로 돌릴 수 없는 정당한 이유있는 착오로 전심절차를 밟지 않은 경우 또는 전심절차로 권리가 구제될 가능성이 거의 없거나 권리구제절차가 허용되는지의 여부가 객관적으로 불확실하여 전심절차이천의 기대가능성이 없을 때에는 예외적으로 헌법재판소법 제68조 제1항 단서 소정의 전심절차이천요건은 배제된다."

Ⅴ. 결론 [2점]

사안에서 갑, 을, 병은 기본권침해의 직접성, 현재성 및 자기관련성을 갖추지 못하였다. 따라서 헌법재판소는 적법요건의 결여를 이유로 헌법소원심판청구를 각하해야 한다.

2. 이라크 전쟁에 건설공병과 의무병을 파병하는 것이 침략적 전쟁에 해당하는 것으로 볼 수 있는가? (30점)

Ⅰ. 서: 국군 해외파병의 의의와 성격 [3점]
Ⅱ. 국제질서에 관한 헌법원리로서의 국제평화주의 [7점]
　1. 국제평화주의의 탄생 배경
　2. 국제평화주의의 헌법적 근거
　3. 국제평화주의의 구체화
Ⅲ. 침략전쟁과 방위전쟁, 평화유지군의 구별 기준 [9점]
　1. 헌법 제5조와 침략전쟁 부인의 의미
　2. 침략전쟁과 방위전쟁의 구분: 국군의 역할
　3. 제3의 유형: 평화유지군의 해외파병
Ⅳ. 이라크 전쟁에 건설공병 및 의무병 파병의 성격 [9점]
　1. 이라크 전쟁의 성격: 미국의 침략전쟁인가?
　2. 미국을 지원하는 파병의 성격: 침략전쟁의 지원인가?
　3. 건설공병과 의무병 파병은 평화유지군이 될 수 있는가?
Ⅴ. 결론 [2점]

Ⅰ. 서: 국군 해외파병의 의의와 성격 [3점]

국군의 해외파병은 헌법 제65조 제2항에 따라 국회의 동의를 받아야 한다. 즉, 해외파병은 헌법상 허용되는 것이지만, 국회의 동의라는 특별한 절차를 필요로 할 정도로 신중해야 하는 것이다.

그 이유는 국군의 해외파병이 잘못될 경우에는 헌법 제5조 제1항에서 명시한 국제평화주의와 충돌할 수 있으며, 자칫 국제사회에서 심각한 문제를 야기할 수도 있기 때문이다.

Ⅱ. 국제질서에 관한 헌법원리로서의 국제평화주의 [7점]

1. 국제평화주의의 탄생 배경

제2차 세계대전 이후에 전세계적으로 확산된 국제평화주의는 우리 헌법 제5조 제1항에도 명시되어 있다. 이는 국제평화가 국제문제에 그치지 않고 국내질서에도 직접 영향을 미친다는 점이 양차 세계대전의 경험을 통해 확인되었기 때문이다.

2. 국제평화주의의 헌법적 근거

국제평화주의는 헌법 제5조 제1항뿐만 아니라, 제6조 제1항의 국제법존중주의 제6

조 제2항의 외국인의 법적 지위 보장을 통해서도 확인된다. 나아가 헌법 제4조의 평화통일조항을 국제평화주의의 연장선상에서 해석하는 견해도 있다.

3. 국제평화주의의 구체화

국제평화주의는 세 가지 유형으로 구체화된다. 첫째, 국제평화주의 자체를 선언하는 것이고, 둘째, 각종 국제기구에서의 활동을 통해서이고, 셋째, 국내의 외교정책 및 국방정책 등을 통해서이다.

사안의 해외파병은 셋째 유형에 속하는 것으로 볼 수 있다.

Ⅲ. 침략전쟁과 방위전쟁, 평화유지군의 구별 기준 [9점]

1. 헌법 제5조와 침략전쟁 부인의 의미

헌법 제5조는 침략전쟁을 부인하고 있다. 이는 방위전쟁의 가능성을 열어 놓고 있는 것으로서 1950년의 6 · 25전쟁과 같은 침략전쟁이 발생할 경우에는 적극적으로 대응하겠다는 것을 의미하는 것이기도 하다.

2. 침략전쟁과 방위전쟁의 구분: 국군의 역할

침략전쟁과 방위전쟁의 구분이 애매한 경우도 있다.[5] 분명한 것은 침략이 있기 이전에 선제적 공격은 헌법상 허용되지 않는다는 점이다. 따라서 국군의 역할은 헌법 제5조 제2항에 명시되어 있는 것처럼 국토방위에 있지, 영토확장에 있는 것은 아니다.

3. 제3의 유형: 평화유지군의 해외파병

최근 국제사회에서는 침략전쟁 또는 방위전쟁이 아닌 평화유지군이라는 제3의 유형이 많이 이용되고 있다. 즉, 전쟁의 수행을 위해서가 아니라, 오히려 전쟁을 막고 질서를 유지하기 위해 군대를 활용하는 것이다. 이러한 형태의 파병은 헌법 제5조에 위반되지 않을 것이다.

Ⅳ. 이라크 전쟁에 건설공병 및 의무병 파병의 성격 [9점]

1. 이라크 전쟁의 성격: 미국의 침략전쟁인가?

이라크의 대량살상무기 개발을 이유로 미국이 선제공격함으로써 발생하였던 이라크 전쟁은 미국의 승전후 대량살상무기가 발견되지 않음에 따라 미국의 침략전쟁 여부가 논란된 바 있다. 이는 미국이 정말로 대량살상무기의 존재를 확신했는지에 따라 달리 평가될 수 있을 것이다.

2. 미국을 지원하는 파병의 성격: 침략전쟁의 지원인가?

대한민국의 이라크 파병은 미국을 지원하는 것이라는 점을 부인할 수 없다. 그렇다

---

5) 예컨대 6 · 25남침 이후에 반격을 통해 북한지역으로 진군한 것은 침략전쟁으로 볼 것인지에 대해 논란이 가능하다.

면 미국의 전쟁을 침략전쟁으로 볼 경우, 대한민국의 파병은 침략전쟁을 지원하는 것인지가 문제될 수 있다. 그 경우에는 헌법 제5조 제1항의 위반이 문제될 수 있다.

그러나 전쟁 수행 자체를 지원하는 것이 아니라 전후 복구를 지원하는 것에 한정된다면 이를 침략전쟁의 지원이라 보기 어려울 것이다.

3. 건설공병과 의무병 파병은 평화유지군이 될 수 있는가?

대한민국의 이라크 파병이 전투병이 아닌 건설공병과 의무병의 파견에 한정된다면 이는 명백히 전후 복구를 지원하는 것이며, 그 성격은 평화유지군에 해당된다. 따라서 헌법 제5조 제1항과 충돌하지 않는다.

Ⅴ. 결론 [2점]

이상의 검토를 종합할 때, 이라크 전쟁에 건설공병과 의무병을 파병하는 것은 침략적 전쟁에 해당하는 것으로 볼 수 없으며, 오히려 평화유지군의 성격을 갖는 것으로서 헌법 제5조 제1항과 충돌하지 않는 것으로 볼 수 있다.

3. 대통령의 이라크 파병 결정은 통치행위에 해당하는 것으로 볼 수 있는가? (40점)

Ⅰ. 사안의 분석과 쟁점의 정리 [4점]
Ⅱ. 통치행위의 개념과 효력 [6점]
  1. 통치행위의 개념
  2. 통치행위의 유형: 좁은 의미와 넓은 의미
  3. 통치행위의 효력: 사법심사의 배제
Ⅲ. 통치행위의 판단기준 [8점]
  1. 고도의 정치성
  2. 사법적 심사의 곤란성
  3. 외교적 행위에의 한정
Ⅳ. 통치행위에 대한 헌법재판소의 판례 [8점]
  1. 긴급재정명령에 대한 헌법재판소 판례: 헌재 1996.2.29. 93헌마186
  2. 이라크 파병에 대한 헌법재판소 판례: 헌재 2004.4.29. 2003헌마814
  3. 한미연합 군사훈련에 헌법재판소 판례: 헌재 2009.5.28. 2007헌마369
Ⅴ. 이라크 파병 결정의 성격과 사법심사의 곤란성 [12점]
  1. 고도의 정치성 여부
  2. 사법적 심사의 곤란성 여부
  3. 외교적 행위에 해당하는지 여부
Ⅵ. 결론 [2점]

Ⅰ. 사안의 분석과 쟁점의 정리 [4점]

무엇이 통치행위에 해당하는지에 대해서는 많은 논란이 있다. 특히 대통령을 통치권자로 지칭하고 대통령의 중요한 정치적 결정을 통치행위로 보는 경향은 국내 정치현실 속에서 많이 발견되며, 이에 대한 비판도 많다. 그러나 국군의 해외파병은 국내외적으로 복합적인 문제들이 관련되어 있으므로 통치행위로서의 성격을 갖는지에 대해 신중한 검토가 필요하다.

Ⅱ. 통치행위의 개념과 효력 [6점]

1. 통치행위의 개념

통치행위란 고도의 정치성을 띤 국가작용으로서 사법심사의 대상으로 하기에 부적합할 뿐 아니라, 비록 그에 관한 판결이 있는 경우에도 그 집행이 곤란한 성질의 행위를 말한다. 그러나 구체적으로 어떠한 행위가 고도의 정치성으로 인하여 사법적 판단에 부적합한지에 대하여는 많은 논란이 있다.

2. 통치행위의 유형: 좁은 의미와 넓은 의미

일반적으로 통치행위로 지칭되는 것은 좁은 의미의 통치행위이다. 그리고 대통령이 최고책임자인 정부의 작용 중에서 행정작용이 아니라 정치적 지도작용에 속하는 것을 통치작용이라 일컫는데, 이를 넓은 의미의 통치행위라고 부르기도 한다.

3. 통치행위의 효력: 사법심사의 배제

사안에서 문제되는 것은 좁은 의미의 통치행위이며, 이에 해당하는 것으로 인정될 경우에는 사법심사가 배제된다.

Ⅲ. 통치행위의 판단기준 [8점]

1. 고도의 정치성

통치행위에 인정되기 위한 첫 번째 조건은 고도의 정치성이다. 즉, 기술적 성격의 행정적 작용은 통치행위로 인정될 수 없으며, 정책적 결정의 성격을 갖는 행위만이 통치행위로 인정될 수 있는 것이다.

2. 사법적 심사의 곤란성

고도의 정치성을 갖는 모든 행위가 통치행위가 되는 것은 아니며, 그 정치성으로 인해 사법적 심사가 곤란한 경우이어야 한다. 이를 위해서는 정치적 결정을 뒤집는 사법적 판단이 있을 경우에 국익과 관련한 심각한 문제가 발생할 우려가 있어야 한다는 것이 최근 국내외 헌법학계와 실무계의 지배적인 견해이다.

3. 외교적 행위에의 한정

이처럼 국익과 관련한 심각한 문제가 인정될 수 있는 경우는 매우 예외적이다. 특히 국내적 정치작용은 그것이 위헌·위법한 경우에도 통치행위로 인정된다면 헌법질서를 교란시키는 심각한 문제로 인해 오히려 국익에 반하는 것이 될 수 있다.

따라서 최근에는 통치행위를 외교적 행위와 관련하여 국익의 침해가 우려되는 경우로 한정하는 것이 국내외 헌법학계와 실무계의 일반적인 경향이다.

Ⅳ. 통치행위에 대한 헌법재판소의 판례 [8점]

1. 긴급재정명령에 대한 헌법재판소 판례: 헌재 1996.2.29. 93헌마186

헌법재판소는 헌재 1996.2.29. 93헌마186 결정에서 대통령의 긴급재정경제명령을 통치행위로 보면서도 이를 헌법재판소의 심판대상으로 인정한 바 있다.[6)]

이러한 헌법재판소 결정의 취지는 충분히 공감할 수 있으나, 통치행위의 개념이 사법심사의 배제에 있다는 점을 간과함으로 인해 통치행위에 속하나 사법심사의 대상이 된다는 모순을 발생시킨 점에 문제가 있다.

2. 이라크 파병에 대한 헌법재판소 판례: 헌재 2004.4.29. 2003헌마814

헌법재판소는 이라크 파병에 관한 헌재 2004.4.29. 2003헌마814 결정에서 – 비록 통치행위라는 용어는 사용하지 않았지만 – 사실상 통치행위를 인정하는 결정을 내렸다. 즉, 이라크 파병 결정이 사법심사의 대상으로 보기 어렵다고 판단하였을 뿐만 아니라, 그 위헌성 여부에 대한 헌법재판소의 판단을 회피하였던 것이다.[7)]

---

6) **헌재 1996.2.29. 93헌마186 결정**: "대통령의 긴급재정경제명령은 국가긴급권의 일종으로서 고도의 정치적 결단에 의하여 발동되는 행위이고 그 결단을 존중하여야 할 필요성이 있는 행위라는 의미에서 이른바 통치행위에 속한다고 할 수 있으나, 통치행위를 포함하여 모든 국가작용은 국민의 기본권적 가치를 실현하기 위한 수단이라는 한계를 반드시 지켜야 하는 것이고, 헌법재판소는 헌법의 수호와 국민의 기본권 보장을 사명으로 하는 국가기관이므로 비록 고도의 정치적 결단에 의하여 행해지는 국가작용이라고 할지라도 그것이 국민의 기본권 침해와 직접 관련되는 경우에는 당연히 헌법재판소의 심판대상이 된다."

7) **헌재 2004.4.29. 2003헌마814 결정**: "외국에의 국군의 파견결정은 파견군인의 생명과 신체의 안전뿐만 아니라 국제사회에서의 우리나라의 지위와 역할, 동맹국과의 관계, 국가안보문제 등 궁극적으로 국민 내지 국익에 영향을 미치는 복잡하고도 중요한 문제로서 국내 및 국제정치관계 등 제반상황을 고려하여 미래를 예측하고 목표를 설정하는 등 고도의 정치적 결단이 요구되는 사안이다. 따라서 그와 같은 결정은 그 문제에 대해 정치적 책임을 질 수 있는 국민의 대의기관이 관계분야의 전문가들과 광범위하고 심도 있는 논의를 거쳐 신중히 결정하는 것이 바람직하며 우리 헌법도 그 권한을 국민으로부터 직접 선출되고 국민에게 직접 책임을 지는 대통령에게 부여하고 그 권한행사에 신중을 기하도록 하기 위해 국회로 하여금 파병에 대한 동의여부를 결정할 수 있도록 하고 있는바, 현행 헌법이 채택하고 있는 대의민주제 통치구조 하에서 대의기관인 대통령과 국회의 그와 같은 고도의 정치적 결단은 가급적 존중되어야 한다.

이 사건 파견결정이 헌법에 위반되는지의 여부 즉 국가안보에 보탬이 됨으로써 궁극적으로는 국민과 국익에 이로운 것이 될 것인지 여부 및 이른바 이라크전쟁이 국제규범에 어긋나는 침략전쟁인지 여부 등에 대한 판단은 대의기관인 대통령과 국회의 몫이고, 성질상 한정된 자료만을 가지고 있는 우리 재판소가 판단하는 것은 바람직하지 않다고 할 것이며, 우리 재판소의 판단이 대통령과 국회의 그것보다 더 옳다거나 정확하다고 단정짓기 어려움은 물론 재판결과에 대하여 국민들의 신뢰를 확보하기도 어렵다고 하지 않을 수 없다.

이 사건 파병결정은 대통령이 파병의 정당성뿐만 아니라 북한 핵 사태의 원만한 해결을 위한 동맹국과의 관계, 우리나라의 안보문제, 국·내외 정치관계 등 국익과 관련한 여러 가지 사정을 고려하여 파병부대의 성격과 규모, 파병기간을 국가안전보장회의의 자문을 거쳐 결정한 것으로, 그 후 국무회의 심의·의결을 거쳐 국회의 동의를 얻음으로써 헌법과 법률에 따른 절차적 정당성을 확보했음을 알 수 있다. 그렇다면 이 사건 파견결정은 그 성격상 국방 및 외교에 관련된 고도의 정치적 결단을 요하는 문제로서, 헌법과 법률이 정한 절차를 지켜 이루어진 것임이 명백하므로, 대통령과 국회의 판단은 존중되어야 하고 헌법재판소가 사법적 기준만으로 이를 심판하는 것은 자제되어야 한다. 이에 대하여는 설혹 사법적 심사의 회피로 자의적 결정이 방치될 수도 있다는 우려가 있을 수 있으나 그러한 대통령과 국회의 판단은 궁

3. 한미연합 군사훈련에 대한 헌법재판소 판례: 헌재 2009.5.28. 2007헌마369

그리고 헌법재판소는 헌재 2009.5.28. 2007헌마369 결정에서 대통령이 한미연합 군사훈련의 일종인 2007년 전시증원연습을 하기로 한 결정이 통치행위에 해당하지 않는다고 판시한 바 있다. 이라크 파병과는 달리 연례적으로 실시되는 군사훈련의 일종으로 보았기 때문이다.[8)]

Ⅴ. 이라크 파병 결정의 성격과 사법심사의 곤란성 [12점]

1. 고도의 정치성 여부

이라크 파병 결정은 여러 국내외적 상황을 고려한 정치적 결정이라는 점을 부인하기 어렵다. 한편으로는 파병에 대한 국내의 찬반이 엇갈리고 있었지만, 무엇보다 동맹국인 미국의 요청을 거부하기 어려웠다는 점도 그러하다.

2. 사법적 심사의 곤란성 여부

이라크 전쟁에 대한 파병 문제는 국내정치적 요인들뿐만 아니라, 미국 등 국제사회와의 관계에서도 매우 복잡한 정치적 역학관계의 고려에 따라 결정된 것이며, 이를 단순히 사법적 판단만으로 뒤집는 것이 적절하다고 보기 어려운 점이 있다. 그런 점에서 사법적 심사의 곤란성도 인정된다.

3. 외교적 행위에 해당하는지 여부

이라크 파병 문제는 국내정치적으로 찬반논란이 뜨거웠을 뿐만 아니라, 미국과의 관계, 중동 국가들과의 관계 등 외교적 측면에서도 매우 중요한 정책결정이었다. 그러므로 외교적 행위에도 해당하는 것으로 볼 수 있다.

Ⅵ. 결론 [2점]

이상의 검토를 종합할 때, 대통령의 이라크 파병결정은 통치행위의 요건인 고도의 정치성, 사법적 심사의 곤란성, 외교적 행위로서의 성격을 모두 갖추고 있어 통치행위로 인정될 수 있다.

극적으로는 선거를 통해 국민에 의한 평가와 심판을 받게 될 것이다."

8) **헌재 2009.5.28. 2007헌마369 결정**: "한미연합 군사훈련은 1978. 한미연합사령부의 창설 및 1979.2.15. 한미연합연습 양해각서의 체결 이후 연례적으로 실시되어 왔고, 특히 이 사건 연습은 대표적인 한미연합 군사훈련으로서, 피청구인이 2007.3.경에 한 이 사건 연습결정이 새삼 국방에 관련되는 고도의 정치적 결단에 해당하여 사법심사를 자제하여야 하는 통치행위에 해당된다고 보기 어렵다."

41

국회의원의 겸직금지와 주식백지신탁

갑(甲)은 자신이 거주하고 있는 용산구의 지역구국회의원인 을(乙)이 국무위원으로 보건복지부장관을 겸직함으로써 지역구를 대표하여 의정활동을 충실하게 수행할 수 없으므로, 국회의원의 국무위원 겸직은 청구인의 선거권 등을 침해한다고 주장하면서, 2013.10.18. 헌법재판소에 헌법소원심판을 청구하였다.

병(丙)은 2012.5.29. 그 임기를 마친 제18대 국회의원으로서, 그 임기 중 주식백지신탁심사위원회에 자신과 처 등이 보유하고 있는 주식의 직무관련성 여부에 관하여 심사청구를 하였는바, 주식백지신탁심사위원회는 2008.10.8. 당해사건 원고가 국회 기획재정위원회 소속으로서 보유주식 발행기업에 대한 정보접근 및 영향력 행사의 가능성이 있다는 이유로 이 사건 주식의 직무관련성이 인정된다는 결정을 하였다.

병은 위 결정의 취소를 구하는 행정소송을 제기한 후 그 항소심에서, 구 공직자윤리법 제14조의4 제1항 제1호, 제2호가 공개대상자 등의 소유주식을 매각하거나 또는 백지신탁한 후 수탁기관으로 하여금 60일 이내에 전부 처분하도록 규정하고 있는 것은 과잉금지원칙에 위배된다고 주장하였다. 이에 당해 법원은 2010.4.28. 직권으로 헌법재판소에 위헌법률심판을 제청하였다.

〈헌재 2013.11.5. 2013헌마701; 헌재 2012.8.23. 2010헌가65 참조〉

1. 갑의 헌법소원심판청구는 적법한가? (30점)
2. 주식백지신탁에서 국회의원 본인 이외에 일정한 친족관계에 있는 사람들의 보유주식도 포함하도록 한 것은 헌법 제13조 제3항에 위배되는가? (20점)
3. 주식백지신탁제도의 재산권 침해 여부에 대해 헌법재판소는 어떠한 본안판단을 내려야 하는가? (50점)

〈참고 조문(아래 법령은 현행 법령과 다를 수 있음)〉

헌법 제13조 제3항

모든 국민은 자기의 행위가 아닌 친족의 행위로 인하여 불이익한 처우를 받지 아니한다.

국회법 제29조(겸직 금지)

① 의원은 국무총리 또는 국무위원 직 외의 다른 직을 겸할 수 없다. 다만, 다음 각 호의 어느 하나에 해당하는 경우에는 그러하지 아니하다.

1. 공익 목적의 명예직
2. 다른 법률에서 의원이 임명·위촉되도록 정한 직

3. 「정당법」에 따른 정당의 직

② 의원이 당선 전부터 제1항 각 호의 직 외의 직을 가진 경우에는 임기개시일 전까지(재선거 · 보궐선거 등의 경우에는 당선이 결정된 날의 다음 날까지를 말한다. 이하 이 항에서 같다) 그 직을 휴직하거나 사직하여야 한다. 다만, 다음 각 호의 어느 하나의 직을 가진 경우에는 임기개시일 전까지 그 직을 사직하여야 한다.

1. 「공공기관의 운영에 관한 법률」 제4조에 따른 공공기관(한국은행을 포함한다)의 임직원
2. 「농업협동조합법」, 「수산업협동조합법」에 따른 조합, 중앙회와 그 자회사(손자회사를 포함한다)의 임직원
3. 「정당법」 제22조 제1항에 따라 정당의 당원이 될 수 있는 교원

③ 의원이 당선 전부터 제1항 각 호의 직(제3호의 직은 제외한다. 이하 이 조에서 같다)을 가지고 있는 경우에는 임기 개시 후 1개월 이내에, 임기 중에 제1항 각 호의 직을 가지는 경우에는 지체 없이 이를 의장에게 서면으로 신고하여야 한다.

④ 의장은 제3항에 따라 신고한 직(본회의 의결 또는 의장의 추천 · 지명 등에 따라 임명 · 위촉된 경우는 제외한다)이 제1항 각 호의 직에 해당하는지 여부를 제46조의2에 따른 윤리심사자문위원회의 의견을 들어 결정하고 그 결과를 해당 의원에게 통보한다. 이 경우 의장은 윤리심사자문위원회의 의견을 존중하여야 한다.

⑤ 윤리심사자문위원회는 의장으로부터 의견제출을 요구받은 날부터 1개월 이내에 그 의견을 의장에게 제출하여야 한다. 다만, 필요한 경우에는 1개월의 범위에서 한 차례만 의견제출 기간을 연장할 수 있다.

⑥ 의원은 의장으로부터 겸하고 있는 직이 제1항 각 호의 직에 해당하지 아니한다는 통보를 받은 때에는 통보를 받은 날부터 3개월 이내에 그 직을 휴직하거나 사직하여야 한다.

⑦ 의장은 제4항에 따라 의원에게 통보한 날부터 15일 이내(본회의 의결 또는 의장의 추천 · 지명 등에 따라 임명 · 위촉된 경우에는 해당 의원이 신고한 날부터 15일 이내)에 겸직 내용을 국회공보 또는 국회 인터넷 홈페이지 등에 게재하는 방법으로 공개하여야 한다.

⑧ 의원이 제1항 각 호의 직을 겸하는 경우에는 그에 따른 보수를 받을 수 없다. 다만, 실비 변상은 받을 수 있다.

공직자윤리법 제14조의4(주식의 매각 또는 신탁)

① 등록의무자 중 제10조 제1항에 따른 공개대상자와 기획재정부 및 금융위원회 소속 공무원 중 대통령령으로 정하는 사람(이하 "공개대상자등"이라 한다)은 본인 및 그 이해관계자(제4조 제1항 제2호 또는 제3호에 해당하는 사람을 말하되, 제4조 제1항 제3호의 사람 중 제12조 제4항에 따라 재산등록사항의 고지를 거부한 사람은 제외한다. 이하 같다) 모두가 보유한 주식의 총 가액이 1천만 원 이상 5천만 원 이하의 범위에서 대통령령으로 정하는 금액을 초과할 때에는 초과하게 된 날(공개대상자등이 된 날 또는 제6조의3 제1항 · 제2항에 따른 유예사유가 소멸된 날 현재 주식의 총 가액이 1천만 원 이상 5천만 원 이하의 범위에서 대통령령으로 정하는 금액을 초과할 때에는 공개대상자등이 된 날 또는 유예사유가 소멸된 날을, 제14조의5 제6항에 따라 주식백지신탁 심사위원회에 직무관련성 유무에 관한 심사를 청구할 때에는 직무

관련성이 있다는 결정을 통지받은 날을, 제14조의12에 따른 직권 재심사 결과 직무 관련성이 있다는 결정을 통지받은 경우에는 그 통지를 받은 날을 말한다)부터 1개월 이내에 다음 각 호의 어느 하나에 해당하는 행위를 직접 하거나 이해관계자로 하여금 하도록 하고 그 행위를 한 사실을 등록기관에 신고하여야 한다. 다만, 제14조의5 제7항 또는 제14조의12에 따라 주식백지신탁 심사위원회로부터 직무관련성이 없다는 결정을 통지받은 경우에는 그러하지 아니하다.

1. 해당 주식의 매각
2. 다음 각 목의 요건을 갖춘 신탁 또는 투자신탁(이하 "주식백지신탁"이라 한다)에 관한 계약의 체결
   가. 수탁기관은 신탁계약이 체결된 날부터 60일 이내에 처음 신탁된 주식을 처분할 것. 다만, 60일 이내에 주식을 처분하기 어려운 사정이 있는 경우로서 수탁기관이 공직자윤리위원회의 승인을 받은 때에는 주식의 처분시한을 연장할 수 있으며, 이 경우 1회의 연장기간은 30일 이내로 하여야 한다.
   나. 공개대상자등 또는 그 이해관계자는 신탁재산의 관리·운용·처분에 관여하지 아니할 것
   다. 공개대상자등 또는 그 이해관계자는 신탁재산의 관리·운용·처분에 관한 정보의 제공을 요구하지 아니하며, 수탁기관은 정보를 제공하지 아니할 것. 다만, 수탁기관은 신탁계약을 체결할 때에 대통령령으로 정하는 범위에서 미리 신탁재산의 기본적인 운용방법을 제시할 수 있다.
   라. 제14조의10 제2항 각 호의 어느 하나에 해당하는 사유가 발생하는 경우에는 신탁자가 신탁계약을 해지할 수 있을 것
   마. 수탁기관이 선량한 관리자의 주의의무로써 신탁업무를 수행한 경우에는 이로 인한 일체의 손해에 대하여 책임을 지지 아니할 것
   바. 수탁기관은 신탁업무를 수행하는 기관으로서 「자본시장과 금융투자업에 관한 법률」에 따른 신탁업자 또는 집합투자업자일 것. 다만, 공개대상자등 또는 그 이해관계자가 최근 3년 이내에 임직원으로 재직한 회사는 제외한다.

② 삭제 〈2019.12.3.〉

③ 공개대상자등은 주식백지신탁계약의 체결 또는 해지로 인한 재산변동사항을 제6조 및 제11조에 따른 신고에 포함하여 함께 신고하여야 한다.

④ 제1항에 따라 주식백지신탁계약의 체결을 신고한 경우에는 그 신탁계약을 해지할 때까지 그 신탁재산은 제6조 및 제6조의2 제1항에 따른 신고대상에서 제외한다.

⑤ 제1항에 따라 주식을 매각하거나 백지신탁을 한 사실의 신고방법은 대통령령으로 정한다. 〈개정 2015.12.29.〉

⑥ 제1항에 따른 신고와 신고사항의 심사 및 관리에 관하여는 제6조의2 제3항, 제7조, 제8조, 제8조의2, 제12조부터 제14조까지 및 제14조의3을 준용한다.

1. 갑의 헌법소원심판청구는 적법한가? (30점)

Ⅰ. 서: 헌법소원심판의 의의와 청구요건 [3점]
Ⅱ. 공권력의 행사 또는 불행사에 의한 기본권의 침해 [8점]

Ⅰ. 서: 헌법소원심판의 의의와 청구요건 [3점]

헌법재판소법 제68조 제1항에 따른 권리구제형 헌법소원은 공권력에 의한 기본권의 침해를 다투는 헌법소송이다.

그 적법요건으로는 공권력(의 행사 또는 불행사)에 의한 기본권의 침해와 더불어 기본권침해의 직접성, 현재성, 자기관련성이 갖춰져야 하며, 그밖에 헌법소원심판청구의 보충성, 변호사 강제주의, 청구기간의 준수 등이 요구된다.

Ⅱ. 공권력의 행사 또는 불행사에 의한 기본권의 침해 [8점]

1. 공권력 행사로서의 입법작용

사안에서 갑은 국회의원의 국무위원 겸직 자체를 문제삼고 있는 바, 이는 곧 이를 허용하고 있는 국회법 제29조 제1항의 위헌성을 주장하고 있는 것으로 해석된다. 입법작용 또한 공권력의 일종이므로 이에 의한 기본권 침해도 인정될 수 있다.

2. 갑의 기본권주체성

사안에서 갑은 국민의 한 사람으로서 기본권의 주체가 될 수 있다는 점이 분명하다.

3. 갑이 침해를 주장할 수 있는 기본권

사안에서 갑은 선거권의 침해를 주장하고 있으나, 과연 선거권의 보호범위에 당선된 국회의원의 겸직금지까지 포함되는지는 의문이다. 그밖에 갑은 행복추구권을 주장하는 것도 가능할 것이지만, 역시 겸직금지가 보호범위에 포함되는 것으로 보기는 어려울 것이다.

Ⅲ. 침해의 직접성, 현재성, 자기관련성 [9점]

1. 직접성 요건의 검토

사안의 경우 갑은 겸직금지를 허용하는 국회법 제29조 제1항에 의해 직접적으로 기본권을 침해받고 있다고 보기 어렵다. 결국 을이 장관직을 겸직하게 됨에 따라서 기본권의 침해를 주장하게 된 것이므로 직접성 요건이 결여되었다.

2. 현재성 요건의 검토

사안에서 갑은 - 선거권이나 행복추구권의 침해가 인정된다고 볼 때 - 을의 장관직 겸직으로 인하여 기본권이 현재 침해되고 있는 상태이므로 현재성 요건을 갖춘 것으로 볼 수 있다.

3. 갑의 자기관련성

사안에서 갑은 국회법 제29조 제1항아 직접 적용되는 당사자가 아니며, 이 조항과 간접적 · 사실적으로만 관련되어 있다. 따라서 사안에서 갑은 기본권침해의 자기관련성을 결여하였다.[1)]

Ⅳ. 보충성, 청구기간 및 변호사 강제주의 등의 요건 [8점]

1. 보충성 요건의 판단

법령에 대한 헌법소원의 경우 별도의 구제수단이 존재한다고 보기 어려우므로 헌법재판소법 제68조 제1항 단서의 보충성 원칙이 적용되지 않는 예외라고 볼 수 있다.[2)]

2. 청구기간

헌법소원심판은 헌법재판소법 제69조 제1항에 따라 그 사유가 있음을 안 날부터 90일 이내에, 그 사유가 있는 날부터 1년 이내에 청구하여야 한다.

3. 변호사 강제주의

헌법소원심판은 사인이 청구의 주체가 되며, 헌법재판소법 제25조 제3항에 따라 변호사 강제주의가 적용된다. 따라서 사안의 갑은 변호사를 대리인으로 선임하여야 헌법소원심판을 청구할 수 있다.

Ⅴ. 결론 [2점]

사안에서 갑은 국회법 제29조 제1항에 대한 법령소원을 청구한 바, 해당 조항에 의

---

1) **헌재 2013.11.5. 2013헌마701 결정**: "헌법재판소법 제68조 제1항에 의하면, 헌법소원심판은 공권력의 행사 또는 불행사로 인하여 기본권을 침해받은 자가 청구하여야 한다고 규정하고 있다. 이때 "공권력의 행사 또는 불행사로 인하여 기본권의 침해를 받은 자"라 함은 공권력의 행사 또는 불행사로 말미암아 자기의 기본권이 현재 그리고 직접적으로 침해받은 경우를 의미하므로 원칙적으로 공권력의 행사 또는 불행사의 직접적인 상대방만이 이에 해당한다고 할 것이고, 공권력의 작용에 단순히 간접적, 사실적 또는 경제적인 이해관계가 있을 뿐인 제3자는 이에 해당되지 않는다(헌재 1997.3.27. 94헌마277, 판례집9-1, 404, 408-409 참조).
그런데 국회의원의 겸직이 금지되는 직에 국무위원을 포함시키고 있지 않은 국회법 제29조 제1항은 국회의원의 겸직이 금지되거나 허용되는 직업에 대한 규정으로서, 청구인은 위 국회법 조항과 간접적 · 사실적으로만 관련되어 있다고 할 것이므로 청구인의 심판청구는 청구인에 대한 자기관련성이 없어 부적법하다."

2) **헌재 1989.3.17. 88헌마1 결정**: "법령자체에 의한 기본권침해가 문제되어 법령자체에 대한 헌법소원심판청구를 하였을 때에는 이른바 헌법재판소법 제68조 제1항 단서 소정의 보충성의 예외적인 경우에 해당한다."

해 직접 기본권이 침해되는 것으로 볼 수 없으며, 자기관련성 또한 인정되지 않으므로 갑의 청구는 적법요건의 결여로 인해 각하되어야 한다.

2. 주식백지신탁에서 국회의원 본인 이외에 일정한 친족관계에 있는 사람들의 보유주식도 포함하도록 한 것은 헌법 제13조 제3항에 위배되는가? (20점)

Ⅰ. 서: 헌법 제13조 제3항의 의미와 도입 배경 [2점] Ⅱ. 연좌제 금지의 의의와 적용범위 [5점] Ⅲ. 주식백지신탁과 친족관계에 있는 사람의 보유주식 포함의 근거 [6점] Ⅳ. 기본권 제한의 정당성 판단 [6점] Ⅴ. 결론 [1점]

Ⅰ. 서: 헌법 제13조 제3항의 의미와 도입 배경 [2점]

헌법 제13조 제3항은 "모든 국민은 자기의 행위가 아닌 친족의 행위로 인하여 불이익한 처우를 받지 아니한다"고 규정하고 있다. 이는 이른바 연좌제를 금지한 것으로서 과거 조선시대의 전통에 따라 가족의 잘못에 대해 연대책임을 묻는 것을 금지한 것이다.

Ⅱ. 연좌제 금지의 의의와 적용범위 [5점]

헌법 제13조 제3항에 따른 연좌제 금지는 근대법의 정신에 따른 '**자기책임의 원칙**'을 선언한 것이다. 즉, 본인의 행위에 근거해서만 불이익을 가할 수 있으며, 친족의 불법적 행위에 대해서까지 연대하여 책임을 지지는 않는다는 것이다.

그러나 과거 역모의 경우에 3족을 멸하듯이 **친족의 불법적 행위에 근거하여 과도한 책임을 묻는 것은 부당**하지만, 일정한 경우에는 친족관계에 따라 공직취임에 제한을 두는 등의 불이익은 정당한 것으로 인정될 수 있다. 다만, 이 경우에는 **불이익을 주는 합리적 근거**가 있어야 할 것이다.

Ⅲ. 주식백지신탁과 친족관계에 있는 사람의 보유주식 포함의 근거 [6점]

주식백지신탁의 경우에 친족관계에 따라 불이익을 주는 것은 세 가지 측면에서 그 정당성을 찾을 수 있다.

첫째, 본인 명의가 아닌 친족 명의로 주식을 보유하는 것도 규제되어야 **주식백지신탁의 실효성**이 확보될 수 있다.

둘째, 이와 관련하여 **친족의 범위는 과도하게 확대되어서는 안 된다.** 현행 공직자윤리법에 의한 주식백신탁대상이 배우자와 직계존·비속으로 제한되고 있는 것도 이를 고려한 것으로 보인다.

셋째, **특별한 사정이 있는 경우에는 이를 확인하여 예외가 인정**되어야 한다. 현행 공직자윤리법 제12조 제4항의 예외가 인정되는 것도 이를 반영한 것이다.

이런 점들을 고려할 때, 주식백지신탁에서 일정한 친족관계에 있는 사람들의 보유주식을 포함한 것이 연좌제에 해당하여 위헌이라고 보기는 어렵다.

Ⅳ. 기본권 제한의 정당성 판단 [6점]

비록 연좌제에 해당되는 것은 아니더라도 기본권에 대한 과도한 제한인지의 여부는 여전히 검토되어야 하며, 이를 위해 과잉금지원칙의 침해 여부에 대해 판단할 필요가 있다.

먼저 주식백지신탁제도가 공직수행과정에서 이해충돌을 방지하기 위한 것이며, 이러한 일정 범위 친족의 주식을 포함시키는 것은 주식백지신탁제도의 실효성 확보라는 **목적의 정당성**은 인정된다.

또한 일정한 친족관계에 있는 사람들의 보유주식을 포함함으로써 이해충돌방지의 효과를 높이는 효과가 발생할 것도 분명하므로 **수단의 적합성**도 인정된다.

부득이한 경우에 대해서는 공직자윤리법 제12조 제4항에 의한 예외도 인정되고 있으므로 **침해의 최소성**도 충족한다.

그리고 주식백지신탁의 효율성 확보라는 공익과 관련 당사자들의 불이익을 비교·형량할 때, 공익의 비중이 당사자들의 불이익보다 큰 것으로 인정될 수 있으므로 법익의 균형성도 갖춰진 것으로 볼 수 있다.

Ⅴ. 결론 [1점]

이상의 검토를 종합할 때, 주식백지신탁에서 국회의원 본인 이외에 일정한 친족관계에 있는 사람들의 보유주식도 포함하도록 한 것은 헌법 제13조 제3항에 위배되는 위헌적인 기본권 제한이라고 볼 수 없다.

3. 주식백지신탁제도의 재산권 침해 여부에 대해 헌법재판소는 어떠한 본안판단을 내려야 하는가? (50점)

Ⅰ. 사안의 분석과 쟁점의 정리 [5점]
Ⅱ. 주식백지신탁의 의의와 적용대상 [8점]
  1. 주식백지신탁의 개념
  2. 주식백지신탁제도 도입의 배경
  3. 주식백지신탁제도의 적용대상
Ⅲ. 병에 대한 주식백지신탁제도의 적용 [10점]
  1. 국회의원에 대한 적용과 직무관련성
  2. 주식의 신탁과 수탁자의 처분(주식의 매각)
  3. 의무 위반시의 제재
Ⅳ. 재산권 제한의 정당성 여부 [12점]
  1. 목적의 정당성, 수단의 적합성

2. 침해의 최소성
3. 법익의 균형성
V. 헌법재판소의 결정과 그 효력 [12점]
1. 헌법재판소 결정의 형식
2. 사안에 대한 판단
3. 헌법재판소 결정의 효력
VI. 결론 [3점]

Ⅰ. 사안의 분석과 쟁점의 정리 [5점]

사안에서 병은 주식백지신탁제도를 규정하고 있는 공직자윤리법 제14조의4 제1항 제1호와 제2호의 위헌성을 주장하고 있으며, 특히 재산권의 자유로운 처분에 대한 제한이 된다는 점에서 그 합헌성 여부에 대한 신중한 검토가 필요하다.

헌법재판소의 본안판단을 위해서는 한편으로는 주식백지신탁제도의 의의와 성격에 대해서 검토해야 하며, 다른 한편으로는 국회의원의 직무관련성 평가의 의미 및 이를 전제로 한 주식백지신탁의 정당성 여부에 대해서 평가해야 할 것이다.

Ⅱ. 주식백지신탁의 의의와 적용대상 [8점]

1. 주식백지신탁의 개념

주식백지신탁이란 이해충돌을 방지하기 위해 고위공직자가 직무관련성이 있는 주식을 보유한 경우에는 그 주식을 매각하거나 그 주식의 처분을 수탁기관에 위임하여 자신의 재산이 어떠한 형태로 존속하는지 알 수 없도록 신탁계약을 체결하도록 하는 제도이다.

2. 주식백지신탁제도 도입의 배경

주식백지신탁제도는 미국에서 시작되었으며, 우리나라의 주식백지신탁제도는 2005.5.18. 공직자윤리법의 개정으로 도입되어 2005.11.19부터 시행되었다.

이렇게 주식백지신탁제도가 도입된 이유는 "고위공직자가 직위 또는 직무상 알게 된 정보를 이용하여 주식거래를 하거나 주가에 영향을 미쳐 부정하게 재산을 증식하는 것을 방지"하는 것이다.[3)]

3. 주식백지신탁제도의 적용대상

주식백지신탁제도의 적용대상자는 공직자윤리법 제10조 제1항에 따라 재산공개대상자와 기획재정부 및 금융위원회 소속 공무원 중 대통령령으로 정하는 사람, 그리고 그들의 배우자 및 직계존 · 비속이다.

대상이 되는 주식은 직무관련성이 있는 주식으로서 공직자윤리법 제14조의4 제1항과 동법 시행령 제27조의4에 따라 3천만 원 이상의 가액에 달하는 것이다.

---

3) 공직자윤리법의 2005.5.18. 개정의 개정이유 중에서 발췌.

Ⅲ. 병에 대한 주식백지신탁제도의 적용 [10점]

1. 국회의원에 대한 적용과 직무관련성

국회의원의 경우 직무관련성의 평가에 어려움이 있다. 소관 상임위와 관련된 주식의 보유에 대해서는 직무관련성이 당연히 인정되어야 하지만, 그렇지 않은 경우에도 보유 주식과 관련하여 고급 정보를 얻거나, 영향력을 행사할 수 있는 가능성이 있기 때문에 직무관련성이 넓게 인정되어야 할 필요가 있기 때문이다.

2. 주식의 신탁과 수탁자의 처분(주식의 매각)

주식백지신탁제도에 따라 주식을 신탁하게 되면, 수탁기관에서는 해당 주식을 매각하여야 한다. 그리고 동일한 가치의 다른 주식을 매입하되, 이를 신탁한 고위공직자가 알지 못하게 해야 한다. 그렇지 않을 경우에는 이해충돌의 방지라는 목적을 달성할 수 없기 때문이다.

3. 의무 위반시의 제재

공직자윤리법 제24조의2에서는 공개대상자 등이 정당한 사유 없이 제14조의4 제1항 또는 제14조의6 제2항을 위반하여 자신이 보유하는 주식을 매각 또는 백지신탁하지 아니하면 1년 이하의 징역 또는 1천만 원 이하의 벌금에 처한다고 규정하고 있다.

Ⅳ. 재산권 제한의 정당성 여부 [12점]

1. 목적의 정당성, 수단의 적합성

주식백지신탁제도를 규정한 공직자윤리법 제14조의4 제1항은 이해충돌의 방지를 위한 것으로서 공직수행의 객관성과 공정성을 도모하고 있다는 점에서 그 목적의 정당성이 인정된다.

또한 주식백지신탁이 이해충돌방지효과가 있다는 점, 그로써 입법목적 달성에 효과가 있다는 점이 인정되므로 수단이 적합성도 충족된다.

2. 침해의 최소성

입법목적의 달성을 위해 주식백지신탁에 비해 덜 침해적이면서 효과를 유사한 수단의 존재하는 것으로는 보이지 않으며, 주식백지신탁과 관련하여 본인에 대해서는 보유 주식과 직무관련성이 없는 직위로의 변경신청이 인정되는 점,[4] 배우자 및 직계존비속에

---

4) **공직자윤리법 제14조의13(주식과 직무관련성 없는 직위로의 변경 신청)**
① 제14조의4제1항에 따라 주식 매각의무 또는 주식백지신탁 의무가 발생한 공개대상자등은 그 의무가 발생한 날부터 1개월 이내에 공개대상자등 또는 그 이해관계자가 보유하고 있는 주식과 관련성이 있는 직무사항을 명시하여 소속 기관의 장 등에게 직위 변경을 신청할 수 있고, 신청을 받은 소속 기관의 장 등은 신청일부터 1개월 이내에 해당 직무사항과 무관한 직위로 변경할 수 있다.
② 제1항에 따라 직위가 변경된 공개대상자등이 제14조의5제6항에 따른 직무관련성 유무에 관한 심사를 청구하여 같은 조 제7항에 따라 직무관련성이 없다는 결정을 통지받은 경우에는 제14조의4 제1항에도 불구하고 주식의 매각 또는 주식백지신탁에 관한 계약을 체결하지 아니할 수 있다.
③ 제1항에 따른 신청일부터 1개월 이내에 직위 변경이 완료되지 아니한 경우에는 제14조의4 제1항 본문

대해서는 예외 인정이 가능한 점[5]을 고려할 때, 침해의 최소성도 충족된다.

3. 법익의 균형성

공직수행의 객관성과 공정성이 갖는 의미에 비추어 볼 때, 당사자가 입는 불이익은 - 본인에게 다른 직위로의 변경신청이 가능한 점 등을 고려할 때 - 그보다 크지 않은 것으로 평가되므로 법익의 균형성도 충족된다.

Ⅴ. 헌법재판소의 결정과 그 효력 [12점]

1. 헌법재판소 결정의 형식

사안의 병에 대한 헌법소송은 법원이 직권으로 헌법재판소에 위헌법률심판을 제청한 것이다. 따라서 헌법재판소는 심판대상조항에 대하여 합헌, 위헌 또는 헌법불합치 등 변형결정의 형식을 취한다.

2. 심판대상조항의 합헌성 여부에 대한 판단

앞서 검토한 바에 따라 판단할 때, 심판대상조항이 주식의 자유로운 보유 및 처분을 제한함으로써 병 등의 재산권을 제한하는 것으로 볼 수 있으나, 이는 과잉금지원칙에 비추어 정당한 범위 내에 있는 합헌적인 것이므로 헌법재판소는 합헌결정을 내려야 한다.[6]

3. 헌법재판소 결정의 효력

헌법재판소의 합헌결정의 구속력은 당해 사건에만 미치므로, 향후 사정변경에 따라 같은 조항에 대해 헌법소송이 다시 제기될 수 있으며, 헌법재판소의 판례 변경에 의해 다른 판단이 내려질 수도 있다.

Ⅵ. 결론 [3점]

이상의 검토를 종합할 때, 공직자윤리법 제14조의4 제1항에 따라 병에게 주식백지신탁의무를 부과한 것은 재산권에 대한 제한이지만, 과잉금지원칙을 충족하여 합헌이며, 헌법재판소는 본안판단에서 합헌결정을 내려야 한다.

에 따른 의무 이행기간은 직위 변경 신청일부터 1개월이 경과한 날부터 기산한다.

5) **공직자윤리법 제12조(성실등록의무 등)**
① 등록의무자는 제4조에서 규정하는 등록대상재산과 그 가액, 취득일자, 취득경위, 소득원 등을 재산등록 서류에 거짓으로 기재하여서는 아니 된다.
② 등록의무자는 공직자윤리위원회 등의 등록사항에 대한 심사에 성실하게 응하여야 한다.
③ 제4조 제1항 제2호 또는 제3호의 사람은 등록의무자의 재산등록이나 공직자윤리위원회 등의 등록사항의 심사에 성실하게 응하여야 한다.
④ 제3항에도 불구하고 제4조 제1항 제3호의 사람 중 피부양자가 아닌 사람은 관할 공직자윤리위원회의 허가를 받아 자신의 재산신고사항의 고지를 거부할 수 있으며 3년마다 재심사를 받아야 한다. 이 경우 등록의무자는 고지거부 사유를 밝혀 허가를 신청하여야 한다.
⑤ 제4항에 따른 고지거부에 관한 허가신청 및 심사에 필요한 사항은 대통령령으로 정한다.

6) 헌재 2012.8.23. 2010헌가65 결정에서는 이강국, 민형기, 이동흡, 박한철 재판관의 반대의견(헌법불합치 의견)이 있었다.

42

국회의원의 상임위 강제 사임의 위헌성 여부

갑(甲)은 A당 소속 국회의원으로서 국회 보건복지위원회 상임위원으로 활동하였다. 여야 합의로 1999.2.8. 법률 제5854호로 제정된 국민건강보험법 제33조 제2항 및 부칙 제10조에 의하면 건강보험의 직장가입자와 지역가입자의 재정을 2002.1.1.부터 통합하기로 되어 있었는데, A당은 이와 같은 건강보험재정통합방안에 반대하여 '재정분리'안을 당론으로 결정한 후 이를 2001년 12월 정기국회에서 통과시킨다는 방침을 정하였다.

갑은 평소 건강보험재정문제와 관련하여 '재정통합'이 올바른 길이라는 소신을 가지고 있었는바, A당 지도부는 보건복지위원회 소속 A당 위원 중 유일하게 당론에 반대하고 있는 갑을 동 위원회에서 강제로 사임시켜서라도 당론을 관철하고자 하였다. 그리하여 2001.12.24. A당의 원내총무 을(乙)은 국회의장에게 갑을 보건복지위원회에서 사임시키고 같은 당 소속 의원 병(丙)의 보임을 요청하는 서류를 제출하였고, 국회의장 정(丁)이 이 서류에 결재함으로써 갑은 위 위원회에서 강제 사임되었다.

이에 갑은 2002.1.24. 국회의장 정(丁)이 A당 교섭단체대표의원이 제출한 사·보임 요청서에 결재함으로써 갑을 국회 보건복지위원회에서 강제 사임시킨 행위로 말미암아 자신의 국회의원으로서의 법률안 심의·표결권이 침해되었다고 주장하면서, 그 권한침해의 확인 및 국회의장의 사·보임행위의 무효확인을 구하는 권한쟁의심판을 헌법재판소에 청구하였다.

〈헌재 2003.10.30. 2002헌라1; 헌재 2020.5.27. 2019헌라3 등 참조〉

1. 갑의 권한쟁의심판청구는 적법한가? (30점)
2. 정당에서 당론으로 국회의원의 판단에 개입하는 것은 자유위임의 원칙에 위배되는가? (20점)
3. 갑의 권한쟁의심판청구가 적법한 경우 헌법재판소는 어떠한 본안판단을 내려야 하는가? (50점)

〈참고 조문(아래 법령은 현행 법령과 다를 수 있음)〉

국회법 제10조 (의장의 직무)

의장은 국회를 대표하고 의사를 정리하며, 질서를 유지하고 사무를 감독한다.

국회법 제40조 (상임위원의 임기)

① 상임위원의 임기는 2년으로 한다. 다만, 국회의원총선거후 처음 선임된 위원의 임기는 그 선임된 날부터 개시하여 의원의 임기개시후 2년이 되는 날까지로 한다.

② 정보위원회의 위원은 제1항의 규정에 불구하고 의원의 임기동안 재임한다.
③ 보임 또는 개선된 상임위원의 임기는 전임자의 잔임기간으로 한다.

1. 갑의 권한쟁의심판청구는 적법한가? (30점)

Ⅰ. 서: 권한쟁의심판의 성격과 적법요건 [3점]
Ⅱ. 당사자: 국가 또는 지방자치단체 [8점]
  1. 당사자능력과 당사자적격
  2. 국회의원의 당사자능력
  3. 사안의 심판 당사자: 청구인 갑과 피청구인 국회의장
Ⅲ. 주장 내용: 권한의 존부 및 범위에 관한 다툼 [10점]
  1. 권한: 헌법상 기관의 헌법상 또는 법률상 권한
  2. 권한에 영향을 미치는 처분: 국회의장의 사·보임행위
  3. 국회의원의 법률안에 대한 심의·표결권
Ⅳ. 청구기간 및 기타의 적법요건 [7점]
  1. 청구기간
  2. 권리보호의 이익과 헌법적 해명의 필요성
Ⅴ. 결론 [2점]

Ⅰ. 서: 권한쟁의심판의 성격과 적법요건 [3점]

권한쟁의심판은 헌법상 기관의 헌법상 또는 법률상 권한의 존부 및 범위에 관한 다툼을 해결하는 헌법소송이다.

그러므로 권한쟁의심판의 적법요건에서는 권한쟁의심판의 당사자가 될 수 있는지와 더불어 헌법상·법률상 권한의 존부 및 범위에 관한 다툼인지가 주로 문제된다. 그밖에 청구기간 및 권한침해의 종료 이후 예외적 심판청구의 이익이 인정될 수 있는지도 적법요건과 관련하여 검토되어야 한다.

Ⅱ. 당사자: 국가 또는 지방자치단체 [8점]

1. 당사자능력과 당사자적격

권한쟁의심판은 모든 개인이나 단체에게 인정되는 것이 아니라, 국가기관 및 지방자치단체만 당사자가 될 수 있다. 즉, 국가기관 및 지방자치단체에게 당사자능력이 인정된다. 특히 국가기관 중에서도 헌법상 기관에 대해서만 당사자능력이 인정된다.[1)]

반면에 당사자적격은 문제가 되는 권한침해의 당사자인 것을 말한다.

1) 그로 인해 법률상 기관인 국가인권위원회에 대해서는 헌법재판소가 권한쟁의심판의 당사자적격을 인정하지 않았다(**헌재 2010.10.28. 2009헌라6 결정**).

2. 국회의원의 당사자능력

국회의원은 비록 국회의 구성원이지만, 국회가 권한쟁의심판의 당사자능력을 갖는 것과는 별도로 헌법상 기관으로 인정되므로 당사자능력이 인정된다.[2)]

3. 사안의 심판 당사자: 청구인 갑과 피청구인 국회의장

사안에서 국회의원 갑은 국회의장인 정을 상대로 권한쟁의심판을 청구한 것이며, 양 당사자의 당사자능력 및 당사자적격의 인정에는 문제가 없다.

Ⅲ. 주장 내용: 권한의 존부 및 범위에 관한 다툼 [10점]

1. 권한: 헌법상 기관의 헌법상 또는 법률상 권한

권한쟁의심판은 헌법소송으로서 기관소송과 달리 헌법상 기관에 대해서만 당사자능력이 인정된다. 다만, 헌법이 직접 정한 바에 따라 지방자치단체에 대해서는 당사자능력이 인정되는 반면에 지방자치단체의 기관에 대해서는 당사자능력이 인정되지 않는다.

헌법상 기관의 헌법상 또는 법률상 권한의 존부 및 범위에 관한 다툼이 권한쟁의심판의 심판대상이다.

2. 국회의원의 법률안에 대한 심의 · 표결권

사안에서 갑이 침해되었다고 주장하는 헌법상 권한은 국회의원으로서의 법률안에 대한 심의 · 표결권이다. 국회의원의 심의 · 표결권이 권한쟁의심판의 대상이 된다는 점은 종래 헌법재판소의 확고한 판례에 의해 인정되고 있다.

---

2) 헌법재판소는 초기의 판례에서 국회의원의 당사자능력이 없다고 보았으나, 판례를 변경하여 국회의원 및 국회의장의 당사자능력을 인정하고 있다.
헌재 1995.2.23. 90헌라1 결정: "헌법 제111조 제1항 제4호 및 헌법재판소법 제62조 제1항 제1호는 헌법재판소가 관장하는 국가기관 상호간의 권한쟁의심판을 국회, 정부, 법원 및 중앙선거관리위원회 상호간의 권한쟁의심판으로 한정하고 있으므로, 그에 열거되지 아니한 기관이나 또는 열거된 국가기관 내의 각급기관은 비록 그들이 공권적 처분을 할 수 있는 지위에 있을지라도 권한쟁의심판의 당사자가 될 수 없으며 또 위에 열거된 국가기관 내부의 권한에 관한 다툼은 권한쟁의심판의 대상이 되지 않는다. 따라서 국회의 경우 현행 권한쟁의심판제도에서는 국가기관으로서의 국회가 정부, 법원 또는 중앙선거관리위원회와 사이에 권한의 존부 또는 범위에 관하여 다툼이 있을 때 국회만이 당사자로 되어 권한쟁의심판을 수행할 수 있을 뿐이고, 국회의 구성원이거나 국회 내의 일부기관인 국회의원 및 교섭단체 등이 국회 내의 다른 기관인 국회의장을 상대로 권한쟁의심판을 청구할 수 없다."
헌재 1997.7.16. 96헌라2 결정: "헌법재판소법 제62조 제1항 제1호가 국가기관 상호간의 권한쟁의심판을 "국회, 정부, 법원 및 중앙선거관리위원회 상호간의 권한쟁의심판"이라고 규정하고 있더라도 이는 한정적, 열거적인 조항이 아니라 예시적인 조항이라고 해석하는 것이 헌법에 합치되므로 이들 기관 외에는 권한쟁의심판의 당사자가 될 수 없다고 단정할 수 없다.
헌법 제111조 제1항 제4호 소정의 "국가기관"에 해당하는지 여부는 그 국가기관이 헌법에 의하여 설치되고 헌법과 법률에 의하여 독자적인 권한을 부여받고 있는지, 헌법에 의하여 설치된 국가기관 상호간의 권한쟁의를 해결할 수 있는 적당한 기관이나 방법이 있는지 등을 종합적으로 고려하여야 할 것인바, 이러한 의미에서 국회의원과 국회의장은 위 헌법조항 소정의 "국가기관"에 해당하므로 권한쟁의심판의 당사자가 될 수 있다.
우리 재판소가 종전에 이와 견해를 달리하여 국회의원은 권한쟁의심판의 청구인이 될 수 없다고 한 의견은 이를 변경한다."

3. 권한에 영향을 미치는 처분: 국회의장의 사·보임행위

사안에서 갑의 헌법상 권한을 침해하는 처분으로 문제되는 것은 국회의장 정의 – 갑의 의사에 반한 – 소관 상임위의 강제사·보임이다. 이러한 행위에 의해 갑의 심의·표결권이 위헌적으로 침해된 것인지가 문제되는 것이다.

Ⅳ. 청구기간 및 기타의 적법요건 [7점]

1. 청구기간

헌법재판소법 제63조에 따라 권한쟁의심판은 그 사유가 있음을 안 날부터 60일 이내에, 그 사유가 있은 날부터 180일 이내에 청구하여야 한다. 이 기간은 불변기간이다.

2. 권리보호의 이익과 헌법적 해명의 필요성

사안의 경우 권한쟁의심판이 청구되는 과정에서 강제사·보임이 집행되어 권한침해가 이미 종료된 상황일 수 있다.

그러나 같은 유형의 침해행위가 앞으로도 반복될 위험이 있고 헌법적 해명의 필요성이 있다고 할 것이므로 예외적으로 심판청구의 이익을 인정할 수 있다.[3)]

Ⅴ. 결론 [2점]

사안에서 국회의원 갑과 국회의장 정 사이의 권한쟁의심판은 양자가 당사자능력 및 당사자적격을 갖췄고, 헌법상 및 법률상 권한의 존부에 관한 다툼으로서 권한쟁의심판의 대상이 된다. 사안에서 갑은 청구기간을 준수하였으며, 비록 권한침해가 종료되어 권리보호의 이익이 없는 경우라 하더라도 헌법적 해명의 필요성이 있으므로 예외적 심판청구의 이익이 인정되어 헌법재판소는 본안판단에 들어가야 한다.

2. 정당에서 당론으로 국회의원의 판단에 개입하는 것은 자유위임의 원칙에 위배되는가? (20점)

Ⅰ. 서: 정당민주주의와 정당의 의원에 대한 구속의 문제 [2점]
Ⅱ. 자유위임 원칙의 의의와 기능 [5점]
Ⅲ. 자유위임의 현대적 의미: 정당의 의원에 대한 법적 구속의 배제 [5점]
Ⅳ. 당론과 자유위임 원칙 [7점]

3) **헌재 2003.10.30. 2002헌라1 결정**: "현재의 제16대 국회는 4년 임기중 전반기를 이미 마쳤고, 후반기 들어 2002.7.경 새로이 각 상임위원회의 위원배정이 이루어졌으며, 이 때 청구인은 다시 보건복지위원회에 배정되어 현재까지 동 위원회에서 활동하고 있다. 그러므로 청구인이 이 사건 권한쟁의심판청구에 의하여 달성하고자 하는 목적은 이미 이루어져 청구인이 주장하는 권리보호이익은 소멸하였다. 그러나 이 사건과 같이 상임위원회 위원의 개선, 즉 사·보임행위는 법률의 근거하에 국회관행상 빈번하게 행해지고 있고 그 과정에서 당해 위원의 의사에 반하는 사·보임이 이루어지는 경우도 얼마든지 예상할 수 있으므로 청구인에게 뿐만 아니라 일반적으로도 다시 반복될 수 있는 사안이어서 헌법적 해명의 필요성이 있으므로 이 사건은 심판의 이익이 있다."

V. 결론 [1점]

Ⅰ. 서: 정당민주주의와 정당의 의원에 대한 구속의 문제 [2점]

현대 민주국가는 정당국가라 일컬어질 정도로 정당이 정치과정에서 차지하는 비중은 매우 크다. 그로 인해 정당의 민주적 내부질서(즉, 당내민주주의)는 민주적 국가질서의 가장 중요한 요소로 인정되고 있으며, 정당의 내부적 기속이 과도해서는 안 된다는 점이 널리 인정된다.

오늘날 자유위임의 원칙과 관련하여 정당의 의원에 대한 법적 기속의 배제가 중시되고 있는 것도 그 때문이다.

Ⅱ. 자유위임 원칙의 의의와 기능 [5점]

자유위임이란 **기속위임의 대립개념**으로서 선거에 의해 선출된 대표자가 유권자들의 의사 또는 지시에 기속되지 않아야 한다는 것이다. 이러한 **자유위임의 헌법적 근거**로는 헌법 제7조 제1항, 제45조, 제46조 제2항 등이 있다.

오늘날 자유위임이 널리 인정되는 것은 **대의제 민주주의의 구조** 때문이다. 대의제는 국정의 중요 문제들을 비전문가인 국민들의 판단에 의존하기보다는 각 분야의 전문가들을 포함한 대표자들의 판단에 맡기고 있기 때문이다.

Ⅲ. 자유위임의 현대적 의미: 정당의 의원에 대한 법적 구속의 배제 [5점]

자유위임의 전통적 의미는 선거를 통해 의원을 선출한 유권자들이 의회 내에서 의원의 판단과 결정에 대해 기속하는 것을 배제하는 것이었다.

그러나 오늘날에는 **자유위임의 현대적 의미**로서 소속 정당의 의원에 대한 법적 기속의 배제가 강조된다. 다만, 정당의 성격상 **법적 기속**이 아닌 **사실상의 기속**까지 배제하는 것은 어렵다는 점으로 인해 그 실효성이 문제된다.

Ⅳ. 당론과 자유위임 원칙 [7점]

당론이란 특정한 쟁점사안에 대한 정당의 공식적인 입장으로서 소속 의원들에게 추종할 것을 요구하는 것이다. 이러한 당론은 법적 구속력은 없지만, 이를 따르지 않는 의원들에게 차후 공천에서의 불이익 등이 가해질 수 있기 때문에 사실상의 구속력이 크다.

따라서 당론은 **사실상의 강제**로 인정되며, **자유위임의 원칙**(특히 자유위임의 현대적 의미)**과 충돌**하는 것으로 볼 수 있다. 하지만 법적 구속력이 없고, **의원들이 자발적으로 따르는 당론을 위헌이라 보기도 어려운 것**이다.

Ⅴ. 결론 [1점]

결국 당론은 사실상 자유위임의 원칙과 충돌하지만, 법적 구속력이 인정되는 것은 아니라는 점에서 위헌으로 보기는 어렵다.

3. 갑의 권한쟁의심판청구가 적법한 경우 헌법재판소는 어떠한 본안판단을 내려야 하는가? (50점)

Ⅰ. 사안의 분석과 쟁점의 정리 [5점]
Ⅱ. 국회의원의 법률안 심의·표결 권한 [8점]
 1. 국회의원의 헌법상 지위
 2. 국회의원의 헌법상 권한으로서의 법률안 심의·표결 권한
 3. 상임위원회 배정에 따른 권한행사의 차이
Ⅲ. 상임위원회의 구성과 국회의장의 직무 [10점]
 1. 상임위원회의 의의와 기능
 2. 원내교섭단체를 통한 상임위원회 구성
 3. 국회의장의 선임 및 개선
Ⅳ. 국회의장의 갑에 대한 사·보임행위의 정당성 여부 [12점]
 1. 국회법 제48조와 국회의장의 직무
 2. 교섭단체대표의원의 요청에 따른 사·보임행위의 정당성
 3. 강제 사·보임과 자유위임원칙의 충돌
Ⅴ. 헌법재판소의 결정과 그 효력 [12점]
 1. 헌법재판소 결정의 형식
 2. 사안에 대한 판단
 3. 헌법재판소 결정의 효력
Ⅵ. 결론 [3점]

Ⅰ. 사안의 분석과 쟁점의 정리 [5점]

사안에서 국회의원 갑은 국회의장 정의 사·보임행위에 의해 국회의원의 법률안에 대한 심의·표결권이 침해되었다고 주장한다.

이러한 주장의 정당성 여부를 판단하기 위해서는 한편으로 국회의원의 심의·표결권이 인정도되는 범위가 어디까지인지를 확인해야 하며, 다른 한편으로는 사·보임행위와 관련한 국회의장의 권한 내지 직무에 대해 검토해야 한다. 그 바탕 위에서 사안의 사·보임행위가 정당한지 여부를 판단할 수 있을 것이다.

Ⅱ. 국회의원의 법률안 심의·표결 권한 [8점]

1. 국회의원의 헌법상 지위

국회의원은 국민에 의해 선출된 국민의 대표자이며, 입법부인 국회의 구성원이다.

비록 국회의원 개개인이 국회의 의사결정을 좌우하지 못하지만, 집단적 대표기관인 국회의 의사결정에 참여함으로써 중요한 헌법적 기능을 수행한다.

2. 국회의원의 헌법상 권한으로서의 법률안 심의 · 표결 권한

집단적 대표의 특성상 국회는 수백 명 국회의원들을 통해 국민의 다양한 의사를 수렴하여 조정하는 기능을 하며, 그 전제가 되는 것이 국회의원들의 국회 의사결정에 대한 참여권, 즉 심의 · 표결권이다. 특히 법률안에 대한 심의 · 표결권은 국회의원의 헌법상 권한으로 인정된다.

3. 상임위원회 배정에 따른 권한행사의 차이

오늘날 국회는 본회의 중심이 아니라 상임위 중심으로 운영된다. 따라서 상임위 배정에 따라서 국회의원들의 의안심사의 대상범위가 현저하게 달라진다. 이는 곧 상임위 배정에 따른 심의 · 표결권의 행사에도 영향이 있음을 말해준다.

Ⅲ. 상임위원회의 구성과 국회의장의 직무 [10점]

1. 상임위원회의 의의와 기능

국회 내의 상임위는 국회의 입법 및 정부통제 등의 기능수행에서 전문성과 효율성을 도모하기 위한 것이다. 다만, 국회의원들의 숫자에 비해 상임위의 숫자가 많아졌고, 그렇다고 극소수의 인원으로 상임위를 구성하는 것에도 여러 가지 문제가 있으므로 현재 국회의원들은 둘 이상의 상임위 위원이 될 수 있도록 하고 있다.[4]

2. 원내교섭단체를 통한 상임위원회 구성

모든 의원들이 자신이 원하는 상임위에 배정될 수는 없다. 그로 인해 상임위의 구성과 관련하여 원내교섭단체의 협상을 통해 상임위원장 및 상임위 위원들이 배정되고 있다.

3. 국회의장의 선임 및 개선

실질적으로는 원내교섭단체에 의해 상임위 배정이 결정된다 하더라도, 이를 공식적으로 결정하는 것은 국회의장이다. 즉, 의원들을 상임위에 선임하고, 또 이를 변경하는 것은 – 비록 원내교섭단체 대표의원의 요청이 전제되기는 하지만 – 국회의장의 권한에 속한다.

---

4) **국회법 제39조(상임위원회의 위원):**
① 의원은 둘 이상의 상임위원회의 위원(이하 "상임위원"이라 한다)이 될 수 있다.
② 각 교섭단체 대표의원은 국회운영위원회의 위원이 된다.
③ 의장은 상임위원이 될 수 없다.
④ 국무총리 또는 국무위원의 직을 겸한 의원은 상임위원을 사임할 수 있다

Ⅳ. 국회의장의 갑에 대한 사 · 보임행위의 정당성 여부 [12점]

1. 국회법 제48조와 국회의장의 직무

국회법 제48조 제1항에 따르면 국회의장은 독단적으로 의원들의 상임위 소속을 결정할 수 없으며, 교섭단체 대표의원의 요청이 있어야 한다. 이는 국회의장의 독선적인 결정이 가져올 폐해를 우려한 것으로 보인다.5)

그러나 국회의장은 동조 제7항에 따라 공정을 기할 수 없는 뚜렷한 사유가 있는지에 대해 검토하고 그 결과에 따라 선임을 거부할 수 있다는 점에도 주목해야 할 것이다.

2. 교섭단체대표의원의 요청에 따른 사 · 보임행위의 정당성

사안의 경우 교섭단체대표의원의 요청에 따른 국회의원 갑에 대한 사 · 보임행위는 국회법 제48조 제1항에 비추어 볼 때, 정당한 것으로 보이지만, 동조 제7항에 비추어 정당한 것인지가 문제될 수 있다. 이는 무엇보다 당론에 반대한다고 해서 강제 사 · 보임을 하는 것이 자유위임의 원칙에 위배되는지 여부와 관련된다.

3. 강제 사 · 보임과 자유위임원칙의 충돌

사안의 강제 사 · 보임은 당론에 반대한 의원에 대한 제재의 성격을 갖는다. 문제는 이를 자유위임원칙에 반하는 법적 기속으로 볼 것인지, 아니면 공천 배제 또는 제명 등의 경우와 유사한 사실상의 기속으로 볼 것인지에 있다.

헌법재판소는 과거 판례에서 이를 정당 내부의 사실상 강제로 보고 그 정당성을 인정하였지만,6) 자유위임의 의미를 엄밀하게 볼 때 강제 사 · 보임을 법적으로 관철시키는

---

5) **국회법 제48조(위원의 선임 및 개선)**:
① 상임위원은 교섭단체 소속 의원 수의 비율에 따라 각 교섭단체 대표의원의 요청으로 의장이 선임하거나 개선한다. 이 경우 각 교섭단체 대표의원은 국회의원 총선거 후 첫 임시회의 집회일부터 2일 이내에 의장에게 상임위원 선임을 요청하여야 하고, 처음 선임된 상임위원의 임기가 만료되는 경우에는 그 임기만료일 3일 전까지 의장에게 상임위원 선임을 요청하여야 하며, 이 기한까지 요청이 없을 때에는 의장이 상임위원을 선임할 수 있다.
② 어느 교섭단체에도 속하지 아니하는 의원의 상임위원 선임은 의장이 한다.
③ 정보위원회의 위원은 의장이 각 교섭단체 대표의원으로부터 해당 교섭단체 소속 의원 중에서 후보를 추천받아 부의장 및 각 교섭단체 대표의원과 협의하여 선임하거나 개선한다. 다만, 각 교섭단체 대표의원은 정보위원회의 위원이 된다.
④ 특별위원회의 위원은 제1항과 제2항에 따라 의장이 상임위원 중에서 선임한다. 이 경우 그 선임은 특별위원회 구성결의안이 본회의에서 의결된 날부터 5일 이내에 하여야 한다.
⑤ 위원을 선임한 후 교섭단체 소속 의원 수가 변동되었을 때에는 의장은 위원회의 교섭단체별 할당 수를 변경하여 위원을 개선할 수 있다.
⑥ 제1항부터 제4항까지에 따라 위원을 개선할 때 임시회의 경우에는 회기 중에 개선될 수 없고, 정기회의 경우에는 선임 또는 개선 후 30일 이내에는 개선될 수 없다. 다만, 위원이 질병 등 부득이한 사유로 의장의 허가를 받은 경우에는 그러하지 아니하다.
⑦ 의장과 교섭단체 대표의원은 의원을 상임위원회의 위원으로 선임하는 것이 공정을 기할 수 없는 뚜렷한 사유가 있다고 인정할 때에는 해당 상임위원회의 위원으로 선임하거나 선임을 요청해서는 아니 된다.

6) **헌재 2003.10.30. 2002헌라1 결정**: "현대의 민주주의가 종래의 순수한 대의제 민주주의에서 정당국가적 민주주의의 경향으로 변화하고 있음은 주지하는 바와 같다. 다만, 국회의원의 국민대표성보다는 오늘날 복수정당제하에서 실제적으로 정당에 의하여 국회가 운영되고 있는 점을 강조하려는 견해와, 반대로 대의제 민주주의 원리를 중시하고 정당국가적 현실은 기본적으로 국회의원의 전체국민대표성을 침해하지

것은 공천 배제 등과는 다른 의미라고 보아야 하며, 자유위임에 반하는 것으로 판단해야 할 것이다.

Ⅴ. 헌법재판소의 결정과 그 효력 [12점]

1. 헌법재판소 결정의 형식

권한쟁의심판은 심판의 대상이 된 국가기관 또는 지방자치단체의 권한의 유무 또는 범위에 대해 판단하는 것이며, 헌법재판소는 본안판단에서 주문의 형식을 청구인의 주장을 받아들이는 인용결정과 받아들이지 않는 기각결정으로 한다.

2. 사안에 대한 판단

사안의 국회의원 갑에 대한 강제 사·보임은 자유위임의 원칙에 위배되어 국회의원의 심의·표결권을 침해하므로 위헌이고, 헌법재판소는 갑이 청구를 인용하여야 한다.

3. 헌법재판소 결정의 효력

권한쟁의심판에 대한 헌법재판소의 결정은 모든 국가기관과 지방자치단체를 기속한다(헌법재판소법 제67조 제1항). 그러나 국가기관 또는 지방자치단체의 처분을 취소하는 결정은 그 처분의 상대방에 대하여 이미 생긴 효력에 영향을 미치지 않는다(헌법재판소법 제67조 제2항).

Ⅵ. 결론 [3점]

이상의 검토를 종합할 때, 국회의원 갑에 대한 강제 사·보임은 위헌적인 권한침해라고 볼 수 있으며, 이에 대해 헌법재판소는 본안판단에서 인용결정을 통해 그 위헌성을 확인해야 할 것이다.

않는 범위내에서 인정하려는 입장이 서로 맞서고 있다. 국회의원의 원내활동을 기본적으로 각자에 맡기는 자유위임은 자유로운 토론과 의사형성을 가능하게 함으로써 당내민주주의를 구현하고 정당의 독재화 또는 과두화를 막아주는 순기능을 갖는다. 그러나 자유위임은 의회내에서의 정치의사형성에 정당의 협력을 배척하는 것이 아니며, 의원이 정당과 교섭단체의 지시에 기속되는 것을 배제하는 근거가 되는 것도 아니다. 또한 국회의원의 국민대표성을 중시하는 입장에서도 특정 정당에 소속된 국회의원이 정당기속 내지는 교섭단체의 결정(소위 '당론')에 위반하는 정치활동을 한 이유로 제재를 받는 경우, 국회의원 신분을 상실하게 할 수는 없으나 "정당내부의 사실상의 강제" 또는 소속 "정당으로부터의 제명"은 가능하다고 보고 있다. 그렇다면, 당론과 다른 견해를 가진 소속 국회의원을 당해 교섭단체의 필요에 따라 다른 상임위원회로 전임(사·보임)하는 조치는 특별한 사정이 없는 한 헌법상 용인될 수 있는 "정당내부의 사실상 강제"의 범위내에 해당한다고 할 것이다."

헌재 2020.5.27. 2019헌라1 결정: "위원의 의사에 반하는 개선을 허용하더라도, 직접 국회의원이 자유위임원칙에 따라 정당이나 교섭단체의 의사와 달리 표결하거나 독자적으로 의안을 발의하거나 발언하는 것까지 금지하게 되는 것은 아니다. 다만 정당 또는 교섭단체가 정당의 정책을 의안심의에서 최대한으로 반영하기 위하여 차기선거의 공천, 당직의 배분 등의 수단을 사용하는 것과 마찬가지로, 국회의원의 권한행사에 간접적인 영향력을 행사하는 것에 불과하다."

43

대통령의 사면권행사의 범위와 효력

갑(甲)은 무기징역형을 선고받고 현재 대전교도소에서 복역 중인 사람이다. 갑은 대통령이 1999.8.15. 일부 정치인에 대하여 광복절 특별사면을 실시하자, 그것이 대통령의 사면권을 남용하여 갑의 평등권을 침해한 위헌적 공권력행사라고 주장하면서 1999.8.25. 헌법재판소에 헌법소원심판을 청구하였다.

을(乙)은 1993.10.12. 인천지방법원에서 「특정범죄 가중처벌 등에 관한 법률」 위반(조세)등으로 징역 2년 및 벌금 10억 원을 선고받고 항소하여 1994.2.16. 서울고등법원에서 징역 2년에 집행유예 3년 및 벌금 10억 원을 선고받은 후 상고를 포기하여 확정되었다. 이후 을은 1996.2.25. 사면법 제5조, 제7조의 규정에 따라 집행유예된 징역형에 대하여 형의 선고의 효력을 상실케 하는 특별사면과 복권을 받았고, 위 사면 후 위 벌금형의 집행을 담당하는 인천지방검찰청에서 을에게 미납된 벌금 2억 5,500만 원을 납부하라는 징수명령 및 집행처분을 하자, 을은 위 유죄판결이 선고된 범죄행위에 대하여 사면을 받았으므로 벌금형도 사면을 받은 것이라고 주장하면서 인천지방법원에 재판의 집행에 관한 이의신청을 제기하였다가 기각되었고, 서울고등법원에 항고하였으나 기각되었다. 이에 을은 대법원에 재항고하면서 사면법 제5조 제1항 제2호에 대하여 위헌법률심판제청신청을 하였으나 기각되자, 헌법재판소에 헌법소원심판을 청구하였다.

〈헌재 2000.4.27. 99헌마499; 2000.6.1. 97헌바74 참조〉

1. 갑의 헌법소원심판청구는 적법한가? (30점)
2. 을의 헌법소원심판청구가 적법한 경우 헌법재판소는 어떠한 본안판단을 내려야 하는가? (50점)
3. 대통령의 특별사면권행사를 제한하기 위해서는 어떤 입법이 필요한가? (20점)

〈참고 조문(아래 법령은 현행 법령과 다를 수 있음)〉

헌법 제79조

① 대통령은 법률이 정하는 바에 의하여 사면·감형 또는 복권을 명할 수 있다.
② 일반사면을 명하려면 국회의 동의를 얻어야 한다.
③ 사면·감형 및 복권에 관한 사항은 법률로 정한다.

사면법 제5조(사면 등의 효과)

① 사면, 감형 및 복권의 효과는 다음 각 호와 같다.

1. 일반사면: 형 선고의 효력이 상실되며, 형을 선고받지 아니한 자에 대하여는 공소권(公訴權)이 상실된다. 다만, 특별한 규정이 있을 때에는 예외로 한다.
2. 특별사면: 형의 집행이 면제된다. 다만, 특별한 사정이 있을 때에는 이후 형 선고의 효력을 상실하게 할 수 있다.
3. 일반(一般)에 대한 감형: 특별한 규정이 없는 경우에는 형을 변경한다.
4. 특정한 자에 대한 감형: 형의 집행을 경감한다. 다만, 특별한 사정이 있을 때에는 형을 변경할 수 있다.
5. 복권: 형 선고의 효력으로 인하여 상실되거나 정지된 자격을 회복한다.

② 형의 선고에 따른 기성(旣成)의 효과는 사면, 감형 및 복권으로 인하여 변경되지 아니한다.

1. 갑의 헌법소원심판청구는 적법한가? (30점)

Ⅰ. 서: 헌법소원심판의 의의와 청구요건 [3점]
Ⅱ. 공권력의 행사 또는 불행사에 의한 기본권의 침해 [9점]
  1. 공권력 행사로서의 사면권행사
  2. 수용자인 갑의 기본권주체성
  3. 갑이 침해를 주장할 수 있는 기본권
Ⅲ. 침해의 직접성, 현재성, 자기관련성 [10점]
  1. 직접성 요건의 검토
  2. 현재성 요건의 검토
  3. 갑의 자기관련성
Ⅳ. 구제의 보충성, 청구기간 및 변호사 강제주의 등의 요건 [7점]
  1. 보충성 요건의 판단
  2. 청구기간
  3. 변호사 강제주의
Ⅴ. 결론 [1점]

Ⅰ. 서: 헌법소원심판의 의의와 청구요건 [3점]

헌법재판소법 제68조 제1항에 따른 권리구제형 헌법소원은 공권력에 의한 기본권의 침해를 다투는 헌법소송이다.

그 적법요건으로는 공권력(의 행사 또는 불행사)에 의한 기본권의 침해와 더불어 기본권침해의 직접성, 현재성, 자기관련성이 갖춰져야 하며, 그밖에 헌법소원심판청구의 보충성, 변호사 강제주의, 청구기간의 준수 등이 요구된다.

Ⅱ. 공권력의 행사 또는 불행사에 의한 기본권의 침해 [9점]

1. 공권력 행사로서의 사면권행사

사안에서 갑은 대통령의 일부 정치인에 대한 특별사면권 행사로 인한 평등권 침해를 주장하고 있다. 대통령의 사면권 역시 공권력의 일종이므로 이에 의한 기본권침해도 주장될 수 있다.

2. 수용자인 갑의 기본권주체성

사안에서 갑은 무기징역형이 집행중인 수용자이다. 그러나 수용자에 대해 신체의 자유 등 의 기본권이 제한되고 있을 뿐, 기본권의 주체가 되지 못하는 것은 아니다. 따라서 갑이 수용자라는 이유로 헌법소원심판의 청구가 적법요건을 결여한 것으로 볼 수는 없다.

3. 갑이 침해를 주장할 수 있는 기본권

사안에서 갑이 주장하고 있는 기본권은 평등권이다. 그밖에 다른 기본권을 주장할 여지는 별로 보이지 않는다.

Ⅲ. 침해의 직접성, 현재성, 자기관련성 [10점]

1. 직접성 요건의 검토

사안의 경우 갑은 대통령의 기본권 행사로 인하여 직접 기본권이 침해받고 있다고 보기 어렵다. 자신이 아닌 다른 사람들에 대한 사면권 행사로 인해 자신의 평등권이 침해되었다고 주장하는 것이므로 직접성 요건이 결여되었다.

2. 현재성 요건의 검토

사안에서 갑은 – 평등권의 침해가 인정된다고 볼 때 – 대통령의 사면권 행사로 인하여 기본권이 현재 침해되고 있는 상태이므로 현재성 요건을 갖춘 것으로 볼 수 있나.

3. 갑의 자기관련성

사안에서 갑은 자신의 법적 이익 또는 권리를 직접 침해당한 피해자라고 보기 어렵다. 오히려 사안의 갑은 다른 사람들에 대한 대통령의 사면권 행사에 대해 간접적 · 사실적 관련성만을 가질 뿐이다. 따라서 사안에서 갑은 기본권침해의 자기관련성을 결여하였다.[1)]

Ⅳ. 구제의 보충성, 청구기간 및 변호사 강제주의 등의 요건 [7점]

1. 보충성 요건의 판단

사안의 경우 대통령의 사면권 행사에 대한 별도의 구제수단이 존재한다고 보기 어

---

1) **헌재 1993.3.11. 91헌마233 결정**: "헌법재판소법 제68조 제1항에서 규정하는 "공권력의 행사 또는 불행사로 인하여 기본권의 침해를 받은 자"는 공권력의 행사 또는 불행사로 인하여 자기의 기본권이 현재 그리고 직접적으로 침해받은 자를 의미하므로 원칙적으로 공권력의 행사 또는 불행사의 직접적인 상대방이 청구인적격이 있으나, 공권력의 작용의 직접적인 상대방이 아닌 제3자라고 하더라도 공권력의 작용이 그 제3자의 기본권을 직접적이고 법적으로 침해하고 있는 경우에는 그 제3자에게 자기관련성이 있다. 반대로 타인에 대한 공권력의 작용이 단지 간접성, 사실적 또는 경제적인 이해관계로만 관련되어 있는 제3자에게는 자기관련성은 인정되지 않는다고 보아야 할 것이다."

려우므로 헌법재판소법 제68조 제1항 단서의 보충성 원칙이 적용되지 않는 예외라고 볼 수 있다.[2)]

2. 청구기간

헌법소원심판은 헌법재판소법 제69조 제1항에 따라 그 사유가 있음을 안 날부터 90일 이내에, 그 사유가 있는 날부터 1년 이내에 청구하여야 한다.

3. 변호사 강제주의

헌법소원심판은 사인이 청구의 주체가 되며, 헌법재판소법 제25조 제3항에 따라 변호사 강제주의가 적용된다. 따라서 사안의 갑은 변호사를 대리인으로 선임하여야 헌법소원심판을 청구할 수 있다.

Ⅴ. 결론 [1점]

사안에서 갑은 대통령의 사면권 행사에 의해 직접 기본권이 침해되는 것으로 볼 수 없으며, 자기관련성 또한 인정되지 않으므로 갑의 청구는 적법요건의 결여로 인해 각하되어야 한다.

2. 을의 헌법소원심판청구가 적법한 경우 헌법재판소는 어떠한 본안판단을 내려야 하는가? (50점)

Ⅰ. 사안의 분석과 쟁점의 정리 [5점]
Ⅱ. 헌법 제79조 대통령의 사면권의 의의와 효력 [8점]
  1. 사면권의 개념과 유형
  2. 사면권의 성격과 대상범위
  3. 사면권 행사의 효과
Ⅲ. 사면법 제5조 제1항 제2호의 해석 [10점]
  1. 특별사면의 성격과 일반적 효과
  2. 형 선고의 효력의 예외적 상실
  3. 사안에의 적용과 그 결과
Ⅳ. 사면법 제5조 제1항 제2호의 정당성 여부 [12점]
  1. 헌법 제79조에 위배되는지 여부
  2. 재산권 침해 여부
  3. 평등권 침해 여부
Ⅴ. 헌법재판소의 결정과 그 효력 [12점]
  1. 헌법재판소 결정의 형식

2) **헌재 1989.9.4. 88헌마22 결정**: "헌법소원심판청구인이 그의 불이익으로 돌릴 수 없는 정당한 이유있는 착오로 전심절차를 밟지 않은 경우 또는 전심절차로 권리가 구제될 가능성이 거의 없거나 권리구제절차가 허용되는지의 여부가 객관적으로 불확실하여 전심절차이천의 기대가능성이 없을 때에는 예외적으로 헌법재판소법 제68조 제1항 단서 소정의 전심절차이천요건은 배제된다."

Ⅰ. 사안의 분석과 쟁점의 정리 [5점]

사안에서 을은 징역형에 대한 특별사면과 복권이 벌금형에 대해서까지도 미치는 것으로 주장하고 있다.

이와 관련하여 을은 사면법 제5조 제1항 제2호의 위헌성을 다투고 있는 바, 그 정당성을 판단하기 위해서는 사면권의 의의와 효력에 대한 일반론적 검토를 전제로 사면법 제5조 제1항 제2호를 어떻게 해석할 것인지, 그리고 특별사면 후 벌금형의 집행에 의해 을의 기본권이 위헌적으로 침해되었는지 등을 확인해야 할 것이다.

Ⅱ. 헌법 제79조 대통령의 사면권의 의의와 효력 [8점]

1. 사면권의 개념과 유형

대통령의 사면권은 사법부의 판단에 의해 형이 선고된 이후에 그 선고의 효력 또는 형의 집행을 면제시키는 권한이다.[3]

사면의 유형은, 사면법 제1조와 제5조에 따라 일반사면, 특별사면, 감형, 복권으로 구분된다.

2. 사면권 행사의 효과

사면권은 형의 선고 및 형의 집행에 대해 예외를 인정하는 것이며, 특정한 형의 종류에 대해 인정되는 일반사면은 형 선고의 효력이 상실되거나 공소권이 상실된다.

특정인에 대한 특별사면은 형의 집행을 면제하되, 특별한 경우에는 형 선고의 효력을 상실하게 한다. 감형은 형을 변경하는 것이며, 복권은 형 선고의 효력으로 인하여 상실되거나 정지된 자격을 회복한다.

3. 사면권 행사의 범위

사면권을 어느 정도로 행사할 것인지는 사면권자인 대통령의 재량에 맡겨져 있다. 즉, 국회의 동의를 얻어서 일반사면을 할 것인지, 아니면 특별사면을 할 것인지, 감형할 것인지 등에 대한 결정이나, 사면과 복권을 함께 할 것인지의 여부 등은 대통령의 판단에 따라 달라질 수 있다.[4]

---

3) **헌재 2000.6.1. 97헌바74 결정**: "사면은 형의 선고의 효력 또는 공소권을 상실시키거나, 형의 집행을 면제시키는 국가원수의 고유한 권한을 의미하며, 사법부의 판단을 변경하는 제도로서 권력분립의 원리에 대한 예외가 된다. 사면제도는 역사적으로 절대군주인 국왕의 은사권(恩赦權)에서 유래하였으며, 대부분의 근대국가에서도 유지되어 왔고, 대통령제국가에서는 미국을 효시로 대통령에게 사면권이 부여되어 있다. 사면권은 전통적으로 국가원수에게 부여된 고유한 은사권이며, 국가원수가 이를 시혜적으로 행사한다. 현대에 이르러서는 법 이념과 다른 이념과의 갈등을 조정하고, 법의 이념인 정의와 합목적성을 조화시키기 위한 제도로도 파악되고 있다."

Ⅲ. 사면법 제5조 제1항 제2호의 해석 [10점]

1. 특별사면의 성격과 일반적 효과

특별사면은 특정인에 대한 사면으로서 국회의 동의 없이 대통령이 행사할 수 있다. 사면법 제5조 제1항 제2호에 따라 특별사면의 경우 원칙적으로 형의 집행이 면제된다.

2. 형 선고의 효력의 예외적 상실

특별사면에 의해 형의 집행이 아니라 형 선고의 효력이 상실되는 예외적 경우가 있다. 사면법 제7조는 이와 관련하여 형의 집행유예를 선고받은 경우를 들고 있다.

3. 사안에의 적용과 그 결과

사안에서 을은 대통령의 특별사면에 의해 집행유예된 징역형에 대해 형의 선고의 효력을 상실케 하는 특별사면과 복권을 받았으며, 이는 헌법 제79조와 사면법 제5조 등에 근거하여 적법하게 사면된 것으로 보인다.

Ⅳ. 사면법 제5조 제1항 제2호의 정당성 여부 [12점]

1. 헌법 제79조에 위배되는지 여부

사안에서 갑이 다투고 있는 것은 집행유예에 대한 특별사면의 경우에 벌금형에 대한 사면이 당연히 포함되는지의 여부이다.

이와 관련하여 사면법 제5조 제1항 제2호에서 이를 명시하지 않고 있는 것은 위헌이라고 주장한다. 그러나 헌법 제79조에서는 사면권의 구체화에 대해 법률에 위임하고 있으며, 사면의 종류, 대상범위, 효과 등에 대해서는 광범위한 입법형성권이 인정된다. 이에 비추어 볼 때, 집행유예에 대한 특별사면의 효과에 벌금형에 대한 사면을 포함하지 않은 것이 위헌이라고 보기는 어렵다.

2. 재산권 침해 여부

벌금형을 집행함으로써 을의 재산권이 제한되는 측면이 있다. 그러나 사법적 판단에 의한 벌금형의 정당성을 인정할 때, 벌금형의 집행은 정당한 재산권의 제한이다. 집행유예에 대한 특별사면에서 벌금형의 사면을 포함하지 않은 것은 입법재량의 문제일 뿐, 재산권의 침해로는 볼 수 없다.

3. 평등권 침해 여부

특별사면은 그 자체로서 동종의 행위에 의해 형의 선고를 받은 사람들에 대해 예외를 인정하는 것이다. 그런데 집행유예에 대해서 사면하면서 벌금형에 대해서는 사면하지 않은 것이 다른 특별사면 대상자들에 비해 평등권을 침해하는 것이라고 보기는 어렵

---

4) **헌재 2000.6.1. 97헌바74 결정**: "따라서 선고된 형 전부를 사면할 것인지 또는 일부만을 사면할 것인지를 결정하는 것은 사면권자의 전권사항에 속하는 것이고, 징역형의 집행유예에 대한 사면이 병과된 벌금형에도 미치는 것으로 볼 것인지 여부는 사면권자의 의사인 사면의 내용에 대한 해석문제에 불과하다 할 것이다."

다.[5)]

Ⅴ. 헌법재판소의 결정과 그 효력 [12점]

1. 헌법재판소 결정의 형식

을의 헌법소원청구는 이른바 위헌소원으로서 그 형식은 헌법소원심판이지만, 실질은 위헌법률심판에 해당한다. 따라서 헌법재판소의 결정 형식은 인용 또는 기각이 아니라 합헌 또는 위헌(경우에 따라서는 헌법불합치결정 등의 변형결정)으로 내려진다.

2. 심판대상조문의 합헌성 여부에 대한 판단

심판대상조문인 사면법 제5조 제1항 제2호는 위의 검토에 따라 정당한 입법형성권의 범위 내에 있는 것으로 판단되며, 따라서 합헌으로 보아야 한다.

3. 헌법재판소 결정의 효력

헌법재판소의 합헌결정은 위헌결정과 달리 일반적 구속력이 없으므로 당해 사건에 대해서만 기속력을 갖는다. 그러므로 향후 다른 사건에서 심판대상조항의 합헌성 여부가 다시 다투어질 수도 있다.

Ⅵ. 결론 [3점]

이상 검토한 바에 따라 헌법재판소는 사면법 제5조 제1항 제2호에 대해 합헌결정을 내려야 한다. 이 결정은 당해 사건에 대해서만 기속력을 가지며, 심판대상조항의 합헌성 여부는 향후 다른 사건에서 다시금 쟁점이 될 수 있다.

3. 대통령의 특별사면권행사를 제한하기 위해서는 어떤 입법이 필요한가? (20점)

Ⅰ. 서: 사면권의 특성과 제한 입법의 특수성 [2점] Ⅱ. 대통령의 특별사면권 오남용과 제한 필요성 [5점] Ⅲ. 특별사면권 행사를 제한하는 입법을 위한 개헌 필요성 여부의 검토 [6점] Ⅳ. 국회 입법에 의한 제한의 가능성과 한계 [6점] Ⅴ. 결론 [1점]

Ⅰ. 서: 사면권의 특성과 제한 입법의 특수성 [2점]

대통령의 사면권은 독립된 법원의 사법절차에 의해 형이 선고된 것에 대해 대통령의 판단으로 이를 변경하는 것이다.

---

5) 본 사안에 관하여 헌법재판소에서는 형평의 원칙 위배 여부를 검토한 바 있다.
헌재 2000.6.1. 97헌바74 결정: "특별사면은 위에서 본 바와 같이 국가원수인 대통령이 형의 집행을 면제하거나 선고의 효력을 상실케 하는 시혜적 조치로서, 형의 전부 또는 일부에 대하여 하거나, 중한 형 또는 가벼운 형에 대하여만 할 수도 있는 것이다. 그러므로 <u>중한 형에 대하여 사면을 하면서 그보다 가벼운 형에 대하여 사면을 하지 않는 것이 형평의 원칙에 반한다고 할 수도 없다</u>."

이러한 사면권의 행사가 규범적 정당성 측면에서 사법절차에 우선할 것을 요구하기 어려우며, 따라서 사면권 행사를 제한하는 입법은 사면의 내용적 정당성보다는 절차적 측면에서의 통제에 초점을 맞춰야 한다.

Ⅱ. 대통령의 특별사면권 오남용과 제한 필요성 [5점]

선진외국의 경우와 달리 우리나라에서는 특별사면이 남용된 사례들이 적지 않다. 특히 3.1절 특사, 광복절 특사 등이 수시로, 그리고 대규모로 행해진 선례들은 사법적 판단의 권위를 심각하게 훼손하기도 했다.

이와 관련하여 개헌논의 과정에서도 사면권의 제한이 논란된 바 있으며, 개헌이 아니더라도 사면법의 개정을 통해 대통령의 사면권 행사를 제한해야 한다는 요청은 매우 강력하게 제기되고 있다.

Ⅲ. 특별사면권 행사를 제한하는 입법을 위한 개헌 필요성 여부의 검토 [6점]

헌법재판소의 판례는 헌법 제79조 하에서 사면제도의 형성과 관련하여 광범위한 입법형성권이 인정됨을 확인한 바 있다. 그러나 대통령의 특별사면권을 제한하는 방식이 헌법 제79조와 충돌하는 경우에는 개헌이 필요할 수 있다.

예컨대 특별사면권의 행사에 대해 국회의 동의를 요하도록 할 경우에는 헌법 제79조 제2항과의 충돌이 문제되므로 개헌이 필요하다. 반면에 대통령의 사면권행사에 사면심사위원회의 독립성 및 역할 강화 등의 변경에는 개헌이 필요하지 않을 것이다.

Ⅳ. 국회 입법에 의한 제한의 가능성과 한계 [6점]

이러한 점들을 고려할 때, 사면권을 제한하는 국회입법은 가능하지만, 그 내용에는 한계가 있다고 볼 수 있다.

사법적 판단을 뒤집는 사면권의 특성으로 인해 그 내용적 정당성 여하에 따른 제한은 어렵지만, 예외적으로 사면권행사가 인정되는 경우가 있다. 명문의 규정이 없는 현재에서 대통령 자신에 대한 사면이나, 탄핵결정에 대한 사면은 인정되지 않는다고 보는 것이 통설의 입장이며, 이를 입법을 통해 명문화하는 것은 가능할 것이다.

하지만 그밖의 사면 대상의 제한은 인정되기 어렵다. 하지만 사면의 절차적 요건을 강화하는 것은 국회 동의를 요구하는 것 이외에는 다양하게 고려될 수 있다.

Ⅴ. 결론 [1점]

이상의 검토를 종합할 때, 국회 입법을 통해 대통령의 사면권을 제한하는 것은 가능하지만, 사면권의 성질상 대상의 제한은 대통령 자신에 대한 사면과 탄핵결정에 대한 사면의 경우 외에는 가능하지 않으며, 사면권 행사절차의 제한은 국회 동의를 요구하는 것 이외에는 폭넓게 인정될 수 있을 것이다.

44

대통령의 권력적 사실행위에 대한 통제

갑은 주식회사 국제상사를 주력기업으로 하여 20여개 회사를 계열기업으로 한 세칭 국제그룹의 창업자로서 국제그룹계열사들의 주식을 소유하고 있었는데 1985.2.21. 국제그룹의 주거래은행인 주식회사 제일은행의 국제그룹해체방침 발표에 따른 후속조치로 그 무렵부터 위 주식을 모두 제3자에게 매도하게 되었다.

갑은 국제그룹해체가 공권력에 의하여 결정된 것이고 대통령의 지시를 받은 재무부 장관이 주도하여 제일은행으로 하여금 국제그룹해체를 발표하게 한 것이므로 공권력의 행사로 인하여 헌법상 기본권을 침해받았다고 주장하면서 1989.2.27. 그 공권력 행사의 취소를 구하는 헌법소원심판을 헌법재판소에 청구하였다.

〈헌재 1993.7.29. 89헌마31 참조〉

1. 갑의 헌법소원심판청구는 적법한가? (30점)
2. 갑의 헌법소원심판청구가 적법한 경우 헌법재판소는 어떤 본안판단을 내려야 하는가? (50점)
3. 국가가 부실기업을 정리할 수 있는 헌법적 근거 및 합법적 절차는 무엇인가? (20점)

1. 갑의 헌법소원심판청구는 적법한가? (30점)

Ⅰ. 서: 헌법소원심판의 의의와 청구요건 [3점]
Ⅱ. 공권력의 행사 또는 불행사에 의한 기본권의 침해 [8점]
  1. 공권력 행사로서의 권력적 사실행위
  2. 갑의 기본권주체성
  3. 갑이 침해를 주장할 수 있는 기본권
Ⅲ. 침해의 직접성, 현재성, 자기관련성 [8점]
  1. 직접성 요건의 검토
  2. 현재성 요건의 검토
  3. 자기관련성 요건의 검토
Ⅳ. 구제의 보충성, 청구기간 및 변호사 강제주의 등의 요건 [9점]
  1. 보충성 요건의 판단
  2. 청구기간과 변호사 강제주의
  3. 권력적 사실행위의 종료와 심판청구의 이익
Ⅴ. 결론 [2점]

Ⅰ. 서: 헌법소원심판의 의의와 청구요건 [3점]

헌법재판소법 제68조 제1항에 따른 권리구제형 헌법소원은 공권력에 의한 기본권의 침해를 다투는 헌법소송이다.

그 적법요건으로는 공권력(의 행사 또는 불행사)에 의한 기본권의 침해와 더불어 기본권침해의 직접성, 현재성, 자기관련성이 갖춰져야 하며, 그밖에 헌법소원심판청구의 보충성, 변호사 강제주의, 청구기간의 준수 등이 요구된다.

Ⅱ. 공권력의 행사 또는 불행사에 의한 기본권의 침해 [8점]

1. 공권력 행사로서의 권력적 사실행위

사안에서 문제되는 공권력은 권력적 사실행위이다. 비록 외견상 주거래은행인 제일은행에 의해 국제그룹의 해체가 주도된 것으로 보이나, 그 이면에 공권력에 의한 압력이 작용하였으며, 이러한 권력적 사실행위도 헌법소원의 대상이 된다.[1)]

2. 갑의 기본권주체성

사안에서 갑은 국민의 한 사람으로서 기본권의 주체가 될 수 있다는 점이 분명하다.

3. 갑이 침해를 주장할 수 있는 기본권

사안에서 갑이 주장할 수 있는 것은 재산권, 직업의 자유 등이며, 본인의 의사에 반하는 기업의 해체로 인해 이러한 기본권의 침해가 문제된다는 점은 분명하다.

Ⅲ. 침해의 직접성, 현재성, 자기관련성 [8점]

1. 직접성 요건의 검토

사안에서 문제되는 공권력은 갑을 직접 상대방으로 하여 행사된 것은 아니지만, 갑의 주식 및 기업경영권을 직접 대상으로 한 것이므로 기본권 침해의 직접성이 인정된다.[2)]

2. 현재성 요건의 검토

사안에서 갑의 기본권은 이미 침해당한 상태이므로 현재성 요건도 문제되지 않는다.

---

1) **헌재 1993.7.29. 89헌마31 결정**: "재무부장관이 제일은행장에 대하여 한 국제그룹의 해체준비착수지시와 언론발표 지시는 상급관청의 하급관청에 대한 지시가 아님은 물론 동 은행에 대한 임의적 협력을 기대하여 행하는 비권력적 권고·조언 등의 단순한 행정지도로서의 한계를 넘어선 것이고, 이와 같은 공권력의 개입은 주거래 은행으로 하여금 공권력에 순응하여 제3자 인수식의 국제그룹 해체라는 결과를 사실상 실현시키는 행위라고 할 것으로, 이와 같은 유형의 행위는 형식적으로는 사법인인 주거래 은행의 행위였다는 점에서 행정행위는 될 수 없더라도 그 실질이 공권력의 힘으로 재벌기업의 해체라는 사태변동을 일으키는 경우인 점에서 일종의 권력적 사실행위로서 헌법소원의 대상이 되는 공권력의 행사에 해당한다."

2) **헌재 1993.7.29. 89헌마31 결정**: "이 사건 공권력의 행사가 청구인 주도의 계열기업 전면해체와 그 경영권의 제3자 인수를 내용으로 하고 있는 이상 청구인 자신의 기본권과 무관한 것이었다 할 수 없으며, 이 사건 공권력의 행사과정에서 청구인 개인을 직접 상대방으로 하여 대인적으로 행사한 바는 없으나 청구인의 개인주식 등 재산권과 기업경영권을 직접 대상으로 하여 대물적으로 행사하였는 바, 이러한 사실관계하에서는 공권력의 행사 자체에 의하여 청구인의 기본권이 직접 침해당한 경우라고 볼 것이다."

3. 자기관련성 요건의 검토

사안에서 문제되는 것은 갑 자신의 기본권침해이므로 자기관련성 요건도 충족하였다.

Ⅳ. 구제의 보충성, 청구기간 및 변호사 강제주의 등의 요건 [9점]

1. 보충성 요건의 판단

권력적 사실행위에 대해서는 특별한 구제수단이 존재한다고 보기 어려우므로 보충성 원칙의 예외가 인정되어 헌법소원심판의 청구가 가능한 것으로 보아야 한다.[3)]

2. 청구기간과 변호사 강제주의

사안의 경우 청구기간이 도과한 것으로 볼 수 있으나, 그 동안 청구를 할 수 없었던 정당한 사유가 있었던 것으로 보아야 할 것이므로 청구기간의 문제도 해소된 것으로 보아야 한다.[4)]

또한 헌법소원심판의 경우 헌법재판소법 제25조 제3항에 따라 갑은 변호사를 대리인으로 선임하여야 한다.

3. 권력적 사실행위의 종료와 심판청구의 이익

사안의 경우 이미 기본권을 침해한 권력적 사실행위가 종료된지 오래이고, 권리보호의 이익이 있다고 보기 어렵지만, 헌법적 해명의 중요성에 비추어 심판의 필요성이 인정된다.[5)]

---

3) **헌재 1993.7.29. 89헌마31 결정**: "헌법재판소법 제68조 제1항에서 말하는 "다른 법률에 의한 구제절차"는 공권력의 행사 또는 불행사를 직접 대상으로 하여 그 잘못 자체를 다투는 권리구제절차를 의미하는 것이고, 공권력의 행사·불행사의 결과 생긴 효과를 원상회복시키거나 손해배상을 위한 사후적·보충적 구제수단은 포함되지 않는 것인 바, 이 사건 국제그룹 해체와 그 정리조치가 형식상으로는 사법인인 제일은행이 행한 행위이므로 당시 시행되던 구 행정소송법상의 행정소송의 대상이 된다고 단정하기 어렵고, 따라서 당사자에게 그에 의한 권리구제절차를 밟을 것을 기대하기는 곤란하므로 이와 같은 범주의 권력적 사실행위의 경우에는 보충성의 원칙의 예외로서 소원의 제기가 가능하다."

4) **헌재 1993.7.29. 89헌마31 결정**: "헌법소원의 제기기간으로서 "사유가 있음을 안 날로부터 60일"이라 함에 있어 "사유가 있음을 안 날"이라고 함은 적어도 공권력행사에 의한 기본권침해의 사실관계를 특정할 수 있을 정도로 현실적으로 인식하여 심판청구가 가능해진 경우를 뜻하나, 헌법재판소법 제40조 제1항에 의하여 행정소송법 제20조 제2항 단서가 헌법소원심판에 준용됨에 따라 정당(正當)한 사유가 있는 경우에는 제소기간의 도과에도 불구하고 헌법소원심판청구는 적법하다고 할 것인바, 여기의 정당한 사유라 함은 청구기간도과의 원인 등 여러 가지 사정을 종합하여 지연된 심판청구를 허용하는 것이 사회통념상으로 보아 상당한 경우를 뜻한다."

※ 당시에는 헌법재판소법 제69조 제1항에서 청구기간이 "그 사유가 있음을 안 날로부터 60일이내에, 그 사유가 있은 날로부터 180일이내"로 규정되었다. 2003.3.12.의 헌법재판소법 개정에 의해 현재와 같이 "그 사유가 있음을 안 날부터 90일이내에, 그 사유가 있은 날부터 1년이내"로 변경되었다.

5) **헌재 1993.7.29. 89헌마31 결정**: "당해사건에 대한 헌법재판이 헌법질서의 수호·유지를 위하여 긴요한 사항이어서 헌법적으로 그 해명이 중요한 의미를 지니고 있는 경우에는 이미 종료된 기본권 침해행위가 위헌이었음을 선언적 의미에서 확인할 필요가 있는바, 이 사건에서도 권력적 사실행위가 이미 종료되어 나름대로 새 질서가 형성되었지만, 이 사건은 재산권보장과 사영기업의 자유를 골간으로 하는 시장경제 질서하에서 제반 기업활동에 대한 공권력 개입의 헌법적 한계가 판시될 수밖에 없는 중요한 사안이고, 여기에서 아직 미결인 헌법상 중요한 문제가 해명될 것이라는 의미에서 그 심판의 필요성은 충분하다."

Ⅴ. 결론 [2점]

사안에서 갑의 헌법소원심판청구는 직접성 등의 법적 관련성을 갖추고 있으며, 비록 청구기간이 도과했으나 정당한 사유가 있는 것으로 볼 수 있으며, 보충성 원칙의 예외가 인정되며, 기본권침해를 돌이키기 어려워 권리보호의 이익이 문제되지만 헌법적 해명의 중요성이 인정되므로 헌법재판소는 적법요건을 갖춘 것으로 보고 본안판단에 들어가야 한다.

2. 갑의 헌법소원심판청구가 적법한 경우 헌법재판소는 어떤 본안판단을 내려야 하는가? (50점)

Ⅰ. 사안의 분석과 쟁점의 정리 [5점]
Ⅱ. 재산권 및 영업의 자유의 의의와 보호범위 [8점]
  1. 경제적 자유의 핵심으로서의 재산권과 직업의 자유
  2. 재산권의 의의와 보호범위(제한의 한계)
  3. 영업의 자유에 대한 제한과 그 한계
Ⅲ. 권력적 사실행위에 의한 기본권 침해의 문제점 [10점]
  1. 권력적 사실행위의 형식과 실제의 영향력
  2. 권력적 사실행위에 대한 통제의 필요성
  3. 기본권 제한의 헌법적 요건과 권력적 사실행위의 문제점
Ⅳ. 권력적 사실행위에 의한 기업 해체의 정당성 여부 판단 [12점]
  1. 기본권 제한의 형식(법률에 의한 제한) 위배
  2. 기본권 제한의 기준(비례성원칙) 위배
  3. 본질적 내용의 침해금지 위배
Ⅴ. 헌법재판소의 결정과 그 효력 [12점]
  1. 헌법재판소 결정의 형식
  2. 사안에 대한 판단
  3. 헌법재판소 결정의 효력
Ⅵ. 결론 [3점]

Ⅰ. 사안의 분석과 쟁점의 정리 [5점]

사안에서 갑은 공권력이 주거래은행인 제일은행에 영향력을 행사하여 국제그룹의 해체를 주도함으로써 자신의 기본권이 침해되었다고 주장하고 있다.

이러한 주장의 타당성 여부를 판단하기 위해서는 사안에서 침해가 문제되는 기본권인 재산권 및 영업의 자유(직업의 자유)의 의의와 보호범위에 대한 검토를 기초로 권력적 사실행위에 의한 기본권침해, 특히 사안에서 문제되는 기업해체의 정당성 여부를 판단해야 할 것이다.

Ⅱ. 재산권 및 영업의 자유의 의의와 보호범위 [8점]

1. 경제적 자유의 핵심으로서의 재산권과 직업의 자유

대한민국헌법은 모든 국민의 재산권(제23조)과 직업의 자유(제15조)를 인정함으로써 시장경제의 근간을 형성하고 있다. 다만, 무제한적 보장은 아니며, 헌법 제119조에서 규정하고 있는 것처럼 경제에 대한 국가의 보충적 관여를 인정하는 사회적 시장경제를 구체화하고 있다.

2. 재산권의 의의와 보호범위(제한의 한계)

재산권에 대한 헌법적 보장은 절대적 보장이 아닌 상대적 보장(재산권보장의 상대화!)이며, 이는 헌법 제23조 제2항의 사회적 구속성 인정에 의해 나타나고 있다.

그러나 재산권에 대한 제한에는 일정한 한계가 인정되며, 이를 넘어선 과도한 제한은 재산권의 본질적 내용에 대한 침해로서 위헌이 될 수 있다.

3. 영업의 자유에 대한 제한과 그 한계

재산권과 유사하게 직업의 자유 내지 그 내용으로서의 영업의 자유도 공익적 이유로 제한될 수 있지만, 역시 기본권제한의 기준과 한계를 준수하여야 한다.

Ⅲ. 권력적 사실행위에 의한 기본권 침해의 문제점 [10점]

1. 권력적 사실행위의 형식과 실제의 영향력

권력적 사실행위는 다양한 형태로 나타날 수 있으며, 그 영향력은 행정처분 등과 같은 법률적 행위에 못지 않다. 오히려 권력적 사실행위에 의한 기본권침해의 우려는 행정처분의 경우보다 더 크다고 할 수 있다.

2. 권력적 사실행위에 대한 통제의 필요성

그러므로 권력적 사실행위에 대한 통제의 필요성 또한 매우 크다. 다만, 행정처분 등과는 달리 이를 법적으로 다툴 수 있는 경우가 제한적이라는 점이 문제된다.

3. 기본권 제한의 헌법적 요건과 권력적 사실행위의 문제점

권력적 사실행위의 경우에도 헌법과 법률의 기준을 벗어나서는 안 된다. 이를 담보하기 위해 권력적 사실행위도 행정처분에 준하는 것으로 취급하여 항고소송 등의 대상으로 보아야 한다는 견해가 대두되고 있다.

Ⅳ. 권력적 사실행위에 의한 기업 해체의 정당성 여부 판단 [12점]

1. 기본권 제한의 형식(법률에 의한 제한) 위배

기업의 해체는 매우 재산권 및 직업의 자유에 대한 중대한 제한이라 할 수 있으며, 헌법 제37조 제2항에 따라 법률에 근거해야 한다. 그런데 사안의 권력적 사실행위에 의한 국제그룹 해체는 이러한 요건을 갖추지 못했다.

2. 기본권 제한의 기준(과잉금지원칙) 위배

사안의 권력적 사실행위에 의한 국제그룹 해체는 목적의 정당성이 뚜렷하지 않으며, 수단의 적합성 또한 그렇다. 더욱이 침해의 최소성, 법익의 균형성을 인정할 여지가 보이지 않는다. 따라서 과잉금지원칙에 위배된 것으로 보아야 할 것이다.

3. 본질적 내용의 침해금지 위배

기본권의 본질적 내용이 무엇인지에 대해서는 절대설, 상대설, 절충설의 대립이 있다. 그러나 사안에서 갑의 기본권이 위헌적으로 침해되었을 뿐만 아니라, 정상적인 범위를 넘어서 본질적인 내용까지 침해되었다는 점은 부인하기 어렵다.

V. 헌법재판소의 결정과 그 효력 [12점]

1. 헌법재판소 결정의 형식

헌법재판소법 제68조 제1항에 따른 권리구제형 헌법소원에 대해서 헌법재판소는 인용 또는 기각의 형식으로 본안판단을 내린다.

2. 사안에 대한 판단

앞서 검토한 바에 따라 사안의 권력적 사실행위에 의한 갑의 재산권 및 영업의 자유에 대한 침해는 위헌이며, 따라서 헌법재판소는 인용결정을 내려야 한다. 사안의 경우처럼 권리보호의 이익이 이미 소멸된 경우에는 인용을 통해 위헌성을 확인하는 의미를 가질 수 있다.

3. 헌법재판소 결정의 효력

헌법재판소법 제75조 제1항에 따라 헌법소원의 인용결정은 모든 국가기관과 지방자치단체를 기속한다. 비록 침해당한 갑의 기본권이 회복되기는 어렵지만, 헌법재판소 결정의 효력은 유사한 형태의 기본권침해를 막는데 기여할 수 있을 것이다.

VI. 결론 [3점]

이상의 검토를 종합할 때, 권력적 사실행위에 의해 갑의 재산권 및 영업의 자유를 침해한 것은 기본권 제한의 형식(법률에 의한 제한) 및 과잉금지원칙, 본질적 내용의 침해금지 등에 위배되어 위헌이며, 헌법재판소는 갑의 청구에 대해 인용결정을 내려야 한다.

3. 국가가 부실기업을 정리할 수 있는 헌법적 근거 및 방식은 무엇인가? (20점)

> I. 서: 부실기업 정리의 필요성과 그 기준 및 절차의 엄격성 [2점]
> II. 헌법 제23조 제3항의 적용 가능성 여부 [5점]
> III. 헌법 제126조와 그 요건 [5점]
> IV. 국회 입법에 의한 부실기업 정리방식의 구체화 [7점]

Ⅴ. 결론 [1점]

Ⅰ. 서: 부실기업 정리의 필요성과 그 기준 및 절차의 엄격성 [2점]

대한민국에서 부실기업의 정리 및 통폐합은 여러 차례 있었다. 대표적인 예가 1980년 신군부의 집권 이후 기업통폐합과 1997년 IMF 외환위기 당시의 기업구조조정이었다.

부실기업의 정리 필요성은 인정되지만, 확실한 법적 근거와 기준 없이 정부 주도로 진행됨에 따라 그에 대한 비판도 컸다. 부실기업을 정리함에 있어서도 기본권의 제한을 고려하여 엄격한 기준과 절차가 준수되어야 한다.

Ⅱ. 헌법 제23조 제3항의 적용 가능성 여부 [5점]

헌법 제23조 제3항에서는 재산권의 수용에 대해 규정하고 있다. 그러나 부실기업의 정리를 위해 헌법 제23조 제3항을 적용하기는 어려울 것으로 보인다.

그것은 무엇보다 동 조항의 취지가 공익적 목적을 위해 '보상을 전제로 하는' 수용을 규정한 것이며, 부실기업을 정리하면서 정당한 보상을 하는 것은 오히려 부실기업에 대해 특혜를 주는 것이 될 수 있기 때문이다.

Ⅲ. 헌법 제126조와 그 요건 [5점]

또 다른 헌법적 근거로 생각할 수 있는 것이 헌법 제126조이다. 동 조항에 따라 국방상 및 국민경제상 긴절한 필요가 인정될 경우에는 보상을 전제하지 않는 부실기업의 국공유화 및 정리가 가능할 것이다.

하지만 국방상 및 국민경제상의 긴절한 필요라는 요건이 충족되지 않은 상황에서의 부실기업 정리에는 적용되기 어렵다.

Ⅳ. 국회 입법에 의한 부실기업 정리방식의 구체화 [7점]

결국 헌법 제37조 제2항 및 제119조 제2항에 근거하여 부실기업을 정리하는 특별법이 제정되어야 한다.

현재로서는 채무자 회생 및 파산에 관한 법률 제294조 이하의 파산절차와 기업구조조정촉진법에 따른 부실기업의 구조조정 등에 의한 부실기업 정리가 가능하다.

Ⅴ. 결론 [1점]

현행법상 부실기업을 정리하는 법률적 근거로는 채무자 회생 및 파산에 관한 법률, 기업구조조정촉진법 등을 들 수 있으며, 그 헌법적 근거로는 헌법 제37조 제2항 및 제119조 제2항을 들 수 있다.

45

국무총리서리와 임명의 정당성 여부

대통령 갑(甲)은 국무총리 후보자 을(乙)에 대한 국회의 임명동의를 요청하였으나 국회 내에서 여야의 대립으로 인해 임명동의안 처리가 계속 지연되자, 국회의 동의 없이 을(乙)을 국무총리서리로 임명하여 정부부처의 장관들을 통솔하도록 하였다.

이에 대해 병(丙) 등 야당 국회의원들은 국회 또는 청구인들의 동의권한을, 예비적으로는 국무총리 임명동의안에 관한 청구인들의 심의·표결권한을 침해하였다고 주장하면서 헌법재판소에 그 권한침해의 확인과 아울러 국무총리서리임명의 무효확인을 구하는 권한쟁의심판을 청구하였다.

〈헌재 1998.7.14. 98헌라1; 헌재 1998.7.14. 98헌라2 참조〉

1. 병(丙) 등의 권한쟁의심판청구는 적법한가? (30점)
2. 병(丙) 등의 헌법소원심판청구가 적법한 경우 헌법재판소는 어떠한 본안판단을 내려야 하는가? (50점)
3. 대통령의 국법상 행위에 국무총리 대신 국무총리서리가 부서하는 것이 가능한가? (20점)

〈참고 조문(아래 법령은 현행 법령과 다를 수 있음)〉

헌법 제82조

대통령의 국법상 행위는 문서로써 하며, 이 문서에는 국무총리와 관계 국무위원이 부서한다. 군사에 관한 것도 또한 같다.

헌법 제86조

① 국무총리는 국회의 동의를 얻어 대통령이 임명한다.
② 국무총리는 대통령을 보좌하며, 행정에 관하여 대통령의 명을 받아 행정각부를 통할한다.
③ 군인은 현역을 면한 후가 아니면 국무총리로 임명될 수 없다.

헌법 제87조

① 국무위원은 국무총리의 제청으로 대통령이 임명한다.
② 국무위원은 국정에 관하여 대통령을 보좌하며, 국무회의의 구성원으로서 국정을 심의한다.
③ 국무총리는 국무위원의 해임을 대통령에게 건의할 수 있다.
④ 군인은 현역을 면한 후가 아니면 국무위원으로 임명될 수 없다.

> **정부조직법 제18조(국무총리의 행정감독권)**
> ① 국무총리는 대통령의 명을 받아 각 중앙행정기관의 장을 지휘·감독한다.
> ② 국무총리는 중앙행정기관의 장의 명령이나 처분이 위법 또는 부당하다고 인정될 경우에는 대통령의 승인을 받아 이를 중지 또는 취소할 수 있다.
>
> **정부조직법 제22조(국무총리의 직무대행)**
> 국무총리가 사고로 직무를 수행할 수 없는 경우에는 기획재정부장관이 겸임하는 부총리, 교육부장관이 겸임하는 부총리의 순으로 직무를 대행하고, 국무총리와 부총리가 모두 사고로 직무를 수행할 수 없는 경우에는 대통령의 지명이 있으면 그 지명을 받은 국무위원이, 지명이 없는 경우에는 제26조 제1항에 규정된 순서에 따른 국무위원이 그 직무를 대행한다.

1. 정(丁) 등의 권한쟁의심판청구는 적법한가? (30점)

> Ⅰ. 서: 권한쟁의심판의 성격과 적법요건 [3점]
> Ⅱ. 당사자: 국가 또는 지방자치단체 [8점]
> 1. 당사자능력과 당사자적격
> 2. 국회의원의 당사자능력
> 3. 사안의 심판 당사자: 청구인 갑과 피청구인 대통령
> Ⅲ. 주장 내용: 권한의 존부 및 범위에 관한 다툼 [10점]
> 1. 권한: 헌법상 기관의 헌법상 또는 법률상 권한
> 2. 권한에 영향을 미치는 처분: 대통령의 국무총리서리 임명
> 3. 국회의원의 국무총리에 대한 임명동의권과 심의·표결권
> Ⅳ. 청구기간 및 기타의 적법요건 [7점]
> 1. 청구기간
> 2. 권리보호의 이익과 헌법적 해명의 필요성
> Ⅴ. 결론 [2점]

Ⅰ. 서: 권한쟁의심판의 성격과 적법요건 [3점]

권한쟁의심판은 헌법상 기관의 헌법상 또는 법률상 권한의 존부 및 범위에 관한 다툼을 해결하는 헌법소송이다.

그러므로 권한쟁의심판의 적법요건에서는 권한쟁의심판의 당사자가 될 수 있는지와 더불어 헌법상·법률상 권한의 존부 및 범위에 관한 다툼인지가 주로 문제된다. 그밖에 청구기간 및 권한침해의 종료 이후 예외적 심판청구의 이익이 인정될 수 있는지도 적법요건과 관련하여 검토되어야 한다.

Ⅱ. 당사자: 국가 또는 지방자치단체 [8점]

1. 당사자능력과 당사자적격

권한쟁의심판은 모든 개인이나 단체에게 인정되는 것이 아니라, 국가기관 및 지방

자치단체만 당사자가 될 수 있다. 즉, 국가기관 및 지방자치단체에게 당사자능력이 인정된다. 특히 국가기관 중에서도 헌법상 기관에 대해서만 당사자능력이 인정된다.[1)]

반면에 당사자적격은 문제가 되는 권한침해의 당사자인 것을 말한다.

2. 국회의원의 당사자능력

국회의원은 비록 국회의 구성원이지만, 국회가 권한쟁의심판의 당사자능력을 갖는 것과는 별도로 헌법상 기관으로 인정되므로 당사자능력이 인정된다.[2)] 다만, 국회 내에서의 권한 다툼에 있어서 국회의원의 당사자능력이 인정되는 것과는 별도로, 국회의 권한 침해가 문제될 경우에 국회 자신이 권한쟁의심판의 당사자가 되는 것과는 별도로 국회의원이 권한쟁의심판의 당사자가 될 수 없을 것이다.[3)]

3. 사안의 심판 당사자: 청구인 병 등의 야당 국회의원과 피청구인 대통령

사안에서 권한쟁의심판청구의 당사자는 청구인인 병 등의 야당 국회의원과 피청구인인 대통령 갑이다.

---

1) 그로 인해 법률상 기관인 국가인권위원회에 대해서는 헌법재판소가 권한쟁의심판의 당사자적격을 인정하지 않았다(**헌재 2010.10.28. 2009헌라6 결정**).

2) 헌법재판소는 초기의 판례에서 국회의원의 당사자능력이 없다고 보았으나, 판례를 변경하여 국회의원 및 국회의장의 당사자능력을 인정하고 있다.
헌재 1995.2.23. 90헌라1 결정: "헌법 제111조 제1항 제4호 및 헌법재판소법 제62조 제1항 제1호는 헌법재판소가 관장하는 국가기관 상호간의 권한쟁의심판을 국회, 정부, 법원 및 중앙선거관리위원회 상호간의 권한쟁의심판으로 한정하고 있으므로, 그에 열거되지 아니한 기관이나 또는 열거된 국가기관 내의 각급기관은 비록 그들이 공권적 처분을 할 수 있는 지위에 있을지라도 권한쟁의심판의 당사자가 될 수 없으며 또 위에 열거된 국가기관 내부의 권한에 관한 다툼은 권한쟁의심판의 대상이 되지 않는다. 따라서 국회의 경우 현행 권한쟁의심판제도에서는 국가기관으로서의 국회가 정부, 법원 또는 중앙선거관리위원회와 사이에 권한의 존부 또는 범위에 관하여 다툼이 있을 때 국회만이 당사자로 되어 권한쟁의심판을 수행할 수 있을 뿐이고, 국회의 구성원이거나 국회 내의 일부기관인 국회의원 및 교섭단체 등이 국회 내의 다른 기관인 국회의장을 상대로 권한쟁의심판을 청구할 수 없다."
헌재 1997.7.16. 96헌라2 결정: "헌법재판소법 제62조 제1항 제1호가 국가기관 상호간의 권한쟁의심판을 "국회, 정부, 법원 및 중앙선거관리위원회 상호간의 권한쟁의심판"이라고 규정하고 있더라도 이는 한정적, 열거적인 조항이 아니라 예시적인 조항이라고 해석하는 것이 헌법에 합치되므로 이들 기관 외에는 권한쟁의심판의 당사자가 될 수 없다고 단정할 수 없다.
헌법 제111조 제1항 제4호 소정의 "국가기관"에 해당하는지 여부는 그 국가기관이 헌법에 의하여 설치되고 헌법과 법률에 의하여 독자적인 권한을 부여받고 있는지, 헌법에 의하여 설치된 국가기관 상호간의 권한쟁의를 해결할 수 있는 적당한 기관이나 방법이 있는지 등을 종합적으로 고려하여야 할 것인바, 이러한 의미에서 국회의원과 국회의장은 위 헌법조항 소정의 "국가기관"에 해당하므로 권한쟁의심판의 당사자가 될 수 있다.
우리 재판소가 종전에 이와 견해를 달리하여 국회의원은 권한쟁의심판의 청구인이 될 수 없다고 한 의견은 이를 변경한다."

3) **헌재 1998.7.14. 98헌라1 결정** 김용준 재판관의 견해: "정부에 의하여 국회의 권한이 침해가 된 때에, 국회가 권한쟁의심판을 청구하는 점에 관하여 다수의원이 찬성하지 아니함으로써 국회의 의결을 거칠 수 없는 경우에는, 침해된 국회의 권한을 회복하고자 하는 소수의원에게도 권한쟁의심판을 통하여 국회의 권한을 회복시킬 수 있는 기회를 주어야만 할 것이다. 그러나 위와 같이 국회의 부분기관에게 국회를 위한 '제3자소송담당'을 허용하는 것은 소수자를 보호하기 위한 것이므로, 일정 수 이상의 소수의원이나 소수의원으로 구성된 교섭단체에게만 국회를 위하여 권한쟁의심판을 청구할 적격이 인정되는 것이지, 재적의원 과반수를 이루는 다수의원이나 그들 의원으로 구성된 교섭단체의 경우에는 그들 스스로 국회의 의결을 거쳐 침해된 국회의 권한을 회복하기 위한 방법을 강구할 수 있으므로, 이들에게까지 굳이 법률에 규정되어 있지도 아니한 '제3자소송담당'을 허용할 필요성은 없는 것이다."

이들은 현행법상 당사자능력이 인정되지만, 청구인 병 등이 사안에 있어서 당사자 적격을 갖고 있는 것으로 보기는 어렵다.

Ⅲ. 주장 내용: 권한의 존부 및 범위에 관한 다툼 [10점]

1. 권한: 헌법상 기관의 헌법상 또는 법률상 권한

권한쟁의심판에서 다툴 수 있는 권한은 헌법상 기관의 헌법상 또는 법률상 권한이다. 청구인 병 등이 주장하는 국회의 동의권 침해는 병 등이 아닌 국회가 당사자가 되어 권한쟁의심판을 청구해야 할 것이다.

2. 권한에 영향을 미치는 처분: 대통령의 국무총리서리 임명

사안에서 권한에 영향을 미치는 처분은 대통령의 국무총리서리 임명이며, 이는 공권력의 행사로서 국회의 동의권을 침해하는지 여부가 문제될 수 있는 것이다.

3. 국회의원의 국무총리에 대한 임명동의권과 심의 · 표결권

사안에서 대통령의 국무총리 임명에 대한 국회의 동의권과 국회의원의 동의권은 구분되어야 한다. 또한, 병 등이 예비적으로 청구한 심의 · 표결권의 침해는 국회의원의 헌법상 권한의 침해로 볼 수 있으나, 사안에서 국회가 동의권 침해를 문제삼지 않고 있는데, 심의 · 표결권의 침해를 문제삼는 것도 논리적으로 맞지 않는 것으로 보인다.

Ⅳ. 청구기간 및 기타의 적법요건 [7점]

1. 청구기간

헌법재판소법 제63조에 따라 권한쟁의심판은 그 사유가 있음을 안 날부터 60일 이내에, 그 사유가 있은 날부터 180일 이내에 청구하여야 한다. 이 기간은 불변기간이다.

2. 권리보호의 이익과 헌법적 해명의 필요성

사안의 경우 권한쟁의심판이 청구되는 과정에서 국무총리 임명동의안이 처리되어 권한침해가 이미 종료된 상황일 수 있다. 그러나 같은 유형의 침해행위가 앞으로도 반복될 위험이 있고 헌법적 해명의 필요성이 있다고 할 것이므로 예외적으로 심판청구의 이익이 인정될 수도 있다.[4] 하지만 사안의 경우를 그렇게 보기는 어렵다.[5]

---

4) **헌재 2003.10.30. 2002헌라1 결정:** "현재의 제16대 국회는 4년 임기중 전반기를 이미 마쳤고, 후반기 들어 2002.7.경 새로이 각 상임위원회의 위원배정이 이루어졌으며, 이 때 청구인은 다시 보건복지위원회에 배정되어 현재까지 동 위원회에서 활동하고 있다. 그러므로 청구인이 이 사건 권한쟁의심판청구에 의하여 달성하고자 하는 목적은 이미 이루어져 청구인이 주장하는 권리보호이익은 소멸하였다. 그러나 이 사건과 같이 상임위원회 위원의 개선, 즉 사 · 보임행위는 법률의 근거하에 국회관행상 빈번하게 행해지고 있고 그 과정에서 당해 위원의 의사에 반하는 사 · 보임이 이루어지는 경우도 얼마든지 예상할 수 있으므로 청구인에게 뿐만 아니라 일반적으로도 다시 반복될 수 있는 사안이어서 헌법적 해명의 필요성이 있으므로 이 사건은 심판의 이익이 있다."

5) **헌재 1998.7.14. 98헌라1 결정** 조승형, 고중석 재판관의 견해: "대통령이 헌법에 정한 바에 따라 국회에 국무총리 임명동의요청을 한 다음 국회가 그 사정으로 임명동의안을 처리해 주지 아니한 특별한 사정이 있는 경우에 국무총리서리를 임명한 것은, 대통령이 국회에 국무총리 임명동의안을 제출하지 않거나 그

Ⅴ. 결론 [2점]

사안에서 야당 국회의원 병 등과 대통령 간의 권한쟁의심판은 당사자적격을 갖춘 것으로 보기 어렵다. 국회의 동의권 침해에 대해서는 국회 자신이 권한쟁의심판을 청구해야 할 것이며, 국회 동의권 침해를 전제하지 않고서는 청구인들의 심의 · 표결권 침해를 인정하기 어려울 것이기 때문이다. 따라서 헌법재판소는 병 등의 청구에 대해 각하 결정을 내려야 한다.

2. 병(丙) 등의 헌법소원심판청구가 적법한 경우 헌법재판소는 어떠한 본안판단을 내려야 하는가? (50점)

Ⅰ. 사안의 분석과 쟁점의 정리 [5점]
Ⅱ. 국무총리의 헌법상 지위와 권한 [8점]
1. 대통령제 정부형태와 국무총리의 헌법상 지위
2. 대통령과 국무총리의 관계
3. 헌법 제86조 제2항의 해석
Ⅲ. 국무총리서리의 개념과 성격 및 권한 [10점]
1. 국무총리서리의 개념
2. 국무총리서리의 법적 근거와 성격
3. 국무총리서리의 권한과 그 한계
Ⅳ. 국무총리서리 임명에 의한 국회의 동의권 등 침해 여부에 대한 판단 [12점]
1. 국무총리와 국무총리서리의 구분
2. 국무총리서리와 국무총리에 대한 임명동의권의 구분
3. 국무총리서리가 장기화될 경우의 문제점
Ⅴ. 헌법재판소의 결정과 그 효력 [12점]
1. 헌법재판소 결정의 형식
2. 사안에서 권한침해 여부에 대한 판단
3. 헌법재판소 결정의 효력
Ⅵ. 결론 [3점]

Ⅰ. 사안의 분석과 쟁점의 정리 [5점]

사안에서 국회의원 병 등은 국회 동의권의 침해 내지 자신들의 심의 · 표결권 침해

동의안이 부결된 상태에서 국무총리서리를 임명한 경우와는 달리, 실질적으로 국회의 동의를 얻어야 할 국무총리를 임명한 것이 아니라 그 명칭이나 형식에 관계없이 행정부 구성권자인 대통령이 헌법 제87조 제1항, 정부조직법 제23조에 따라 국무총리가 사고로 인하여 직무를 수행할 수 없을 때에 국무위원을 임명하여 국무총리 직무대행자를 지명할 수 있는 것에 준하여 국회가 임명동의안을 의결할 때까지 한시적으로 국무총리 직무대행자를 임명한 것에 불과하다고 할 것이므로 그 임명절차에 하자가 있다고 하더라도 이 사건 국무총리서리 임명행위가 직접적으로 헌법 제86조 제1항에 의한 국회의 국무총리 임명동의권이나 그 임명동의안에 관한 청구인들의 심의 · 표결권을 침해하였거나 침해할 현저한 위험이 있는 경우에 해당한다고 볼 수 없다."

를 주장하고 있다. 그 주장의 핵심은 국회의 동의를 얻어서 국무총리를 임명하지 않고, 국무총리서리를 임명한 것이 위헌이라는 것이다.

이에 대한 판단을 위해서는 국무총리의 헌법상 지위와 권한에 대한 검토를 전제로, 국무총리서리의 개념과 성격 및 권한, 그리고 이러한 국무총리서리의 임명이 국회의 동의권 등을 침해한 것인지 여부에 대해 고찰해야 할 것이다.

Ⅱ. 국무총리의 헌법상 지위와 권한 [8점]

1. 대통령제 정부형태와 국무총리의 헌법상 지위

대통령제 정부형태에서 부통령이 아닌 국무총리를 두고 있는 것은 이질적이며, 그로 인해 국무총리의 헌법상 지위에 대해서도 논란이 많다.

현재 헌법학계에서는 국무총리제가 의원내각제적 요소를 가미한 것이며, 국무총리의 헌법상 지위로는 대통령의 일차적 권한대행자이며, 대통령의 보좌기관, 정부의 제2인자로서의 지위를 갖는 것으로 보고 있다.

2. 대통령과 국무총리의 관계

대통령은 국민들의 선거에 의해 선출되지만 국무총리는 대통령이 국회의 동의를 얻어 임명한다. 즉, 국무총리 임명권을 갖고 있는 대통령과 국무총리의 관계는 미국의 대통령과 부통령과 다르며, 대통령과 국무총리는 상하관계로 해석된다.

3. 헌법 제86조 제2항의 해석

특히 헌법 제86조 제2항은 국무총리가 대통령을 보좌하며, 대통령의 명을 받아 행정각부를 통할한다고 규정함으로써 대통령과 국무총리의 관계를 분명히 상하관계로 규정하고 있다.

주목할 점은 국무총리의 임명에는 국회의 동의가 필요하지만, 국무총리의 해임은 아무 제한 없이 언제라도 할 수 있다는 점이다.

Ⅲ. 국무총리서리의 개념과 성격 및 권한 [10점]

1. 국무총리서리의 개념

일반적으로 사용되는 국무총리서리의 의미는 국무총리가 될 사람이지만, 아직 국회의 동의를 받지 못해서 국무총리라고 부를 수 없는 사람을 말한다.

국무총리서리가 대통령이 국무총리로 지명한 사람, 즉 국무총리후보자와 구별되는 것은, 전자는 사안의 경우처럼 정부부처의 장관을 통솔하는 등의 역할을 하고 있는 반면에 후자는 그렇지 않다는 점이다.

2. 국무총리서리의 법적 근거와 성격

국무총리와 달리 국무총리서리는 법률상의 개념이 아니다. 헌법뿐만 아니라 정부조직법 등에서도 국무총리서리라는 용어를 사용하지 않고 있다. 그러나 국무총리서리를 둔 예는 여러 차례 있었고, 국무총리서리가 법적 근거가 없는 위헌적인 것이라는 비판도 있다.

하지만, 국무총리서리를 일종의 대통령 대리인이라고 보면, 행정각부를 직접 통할할 권한을 갖고 있는 대통령이 국무총리서리에게 자신의 권한을 위임하여 국무총리서리로서의 직무를 수행하도록 하는 것이 무조건 위헌이라고 보기는 어렵다.[6)]

3. 국무총리서리의 권한과 그 한계

국무총리서리 자체가 합헌이라 하더라도 그 권한은 어디까지나 대통령에게서 위임받은 권한에 한정되는 것이지, 헌법상 국무총리에게 부여되는 권한, 특히 대통령에 대한 일정한 견제 내지 통제의 의미를 담고 있는 권한을 포함하지는 못한다.[7)]

Ⅳ. 국무총리서리 임명에 의한 국회의 동의권 등 침해 여부에 대한 판단 [12점]

1. 국무총리와 국무총리서리의 구분

이상과 같이 국무총리와 국무총리서리를 분명하게 구분할 때, 양자의 헌법상 지위와 권한이 분명히 다르다는 점을 확인할 수 있다.

무엇보다 국회의 동의를 얻어 임명된 국무총리는 대통령에 대한 견제권한을 일부 수행할 수 있지만,[8)] 대통령의 대리인의 지위를 갖는 국무총리서리는 이러한 권한을 행사할 수 없는 것이다.

2. 국무총리서리와 국무총리에 대한 임명동의권의 구분

이러한 양자의 차이에 비추어 볼 때, 국무총리에 대한 임명동의권과 국무총리서리의 문제는 분명하게 구분되어야 한다. 국무총리서리를 임명한 것이 국회의 동의 없는 국무총리임명과 유사한 것으로 볼 수는 없기 때문이다.

3. 국무총리서리가 장기화될 경우의 문제점

물론 국무총리서리가 장기화될 경우에는 문제가 발생될 수 있다. 그러나 대통령이 국회에 임명동의를 요청하지 않은 경우라면 몰라도 사안의 경우처럼 국회 내부의 갈등으로 인하여 임명동의가 제 때 처리되지 못한 경우에는 동의권 침해를 주장하기 어려울 것이다.

---

6) 그러나 이런 헌법이론적 문제를 떠나서 생각해 볼 때, 과연 국회의 동의를 얻기도 전에 현직 총리를 해임하고 서둘러서 총리서리를 임명할 시급한 이유가 있는지는 의문스럽다. 정권의 교체 또는 총리의 유고와 같은 특별한 사정이 있는 경우가 아니라면 오히려 국회의 임명동의절차가 끝난 이후에 공식적으로 총리의 교체를 거쳐 집무를 시작하도록 하는 것이 더 바람직할 것이기 때문이다.

7) 즉 대통령의 국법상 행위에 대한 국무총리의 부서권(헌법 제82조), 국무위원의 임명에 관한 국무총리의 제청권(헌법 제87조 제1항) 및 국무위원에 대한 해임건의권(헌법 제87조 제3항) 등은 총리서리가 행사할 수 없는 것이다.

8) 하지만 대통령에 의해 임명되었고, 언제라도 대통령에 의해 해임될 수 있는 국무총리가 이런 권한을 실효적으로 행사하는 것은 기대하기 어렵다.

Ⅴ. 헌법재판소의 결정과 그 효력 [12점]

1. 헌법재판소 결정의 형식

권한쟁의심판은 심판의 대상이 된 국가기관 또는 지방자치단체의 권한의 유무 또는 범위에 대해 판단하는 것이며, 헌법재판소는 본안판단에서 주문의 형식을 청구인의 주장을 받아들이는 인용결정과 받아들이지 않는 기각결정으로 한다.

2. 사안에서 권한침해 여부에 대한 판단

사안에서 국무총리서리의 임명은 국회의 동의 없는 국무총리임명과 다른 것이며, 더욱이 대통령이 국회에 임명동의를 요청하지 않은 경우라면 몰라도 사안의 경우처럼 국회 내부의 갈등으로 인하여 임명동의가 제 때 처리되지 못한 것이므로 국회 동의권 침해를 인정하기 어렵다. 동의권이 침해되지 않은 상황에서 심의·표결권의 침해는 더욱 인정되지 않는다.

3. 헌법재판소 결정의 효력

권한쟁의심판에 대한 헌법재판소의 결정은 모든 국가기관과 지방자치단체를 기속한다(헌법재판소법 제67조 제1항). 그러나 국가기관 또는 지방자치단체의 처분을 취소하는 결정은 그 처분의 상대방에 대하여 이미 생긴 효력에 영향을 미치지 않는다(헌법재판소법 제67조 제2항).

Ⅵ. 결론 [3점]

이상의 검토를 종합할 때, 야당 국회의원 병 등이 주장하는 권한침해는 인정될 수 없으며, 헌법재판소는 본안판단에서 기각결정을 통해 권한침해의 부존재를 확인해야 한다.

3. 대통령의 국법상 행위에 국무총리 대신 국무총리서리가 부서하는 것이 가능한가? (20점)

Ⅰ. 서: 국무총리서리의 의의와 한계 [2점]
Ⅱ. 국무총리의 부서권과 그 의미 [4점]
Ⅲ. 국무총리서리의 임명과 그 권한 [5점]
Ⅳ. 국무총리서리의 부서권 인정 여부 [8점]
Ⅴ. 결론 [1점]

Ⅰ. 서: 국무총리서리의 의의와 한계 [2점]

국무총리와 국무총리서리는 외견상 매우 유사한 것처럼 보이지만, 그 헌법상 지위 및 성격, 권한 등에서 적지 않은 차이를 보인다. 이러한 차이가 가장 뚜렷하게 드러나는 것 중의 하나가 부서권의 유무이다.

Ⅱ. 국무총리의 부서권과 그 의미 [4점]

헌법 제82조에 따른 국무총리의 부서권은 대통령의 국법상 행위를 확인하고 통제하는 의미를 갖는다. 한편으로는 오류의 가능성을 최소화하며, 다른 한편으로는 대통령의 독선적인 국정운영을 견제할 수 있도록 한 것이다.

물론 대통령의 국무총리 임면권으로 인해 국무총리의 부서권 행사에 실질적인 한계가 있는 것은 분명하다. 그러나 그렇다고 헌법 제82조의 의미를 무시해서는 안 된다.

Ⅲ. 국무총리서리의 임명과 그 권한 [5점]

국무총리서리는 사안의 경우처럼 국회의 동의를 아직 얻지 못했으나 국무총리로 예정되어 대통령이 지명한 사람이 실제 국정운영에까지 참여하는 것을 말한다.

그러나 일종의 대통령의 대리인이라고 볼 수 있는 국무총리서리는 대통령의 위임을 받아 정부부처들을 통할하는 것을 담당할 수 있다. 하지만, 국회의 동의를 받기 이전에는 헌법상 국무총리의 권한으로 규정된 것을 행사할 수 없다.

Ⅳ. 국무총리서리의 부서권 인정 여부 [8점]

이렇게 볼 때, 국무총리서리는 헌법 제82조에 따른 부서권을 행사하지 못하는 것으로 보아야 한다. 그로 인해 국회의 동의를 얻어 국무총리가 임명되지 못한 경우에는 대통령의 국법상 행위에 많은 제약이 가해질 수 있지만, 이러한 부담이 없다면 국무총리서리가 사실상 국무총리를 갈음하는 상황이 벌어질 수도 있을 것이다.

Ⅴ. 결론 [1점]

이상의 검토를 종합할 때, 국무총리서리는 부서권을 갖지 못하며, 오직 국회의 동의를 얻어 임명된 국무총리가 되어야 부서권을 가질 수 있다.

46

「산업기술의 유출방지 및 보호에 관한 법률」의 합헌성 여부

갑은 A선급협회의 선급검사관으로 재직하고 있던 B국 국적의 외국인이다. 갑은 2007.10.경 C중공업 D조선소 내에 소재한 위 협회 사무실에서 선급검사 업무를 수행하던 중 산업발전법 제5조에 따라 산업자원부장관이 고시한 '첨단기술 및 제품의 범위'에 속하는 '드릴쉽(Drillship)'에 관한 C중공업의 설계도면 등의 자료를 자신의 외장형 하드디스크에 복사하였다.

이 사실이 적발됨으로써 갑은 부정한 방법으로 산업기술을 취득하여 「산업기술의 유출방지 및 보호에 관한 법률」 제36조 제2항, 제14조 제1호를 위반하였다는 범죄사실로 2008.12.23. 징역 1년에 집행유예 2년 및 몰수의 형을 선고받았다.

갑은 위 판결에 불복하여 항소한 이후 항소심 계속 중 위 법률조항들에 대하여 위헌법률심판제청신청을 하였으나 기각되자, 2011.2.21. 헌법재판소에 헌법소원심판을 청구하였다.

〈헌재 2013.7.25. 2011헌바39 참조〉

1. 갑의 헌법소원심판청구는 적법한가? (30점)
2. 심판대상조문에서 다른 법령에 근거한 '지정 또는 고시·공고'를 범죄구성요건의 일부로 차용하고 있는 것은 포괄위임입법금지에 위배되는가? (20점)
3. 갑의 헌법소원심판청구가 적법한 경우 헌법재판소는 어떤 본안판단을 내려야 하는가? (50점)

〈참고 조문(아래 법령은 현행 법령과 다를 수 있음)〉

산업기술의 유출방지 및 보호에 관한 법률 제2조 (정의)

이 법에서 사용하는 용어의 정의는 다음과 같다.

1. "산업기술"이라 함은 제품 또는 용역의 개발·생산·보급 및 사용에 필요한 제반 방법 내지 기술상의 정보 중에서 관계중앙행정기관의 장이 소관 분야의 산업경쟁력 제고 등을 위하여 법령이 규정한 바에 따라 지정 또는 고시·공고하는 기술로서 다음 각 목의 어느 하나에 해당하는 것을 말한다.
   가. 국내에서 개발된 독창적인 기술로서 선진국 수준과 동등 또는 우수하고 산업화가 가능한 기술
   나. 기존제품의 원가절감이나 성능 또는 품질을 현저하게 개선시킬 수 있는 기술
   다. 기술적·경제적 파급효과가 커서 국가기술력 향상과 대외경쟁력 강화에 이바지할 수 있는 기술
   라. 가목 내지 다목의 산업기술을 응용 또는 활용하는 기술

2. "국가핵심기술"이라 함은 국내외 시장에서 차지하는 기술적 · 경제적 가치가 높거나 관련 산업의 성장잠재력이 높아 해외로 유출될 경우에 국가의 안전보장 및 국민경제의 발전에 중대한 악영향을 줄 우려가 있는 산업기술로서 제9조의 규정에 따라 지정된 산업기술을 말한다.
3. "국가연구개발사업"이라 함은 「과학기술기본법」 제11조의 규정에 따라 관계중앙행정기관의 장이 추진하는 연구개발사업을 말한다.

산업기술의 유출방지 및 보호에 관한 법률 제14조 (산업기술의 유출 및 침해행위 금지)
누구든지 다음 각 호의 어느 하나에 해당하는 행위를 하여서는 아니 된다.
1. 절취 · 기망 · 협박 그 밖의 부정한 방법으로 대상기관의 산업기술을 취득하는 행위 또는 그 취득한 산업기술을 사용하거나 공개(비밀을 유지하면서 특정인에게 알리는 것을 포함한다. 이하 같다)하는 행위
2. 제34조의 규정 또는 대상기관과의 계약에 따라 산업기술에 대한 비밀유지의무가 있는 자가 그 산업기술을 절취 · 기망 · 협박 그 밖의 부정한 방법으로 유출하는 행위 또는 그 유출한 산업기술을 사용하거나 공개하거나 제3자가 사용하게 하는 행위
3. 제1호 또는 제2호의 규정에 해당하는 행위가 개입된 사실을 알고 그 산업기술을 취득 · 사용 및 공개하거나 산업기술을 취득한 후에 그 산업기술에 대하여 제1호 또는 제2호의 규정에 해당하는 행위가 개입된 사실을 알고 그 산업기술을 사용하거나 공개하는 행위
4. 제1호 또는 제2호의 규정에 해당하는 행위가 개입된 사실을 중대한 과실로 알지 못하고 그 산업기술을 취득 · 사용 및 공개하거나 산업기술을 취득한 후에 그 산업기술에 대하여 제1호 또는 제2호의 규정에 해당하는 행위가 개입된 사실을 중대한 과실로 알지 못하고 그 산업기술을 사용하거나 공개하는 행위
5. 제11조 제1항의 규정에 따른 승인을 얻지 아니하거나 부정한 방법으로 승인을 얻어 국가핵심기술의 수출을 추진하는 행위
6. 제11조 제5항 또는 제7항의 규정에 따른 산업자원부장관의 명령을 이행하지 아니하는 행위

산업기술의 유출방지 및 보호에 관한 법률 제36조 (벌칙)
① 산업기술을 외국에서 사용하거나 사용되게 할 목적으로 제14조 각 호(제4호를 제외한다)의 어느 하나에 해당하는 행위를 한 자는 7년 이하의 징역 또는 7억 원 이하의 벌금에 처한다.
② 제14조 각 호(제4호를 제외한다)의 어느 하나에 해당하는 행위를 한 자는 5년 이하의 징역 또는 5억 원 이하의 벌금에 처한다.
③ 제14조 제4호에 해당하는 행위를 한 자는 3년 이하의 징역 또는 3억 원 이하의 벌금에 처한다.
④ 제1항 내지 제3항의 죄를 범한 자가 그 범죄행위로 인하여 얻은 재산은 이를 몰수한다. 다만, 그 전부 또는 일부를 몰수할 수 없는 때에는 그 가액을 추징한다.
⑤ 제34조의 규정을 위반하여 비밀을 누설한 자는 5년 이하의 징역이나 10년 이하의 자격정지 또는 5천만 원 이하의 벌금에 처한다.
⑥ 제1항 및 제2항의 미수범은 처벌한다.
⑦ 제1항 내지 제3항의 징역형과 벌금형은 이를 병과할 수 있다.

1. 갑의 헌법소원심판청구는 적법한가? (30점)

Ⅰ. 서: 위헌소원의 의의 및 성격과 청구요건 [3점]
Ⅱ. 재판의 전제성 [10점]
  1. 소송의 계속
  2. 심판대상법률(조항)이 당해 소송사건에 적용
  3. 심판대상법률(조항)의 위헌 여부에 따라 다른 내용의 재판
Ⅲ. 위헌법률심판제청의 신청과 기각 [9점]
  1. 위헌소원의 성격과 위헌법률심판제청의 의미
  2. 법원의 기각 결정과 그 구속력
  3. 헌법재판소법 제68조 제2항에 의한 헌법소원심판의 청구
Ⅳ. 기타의 청구요건 [6점]
  1. 변호사 강제주의
  2. 청구기간
Ⅴ. 결론 [2점]

Ⅰ. 서: 위헌소원의 의의 및 성격과 청구요건 [3점]

사안에서 갑이 제기한 헌법소원심판은 헌법재판소법 제68조 제2항에 따른 이른바 위헌소원이다. 위헌소원은 형식상 헌법소원이지만 실질적으로는 위헌법률심판에 해당하는 것이며, 그에 따라 헌법재판소법 제68조 제1항의 권리구제형 헌법소원과는 청구요건에 큰 차이를 보인다. 무엇보다 재판의 전제성 요건이 갖추어져야 하며, 그밖에 당해 법원에 대한 위헌법률심판제청신청과 기각, 변호사 강제주의, 청구기간 등의 요건이 갖춰져야 한다.

Ⅱ. 재판의 전제성 [10점]

1. 소송의 계속

재판의 전제성이 인정되기 위해서는 가장 먼저 법원에 소송이 계속(繫屬) 중이어야 한다. 즉, 법적 쟁점에 관하여 법원에 소송이 제기되고 그 소송에 대해 법원이 심리를 하고 있는 상태여야 한다. 본 사안에서는 소송의 계속 중임을 확인할 수 있다.

2. 심판대상법률(조항)이 당해 소송사건에 적용

두 번째 요건은 위헌 여부가 다투어지는 법률(조항)이 당해 사건에 적용되는 것이어야 한다는 점이다. 당해 사건의 재판과 무관한 법률(조항)에 대해서는 구체적 규범통제에서 위헌 여부를 다툴 수 없기 때문이다.

이 사건의 심판대상조항인 「산업기술의 유출방지 및 보호에 관한 법률」 제36조 제2항, 제14조 제1호 등은 당해 사건에 적용되는 것이므로 이 요건도 충족된다.

3. 심판대상법률(조항)의 위헌 여부에 따라 다른 내용의 재판

재판의 전제성 인정을 위한 마지막 요건은 다투어지는 법률(조항)의 위헌 여부에 따라 당해 사건의 판결 결과에 차이가 발생해야 한다는 점이다. 심판대상조항이 위헌일 경우에는 당해 사건의 소송에 결정적인 영향을 미칠 수 있을 것이므로 이 요건도 충족된다.

Ⅲ. 위헌법률심판제청의 신청과 기각 [9점]

1. 위헌소원의 성격과 위헌법률심판제청의 의미

헌법재판소에 위헌소원을 청구하기 위해서는 먼저 당해 법원에 위헌법률심판제청을 신청하였으나 기각당했어야 한다.

법원이 위헌법률심판제청을 할 수도 있는데 이를 건너뛰고 당사자가 곧바로 위헌소원을 청구하는 것은 헌법재판소의 부담을 과중하게 만들 우려가 있다는 점에서 권리구제형 헌법소원에서 보충성 요건을 둔 것과 유사한 취지로 이런 요건이 인정되는 것이다.

2. 법원의 기각 결정과 그 구속력

사안에서 갑의 위헌법률심판제청신청은 법원에 의해 기각되었고, 이러한 기각 결정에 의해 위헌법률심판제청을 기대할 수 없게 되었다. 그러나 법원의 판단이 항상 타당한 것은 아니라는 점에서 헌법재판소의 판단을 받을 수 있는 길을 열어 놓을 필요성이 인정된다.

3. 헌법재판소법 제68조 제2항에 의한 헌법소원심판의 청구

헌법재판소법 제68조 제2항에 의한 위헌소원은 이러한 의미에서 법원의 위헌법률심판제청이 제대로 행해지지 않는 것에 대한 보완장치라 할 수 있다.[1)]

사안의 갑이 당해법원에 대한 위헌법률심판제청신청의 기각 후에 헌법재판소법 제68조 제2항에 의해 헌법소원심판을 청구함으로써 이 요건을 갖추었다.

Ⅳ. 기타의 청구요건 [6점]

1. 변호사 강제주의

위헌소원은 비록 그 실질은 위헌법률심판이지만 그 형식은 헌법소원심판이며, 당사자가 청구의 주체가 된다. 따라서 헌법재판소법 제25조 제3항에 따라 변호사 강제주의가 적용된다.

그러므로 갑은 변호사를 대리인으로 선임하여야 심판청구를 할 수 있다.

---

1) 제4공화국과 제5공화국 당시 위헌법률심판제청권을 갖고 있던 대법원에서 15년(1972~1987)동안 단 한 건의 위헌법률심판도 제청하지 않았던 경험에 대한 반작용으로 이러한 위헌소원 제도가 도입된 것으로 볼 수 있다.

2. 청구기간

위헌소원은 헌법재판소법 제69조 제2항에 따라 위헌법률심판의 제청신청을 기각하는 결정을 통지받은 날로부터 30일 이내에 청구하여야 한다.

Ⅴ. 결론 [2점]

이상의 검토를 종합할 때, 갑의 헌법소원심판청구는 – 설문에 명확하게 드러나지 않고 있는 변호사 강제주의 및 청구기간 등의 요건을 준수하였다고 볼 때 – 적법한 것으로 판단되며, 헌법재판소는 본안판단에 들어가야 한다.

2. 심판대상조문에서 다른 법령에 근거한 '지정 또는 고시·공고'를 범죄구성요건의 일부로 차용하고 있는 것은 포괄위임입법금지에 위배되는가? (20점)

Ⅰ. 서: 법치주의와 포괄위임입법 금지원칙 [2점]
Ⅱ. 위임입법의 증가와 포괄적 위임입법의 금지 [5점]
Ⅲ. 포괄위임입법의 판단기준 [6점]
Ⅳ. 사안에 대한 판단 [6점]
Ⅴ. 결론 [1점]

Ⅰ. 서: 법치주의와 포괄위임입법 금지원칙 [2점]

현대 행정국가에서는 법치행정의 원칙이 매우 중요하다. 비대해진 행정부의 권한 오남용을 통제하기 위해서는 행정작용의 근거와 방식을 법률로써 규율해야 할 것이기 때문이다.

그러나 현대 행정국가에서는 행정입법이 크게 증가할 수밖에 없고, 그로 인해 포괄적 위임입법의 금지가 강조된다. 형식상 법률에 근거하고 있으나, 실질적으로는 법률의 위임 하에 행정입법에서 규정할 경우에는 법치행정이 유명무실해질 수 있기 때문이다.

Ⅱ. 위임입법의 증가와 포괄적 위임입법의 금지 [5점]

행정국가화가 거스를 수 없는 현실로 나타나고 있는 현대국가에서 행정의 신속하고 탄력적인 활동을 위해서는 행정입법의 증가 또한 불가피하다.

문제는 법률유보의 원칙에 따라 기본권 제한 등의 사항은 법률로 정해야 하는데, 법률에서 제한에 관한 실질적인 사항을 시행령 등에 위임할 경우 법률유보원칙 및 이에 근거한 법치행정이 빈 껍데기가 될 수 있다. 이를 방지하기 위해 헌법 제75조에서는 포괄적 위임입법의 금지를 명시하고 있다.

Ⅲ. 포괄위임입법의 판단기준 [6점]

포괄적 위임입법의 금지 원칙에 위배되는지 여부에 대한 판단은 위임의 포괄성 여부를 핵심으로 한다. 즉, 모든 위임입법이 헌법 제75조에 위배되는 것이 아니라, 구체적으로 범위를 정하지 않고 위임한 경우가 문제되는 것이다.

이와 관련한 구체적인 판단 기준으로는 첫째, 성질상 법률로 정해할 사항인지의 여부, 둘째, 문언상 포괄적인 것이라 하더라도 법률의 전체적 맥락 속에서 구체적인 범위 내지 기준이 도출될 수 있는지 여부, 셋째, 규율 대상이 요구하는 유동성 내지 탄력성의 정도가 어떠한지를 고려해야 할 것이다.

Ⅳ. 사안에 대한 판단 [6점]

이러한 판단기준에 비추어 볼 때, 심판대상조항에서 "법령이 규정한 바에 따라 지정 또는 고시 · 공고하는 기술"이라고 규정한 것은 포괄적 위임입법으로 보기 어렵다. 시행령이나 시행규칙에 위임하는 것이 아니라 타 법령의 규정을 차용하는 것이기 때문이다.

즉, 사안에서 문제되는 산업기술의 유출방지 및 보호에 관한 법률 세2조 제1호의 규정은 동법에서 정한 내용의 구체화를 하위법령에 위임하는 것이 아니라, 이미 존재하는 다른 법령을 전제하고 그 법령에 따른 지정 또는 고시 · 공고를 구성요건으로 수용하는 것이므로 포괄적 위임입법 이전에 위임입법이 아니라고 보아야 할 것이다.[2)]

Ⅴ. 결론 [1점]

그러므로 심판대상조문에서 다른 법령에 근거한 '지정 또는 고시 · 공고'를 범죄구성요건의 일부로 차용하고 있는 것은 포괄위임입법금지에 위배되지 않는다.

3. 갑의 헌법소원심판청구가 적법한 경우 헌법재판소는 어떤 본안판단을 내려야 하는가? (50점)

Ⅰ. 사안의 분석과 쟁점의 정리 [5점]
Ⅱ. 구 산업기술의 유출방지 및 보호에 관한 법률의 의의와 기능 [8점]
  1. 입법취지
  2. 산업기술 유출의 현황과 대책의 필요성
  3. 심판대상조항의 합헌성 판단: 제한의 형식과 비례성 판단
Ⅲ. 죄형법정주의에 따른 명확성원칙 위배 여부 [10점]
  1. 심판대상조항의 형벌법규로서의 성격과 죄형법정주의의 적용

2) **헌재 2013.7.25. 2011헌바39 결정**: "지정 또는 고시 · 공고는 이 사건 법률조항이 아니라 다른 법령에 의하여 수권된 것으로서 별도의 근거법률을 가지고 있고, 그 지정 또는 고시 · 공고는 어떤 '특정한 기술'에 대한 행정처분으로서의 성격을 갖는 데 불과하여 일반 · 추상적 규범을 정립한 것이라고 볼 수 없다. 이 사건 법률조항은 이미 존재하는 다른 법령을 전제하고 그 법령에 기한 지정 또는 고시 · 공고를 구성요건으로 '차용'하고 있는 데 불과한 것이고, 하위법령에 구성요건의 형성을 '위임'하고 있는 위임입법이 아니다."

2. 심판대상에 대한 명확성원칙의 적용
3. 적절한 고지에 따른 예견 가능성 및 법문의 구체화 가능성
Ⅳ. 심판대상조항에 대한 비례성 판단 [12점]
1. 목적의 정당성과 수단의 적합성
2. 침해의 최소성
3. 법익의 균형성
Ⅴ. 헌법재판소의 결정과 그 효력 [12점]
1. 헌법재판소의 결정 형식
2. 심판대상조항의 합헌성 여부에 대한 판단
3. 결정의 효력
Ⅵ. 결론 [3점]

Ⅰ. 사안의 분석과 쟁점의 정리 [5점]

사안에서 갑의 형사처벌에 관한 근거조항으로서 심판대상조문들의 합헌성 여부가 문제되고 있으며, 핵심적인 쟁점은 죄형법정주의 원칙에 기초한 명확성 요청의 준수 여부 및 과잉금지원칙 위배 여부에 있는 것으로 보인다.

이를 판단하기 위해서는 「산업기술의 유출방지 및 보호에 관한 법률」의 의의와 기능에 대한 검토를 전제로 심판대상조항들이 죄형법정주의에 따른 명확성원칙을 침해한 것인지, 과잉금지원칙을 침해한 것인지에 대해 단계적으로 고찰해야 할 것이다.

Ⅱ. 「산업기술의 유출방지 및 보호에 관한 법률」의 의의와 기능 [8점]

1. 입법취지

이 법률은 제1조에서 규정하고 있듯이, "산업기술의 부정한 유출을 방지하고 산업기술을 보호함으로써 국내산업의 경쟁력을 강화하고 국가의 안전보장과 국민경제의 발전에 이바지"하고자 하는 것이다.

2. 산업기술 유출의 현황과 대책의 필요성

대한민국이 선진국 반열에 올라선 이후 산업기술의 유출 문제는 매우 심각한 것으로 알려져 있다. 특히 중국 등 개도국에서는 우리 기술을 탐내는 산업스파이를 많이 침투시키고 있다. 이에 대한 적극적 대응의 필요성에는 이견이 없으며, 「산업기술의 유출방지 및 보호에 관한 법률」의 존재의의에도 공감할 수 있다.

3. 심판대상조항의 합헌성 판단 : 제한의 형식과 비례성 판단

비록 산업기술의 유출방지가 중요한 공익으로서 정당한 것이라 하더라도, 이를 위해 어떤 수단이라도 투입될 수 있는 것은 아니다. 한편으로는 이를 위한 기본권 제한이 정당한 형식과 절차를 갖춰야 하며, 다른 한편으로는 제한의 방식 및 정도와 관련하여 비례성원칙에 합치하여야 한다.

Ⅲ. 죄형법정주의에 따른 명확성원칙 위배 여부 [10점]

1. 심판대상조항의 형벌법규로서의 성격과 죄형법정주의의 적용

심판대상조항은 형벌을 부과하는 형벌법규로서의 성격을 가지고 있다. 따라서 죄형법정주의 원칙이 적용되어야 한다. 과태료 등 행정벌을 부과하는 경우와 달리 보다 엄격한 기준이 충족되어야 하는 것이다.

2. 심판대상에 대한 명확성원칙의 적용

명확성원칙은 기본권 제한에 일반적으로 적용된다. 하지만 형벌법규의 경우에는 죄형법정주의 요청에 따라 명확성 요건이 더욱 강조되며, 그 적용의 대상 및 기준이 명확해야 한다. 그렇지 않은 경우에는 위헌이 될 것이다.

3. 적절한 고지에 따른 예견 가능성 및 법문의 구체화 가능성

사안에서는 「산업기술의 유출방지 및 보호에 관한 법률」 자체에서 정하지 않고 다른 법령에 따른 '지정 또는 고시 · 공고'를 범죄구성요건의 일부로 차용하고 있다.

이는 무엇이 금지되는 것인지를 명확하게 규정하지 않고 있는 것이며, 따라서 이를 정확하게 확인 내지 예측하고 행위를 결정할 수 없게 하므로 죄형법정주의의 명확성원칙에 위배된다.[3]

Ⅳ. 심판대상조항에 대한 비례성 판단 [12점]

1. 목적의 정당성과 수단의 적합성

앞서 살펴본 바와 같이 산업기술유출 문제의 심각성에 비추어 볼 때, 목적의 정당성은 인정된다. 또한 형벌의 부과라는 수단이 목적 달성에 도움이 되는 것은 분명하므로 수단의 적합성도 인정된다.

2. 침해의 최소성

사안의 경우 형벌의 부과 이외에 산업기술 유출범죄에 대해 동일한 효과를 가질 수 있는 다른 대안이 있다고 보기 어려우므로 침해의 최소성 요건도 갖춘 것으로 보인다.

3. 법익의 균형성

사안에서 부과되고 있는 형벌은 다른 유사한 범죄에 비해 특별히 무거운 것이라고 보기 어려우므로 법익의 균형성도 충족한다.

---

3) **헌재 2013.7.25. 2011헌바39 결정**: "이 사건 법률조항은 관계 법령에 따른 지정 또는 고시 · 공고의 근거법령을 구체적으로 특정하지 아니하여 그 문언만으로는 그 법령이 '관계 중앙행정기관의 장이 소관 분야의 산업경쟁력 제고 등을 위하여 하는 지정 또는 고시 · 공고의 근거가 되는 법령'이라는 추상적인 내용만을 알 수 있을 뿐, 해당되는 법령이 무엇인지 그리고 지정 또는 고시 · 공고를 하는 관계 중앙행정기관의 장이 누구인지 통상의 판단능력을 가진 일반인이 그 해석을 통해서 구체적으로 확정할 수 없게끔 되어 있다. 따라서 이 사건 법률조항은 이러한 규정형식의 불명확성 때문에 '적절한 고지'의 역할을 하지 못하여 수범자가 자신의 행위가 금지되는지, 아닌지를 정확하게 예측하고 자신의 행위를 결정할 수 없게 하고 있으므로, 죄형법정주의의 명확성원칙에 위배된다."

Ⅴ. 헌법재판소의 결정과 그 효력 [12점]

1. 헌법재판소의 결정 형식

사안의 위헌소원은 형식상 헌법소원심판이지만, 그 실질은 위헌법률심판에 해당한다. 따라서 헌법재판소는 인용 또는 기각의 형식이 아니라 합헌 또는 위헌(때로는 헌법불합치 등 변형결정)의 형식으로 본안판단을 내린다.

2. 심판대상조항의 합헌성 여부에 대한 판단

앞서 검토한 바에 따라 심판대상조항은 죄형법정주의에서 요구되는 명확성원칙에 위배된다. 비록 과잉금지원칙에 위배되는 것은 아니라 할지라도, 명확성원칙의 위배만으로 심판대상조항의 해당부분("그 밖의 부정한 방법으로 대상기관의 산업기술을 취득하는 행위")은 위헌이다.

3. 결정의 효력

헌법재판소의 위헌결정은 모든 국가기관과 지방자치단체를 기속한다. 이에 따라 심판대상조항의 해당부분은 위헌으로 무효가 되며, 이를 근거로 처분이나 재판을 할 수 없다.

Ⅵ. 결론 [3점]

이상의 검토를 종합할 때, 심판대상조항은 목적의 정당성, 수단의 적합성, 침해의 최소성, 법익의 균형성 등을 갖추었으나, 죄형법정주의에 따라 요구되는 명확성 요건을 갖추지 못하였다. 따라서 헌법재판소는 심판대상조항의 해당 부분("그 밖의 부정한 방법으로 대상기관의 산업기술을 취득하는 행위")은 위헌이라는 본안판단을 내려야 한다.

47

법관의 연임불허 결정과 관련 조항의 위헌성 여부

甲은 10년간 판사로 재직한 이후 대법원장에게 연임희망원을 제출하였으나 법관인사위원회는 甲연임적격 여부가 문제되는 판사로서 심의대상에 해당한다고 결정하였고, 甲에게 이를 통지하였다. 甲은 법관인사위원회 회의에 출석하여 의견을 진술하고 소명자료를 제출하였으며, 법관인사위원회는 같은 날 甲을 연임부적격으로 의결하였다.

연임적격 여부에 관하여 대법관회의를 거친 후, 대법원장은 甲의 10년 동안 근무성적평정 결과와 법관인사위원회의 연임적격에 관한 심의 결과 등을 종합하여 법원조직법 제44조의2 제3항에 따라 甲을 연임하지 않기로 하는 결정을 하였다. 이에 甲은 소청심사를 청구하였으나 기각되자 서울행정법원에 대법원장의 연임불허 결정의 취소를 구하는 소송을 제기하였고, 서울행정법원에서는 헌법재판소에 법원조직법 제44조의2 제3항에 대한 위헌법률심판을 제청하였다.

〈헌재 2016.9.29. 2015헌바331 결정 참조〉

1. 위의 위헌법률심판제청은 적법한가? (20점)
2. 근무평정에 관한 사항을 대법원규칙에 위임하고 있는 법원조직법 조항은 포괄위임금지원칙에 위배되어 위헌인가? (30점)
3. 위의 위헌법률심판제청이 적법할 경우, 대해서 헌법재판소는 어떤 본안판단을 내려야 하는가? (50점)

〈참고 조문(아래 법령은 현행 법령과 다를 수 있음)〉

헌법 제105조

① 대법원장의 임기는 6년으로 하며, 중임할 수 없다.
② 대법관의 임기는 6년으로 하며, 법률이 정하는 바에 의하여 연임할 수 있다.
③ 대법원장과 대법관이 아닌 법관의 임기는 10년으로 하며, 법률이 정하는 바에 의하여 연임할 수 있다.
④ 법관의 정년은 법률로 정한다.

법원조직법 제44조의2(근무성적 등의 평정)

① 대법원장은 판사에 대한 근무성적과 자질을 평정(評定)하기 위하여 공정한 평정기준을 마련하여야 한다.
② 제1항의 평정기준에는 근무성적평정인 경우에는 사건 처리율과 처리기간, 상소율,

> 파기율 및 파기사유 등이 포함되어야 하고, 자질평정인 경우에는 성실성, 청렴성 및 친절성 등이 포함되어야 한다.
> ③ 대법원장은 제1항의 평정기준에 따라 판사에 대한 평정을 실시하고 그 결과를 연임, 보직 및 전보 등의 인사관리에 반영한다.
> ④ 제1항부터 제3항까지에서 규정한 사항 외에 근무성적과 자질의 평정에 필요한 사항은 대법원규칙으로 정한다.

1. 위의 위헌법률심판제청은 적법한가? (20점)

> Ⅰ. 위헌법률심판의 성격과 적법요건의 의미 [2점]
> Ⅱ. 구체적 규범통제와 재판의 전제성 [5점]
> 1. 구체적 규범통제의 개념과 특성
> 2. 재판의 전제성의 의미
> 3. 재판의 전제성의 구성요소
> Ⅲ. 사안의 재판의 전제성 구비 여부에 대한 판단 [6점]
> 1. 법원에의 소송의 계속
> 2. 해당 법률(조항)의 당해 사건에의 적용
> 3. 해당 법률(조항)의 위헌성 여부에 따른 판결 결과의 차이
> Ⅳ. 소의 이익 및 기타 요건 [6점]
> 1. 소의 이익
> 2. 헌법적 해명의 중요성과 소의 이익에 대한 예외 인정
> 3. 위헌 여부에 대한 합리적 의심
> Ⅴ. 결론 [1점]

Ⅰ. 위헌법률심판의 성격과 적법요건의 의미 [2점]

현행법상 인정되고 있는 위헌법률심판은 구체적 규범통제이며, 따라서 법원에 재판이 계속 중인 상태에서 법률의 위헌 여부가 문제되는 경우에 당해 법원이 제청하는 것이다.

위헌법률심판의 적법요건으로는 재판의 전제성과 더불어 위헌 여부에 대한 합리적 의심, 소의 이익 등이 요구된다. 법원에서 제청하는 만큼 적법요건에는 큰 문제가 없는 경우가 대부분이지만, 간혹 일부 적법요건의 구비 여부가 문제되는 경우도 있다.[1)]

---

1) **헌재 2003.10.30. 2002헌가24 결정**: "법률에 대한 위헌제청이 적법하기 위해서는 법원에 계속중인 구체적인 사건에 적용할 법률이 헌법에 위반되는 여부가 재판의 전제로 되어야 한다. 당해사건을 담당하는 법원이 당해 법률의 위헌 여부와 관계없이 각하를 하여야 할 사건이라면 당해 법률이 헌법에 위반되는지의 여부에 따라 당해 사건을 담당하는 법원이 다른 내용의 재판을 하게 되는 경우라고 할 수 없으므로 재판의 전제성이 인정될 수 없다."
헌재 2016.3.31. 2015헌가8 결정: "심판대상조항은 형사소송인 당해사건에서 형벌의 근거조항으로서 직접 적용되는 조항이 아니라, 당해사건의 유죄판결이 확정되고 난 후 그 유죄판결에 기초하여 부과되는 새로운 제재의 근거조항일 뿐이므로, 심판대상조항은 그 위헌 여부로 재판의 주문이 달라지거나 재판의

Ⅱ. 구체적 규범통제와 재판의 전제성 [5점]

1. 구체적 규범통제의 개념과 특성

구체적 규범통제는 가장 먼저 탄생된 위헌법률심판이며, 법원의 소송이 계속 중인 상태에서 당해 사건에 적용되는 법률의 합헌성 여부에 대해서만 한정적으로 위헌 여부 판단을 인정하는 것이다. 구체적 규범통제의 장점은 심판대상의 과도한 확대를 막고, 민중소송화를 방지하는 것이지만, 단점으로는 태아의 생명권 등 보호의 사각지대가 존재한다는 점이다.

2. 재판의 전제성의 의미

재판의 전제성은 '구체적 규범통제'로서의 성격 때문에 요구되는 것으로서, 위헌 여부에 대한 판단이 재판의 결과에 영향을 미칠 때에만 법원이 위헌법률심판을 제청할 수 있도록 한 것이다. 따라서 재판의 전제성을 구비하지 못한 경우에는 위헌법률심판이 진행되지 못한다.

3. 재판의 전제성의 구성요소

재판의 전제성이 인정되기 위해서는 세 가지 요건이 갖춰져야 한다. 첫째, 법원에 소송이 계속(繫屬) 중이어야 하며, 둘째, 심판대상법률(조항)이 당해 소송사건에 적용되어야 하며, 셋째, 심판대상법률(조항)의 위헌 여부에 따라 재판의 내용이 달라질 수 있어야 한다.

Ⅲ. 사안의 재판의 전제성 구비 여부에 대한 판단 [7점]

1. 법원에의 소송의 계속

재판의 전제성이 인정되기 위해서는 가장 먼저 법원에 소송이 계속(繫屬) 중이어야 한다. 즉, 법적 쟁점에 관하여 법원에 소송이 제기되고 그 소송에 대해 법원이 심리를 하고 있는 상태여야 한다.[2] 사안에서는 소송이 계속 중이라는 점이 확인된다.

2. 해당 법률(조항)의 당해 사건에의 적용

재판의 전제성이 인정되기 위한 두 번째 요건은 위헌 여부가 다투어지는 법률(조항)이 당해 사건에 적용되는 것이어야 한다는 점이다. 당해 사건의 재판과 무관한 법률(조항)에 대해서는 구체적 규범통제에서 위헌 여부를 다툴 수 없기 때문이다.

사안에서는 법원조직법 제44조의2 제3항이 당해 사건에 적용되므로 이 요건도 갖

내용과 효력에 관한 법률적 의미가 달라지는 경우라고 보기 어려워 재판의 전제성이 없다."
헌재 2016.3.31. 2015헌가36 결정: "확정된 유죄판결에서 처벌의 근거가 된 법률조항은 재심의 개시 여부를 결정하는 재판에서는 재판의 전제성이 인정되지 않고, 재심의 개시 결정 이후의 '본안사건에 대한 심판'에 있어서만 재판의 전제성이 인정된다. 이 사건 제청법원은 당해사건인 재심사건에서 재심개시결정을 하지 아니한 채 심판대상조항에 대해 위헌제청을 하였으므로, 이 사건 위헌법률심판제청은 재판의 전제성이 인정되지 아니하여 부적법하다."

2) 다만, 당해사건이 부적법하여 각하될 것이 분명한 경우에는 재판의 전제성 자체가 결여된 것으로 보는 것이 헌법재판소의 판례이다. **헌재 2017.6.29. 2016헌바184**; **헌재 2019.2.28. 2017헌바417** 등 참조.

추었다.

3. 해당 법률(조항)의 위헌성 여부에 따른 판결 결과의 차이

재판의 전제성 인정을 위한 마지막 요건은 다투어지는 법률(조항)의 위헌 여부에 따라 당해 사건의 판결 결과에 차이가 발생해야 한다는 점이다.

사안에서 심판대상조항인 법원조직법 제44조의2 제3항의 합헌 여부에 따라 재판의 결과가 달라질 수 있으므로 이 요건도 갖추었다.

Ⅳ. 위헌 여부에 대한 합리적 의심과 권리보호의 이익 [5점]

1. 위헌 여부에 대한 합리적 의심

위헌법률심판 제청의 주체는 법원이며, 법원은 직권 또는 당사자의 신청에 따라 제청 여부를 결정한다. 이와 관련하여 당사자의 위헌 주장이 있으면 당해 법원은 위헌법률심판을 제청할 의무가 있다는 주장도 있으나, 위헌소원의 존재에 비추어 볼 때 이는 타당하지 않다.

사안의 경우 심판대상조항의 합헌성 여부에 대해 논란의 여지가 있다는 법원의 판단이 자의적인 것이라고 보기는 어렵다.

2. 권리보호의 이익과 헌법적 해명의 중요성

위헌법률심판도 사법작용이며, 따라서 위헌법률심판제청 신청인의 입장에서 권리보호의 이익이 인정되어야 한다. 따라서 권리보호의 이익이 없는 것으로 인정될 경우에는 적법요건의 결여로 인해 헌법재판소는 각하 결정을 내릴 수 있다.[3]

다만, 헌법적 해명의 중요성이 인정되고, 유사한 사건에 대한 위헌 논란이 반복될 여지가 있을 경우에는 예외적으로 위헌 여부의 심판 이익이 있다고 인정된다.[4]

사안의 경우 권리보호의 이익도 인정된다.

---

3) **헌재 2009.10.29. 2007헌바132 결정**: "헌법소원제도의 목적에 비추어 권리보호이익이 있는 경우에만 이를 제기할 수 있고, 헌법소원이 비록 적법하게 제기되었더라도 권리보호이익은 헌법재판소의 결정 당시에도 존재해야 한다. 그런데 개정 특조법 제3조에 대한 이 사건 헌법소원심판이 청구되어 계속중인 2009.3.25. "하천편입토지 보상 등에 관한 특별조치법"이 법률 제9543호로 제정되었다. 그렇다면 개정 특조법 제3조에 대한 이 사건 심판청구는 심판계속중 청구인이 심판을 통하여 이루고자 하는 주관적 목적을 위 법률을 통하여 달성할 수 있게 되었으므로 권리보호의 이익, 즉 심판의 이익이 상실되어 부적법하다."
이 결정은 '위헌소원'사건에 대한 것으로서 헌법소원심판제도의 목적을 들고 있지만, 그 실질은 위헌법률심판이며, 위헌법률심판에서 유사한 상황이 발생할 경우에 똑같은 논리로 부적법 각하가 가능할 것이다.

4) **헌재 2009.3.26. 2007헌가19 결정**: "심리기간 중 소의 이익이 소멸되었다 하더라도 헌법재판소로서는 제청 당시 전제성이 인정되는 한 예외적으로 객관적인 헌법질서의 수호·유지를 위하여 긴요한 사항에 대하여는 그 위헌 여부에 대한 판단을 할 수 있는 것이고(헌재 2000.7.20. 99헌가7, 판례집 12-2, 17, 25 ; 헌재 2004.10.28. 2003헌가18, 판례집 16-2하, 86, 94 참조), 이 사건 법률조항의 위헌 여부는 집행유예와 비교하여 평등권 침해가 문제되는 등 중요한 헌법적인 사항이라 할 수 있으며, 이 문제에 대하여 우리 재판소가 아직 헌법적 해명을 한 바 없을 뿐만 아니라, 이 사건과 관련하여 또는 이 사건과 무관하게 심판대상 법률조항에 따른 선고유예의 실효 청구가 재차 이루어져 평등권 등에 대한 기본권 침해의 논란이 반복될 여지가 있음이 분명하여, 이에 대한 위헌 여부의 심판이익이 있으므로, 객관적인 권리보호의 이익은 여전히 존재한다 할 것이다."

Ⅴ. 결론 [1점]

이상의 검토를 종합할 때, 법원의 위헌법률심판 제청은 재판의 전제성 등의 적법요건을 모두 갖춘 것으로 판단되며, 헌법재판소는 본안판단에 들어가야 할 것이다.

2. 근무평정에 관한 사항을 대법원규칙에 위임하고 있는 법원조직법 조항은 포괄위임금지원칙에 위배되어 위헌인가? (30점)

Ⅰ. 서: 대법원규칙과 포괄위임금지원칙의 적용 [3점]
Ⅱ. 법치주의와 포괄위임금지원칙 [7점]
  1. 법치주의와 법률적 근거의 필요성
  2. 법률유보원칙과 법률이 필요한 사안의 범위
  3. 포괄위임금지원칙과 규율의 밀도
Ⅲ. 포괄위임금지원칙의 판단기준 [9점]
  1. 법률로 정해야 할 사안인가?
  2. 법률(조항)의 전체적 취지의 이해
  3. 탄력적 규율의 필요성의 정도
Ⅳ. 법원조직법 제44조의2 제4항의 합헌성 여부의 판단 [9점]
  1. 사법부의 독립과의 관련성 – 법률로 정해야 할 중요성
  2. 법원조직법 제44조의2 제2항과의 관계 속에서의 해석 – 예측가능성 확보
  3. 사법부의 자율적 인사권과 관련한 탄력적 규율의 필요성
Ⅴ. 결론 [2점]

Ⅰ. 서: 대법원규칙과 포괄위임금지원칙의 적용 [3점]

사안에서 문제되고 있는 것은 법원조직법에서 대법원규칙에 위임하고 있는 조항이다. 비록 헌법 제75조는 대통령령 등 행법입법에의 포괄적 위임을 금지하고 있으나, 대통령령과 동등한 위치에 있는 국회규칙, 대법원규칙, 선관위규칙 등에 대해서도 포괄적 위임입법의 금지는 적용되어야 할 것이다. 다만, 심판대상조항이 포괄적 위임을 하고 있는지에 대해서는 신중한 검토가 필요할 것이다.

Ⅱ. 법치주의와 포괄위임금지원칙 [7점]

1. 법치주의와 법률적 근거의 필요성

민주주의와 더불어 헌법질서를 구성하는 양대 축이라 할 수 있는 법치주의는 다양한 요소로 구성되어 있다. 그중에서도 국민의 기본권제한 등과 관련된 중요한 사항에 대해서는 법률적 근거를 갖춰야 한다는 법률유보 원칙은 법치주의의 가장 중요한 요소의 하나이다.

2. 법률유보원칙과 법률이 필요한 사안의 범위

법률유보원칙은 침해유보, 전부유보, 사회적 유보 등 다양한 형태로 발전되었으나 오늘날에는 의회유보가 널리 인정되고 있으며, 국내의 통설과 판례의 태도이기도 하다.

의회유보에 따르면 의회 스스로가 중요하다고 생각하는 사항을 법률로 정할 수 있다. 즉, 광범위한 입법재량이 인정되는 것이다. 다만, 헌법상 의회에 입법의무가 있는 경우, 또는 헌법상 다른 국가기관의 권한에 속하는 사항에 대해서는 이러한 입법재량이 제한된다.

3. 포괄위임금지원칙과 규율의 밀도

법률유보의 원칙이 법률로 정해야 할 사항의 범위를 규정한다면, 포괄적 위임입법의 금지원칙은 법률로 정할 경우에 그 실질적인 내용을 시행령, 시행규칙 등에 포괄적으로 위임함으로써 법률에 의한 규율이 유명무실하게 되는 것을 막는 역할을 한다. 이를 법률에 의한 규율의 밀도를 유지하는 것으로 지칭하기도 한다.

Ⅲ. 포괄위임금지원칙의 판단기준 [9점]

1. 법률로 정해야 할 사안인가?

포괄적 위임입법 여부의 판단에서 가장 먼저 고려되어야 할 점은 법률로 정해야 할 사항인지의 여부이다. 헌법상 반드시 법률로 정할 사항이 아니라면 설령 의회에서 법률로 정한 경우라 하더라도 그 위임에 대해 비교적 폭넓게 인정될 수 있을 것이기 때문이다.

2. 법률(조항)의 전체적 취지의 이해

해당 조문의 문구만으로는 포괄적 위임으로 볼 수 있는 것도 법률 전체의 맥락 속에서 보면 그 의미와 한계가 보다 명확해질 수 있다. 즉, 이를 통해 위임의 범위 및 판단의 기준이 밝혀질 수 있는 경우에는 굳이 포괄적 위임으로 볼 필요는 없다는 것이 헌법재판소의 판례이다.5)

3. 탄력적 규율의 필요성의 정도

규율대상이 요구하는 유동성 내지 탄력성이 어느 정도이며, 위임의 범위가 그러한 요구 이상으로 폭넓게 인정되고 있는지의 여부도 이에 대한 판단기준이 된다.6)

---

5) **헌재 2015.4.30. 2012헌바284 결정**: “심판대상조항과 관련 조항들을 전체적 · 체계적으로 해석하면, 심판대상조항은 하위법규인 대통령령에 규정될 내용 및 범위의 기본사항, 즉 공익법인 출연재산에 대한 상속세과세가액 불산입 요건의 기본사항을 국민이 예측할 수 있을 정도로 구체적이고 명확하게 규정하고 있으며, 하위법규인 대통령령에 위임하고 있는 사항은 기술적인 사항이나 기타 세부적인 사항의 규율에 국한되어 있다. 그렇다면 심판대상조항은 조세법률주의 및 포괄위임입법금지원칙에 위배되지 아니한다.”
헌재 2010.2.25. 2008헌가6 결정: “산업재해발생에 관한 보고를 하지 않는 경우를 처벌하는 구 산업안전보건법 제69조 제1호가 내포하고 있는 처벌법규의 구성요건에 관한 기본사항인 “보고내용”에 관하여 그 대강이 확정되지 않은 상태에서 그 규범의 실질을 모두 하위법령인 노동부령에 위임한 것은 포괄적 위임입법으로서 헌법 제75조의 포괄위임입법금지원칙에 위반된다.”

6) 헌법재판소에 따르면 위임입법에 대해 요구되는 구체성, 명확성의 정도는 그 규율대상의 종류와 성격에 따라 달라질 것이지만, 특히 처벌법규나 조세법규 등 국민의 기본권을 직접적으로 제한하거나 침해할 소

Ⅳ. 법원조직법 제44조의2 제4항의 합헌성 여부의 판단 [9점]

1. 사법부의 독립과의 관련성 - 법률로 정해야 할 중요성

법원조직법 제44조의2 제4항은 "제1항부터 제3항까지에서 규정한 사항 외에 근무성적과 자질의 평정에 필요한 사항은 대법원규칙으로 정한다."고 규정하고 있다.

법관의 근무성적 및 자질의 평정에 관한 사항은 법관의 인사에 직접 반영되는 것으로서 사법부의 독립과도 직접 관련된 것으로서 법률로 정해야 할 중요성이 인정된다.

2. 법원조직법 제44조의2 제2항과의 관계 속에서의 해석 - 예측가능성 확보

앞서 확인한 바와 같이 포괄적 위임입법의 금지는 해당 조항뿐만 아니라, 전후 조항들과의 전체적 맥락 속에서 그 의미가 명확하게 해석될 수 있는지를 고려해야 한다.

사안의 법원조직법 제44조의2 제4항은 동조 제2항과의 관계 속에서 해석되어야 하며, 이를 통해 대법원규칙의 내용에 대한 예측가능성이 확보될 수 있으므로 포괄적 위임입법이라고 볼 수 없다.

3. 사법부의 자율적 인사권과 관련한 탄력적 규율의 필요성

또한 사법부의 자율적 인사권이 인정되어야 한다는 점, 이를 위해 어느 정도 탄력적 규율이 필요하다는 점도 법원조직법 제44조의2 제4항에서 대법원규칙에 위임하는 것을 정당화시키는 논거가 될 수 있다.

Ⅴ. 결론 [2점]

이상의 검토를 종합할 때, 법원조직법 제44조의2 제4항은 근무평정에 관한 사항을 대법원규칙에 위임하고 있는 것은 포괄적 위임입법 금지에 위배되지 않는다.

3. 위의 위헌법률심판제청이 적법할 경우, 대해서 헌법재판소는 어떤 본안판단을 내려야 하는가? (50점)

> Ⅰ. 사안의 분석과 쟁점의 정리 [5점]
> Ⅱ. 사법부 독립과 법관의 독립 [8점]
> 　1. 사법부 독립의 의미와 성격
> 　2. 법원의 독립과 법관의 독립
> 　3. 법관의 독립과 신분보장, 정년제, 연임제
> Ⅲ. 헌법 제105조 제3항과 연임제의 의미 [10점]
> 　1. 헌법 제105조 제3항의 해석: 연임제 자체가 위헌은 아니다.

지가 있는 법규에서는 구체성, 명확성의 요구가 강화되어 그 위임의 요건과 범위가 일반적인 급부행정법규의 경우보다 더 엄격하게 제한적으로 규정되어야 하는 반면에, 규율대상이 지극히 다양하거나 수시로 변화하는 성질의 것일 때에는 위임의 구체성, 명확성의 요건이 완화되어야 한다는 것이다(헌재 1991.2.11. 90헌가27 결정; 헌재 1994.7.29. 92헌바49등 결정; 헌재 1998.2.27. 95헌바59 결정; 헌재 2003.7.24. 2002헌바54 결정; 헌재 2005.7.21. 2004헌가30 결정 등 참조).

Ⅰ. 사안의 분석과 쟁점의 정리 [5점]

사안에서 갑은 판사 연임에 탈락한 후에 대법원장의 연임불허 결정의 근거조항인 법원조직법 제44조의2 제3항의 합헌성을 다투었고, 법원에서는 이에 대해 동 조항에 대해 위헌법률심판을 헌법재판소에 제청하였다.

이에 대한 올바른 판단을 위해서는 사법부의 독립 및 그 내용인 법관의 독립을 전제로 연임제의 의미와 연임불허 결정의 정당성 여부에 대해 고찰하여야 한다. 그 고찰의 결과에 따라 법원조직법 제44조의2 제3항의 합헌성 여부가 결정될 수 있을 것이다.

Ⅱ. 사법부 독립과 법관의 독립 [8점]

1. 사법부 독립의 의미와 성격

사법부 독립은 사법의 본질인 재판의 공정성을 확보하기 위한 가장 기본적인 전제이다. 사법의 독립성과 중립을 전제로 할 때 비로소 공정한 재판이 가능할 것이기 때문이다.

이러한 사법부 독립은 법치주의 및 권력분립의 핵심적 요소이며, 이를 침해하는 법조항은 위헌으로 판단되어야 한다.

2. 법원의 독립과 법관의 독립

사법부 독립의 내용은 법원의 독립과 법관의 독립으로 나뉜다. 전자는 법원 조직이 대통령이나 국회 등 외부의 영향력으로부터 독립되어야 한다는 것이고, 후자는 법관의 재판이 오로지 헌법과 법률에 따른 것이며, 법원 내에서의 영향력에도 노출되어서는 안 된다는 것이다.

3. 법관의 독립과 신분보장, 정년제, 연임제

법관의 독립을 담보하기 위한 가장 중요한 요소로서 법관에 대한 신분보장을 들 수 있으며, 그밖에 정년제, 연임제도 법관의 독립과 직결되는 중요한 제도이다.

Ⅲ. 헌법 제105조 제3항과 연임제의 의미 [10점]

1. 헌법 제105조 제3항의 해석: 연임제 자체가 위헌은 아니다.

헌법 제105조 제3항은 "대법원장과 대법관이 아닌 법관의 임기는 10년으로 하며, 법률이 정하는 바에 의하여 연임할 수 있다"고 규정하고 있다.

비록 연임제에 대해 찬반 논란이 있지만, 이 규정에 따라 연임제를 위헌이라 할 수 없다는 점은 분명하다.

2. 연임에 대한 입법위임의 의미와 한계

헌법 제105조 제3항에서는 '법률이 정하는 바에 의하여' 연임을 결정하도록 하고 있다. 즉, 법관의 임기를 10년으로 하는 것은 헌법에 의해 확정된 사항이지만, 연임의 구체적인 방식, 기준 등에 대해서는 법률로 정하도록 하고 있는 것이다.

다만, 이러한 연임의 기준이나 방식이 사법부의 독립 내지 법관의 독립을 위태롭게 하는 것이라면 위헌이 될 수 있다.

3. 헌법 제105조 제3항의 구체화로서의 법원조직법 제44조의2

연임제도 헌법상 인정됨에 따라 법원조직법에서도 연임에 관한 규정을 두고 있다. 즉, 헌법 제105조 제3항을 구체화한 것이 법원조직법 제44조의2라고 볼 수 있다.

이 조항에서는 연임 등의 평가를 위한 기준을 제2항에서 제시하고 있으며, 제3항에서는 이를 연임 등의 인사관리에 반영하도록 하고 있는 것이다.

Ⅳ. 법원조직법 제44조의2의 합헌성 여부의 판단 [12점]

1. 근무성적평정에 따른 연임 등 판단의 필요성

연임제도 자체를 위헌이라고 볼 수 없다면, 연임 여부의 결정의 합리성이 문제될 뿐이다. 특히 갑이 주장하는 법원조직법 제44조의2 제3항의 위헌성 여부는 결국 법원조직법 제44조의2가 합리적인 기준과 절차에 따른 연임 여부 결정을 담보하는지에 따라 달라질 것이다.

이렇게 볼 때, 법원조직법 제44조의2는 제2항에서 근무성적평정의 기준을 구체적으로 제시하고 있으며, 제3항에서 이를 근거로 연임 여부 결정을 내리도록 한 것은 합리적인 것으로 판단된다.

2. 판사의 신분보장과의 관계

연임제도 자체가 판사의 신분보장을 약화시킨다는 비판도 있지만, 앞서 검토한 바와 같이 연임제도 자체가 헌법에 근거한 것으로서 위헌이라고 볼 수 없으므로 이러한 주장도 해석론으로서는 타당하지 않다.

3. 근무성적평정 방식의 절차적 정당성 여부

연임에 대한 전제로 근무성적의 평정이 불합리한 절차에 따라서 행해진 경우, 예컨대 대법원장의 독단적 결정에 따라 행해진 경우에는 그 정당성을 다툴 수 있다. 그러나 사안에서는 대법관회의를 거친 후에 갑의 10년 동안 근무성적평정 결과와 법관인사위원회의 연임적격에 관한 심의 결과 등을 종합하여 결정했으므로 절차적 정당성도 갖춘 것으로 판단된다.

Ⅴ. 헌법재판소의 본안판단 [12점]

1. 헌법재판소의 결정 유형과 주문

사안의 헌법소송유형은 위헌법률심판이므로 헌법재판소는 합헌, 위헌 또는 헌법불합치 등의 변형결정의 주문 형식으로 결정을 내린다.

2. 심판대상조항의 합헌성 여부에 대한 판단

앞서의 검토에 비추어 볼 때, 심판대상조항은 사법부의 독립 및 법관의 독립을 침해하는 것이라고 볼 수 없으며, 법관의 연임 여부 결정의 기준을 합리적으로 정하고 있으므로 헌법재판소는 본안판단에서 합헌결정을 내려야 한다.

3. 헌법재판소 결정의 효력

헌법재판소의 합헌결정은 위헌결정과 달리 일반적 구속력이 없으므로 당해 사건에 대해서만 기속력을 갖는다. 그러므로 향후 다른 사건에서 심판대상조항의 합헌성 여부가 다시 다투어질 수도 있다.

Ⅵ. 결론 [3점]

이상 검토한 바에 따라 헌법재판소는 법원조직법 제44조의2에 대해 합헌결정을 내려야 한다. 이 결정은 당해 사건에 대해서만 기속력을 가지며, 심판대상조항의 합헌성 여부는 향후 다른 사건에서 다시금 다투어질 수 있다.

48

입법절차상 하자와 권한쟁의심판

국회의장 갑(甲)은 국회 본회의 중에 의사진행을 부의장 을(乙)에게 넘겼고, 을(乙)은 국가보안법 개정안 등에 관한 심의와 표결을 진행하였다.

국회의원 병(丙)은 본회의에 참석하여 국가보안법 개정안에 대한 반대토론을 신청하면서 발언신청서를 작성하여 제출하였으나, 을은 다른 안건과는 달리 국가보안법에 대해서는 반대토론 신청 유무의 확인이나 반대토론의 허가 없이 의안에 대하여 바로 표결을 실시하겠다고 선언하였다. 이에 병은 자신이 반대토론을 신청하였다고 이의를 제기하였으나 을은 반대토론 신청이 접수되지 않았다는 이유로 반대토론 없이 표결을 진행하여 찬성 172인, 반대 3인, 기권 6인으로 가결되었음을 선포하였다.

이에 병(丙)은 을(乙)이 반대토론을 허가하지 않고 법률안에 대한 표결을 진행하여 가결시킨 것은 자신의 법률안 심의·표결권을 침해하였다고 주장하면서 국회의장 갑(甲)을 피청구인으로 하여 그 권한의 침해 확인과 법률안의 가결 선포행위의 무효 확인을 구하는 권한쟁의심판을 청구하였다.

〈헌재 2011.8.30, 2009헌라7 참조〉

1. 본 사안의 경우 국회의장을 상대로 권한쟁의심판을 청구한 것은 적절한가? (20점)
2. 본 사안에서 청구인이 일반적 관례에 따라 국회 직원을 통해 반대토론을 신청한 사실이 확인되었을 경우, 헌법재판소는 청구인의 심의·표결권 침해를 인정할 수 있는가? (50점)
3. 국회의원 병의 심의·표결권 침해가 인정될 경우 헌법재판소는 병의 청구에 따라 법률안의 가결 선포행위를 무효로 확인할 수 있는가? (30점)

〈참고 조문(아래 법령은 현행 법령과 다를 수 있음)〉

헌법 제49조

국회는 헌법 또는 법률에 특별한 규정이 없는 한 재적의원 과반수의 출석과 출석의원 과반수의 찬성으로 의결한다. 가부동수인 때에는 부결된 것으로 본다.

헌법 제50조

① 국회의 회의는 공개한다. 다만, 출석의원 과반수의 찬성이 있거나 의장이 국가의 안전보장을 위하여 필요하다고 인정할 때에는 공개하지 아니할 수 있다.
② 공개하지 아니한 회의내용의 공표에 관하여는 법률이 정하는 바에 의한다.

국회법 제10조(의장의 직무)
의장은 국회를 대표하고 의사를 정리하며, 질서를 유지하고 사무를 감독한다.

국회법 제12조(부의장의 의장 직무대리)
① 의장이 사고(事故)가 있을 때에는 의장이 지정하는 부의장이 그 직무를 대리한다.
② 의장이 심신상실 등 부득이한 사유로 의사표시를 할 수 없게 되어 직무대리자를 지정할 수 없을 때에는 소속 의원 수가 많은 교섭단체 소속 부의장의 순으로 의장의 직무를 대행한다.

국회법 제93조(안건 심의)
본회의는 안건을 심의할 때 그 안건을 심사한 위원장의 심사보고를 듣고 질의·토론을 거쳐 표결한다. 다만, 위원회의 심사를 거치지 아니한 안건에 대해서는 제안자가 그 취지를 설명하여야 하고, 위원회의 심사를 거친 안건에 대해서는 의결로 질의와 토론을 모두 생략하거나 그 중 하나를 생략할 수 있다.

국회법 제99조(발언의 허가)
① 의원은 발언을 하려면 미리 의장에게 통지하여 허가를 받아야 한다.
② 발언 통지를 하지 아니한 의원은 통지를 한 의원의 발언이 끝난 다음 의장의 허가를 받아 발언할 수 있다.
③ 의사진행에 관한 발언을 하려면 발언 요지를 의장에게 미리 통지하여야 하며, 의장은 의제와 직접 관계가 있거나 긴급히 처리할 필요가 있다고 인정되는 것은 즉시 허가하고, 그 외의 것은 의장이 그 허가의 시기를 정한다.

국회법 제106조(토론의 통지)
① 의사일정에 올린 안건에 대하여 토론하려는 의원은 미리 반대 또는 찬성의 뜻을 의장에게 통지하여야 한다.
② 의장은 제1항의 통지를 받은 순서와 그 소속 교섭단체를 고려하여 반대자와 찬성자가 교대로 발언하게 하되, 반대자에게 먼저 발언하게 한다.

국회법 제109조(의결정족수)
의사는 헌법이나 이 법에 특별한 규정이 없으면 재적의원 과반수의 출석과 출석의원 과반수의 찬성으로 의결한다.

국회법 제110조(표결의 선포)
① 표결할 때에는 의장이 표결할 안건의 제목을 의장석에서 선포하여야 한다.
② 의장이 표결을 선포한 후에는 누구든지 그 안건에 관하여 발언할 수 없다.

국회법 제112조(표결방법)
① 표결할 때에는 전자투표에 의한 기록표결로 가부(可否)를 결정한다. 다만, 투표기기의 고장 등 특별한 사정이 있을 때에는 기립표결로 가부를 결정할 수 있다.

> ② 중요한 안건으로서 의장의 제의 또는 의원의 동의(動議)로 본회의 의결이 있거나 재적의원 5분의 1 이상의 요구가 있을 때에는 기명투표·호명투표(呼名投票) 또는 무기명투표로 표결한다.
> ③ 의장은 안건에 대하여 이의가 있는지 물어서 이의가 없다고 인정할 때에는 가결되었음을 선포할 수 있다. 다만, 이의가 있을 때에는 제1항이나 제2항의 방법으로 표결하여야 한다.
> ④ 헌법개정안은 기명투표로 표결한다.
> ⑤ 대통령으로부터 환부(還付)된 법률안과 그 밖에 인사에 관한 안건은 무기명투표로 표결한다. 다만, 겸직으로 인한 의원 사직과 위원장 사임에 대하여 의장이 각 교섭단체 대표의원과 협의한 경우에는 그러하지 아니하다.
> ⑥ 국회에서 실시하는 각종 선거는 법률에 특별한 규정이 없으면 무기명투표로 한다. 투표 결과 당선자가 없을 때에는 최고득표자와 차점자에 대하여 결선투표를 하여 다수표를 얻은 사람을 당선자로 한다. 다만, 득표수가 같을 때에는 연장자를 당선자로 한다.
> ⑦ 국무총리 또는 국무위원의 해임건의안이 발의되었을 때에는 의장은 그 해임건의안이 발의된 후 처음 개의하는 본회의에 그 사실을 보고하고, 본회의에 보고된 때부터 24시간 이후 72시간 이내에 무기명투표로 표결한다. 이 기간 내에 표결하지 아니한 해임건의안은 폐기된 것으로 본다.
> ⑧ 제1항 본문에 따라 투표를 하는 경우 재적의원 5분의 1 이상의 요구가 있을 때에는 전자적인 방법 등을 통하여 정당한 투표권자임을 확인한 후 투표한다.
> ⑨ 의장이 각 교섭단체 대표의원과 합의를 하는 경우에는 제2항, 제4항부터 제7항까지에 따른 기명투표 또는 무기명투표를 전자장치를 이용하여 실시할 수 있다.
>
> **국회법 제145조(회의의 질서유지)**
> ① 의원이 본회의 또는 위원회의 회의장에서 이 법 또는 국회규칙을 위반하여 회의장의 질서를 어지럽혔을 때에는 의장이나 위원장은 경고나 제지를 할 수 있다.
> ② 제1항의 조치에 따르지 아니하는 의원에 대해서는 의장이나 위원장은 당일 회의에서 발언하는 것을 금지하거나 퇴장시킬 수 있다.
> ③ 의장이나 위원장은 회의장이 소란하여 질서를 유지하기 곤란하다고 인정할 때에는 회의를 중지하거나 산회를 선포할 수 있다.

1. 본 사안의 경우 국회의장을 상대로 권한쟁의심판을 청구한 것은 적절한가? (20점)

> Ⅰ. 사안의 분석과 쟁점의 정리 [2점]
> Ⅱ. 권한쟁의심판의 구조 및 성격과 당사자능력 [8점]
> 1. 권한쟁의심판의 당사자: 국가기관, 지방자치단체
> 2. 법해석과 국가기관으로서의 국회의장, 국회의원
> 3. 헌법 및 법률상 권한의 주체로서의 당사자능력
> Ⅲ. 국회부의장에 의한 직무대리와 권한쟁의심판의 당사자 [9점]
> 1. 의사진행에 관한 권한의 성격과 효력

Ⅰ. 사안의 분석과 쟁점의 정리 [2점]

사안에서는 국회의원 갑의 반대토론 신청을 무시한 것과 관련한 권한쟁의심판의 상대방이 문제되고 있다. 즉, 원래 의사진행권한을 갖고 있는 국회의장이 상대방인지, 아니면 실제 국회의장 대리로 의사진행을 했던 부의장인지가 문제되는 것이다.

이에 대한 판단을 위해서는 권한쟁의심판의 구조와 성격에 비추어 당사자능력이 인정되는 범위를 확인하고, 이에 비추어 권한쟁의심판의 상대방을 결정해야 할 것이다.

Ⅱ. 권한쟁의심판의 구조 및 성격과 당사자능력 [8점]

1. 권한쟁의심판의 당사자: 국가기관, 지방자치단체

헌법 제111조 제4항 및 헌법재판소법 62조의 규정에 의하여 권한쟁의심판의 당사자는 국가기관과 지방자치단체로 한정된다.[1)]

2. 법해석과 국가기관으로서의 국회의장, 국회의원

헌법 및 헌법재판소법 규정상으로는 국가기관 및 그 하나로서의 국회만을 권한쟁의심판의 당사자로 명시하고 있다. 그러나 헌법재판소 판례에 따라 국회의 구성원인 국회의장 및 국회의원도 당사자로 인정된다.[2)]

---

1) 독일의 경우 '헌법기관'이 당사자가 될 수 있다고 당사자로 규정하고 있으며, 독일 연방헌법재판소의 판례에 따라 정당도 당사자가 될 수 있는 것으로 인정되고 있으나, 우리나라에서는 그렇지 않다.

2) 헌법재판소는 초기의 판례에서 국회의원의 당사자능력이 없다고 보았으나, 판례를 변경하여 국회의원 및 국회의장의 당사자능력을 인정하고 있다.
헌재 1995.2.23. 90헌라1 결정: "헌법 제111조 제1항 제4호 및 헌법재판소법 제62조 제1항 제1호는 헌법재판소가 관장하는 국가기관 상호간의 권한쟁의심판을 국회, 정부, 법원 및 중앙선거관리위원회 상호간의 권한쟁의심판으로 한정하고 있으므로, 그에 열거되지 아니한 기관이나 또는 열거된 국가기관 내의 각급기관은 비록 그들이 공권적 처분을 할 수 있는 지위에 있을지라도 권한쟁의심판의 당사자가 될 수 없으며 또 위에 열거된 국가기관 내부의 권한에 관한 다툼은 권한쟁의심판의 대상이 되지 않는다. 따라서 국회의 경우 현행 권한쟁의심판제도에서는 국가기관으로서의 국회가 정부, 법원 또는 중앙선거관리위원회와 사이에 권한의 존부 또는 범위에 관하여 다툼이 있을 때 국회만이 당사자로 되어 권한쟁의심판을 수행할 수 있을 뿐이고, 국회의 구성원이거나 국회 내의 일부기관인 국회의원 및 교섭단체 등이 국회 내의 다른 기관인 국회의장을 상대로 권한쟁의심판을 청구할 수 없다."
헌재 1997.7.16. 96헌라2 결정: "헌법재판소법 제62조 제1항 제1호가 국가기관 상호간의 권한쟁의심판을 "국회, 정부, 법원 및 중앙선거관리위원회 상호간의 권한쟁의심판"이라고 규정하고 있더라도 이는 한정적, 열거적인 조항이 아니라 예시적인 조항이라고 해석하는 것이 헌법에 합치되므로 이들 기관 외에는 권한쟁의심판의 당사자가 될 수 없다고 단정할 수 없다.
헌법 제111조 제1항 제4호 소정의 "국가기관"에 해당하는지 여부는 그 국가기관이 헌법에 의하여 설치되고 헌법과 법률에 의하여 독자적인 권한을 부여받고 있는지, 헌법에 의하여 설치된 국가기관 상호간의 권한쟁의를 해결할 수 있는 적당한 기관이나 방법이 있는지 등을 종합적으로 고려하여야 할 것인바, 이러한 의미에서 국회의원과 국회의장은 위 헌법조항 소정의 "국가기관"에 해당하므로 권한쟁의심판의 당사자가 될 수 있다.

3. 헌법 및 법률상 권한의 주체로서의 당사자능력

그러므로 당사자능력은 국가기관 또는 지방자치단체로서 헌법상 및 법률상 권한의 주체가 되는 경우에 인정된다. 다만 모든 국가기관이 아니라, 헌법상 기관만이 권한쟁의심판의 당사자가 될 수 있다는 것이 헌법재판소의 판례이다.[3)]

Ⅲ. 국회부의장에 의한 직무대리와 권한쟁의심판의 당사자 [9점]

1. 의사진행에 관한 권한의 성격과 효력

사안에서는 국회의원의 심의·표결권과 국회의 의사진행에 관한 국회의장의 권한이 충돌하고 있다. 국회법 제10조에 의해 인정되는 국회의장의 권한은 존중되어야 하나, 그것이 국회의원들의 심의·표결권을 부당하게 침해해서는 안 된다.

2. 직무대리의 성격과 그 결과의 귀속

사안의 경우 국회의장 갑 대신에 부의장 을이 직무대리로서 의사를 진행하였다. 문제는 을의 의사진행과정에서 발생한 결과에 대한 책임의 귀속이다. 불법 또는 부당한 의사진행에 대한 을의 개인적 책임의 문제와는 별도로 권한쟁의심판의 상대방은 의사진행의 결과가 누구에게 귀속되는지에 따라 달라질 수 있기 때문이다.

3. 권한쟁의심판의 성격과 당사자로서의 국회의장

이렇게 볼 때, 권한쟁의심판의 상대방은 실제 의사진행을 한 부의장 을이 아니라 의사진행권한의 주체인 국회의장 갑이 되어야 한다. 갑은 헌법상의 국가기관으로서 국회를 대표하고, 의사를 정리하며, 질서를 유지하는 등의 권한을 갖고 있기 때문이다.[4)]

Ⅳ. 결론 [1점]

이상 검토한 바에 따르면 사안에서 국회의원 병이 국회의장 갑을 상대로 권한쟁의심판을 청구한 것은 적절하다.

우리 재판소가 종전에 이와 견해를 달리하여 국회의원은 권한쟁의심판의 청구인이 될 수 없다고 한 의견은 이를 변경한다."

3) 그로 인해 법률상 기관인 국가인권위원회에 대해서는 헌법재판소가 권한쟁의심판의 당사자적격을 인정하지 않았다(**헌재 2010.10.28. 2009헌라6 결정**).

4) **헌재 2011.8.30. 2009헌라7 결정**: "이 사건의 경우, 국회부의장이 이 사건 법률안들에 대한 표결절차 등을 진행하였다 하더라도 국회부의장은 국회의장의 위임에 따라 그 직무를 대리하여 법률안 가결 선포행위를 할 수 있을 뿐(국회법 제12조 제1항 참조), 법률안 가결 선포행위에 따른 법적 책임을 지는 주체가 될 수 없고, 헌법 제48조에 따라 국회에서 선출되는 헌법상의 국가기관으로서 헌법과 법률에 의하여 국회를 대표하고 의사를 정리하며, 질서를 유지하고 사무를 감독할 지위에 있으며, 이러한 지위에서 의안의 상정, 가결 선포 등의 권한(국회법 제10조, 제110조, 제113조 등 참조)을 갖는 국회의장만이 피청구인 적격을 갖는다(헌재 2009.10.29. 2009헌라8, 판례집 21-2하, 14, 35; 헌재 2000.2.24. 99헌라1, 판례집 12-1, 115, 126; 헌재 1997.7.16. 96헌라2, 판례집 9-2, 154, 163-164 참조)."

2. 본 사안에서 청구인이 일반적 관례에 따라 국회 직원을 통해 반대토론을 신청한 사실이 확인되었을 경우, 헌법재판소는 청구인의 심의 · 표결권 침해를 인정할 수 있는가? (50점)

Ⅰ. 서: 국회의원의 심의 · 표결권의 의의와 기능 [5점]
Ⅱ. 국회법 제93조 등의 해석과 반대토론의 의의 [10점]
  1. 의회주의 원칙과 반대토론의 의미
  2. 국회법 제93조의 해석과 질의, 토론의 생략을 위한 전제조건
  3. 국회법 제106조의 해석과 국회의장(의사진행자)의 권한범위
Ⅲ. 반대토론을 배제한 의사진행과 심의 · 표결권의 침해 여부 [10점]
  1. 적법한 반대토론의 신청과 그 효력
  2. 반대토론의 신청을 무시한 의사진행과 심의 · 표결권의 침해
  3. 장내 소란 등의 사유에 의한 정당화의 가능성 여부
Ⅳ. 표결 결과에 영향을 미칠 수 있는 가능성과 심의 · 표결권 [10점]
  1. 반대토론의 의미와 기능
  2. 반대토론이 표결 결과에 영향을 미칠 가능성에 대한 평가
  3. 표결의 결과가 반대토론의 생략을 정당화시킬 수 있는지의 여부
Ⅴ. 헌법재판소의 본안판단 [12점]
  1. 헌법재판소 결정의 형식
  2. 사안에 대한 판단
  3. 헌법재판소 결정의 효력
Ⅵ. 결론 [3점]

Ⅰ. 서: 국회의원의 심의 · 표결권의 의의와 기능 [5점]

국회는 수백 명의 의원이 모여서 국민의 다양한 의견을 수렴하고, 이를 타협 · 조정하여 의사결정을 내리는 집단적 대표이다.

그러므로 다양한 의견들을 조정하여 안건을 결정하는 과정에서 행사하는 국회의원들의 심의 · 표결권은 국회의 본질을 실현하는 것으로서 그 의미와 비중이 인정되어야 한다.

Ⅱ. 국회법 제93조 등의 해석과 반대토론의 의의 [10점]

1. 의회주의 원칙과 반대토론의 의미

의회주의란 국민의 다양한 의견이 국민의 대표자, 즉 의원들을 통해 의회라는 공개된 장소에서 표출되고, 또 이를 타협 · 조정하여 국가의사로 형성해내는 메커니즘을 말한다.

이러한 의회주의를 구성하는 요소들은 선거를 통한 대표의 선출, 자유위임 등 다양하지만, 토론의 의미와 역할 또한 그에 못지않은 본질적인 것이다. 특히 반대토론이 무시된다는 것은 의회의 본질에 반하는 것으로 보아야 한다.[5)]

2. 국회법 제93조의 해석과 질의, 토론의 생략을 위한 전제조건

국회법 제93조는 이러한 반대토론을 거쳐서 안건에 대한 표결을 하도록 규정하고 있다. 다만, 위원회의 심사를 거친 안건에 대해서는 의결로 질의와 토론을 모두 생략하거나 그 중 하나를 생략할 수 있다. 이는 위원회의 심사과정에서 충분한 질의 및 토론이 있었을 것으로 인정되기 때문이다.

3. 국회법 제106조의 해석과 국회의장(의사진행자)의 권한범위

또한 국회법 제106조에서는 토론하려는 국회의원이 그 뜻을 국회의장에게 통지해야 함을 규정하고 있다. 여기서 주목할 점은 의장이 토론을 일방적으로 거부할 수 있는 것이 아니라는 점이다. 국회의장은 의사진행자로서 통지를 받은 순서를 고려하여 토론의 순서 등을 정하되, 반대자와 찬성자가 교대로 발언하도록 해야 한다.

Ⅲ. 반대토론을 배제한 의사진행과 심의 · 표결권의 침해 여부 [10점]

1. 적법한 반대토론의 신청과 그 효력

국회에서 토론의 의미와 비중을 생각할 때, 국회법에 의해 규정된 (반대)토론의 보장은 매우 중요한 것이며, 특히 국회법 제106조에 비추어 볼 때, 국회의장은 (반대)토론의 통지에 구속되는 것으로 보아야 한다.

2. 반대토론의 신청을 무시한 의사진행과 심의 · 표결권의 침해

그럼에도 불구하고 국회의장이 반대토론의 신청을 무시하여 토론의 기회를 주지 않고 의사진행을 하여 표결에 들어갔다면, 그것은 국회법의 위반일 뿐만 아니라, 국회의원의 심의 · 표결권을 침해한 것으로 보아야 한다.

3. 장내 소란 등의 사유에 의한 정당화의 가능성 여부

국회의 회의장 내 소란 등에 의해 신속한 표결이 필요하다고 주장하는 경우도 있다. 그러나 의사진행이 불가능할 정도라면 표결도 불가능할 것이며, 표결은 가능한데, 토론은 불가능하다는 것도 설득력이 없다. 토론을 통한 의결이 국회의 본질에 속한다는 점을 생각할 때, 장내 소란 등을 이유로 토론의 생략이 정당화되기 어렵다.

Ⅳ. 표결 결과에 영향을 미칠 수 있는 가능성과 심의 · 표결권 [10점]

1. 반대토론의 의미와 기능

반대토론은 대부분 소수당의 입장에서 나온다. 즉, 의결을 주도하는 다수당에 대한

---

5) **헌재 2011.8.30. 2009헌라7 결정**: "의회주의의 핵심은 국민을 대표하는 의원들이 제안 · 질의 · 토론 등 심의과정을 통해 국정에 관하여 자유로이 의견을 개진한 후 표결에 따라 의사결정을 한다는 데 있다. 그런데 의회주의 이념이 제대로 실현되기 위해서는 자유로운 질의와 토론, 소수의견의 존중과 반대의견에 대한 설득이 전제되어야 하므로, 질의 · 토론 과정에서 소수파의 토론기회를 박탈하거나 아예 토론절차를 열지 아니한 채 표결을 진행하여 결론을 내리게 된다면, 다양한 견해에 입각한 의안의 심의 및 타협은 불가능하게 되고, 결과적으로 의회주의 이념에 입각한 국회의 기능은 형해화될 수밖에 없다."

비판이 대부분이며, 이러한 반대토론으로 인해 표결 결과가 달라질 가능성은 높지 않다.

하지만 반대토론은 의회주의의 본질적 요소라는 점을 간과해서는 안 되며, 이러한 반대토론이 국민에게 미치는 영향, 나아가 차기 선거에 미치는 영향 등도 고려되어야 한다.

2. 반대토론이 표결 결과에 영향을 미칠 가능성에 대한 평가

사안의 경우에도 찬성이 압도적인 표결 결과에 비추어 볼 때, 반대토론을 거쳤다고 해서 표결의 결과가 달라졌을 가능성은 매우 낮은 것으로 보인다.

3. 표결의 결과가 반대토론의 생략을 정당화시킬 수 있는지의 여부

그러나 절차의 정당성 문제는 그 결과에 영향을 미치는지의 여부와 무관하게 평가되어야 한다. 그렇지 않을 경우에는 절차의 무시가 일상화되고, 절차적 정당성 자체가 유명무실해질 것이기 때문이다.

Ⅴ. 헌법재판소의 본안판단 [12점]

1. 헌법재판소 결정의 형식

권한쟁의심판은 심판의 대상이 된 국가기관 또는 지방자치단체의 권한의 유무 또는 범위에 대해 판단하는 것이며, 헌법재판소는 본안판단에서 주문의 형식을 청구인의 주장을 받아들이는 인용결정과 받아들이지 않는 기각결정으로 한다.

2. 사안에 대한 판단

사안에서 국회의원 병에게 반대토론의 기회를 주지 않고 의사를 진행하여 표결처리한 것은 국회법 제106조에 위반될 뿐만 아니라, 국회의원 병의 심의 · 표결권을 위헌적으로 침해한 것이다.

3. 헌법재판소 결정의 효력

권한쟁의심판에 대한 헌법재판소의 결정은 모든 국가기관과 지방자치단체를 기속한다(헌법재판소법 제67조 제1항). 그러나 국가기관 또는 지방자치단체의 처분을 취소하는 결정은 그 처분의 상대방에 대하여 이미 생긴 효력에 영향을 미치지 않는다(헌법재판소법 제67조 제2항).

Ⅵ. 결론 [3점]

이상의 검토를 종합할 때, 국회의원 병이 주장하는 권한침해는 인정될 수 있으며, 헌법재판소는 본안판단에서 인용결정을 내림으로써 권한침해의 위헌성을 확인해야 한다.

3. 국회의원 병의 심의 · 표결권 침해가 인정될 경우 헌법재판소는 병의 청구에 따라 법률안의 가결 선포행위를 무효로 확인할 수 있는가? (30점)

Ⅰ. 서: 권한쟁의심판의 구조와 특성 [3점]
Ⅱ. 권한쟁의심판과 헌법재판소 결정의 효력 [9점]
1. 권한쟁의심판과 헌법재판소의 결정 유형
2. 헌법재판소법 제61조 제2항의 해석과 처분의 유형
3. 헌법재판소법 제66조 제2항에 따른 처분의 무효 확인 가능성
Ⅲ. 입법작용에 대한 권한쟁의심판의 특성과 헌법재판소의 태도 [9점]
1. 입법의 민주적 정당성과 위헌판단의 신중성
2. 위헌법률심판의 위헌결정 정족수와 권한쟁의심판의 결정 정족수의 차이
3. 헌법재판소 판례의 태도
Ⅳ. 제도적 보완의 필요성 [7점]
1. 입법절차상의 하자와 현행 위헌법률심판에 의한 구제의 어려움
2. 권한쟁의심판을 활용한 문제해결
3. 추상적 규범통제의 도입
Ⅴ. 결론 [2점]

Ⅰ. 서: 권한쟁의심판의 구조와 특성 [3점]

사안의 핵심쟁점은 권한쟁의심판에서 심의·표결권의 침해가 확인된 경우에 헌법재판소가 해당 법률의 위헌성으로 인해 무효를 선언할 수 있는지의 여부이다.

과거 헌법재판소 판례에서 그러했듯이 권한쟁의심판에서 위헌성을 확인하면서 그 결과물인 법률에 대해서는 무효로 판시하지 않을 수도 있으며, 이는 권한쟁의심판의 구조 및 특성 때문에 문제되는 것이다.

Ⅱ. 권한쟁의심판과 헌법재판소 결정의 효력 [9점]

1. 권한쟁의심판과 헌법재판소의 결정 유형

현행법상 인정되는 5가지 헌법소송 유형 중에서 권한쟁의심판이 갖는 특성으로 결정정족수를 들 수 있다. 여타의 헌법소송과는 달리 권한쟁의심판만이 관여 재판관 과반수의 찬성으로 결정을 내리는 것이다.

이러한 결정정족수의 차이는 권한쟁의심판에서의 위헌성 확인과 위헌법률심판 또는 헌법소원심판에서의 위헌성 확인의 차이로 이어진다.

2. 헌법재판소법 제61조 제2항의 해석과 처분의 유형

사안의 경우 국회의원 병의 심의·표결권을 위헌적으로 침해한 것은 반대토론의 기회를 주지 않고 의사를 진행한 것이며, 따라서 권한쟁의심판에서 피청구인의 처분으로 문제되는 것은 의사진행권의 행사이다.

3. 헌법재판소법 제66조 제2항에 따른 처분의 무효 확인 가능성

헌법재판소는 헌법재판소법 제66조 제2항에 따라 피청구인의 처분을 취소하거나 그 무효를 확인할 수 있다. 따라서 의사진행의 무효를 확인할 경우에는 사안의 국가보

안법 개정안 처리의 무효까지도 가능할 수 있다.

Ⅲ. 입법작용에 대한 권한쟁의심판의 특성과 헌법재판소의 태도 [9점]

1. 입법의 민주적 정당성과 위헌판단의 신중성

종래 헌법재판소는 입법의 민주적 정당성을 존중하여 법률에 대한 위헌판단에 대해서는 매우 신중한 태도를 보였다.

이른바 법률에 대한 합헌성 추정의 원칙이나, 이를 고려한 한정합헌, 한정위헌 등의 변형결정은 이러한 헌법재판소의 태도와 직결되어 있다.

2. 위헌법률심판의 위헌결정 정족수와 권한쟁의심판의 결정 정족수의 차이

권한쟁의심판의 결정정족수는 관여 재판관 과반수의 찬성이지만, 위헌법률심판 등의 결정정족수는 관여 재판관의 수에 무관하게 6인 이상의 찬성이다.

그로 인하여 권한쟁의심판에서는 위헌으로 판단할 수 있지만, 위헌법률심판 등에서는 위헌결정의 정족수를 채우지 못하는 문제가 발생할 수 있다.

3. 헌법재판소 판례의 태도

이와 관련하여 헌법재판소는 권한쟁의심판에서 위헌성을 확인하면서도 위헌적 절차에 의해 만들어진 법률에 대해서는 그 효력을 인정한 바 있다.[6)]

Ⅳ. 제도적 보완의 필요성 [7점]

1. 입법절차상의 하자와 현행 위헌법률심판에 의한 구제의 어려움

법률의 내용이 아니라 입법절차상의 하자로 인하여 위헌성이 문제될 경우에는 현행 위헌법률심판제도에 의해 구제되기 어렵다.

현행 위헌법률심판은 이른바 구체적 규범통제로서 재판의 전제성을 요구하며, 이러한 구체적 규범통제는 입법절차상의 하자를 다투기에 적합하지 않기 때문이다.

2. 권한쟁의심판을 활용한 문제해결

그러나 권한쟁의심판을 통해 문제를 해결하는 것도 결정정족수의 문제가 있을 뿐만 아니라, 헌법재판소의 소극적 태도[7)]로 인해 현실적으로 기대하기 어렵다.

---

6) **헌재 2011.8.30. 2009헌라7 결정**: "국회의 입법과 관련하여 일부 국회의원들의 권한이 침해되었다 하더라도 그것이 다수결의 원칙(헌법 제49조)과 회의공개의 원칙(헌법 제50조)과 같은 입법절차에 관한 헌법의 규정을 명백히 위반한 흠에 해당하는 것이 아니라면 그 법률안의 가결 선포행위를 곧바로 무효로 볼 것은 아닌데, 피청구인의 이 사건 법률안들에 대한 가결 선포행위는 그것이 입법절차에 관한 헌법규정을 위반하였다는 등 가결 선포행위를 취소 또는 무효로 할 정도의 하자에 해당한다고 보기는 어렵다."
유사한 헌법재판소 판례로 헌재 1997.7.16. 96헌라2; 2009.10.29. 2009헌라8 등 참조.

7) **헌재 2011.8.30. 2009헌라7 결정**: "이 사건 법률안들에 대해 청구인의 반대토론 신청이 적법하게 이루어졌음에도 이를 허가하지 않은 채 표결을 강행하여 가결을 선포한 행위는 국회법 제93조에 위반된다 할 것이다.
그러나 그 심의·표결 절차에 있어 그 밖에 국회법상 다른 위반사항이 없고, 이 사건 법률안들은 재적의원 과반수 이상의 출석과 출석의원 중 압도적 다수의 찬성으로 가결되었을 뿐만 아니라 회의공개의 원칙

3. 추상적 규범통제의 도입

그러므로 입법절차상의 하자로 인한 법률의 위헌성 문제를 해결하기 위해서는 독일의 경우처럼 추상적 규범통제를 도입하여 권한쟁의심판과는 별도의 관점에서 이를 검토하는 것이 필요할 것이다.

Ⅴ. 결론 [2점]

이상의 검토를 종합할 때, 국회의원 병의 심의 · 표결권 침해가 인정될 경우에도 헌법재판소는 표결 결과에 미치는 영향 등을 고려하여 따라 법률안의 가결 선포행위를 무효로 확인하지 않을 것으로 보인다. 이런 문제를 해결하기 위해서 추상적 규범통제의 도입도 적극 고려할 필요가 있다.

또한 준수되어, 헌법에 규정된 다수결의 원칙(제49조)이나 회의공개의 원칙(제50조) 등 국회의 의사원칙을 위반하였다고 볼 수 없다.
결국 피청구인의 이 사건 법률안들에 대한 가결 선포행위는 비록 국회법 제93조를 위반하여 청구인의 심의 · 표결권을 침해한 것이지만, 그것이 입법절차에 관한 헌법규정을 위반하였다는 등 가결 선포행위를 취소 또는 무효로 할 정도의 하자에 해당한다고 보기는 어렵다."

49

한정위헌청구와 공무원의 범위에 대한 해석

갑은 A대학교 교수로서 '2003.2.1.경부터 제주도 통합(환경 · 교통 · 재해)영향평가위원회 재해분과심의위원으로 위촉되어 B골프장, C골프장 등의 재해영향평가 심의를 하는 과정에서 직무와 관련하여, 2006.12.경 용역비 명목으로 억대의 금품을 수수하였다'는 구 '특정범죄 가중처벌 등에 관한 법률'위반죄의 범죄사실로 2010.11.25. 1심에서 징역 4년에 추징금 1억 5,265만 원을 선고받았다.

갑은 항소하여 2011.5.4. 항소심에서 C골프장 관련 금품 수수 등 일부 범죄사실에 대하여 무죄를 선고받았으며, 수뢰액에 관하여는 '용역비 상당액'이 아닌 '용역계약을 체결할 기회 또는 이에 참여하여 그 대금의 일부를 지급받을 수 있는 기회의 제공'으로 보아야 한다고 하여 구 '특정범죄 가중처벌 등에 관한 법률' 위반(뇌물)죄에 대하여 무죄가 선고됨으로써 결국 형법 제129조 제1항만이 적용되어 징역 2년을 선고받았다.

갑은 항소심 계속 중인 2011.1.26. 형법 제129조 제1항과 구 '특정범죄가중처벌 등에 관한 법률' 제2조 제1항의 '공무원'에 일반공무원이 아닌 지방자치단체 산하 위원회의 심의위원이 포함된다고 해석하는 한도에서 헌법에 위반된다는 취지 등의 위헌법률심판 제청신청을 하였으나, 법원은 2011.5.4. 이를 기각하는 결정을 하였다. 이에 갑은 2011.6.3. 위 법률조항들에 대하여 헌법재판소법 제68조 제2항에 의한 이 사건 헌법소원심판을 청구하였으며, 대법원은 2011.9.29. 청구인의 상고를 기각하여 위 형이 확정되었다.

〈헌재 2012.12.27. 2011헌바117 참조〉

1. 갑의 헌법소원심판청구는 적법한가? (30점)
2. 갑의 헌법소원심판청구가 적법한 경우 헌법재판소는 어떠한 본안판단을 내려야 하는가? (50점)
3. 헌법재판소의 한정위헌결정은 어떤 구속력을 갖는가? (20점)

〈참고 조문(아래 법령은 현행 법령과 다를 수 있음)〉

형법 제129조(수뢰, 사전수뢰)

① 공무원 또는 중재인이 그 직무에 관하여 뇌물을 수수, 요구 또는 약속한 때에는 5년 이하의 징역 또는 10년 이하의 자격정지에 처한다.

② 공무원 또는 중재인이 될 자가 그 담당할 직무에 관하여 청탁을 받고 뇌물을 수수, 요구 또는 약속한 후 공무원 또는 중재인이 된 때에는 3년 이하의 징역 또는 7년

이하의 자격정지에 처한다.

특정범죄가중처벌 등에 관한 법률 제2조(뇌물죄의 가중처벌)

① 형법 제129조 · 제130조 또는 제132조에 규정된 죄를 범한 자는 그 수수 · 요구 또는 약속한 뇌물의 가액(이하 본조에서 "수뢰액"이라 한다)에 따라 다음과 같이 가중처벌한다.

1. 수뢰액이 1억 원 이상인 때에는 무기 또는 10년 이상의 징역에 처한다.
2. 수뢰액이 5천만 원 이상 1억 원 미만인 때에는 7년 이상의 유기징역에 처한다.
3. 수뢰액이 3천만 원 이상 5천만 원 미만인 때에는 5년 이상의 유기징역에 처한다.

② 삭제 〈1990.12.31.〉

제주특별자치도 설치 및 국제자유도시 조성을 위한 특별법 제299조(환경영향평가 협의 등에 관한 특례)

① 「환경 · 교통 · 재해 등에 관한 영향평가법」 제4조의 규정에 의한 사업자는 동법 제17조 제2항 및 제3항의 규정에 불구하고 동법 제5조의 규정에 의하여 작성된 평가서에 대하여 도지사에게 협의를 요청하여야 한다. 다만, 중앙행정기관의 장, 도지사 또는 제주자치도에 설치된 「지방공기업법」에 의한 지방공기업이 사업시행자인 경우에는 도지사는 그 평가서에 관하여 환경부장관의 의견을 듣고 이를 최대한 반영하여야 한다.

② 도지사는 제1항의 규정에 의한 협의를 위하여 제출한 평가서를 검토함에 있어서 제1항 단서의 규정에 의한 환경부장관의 의견을 듣는 사업 외의 사업에 대해서는 제3항의 규정에 의한 환경영향평가전문기관의 의견을 들어야 하며, 그 심의를 위하여 제주특별자치도통합영향평가심의위원회(이하 "통합평가심의위원회"라 한다)를 둔다.

③ 제2항의 규정에 의한 환경영향평가전문기관은 「환경 · 교통 · 재해 등에 관한 영향평가법」 제29조의 규정에 의한 평가항목을 검토할 수 있는 전문성을 갖추어야 하며, 도지사는 환경부장관과 협의하여 그 환경영향평가전문기관을 정하여 고시하여야 한다.

④ 제2항의 규정에 의한 통합평가심의위원회의 구성과 운영에 관하여 필요한 사항은 도조례로 정한다.

⑤ 제1항 단서의 규정에 의하여 환경부장관의 의견을 듣는 사업에 대하여는 「환경 · 교통 · 재해 등에 관한 영향평가법」 제26조의 규정에 의한 협의 내용의 이행여부 확인 및 이행관리에 필요한 조치를 환경부장관과 공동으로 하여야 한다.

제주특별자치도 설치 및 국제자유도시 조성을 위한 특별법 제352조(벌칙적용에서의 공무원 의제)

지원위원회 위원, 도인사위원회 위원 및 감사위원회 위원 중 공무원이 아닌 위원은 「형법」 그 밖의 법률에 의한 벌칙의 적용에 있어서는 이를 공무원으로 본다.

제주특별자치도통합(환경 · 교통 · 재해) 영향평가조례 제10조(제주특별자치도통합영향평가심의위원회의 구성 등)

① 제299조 제2항의 규정에 의한 제주특별자치도통합영향평가심의위원회(이하 "통합평가심의위원회"라 한다)는 위원장 및 부위원장 각 1인을 포함한 38인 이내의 위원

으로 구성한다.
② 위원장 및 부위원장은 공무원이 아닌 위원중에서 각각 호선한다.
③ 위촉위원은 환경·교통·재해영향평가 관련분야에 대한 학식과 경험이 풍부한 자 중에서 특별자치도지사가 위촉하는 자가 되고, 환경·교통·재해영향평가업무담당국장 또는 본부장, 지하수업무담당국장은 당연직 위원이 된다.
④ 위촉위원의 임기는 2년으로 하되 연임할 수 있고 보궐위원의 임기는 전임자의 잔임기간으로 한다.
⑤ 통합평가심의위원회의 기능을 효율적으로 수행하기 위하여 환경·교통·재해영향평가 분야별로 분과위원회를 둔다.
⑥ 제5항의 규정에 의한 분과위원회는 다음 각 호와 같이 구성한다.
1. 환경영향평가분과위원회는 위원장을 포함하여 15인 이내로 구성하되 위원장 및 부위원장은 공무원이 아닌 위원 중에서 각각 호선하며, 위원은 당연직 위원인 환경영향평가업무담당국장 또는 본부장 및 지하수업무담당국장과 위촉위원 13인 이내로 구성한다.
2. 교통영향평가분과위원회는 위원장을 포함하여 15인 이내로 구성하되 위원장 및 부위원장은 공무원이 아닌 위원중에서 각각 호선하며, 위원은 당연직 위원인 교통영향평가업무담당국장 및 위촉위원 14인 이내로 구성한다.
3. 재해영향평가분과위원회는 위원장을 포함하여 8인 이내로 구성하되 위원장 및 부위원장은 공무원이 아닌 위원중에서 각각 호선 하며, 위원은 당연직 위원인 재해영향평가업무담당국장 또는 본부장 및 위촉위원 7인 이내로 구성한다.
⑦ 통합평가심의위원회의 사무를 처리하기 위하여 간사를 두되, 간사는 환경영향평가업무담당과장이 되고 각 분과위원회의 간사는 분야별 해당업무 담당과장이 되며, 간사는 위원회의 회의에 출석하여 발언할 수 있다.

1. 갑의 헌법소원심판청구는 적법한가? (30점)

Ⅰ. 서: 위헌소원의 의의 및 성격과 청구요건 [3점]
Ⅱ. 재판의 전제성 [10점]
 1. 소송의 계속
 2. 심판대상법률(조항)이 당해 소송사건에 적용
 3. 심판대상법률(조항)의 위헌 여부에 따라 다른 내용의 재판
Ⅲ. 위헌법률심판제청의 신청과 기각 [8점]
 1. 위헌소원의 성격과 위헌법률심판제청의 의미
 2. 법원의 기각 결정과 그 구속력
 3. 헌법재판소법 제68조 제2항에 의한 헌법소원심판의 청구
Ⅳ. 기타의 청구요건 [7점]
 1. 한정위헌청구의 적법성
 2. 변호사 강제주의
 3. 청구기간
Ⅴ. 결론 [2점]

Ⅰ. 서: 위헌소원의 의의 및 성격과 청구요건 [3점]

사안에서 갑이 제기한 헌법소원심판은 헌법재판소법 제68조 제2항에 따른 이른바 위헌소원이다. 위헌소원은 형식상 헌법소원이지만 실질적으로는 위헌법률심판에 해당하는 것이며, 그에 따라 헌법재판소법 제68조 제1항의 권리구제형 헌법소원과는 청구요건에 큰 차이를 보인다. 무엇보다 재판의 전제성 요건이 갖추어져야 하며, 그밖에 당해 법원에 대한 위헌법률심판제청신청과 기각, 변호사 강제주의, 청구기간 등의 요건이 갖춰져야 한다.

Ⅱ. 재판의 전제성 [10점]

1. 소송의 계속

재판의 전제성이 인정되기 위해서는 가장 먼저 법원에 소송이 계속(繫屬) 중이어야 한다. 즉, 법적 쟁점에 관하여 법원에 소송이 제기되고 그 소송에 대해 법원이 심리를 하고 있는 상태여야 한다. 본 사안에서는 소송의 계속 중임을 확인할 수 있다.

2. 심판대상법률(조항)이 당해 소송사건에 적용

두 번째 요건은 위헌 여부가 다투어지는 법률(조항)이 당해 사건에 적용되는 것이어야 한다는 점이다. 당해 사건의 재판과 무관한 법률(조항)에 대해서는 구체적 규범통제에서 위헌 여부를 다툴 수 없기 때문이다.

이 사건의 심판대상조항인 형법 제129조 제1항과 구 '특정범죄가중처벌 등에 관한 법률' 제2조 제1항은 당해 사건에 적용되는 것이므로 이 요건도 충족된다.

3. 심판대상법률(조항)의 위헌 여부에 따라 다른 내용의 재판

재판의 전제성 인정을 위한 마지막 요건은 다투어지는 법률(조항)의 위헌 여부에 따라 당해 사건의 판결 결과에 차이가 발생해야 한다는 점이다. 심판대상조항이 위헌일 경우에는 당해 사건의 소송에 결정적인 영향을 미칠 수 있을 것이므로 이 요건도 충족된다.

Ⅲ. 위헌법률심판제청의 신청과 기각 [8점]

1. 위헌소원의 성격과 위헌법률심판제청의 의미

헌법재판소에 위헌소원을 청구하기 위해서는 먼저 당해 법원에 위헌법률심판제청을 신청하였으나 기각당했어야 한다.

법원이 위헌법률심판제청을 할 수도 있는데 이를 건너뛰고 당사자가 곧바로 위헌소원을 청구하는 것은 헌법재판소의 부담을 과중하게 만들 우려가 있다는 점에서 권리구제형 헌법소원에서 보충성 요건을 둔 것과 유사한 취지로 이런 요건이 인정되는 것이다.

2. 법원의 기각 결정과 그 구속력

사안에서 갑의 위헌법률심판제청신청은 법원에 의해 기각되었고, 이러한 기각 결정에 의해 위헌법률심판제청을 기대할 수 없게 되었다. 그러나 법원의 판단이 항상 타당한 것은 아니라는 점에서 헌법재판소의 판단을 받을 수 있는 길을 열어 놓을 필요성이 인정된다.

3. 헌법재판소법 제68조 제2항에 의한 헌법소원심판의 청구

헌법재판소법 제68조 제2항에 의한 위헌소원은 이러한 의미에서 법원의 위헌법률심판제청이 제대로 행해지지 않는 것에 대한 보완장치라 할 수 있다.[1)]

사안의 갑이 당해법원에 대한 위헌법률심판제청신청의 기각 후에 헌법재판소법 제68조 제2항에 의해 헌법소원심판을 청구함으로써 이 요건을 갖추었다.

Ⅳ. 기타의 청구요건 [7점]

1. 한정위헌청구의 적법성

사안에서 갑은 형법 제129조 제1항과 구 '특정범죄가중처벌 등에 관한 법률' 제2조 제1항의 '공무원'에 일반공무원이 아닌 지방자치단체 산하 위원회의 심의위원이 포함된다고 해석하는 한도에서 헌법에 위반된다는 취지로 헌법소원심판을 청구한 바, 이는 한정위헌청구로 볼 수 있다. 헌법재판소는 한정위헌정청구도 적법한 것으로 보고 있다.[2)]

2. 변호사 강제주의

위헌소원은 비록 그 실질은 위헌법률심판이지만 그 형식은 헌법소원심판이며, 당사

---

1) 제4공화국과 제5공화국 당시 위헌법률심판제청권을 갖고 있던 대법원에서 15년(1972~1987)동안 단 한 건의 위헌법률심판도 제청하지 않았던 경험에 대한 반작용으로 이러한 위헌소원 제도가 도입된 것으로 볼 수 있다.

2) **헌재 2012.12.27. 2011헌바117 결정**: "구체적 규범통제절차에서 제청법원이나 헌법소원청구인이 심판대상 법률조항의 특정한 해석이나 적용부분의 위헌성을 주장하는 한정위헌청구 역시 원칙적으로 적법한 것으로 보아야 할 것이다. 그 이유는 다음과 같다.
첫째, 앞서 본 바와 같이 규범통제절차에 있어서 한정위헌결정은 법리상 당연하면서도 불가피한 것이고, 따라서 그러한 취지에서 헌법재판소는 한정위헌결정을 계속해 오면서도 제청법원이나 헌법소원청구인은 원칙적으로 한정위헌청구를 할 수 없고, 위에서 본 바와 같은 예외적인 경우에만 한정위헌청구를 할 수 있다고 하는 종래의 선례들은 사리상으로도 합당하지 않은 것이다.
둘째, 제청법원이나 헌법소원청구인이 당해 사건 재판의 근거가 되는 법률조항 그 자체나 그 전체의 위헌성을 주장하지 않고 당해 법률조항의 특정한 해석 가능성이나 적용 가능성에 대하여만 제한적·한정적으로 위헌을 주장한다면 헌법재판소로서는 제청법원 등이 주장하는 범위 내에서 위헌여부를 심판하는 것이 원칙이며, 그 이외의 부분까지 위헌여부를 심판하게 된다면 그것은 헌법재판에서 요구되는 직권주의를 감안하더라도, 헌법재판소법상의 신청주의나 적법요건으로서의 재판의 전제성에 위반될 수 있는 것이다. 그러므로 제청법원 등이 하는 한정위헌청구는 자칫 헌법재판소가 소홀히 할 수 있는 당해 법률조항에 대한 한정위헌결정 여부를 헌법재판소로 하여금 주의깊게 심사하도록 촉구하여 위헌의 범위와 그에 따른 기속력의 범위를 제한적으로 정확하게 한정할 수 있게 할 것이고, 그 결과 규범통제절차에 있어서 위헌여부심판권의 심사지평을 넓힐 수 있게 될 것이어서, 금지되어서는 안될 뿐만 아니라 오히려 장려되어야 할 것이다.
셋째, 한정위헌청구는 입법권에 대한 자제와 존중의 표현이다. 즉 헌법재판소를 포함한 모든 국가기관과 국민은 헌법상의 권력분립원리에서 파생된 입법권에 의한 입법을 존중하여야 하는 것인바, 한정위헌청구에 따른 한정위헌결정은 당해 법률조항 중 위헌적인 해석이나 적용부분만을 제거하고 그 이외의 (합헌인) 부분은 최대한 존속시킬 수 있는 것이어서 입법권에 대한 자제와 존중의 결과가 되는 것이고 따라서 헌법질서에도 더욱 부합하게 되는 것이다."

자가 청구의 주체가 된다. 따라서 헌법재판소법 제25조 제3항에 따라 변호사 강제주의가 적용된다.

그러므로 갑은 변호사를 대리인으로 선임하여야 심판청구를 할 수 있다.

3. 청구기간

위헌소원은 헌법재판소법 제69조 제2항에 따라 위헌법률심판의 제청신청을 기각하는 결정을 통지받은 날로부터 30일 이내에 청구하여야 한다.

Ⅴ. 결론 [2점]

이상의 검토를 종합할 때, 갑의 헌법소원심판청구는 – 설문에 명확하게 드러나지 않고 있는 변호사 강제주의 및 청구기간 등의 요건을 준수하였다고 볼 때 – 적법한 것으로 판단되며, 헌법재판소는 본안판단에 들어가야 한다.

2. 갑의 헌법소원심판청구가 적법한 경우 헌법재판소는 어떠한 본안판단을 내려야 하는가? (50점)

Ⅰ. 사안의 분석과 쟁점의 정리 [5점]
Ⅱ. 공무원 신분을 전제로 하는 범죄구성요건의 의의와 기능 [8점]
1. 공무원의 헌법상 지위와 공직수행상의 책무
2. 공무원범죄의 현실과 형법상의 특별규정의 필요성
3. 죄형법정주의와 형법 제129조 제1항 등에 의한 범죄구성요건의 필요성
Ⅲ. 형법 제129조 제1항에 따른 '공무원'의 범위 [10점]
1. 공무원의 일반적 의미: 국가공무원법 및 지방공무원법상의 공무원
2. 공무원 신분 없이 공무를 수행하는 사람들에 대한 적용 필요성
3. 대법원 판례: 공적 업무수행의 공정성, 불가매수성 등의 고려해서 인정
Ⅳ. 유추해석 금지의 원칙과 '공무원'의 범위에 대한 해석 [12점]
1. 죄형법정주의와 유추해석 금지의 원칙
2. 공무원 의제조항의 존부에 따른 차이
3. 의제조항 없는 적용 확대의 문제점
Ⅴ. 헌법재판소의 본안판단 [12점]
1. 헌법재판소 결정의 형식: 변형결정(한정위헌결정)의 필요성
2. 사안에 대한 판단
3. 헌법재판소 결정의 효력
Ⅵ. 결론 [3점]

Ⅰ. 사안의 분석과 쟁점의 정리 [5점]

사안에서 갑이 다투고 있는 것은 공무원이 아닌 자신에게 형법 제129조 제1항과 구 '특정범죄가중처벌 등에 관한 법률' 제2조 제1항을 적용하는 것은 위헌이라는 것이다.

이에 대한 판단을 위해서는 공무원의 신분을 전제로 하는 범죄의 의미에 대한 검토를 전제로 형법 제129조 제1항에 따른 공무원의 범위를 확인해야 한다. 이와 관련하여 갑은 통합영향평가위원으로서 넓은 의미의 공무원이라 할 수 있지만, 엄밀한 의미의 공무원은 아니라는 점과 죄형법정주의에 따른 유추해석의 금지가 어떻게 적용되는지가 중요한 쟁점이 될 것이다.

Ⅱ. 공무원 신분을 전제로 하는 범죄구성요건의 의의와 기능 [8점]

1. 공무원의 헌법상 지위와 공직수행상의 책무

공무원은 헌법 제7조 제1항에 따라 국민 전체에 대한 봉사자이며, 국민에 대해 책임을 진다. 물론 공무원도 국민의 한 사람으로서 인권의 주체이기도 하지만, 적어도 공직의 수행에 있어서는 이러한 공무원의 책무가 확실하게 인정되어야 한다.

2. 공무원범죄의 현실과 형법상의 특별규정의 필요성

공무원의 범죄, 특히 공무원의 직무수행과 관련된 범죄는 이러한 공무원의 책무를 저버린 것이라는 점에서 일반 국민과는 다른 가중 처벌이 인정되는 경우가 드물지 않다. 사안에서 문제되고 있는 형법 제291조 제1항 등도 그러한 경우에 속한다.

3. 죄형법정주의와 형법 제129조 제1항 등에 의한 범죄구성요건의 필요성

다만, 공무원의 책무로 인해 가중처벌이 정당한 경우라 하더라도 죄형법정주의의 원칙은 엄격하게 준수되어야 한다.

사안에서 문제되는 갑의 경우, 통합영향평가위원으로서 공무를 수행하는 것은 맞지만, 형법 제291조 등에서 규정한 공무원이 아닌 경우까지 포함한 넓은 의미의 공무원인지에 대해서는 신중한 검토가 필요하다.

Ⅲ. 형법 제129조 제1항에 따른 '공무원'의 범위 [10점]

1. 공무원의 일반적 의미: 국가공무원법 및 지방공무원법상의 공무원

공무원은 좁은 의미로는 직업공무원을 말하지만, 일반적 의미로는 국가공무원법 및 지방공무원법상의 공무원, 즉 국가 또는 지방자치단체와 공법상의 근무관계를 맺음으로써 공무원의 신분을 갖고 공직을 수행하는 사람을 말한다.

2. 공무원 신분 없이 공무를 수행하는 사람들에 대한 적용 필요성

그러나 넓은 의미의 공무원, 즉 공무원 신분 없이 공무를 수행하는 사람들에 대해서도 특별한 규율이 필요한 경우가 많다.[3)]

형법 제129조 제1항 등의 공무원에 이를 포함해야 할 필요성이 없다고 단언하기 어렵다.

---

3) 예컨대 국가배상책임의 경우에 문제되는 공무원은 넓은 의미의 공무원이다.

3. 대법원 판례 : 공적 업무수행의 공정성, 불가매수성 등을 고려해서 인정

종래 대법원 판례에서는 형법 제291조 제1항의 공무원에 대해 공적 업무수행의 공정성, 불가매수성 등을 고려해서 판단해야 한다는 입장이었다. 이에 따라 공적 업무를 수행하는 사인에 대해 관련 법률에서 공무원으로 간주하는 공무원 의제규정이 없는 경우에도 '공무원'에 포함되는 것으로 해석 · 적용되어 왔다.[4]

Ⅳ. 유추해석 금지의 원칙과 '공무원'의 범위에 대한 해석 [12점]

1. 죄형법정주의와 유추해석 금지의 원칙

죄형법정주의의 파생원칙으로서 유추해석의 금지가 인정되고 있다. 이는 적어도 형벌법규에 있어서는 기본권 제한의 명확성 요청을 더욱 엄격하게 하는 것으로 이해된다.

2. 공무원 의제조항의 존부에 따른 차이

유추해석의 금지에 비추어 볼 때, 공무원 의제조항이 있는 경우에 형법 제129조 제1항을 적용하는 것에는 아무런 문제가 없다. 하지만 의제조항이 없는 경우에는 유추해석 내지 죄형법정주의 위반의 문제가 발생할 수 있다.

3. 의제조항 없는 적용 확대의 문제점

형사처벌의 엄격성 요청에 비추어 볼 때, 처벌의 필요성만으로 명문의 공무원 의제조항 없이 해석만으로 공무원으로 의제하여 처벌하는 것은 죄형법정주의의 요청과 충돌하는 것으로 볼 수 있기 때문이다.[5]

---

4) "국가공무원법이나 지방공무원법 등이 규정한 공무원에 해당하지 않더라도 법령에 기하여 국가 또는 지방자치단체 및 이에 준하는 공법인의 사무에 종사하는 이상 그러한 공무의 공정성이나 불가매수성 역시 보호되어야 하기 때문에 뇌물죄의 주체로서 공무원에 해당하고, 공무원이라고 하더라도 공무의 내용이 단순한 기계적 육체적인 것에 한정되어 있는 자는 뇌물죄의 주체로서의 공무원에 해당하지 아니한다"(대법원 1997.6.13 선고 96도1703 판결; 대법원 2002.11.22. 선고 2000도4593 판결; 대법원 2009.2.12. 선고 2007도2733 판결; 대법원 2011.2.24. 선고 2010도14891 판결; 대법원 2011.9.29. 선고 2011도6347 판결).
"수뢰죄가 공무집행의 공정성과 이에 대한 사회의 신뢰에 기초한 매수되어서는 아니되는 속성을 보호법익으로 삼는 것임을 감안할 때, 그 죄의 주체인 공무원에 해당하는지의 여부는 담당자의 주된 신분에 의하여만 결정할 것이 아니라 담당하는 업무의 공정성 등이 보호될 필요가 있는가에 따라 결정되어야 한다"(대법원 2002.11.22. 선고 2000도4593 판결 등 참조).
다만 최근에는 대법원도 뇌물수수죄의 공무원의 해석에 관한 기존 입장을 유지하면서도 국가공무원법이나 지방공무원법에 따른 공무원이 아니고 벌칙적용 등에 있어서 공무원 의제규정이 없는 지방자치단체 건축위원회 위원, 집행관사무소 사무원에 대하여는, 공무원 의제규정이 없는 점과 형벌법규의 엄격해석 원칙 등을 이유로 뇌물수수죄의 공무원에 해당하지 않는다고 판시함으로써(대법원 2011.3.10. 선고 2010도14394 판결, 대법원 2012.7.26. 선고 2012도5692 판결 참조) 이전보다는 엄격하게 형법 제291조 제1항의 '공무원'의 의미를 한정시키고 있다.

5) **헌재 2012.12.27. 2011헌바117 결정**: "벌칙적용 등에 있어서 공무원으로 의제하는 법률조항이 없음에도 국가 또는 지방자치단체 및 이에 준하는 공법인의 사무에 종사한다는 이유만으로 이 사건 법률조항의 '공무원'에 해당한다고 보는 위와 같은 법원의 기존의 해석 · 적용은, 죄형법정주의의 원칙에 위배되는 것이다. 즉, 국민에게 형사처벌을 부과하는 법률조항의 경우는 죄형법정주의의 원칙상 엄격하게 해석 · 적용을 해야 하는 것이고, 아무리 처벌의 필요성이 있다고 하더라도 명문의 처벌규정이나 명문의 공무원 의제규정이 없는 이상 처벌의 필요성만을 강조하여 구성요건을 확대해석하거나 유추적용하는 것은 죄형

Ⅴ. 헌법재판소의 본안판단 [12점]

1. 헌법재판소 결정의 형식: 변형결정(한정위헌결정)의 필요성

갑의 헌법소원청구는 이른바 위헌소원으로서 그 형식은 헌법소원심판이지만, 실질은 위헌법률심판에 해당하므로 합헌 또는 위헌의 결정을 내려야 한다. 더욱이 사안에서 갑은 한정위헌을 청구한 바, 변형결정으로서의 한정위헌결정이 고려되어야 한다.

2. 사안에 대한 판단

심판대상조항에서 공무원을 대상으로 수뢰죄 등을 인정하는 것은 합리적이나, 공무원의 범위를 신분상 공무원이 아닌 사람에 대해 공무원 의제조항조차 없이 확대 적용하는 것은 유추해석의 금지에 위배되는 것으로서 위헌이다.

3. 헌법재판소 결정의 효력

헌법재판소의 변형결정, 특히 한정위헌결정의 효력에 대해서는 논란이 많으나, 그 성질은 결국 질적 일부 위헌이라고 볼 수 있다. 따라서 헌법재판소의 결정 취지에 반하여 공무원의 범위를 확대하지 못하도록 하는 헌법재판소 결정은 모든 국가기관과 지방자치단체를 기속한다.

Ⅵ. 결론 [3점]

이상의 검토를 종합할 때, 심판대상조항의 해석에서 공무원의 범위를 공무원 의제조항 없이 공무를 수행하는 사인에게 획일적으로 확대 적용하는 것은 위헌이며, 헌법재판소는 갑의 청구취지에 따라 심판대상조항에 대한 한정위헌결정을 내려야 한다.

3. 헌법재판소의 한정위헌결정은 어떤 구속력을 갖는가? (20점)

Ⅰ. 서: 변형결정의 개념과 유형 [2점]
Ⅱ. 합헌적 법률해석과 한정위헌결정 [4점]
1. 합헌적 법률해석의 의의
2. 합헌적 법률해석의 결과로서의 한정합헌 · 한정위헌결정

법정주의에서 요구되는 '명확성의 원칙'과 '유추해석금지의 원칙'에 정면으로 반하는 것이다.
따라서 우리 형법이 뇌물죄의 주체가 될 수 있는 '공무원'의 의미에 관하여 외국의 입법례처럼 특별한 개념규정을 두고 있지 않은 이상, 위 '공무원'의 범위는 국가공무원법이나 지방공무원법에 따른 공무원과 나아가 관련 법률에 벌칙적용 등에 있어서 공무원 의제규정이 있는 경우에 한하여 이 사건 법률조항의 '공무원'으로 엄격하게 제한해석 · 적용되어야 할 것이다. 그렇지 않고 '법령에 기하여 담당하는 업무의 공정성'을 기준으로 하여 처벌대상을 확대하는 것은, 국가공무원법이나 지방공무원법에 따른 공무원과 관련법률상의 공무원 의제규정에 따라 이 사건 법률조항의 '공무원'으로 간주되는 사람 이외의 사인도 뇌물죄로 처벌될 위험성이 있게 되는바, 이는 실질적으로 법관에 의한 범죄구성요건의 창설이거나 확대에 해당하고, 이러한 확대해석이나 유추해석을 허용할 경우에는 수범자인 국민으로서도 자신이 어떤 경우에 이 사건 법률조항의 '공무원'에 해당되는지를 예측할 수 없게 될 것이어서, 결국 법관에 의한 자의적인 형사처벌을 받게 될 위험성이 있게 되는바, 이는 헌법 제12조 제1항, 제13조 제1항이 규정하고 있는 죄형법정주의의 원칙을 위반하게 되는 것이다."

3. 한정위헌결정의 의의와 기능
Ⅲ. 한정위헌결정의 근거 [5점]
1. 이른바 변형결정으로서의 한정위헌결정 - 명문규정의 부재
2. 입법자에 대한 존중, 법률의 합헌성 추정
3. 소송경제 및 입법자와의 갈등 최소화
Ⅳ. 한정위헌결정의 성격과 구속력 [8점]
1. 한정위헌결정의 구속력에 대한 대법원과 헌법재판소의 갈등
2. 이른바 질적 일부 위헌으로서의 한정위헌결정
3. 한정위헌결정에 위배되는 법원 판결에 대한 예외적 재판소원의 인정
Ⅴ. 결론 [1점]

Ⅰ. 서: 변형결정의 개념과 유형 [2점]

현행법상 위헌법률심판에서 명시적으로 인정되고 있는 것은 합헌결정과 위헌결정뿐이다. 그러나 실무상 헌법불합치결정, 한정합헌결정, 한정위헌결정과 같은 변형결정이 널리 이용되고 있을 뿐만 아니라, 그 의미와 비중 또한 크다.

Ⅱ. 합헌적 법률해석과 한정(위헌)결정 [4점]

합헌적 법률해석이란 법률의 문구가 다의적이고, 다양한 해석이 가능한 경우에는 합헌인 해석을 우선시켜야 한다는 것이다.

이러한 합헌적 해석의 결과로 나타난 것이 한정합헌결정 및 한정위헌결정이다. 즉, 가능한 여러 해석 중에서 특정한 해석을 합헌으로, 혹은 특정한 해석을 위헌으로 결정하는 것이다. 이러한 한정결정에 대해서는 위헌법률심판이 아닌, 법률해석일 뿐이라는 비판이 있으나, 이는 타당하지 않다. 위헌법률심판 자체가 법률해석을 통해서만 가능하기 때문이다.

Ⅲ. 한정위헌결정의 근거 [5점]

실무상 변형결정이 이용되고 있는 것은, 단순합헌, 단순위헌 이외의 다양한 결정이 필요함에도 불구하고 그에 관한 명문이 근거규정이 없기 때문이다.

이를 보충하기 위한 변형결정은 국내외적으로 널리 인정되고 있으며, 그 근거로는 입법자에 대한 존중, 법률의 합헌성 추정 및 소송경제, 입법자와의 갈등 최소화 등이 제시되고 있다.

Ⅳ. 한정위헌결정의 성격과 구속력 [8점]

한정위헌결정은 변형결정의 일종이며, 그 구속력에 대해 다툼이 있다. 대법원은 이를 법률해석에 관한 헌법재판소의 견해일 뿐이라면서 구속력을 부인하는 반면, 헌법재판소는 이를 질적 일부 위헌이라고 보면서 구속력을 강조한다.

이에 대해 헌법학계에서는 한정위헌의 구속력, 나아가 변형결정의 필요성 및 구속력을 인정하는 것이 일반적이다. 또한 헌법재판소는 한정위헌결정에 위배되는 법원 판결에 대해 예외적으로 재판소원을 인정한 바 있다.[6)]

V. 결론 [1점]

이상 검토한 바에 따라, 헌법재판소의 한정위헌결정은 여타의 변형결정과 마찬가지로 구속력을 가지며, 일부 질적 위헌으로서의 성격에 따라 그 구속력의 내용은 헌법재판소법 제47조 제1항에 따라 법원과 그 밖의 국가기관 및 지방자치단체를 기속한다.

---

6) **헌재 1997.12.24. 96헌마172등 결정**: "헌법재판소법 제68조 제1항이 원칙적으로 헌법에 위반되지 아니한다고 하더라도, 법원이 헌법재판소가 위헌으로 결정하여 그 효력을 전부 또는 일부 상실하거나 위헌으로 확인된 법률을 적용함으로써 국민의 기본권을 침해한 경우에도 법원의 재판에 대한 헌법소원이 허용되지 않는 것으로 해석한다면, 위 법률조항은 그러한 한도내에서 헌법에 위반된다.
모든 국가기관은 헌법의 구속을 받고 헌법에의 기속은 헌법재판을 통하여 사법절차적으로 관철되므로, 헌법재판소가 헌법에서 부여받은 위헌심사권을 행사한 결과인 법률에 대한 위헌결정은 법원을 포함한 모든 국가기관과 지방자치단체를 기속한다. 따라서 헌법재판소가 위헌으로 결정하여 그 효력을 상실한 법률을 적용하여 한 법원의 재판은 헌법재판소 결정의 기속력에 반하는 것일 뿐 아니라, 법률에 대한 위헌심사권을 헌법재판소에 부여한 헌법의 결단(헌법 제107조 및 제111조)에 정면으로 위배된다.
헌법이 법률에 대한 위헌심사권을 헌법재판소에 부여하고 있음에도 법원이 헌법재판소의 위헌결정에 따르지 아니하는 것은 실질적으로 법원 스스로가 '입법작용에 대한 규범통제권'을 행사하는 것을 의미하므로, 헌법은 어떠한 경우이든 헌법재판소의 기속력있는 위헌결정에 반하여 국민의 기본권을 침해하는 법원의 재판에 대하여는 헌법재판소가 다시 최종적으로 심사함으로써 자신의 손상된 헌법재판권을 회복하고 헌법의 최고규범성을 관철할 것을 요청하고 있다.
명령 · 규칙에 근거한 집행행위가 존재하지 아니한 경우에는 그에 대한 헌법위반여부를 구체적인 재판절차에서 심사할 수 없기 때문에 직접 국민의 기본권을 침해하는 명령 · 규칙에 대하여는 주관적 권리구제절차로서 헌법소원의 가능성이 열려 있으므로, 헌법재판소에 의하여 명령 · 규칙이 위헌으로 결정되어 그 효력을 상실한 경우에도 법률의 경우와 그 법리가 다를 바 없다.
헌법소원이 단지 주관적인 권리구제절차일 뿐이 아니라 객관적 헌법질서의 수호와 유지에 기여한다는 이중적 성격을 지니고 있으므로, 헌법재판소는 본안판단에 있어서 모든 헌법규범을 심사기준으로 삼음으로써 청구인이 주장한 기본권의 침해여부에 관한 심사에 한정하지 아니하고 모든 헌법적 관점에서 심판대상의 위헌성을 심사한다. 따라서 헌법재판소법 제68조 제1항이 비록 청구인이 주장하는 기본권을 침해하지는 않지만, 헌법 제107조 및 제111조에 규정된 헌법재판소의 권한규범에 부분적으로 위반되는 위헌적인 규정이므로, 이 사건 헌법소원은 위에서 밝힌 이유에 따라 한정적으로 인용될 수 있는 것이다."
같은 취지의 판례로 헌재 2016.4.28. 2016헌마33; 2016.5.26. 2015헌마940; 2018.12.27. 2018헌마291; 2020.3.26. 2018헌바202 참조.

50

폐지된 법률조항과 긴급조치 등에 대한 위헌소원

갑은 1975년 12월경 우리나라의 현실을 주제로 하여 'ㅇㅇ수첩'이라는 제목의 장편 시를 작성하였다. 갑은 이 시에서 대한민국은 독재국가로서 국민들은 무자비한 인권탄압으로 최소한의 기본권도 누리지 못한 채 억압당하고 있고, 정부는 비밀홍정에 의해 몇 푼의 대가를 미끼로 군인들을 월남으로 보내 죽게 하였다고 묘사하였다.

갑은 1976년 4월과 1977년 4월 말에 일본인, 미국인 등에게 이 시를 교부하여, 일본의 잡지 'ㅇㅇ' 1977년 6월호에 번역·게재되도록 함으로써 외국인을 이용하여 대한민국의 안전, 이익과 위신을 해하였다는 등의 범죄사실로 국가모독죄 및 '국가안전과 공공질서의 수호를 위한 대통령긴급조치'(1975.5.13. 대통령긴급조치 제9호) 위반으로 기소되었다.

갑은 1977.12.26. 1심에서 징역 3년 및 자격정지 3년을 선고받았고, 항소 및 상고가 기각되어 1978.9.26. 그 형이 확정되었다. 갑은 2012.10.26. 위 판결에 대한 재심을 청구하였으며, 법원은 2013.4.19. 재심개시결정을 하였다.

갑은 재심 계속 중인 2013.6.5. 구 형법 제104조의2의 국가모독죄(이 조항은 1988년 삭제되었음)와 대통령긴급조치 제9호에 대해 위헌법률심판제청신청을 하였고, 법원은 이를 기각하였다. 이에 갑은 헌법재판소에 위 조항들에 대한 헌법소원심판을 청구하였다.

〈헌재 2015.10.21. 2013헌가20; 헌재 2013.3.21. 2010헌바132 등 참조〉

1. 갑의 구 형법 제104조의2 국가모독죄에 대한 헌법소원심판청구는 적법한가? (25점)
2. 대통령긴급조치 제9호는 헌법재판소의 위헌법률심판의 대상이 될 수 있는가? (15점)
3. 갑의 헌법소원심판청구가 적법한 경우 구 헌법 제53조에 근거한 대통령긴급조치 제9호에 대한 위헌심사의 준거규범은 무엇인가? (10점)
4. 갑의 헌법소원심판청구가 적법한 경우 헌법재판소는 어떤 본안판단을 내려야 하는가? (50점)

〈참고 조문(아래 법령은 현행 법령과 다를 수 있음)〉

구 헌법(유신헌법) 제53조

① 대통령은 천재·지변 또는 중대한 재정·경제상의 위기에 처하거나, 국가의 안전보장 또는 공공의 안녕질서가 중대한 위협을 받거나 받을 우려가 있어, 신속한 조치를 할 필요가 있다고 판단할 때에는 내정·외교·국방·경제·재정·사법 등 국정 전

반에 걸쳐 필요한 긴급조치를 할 수 있다.

② 대통령은 제1항의 경우에 필요하다고 인정할 때에는 이 헌법에 규정되어 있는 국민의 자유와 권리를 잠정적으로 정지하는 긴급조치를 할 수 있고, 정부나 법원의 권한에 관하여 긴급조치를 할 수 있다.

③ 제1항과 제2항의 긴급조치를 한 때에는 대통령은 지체 없이 국회에 통고하여야 한다.

④ 제1항과 제2항의 긴급조치는 사법적 심사의 대상이 되지 아니한다.

⑤ 긴급조치의 원인이 소멸한 때에는 대통령은 지체 없이 이를 해제하여야 한다.

⑥ 국회는 재적의원 과반수의 찬성으로 긴급조치의 해제를 대통령에게 건의할 수 있으며, 대통령은 특별한 사유가 없는 한 이에 응하여야 한다.

구 형법 제104조의2(국가모독 등)

① 내국인이 국외에서 대한민국 또는 헌법에 의하여 설치된 국가기관을 모욕 또는 비방하거나 그에 관한 사실을 왜곡 또는 허위사실을 유포하거나 기타 방법으로 대한민국의 안전·이익 또는 위신을 해하거나, 해할 우려가 있게한 때에는 7년 이하의 징역이나 금고에 처한다.

② 내국인이 외국인이나 외국단체등을 이용하여 국내에서 전항의 행위를 한 때에도 전항의 형과 같다.

③ 제2항의 경우에는 10년 이하의 자격정지를 병과할 수 있다.

국가안전과 공공질서의 수호를 위한 대통령긴급조치 제9호

1. 다음 각 호의 행위를 금한다.
   가. 유언비어를 날조, 유포하거나 사실을 왜곡하여 전파하는 행위
   나. 집회·시위 또는 신문, 방송, 통신 등 공중전파수단이나 문서, 도화, 음반 등 표현물에 의하여 대한민국 헌법을 부정·반대·왜곡 또는 비방하거나 그 개정 또는 폐지를 주장·청원·선동 또는 선전하는 행위
   다. 학교당국의 지도, 감독 하에 행하는 수업, 연구 또는 학교장의 사전 허가를 받았거나 기타 의례적 비정치적 활동을 제외한, 학생의 집회·시위 또는 정치관여 행위.
   라. 이 조치를 공연히 비방하는 행위
2. 제1에 위반한 내용을 방송·보도 기타의 방법으로 공연히 전파하거나, 그 내용의 표현물을 제작·배포·판매·소지 또는 전시하는 행위를 금한다.
3. 재산을 도피시킬 목적으로, 대한민국 또는 대한민국 국민의 재산을 국외에 이동하거나 국내에 반입될 재산을 국외에 은익 또는 처분하는 행위를 금한다.
4. 관계서류의 허위기재 기타 부정한 방법으로 해외이주의 허가를 받거나 국외에 도피하는 행위를 금한다.
5. 주무부장관은 이 조치위반자·범행당시의 그 소속 학교, 단체나 사업체 또는 그 대표자나 장에 대하여 다음 각 호의 명령이나 조치를 할 수 있다.
   가. 대표자나 장에 대한 소속임직원·교직원 또는 학생의 해임이나 제적의 명령
   나. 대표자나 장·소속 임직원·교직원이나 학생의 해임 또는 제적의 조치
   다. 방송·보도·제작·판매 또는 배포의 금지조치
   라. 휴업·휴교·정간·폐간·해산 또는 폐쇄의 조치

마. 승인 · 등록 · 인가 · 허가 또는 면허의 취소조치
6. 국회의원이 국회에서 직무상 행한 발언은 이 조치에 저촉되더라도 처벌하지 아니한다. 다만, 그 발언을 방송 · 보도 기타의 방법으로 공연히 전파한 자는 그러하지 아니하다.
7. 이 조치 또는 이에 의한 주무부장관의 조치에 위반한 자는 1년 이상의 유기징역에 처한다. 이 경우에는 10년 이하의 자격정지를 병과한다. 미수에 그치거나 예비 또는 음모한 자도 또한 같다.
8. 이 조치 또는 이에 의한 주무부장관의 조치에 위반한 자는 법관의 영장 없이 체포 · 구금 · 압수 또는 수색할 수 있다.
9. 이 조치 시행 후, 특정범죄가중처벌등에관한법률 제2조(뇌물죄의 가중처벌)의 죄를 범한 공무원이나 정부관리기업체의 간부직원 또는 동법 제5조(국고손실)의 죄를 범한 회계관계직원 등에 대하여는, 동법 각 조에 정한 형에, 수뇌액 또는 국고손실액의 10배에 해당하는 벌금을 병과한다.
10. 이 조치위반의 죄는 일반법원에서 심판한다.
11. 이 조치의 시행을 위하여 필요한 사항은 주무부장관이 정한다.
12. 국방부장관은 서울특별시장 · 부산시장 또는 도지사로부터 치안질서 유지를 위한 병력출동의 요청을 받은 때에는 이에 응하여 지원할 수 있다.
13. 이 조치에 의한 주무부장관의 명령이나 조치는 사법적 심사의 대상이 되지 아니한다.

부칙

14. 이 조치는 1975년 5월 13일 15시부터 시행한다.

1. 갑의 구 형법 제104조의2 국가모독죄에 대한 헌법소원심판청구는 적법한가? (25점)

Ⅰ. 서론: 위헌소원의 의의 및 성격과 청구요건 [2점]
Ⅱ. 재판의 전제성 [12점]
  1. 소송의 계속
  2. 심판대상법률(조항)이 당해 소송사건에 적용(폐지된 법률의 심판대상적합성)
  3. 심판대상법률(조항)의 위헌 여부에 따라 다른 내용의 재판
Ⅲ. 위헌법률심판제청의 신청과 기각 [6점]
  1. 위헌소원의 성격과 위헌법률심판제청의 의미
  2. 법원의 기각 결정과 그 구속력
  3. 헌법재판소법 제68조 제2항에 의한 헌법소원심판의 청구
Ⅳ. 기타의 청구요건 [4점]
  1. 변호사 강제주의
  2. 청구기간
Ⅴ. 결론 [1점]

Ⅰ. 서론: 위헌소원의 의의 및 성격과 청구요건 [2점]

사안에서 갑이 제기한 헌법소원심판은 헌법재판소법 제68조 제2항에 따른 이른바

위헌소원이다. 위헌소원은 형식상 헌법소원이지만 실질적으로는 위헌법률심판에 해당하는 것으로서 재판의 전제성 요건이 갖추어져야 하며, 그밖에 당해 법원에 대한 위헌법률심판제청신청과 기각, 변호사 강제주의, 청구기간 등의 요건이 갖춰져야 한다.

Ⅱ. 재판의 전제성 [12점]

1. 소송의 계속

재판의 전제성이 인정되기 위해서는 가장 먼저 법원에 소송이 계속(繫屬) 중이어야 한다. 즉, 법적 쟁점에 관하여 법원에 소송이 제기되고 그 소송에 대해 법원이 심리를 하고 있는 상태여야 한다. 본 사안에서는 소송의 계속 중임을 확인할 수 있다.

2. 심판대상법률(조항)이 당해 소송사건에 적용(폐지된 법률의 심판대상적합성)

두 번째 요건은 위헌 여부가 다투어지는 법률(조항)이 당해 사건에 적용되는 것이어야 한다는 점이다. 당해 사건의 재판과 무관한 법률(조항)에 내해서는 구체적 규범통제에서 위헌 여부를 다툴 수 없기 때문이다.

사안에서는 특히 심판청구 당시 이미 폐지된 법률에 의한 기본권침해가 문제되는바, 청구인의 침해된 법익을 보호하기 위해 필요한 경우 심판의 대상이 된다는 것이 헌법재판소 판례이다.[1)]

3. 심판대상법률(조항)의 위헌 여부에 따라 다른 내용의 재판

재판의 전제성 인정을 위한 마지막 요건은 다투어지는 법률(조항)의 위헌 여부에 따라 당해 사건의 판결 결과에 차이가 발생해야 한다는 점이다.

사안의 경우 심판대상조항이 위헌일 경우에는 당해 사건의 소송에 결정적인 영향을 미칠 수 있을 것이므로 이 요건도 충족된다.

Ⅲ. 위헌법률심판제청의 신청과 기각 [6점]

1. 위헌소원의 성격과 위헌법률심판제청의 의미

헌법재판소에 위헌소원을 청구하기 위해서는 먼저 당해 법원에 위헌법률심판제청을 신청하였으나 기각당했어야 한다.

법원이 위헌법률심판제청을 할 수도 있는데 이를 건너뛰고 당사자가 곧바로 위헌소원을 청구하는 것은 헌법재판소의 부담을 과중하게 만들 우려가 있다는 점에서 권리구제형 헌법소원에서 보충성 요건을 둔 것과 유사한 취지로 이런 요건이 인정되는 것이다.

2. 법원의 기각 결정과 그 구속력

사안에서 갑의 위헌법률심판제청신청은 법원에 의해 기각되었고, 이러한 기각 결정

---

1) **헌재 1989.12.18. 89헌마32등 결정**: "폐지된 법률(실효된 법률)이라도 헌법재판소법 제68조 제2항의 헌법소원심판청구인들의 침해된 법익을 보호하기 위하여 그 위헌여부가 가려져야 할 필요가 있는 때에는 심판의 대상이 된다."

에 의해 위헌법률심판제청을 기대할 수 없게 되었다. 그러나 법원의 판단이 항상 타당한 것은 아니라는 점에서 헌법재판소의 판단을 받을 수 있는 길을 열어 놓을 필요성이 인정된다.

3. 헌법재판소법 제68조 제2항에 의한 헌법소원심판의 청구

헌법재판소법 제68조 제2항에 의한 위헌소원은 이러한 의미에서 법원의 위헌법률심판제청이 제대로 행해지지 않는 것에 대한 보완장치라 할 수 있다.[2)]

사안의 갑이 당해법원에 대한 위헌법률심판제청신청의 기각 후에 헌법재판소법 제68조 제2항에 의해 헌법소원심판을 청구함으로써 이 요건을 갖추었다.

Ⅳ. 기타의 청구요건 [4점]

1. 변호사 강제주의

위헌소원은 비록 그 실질은 위헌법률심판이지만 그 형식은 헌법소원심판이며, 당사자가 청구의 주체가 된다. 따라서 헌법재판소법 제25조 제3항에 따라 변호사 강제주의가 적용된다.

그러므로 갑은 변호사를 대리인으로 선임하여야 심판청구를 할 수 있다.

2. 청구기간

위헌소원은 헌법재판소법 제69조 제2항에 따라 위헌법률심판의 제청신청을 기각하는 결정을 통지받은 날로부터 30일 이내에 청구하여야 한다.

Ⅴ. 결론 [1점]

이상의 검토를 종합할 때, 갑의 헌법소원심판청구는 – 설문에 명확하게 드러나지 않고 있는 변호사 강제주의 및 청구기간 등의 요건을 준수하였다고 볼 때 – 적법한 것으로 판단되며, 헌법재판소는 본안판단에 들어가야 한다.

2. 대통령긴급조치 제9호는 헌법재판소의 위헌법률심판의 대상이 될 수 있는가? (15점)

Ⅰ. 서: 위헌법률심판의 의의와 기능 [2점]
Ⅱ. 긴급조치의 위헌법률심판대상적격에 대한 헌법재판소와 대법원의 견해 대립 [3점]
Ⅲ. 위헌법률심판의 대상: 법률 및 법률적 효력을 갖는 법규범 [4점]
Ⅳ. 대통령긴급조치의 형식과 성격, 효력 [5점]
Ⅴ. 결론 [1점]

2) 제4공화국과 제5공화국 당시 위헌법률심판제청권을 갖고 있던 대법원에서 15년(1972~1987)동안 단 한 건의 위헌법률심판도 제청하지 않았던 경험에 대한 반작용으로 이러한 위헌소원 제도가 도입된 것으로 볼 수 있다.

Ⅰ. 서: 위헌법률심판의 의의와 기능 [2점]

현행법상 인정되고 있는 위헌법률심판은 구체적 규범통제이며, 따라서 법원에 재판이 계속 중인 상태에서 법률의 위헌 여부가 문제되는 경우에 당해 법원이 제청하는 것이다.

사안의 대통령긴급조치 제9호는 형식상 법률이 아니지만, 법률적 효력을 갖는 법규범이라는 점에서 그 대상적격이 문제된다.

Ⅱ. 긴급조치의 위헌법률심판대상적격에 대한 헌법재판소와 대법원의 견해 대립 [3점]

대통령의 긴급조치가 위헌법률심판의 대상이 될 수 있는지에 대해서 헌법재판소와 대법원의 견해가 대립되고 있다.

헌법재판소는 형식적 법률뿐만 아니라 법률적 효력을 갖는 법규범에 대해 위헌심사를 인정하고 있으며, 그에 따라 긴급조치에 대한 심사권한은 헌법재판소에 전속한다고 판시한 바 있다.[3] 반면에, 대법원은 긴급조치에 대한 국회의 동의나 승인이 없었음을 근거로 긴급조치에 대한 위헌심사권이 대법원에 속한다고 판시하였다.[4]

Ⅲ. 위헌법률심판의 대상: 법률 및 법률적 효력을 갖는 법규범 [4점]

이러한 견해 대립은 대통령긴급조치가 법률적 효력을 갖고 있었다는 점과, 그 법률적 효력에도 불구하고 국회 동의 또는 승인을 받지 않았다는 점을 다투고 있다.

그러나 위헌심사를 요청한 국민의 권리구제 측면에서 본다면, 유신헌법의 왜곡된 제도로 인해 국회의 동의 또는 승인을 받지 않았다는 것이 결정적인 근거로 보기 어렵다. 긴급조치의 근거조항인 유신헌법 제53조의 내용적 문제점이 인정되고 있는 상황에

---

3) **헌재 2013.3.21. 2010헌바132등 결정**: "헌법 제107조 제1항, 제2항은 법원의 재판에 적용되는 규범의 위헌 여부를 심사할 때, '법률'의 위헌 여부는 헌법재판소가, 법률의 하위 규범인 '명령 · 규칙 또는 처분' 등의 위헌 또는 위법 여부는 대법원이 그 심사권한을 갖는 것으로 권한을 분배하고 있다. 이 조항에 규정된 '법률'인지 여부는 그 제정 형식이나 명칭이 아니라 규범의 효력을 기준으로 판단하여야 하고, '법률'에는 국회의 의결을 거친 이른바 형식적 의미의 법률은 물론이고 그 밖에 조약 등 '형식적 의미의 법률과 동일한 효력'을 갖는 규범들도 모두 포함된다. 따라서 최소한 법률과 동일한 효력을 가지는 이 사건 긴급조치들의 위헌 여부 심사권한도 헌법재판소에 전속한다."

4) **대법원 2010.12.16. 선고 2010도5986 전원합의체 판결**: "헌법 제107조 제1항, 제111조 제1항 제1호의 규정에 의하면, 헌법재판소에 의한 위헌심사의 대상이 되는 '법률'이란 '국회의 의결을 거친 이른바 형식적 의미의 법률'을 의미하고, 위헌심사의 대상이 되는 규범이 형식적 의미의 법률이 아닌 때에는 그와 동일한 효력을 갖는 데에 국회의 승인이나 동의를 요하는 등 국회의 입법권 행사라고 평가할 수 있는 실질을 갖춘 것이어야 한다. 구 대한민국헌법(1980.10.27. 헌법 제9호로 전부 개정되기 전의 것, 이하 '유신헌법'이라 한다) 제53조 제3항은 대통령이 긴급조치를 한 때에는 지체 없이 국회에 통고하여야 한다고 규정하고 있을 뿐, 사전적으로는 물론이거니와 사후적으로도 긴급조치가 그 효력을 발생 또는 유지하는 데 국회의 동의 내지 승인 등을 얻도록 하는 규정을 두고 있지 아니하고, 실제로 국회에서 긴급조치를 승인하는 등의 조치가 취하여진 바도 없다. 따라서 유신헌법에 근거한 긴급조치는 국회의 입법권 행사라는 실질을 전혀 가지지 못한 것으로서, 헌법재판소의 위헌심판대상이 되는 '법률'에 해당한다고 할 수 없고, 긴급조치의 위헌 여부에 대한 심사권은 최종적으로 대법원에 속한다."

서는 더욱 그렇다.

Ⅳ. 대통령긴급조치의 형식과 성격, 효력 [5점]

유신헌법 당시 대통령의 긴급조치는 법률이나 대통령령 등과는 구분되는 특별한 형식의 국가긴급권이었으며, 국민의 기본권을 정지할 수 있고, 사법심사의 대상이 되지 않는다는 헌법 제53조 제2항 및 제4항에 비추어 볼 때, 법률적 효력 이상이라고 볼 수 있다.

따라서 이에 대해 헌법재판소의 위헌법률심판을 인정하는 것이 타당하다.

Ⅴ. 결론 [1점]

대통령의 긴급조치가 헌법재판소의 위헌법률심판의 대상이 되는지에 대해 헌법재판소와 대법원 사이의 견해 대립이 있으나, 유신헌법 당시 긴급조치가 법률적 효력을 갖고 있었다는 점이 명백한 이상 헌법재판소의 위헌법률심판의 대상으로 인정하는 것이 타당하다.

3. 갑의 헌법소원심판청구가 적법한 경우 구 헌법 제53조에 근거한 대통령긴급조치 제9호에 대한 위헌심사의 준거규범은 무엇인가? (10점)

Ⅰ. 서: 위헌심사의 의의와 준거규범의 중요성 [1점]
Ⅱ. 유신헌법의 규범력과 그 한계 [2점]
Ⅲ. 유신헌법 제53조 제4항의 의의와 한계 [2점]
Ⅳ. 위헌심사의 준거규범으로서의 현행헌법 [4점]
Ⅴ. 결론 [1점]

Ⅰ. 서: 위헌심사의 의의와 준거규범의 중요성 [1점]

사안의 경우 구 헌법에 따른 긴급조치의 합헌성 여부가 심판대상이다. 그런데 당시 헌법에서는 긴급조치의 근거조항을 두고 있었기 때문에 당시 헌법을 기준으로 할 경우에는 위헌성을 인정하기 어렵다는 점에서 위헌심사의 준거규범이 당시 헌법인지, 현행헌법인지가 중요한 문제로 부각된다.

Ⅱ. 유신헌법의 규범력과 그 한계 [2점]

유신헌법도 당시에는 사실상 통용되었고, 규범력을 갖고 있었음을 부인하기 어렵다. 그러나 유신헌법의 비민주성으로 인해 '자유민주적 기본질서'라는 근본가치의 훼손이 문제되어 결국 유신헌법이 붕괴되었음을 생각할 때, 유신헌법의 규범력을 그 폐지 이후로 확장시키는 것은 옳지 않다.

Ⅲ. 유신헌법 제53조 제4항의 의의와 한계 [2점]

물론 유신헌법의 모든 조항이 '자유민주적 기본질서'에 위배되는 것은 아니다. 하지만, 사안에서 문제되는 대통령긴급조치의 근거조항인 유신헌법 제53조는 대통령의 사실상 독재를 가능케 한 조항으로서 국민의 인권을 침해하며, 법치주의에 따른 사법절차와 권력분립을 무력화시키는 것으로서 '자유민주적 기본질서'에 반하므로 그 규범력이 인정될 수 없다.

Ⅳ. 위헌심사의 준거규범으로서의 현행헌법 [4점]

또한 현재의 헌법재판소가 지향하는 헌법적 가치들은 현행헌법에 근거한 것이다. 즉, 당시의 왜곡된 헌법을 기준으로 위헌심사를 함으로써 또 다른 왜곡을 만들어서는 안되는 것이다. 그러므로 헌법재판소의 위헌심사의 준거규범은 현행헌법으로 보아야 한다.[5)]

Ⅴ. 결론 [1점]

이상의 검토에 비추어 볼 때, 유신헌법 제53조에 근거한 대통령긴급조치 제9호에 대한 위헌심사의 준거규범은 현행헌법이다.

4. 이 사건의 위헌법률심판제청이 적법한 경우에 헌법재판소는 어떤 본안판단을 내려야 하는가? (50점)

> Ⅰ. 사안의 분석과 쟁점의 정리 [5점]
> Ⅱ. 정치적·법적 변화에 따른 법률(조항) 폐지 이후의 위헌심사의 특성 [8점]
> 1. 폐지된 법률(조항)에 대한 위헌심사의 가능성과 한계
> 2. 사정변경에 의해 폐지된 경우의 합헌성 판단
> 3. 위헌성 때문에 폐지된 경우의 합헌성 판단
> Ⅲ. 폐지된 국가모독죄의 합헌성 여부에 대한 판단 [10점]
> 1. 국가모독죄 폐지의 근거와 폐지 전 국가모독죄 적용에 대한 구제의 문제
> 2. 목적의 정당성, 방법의 적합성
> 3. 침해의 최소성, 법익의 균형성

---

5) **헌재 2013.3.21. 2010헌바132등 결정**: "유신헌법 제53조에 따른 긴급조치라는 공권력의 행사가 예외적으로 재심과 같은 특수한 구제절차를 통해 그 위헌 여부가 다투어지고 있는바, 이 사건 긴급조치들이 유신헌법을 근거로 하여 발령된 것이긴 하나 그렇다고 하여 이미 폐기된 유신헌법에 따라 이 사건 긴급조치들의 위헌 여부를 판단하는 것은, 유신헌법 일부 조항과 긴급조치 등이 기본권을 지나치게 침해하고 자유민주적 기본질서를 훼손하는 데에 대한 반성에 기초하여 헌법 개정을 결단한 주권자인 국민의 의사와 기본권 강화와 확대라는 헌법의 역사성에 반하는 것으로 허용할 수 없다.
한편 헌법재판소의 헌법 해석은 헌법이 내포하고 있는 특정한 가치를 탐색·확인하고 이를 규범적으로 관철하는 작업이므로, 헌법재판소가 행하는 구체적 규범통제의 심사기준은 원칙적으로 헌법재판을 할 당시에 규범적 효력을 가지는 헌법이라 할 것이다. 그러므로 이 사건 긴급조치들의 위헌성을 심사하는 준거규범은 유신헌법이 아니라 현행헌법이라고 봄이 타당하다."

Ⅳ. 구 헌법상 긴급조치(제9호)의 합헌성 여부에 대한 판단 [12점]
1. 긴급조치에 대한 비판과 헌법개정에 의한 폐지
2. 목적의 정당성, 방법의 적합성
3. 침해의 최소성, 법익의 균형성
Ⅴ. 헌법재판소의 본안판단 [12점]
1. 헌법재판소 결정의 형식
2. 사안에 대한 판단
3. 헌법재판소 결정의 효력
Ⅵ. 결론 [3점]

Ⅰ. 사안의 분석과 쟁점의 정리 [5점]

사안에서 갑은 구 형법 제104조의2 국가모독죄와 대통령긴급조치 제9호의 합헌성을 다투고 있다. 비록 이미 폐지된 법률이지만, 재심과 관련하여 그 위헌성 여부의 판단이 필요하므로 헌법재판소는 그 합헌성 여부를 판단해야 한다.

폐지된 구 형법 제104조의 국가모독죄의 경우 폐지의 근거와 함께 그 내용의 과잉금지원칙 위반 여부를 확인해야 할 것이며, 대통령긴급조치 또한 같은 방식으로 합헌성 여부에 대해 엄격한 심사를 해야 할 것이다.

Ⅱ. 정치적 · 법적 변화에 따른 법률(조항) 폐지 이후의 위헌심사의 특성 [8점]

1. 폐지된 법률(조항)에 대한 위헌심사의 가능성과 한계

이미 폐지된 법률(조항)에 대해서 위헌심사를 하는 것은 일반적인 경우는 아니다. 대부분의 경우 권리보호의 이익이 이미 소멸되었다고 볼 수 있기 때문이다. 그러나 사안의 경우처럼 재심 판단을 위해 폐지된 법률의 위헌성 여부가 중요한 의미를 갖는 경우라면 폐지된 법률에 대한 위헌심사를 인정해야 할 것이다.

2. 사정변경에 의해 폐지된 경우의 합헌성 판단

법률(조항)이 폐지되는 이유 중 대부분은 사정변경에 의해 더 이상 현실에 맞지 않는 법률이 되었기 때문이다. 예컨대 교원노조나 공무원노조를 금지하던 법규정이 폐지된 것은 노조의 성장 및 노조에 대한 국민 인식의 변화 등 사정변경으로 인해 더 이상 금지할 필요가 없어졌기 때문이다. 이런 경우 폐지 이전의 법률(조항)을 위헌으로 볼 이유는 없다.

3. 위헌성 때문에 폐지된 경우의 합헌성 판단

반면에 법률(조항)이 위헌성 때문에 폐지된 경우에는 이 점이 헌법재판소의 위헌심사에서 고려되어야 한다. 예컨대 독재정권 하에서 인권을 침해하던 법률(조항)이 민주화 이후에 폐지된 경우라면 이 점을 특별히 주목해서 위헌 여부를 판단해야 할 것이다.

Ⅲ. 폐지된 국가모독죄의 합헌성 여부에 대한 판단 [10점]

1. 국가모독죄 폐지의 근거와 폐지 전 국가모독죄 적용에 대한 구제의 문제

1975년 신설된 국가모독죄[6]는 1988년 폐지되었다.[7] 1987년 민주화 직후에 이 조항이 폐지된 것은 주권자인 국민의 인권을 위해 국가가 존재하는데, 국가모독이라는 이유로 인권을 제한하는 것은 정당하지 않다는 점 때문이었다.

그러므로 동 조항의 폐지 이전에 적용되었던 국가모독죄는 결국 인권에 대한 침해로 인정되며, 이에 대한 구제의 필요성이 인정된다.

2. 목적의 정당성, 방법의 적합성

유신헌법 당시에 국가모독죄는 반정부 인사들의 정부 비판을 억압하는데 이용되었다는 점에서 그 목적의 정당성을 인정하기 어렵다.[8] 또한 이러한 정부 비판의 억압을 통해 국가의 안전이나 이익, 위신이 보전된다고 보기 어려우므로 방법의 적합성도 인정되지 않는다.[9]

3. 침해의 최소성, 법익의 균형성

국가모독죄 조항은 그 의미가 불명확할 뿐 아니라, 지나치게 광범위하게 규정되어 정부에 대한 비판의 자유를 과도하게 제한하므로 침해의 최소성도 충족하지 못한다.[10]

또한 동 조항에 의해 보호되는 법익, 즉 국가의 안전, 이익, 위신의 실제 크기와 이로 인해 제한되는 기본권의 비중을 비교형량할 때, 기본권의 제한 정도가 매우 크다고 볼 수 있으므로 법익의 균형성도 충족하지 못한다.[11]

---

6) 당시 형법 개정을 통해 제104조의2를 신설하는 이유로는 "국가모독 등 사대행위를 처단함으로써 일부 고질적 사대풍조를 뿌리뽑고 자주독립국가 국민으로서의 자각과 긍지를 드높여 국민윤리와 도의를 앙양함과 아울러 국가의 안전과 이익 그리고 위신을 보전하려는 것임"이라고 제시되었다.

7) 당시 형법 개정을 통해 제104조의2를 폐지하는 이유로는 "1975년 3월 25일 개정형법에서 신설된 바 있는 국가모독죄조항은 국가발전을 위한 건전한 비판의 자유를 억제할 우려 등이 있으므로 이를 폐지하려는 것임"이라고 제시되었다.

8) **헌재 2015.10.21. 2013헌가20 결정**: "심판대상조항은 그 제안이유에서 '대한민국과 헌법상의 국가기관에 대하여 비방, 모욕하거나 사실을 왜곡 또는 허위사실을 유포하는 행위 등을 형사처벌함으로써 국가의 안전과 이익, 위신 등을 보전'하는 것을 입법목적으로 밝히고 있다. 그러나 당시 국내 언론이 통제되고 있었던 상황에서 위 조항이 국민의 건전한 비판을 억제하고 반정부 인사를 탄압하는 수단으로 악용될 여지가 있었던 점, 이에 따라 1988년 개정형법에서 위 조항이 삭제된 경위 등에 비추어 볼 때, 위 제안이유상의 입법목적을 진정한 것으로 볼 수 있을지는 의문이다."

9) **헌재 2015.10.21. 2013헌가20 결정**: "설령 그 입법목적을 진정한 것으로 보더라도, 형사처벌을 통해 국민의 표현행위를 일률적으로 규제함으로써 국가의 안전 · 이익 또는 위신을 보전할 수 있다고 보기 어렵고, 실질적인 표현의 자유가 보장되지 않는 국가라는 대외적 평가가 오히려 대한민국의 이익이나 위신을 저해할 수 있으므로 수단의 적합성을 인정하기 어렵다."

10) **헌재 2015.10.21. 2013헌가20 결정**: "심판대상조항은 표현의 자유를 광범위하고 과도하게 제한하고 있을 뿐만 아니라, 그 입법목적을 달성하기 위하여 국민의 기본권을 덜 제한하는 방법이 있음에도 표현의 자유에 대한 제한의 정도가 가장 큰 형사처벌을 그 수단으로 삼고 있으므로, 기본권 제한입법이 준수해야 할 침해의 최소성 원칙에 어긋난다."

11) **헌재 2015.10.21. 2013헌가20 결정**: "심판대상조항이 실현하고자 하는 공익은 대한민국의 안전 · 이익 또는 위신을 해하거나, 해할 우려가 있는 국가모독행위로부터 국가의 안전 · 이익과 위신을 보전하는 것이다. 그러나 위와 같은 목적을 달성하기 위해 형사처벌을 통하여 획일적으로 국민의 표현행위를 규제하

Ⅳ. 구 헌법상 긴급조치(제9호)의 합헌성 여부에 대한 판단 [12점]

1. 긴급조치에 대한 비판과 헌법개정에 의한 폐지

유신 시절에 가장 많이 비판되었던 것 중의 하나가 긴급조치였다. 가히 초헌법적 권한이라 일컬어지던 긴급조치는 국가의 안전보장을 위해서가 아니라 정권의 보호를 위해 오남용되었을 뿐만 아니라, 그에 대한 통제수단이 사실상 전무했기 때문이다.

그로 인해 유신헌법이 폐지되면서 긴급조치권도 함께 폐지되었고, 1980년 헌법에서는 비상조치권으로, 1987년 헌법에서는 긴급명령권으로 이름을 바꾸면서 점차 권한 범위를 축소하고 통제수단을 강화하게 되었다.

2. 목적의 정당성, 방법의 적합성

유신헌법 제53조에 따른 대통령긴급조치는 이른바 국가긴급권의 일종으로서 국가의 존립이 문제되는 긴급사태에 특별한 조치를 취하기 위한 것이다.

그러나 사안의 긴급조치 제9호는 국가의 존립이 아닌 정권의 이익을 위한 것이므로 그 목적의 정당성이 인정될 수 없으며, 설령 그 목적이 국가의 존립을 위한 것이라 하더라도 긴급조치 제9호의 수단은 국가의 존립에 기여하는 것이라 보기 어려우므로 방법의 적합성도 갖추지 못했다.

3. 침해의 최소성, 법익의 균형성

대통령긴급조치 제9호는 형사처벌 등 인권에 대한 과도한 침해 이외의 방법을 택하지 않는 점에서 침해의 최소성을 갖추지 못했으며, 긴급조치 제9호에 의해 실현되는 공익은 눈에 띄지 않는 반면에 그로 인한 기본권 침해는 심각하므로 법익의 균형성도 충족하지 못한다.[12)]

Ⅴ. 헌법재판소의 본안판단 [12점]

1. 헌법재판소 결정의 형식

갑의 헌법소원청구는 이른바 위헌소원으로서 그 형식은 헌법소원심판이지만, 실질은 위헌법률심판에 해당하므로 합헌 또는 위헌의 결정을 내려야 한다. 더욱이 사안에서 갑은 한정위헌을 청구한 바, 변형결정으로서의 한정위헌결정이 고려되어야 한다.

2. 심판대상조항의 합헌성 여부에 대한 판단

위에서 검토한 바와 같이 심판대상조항인 구 형법 제104조의2와 대통령긴급조치

는 것이 진정한 의미에서 국가의 안전·이익이나 위신을 지키는 데 얼마나 기여할 수 있는지 의문일 뿐만 아니라, 민주주의 사회에서 국민의 표현의 자유가 갖는 가치에 비추어 볼 때, 이로 인한 기본권 제한의 정도는 매우 중대하다. 따라서 심판대상조항은 법익의 균형성 요건도 갖추지 못하였다."

12) **헌재 2013.3.21. 2010헌바132등 결정**: "긴급조치 제9호는 입법목적의 정당성과 방법의 적절성을 갖추지 못하였을 뿐 아니라 죄형법정주의에 위배되고, 헌법개정권력의 행사와 관련한 참정권, 표현의 자유, 집회·시위의 자유, 영장주의 및 신체의 자유, 학문의 자유 등 국민의 기본권을 지나치게 제한하거나 침해하므로 헌법에 위반된다."

제9호는 국민의 기본권을 과도하게 침해하는 것으로서 과잉금지원칙에 따른 심사의 결과 위헌으로 인정된다. 따라서 헌법재판소는 위헌결정을 내려야 한다.

3. 헌법재판소 결정의 효력

헌법재판소의 위헌결정은 법원을 비롯한 모든 국가기관과 지방자치단체를 구속한다. 따라서 사안의 갑은 법원의 재심에서 구 형법 제104조의2와 대통령긴급조치 제9호가 위헌 무효라는 전제 하에서 재판을 받게 될 것이다.

Ⅵ. 결론 [3점]

이상의 검토를 종합할 때, 심판대상조항은 구 형법 제104조의2 국가모독죄와 대통령긴급조치 제9호는 위헌이며, 헌법재판소는 본안판단에서 위헌결정을 내려야 한다. 이러한 헌법재판소 결정은 법원을 비롯하여 모든 국가기관과 지방자치단체를 구속한다.

[판례색인]

[대법원]

[헌법재판소]

[사항색인]

[ㅇ]

[ㅈ]

[저자약력]

고려대학교 법과대학 졸업
고려대학교 대학원 법학석사
독일 프랑크푸르트 대학교 법학박사
사법시험 및 변호사시험 출제위원 등 역임
(현) 고려대학교 법학전문대학원 교수
(현) 한국헌법학회, 한국공법학회 자문위원

[저서 및 논문]

민주헌법과 국가질서(홍문사)
제 2 판 – 헌법총론(홍문사)
기본권론(홍문사)
국가조직론(홍문사)
제 13 판 – 헌법학(홍문사)
Streitbare Demokratie
정치현실과 헌법의 규범력
헌법의 기본원리로서의 민주주의
헌법의 기본원리로서의 법치주의
정당의 헌법적 기능과 당내민주주의
민주적 선거의 요청과 헌법
언론자유의 실현구조에 관한 서설
현행헌법상 권력분립의 기본체계
현행헌법체계상 헌법재판소의 헌법상의 지위 등

신 헌법사례연습

2021년 5월 10일 제 1 판 인쇄
2021년 5월 20일 제 1 판 발행

저 자 장 영 수
발행인 임 권 규
발행처 弘 文 社

05855 서울시 송파구 송파대로 167 테라타워 B동 802호
등록 1993. 6. 24 제 1-1543 호
TEL : (02) 712-5311(代) FAX : (02) 716-5311

값 37,000원

ISBN 978-89-7770-702-3 93360